Wilhelm Vossenkuhl

DIE MÖGLICHKEIT DES GUTEN

Ethik im 21. Jahrhundert

Wilhelm Vossenkuhl

DIE MÖGLICHKEIT DES GUTEN

Ethik im 21. Jahrhundert

C. H. Beck

Dem Andenken an
Otl Aicher
Martin Hollis
Richard Moritz
Max Müller
und
Eva Schaper

Satz: Fotosatz Janß, Pfungstadt
Druck und Bindung: Kösel, Krugzell
Gedruckt auf säurefreiem, alterungsbeständigem Papier
(hergestellt aus chlorfrei gebleichtem Zellstoff)
Printed in Germany
ISBN-10: 3 406 54375 8
ISBN-13: 978 3 406 54375 3

www.beck.de

INHALT

VORWORT

‹Ethik› ist ein häufig gebrauchtes Wort. Die Häufigkeit seines Gebrauchs ist jüngeren Datums, das, was mit dem Wort gemeint ist, nicht. Der Ethik geht es um das, was Menschen tun sollten, um in einer Welt voller Übel gut zu handeln. Tatsächlich scheinen die Übel, die Menschen unglücklich machen, die ihr Leben gefährden und unter denen sie leiden, selbstverständlicher, ja natürlicher zu sein als das Gute, das Menschen tun sollen und auch tun können. Einige der Übel sind von Menschen selbst verursacht, andere nicht; einige können von einzelnen Personen beseitigt werden, andere nur durch politische Anstrengungen ganzer Gesellschaften, oder sie sind aufgrund ihrer Größe sogar Sache der Menschheit insgesamt. Unabhängig vom Eigenanteil der Menschen an Armut, Hunger und Krankheit, Unrecht und Gewalt, Unsicherheit und mangelnder Arbeit, mangelnder Fürsorge und Bildung sollen Menschen diese Übel eindämmen oder ganz beseitigen, und zwar in dem Maß, in dem jeder Einzelne mit seinen Möglichkeiten dazu in der Lage ist. Die Ethik kann nicht unmittelbar Übel beseitigen, aber bei ihrer Eindämmung, Verhinderung oder Beseitigung mitwirken, indem sie zu klären versucht, wie das Gute in Gestalt des guten gemeinsamen Lebens der Menschen möglich ist. Wenn sie diese Frage klärt, kann die Ethik dem menschlichen Handeln eine Orientierung geben, die dem Ziel dient, die Lebensverhältnisse zu verbessern und das zu ermöglichen, was nicht nur abstrakt ‹gutes Leben› genannt werden kann.

Ethische Fragen werden in jüngerer Zeit immer häufiger öffentlich erörtert. Viele Menschen erkennen die Bedeutung dieser Fragen, ohne dass ihnen schon deswegen bewusst wäre, welchen Anteil die Ethik an ihrer Beantwortung haben kann. Dabei ist selten klar, was ethische Urteile von einem weltanschaulichen Standpunkt, einer beliebigen persönlichen Meinung oder einem Geschmacksurteil unterscheidet. Diese Unsicherheit über das, was Ethik ist und was sie zu leisten vermag, ist der öffentlichen Klärung ethischer Fragen nicht förderlich. Deshalb ist das Ziel dieses Buches die Erörterung dessen, was Ethik im gegenwärtigen Zeitalter ist und was sie leisten kann und soll. Die Fragen und Probleme, die diskutiert werden, sind teilweise aus öffentlich geführten Debatten bekannt. Jenseits der öffentlichen Debatte geht es hier aber nicht um die Verteidigung oder Widerlegung einzelner Standpunkte, sondern darum, wie die Ethik in den normativen Raum, in dem Menschen leben, eingebettet ist und wie sie in diesem Raum ihre Lösungen und ihren Beitrag zum guten Leben entwickeln kann. Dabei setze ich voraus, dass Letzteres eine genuine öffentliche Verpflichtung der Ethik darstellt, dass sie sich also nicht nur mit den internen Fragen und Problemen ihrer eigenen Disziplin beschäftigen sollte.

‹Ethik› ist ein Fremd- und Kunstwort. Es lehnt sich seinem Klang nach an das griechische Wort ‹ethos› an, das in einer seiner Bedeutungen das bezeichnet, was der Brauch ist, also das, was wir unter Sitte (lat. mores) verstehen.[1] Das Wort Ethik, so wie wir es heute verwenden, ist keiner bestimmten Herkunft verpflichtet und insofern ein ideales Kunstwort. Nicht nur die Bedeutung des Wortes hat sich im Laufe der Zeit gewandelt, auch die Probleme, die wir unter ‹Ethik› erfassen, haben sich verändert. Sie wandeln sich, wie es nicht anders sein kann, mit den Problemen der Menschen. Die Ethik hat nicht nur eine Geschichte, sie verändert sich auch in ihr. Sie ist heute durchaus verwandt mit der Ethik der Antike, das zeigt schon die Frage nach dem guten Leben, auch wenn damit im Konkreten ein anderes Leben gemeint ist. Was ihre Probleme und Methoden angeht, ist die Ethik aber dem heutigen Denken verpflichtet.

Jede Untersuchung dieser Art findet in einem gesellschaftlichen und kulturellen Raum statt und hängt schon deswegen mit den Sitten zusammen, die in diesem Raum herrschen. Das Wort ‹Sitte› hat heute einen altmodischen Klang. Noch Max Weber[2] und Emile Durkheim[3] gebrauchten den Ausdruck in einem weiten Sinn, der alle normativen Ursprünge, Formen, Ordnungen und Regeln sozialen Handelns erfasste. Ich verwende das Wort in einem ähnlich weiten Sinn, weil es kein besseres für den normativ wirksamen, kulturell bestimmten Rahmen gibt, in dem Menschen sich, ob sie wollen oder nicht, bewegen. In diesem Raum gelten viele Normen und Regeln, die keiner besonderen Begründung bedürfen, sondern durch das, was die Menschen tun, informell und direkt anerkannt werden. Ihre wichtigsten Wurzeln sind Religion, Tradition, Sprache, ethnische Herkunft und regionale Besonderheiten. Sittliche Regeln bestimmen ebenso das religiöse Leben wie die sozialen und politischen Umgangsformen, aber auch das, was im Sinne des Rechts gute Sitten sind. Die meisten dieser Regeln haben gleichzeitig mehrere Wurzeln und verbinden unterschiedliche sprachliche, religiöse, ethnische und regionale Traditionen und Kulturen. Sie bestimmen nicht nur die Formen des Zusammenlebens und z. B. die Kleidung, sondern vor allem die Art und Weise, wie die Menschen sprechen, denken und urteilen. Die sittlichen Regeln gelten unabhängig davon, ob sie einzelne Menschen gutheißen, praktizieren, kennen, missverstehen oder nicht. Der Atheist lebt mit ihnen ebenso wie der Gläubige, der Fremde ebenso wie der Einheimische. Der Kodex der sittlichen Regeln bestimmt das Verhalten der Menschen ebenso stark, unausweichlich und unbewusst wie die Grammatik ihrer Sprache ihr Sprechen. Die Regeln der Sitte werden den Menschen so wie die Regeln der Grammatik normalerweise erst dann bewusst, wenn sie verletzt werden. Viele sittliche Regeln werden von den Menschen aber auch bewusst befolgt. Sittliche Regeln *gelten* in diesem Fall nicht anders, als wenn sie unbewusst, unwillkürlich und unreflektiert befolgt werden. Die Geltung von sittlichen Regeln bedeutet – ob sie nun bewusst oder unbewusst sind –, dass ihre Befolgung in Fleisch und Blut übergegangen ist und nicht nur das äußere Verhalten, sondern auch das Denken und Urteilen und damit auch die Intuitionen und Vorstellungen bestimmt. Ethische Urteile setzen nicht nur Intuitionen darüber voraus, was gut und schlecht, richtig und falsch ist. Diese Intuitionen sind meistens unwillkürliche, ohne Nachdenken gegenwärtige, im Verhalten unmittelbar wirksame Urteile oder Grundeinstellungen. Solange die Regeln der Sitte nicht verletzt werden, wird kaum jemand die sittlich bestimmten Intuitionen, die in den ethischen Urteilen wirksam sind, in Frage stellen.

Es wäre müßig, auf die Geltung sittlicher Regeln hinzuweisen, wenn sie für ethische Urteile unerheblich wären. Jede Ethik setzt eine Sitte voraus, aber nicht jede Sitte ist ethisch zu rechtfertigen. Dennoch haben Ethik und Sitte vieles miteinander gemein, denn auch ethische Urteile beruhen auf Intuitionen des Richtigen und Falschen, des Guten und Schlechten. Diese Intuitionen sollten aber nicht wie in der Sitte unwillkürlich und unreflektiert in die ethischen Urteile eingehen, besonders dann nicht, wenn sie aus der Sitte stammen. Die Ethik darf sich den geltenden und herrschenden Sitten nicht einfach unterordnen oder gar unterwerfen. Wie sie aber zu beidem in der Lage ist, ihre Urteile und Forderungen im öffentlichen Raum zu rechtfertigen und sich dabei nicht einfach den herrschenden Sitten anzupassen, wird in diesem Buch zu klären sein.

Die Sitte ist eine Voraussetzung der Ethik, weil diese in der Sitte ihren Ursprung hat. Die Ethik hat sich aber selbständig gemacht und von der Sitte emanzipiert. Im Prozess dieser Emanzipation wurde die Sitte, wie Axel Honneth schrieb,[4] abgewertet. Seit einiger Zeit wird diese Verkehrung der Verhältnisse rückgängig gemacht. Es hat keinen Sinn, den sittlichen Ursprung der Ethik zu leugnen, weil beide immer noch miteinander verbunden sind. Die Sitte ist eine Voraussetzung für so unterschiedliche normative Gebilde wie die Ethik und das Recht, die jeweils ihre eigenen begrifflichen und methodischen Grundlagen haben. Nicht immer kann die Sitte allerdings eine Voraussetzung für Ethik und Recht sein, z. B. dann nicht, wenn sie Gewalt und Willkür toleriert. Die Sitte kann nur dann eine Voraussetzung von Ethik und Recht sein, wenn sie die Entwicklung dieser unabhängigen normativen Gebilde anregt und fördert. Dies gilt im historischen Sinn für die griechische Polis und die römische Republik ebenso wie für das Christentum. Auch dann, wenn sich die Ethik von der Sitte emanzipiert hat, bleibt sie mit ihr verbunden. Denn die Sitte liefert der Ethik nicht eigens begründete, in der Regel auch nicht begründbare Geltungsbedingungen. Ohne sie ist die Anerkennung ethischer oder rechtlicher Regeln und Prinzipien durch die Menschen in ihren Kulturen nicht möglich, ja nicht einmal denkbar. Ethik und Recht haben in der Sitte gemeinsame Geltungsbedingungen und Voraussetzungen. Ethik und Recht können sich aber mit ihren begrifflichen Grundlagen methodisch eigenständig entwickeln. Sie können sich wechselseitig als Grundlagen dienen.

Häufig herrscht bei der Verwendung der Bezeichnungen ‹Ethik› und ‹Moral› Unsicherheit. Es gibt für den Gebrauch dieser Wörter auch keine allgemein verbindlichen Vorschriften. Ich verwende das Wort ‹Moral› als übergreifende, offene und nicht festgelegte Bezeichnung und Klammer für die Ethik und die Teile der Sitte, die deren unmittelbare Voraussetzung sind.[5] ‹Moral› bezeichnet damit den ganzen normativ bestimmten Raum menschlichen Verhaltens. Die Gründe für diesen Wortgebrauch werden im ersten Teil des Buches dort deutlich, wo ich den Unterschied und den eben erwähnten wechselseitigen Bezug von Sitte und Ethik untersuche. Dann werden heute Bezeichnungen wie ‹Angewandte Ethik› oder das Wort ‹Ethik› in Verbindung mit Bereichen wie Medizin, Recht, Biologie, Politik, Wirtschaft usw. verwendet. Da es, wenn überhaupt, in diesen Bereichen um Fragen der Ethik geht, ist ihre Herkunft an ihren Inhalten erkennbar und muss nicht eigens mit Etiketten versehen werden, die den falschen Eindruck erwecken können, als handle es sich um separate Ethiken.

Das vorliegende Buch kann weder den historischen Ansprüchen einer Geschichte der Ethik gerecht werden, noch will es einen Überblick über die zeitgenössische Ethik geben. Es entstand aus dem Bedürfnis, ethischen Fragen im Zusammenhang und in systematischer Form nachzugehen und den Charakter und die Aufgaben der Ethik in unserer Zeit zu klären. Nicht unerheblich beeinflusst haben mich dabei die Studentinnen und Studenten, deren Magister- und Doktorarbeiten ich betreute. Großen Gewinn zog ich aus der Zusammenarbeit mit Wissenschaftlern anderer Fächer und mit jüngeren Kolleginnen und Kollegen in gemeinsamen Forschungsprojekten. Mit Stephan Sellmaier arbeitete ich im Rahmen des Sonderforschungsbereichs «Reflexive Modernisierung» (SFB 538) an gemeinsamen Forschungsprojekten zu ethischen Problemen. Mit dieser Arbeit in der intensiven und stimulierenden wissenschaftlichen Atmosphäre des Sonderforschungsbereichs begann auch die Arbeit an diesem Buch. Gemeinsam entwickelte Konzepte zum Themenbereich moralischer Dilemmata und anderer normativer Konflikte flossen in dieses Buch ein. Mein besonderer Dank gilt Stephan Sellmaier für die Jahre gemeinsamer Arbeit. Vielfältige Anregungen verdanke ich Diskussionen und gemeinsamen Lehrveranstaltungen mit Erich Ammereller, Alexander Baethmann, Eugen Fischer, Jochen Gerstenmaier, Harald Lesch, Ulrich Metschl, Fuat Oduncu und Ulrich Schroth. Danken will ich auch Tom Axworthy, Nicholas Fogg, Gerd Haeffner, Julian Roberts, Hans Unterreitmeier und Walther Waidelich für viele Gespräche und wertvolle Hinweise. Aufmerksame, kluge, aber immer wohlwollende Kritiken früherer Fassungen haben mich vor manchen Missverständnissen und Verkürzungen bewahrt. Dafür danke ich Gerhard Ernst, Richard King, Erasmus Mayr, Thomas Meyer, Martin Rechenauer, Thomas Splett und Bettina Walde. Viele Gedankengänge dieses Buches habe ich in der Zeit ihrer Entstehung mit meiner Frau Dorothea besprechen und erproben können. Mit ihrer wohlwollend skeptischen Einstellung machte sie mich auf manchen blinden Fleck in meinen Überlegungen aufmerksam. Dafür danke ich ihr. Hilfe bei den Korrekturen des Textes und der Erstellung der Register gewährten mir Marguerite Denisse, Sybille Wallner und Gregor Oliver Staudinger; auch ihnen gilt mein Dank. Meinem Lektor Raimund Bezold danke ich für sein Vertrauen und seinen Rat. Mit Freude und voller Neugier hätte ich meine Gedanken mit den Freunden diskutiert, deren Andenken dieses Buch gewidmet ist.

München, im Herbst 2005 *Wilhelm Vossenkuhl*

EINLEITUNG

Alle Fragen der Ethik werden von den zwei eng miteinander verbundenen Fragen begleitet, was das Gute ist und wie es möglich ist, das Gute in Gestalt des guten Lebens zu verwirklichen. Mit all ihren Überlegungen und Vorschlägen will die Ethik Antworten auf diese beiden Fragen geben. Sie verbinden die Ethik mit dem Leben jedes einzelnen Menschen und mit dem der menschlichen Gesellschaft unmittelbar. Niemand muss sich allerdings dieser abstrakten und allgemeinen Fragen ausdrücklich bewusst sein. Jeder Einzelne wird sich aber leicht vergewissern können, dass es immer auch diese Fragen sind, die am Ende aller anderen für ihn selbst und sein Leben wichtigen Fragen stehen. Konkret mag es dem einzelnen Menschen etwa darum gehen, was er aus seinem Leben macht, welcher Arbeit er nachgehen will, ob er mehr oder weniger für andere Menschen tun soll, ob er eher dem Interesse der anderen oder seinem eigenen dienen sollte. Wie immer seine Antworten auf solche Fragen ausfallen, er wird überzeugt sein, dass das eine besser ist als das andere. Seine Antwort wird nicht in jedem Fall ethisch richtig sein, auch wenn er dies meint. Was der eine für gut hält, ist häufig für den anderen schlecht, zumindest aber weniger gut. Die Frage, wie es möglich ist, das Gute zu verwirklichen, hat im Leben jedes einzelnen Menschen daher eine Bedeutung, deren ethischer Wert offen, vielleicht strittig oder sogar fragwürdig ist. Die Ethik hat die Aufgabe, Klarheit zu schaffen und zwischen dem, was richtig scheint, und dem, was richtig ist, zu unterscheiden.

Das Problem, das der einzelne Mensch mit der Frage nach dem Guten hat, stimmt zunächst nur seiner äußeren Form nach, aber nicht notwendig inhaltlich mit dem Problem der Ethik überein. Dies liegt daran, dass die Voraussetzungen der Frage beim einzelnen Menschen und in der Ethik nicht notwendig dieselben sind. Unterschiede wird es häufig bei der Beurteilung dessen geben, was mit ‹gut› tatsächlich gemeint ist. Die Ethik setzt in ihren Urteilen gerechtfertigte Interessen aller anderen Menschen voraus. Genau diese Interessen anerkennen und teilen einzelne Menschen nicht immer, obwohl sie es sollten. Jeder Einzelne wird aber ohne große Mühe erkennen können, dass es trotz aller Abweichungen in der Bewertung dessen, was jeweils gut oder schlecht ist, ein gemeinsames, allgemeines Verständnis dessen gibt, was überhaupt ‹gut› oder ‹schlecht› genannt werden kann. Es werden sich immer – als Test des gemeinsamen Verstehens – Beispiele für Gutes oder Schlechtes finden lassen, denen alle zustimmen können. Weil es ein gemeinsames Verständnis dessen gibt, was mit diesen Wertausdrücken gemeint ist, kann es auch eine Übereinstimmung in der Beurteilung dessen geben, was jeweils gut oder schlecht ist. Das gemeinsame Verstehen ermöglicht gemeinsame Urteile. Die Betonung liegt hier auf ‹ermöglicht›, weil nicht damit zu rechnen ist, dass es jemals eine reale allgemeine Übereinstimmung aller Menschen in den Urteilen über Gutes und Schlechtes gibt.

Konkret bedeutet dies, dass die Antworten der Ethik auf die Fragen, was das Gute ist und wie ein gutes Leben aller Menschen möglich ist, zumindest von allen Menschen verstanden werden können. Es steht ihnen dabei frei, den Antworten der Ethik auf jene Fragen zuzustimmen oder eigene Antworten zu finden. Jede Person hat diese Freiheit, ob sie nun professionell mit ethischen Fragen beschäftigt ist oder nicht. So gibt es in der Ethik selbst auch nicht nur eine Antwort auf jene Fragen, sondern mehrere. Die Wahl der Methoden und Prinzipien zur Lösung von Problemen ist frei, soll aber der bestmöglichen Beantwortung der Fragen der Ethik dienen. Dieses Interesse ist allen, die Ethik betreiben, gemeinsam und verpflichtet sie, vernünftig, verantwortungsvoll, verständlich und selbstkritisch zu argumentieren. Die Unterschiede zwischen konkurrierenden Methoden schlagen sich deswegen auch nicht immer in den konkreten Urteilen nieder. Diejenigen, die Ethik betreiben, müssen ihre Überlegungen, Begriffe, Argumente und Urteile nach bestimmten, allgemeinen Standards verständlich und durchschaubar machen. Nur so können sie auf Verständnis und Zustimmung bei ihrem Bemühen hoffen, die Fragen, was das Gute ist und wie ein gutes Leben möglich ist, zu beantworten. Diese Fragen müssen als gemeinsame Fragen erkennbar sein, sonst wäre es gar nicht möglich, die durch konkurrierende Methoden bedingten Abweichungen in ihren Urteilen und ihren Dissens über alternative Antworten festzustellen und die Gründe dafür zu prüfen.

Die Frage, was das Gute ist, wird später (Kap. 4) Gegenstand dieses Buches sein. Sie mündet in die Frage, wie ein gutes Leben möglich ist, weil sich beide Fragen nicht trennen lassen. Beide Fragen können wir auf die Frage, wie das Gute möglich ist, verkürzen. In dieser abstrakten Form kann die Frage missverstanden werden, als ob es lediglich darum ginge, eine theoretische Möglichkeit begreiflich zu machen. Tatsächlich soll die Klärung der Möglichkeit der erste Schritt in Richtung auf eine praktische Verwirklichung des guten Lebens sein. Die Frage, wie das Gute möglich ist, sagt zwar, worum es in der Ethik geht und wie die Ethik mit dem Leben jedes Menschen verbunden ist. Sie ist aber keineswegs die Frage, mit der alle ethischen Überlegungen beginnen. Sowenig wie sich ein einzelner Mensch in irgendeiner schwierigen Lebenslage als Erstes fragt, wie er das Gute verwirklichen kann, stellt derjenige, der sich mit Ethik beschäftigt, diese abstrakte Frage zu Beginn seiner Arbeit. Sie begleitet vielmehr seine Fragen und wird in der einen oder anderen Form im Laufe seiner Überlegungen eine Rolle spielen, wenn es darum geht, die vielen einzelnen Überlegungen in ein Ganzes zu integrieren. Denn zu klären, wie sich die einzelnen Urteile zu einem Ganzen verbinden lassen, ist selbst eine Verpflichtung, und zwar aus mehreren Gründen. Es ist sowohl eine praktische als auch eine theoretische Verpflichtung. Nennen wir sie die Verpflichtung zu Konsistenz und zu Kohärenz. Erstere ist theoretischer Natur und verpflichtet zu einer widerspruchsfreien Argumentation, Letztere baut darauf auf und gewährleistet in praktischer Hinsicht einen sinnvollen, vernünftigen Zusammenhang der ethischen Fragen und Antworten.

Ethisch begründet ist die Verpflichtung zur Kohärenz, weil weder ein einzelnes Urteil noch eine einzelne Handlung gut sein kann, wenn sie nicht im Ganzen gesehen gut ist. Was aber ist dieses Ganze? Es ist immer eine mehr oder weniger genaue, theoretisch entworfene Vorstellung, die keinem vorhandenen, empirisch geschlossenen Gegenstand entspricht. Entweder geht es um das Ganze eines individuellen oder des sozialen Lebens oder um das Ganze vieler sozialer Lebensformen, schließlich um das Ganze der Menschheit. Es gibt viele solcher Ganzheiten, die entweder zueinander passen und ineinander geschachtelt sind oder – wie eben angedeutet – nebeneinander bestehen und in der einen oder anderen Hinsicht miteinander in Konflikt geraten. Das Ganze des Lebens eines Menschen steht ohnehin immer neben dem Ganzen des Lebens eines anderen, und jedes individuelle Leben steht neben und gleichzeitig in dem einer Gesellschaft. Selbst wenn diese Ganzheiten miteinander konkurrieren oder sich im Gegensatz zueinander befinden, sind sie doch miteinander verbunden, und sei es nur durch Konkurrenz und Gegensatz. Genau genommen gibt es also auch dann eine Verschachtelung der Ganzheiten der vielen individuellen Leben und sozialen Lebensformen, wenn sie miteinander durch Konflikte verbunden sind.

Wir können uns diese Verschachtelung von Ganzheiten entweder so wie russische Puppen vorstellen, von denen die kleineren restlos in die größeren passen; dann ist der Zusammenhang konfliktfrei. Oder wir stellen sie uns so wie alte italienische Städte vor, die über Jahrhunderte so gewachsen sind, dass der Besitz der Familien kreuz und quer durch einzelne Häuser hindurchgeht. Dann gibt es einerseits, was die Besitzverhältnisse anbelangt, Unterschiede, andererseits, was die äußere Baustruktur betrifft, Einheit. Die unterschiedlichen Besitzverhältnisse können zu Gegensätzen führen, die äußerlich nicht unbedingt erkennbar sind. Eine solche Verbindung von Einheit und möglichen Gegensätzen gibt uns eine realistische Vorstellung von dem vielfältig gegliederten Ganzen, das Gegenstand der Ethik ist. Es handelt sich nie um ein konfliktfreies, sondern immer um ein konfliktreiches Ganzes, im schlimmsten Fall um ein Ganzes, das durch Konflikte in Frage gestellt oder teilweise zerstört wurde. Wenn die Ethik zur Konsistenz ihrer Argumente und zur Kohärenz ihrer Urteile verpflichtet ist, bedeutet dies, dass sie für konfliktreiche Ganzheiten Urteile entwickelt, die aber dennoch nicht widersprüchlich sein dürfen.

Negativ gesagt, heißt dies, die Ethik darf die Konflikte, die in und zwischen den vielfältigen Ganzheiten des Lebens und der Lebensformen herrschen, in ihren Urteilen nicht einfach abbilden oder widerspiegeln. Sie ist im Gegenteil dazu verpflichtet zu zeigen, wie die Konflikte überwunden werden können, wenn sie überhaupt überwindbar sind. In genau diesem Sinn ist die Ethik eine Konfliktwissenschaft; und als solche gilt ihr die besondere Aufmerksamkeit dieses Buches. Ethik ist eine Wissenschaft aller Arten normativer Konflikte, lösbarer und nicht lösbarer. Ziel der Ethik als Konfliktwissenschaft ist es herauszufinden, wie ein gutes Leben in einem sozialen Ganzen trotz der vielfältigen Konflikte möglich ist. Die Verpflichtung zur Kohärenz ist also keine Verpflichtung zur Harmonisierung, wo es keine Harmonie geben kann.

Ein gutes Leben wird nicht durch eine Harmonisierung von Gegensätzen, sondern durch die Lösung von Konflikten möglich. Und selbst dort, wo Konflikte mit Hilfe ethischer Argumente nicht wirklich lösbar sind, gibt es gute und schlechte «Lösungen». Die Lösungen sollten praktisch kohärent sein. Dies bedeutet, sie sollten ein möglichst gutes Leben der Menschen auch unter den Bedingungen ethisch unlösbarer Konflikte ermöglichen. Dieser Überzeugung folgen die Überlegungen dieses Buches: Das Gute in Gestalt eines guten Lebens ist möglich, wenn die Lösungen von Konflikten praktisch kohärent sind; und sie sind praktisch kohärent, wenn ein gutes Leben der Menschen auch dann möglich ist, wenn Konflikte sich nicht auflösen lassen. Mit dem Konzept der praktischen Kohärenz ethischer Urteile setze ich stillschweigend voraus, dass Menschen so vernünftig sind, dass sie überhaupt ein Interesse an der Lösung von Widersprüchen haben. Nur unter dieser Vorgabe kann das Konzept der praktischen Kohärenz schon als eine abstrakte Antwort oder als Idee einer Antwort auf die Frage, wie das Gute möglich ist, verstanden werden. Es wird aber im Weiteren darauf ankommen, wie sich die Ethik als Konfliktwissenschaft dazu eignet, Möglichkeiten des Guten auch bei ethisch unlösbaren Konflikten tatsächlich denkbar zu machen. Wenn sich die Ethik dazu eignet, trägt sie zwar nicht zur Auflösung, aber dennoch zur Entschärfung der Konflikte bei.

Die Konflikte, um die es in der Ethik geht, sind nicht allein mit gegensätzlichen oder nicht zu vereinbarenden Überzeugungen, sondern mit Gütern unterschiedlicher Art und mit Ansprüchen auf sie verbunden. Es sind Güter, die von weltanschaulich geprägten Überzeugungen und Wertvorstellungen bis hin zu materiellen Werten, also z. B. von religiösen Glaubensgehalten bis zu materiellem Besitz, reichen. Die Konflikte werden nicht nur von diesen Gütern selbst, sondern meistens von den berechtigten oder unberechtigten Ansprüchen erzeugt, die Menschen auf sie erheben. Diese Ansprüche sind wiederum ihrerseits Güter, ähnlich wie der Anspruch auf ein Recht oder einen Besitz selbst ein Gut ist. Der rechtliche Anspruch auf den Besitz eines Hauses ist beispielsweise ebenso ein Gut wie das Haus selbst. Häuser können zwar nicht miteinander in Konflikt geraten, die Ansprüche auf sie indessen schon.

Die Ethik hat selten Anteil daran, Konflikte zwischen den Besitzansprüchen von einzelnen Personen zu lösen. Das ist Sache des Rechts und der Rechtsprechung. Der Ethik geht es um Konflikte zwischen Gütern, die zwar einen ähnlichen Ursprung haben und bei denen die Knappheit oder der eingeschränkte Zugang zu bestimmten Gütern eine Rolle spielen. Doch entsteht der moralische Konflikt nicht schon wegen der Knappheit oder des eingeschränkten Zugangs zu diesen Gütern allein, sondern erst durch den begründeten uneingeschränkten und gleichen Anspruch zumindest einer bestimmten Menge von Menschen auf sie. Beispiele dafür kennen wir aus der Transplantationsmedizin. Es gibt z. B. für die immer größer werdende Zahl von Menschen, die an Nierenversagen leiden, nur eine sehr begrenzte Zahl von Spenderorganen. Jeder Kranke hat denselben ethischen Anspruch auf Hilfe. Der Konflikt, der zustande kommt, weil jeder Kranke einen Anspruch auf Hilfe hat, es aber nur eine knappe Zahl von Spenderorganen gibt, ist ein ethischer Konflikt. Die Ethik kann nichts an der Knappheit der verfügbaren Organe ändern, sie kann nicht einmal sagen, wem genau ein Spenderorgan zusteht, aber dennoch dazu beitragen, dass die Spenderorgane gerecht verteilt werden.[1]

Zu erkunden, wie das Gute möglich ist, verpflichtet dazu herauszufinden, wie Konflikte der eben beschriebenen Art zu lösen oder zu handhaben sind. Und die Konflikte zwischen den Ansprüchen auf knappe Güter zu lösen, bedeutet konkret zu erkennen, wie diese Ansprüche, die ihrerseits Güter unterschiedlicher, ja gegensätzlicher Art sind, in ein Ganzes integriert werden können. Das menschliche Leben und der Schutz des Lebens gehören selbst zu diesen Gütern, die über die gegensätzlichen Ansprüche der Menschen miteinander in Konflikt geraten können und in ein Ganzes zu integrieren sind. Nicht nur die Ethik, sondern auch die Rechtsprechung ist zumindest in bestimmten Bereichen mit dieser Art der Konfliktlösung befasst. So denkt etwa die Rechtsprechung im Gesamtrahmen des Rechts nicht nur an den einzelnen Konflikt, sondern an das rechtliche Ganze, also an alle in Frage stehenden Ansprüche, an den dazugehörigen sittlichen Raum und an das Recht und seine Geltung im Allgemeinen. Ähnlich wird es in diesem Buch darum gehen, Wege zu beschreiben, wie Güter, die zueinander im Gegensatz stehen, in ein Ganzes integrierbar sind, das als gut gerechtfertigt werden kann, obwohl nicht alle Konflikte zu lösen sind.[2] Die ethische Verpflichtung zur praktischen Kohärenz enthält also die Verpflichtung, die Ansprüche aller anderen Menschen bei der Beurteilung der jeweiligen individuellen Güter auch dann zu berücksichtigen, wenn die Konflikte zwischen den Ansprüchen nicht restlos lösbar sind. Wenn wir ethisch über mögliche Lösungen nachdenken, kann es z. B. nicht nur um zwei oder drei Nierenkranke und deren konkurrierende Ansprüche gehen, sondern auch um alle anderen, für die ein Spenderorgan in Frage kommt, auch wenn sie wegen der Knappheit aktuell keines bekommen können.

In diesem Fall wissen wir, wer jeweils betroffen ist, häufig wissen wir dies aber nicht. Entweder sind es diejenigen, die – wie die Nierenkranken im Einzugsbereich eines Transplantationszentrums – bekannt sind, oder diejenigen, die wir nicht kennen, denen wir aber ähnliche Ansprüche unterstellen wie uns selbst. Die Ethik formuliert zwar Ansprüche der Menschheit wie etwa die Menschenrechte, kann aber nicht davon ausgehen, dass mit ihnen auch schon die Ansprüche jedes einzelnen Menschen geklärt sind. Es gibt zwei Arten von Allgemeinheit, einmal die, in der ‹alle Menschen› alle in ihrer Gesamtheit ohne Ansehung der individuellen Unterschiede bedeutet; und es gibt zum andern die Bedeutung von ‹alle›, die sich auf jeden einzelnen Menschen in einer Menge bezieht.[3] Diese zweite Art von Allgemeinheit erlaubt es, von allen in Bezug auf bestimmte Ansprüche oder Eigenschaften zu sprechen. Wir wissen bei dieser Allgemeinheit, wer die anderen Menschen sind, weil wir sie anhand bestimmter Auswahlkriterien identifizieren können. Es kann z. B. um die Menschen gehen, die an bestimmten Krankheiten leiden. Ohne solche Auswahlkriterien bleibt die Menschheit immer eine abstrakte Verallgemeinerung des individuellen Selbstverständnisses. Ähnlich abstrakt und ungreifbar bleibt dann das Ganze, in das die ethischen Urteile integriert werden sollen. Über solche abstrakten Allgemeinheiten lassen sich die eigenen ethischen Ansprüche leicht und ohne dass dies auffällt als Menschheitsansprüche deklarieren. Die Gegensätze oder gar Konflikte zwischen den eigenen Ansprüchen und denen der anderen können auf diese Weise überspielt werden. Die Diskussion des Zusammenhangs zwischen der Ethik und den kulturell geprägten Sitten wird auf dieses Problem eingehen.[4]

Bisher ging es darum, die praktische Kohärenz als *ethische Verpflichtung* zur Integration der Urteile in ein Ganzes zu erklären. Eine *theoretische Verpflichtung* ist die Frage nach dem Ganzen, weil die ethischen Urteile widerspruchsfrei gebildet werden sollten und das, was sie fordern, einen möglichst widerspruchsfreien Zusammenhang bilden sollte. Dies entspricht dem, was mit der Verpflichtung zur Konsistenz gemeint ist. Die theoretische Konsistenz liegt der praktischen Kohärenz zugrunde. Wenn die ethischen Urteile nicht widerspruchsfrei gebildet sind, können sie in keinem kohärenten Zusammenhang stehen, und wenn sie diesem rationalen Erfordernis nicht genügen, werden sie auch nicht zustimmungsfähig sein. Ohne die theoretische Verpflichtung zur Konsistenz und die praktische zur Kohärenz können ethische Urteile vor allem keinen Anspruch auf Objektivität erheben.[5]

Im Hinblick auf die theoretische Verpflichtung zur Konsistenz ist die Frage, welches Ganze bei der Integration der Urteile gemeint sein kann, ein Problem. Da es sich bei dieser Integration um einen kognitiven Anspruch handelt, muss das Ganze jeweils bekannt und beurteilbar sein. Einzelne ethische Urteile und die in ihnen geforderten Handlungen können im Rahmen der theoretischen Forderung nach Konsistenz deshalb nur dann als ethisch gerechtfertigt gelten, wenn sie dies in einem Ganzen sind, das – wie im Fall der Nierenpatienten – überschaubar ist. Was ist aber jenseits solcher Fälle ein überschaubares Ganzes, das überdies auch noch als gut zu rechtfertigen ist? Niemand kann sein eigenes Leben überschauen, geschweige denn zuverlässig beurteilen, was für ihn insgesamt gesehen gut oder schlecht ist. Es wird immer die Vorstellung des eigenen Lebens sein, die jemand aus der jeweils aktuellen, gegenwärtigen Perspektive bilden kann. Je älter eine Person ist, desto besser kann sie ihr Leben überblicken, trotzdem gibt es für sie keine Gesamtsicht ihres Lebens. Auch die reife, erfahrene ältere Person urteilt über ihr Leben aus ihrem jeweiligen Blickwinkel. Nicht anders ist es in der Ethik. Was aus der gegenwärtigen Sicht als insgesamt gesehen gut beurteilt werden kann, gilt als gerechtfertigt. Damit sind nicht ethische Forderungen wie die Menschenrechte gemeint, sondern konkrete Entscheidungen, die in der Summe das Leben der Menschen orientieren und beeinflussen. Die Menschenrechte bilden zwar mit anderen prinzipiellen ethischen Forderungen auf dem Papier durchaus ein Ganzes. Deren widerspruchsfreier Zusammenhang kann aber theoretisch und ohne den Blick auf konkrete Entwicklungen und Konflikte geklärt werden. Entsprechend können die Menschenrechte als theoretisches Ganzes widerspruchsfreier Prinzipien und Regeln gerechtfertigt werden. Das widerspruchsfreie Ganze von ethischen Prinzipien und Regeln ist für die Frage, wie die Möglichkeit des Guten denkbar ist, sicherlich eine notwendige, für die Realisierung dieser Möglichkeit im guten Leben aber keineswegs eine hinreichende Bedingung. Regeln, die im Rahmen einer Theorie widerspruchsfrei sind, lösen per se keine ethischen Konflikte.

Das praktische Ganze und deren praktische Kohärenz setzen sich nicht aus allgemeinen Regeln oder Prinzipien, sondern aus Urteilen und Handlungen zusammen. Wenn es z. B. um die Frage geht, welche Partner- oder Berufswahl für mein Leben gut oder schlecht ist, werde ich mir, um überhaupt urteilen zu können, mein künftiges Leben vorstellen. Vielleicht treffe ich so wichtige Entscheidungen aber auch ohne allzu viel Nachdenken und schlittere in sie hinein. Nehmen wir jedoch als Idealfall an, dass ich tatsächlich meine Lebensentscheidungen nach reiflichem Nachdenken treffe und mir dabei wirklich mein künftiges Leben vorstelle. Diese Vorstellung setzt sich dann aus dem zusammen, was ich schon weiß und was ich will, welche Erfahrungen ich gemacht und welche Ziele ich habe, welche Berufschancen ich mir ausrechne und was ich am liebsten tun würde. Vor diesem Hintergrund, also in einem vorgestellten Ganzen, das weit in die Zukunft reicht, werde ich mein Urteil bilden. Ähnlich ist es in der Ethik. Wir stellen uns auf dem Hintergrund dessen, was wir kennen und wissen und was wir für allgemein wünschenswerte und gute Ziele für jeden Menschen halten, ein Ganzes vor, das aus der gegenwärtigen Sicht gut ist und weit in die Zukunft reicht. In diesem Ganzen sollte jedes einzelne Urteil selbst als gut zu rechtfertigen sein.

Die Antwort auf die Frage, wie das Gute möglich ist, setzt sich aus ethischen Urteilen zusammen, die zu einem Ganzen integriert werden sollen. Auf diese Weise soll erkennbar werden, wie ein gutes Leben möglich und zu verwirklichen ist. Dieser Entwurf eines Ganzen hat einen gemischten Charakter. Einerseits besteht er aus Tatsachen, wie etwa der Zahl der Nierenkranken, der Knappheit der Spenderorgane, den Erfahrungen mit den bisher praktizierten Transplantationen, den Kranken, die unter anderen Krankheiten leiden, und den Gesunden einer Gesellschaft. Andererseits reicht das Ganze in die Zukunft und besteht aus den bestmöglichen Vorstellungen, die wir uns von ihr machen, nicht nur von den Empfängern der Spenderorgane, sondern auch von der eigenen Gesellschaft, vielleicht auch von anderen Gesellschaften. Am Ende sollen ja nicht nur möglichst viele Nierenkranke vor dem frühzeitigen Tod gerettet werden. Es sollen auch die Ansprüche der anderen Menschen, nicht nur der Kranken, berücksichtigt werden. Sie sollen schließlich gemeinsam gut leben können.

Allein schon anhand dieser Beschreibung wird klar, dass die Ganzheiten, in die ethische Urteile integriert werden sollen, immer eine begrenzte, von Unsicherheiten belastete Größe haben. Die Unsicherheit rührt daher, dass wir vieles gar nicht, manches mangelhaft und sehr viel unvollständig wissen. Die Größe jener Ganzheiten ist ferner deswegen begrenzt, weil sie sich nach dem richtet, was wir tatsächlich wissen, welche Folgerungen wir daraus ziehen und welche Vermutungen wir über die Zukunft entwickeln. Auch das, was wir uns in die Zukunft hinein vorstellen können, hat mehr oder weniger enge Grenzen, die sich an dem orientieren, was wir wissen und jetzt vermuten können. Theoretisch gesehen handelt es sich bei all diesen Ganzheiten um Mengen von ungleichartigen Dingen, die in unsere Urteile einfließen. Einerseits sind es nachprüfbare Tatsachen, andererseits Vermutungen, die mehr oder weniger weit in die Zukunft reichen und mehr oder weniger gut begründet sind. Die Tatsachen verbinden wir in Form von Konditionalen – von Wenn-dann-Sätzen – mit Vermutungen, wenn wir z. B. darüber urteilen, welche Lösung eines Konflikts sich als gut erweisen wird. Das Muster für diese Mischungen sind Sätze folgender Art: Wenn x das Problem und a eine Lösung dafür ist, dann sollte nach allem, was wir wissen, a getan werden. Nun soll dieses Urteil, dass a getan werden sollte, aber möglichst zuverlässig und – nach allem, was wir wissen – wahr und außerdem mit allen anderen Konditionalen dieser Art auf stimmige Weise in ein Ganzes integrierbar sein. Das Urteil (a sollte getan werden) sollte zu allen anderen Problemen (y, z ...) und Lösungen (b, c ...) passen, die mit x zusammenhängen. Dass a die beste Lösung ist, vermuten wir mit guten Gründen aufgrund der Tatsachen, die wir kennen. Ob diese Lösung aber zu allen anderen problemverwandten Lösungen passt, können wir beim besten Willen nicht wissen. Dass a die beste Lösung des Problems x ist, ist wahr relativ zu allem, was wir über das Problem und mögliche Lösungen wissen. Für auf Dauer zuverlässige, wahre Urteile darüber, wie a im Kontext neuer Probleme zu beurteilen ist, stehen uns keine

Tatsachen zur Verfügung. Es muss sich erst zeigen, wie gut a in dem neuen Kontext sein wird. Das Ganze, in das die Lösung a integriert werden soll, ist also nur in Umrissen erkennbar und besteht aus einer Mischung von Tatsachen und Vermutungen, von Wahrem und Wahrscheinlichem. Wir werden später sehen, dass für diese Schwierigkeiten mit der Integration der Urteile in ein Ganzes nicht nur das begrenzte Wissen über die Tauglichkeit von Lösungen, sondern der besondere Charakter des Guten selbst verantwortlich ist.[6]

Die theoretische Verpflichtung zur Konsistenz und die praktische zur Kohärenz sind nicht voneinander zu trennen. Es geht zwar, was die theoretische Seite anbelangt, primär um die Konsistenz von Urteilen; deswegen könnte man meinen, dass sich die theoretische von der praktischen Seite trennen und separat behandeln ließe. Da die Widersprüche zwischen ethischen Urteilen aber selten daran erkennbar sind, dass das eine Urteil die Negation des anderen ist,[7] kann es auch nicht darum gehen, Konsistenz durch den Ausschluss von formalen Widersprüchen herzustellen. Selbst unvereinbar scheinende Regeln wie ‹es ist gut, dem eigenen Interesse zu folgen› und ‹es ist gut, dem Interesse aller anderen zu folgen› sind nicht notwendig widersprüchlich. Sie sind nämlich genau dann nicht widersprüchlich, wenn die konkreten Handlungsweisen, die mit diesen Regeln verbunden sind, miteinander vereinbar sind.[8] Das schließt nicht aus, dass das eigene Selbstinteresse und das aller oder eines anderen tatsächlich häufig unvereinbar sind. Widersprüche zwischen ethischen Urteilen sind, wie wir sehen werden, nur anhand konkreter Urteile und nicht anhand allgemeiner Regeln erkennbar; wie überhaupt Regeln nur in seltenen Fällen unmittelbar miteinander im Widerspruch stehen. Konkret sind Urteile dann, wenn sie zu dem Ergebnis kommen, dass bestimmte Handlungen erlaubt oder unerlaubt, geboten oder verboten sind. Wenn ein und dieselbe Handlung als erlaubt und gleichzeitig als unerlaubt oder als geboten und gleichzeitig als verboten beurteilt wird, sind ethische Urteile widersprüchlich. Anhand von Beispielen wie der Forschung mit menschlichen embryonalen Stammzellen wird dies klar werden.[9] Der Widerspruch zwischen ethischen Urteilen ist von Wertungen abhängig, die der Unterscheidung wahrer von falschen Urteilen zugrunde liegen. Ethische Urteile haben einen gemischten Charakter, weil sie ihrem theoretischen Anspruch nach von zugrunde liegenden Wertannahmen abhängen. Widersprüchlich sind ethische Urteile immer in einem theoretischen und gleichzeitig praktischen Sinn. Deswegen lässt sich die praktische Verpflichtung zur Kohärenz von der theoretischen Verpflichtung zur Konsistenz nicht trennen. Beide hängen unauflöslich miteinander zusammen.

Wenn die Widersprüche zwischen ethischen Urteilen auf nicht zu vereinbarende Wertannahmen und nicht auf den Widerspruch zwischen wahren und falschen Annahmen über nicht-ethische Tatsachen zurückgehen, scheint der Anspruch auf Objektivität, den die Verpflichtung zur Kohärenz erfüllen soll, auf einer unklaren kognitiven Grundlage zu beruhen. Wir werden sehen, dass die Unvereinbarkeit von Wertungen, die der ethischen Urteilsbildung zugrunde liegen kann, die Objektivität der Urteile nicht unmittelbar gefährdet. Dies liegt vor allem daran, dass die Ansprüche objektiver Urteile in allen denkbaren Urteilsbereichen, also nicht nur in der Ethik, Wertungen voraussetzen. Die Unterscheidung zwischen wahren und falschen Annahmen ist überall von Wertungen begleitet. Auch in rein kognitiven Zusammenhängen ist jene Unterscheidung ihrerseits fundiert durch Wertannahmen, die etwa in die Auswahl der als relevant erachteten Werte einfließen, die in wissenschaftlichen Messverfahren eine Rolle spielen. Dennoch gibt es zwischen solchen Wertannahmen und denen der Ethik, wie die Überlegungen zur Objektivität ethischer Urteile und zum Verhältnis zwischen Sitte und Ethik zeigen werden, grundsätzliche Unterschiede.[10]

Es ist offensichtlich, dass die Wertannahmen, die ethischen Urteilen zugrunde liegen, nicht selbst durch ethische Urteile generiert sind, sondern eine andere Herkunft haben. Diese Wertannahmen oder Wertüberzeugungen liegen ethischen Urteilen in einer Weise zugrunde, die ihrerseits problematisch, aber dennoch keineswegs ersetzbar ist. Damit wird schon erkennbar, dass zumindest ein Teil der Annahmen, die in ethischen Urteilen eine Rolle spielen, zwar einen erheblichen Einfluss auf die Ethik haben, in gewisser Weise sogar zu ihr gehören, aber eben als Voraussetzungen ihrer eigenen Wertzuschreibungen. Solche Wertüberzeugungen spielen in der Ethik eine wesentliche Rolle, sonst könnte es das, was mit ‹moralischem Dissens› gemeint ist,[11] nicht geben. Die Ethik hat auf diese Wertannahmen durchaus einen Einfluss, sie benötigt dabei aber immer sittliche Wertüberzeugungen, die sie weder selbst generieren noch ersetzen kann. Ein besonders schwieriges Beispiel für diese Abhängigkeit der Ethik von vorausgesetzten sittlichen Wertannahmen ist der Schutz des menschlichen Lebens. An ihm wird der ethische Dissens deswegen so deutlich, weil es für die Klärung der Frage, zu welchem Zeitpunkt der Lebensschutz beginnen soll und wann er endet, keine ethischen oder medizinischen Kriterien gibt. Die Wertannahmen, die es erlauben, bestimmte Zeitpunkte festzulegen und dann rechtlich verbindlich zu machen, liegen ethischen, medizinischen oder rechtlichen Argumentationen zugrunde. Sie sind religiöser, allgemein weltanschaulicher oder kultureller Natur, drücken unsere Intuitionen und Empfindungen aus und lassen sich nur begrenzt durch jene Argumentationen beeinflussen. Auch wenn wir mit einigen dieser Voraussetzungen ethischer Urteile nicht einverstanden sind, können wir auf sie insgesamt nicht verzichten.

Wir werden später sehen, dass der moralische Dissens nicht die einzige Art von Widerspruch ist, mit der die Ethik konfrontiert ist.[12] Die Integration der einzelnen ethischen Urteile in ein Ganzes verursacht eine Reihe von Konflikten, die nicht alle lösbar sind. Dennoch kommen wir nicht umhin, uns jeweils ein gutes Ganzes vorzustellen, in dem jedes unserer Urteile gerechtfertigt werden kann. Wir können und dürfen uns in der Ethik nicht auf einen scheinbar bescheidenen Standpunkt stellen und uns darauf beschränken, lediglich jedes einzelne Urteil ohne Rücksicht auf ein größeres Ganzes rechtfertigen zu wollen. Denn die Rechtfertigung einzelner Urteile setzt Bedingungen voraus, die für alle Urteile derselben Art in denselben Kontexten beansprucht werden. Diese Bedingungen sind nicht indifferent gegenüber den Kontexten, also nicht nur formaler Art. Die Schwierigkeiten, die sich daraus ergeben, werden in den folgenden Überlegungen unter dem Stichwort ‹situative Ethik› untersucht werden.[13]

Die Leitfrage dieses Buches, wie das Gute möglich und in einem guten Leben der Menschen zu verwirklichen ist, konfrontiert uns mit Konflikten, die sich aus grundsätzlich verschiedenen Annahmen darüber ergeben, was gut ist. So ist es, wie wir bereits sahen, immer nur ein überschaubares Ganzes, in das die ethischen Urteile integriert werden können. Das Urteil darüber, was als gute Lösung eines Problems gelten kann, soll zuverlässig sein. Jede Lösung ist aber – wie wir eben sahen – davon belastet, dass wir lediglich begründet vermuten, aber nicht wirklich wissen können, welches die beste Lösung ist. Deswegen ist die Frage unausweichlich, was ‹gut› und ‹das Gute› bedeuten. Wir verwenden in jedem Urteil, dass etwas gut ist, einen Maßstab des Guten. Er kann ästhetischer, technisch-funktioneller oder ethischer Natur sein. Wenn er ethischer Natur ist, hat er einen besonderen Bezug zur Zukunft. Der Maßstab des ethisch Guten ist zeitlich nicht auf die Gegenwart beschränkt. Eine Entscheidung und ein Urteil können nur gut im ethischen Sinn sein, wenn sie nicht nur jetzt, sondern auch in Zukunft als gerechtfertigt gelten können. Wer sich z. B. jetzt überlegt, welches Leben er führen will, wendet den Maßstab des Guten so an, dass er mehr oder weniger weit in die Zukunft reicht.

Dieser Bezug zur Zukunft belastet das Urteil, wie es möglich ist, das Gute zu verwirklichen, aber mit einer Schwierigkeit. Sie entsteht, weil das Ganze, zu dem dieses Urteil passt und einen Beitrag leisten soll, nur teilweise überschaubar und – solange wir überhaupt urteilen können – niemals ganz vorhanden ist. Wir begegnen diesem Problem nicht nur in der Ethik, sondern z. B. auch in Spielen, die sich – anders als das menschliche Leben – nach festen Regeln richten. Ob der nächste Spielzug der beste im Blick auf das Spiel insgesamt ist, können wir nur vermuten. Auch beim ethischen Urteil über die beste Lösung eines Problems kennen wir feste Regeln. Allerdings sind die übrigen, vom menschlichen Zusammenleben erzeugten Bedingungen leider sehr viel weniger klar als bei Spielen. Was dient jetzt als Maßstab des Guten, wenn dieses Gute zu einem großen Teil in der Zukunft liegt? Der Maßstab dafür, dass das jetzige Urteil gut ist, kann nur im vermuteten, vorweggenommenen Ganzen liegen. Warum genügt es nicht, den Maßstab des Bisherigen zu nehmen und einfach das, was jetzt als gut erscheint, auch ohne den Blick auf ein vorweggenommenes Ganzes so zu verstehen? In gewisser Weise tun wir genau das. Es wäre aber ein Selbstbetrug, eine Selbsttäuschung, wenn wir uns blind auf die künftige Geltung des bisherigen Maßstabes verlassen würden. Da der Urteilende sich das jeweilige Ganze aber jetzt vorstellt, muss er damit rechnen, dass sich nicht nur sein Urteil, sondern auch sein Maßstab als falsch erweist. Er kann sich der Qualität seines Urteils nicht sicher sein.[14]

Das ist die eben angesprochene Schwierigkeit. Sie rührt daher, dass eigentlich nur die Qualität des Ganzen der Maßstab für die Qualität der Teile sein kann. Wenn die Qualität oder Güte des Ganzen jedoch zu einem Gutteil nur vorweggenommen und vermutet werden kann, ist der Beitrag, den ein einzelnes Urteil dazu leistet, ungewiss. Der Grund dieser Ungewissheit ist, dass das Urteil auf doppelte Weise relativ ist. Es ist einerseits relativ wie jeder Teil zu einem Ganzen, andererseits zusätzlich relativ, weil das Ganze nur vorweggenommen werden kann und sich in der Zukunft qualitativ als anders erweisen kann, als es jetzt erscheint. Deswegen kann ein Urteil, das aus der gegenwärtigen Perspektive als gut erscheint, sich als schlecht herausstellen oder umgekehrt eine Möglichkeit, die jetzt als schlecht erscheint, sich im Nachhinein als gut erweisen. Die Regeln der Beurteilung des Guten und Schlechten müssen sich dabei nicht im Geringsten verändern. Hier zeigt sich erneut, dass die Konsistenz der Regeln nicht wirklich entscheidend für die praktische Kohärenz ethischer Urteile ist.

Die eben beschriebene Schwierigkeit entspricht dem, was ich die *Unbeständigkeit des Guten* nenne.[15] Unbeständig kann das Gute nämlich dann sein, wenn es als Maßstab für Urteile dient, die in die Zukunft reichen. In diesem Fall kann sich das, was jetzt für gut gehalten wird, letztlich als schlecht erweisen. Da wir genau diese Möglichkeit nicht ausschließen können, aber jetzt zu urteilen haben, kann das Gute ein unbeständiger Maßstab sein. Das Problem der unbeabsichtigten Nebenfolgen ist ein Beispiel für diese Unbeständigkeit. Die Frage, wie das Gute als Maßstab für die Integration der einzelnen Urteile in ein Ganzes, das in die Zukunft reicht, zu verstehen ist, ist ein besonders schwieriges Problem, dem eine Ethik, die der Verpflichtung zur praktischen Kohärenz folgt, aber nicht ausweichen darf.

Vor dem Hintergrund dieser Fragen und angesichts der Tatsache, dass die Ethik Voraussetzungen hat, die sie nicht selbst entwickelt, die ihr aber vielerlei Probleme bereiten, müssen wir wohl Abschied nehmen von der lange gehegten Vorstellung, Ethik könne losgelöst von sittlichen Voraussetzungen, in jeder Hinsicht autonom betrieben werden. Dies bedeutet allerdings nicht, dass die besonderen methodischen und inhaltlichen Ansprüche der Ethik, die seit der Epoche der Aufklärung, insbesondere seit der Ethik Kants, entwickelt wurden, aufgegeben werden könnten oder dürften. Dennoch hat auch die Ethik wie jede andere Form menschlichen Wissens eine Geschichte, die sie verändert. Es kommt darauf an, diese Veränderungen zu erkennen.

Zwischen den sittlichen Voraussetzungen und den in die Zukunft reichenden Ansprüchen kann und soll die Ethik objektive Urteile und Lösungen entwickeln, die sich in ein Ganzes an Problemen und Lösungen integrieren lassen. Nur auf diese Weise kann sie die Frage ernst nehmen, wie das Gute möglich und in einem guten Leben verwirklicht werden kann. Dass sie dabei die sittlichen Voraussetzungen, unter denen Menschen leben, nicht ignorieren kann, liegt schon deswegen auf der Hand, weil es ja nur Menschen sein können, die ein gutes Leben verwirklichen sollen. Es wäre unrealistisch und widersinnig, wenn die Ethik diese Voraussetzungen bei der Frage nach der Möglichkeit des Guten einfach ausblenden würde. Die Lebensbedingungen der Menschen sind selbst in Zeiten des äußeren Friedens von vielen Nöten und Defiziten geprägt. Diese Nöte sind zwar nicht nur, vielleicht nicht einmal vorrangig, aber doch auch auf ihre jeweils kulturell geprägte Sittlichkeit zurückzuführen. Jedenfalls lassen sich die guten oder schlechten Lebensbedingungen nicht von den Sitten und Kulturen trennen, die die Menschen prägen. Dort, wo die Lebensbedingungen der Menschen über alle Zweifel erhaben gut wären, wäre die ethische Frage, wie ein gutes Leben möglich ist und verwirklicht werden kann, überflüssig. Ethik könnte dann zwar immer noch als Disziplin menschlicher Selbstverständigung betrieben werden, hätte aber keine weitere praktische Aufgabe. Unter solchen Bedingungen würde die Sitte alles, was an Wertansprüchen zu erfüllen ist, in hinreichender Weise anbieten. Dies ist nirgendwo zu erkennen. Deswegen deuten die Nöte des menschlichen Lebens auch auf Defizite und Widersprüche der sittlichen Lebensverhältnisse hin. Wenn die Sitte selbst defizitär und widersprüchlich ist, sie gleichzeitig aber der Ethik zugrunde liegt, können deren Grundlagen nicht über alle Zweifel erhaben sein. Wenn dies so ist und sie sich, wie wir sehen werden, von ihren Grundlagen nicht einfach lösen kann, kann das Verhältnis der Ethik zur Sitte nicht anders als schwierig und reich an Konflikten sein. Diese Konflikte bilden sich im moralischen Dissens ab, im unüberbrückbar scheinenden Gegensatz zwischen ethischen Urteilen.[16]

Es wäre aber falsch zu meinen, nur aus sittlichen Gründen sei moralischer Dissens möglich. Stephan Sellmaier hat darauf hingewiesen, dass es auch den moralischen Dissens aus rein ethischen Gründen gibt, wenn er nämlich Resultat nicht zu vereinbarender ethischer Theorien ist.[17] In diesem Fall akzeptieren sich diejenigen, die einen Dissens haben, wechselseitig und können entsprechend auch miteinander argumentieren. Wenn der Dissens aber auf sittliche Gegensätze und weltanschauliche Widersprüche zurückgeht, akzeptieren sich die Parteien nicht wechselseitig. Dementsprechend kommen sie auch nicht miteinander ins Gespräch über mögliche Lösungen. Es hängt also von der Herkunft des Dissenses ab, ob er lösbar ist oder nicht und ob es überhaupt sinnvoll und erforderlich ist, ihn zu lösen. Außerdem lassen sich Beispiele nennen, die zeigen, dass es ethischen Dissens gibt, der auf lediglich scheinbaren sittlichen oder weltanschaulichen Widersprüchen beruht. Wenn sich diese Widersprüche als Scheinwidersprüche herausstellen, ist der Dissens zumindest formal lösbar. In solchen Fällen sind die sittlichen Grundlagen des moralischen Dissenses, wie wir am Beispiel der Frauenbeschneidung[18] sehen werden, selbst fragwürdig. Allgemein stehen der Ethik aber nur wenige Möglichkeiten offen, sittliche Grundlagen in Frage zu stellen. Dennoch ist es eine ethische Verpflichtung, über den Umgang mit moralischem Dissens auch dann nachzudenken, wenn es keine ethischen Lösungen gibt. Denn selbst wenn es keine ethischen Lösungen für diese Art von Dissens gibt, setzen sich Überzeugungen, die dem Dissens zugrunde liegen, politisch oder rechtlich durch. Diese Überzeugungen haben ihrerseits eine große Bedeutung für die Frage, wie das Gute möglich ist.

Der Dreh- und Angelpunkt jeder Ethik ist mit dem verbunden, was wir ‹menschliche Freiheit› nennen. Schließlich setzen wir immer dann, wenn wir Menschen Verantwortung zuschreiben, voraus, dass sie frei waren zu tun, was sie taten. Ebenso gehen wir davon aus, dass sie bei ihren Urteilen über das, was sie für gut halten und tun wollen, frei sind. Wir könnten gar nicht wissen, wovon die Rede ist, wenn wir

Menschen ohne die Voraussetzung menschlicher Freiheit ein Verständnis des Guten und Urteilsfähigkeit über das, was jeweils gut oder schlecht ist, zuschreiben würden. Jede Zuschreibung dieser Art und jede Forderung, die mit einem ethischen Urteil an menschliches Handeln gerichtet würde, wären bedeutungslos. Ähnlich bedeutungslos wäre es, wenn wir sagen würden, ein Zug sollte zu einem Ort fahren, zu dem keine Gleise führen. Im Bild des Schienennetzes gesprochen, hat es nur dann Sinn, menschlichem Handeln ein bestimmtes Ziel vorzuschreiben, wenn Menschen die Gleise, die zu diesem Ziel führen, selbst legen können.[19]

Ethik setzt aber menschliche Freiheit nicht nur voraus, sondern soll die Möglichkeit bieten, sie zu sichern, die Probleme, die mit ihr verbunden sind, zu klären und sie zu vertiefen. Ohne diese Möglichkeiten, die über das hinausgehen, was es zu jeder Gegenwart an Freiheiten gibt, wäre die Frage, wie das Gute möglich ist, nicht wirklich sinnvoll. Die Möglichkeiten des Guten nehmen mit den Möglichkeiten der Freiheit zu oder ab. Deswegen hängt die Leitfrage dieses Buches eng mit der Frage zusammen, wie die menschliche Freiheit zu denken ist. Freiheit ist konkret nicht denkbar ohne die Freiheiten, die Menschen in Anspruch nehmen können und zu denen sie fähig sind. Entsprechend muss eine Ethik darauf Rücksicht nehmen, zu welchen Freiheiten sich Menschen selbst befähigen können, und fragen, was sie dabei fördert oder einschränkt, sie auch wirklich in Anspruch zu nehmen. Freiheits- und Moralfähigkeit sind dasselbe. Deswegen werden sie in diesem Buch auch miteinander behandelt.

Die Frage, wie das Gute möglich ist, soll in diesem Buch nicht nur mit dem abstrakten Hinweis auf die praktische Kohärenz bei der Lösung von ethischen Konflikten beantwortet werden. Es ist zwar schon den Überlegungen dieser Einleitung entsprechend klar, dass das Gute in jedem Ganzen, in das einzelne Lösungen integriert werden können, nicht konfliktfrei sein kann. Dies liegt nicht primär an der Unübersichtlichkeit des Ganzen, sondern am menschlichen Verständnis des Guten und an der Begrenztheit unserer menschlichen Urteilsfähigkeit. Dennoch können wir uns Lösungswege vorstellen, die dabei helfen, das gute Leben in einer Gesellschaft zu verwirklichen. Sie geben uns eine Vorstellung davon, wie die Teilmengen des Guten, die einzelnen Güter, in ein Ganzes integriert werden können. Das Resultat dieser Integration sollte den Namen ‹gutes Leben› verdienen. Schließlich ist das gute Leben der Menschen einer der besten Gründe, Ethik zu treiben und auf diese Weise wenigstens in der Theorie zum guten Leben beizutragen. Sicher kann die Ethik dieser Aufgabe nur in bescheidenem Umfang gerecht werden. Der Grund dafür liegt wiederum im besonderen Charakter des Guten. Es besteht aus vielerlei Gütern, deren Qualität ebenso materieller als auch immaterieller Natur ist. Die Kompetenz der Ethik reicht zwar dazu hin, die Verhältnisse dieser Güter unterschiedlicher Qualität und ihr Mischverhältnis anhand bestimmter Beispiele zu untersuchen. Sie reicht aber nicht dazu hin, perfekte Rezepte für die Sicherung des guten Lebens zu entwickeln. Im Übrigen ist die Sicherung des guten Lebens eine Verpflichtung der Politik.

Das eben angedeutete Problem, das uns bei der Integration der Güter zu einem guten Leben begegnet, nenne ich das ‹methodische Grundproblem der Ethik›.[20] Es entsteht aus zwei Gründen. Zum einen sind alle Güter, die in ein Ganzes zu integrieren sind, damit ein gutes Leben möglich wird, knapp. Der zweite Grund für die Entstehung des Problems ist, dass ethisch gerechtfertigte Lösungen von Konflikten darüber entscheiden sollen, welche normativen Ansprüche auf Güter wie Lebensschutz, Bildung, innere und äußere Sicherheit, Arbeit, Gesundheit etc. mit welchen Quantitäten von Gütern wie Geld verbunden sind. Wie soll diese Entscheidung aber möglich sein, wenn wir nicht genau wissen, in welchem Verhältnis die quantifizierbaren und die nicht quantifizierbaren Anteile dieser Güter zueinander stehen? Als Lösung eines Konflikts soll dann am Ende ein Urteil stehen, das die Verteilung eines knappen Guts regelt. Als Beispiele für die Beschreibung des methodischen Problems der Ethik werden u. a. Lohnverhandlungen und die Rentenentwicklung dienen. Freilich will ich nicht bei der Beschreibung des Problems stehen bleiben, sondern auch Wege zu seiner Lösung vorschlagen. Ich werde dazu eine Methode vorstellen, die es möglich machen soll, Konflikte bei der Verteilung knapper Güter zu lösen und diese Güter in ein Ganzes zu integrieren. Ich nenne diese Methode ‹Maximenmethode›.[21] Sie soll die Aufgabe lösen, die verfügbaren Mittel in einer Gesellschaft so zu verteilen, dass alle für ein gutes Leben all ihrer Mitglieder unverzichtbaren Güter gesichert werden. Auf dieser Basis soll dann jeder einzelne Mensch in der Lage sein, sich um sein eigenes gutes Leben zu kümmern.

Die Maximenmethode verbindet die Frage, wie ein gutes Leben möglich ist, mit der Frage, wie es in einer Gesellschaft verwirklicht werden kann. Beim Übergang von der ersten zur zweiten Frage übergeben die Personen, die sich mit Ethik beschäftigen, die Zuständigkeit – in der Theorie – an die politischen Akteure. Die Fragen, was das Gute ist und wie ein gutes Leben möglich ist, sind Fragen der Ethik. Sie werden gewöhnlich von Personen beantwortet, die sich mit Ethik als praktischer Wissenschaft beschäftigen. Die Frage, wie ein gutes Leben verwirklicht werden kann, wird in der Theorie noch von diesen Personen gestellt, aber nicht mehr beantwortet. Die dafür zuständigen Akteure sind Politikerinnen und Politiker. Es sind – zumindest in parlamentarischen Demokratien – durch Wahlen legitimierte Akteure, die über die Verteilung von Gütern entscheiden. Deren Gerechtigkeit entscheidet darüber, ob die Verteilung der Güter und der Lasten in einer Gesellschaft so möglich ist, dass ihre Mitglieder aus eigener Anstrengung und mit der Aussicht auf Erfolg ein gutes Leben führen können.

1. SITTE UND ETHIK

Das Kapitel klärt das Verhältnis zwischen Sitte und Ethik. Einerseits wird die Abhängigkeit der Ethik von der Sitte dargestellt, andererseits das eine vom anderen abgegrenzt. Wenn die Ethik, wie hier gefordert, eine praktische Wissenschaft mit dem Anspruch auf Objektivität sein soll, muss sie in der Lage sein, ihre eigenen Ansprüche unabhängig von und notfalls auch gegen die Sitte zu vertreten. Wie abhängig die Ethik von der Sitte ist und wie unabhängig sie von ihr sein kann, wird anhand des Verhältnisses zwischen Geltung und Rechtfertigung untersucht. Ergebnis dieser Untersuchung ist, dass die Ethik nur eine begrenzte Unabhängigkeit hat. Sie kann ihre Urteile nur rechtfertigen, wenn sie auf geltende Grundnormen zurückgreifen kann. Normen dieser Art sind z. B. das Tötungsverbot und die Menschenwürde. Sie lassen sich als sittliche Tatsachen begreifen, die anerkannt sind und nicht weiter begründet oder gerechtfertigt werden können. Solche Tatsachen liegen ethischen Rechtfertigungen zugrunde und sind durch nichts anderes zu ersetzen. Diese Zusammenhänge werden anhand der Probleme der Sterbehilfe, der Frauenbeschneidung, der Forschung mit humanen embryonalen Stammzellen und der Todesstrafe erörtert.

1.1. Grundlagen und Ansprüche

1.1.1. Der moralische Sinn und andere Gefühle

Gewöhnlich wissen wir, ohne lange nachdenken zu müssen, ob etwas gut oder schlecht ist. Das ist in Fragen der Moral nicht anders als in Fragen des Geschmacks und des täglichen Lebens. Es fällt uns nicht weiter auf, dass wir dies wissen, weil wir uns an die Bewertung der Dinge und Verhaltensweisen, um die es geht, gewöhnt haben. Wir haben einen moralischen Sinn entwickelt, ein Gefühl für das Gute und Schlechte; und dieses Gefühl ist verbunden mit anderen Gefühlen. Wir empfinden Freude und Genugtuung, vielleicht auch Stolz über etwas Gutes und Schmerz und Verachtung, vielleicht auch Zorn, Wut und

Empörung über etwas Schlechtes. Herkunft, Erziehung, Religion, Bildung und sozialer Umgang prägen den moralischen Sinn, verstärken oder dämpfen aber auch die Verbindungen dieses Sinns mit anderen Empfindungen. Alle diese Quellen und Kräfte einer Kultur prägen die Gefühle, die Empfindungs- und die Urteilsfähigkeit der Menschen.

Nicht alle dieser anderen Empfindungen sind selbst gut oder gerechtfertigt. In Zorn und Wut können sich Ohnmacht und widerfahrenes Unrecht äußern. Die Urteile, die diesen Gefühlen ihre scheinbare Berechtigung geben, können aber auf falschen Voraussetzungen beruhen. Gefühle dieser Art dringen häufig auf Genugtuung oder Vergeltung. So natürlich diese Empfindungen auch sein mögen, so sehr ist es Aufgabe der moralischen Erziehung, die Menschen zu lehren, ihnen nicht einfach blind zu folgen. Moralisch zu rechtfertigen sind Wut und Zorn immer dann nicht, wenn sie sich gewalttätig äußern oder nach Gewalt rufen. Dagegen können Gefühle der Empörung ebenso gerechtfertigt sein wie die Empfindungen von Scham, Abscheu, Freude und Trauer. Gefühle dieser Art sind dann gut, wenn sie nicht auf falschen Voraussetzungen beruhen. In diesem Fall dienen sie dem gesitteten Umgang der Menschen untereinander. Berechtigte Empfindungen[1] setzen eine Erziehung zur selbstkritischen Kontrolle der Gefühle voraus. Wer gelernt hat, seine Gefühle kritisch zu prüfen, mag empört sein, ruft aber nicht nach Gewalt. Er bildet sich ein Urteil über das Unrecht, das geschehen ist, und überlegt, wem die Verantwortung dafür zuzuschreiben ist. Nicht nur Wut und Zorn können schlechte Empfindungen sein. Auch ein Gefühl wie Stolz, der durchaus berechtigt und gut sein kann, wird zu einer schlechten Empfindung, wenn er mit Überheblichkeit gepaart ist. Erziehung und Bildung sollten uns lehren, unsere Gefühle kritisch zu prüfen und zu kontrollieren. Unter solchen Voraussetzungen lernen wir, uns im Wissen darum, was gut und schlecht ist, richtig zu verhalten. Wir lernen, dem Urteil darüber Vorrang vor den direkten und raschen Empfehlungen der Gefühle zu geben. Und wenn wir dies gelernt haben, verfügen wir über einen guten moralischen Sinn.

Der moralische Sinn geht uns ähnlich in Fleisch und Blut über wie die Muttersprache. Urteile über den guten Nachbarn, den guten Freund, die guten Taten fallen uns dann ebenso leicht wie Urteile über den guten Preis, das schlechte Wetter, das gute Essen oder die schlechte Bezahlung, die keinen moralischen Charakter im engeren Sinn haben. Der moralische Sinn beginnt beim Alltäglichen, bei den gewöhnlichen Werturteilen, und spielt in der Sitte ebenso eine grundlegende Rolle wie in der Ethik. Alltägliche Werturteile können sich unter sich wandelnden sozialen Bedingungen ändern. Dies vor allem dann, wenn sich das Verhalten der Menschen oder unsere Einstellungen dazu verändern. Wir nehmen auch solche Urteile ernst und zögern nicht, sie zu äußern oder zu verteidigen, wenn sie bezweifelt werden. Ähnliches trifft für beständige und dauerhafte Werturteile zu, die tief in der Sitte verwurzelt sind und erhebliche Folgen für die ethische Urteilsbildung haben. Unter guten kulturellen Voraussetzungen wird niemand zögern, Wahrhaftigkeit, Ehrlichkeit und Treue für gut, Lüge, Diebstahl oder gar Mord hingegen für schlecht und verwerflich zu halten. Und niemand würde meinen, dass es uns nur so schiene, als ob solche Handlungen gut oder schlecht seien. Nein, wir sind überzeugt, dass sie es tatsächlich sind, und urteilen so, ohne lange nachdenken zu müssen. Wir werden als sittliche Realisten erzogen, denken und urteilen auch ethisch realistisch und glauben, wenn uns philosophische Beihilfe nicht davon abbringt, an die Wirklichkeit der Werte.

Nicht nur bei so leicht erkennbaren Dingen wie erwiesener Treue oder Mord, auch bei feineren und weniger leicht erkennbaren wie Missgunst, Eifersucht und Neid oder Wohlwollen und Mitleid können wir sicher urteilen und ‹gut› und ‹schlecht› voneinander unterscheiden. Wir Menschen entwickeln diesen moralischen Sinn und die Urteilsfähigkeit, in welcher Kultur wir auch leben; sie mag modern oder traditional sein, religiös oder säkular. Allerdings hat dieser Sinn in jeder Kultur seine eigenen Besonderheiten und Ausprägungen, die uns als Angehörigen der Kultur, in der wir leben, nicht weiter auffallen. Auch die Gefühle, die sich mit dem moralischen Sinn verbinden, fallen uns nicht weiter auf. Wir empören uns, ohne an der Berechtigung dieser Gefühle zu zweifeln, über Unrecht und Gewalt, über unmenschliches Verhalten, über Missgunst und Eifersucht. Wir freuen uns auf ähnlich natürliche Weise über erwiesene Freundschaft, Zuneigung und Liebe. Gefühle der Freude und der Empörung sind unmittelbar und ohne dass wir schlussfolgern oder nachdenken müssten, mit bestimmten Verhaltensweisen verbunden. Die sittlichen Kräfte, die unsere Haltungen und Gefühle bestimmen, müssen uns, um wirksam zu werden, nicht unbedingt bewusst sein. Dasselbe gilt für die Werte und Wertungen, welche von diesen Kräften bewirkt werden. Aufgrund dieser unbewussten Verknüpfung der sittlichen Kräfte mit den individuellen Empfindungen sind die Gefühle der Menschen in einem schlechten, ja gefährlichen Sinn kulturell manipulierbar. Menschen können dann, ohne zu wissen, warum, lernen, Angehörige einer anderen Kultur zu verachten oder gar zu hassen. Wenn eine Kultur Menschen nicht dazu befähigt, kritisch über ihre Gefühle anderen gegenüber zu urteilen und diese Gefühle an die Urteile zu binden und nicht umgekehrt die Urteile an die Gefühle, werden sie keine Möglichkeit haben, sich der Manipulation durch schlechte kulturelle Kräfte zu entziehen.

Sittliche Kräfte wirken aber nicht nur auf unbewusste Weise. Sie können auch von Werten ausgehen, die im täglichen Leben bewusst gepflegt werden. Es gibt viele sittliche Werte dieser Art, und dies nur, weil es Menschen gibt, die sie schätzen. Der britische Philosoph Joseph Raz hat auf diese Tatsache hingewiesen und gezeigt, dass viele Werte ihre Existenz bewusst vollzogenen sozialen Praktiken verdanken, welche sie stützen. Menschen begegnen einander z. B. wohlwollend und mit Sympathie, weil dieses Verhalten allgemein geschätzt und für gut erachtet wird. Raz hat uns gleichzeitig darauf aufmerksam gemacht, dass es auch Werte gibt, deren Wirksamkeit den Hintergrund sozialer Praktiken nicht voraussetzt.[2] Die einen leiten und prägen das Verhalten der Menschen durch lebendige soziale Praktiken, welche den Werten ihre Anerkennung sichern. Andere Werte wie Musik oder Literatur können lebendig sein ohne solche Praktiken im Hintergrund. Der Wert dieser Dinge ist nicht davon abhängig, wie viele Menschen sie schätzen und mit ihnen leben. Wenn aber zu wenige Menschen in einer Gesellschaft anderen gegenüber Wohlwollen zeigen und Mitleid erweisen, werden diese Werte in der Sitte dieser Gesellschaft eine geringe Rolle spielen. Es geht mir hier nicht um eine allgemeine Betrachtung von Werten, sondern um die Charakterisierung dessen, was ‹Sitte› oder ‹Sitten› bedeutet. Vielerlei Werte bilden die Sitte einer Gesellschaft, weil sie dem zugrunde liegen, was Menschen schätzen und mögen, was sie gut oder schlecht finden. Diese Werte sind in unterschiedlichen Praktiken verwurzelt, welche die Kultur einer Gesellschaft ausmachen. Religion, Politik, Recht, Wirtschaft, Wissenschaft und Kunst sind die Kräfte, welche die Werte einer Kultur bilden, erhalten und verändern.

Unter ‹Sitte› können wir diejenigen Kräfte und Werte verstehen, welche das Bewusstsein, die Gefühle und das Verhalten der Menschen positiv oder negativ bestimmen und ihnen im Alltag Orientierung geben. Die Sitte hilft den Menschen, ihr eigenes und fremdes Verhalten zu bewerten und mit bestimmten Gefühlen zu verbinden. Die Sitte liegt den Urteilen über das, was gut oder schlecht ist, zugrunde. Sie verbindet die Menschen nicht nur in ihren Urteilen, sondern auch in ihrer Lebenspraxis in einer Weise, die durch nichts anderes zu ersetzen ist.[3] Nicht alle Sitten sind aber über jeden Zweifel erhaben, weil nicht alle Sitten einen guten Einfluss auf das Verhalten der Menschen haben. Die Sitte einer im äußeren Sinn stark religiös geprägten Kultur, der es vor allem um die Beherrschung des sozialen Alltags geht, kann Intoleranz, Unduldsamkeit und im Extremfall sogar Gefühle der Verachtung und des Hasses auf Andersgläubige bewirken. Das Selbstwertgefühl eines Gläubigen kann in einer solchen Gesellschaft durch Indoktrination unmittelbar mit dem Gefühl der Feindschaft dem Ungläubigen gegenüber verbunden sein. Es wäre aber kurzschlüssig, aus einer Gefahr wie dieser zu schließen, dass der Einfluss der Religion auf die Sitte allgemein nachteilig oder schlecht wäre.[4] Alle sittlichen Ordnungen haben oder hatten religiöse Wurzeln. Gerade die Toleranz den Andersgläubigen und Fremden gegenüber ist z. B. in vielen Religionen lebendig; und sie ist in einer Gesellschaft dann wirksamer und zuverlässiger, wenn sie selbst religiös motiviert ist. Die Ablehnung des Andersgläubigen erscheint religiös nur dann begründbar zu sein, wenn der eigene Glaube mit einem nicht relativierbaren, dogmatischen Anspruch auf den alleinigen Besitz religiöser Wahrheit verbunden wird. Je stärker dieser Anspruch ist, desto verletzlicher und manipulierbarer sind die mit ihm verknüpften religiösen Gefühle. Solche Gefühle werden jedoch nicht aufkommen, wenn der religiöse Glaube mit der selbstkritischen Einsicht in die eigene Endlichkeit und Fehlerhaftigkeit gepaart ist.[5] Die mit dieser Einsicht verbundenen religiösen Gefühle sind zurückhaltend und weniger anfällig für religiösen Dogmatismus. Die eigene Glaubensgewissheit wird den selbstkritischen Gläubigen im Gegenteil dazu anleiten, die entsprechende Gewissheit auf Seiten des Andersgläubigen zu achten. Eine selbstkritische Glaubensgewissheit setzt aber eine religiöse Erziehung voraus, welche die religiöse Toleranz zu einer sozialen Praxis werden lässt.

Diese Art Duldsamkeit ist von den Vertretern einer Religion aber dann nicht zu erwarten, wenn sie Angriffen und Anfeindungen ausgesetzt sind. Beredten Ausdruck einer solchen Gefahr z. B. für das Judentum geben viele Psalmen, in denen Gott um Vergeltung für erlittenes Unrecht und Rache an den Feinden gebeten wird. Man mag die Wut und Verzweiflung, die in diesen Gebeten zum Ausdruck kommt, auf eine längst vergangene historische Gefahr zurückführen.[6] Tatsächlich sind Religionen aber auch heute solchen Anfeindungen ausgesetzt. Toleranz um der Toleranz willen zu empfehlen, wäre angesichts militanter Intoleranz nicht nur unsittlich und ungerecht, sondern auch der Fähigkeit der Menschen nicht förderlich, zwischen ‹gut› und ‹schlecht› zu unterscheiden. Der moralische Sinn wird in Zeiten der Gefährdung und der religiösen Selbstbehauptung eher geprägt als in Zeiten religiöser Indifferenz. Selbstbehauptung unter Gefahr dürfen wir im Übrigen nicht mit Dogmatismus verwechseln. Religionen schädigen nur dann den moralischen Sinn und die Fähigkeit der Menschen, zwischen ‹gut› und ‹schlecht› zu unterscheiden, wenn sie ihre Gläubigen zum Hass auf Andersgläubige aufrufen. Geschädigt und betroffen sind davon nicht nur die Gläubigen und Andersgläubigen, sondern auch diejenigen, die in ihrer Nähe leben. Ein bestimmtes Bildungsniveau kann vor der Schädigung des moralischen Sinns durch religiöse Intoleranz schützen, bietet aber keine Gewähr. Unduldsamkeit und Hass können viele nicht-religiöse Wurzeln haben, selbst wenn sie sich einen religiösen Schein geben.

Das durch Erziehung und Schule vermittelte Bildungsniveau hat gleichwohl eine große Bedeutung für die Entwicklung des moralischen Sinns. Die Unterscheidung zwischen ‹gut› und ‹schlecht› lernen Menschen in sehr verschiedenen kulturellen, religiös oder auch areligiös bestimmten Welten; und ihnen entsprechen sehr unterschiedliche und miteinander häufig unverträgliche Gefühlswelten. Menschen aus verschiedenen Kulturen können dennoch den gleichen moralischen Sinn entwickeln. Sie müssen dazu allerdings lernen, von denjenigen Gefühlen zu abstrahieren, die sie daran hindern können, die Unterscheidung zwischen ‹gut› und ‹schlecht› auf vergleichbare und ähnliche Weise wie die anderen zu gebrauchen. Dieses Erziehungsziel ist nicht zuletzt in Gesellschaften bedeutsam, in denen Menschen aus unterschiedlichen Kulturen und mit unterschiedlichen religiösen Überzeugungen zusammenleben. Es kommt für die Entwicklung eines vergleichbaren moralischen Sinns nicht darauf an, dass Sitten verschiedener kultureller Herkunft einander angepasst und nivelliert werden. Denn auch innerhalb von Kulturen und Religionen kann es deutliche sittliche Differenzen geben, die sich in unterschiedlichen Wertungen gleicher Sachverhalte niederschlagen. Trotz dieser Differenzen gibt die jeweilige Sitte dem Verhalten große Sicherheit.

Besonders wirksam ist die Sitte immer dann, wenn wir uns gar nicht vorstellen können, wie es anders sein könnte, als es eben ist, weil wir uns dies normalerweise auch gar nicht vorstellen müssen. Unsere sittlichen Intuitionen sind in diesem Fall stabil, und die Urteile, denen sie zugrunde liegen, erfolgen spontan und benötigen kein besonderes Nachdenken. Diese Sicherheit und Spontaneität geht auch nicht verloren, wenn wir hin und wieder schwankend sind und von Fall zu Fall – um ein Beispiel aus unserer eigenen Kultur zu nehmen – Steuerhinterziehung, Bestechung oder andere Delikte bei den einen für schlecht, bei anderen aber für verzeihlich halten. In solchen Fällen überlagern sich die Maßstäbe des Guten und des Schlechten. Wenn Menschen, die wir schätzen, mit dem Gesetz in Konflikt geraten, weil sie z. B. Steuern hinterzogen haben oder bestochen wurden, neigen wir dazu, dieses Schlechte gegen das überwiegend Gute einfach großzügig und unbegründet zu verrechnen. Wir glauben aber nicht, dass unsere Maßstäbe deswegen widersprüchlich sind oder ins Wanken geraten.

Es ist die Sitte, das, was gilt und üblich ist, die alltäglich geübten Formen des Verhaltens und Urteilens und die mit ihnen verbundenen Empfindungen, die uns diese Sicherheit gibt. Sie duldet große Spielräume bei unseren Wertmaßstäben und erlaubt es uns, mit Widersprüchen zu leben. Diese Widersprüche fallen uns meistens nicht weiter auf, weil wir uns an sie gewöhnt haben. Der moralische Sinn und die mit ihm verwobenen Gefühle sind eng, in gewisser Weise unauflöslich mit der Sitte, mit dem normalen, alltäglichen Verständnis dessen, was gut und schlecht ist, verbunden. Sitte, moralischer Sinn und die mit ihnen verknüpften Gefühle stützen sich wechselseitig.

1.1.2. Unsicherheiten im Urteil – wo die Ethik beginnt

Unsicher werden wir nur, wenn etwas, was bisher von den meisten für gut oder schlecht befunden wurde, plötzlich von vielen anders bewertet wird oder wenn widersprüchliche Urteile oder Maßstäbe als solche erkennbar werden. Unsicher werden wir auch, wenn wir nicht mehr genau wissen, worum es eigentlich geht; wenn wir uns nicht mehr auskennen und ratlos sind. Dann hört das Gewöhnliche auf, gewöhnlich zu sein. Der moralische Sinn verliert seine Sicherheit, und wir empfinden diese Unsicherheit als Verunsicherung. Wir bemerken nicht ohne Verwirrung, wie doppelbödig und unzuverlässig einige Aspekte der Sitte sind, auf die wir bisher blind vertraut haben.

Es ist uns nicht neu, dass sich Urteile über das Verhalten anderer hin und wieder als Vorurteile herausstellen. Dies ist auch nicht verwirrend. Unsicher werden wir nur, wenn fest und zuverlässig geglaubte Werte und Urteile schwankend erscheinen. Kann es erlaubt sein, jemanden zu töten, der niemandem nach dem Leben trachtete? Es fällt uns von allein kein guter Grund ein, der die Erlaubnis, einen Menschen zu töten, begründen könnte. Die Verfassung und das geltende Recht schützen das menschliche Leben. Nicht einmal der erklärte Wille einer Person, getötet zu werden, erscheint uns ohne weiteres als taugliche Begründung. Andererseits wissen wir, dass es immer mehr Menschen gibt, die diesen Wunsch äußern, weil sie im Sterben liegen und unerträgliche Schmerzen erdulden müssen oder weil sie unter schweren Behinderungen leiden, die ihnen unerträglich geworden sind. Ihr Leben ist ihnen weniger wert als das Ende ihres Leidens.

Es ist ein sicheres Indiz unserer moralischen Unsicherheit, wenn uns selbst nach einigem Nachdenken kein guter Grund einfällt, für oder gegen etwas zu sein. Besonders ernst ist diese Unsicherheit in Fragen von Leben und Tod, aber auch dann, wenn es darum geht, schwierige individuelle und soziale Probleme zu lösen. Es mag einem z. B. leicht erscheinen, mit dem Rauchen aufzuhören, aber nicht jede Sucht kann leicht überwunden werden, nicht einmal das Rauchen, wie dies Italo Svevo eindrücklich geschildert hat.[7] Soll ich für meine Sucht und deren Folgen verantwortlich gemacht werden? Mancher fühlt sich als Opfer von Suchtmitteln und ist es vielleicht auch. Wie weit seine eigene Verantwortung reicht, ist unklar. Wenn er sich beim besten Willen nicht aus eigener Kraft von seiner Sucht befreien kann, ist ihm auch kein Vorwurf zu machen. Niemand hat die Pflicht, etwas zu tun, was er trotz größter Mühe nicht kann. Die Gesellschaft, in der er lebt, wird vielleicht wenig Verständnis für die Abhängigkeit des Sollens vom individuellen Können haben. Sie wird nicht auf Dauer die Kosten seiner Sucht tragen wollen und ihn selbst in die Pflicht zur Entziehung nehmen, gleichgültig, ob er sie überhaupt erfüllen kann. Es ist aber nicht klar, ob die Gesellschaft dies darf. Es mag uns auf den ersten Blick einleuchten, dass eine Gesellschaft ihre Mitglieder für die Folgen ihres Handelns verantwortlich macht. Soll dies aber so weit gehen, dass sie sich wie ein leiblicher Vater oder Erziehungsberechtigter verhält, ihre Mitglieder wie Kinder behandelt und ihnen sagt, was sie zu tun haben, so als wüssten sie es selbst nicht besser?[8]

Fragen von Leben und Tod oder von den Grenzen individueller und sozialer Verantwortung zeigen, wie moralisch unsicher wir werden, wenn uns das Gewöhnliche oder die Sitte keine Urteile über das Richtige oder Falsche, das Gute oder Schlechte nahe legen. Wo immer diese Unsicherheit bemerkbar ist, erreichen wir die Grenze zwischen Sitte und Ethik. Die Ethik beginnt dort, wo der moralische Sinn seine Sicherheit einbüßt und die Unterscheidung zwischen ‹gut› und ‹schlecht› nicht mehr offensichtlich ist. Manchmal genügt ein kurzes Nachdenken, um ‹gut› und ‹schlecht› wieder sicher unterscheiden zu können, manchmal dauert es länger. Dann müssen wir nicht nur bewusst, sondern intensiv nach Gründen suchen, um etwas als ‹gut› oder ‹schlecht› zu beurteilen. Normalerweise müssen wir uns bei Urteilen dieser Art nicht diese Mühe geben. Der moralische Sinn arbeitet ohne Argumente und Begründungen. Daher rührt die Toleranz der Sitte gegenüber widersprüchlichen und nicht wirklich begründbaren Bewertungen. Es ist eben so, wie es ist. Sobald wir aber nach Gründen fragen, wie etwas moralisch zu bewerten ist, und wir diese Gründe nicht schon irgendwo und von irgendwem beantwortet finden, betreiben wir Ethik.

Die Ethik sucht nach guten, überzeugenden Gründen jenseits des Gewöhnlichen, jenseits des sittlich Bekannten und Unstrittigen. Diese Suche mag in so unterschiedlichen Gebieten stattfinden wie im Recht, in der Politik, in der Religion, ja selbst in Wissenschaft und Technik. Wir betreiben immer Ethik, wenn wir gezielt nach Gründen für die Unterscheidung zwischen dem, was dem moralischen Sinn zufolge gut und schlecht, richtig und falsch ist, suchen; dies trifft für jedermann zu. Häufig setzt diese Suche nach Gründen besondere wissenschaftliche Kenntnisse und berufliche Fertigkeiten voraus. Dann treiben je nach Problemlage Mediziner, Juristen, Ingenieure oder Chemiker, Architekten oder Handwerker ebenso wie Theologen oder Philosophen Ethik. Wenn es sich herausstellt, dass es die Gründe, nach denen sie suchen, schon gibt und sie in der Literatur, in der Forschung, in der beruflichen Praxis oder in der Rechtsprechung jedermann öffentlich verfügbar und bekannt sind, erübrigt sich die Suche. Dann brauchen wir für den Fall, um den es geht, keine Ethik, sondern nur eine gute Erinnerung und Hinweise auf frühere Einsichten und Urteile.

1.1.3. Ethik als praktische Wissenschaft

Wenn die Suche nach überprüfbaren und evidenten Gründen als allgemeines Merkmal einer wissenschaftlichen Praxis gelten darf, ist Ethik eine Wissenschaft eigener Art. Es geht ihr nicht weniger als anderen Wissenschaften um Wahrheit, nämlich um die Wahrheit bei der Begründung von Forderungen, Geboten und Verboten. Wir können die Ethik «Wissenschaft vom Guten und Schlechten» oder auch «praktische Wissenschaft» nennen, denn es geht ihr um das, was ‹gutes Handeln› bedeutet, und um die Frage, unter welchen Bedingungen es wahr ist, dass eine Handlung als gut oder schlecht beurteilt wird. Die Ethik als praktische Wissenschaft untersucht die Gründe, warum das, was Menschen tun, gut oder schlecht ist. Gründe in der Ethik müssen wie beliebige andere Gründe, nach denen eine Wissenschaft für ihre Einsichten und Urteile sucht, *verständlich, nachprüfbar, wahr, einschlägig* und im Licht neuer Erkenntnisse *revidierbar* sein. Es wäre vermessen zu meinen, diese Kriterien seien das letzte Wort zum Thema ‹objektive ethische Urteile›.[9] Wir werden uns immer wieder mit dem methodologischen Problem der Kriterien beschäftigen müssen. Es genügt zunächst allerdings, einleuchtende Kriterien wie die eben genannten anzunehmen, um den Anspruch auf Objektivität anzumelden. Ethische Urteile sollten, soweit dies bei der qualitativen, moralischen Beurteilung von Entscheidungen und Handlungen möglich ist, einen objektiven Charakter haben, selbst wenn sie von Fall zu Fall umstritten sind und im Lichte neuer Tatsachen verworfen werden können. Objektiv können ethische Urteile gelten, wenn sie bestimmte allgemein akzeptierte Kriterien wie die eben vorgeschlagenen erfüllen. Natürlich reichen solche Kriterien nicht aus, um die Inhalte der Urteile allgemein akzeptabel zu machen. Wenn sich die Urteile, obwohl sie wahr, verständlich, nachprüfbar, revidierbar und einschlägig sind, in den Augen der meisten Menschen als sittlich unangemessen herausstellen, ist der Anspruch auf Objektivität auf Sand gebaut. Ethische Urteile können ihre Bindung an sittliche Voraussetzungen nicht verleugnen. Gerade in der Ethik stehen deswegen schon die allgemeinen Kriterien der Beurteilung von Handlungen im Kreuzfeuer der Kritik.

Ein weiterer, hinreichend bekannter Grund dafür, dass jene Kriterien strittig sein können, liegt in ihrem normativen Charakter. Normen sind Festlegungen, die selbst dann, wenn sie gerechtfertigt sind, auch allgemein akzeptiert werden müssen, um wirklich zu gelten. Dies ist bei den Papier- oder Kleidergrößen nicht anders als bei sittlichen Regeln, den Artikeln einer Verfassung oder Gesetzestexten. Nicht nur in der Ethik, auch in anderen wissenschaftlich bearbeiteten Bereichen, wie etwa dem Recht, werden die Kriterien der Objektivität methodisch festgelegt und gelten normativ. Jede Wissenschaft hat normative Voraussetzungen. Denn das allgemeinste Kriterium wissenschaftlicher Aussagen, das Widerspruchsprinzip, ist eine Norm, ohne die Aussagen und Theorien keinen Anspruch auf Wahrheit und Geltung erheben könnten. Was in den Wissenschaften dann im Einzelnen wahr und gültig ist, hängt von dem Instrumentarium ihrer Begründungsverfahren ab. In der Ethik gelten methodische Normen nach Art des Widerspruchsprinzips ohne jede Einschränkung. Im Unterschied zu den wissenschaftlichen Bereichen, in denen objektive und wahre Aussagen im Wissenschaftsprozess selbst entdeckt und formuliert werden, ist die Ethik nicht nur eine entdeckende, sondern auch eine normierende Wissenschaft. Sie setzt nicht nur methodische Normen objektiver Aussagen voraus, sondern legt selbst auch die inhaltlichen Normen für solche Aussagen fest. Sie sagt also auch, was überhaupt als Inhalt einer ethischen Aussage oder Begründung gelten kann. Die Ethik kann nicht anders; denn das, was als ‹gut› oder als ‹schlecht› beurteilt wird, kann – in gewisser Weise – immer wieder den veränderten Problemlagen entsprechend etwas Neues, bisher nicht da Gewesenes sein. Die in den Urteilen gebrauchten ethischen Begriffe müssen dann auch neu festgelegt werden. Und diese Festlegung – so die Forderung – muss nun selbst objektiv erfolgen. Dieser Prozess der objektiven Normierung ist – wie wir sehen werden – nicht so einfach, wie es scheint. Auch die Ethik kann – ähnlich wie das Recht – nicht umhin, wissenschaftliches Wissen etwa aus den Biowissenschaften und der Medizin, das also nicht von ihr selbst stammt und auch keinen normativen

Charakter hat, für ihre normierenden Festlegungen zu berücksichtigen. Aus dem normativen Charakter der Ethik ergibt sich noch kein Grund, daran zu zweifeln, dass die Ethik ein Gründe-Wissen mit objektivem Anspruch ist. Ohne den Anspruch auf Objektivität wäre die Ethik lediglich eine Art verallgemeinerter Sitte oder eine Weltanschauung und könnte nicht den Anspruch erheben, allgemein verbindliche Urteile und Begründungen zu liefern.

Die Ethik sucht moralische Gründe für oder gegen eine bestimmte Art zu entscheiden und zu handeln, die Sitte nicht. Im Gegenteil, das Gewöhnliche und Übliche bietet keine Gründe für oder gegen etwas an, sondern legt nur unmittelbar, quasi auf natürliche Weise, bestimmte Urteile und Verhaltensweisen nahe. Ähnlich legt uns unsere Muttersprache Sätze in den Mund, ohne dass uns dabei die Regeln, die ihre grammatikalische Richtigkeit begründen, bewusst sein müssen. Wir drücken uns einfach so aus, weil wir uns sicher in unserer Sprache bewegen können. Nur wenn wir in einer Sprache nicht sicher sind, suchen wir nach grammatikalischen Gründen für bestimmte Ausdrucksweisen, weil uns das Sprachempfinden in dieser Sprache fehlt.

Dasselbe gilt für die Sitte und den mit ihr verbundenen moralischen Sinn. Müsste ich jemanden fragen, warum es verwerflich ist, einen Menschen zu töten, der niemandem nach dem Leben trachtet, würden mein moralischer Sinn und meine Urteilsfähigkeit zu Recht bezweifelt. Wem nicht unmittelbar und ohne weitere Begründung klar ist, dass mutwilliges, grundloses Töten verwerflich ist, dem kann wohl kaum durch Gründe zu dieser Einsicht verholfen werden. Denn auch der Hinweis auf die Verfassung und das Strafrecht wird ihn nicht überzeugen. Niemand kann durch Gründe dazu gebracht werden, etwas als gewöhnlich, normal oder unbezweifelbar gültig anzuerkennen.

Gründe für das Gewöhnliche sind uns so wenig bewusst und bekannt wie die Gründe für irgendeine Art Sitte oder Kultur.[10] Wenn mir in meiner Muttersprache unklar ist, ob ein Ausdruck grammatikalisch richtig oder falsch ist, kann ich eine Grammatik zu Hilfe nehmen. Wenn mir dagegen etwas sittlich unklar ist, steht mir keine Grammatik zur Verfügung. Ich kann nur nach historischen Gründen für die herrschende Sitte oder Kultur suchen und werde sie in früheren sittlichen und kulturellen Gepflogenheiten finden. Die Genese der Sitte oder Kultur begründet aber nicht ihre Legitimität. Entstehung und Rechtfertigung dürfen auch bei Kulturen nicht miteinander verwechselt werden. Kenntnisse der Sitte und der Kultur können verloren gehen. Dann kann ich mit bestimmten Verhaltensweisen nichts mehr anfangen. Ihren Sinn verstehe ich nicht mehr. So kann es mir auch mit moralisch relevanten Kenntnissen der Sitte gehen. Wenn es mir tatsächlich nicht mehr klar ist, ob das mutwillige Töten von Menschen oder Tieren erlaubt ist oder nicht, ist etwas abhanden gekommen, was in der Sitte fraglos und fest verankert war.

Kann in einem solchen Fall die Ethik helfen? Sie kann dem Tötungsverbot nicht den Charakter einer Sitte, des Üblichen oder Gewöhnlichen, des unbefragt Gültigen zurückgeben. Sie kann auch niemandem moralisches Empfinden oder das, was ich ‹moralischen Sinn› nenne, vermitteln. Ethik kann keine alte oder neue Sitte stiften, sondern nur eine Kultur der Begründung; genauer gesagt, eine Kultur der Suche nach objektiv geltenden Gründen für gutes und gegen schlechtes Handeln. Wenn z. B. das Tötungsverbot in Frage gestellt wird, kann die Ethik dieses Verbot an allen Stellen, an denen es gefährdet und fraglich werden kann, rechtfertigen. Ob es dann auch gilt und beachtet wird, ist eine andere Frage. Sie liegt jenseits der Ethik in der Praxis menschlichen Lebens, in der Rechtsprechung und in der Politik. Den Übergang von der Sitte zur Ethik erleben wir bewusst, wenn uns klar wird, dass etwas nicht mehr einfach gilt, sondern eigens und sorgfältig begründet werden muss. Dies erleben wir immer häufiger. Die Menge dessen, was aufgrund der Sitte selbstverständlich gilt und entsprechend beurteilt wird, scheint in dem Maße abzunehmen, in dem die sittlichen Wertungen weniger anerkannt und fragwürdig werden. Wenn der Bedarf nach Begründungen und Rechtfertigungen zunimmt, ist die Ethik gefragt.

1.1.4. Geltung und Rechtfertigung

Geltung und Rechtfertigung werden häufig vermischt, leicht verwechselt, hängen eng miteinander zusammen, sind aber nicht dasselbe. ‹Gelten› bedeutet so viel wie ‹in Kraft sein›, ‹wirksam sein› oder ‹anerkannt werden›.[11] ‹Rechtfertigen› bedeutet so viel wie ‹gut begründen›. Rechtfertigungen können Ordnungen Legitimität verleihen. Wenn etwas gilt, ist es wirksam, wenn etwas gerechtfertigt ist, ist es gut begründet. Es kommt aber darauf an, wie das eine mit dem anderen zusammenhängt. Der Begriff ‹Geltung› kann auf Feststellungen, Entscheidungen, Praktiken, Normen und Regeln aller Art bezogen werden. Sie haben ihre Geltung in ganz unterschiedlichen Zusammenhängen und Ordnungen. Die Feststellung oder Äußerung einer Person gilt, weil die Person dazu autorisiert oder weil sie anerkannt ist oder weil man ihr glaubt; natürlich kann auch alles auf einmal zutreffen. Der Spruch einer Kammer oder die Entscheidung eines Gerichts gelten im Rahmen einer Rechtsordnung. Praktiken wie die Namensgebung oder das Grüßen haben ihre Geltung in einem kulturellen Rahmen. Dass Normen oder Regeln gelten, bedeutet, dass sie allgemein und in jedem einzelnen Fall, in dem sie befolgt werden, ohne Begründung wirksam sind. ‹Ohne Begründung› bedeutet nicht ‹grundlos›. Natürlich sind gerichtliche Entscheidungen nicht wirksam, wenn es keine allgemeinen Gründe dafür gibt; und diese Gründe sind denjenigen, die entscheiden, meistens bewusst. Viele Regeln sind aber wirksam und werden befolgt, ohne dass die Gründe ihrer Geltung z. B. den Sprechern oder Hörern bewusst wären. Meistens steht hinter der Wirksamkeit geltender Regeln deren allgemeine Anerkennung, eine Autorität oder eine lange praktizierte Gewohnheit. Entscheidend ist, dass diese Wirksamkeit nicht häufig oder dauernd in Frage gestellt wird und zuvor nicht begründet werden muss. Eine Entscheidung gilt, weil sie anerkannt, und eine Regel gilt, weil sie befolgt wird.

Die Geltung einer Äußerung, einer Festlegung oder einer Regel schließt nicht aus, dass es für ihre Wirksamkeit eine Begründung gibt. Diese muss aber nicht gut oder vernünftig sein. Autorität ist z. B. eine Begründung, die für bestimmte Zwecke vernünftig sein kann, aber nicht unbedingt gut sein muss. Wenn sie schlecht oder gar nicht begründet sein sollte, sind sie und ihre Wirksamkeit nicht zu rechtfertigen und deswegen illegitim. Autorität kann aber auch rechtfertigen. Die Geltung der *Zehn Gebote* ist z. B. durch die religiöse Autorität der *Heiligen Schrift* und der Überlieferung gerechtfertigt. Deren Autorität ist ihrerseits nicht eigens zu rechtfertigen; sie kann nur durch die Gläubigen anerkannt werden. Autorität kann aber auch gerechtfertigt im Sinne von ‹gut begründet› und dann auch vernünftig sein. Die Entscheidung eines Gerichts gilt z. B. als gerechtfertigt genau deswegen, weil die Autorität, mit der die Entscheidung in einem Verfahren getroffen wurde, rechtlich gut begründet und deswegen gerechtfertigt ist. Allerdings ist damit noch nicht klar, worauf sich die Begründung bezieht. Sie kann sich auf zweierlei erstrecken, auf die Autorität des Gerichts oder auf dessen Entscheidung. Die Rechtfertigung der Autorität des Gerichtsverfahrens ist eine Sache, eine andere die Rechtfertigung der Entscheidung. Die Rechtfertigung der Autorität reicht nicht aus für die Rechtfertigung der Entscheidung. Deren Rechtfertigung ist nur durch die relevanten Gesetze möglich, und diese müssen ihrerseits gelten.

Diese verzweigten Überlegungen lassen sich zur besseren Übersicht so systematisieren, dass klar wird, wie Geltung mit Anerkennung und wie beides mit Rechtfertigung verbunden sein kann. Der einfachste und grundlegende Zusammenhang ist derjenige zwischen Geltung und Anerkennung. Eine Regel (z. B. das Gebot, auf Straßen rechts zu fahren) *gilt und ist* – zumindest in einigen Ländern qua Verkehrsordnung – *anerkannt.* (Eine Rechtfertigung für die Praxis des Rechtsfahrens selbst gibt es nicht.) Es gibt auch Normen wie die Pflicht, seine Steuern zu bezahlen, die *gelten, ohne dass sie wirklich anerkannt* wären. (Steuern und ihre genaue Höhe können auf unterschiedliche Weise *gerechtfertigt* werden; es gibt aber *keine zwingende Rechtfertigung* dafür, dass es in einem Gemeinwesen überhaupt Steuern geben muss.) Das Verhältnis der Menschen zum Steuernzahlen zeigt, dass Anerkennung offenbar mehrdeutig ist. Etwas kann explizit – qua Gesetz – anerkannt sein, ohne tatsächlich von jedem Einzelnen anerkannt zu werden. Dann gibt es Regeln, Normen oder Praktiken, die nur *gelten, weil sie anerkannt werden.* Ein Beispiel dafür ist die Goldene Regel,[12] die einfach jedermann einleuchtet, ein anderes die Praxis, während des Essens nicht zu rauchen (wo es überhaupt erlaubt ist zu rauchen). Eine Norm wie das Rauchverbot kann auch *gelten, weil* es durch den Nachweis der Schädlichkeit des Rauchens *begründet und gerechtfertigt* ist, das Verbot allgemein verbindlich zu machen. Dann gibt es auch die Möglichkeit, dass etwas *nur scheinbar gilt*, z.B. eine gefälschte Banknote. Schließlich kann etwas wie der Erbanspruch einer Person *gelten, obwohl er nicht begründet* ist, weil die Person z. B. in keiner verwandtschaftlichen Beziehung zum Erblasser steht und sich den Erbanspruch erschlichen hat. Natürlich kann dies irgendwann bekannt werden, ob es dann aber noch korrigiert werden kann, hängt von vielen Bedingungen ab.

Wie die Beispiele zeigen, gibt es Normen oder Praktiken, die gelten, ohne dass sie anerkannt oder gar begründet wären. Es ist wichtig, dies zu erkennen, weil damit klar wird, dass Geltung weder notwendig Anerkennung noch Begründung oder Rechtfertigung voraussetzt. Nichts spricht dafür, dass der Geltung von Regeln und Normen und den Ansprüchen, die mit ihrer Geltung verbunden sind, rationale Begründungs- und Rechtfertigungsprozesse zugrunde liegen oder zugrunde liegen müssten. In ihrer einfachsten Form beruht die Geltung auf Handlungen und Tätigkeiten; sie benötigt nicht einmal unbedingt Schriftlichkeit, auch wenn die Geltung von Gesetzen von deren schriftlicher Form abhängt. Beispiele für diese einfachste Form der Geltung sind Konventionen[13] wie das Rechts- oder Linksfahren, an die sich Menschen aus Gewohnheit halten, ohne dass es für die jeweilige Praxis Begründungen geben müsste.

Diese Überlegungen zeigen, wie verschränkt die Beziehungen zwischen Geltung, Anerkennung und Rechtfertigung sind. Sie zeigen aber vor allem, dass das Verhältnis zwischen Geltung und Rechtfertigung asymmetrisch ist; Geltung kommt vor Rechtfertigung und nicht umgekehrt. Geltungen sind nicht von Rechtfertigungen abhängig, Rechtfertigungen aber von Geltungen. Geltungen setzen nichts anderes voraus und sind in diesem Sinn einfach und nicht reflexiv. Rechtfertigungen sind reflexiv; sie setzen immer etwas voraus, was gilt und seinerseits implizit grundlegend oder explizit begründet ist. Insofern ruht jede Rechtfertigung auf der Geltung der Gründe, die sie in Anspruch nimmt. Diese Gründe hängen wiederum mit anderen zusammen und bilden ein Netz, in dem sich die Gründe wechselseitig stützen. Dieses Netz von Gründen ist seinerseits nicht zu rechtfertigen. Seine Geltung ist grundlos und auch nicht begründbar. Jede Rechtfertigung setzt Geltungen oder Geltungsgründe voraus, die nicht zu rechtfertigen sind.[14] Sie gelten ähnlich unbegründet wie das Widerspruchsprinzip. Diese Asymmetrie von Geltung und Rechtfertigung, die Abhängigkeit aller Rechtfertigungen von Geltungen und Geltungsgründen sollten wir beachten und einsehen, dass Geltungen nicht durch Rechtfertigungen kontrollierbar sind. Die Wirksamkeit dessen, was gilt, ist am Ende nicht zu rechtfertigen. Dies bedeutet aber nicht, dass am Ende aller Rechtfertigungen die grundlose Autorität erster Gründe oder Prinzipien steht. Natürlich können Regeln gelten, die illegitim sind. Gewöhnlich gelten sie aber, wenn ihre Geltungsbedingungen so wie korrekt entstandene Satzungen anerkannt sind.[15]

Geltungsgründe stehen immer – zumindest potentiell – unter Rechtfertigungsdruck. Wo es aber keine Rechtfertigungen mehr geben kann, herrscht nicht etwa die Macht einer unbegründbaren Autorität. Erste Autoritäten oder erste Prinzipien sollten anerkannt und müssen zumindest anerkennbar sein. Wenn sie nicht wenigstens anerkennbar sind, ist ihre Geltung unbegründet im Sinne von illegitim. Geltungsgründe fordern Anerkennung. Anerkennung mag sich in schweigender Zustimmung ausdrücken, ist aber erst dann zuverlässig, wenn sie sich im Handeln zeigt.[16] Anerkennung ist eine erste Stufe der Rechtfertigung, aber keine zuverlässige, da Anerkennung nicht gegen Irrtum gefeit ist. Zu viele Autoritäten fanden Anerkennung, die sie bei kritischer Betrachtung ihrer Wirkungsweisen nicht verdienten. Das Verhältnis zwischen Geltung und Rechtfertigung ist aus diesem Grund nicht frei von möglichen Gegensätzen. Der Grund dieser Überlegungen ist, dass das Verhältnis zwischen Sitte und Ethik dem Verhältnis zwischen Geltung und Rechtfertigung entspricht.

Was wie die *Zehn Gebote* zur Sitte[17] gehört, gilt, ohne dass es gerechtfertigt wurde oder je gerechtfertigt werden könnte. Was mit Gründen gerechtfertigt werden kann, kann auch gelten, gehört aber allein aus diesem Grunde nicht schon zur Sitte. Um zur Sitte zu gehören, muss das, was gerechtfertigt werden kann, auch anerkannt sein. Erst dann kann es sich durchsetzen und wirksam werden. Was gilt, setzt sich von allein durch, wenn und weil es zur Sitte gehört. Was jenseits der Sitte gültig ist, weil es gerechtfertigt wurde, kann im sittlichen Sinn nicht ohne den Nachdruck einer Autorität gelten. Die Sitte hat unter normalen Bedingungen Macht ohne Gewalt; sie hat natürliche Autorität.[18] Diese Autorität ist aber nicht über alle Zweifel erhaben, weil sie auf fragwürdigen Anerkennungsverhältnissen beruhen kann.

Die Ethik hat – im Unterschied dazu – eine wissenschaftliche und begriffliche, keine natürliche Autorität. Die Ansprüche, die mit der wissenschaftlichen Autorität der Ethik über die Kriterien der Objektivität hinaus verbunden sind, werden wir noch genauer fassen müssen. Zunächst genügt es festzuhalten, dass diese Autorität der Ethik die Kraft gibt, Urteile und Handlungen mit Gründen zu rechtfertigen. Sie fördert die Einsicht in diese Gründe, kann aber außerdem nichts unmittelbar im praktischen, rechtlichen oder politischen Sinn zu deren Geltung beitragen. Ethik schafft aus eigener Kraft nur Rechtfertigungen, aber keine Geltungen. Wenn die ethischen Gründe aber Teil des geltenden Rechts sind oder werden, kann die Rechtsprechung den Gründen auch Geltung verschaffen. Im Übrigen sind die Gründe, welche die Ethik liefern kann, Appelle an die Einsichtsfähigkeit der Menschen. Die Ethik hat nur eine Autorität relativ zu dem wissenschaftlichen Gewicht der Gründe und Begründungen, die sie anbieten kann.

Diese Autorität verschwindet nicht, wenn bestimmte Gründe obsolet, entkräftet oder durch andere ersetzt werden. Mit der Veränderung der Gründe sollte jedenfalls die wissenschaftliche Autorität der Ethik nicht abhanden kommen. Die Ethik sollte mit ihren Leistungen das Vertrauen in ihre Fähigkeit, objektiv geltende Gründe für das zu finden, was gut oder schlecht ist, stärken. Sie tut dies, wenn ihre Begründungen objektiv sind; das können sie nur aus eigener Kraft sein. Auf weltanschauliche Positionen oder andere Autoritäten dürfen sie sich nicht berufen. Das bedeutet nicht, dass diejenigen, die diese Begründungen leisten, keine weltanschaulichen oder sittlich geprägten Einstellungen haben dürften. Niemand ist ohne sittliche Prägung, und diese fließt auch in die wissenschaftliche Urteilsbildung ein. Die sittlichen Einstellungen dürfen nur nicht die Stelle von ethischen Gründen einnehmen. Das ethische Urteil darf nicht durch den moralischen Sinn und sittlich geprägte Intuitionen ersetzt werden, sondern muss auf eigenen argumentativen, begrifflichen Beinen stehen. Wenn sich ein ethisches Urteil anstelle einer eigenen Begründungsleistung auf sittliche Geltungsgründe beruft, kommt dies dem Eingeständnis gleich, dass es keine wirklich unabhängigen Argumente gibt. Dies entspricht der Empfehlung, einen bestimmten sittlichen Anspruch anzuerkennen.

Das Verhältnis zwischen Sitte und Ethik ist alles andere als einfach und konfliktfrei. Einerseits kann die Ethik nur wissenschaftliche Autorität haben, wenn ihre Begründungen unabhängig von der Sitte sind. Andererseits hätte die Ethik keine wissenschaftliche Autorität, wenn sie nicht selbst in der Sitte verwurzelt wäre. Dieses ‹einerseits-andererseits› stellt die wissenschaftliche Autorität der Ethik in Frage. Tatsächlich ist die wissenschaftliche Autorität der Ethik auch ständig gefährdet, weil sie sich nicht völlig vom Netz sittlicher Geltungsgründe unabhängig machen kann. Der Anspruch auf objektive Begründungen und die wissenschaftliche Autorität der Ethik bleiben prekär und können immer wieder in Frage gestellt werden. Es erscheint daher beinahe unsinnig, von der Ethik überhaupt objektive Begründungen zu erwarten. Andererseits gäbe es keine Ethik, wenn ihre Gründe nicht den Kriterien der Objektivität genügen würden.

1.1.4.1. Sittliche Tatsachen und ethische Objektivität

‹Objektivität› in der Ethik bedeutet, dass ethische Urteile und Forderungen – wie ich schon andeutete – *wahr, verständlich, nachprüfbar, einschlägig* und im Lichte neuer Erkenntnisse *revidierbar* sind. Diese fünf entscheidenden Kriterien sind offensichtlich nicht gegen die Sitte oder gegen eine weltanschauliche Orientierung als solche gerichtet. Sie fordern lediglich ethische Begründungen, die argumentativ von der Sitte unabhängig sind. Und diese Begründungen leisten das, was wir ‹ethische Rechtfertigungen› nennen. Die Abhängigkeit der Ethik von der Sitte kann sich nicht auf die ethischen Rechtfertigungen selbst beziehen, sondern nur auf die Geltung der Gründe, die sie in Anspruch nehmen. Ohne die praktische Anerkennung des sittlichen Netzwerks an Geltungsgründen durch die Sprecher und Adressaten ethischer Urteile steht deren wissenschaftliche Autorität auf tönernen Füßen. Die wissenschaftliche Autorität der Ethik setzt die natürliche der Sitte voraus. Wollte die Ethik auf diese Voraussetzung direkt Einfluss nehmen, würde sie ihre eigenen Voraussetzungen in Frage stellen. Die *Zehn Gebote* oder die *Goldene Regel* gelten z. B. unabhängig von den Rechtfertigungsleistungen der Ethik. Wenn die Ethik deren Geltung in Frage stellen wollte, würde sie sich selbst in Frage stellen.

Eine kurze Charakterisierung der fünf Kriterien der Objektivität zeigt, dass Rechtfertigungen nicht unabhängig von Geltungsbedingungen und Geltungsgründen sind. Damit werden die Verhältnisse zwischen Ethik und Sitte theoretisch schwieriger, praktisch aber auch angemessener. Was ‹verständlich› bedeutet, scheint evident, ist es aber – bezogen auf den Kreis der Angesprochenen – nicht immer. Schließlich sollen nicht nur Experten die Argumente und Begründungen verstehen, sondern auch der interessierte Laie und die Personen, die zumindest indirekt – in Politik, Forschung und Öffentlichkeit – angesprochen sind. Der Grund für die Forderung nach Verständlichkeit ist, dass eine öffentliche Auseinandersetzung um ethische Fragen für jedermann offen sein sollte. Öffentlichkeit ist ein Gebot der politischen Kultur in einer Demokratie und damit eine sittliche Verpflichtung. Bei der Nachprüfbarkeit der ethischen Urteile ist es ähnlich. Einerseits ist es ein methodischer Standard, dass Urteile von Dritten nachprüfbar und kontrollierbar sind, andererseits wird mit diesem Standard ein Bedürfnis der Öffentlichkeit nach Transparenz der Argumente und Begründungen erfüllt. Dieses Bedürfnis entspricht selbst wieder einer sittlichen Norm.

Die ‹Revidierbarkeit› steht als Teilkriterium der Objektivität in Konkurrenz zur Wahrheit. Dieses Kriterium bedeutet, dass bisherige Urteile relativ zum Stand der Erkenntnisse nicht mehr einschlägig oder tatsächlich falsch sind. Wenn es neue Erkenntnisse z. B. über die Entwicklung menschlichen Lebens gibt, können sie dazu beitragen, dass sich die Urteile etwa über den Beginn des Lebensschutzes verändern und sich frühere Festlegungen als unhaltbar erweisen. Damit werden die bisherigen Urteile revidiert, weil sich ihre Voraussetzungen, ihre Relevanz und Einschlägigkeit verändert haben. Entsprechend könnten sich dann auch rechtliche Normen, die wie das Embryonenschutzgesetz den Lebensschutz garantieren, verändern. Revidierbarkeit bedeutet, dass ethische Urteile bei aller Entschiedenheit keinen absoluten, von neuen wissenschaftlichen Erkenntnissen unabhängigen Status haben. Im Lichte neuer Einsichten sollten ethische Urteile nicht nur überprüfbar, sondern auch veränderbar sein. Dies muss nicht heißen, dass sich die Urteile in ihr Gegenteil verkehren. Modifikationen der Wertung bestimmter Ansprüche und des Geltungsbereichs bestimmter Forderungen werden sich aber in Modifikationen der Urteile niederschlagen.

Für ethische Urteile Objektivität und damit auch Wahrheit zu fordern, ist alles andere als selbstverständlich. Es ist nämlich zum einen nicht klar, in welchem Sinn normative Urteile überhaupt wahr sein können. Zum andern hat die Annahme, dass sie wahr sind, weitreichende Folgen. Wenn davon die Rede ist, dass ein ethisches Urteil wahr ist, geht es zunächst darum, ob das Urteil etwas behauptet, was tatsächlich so ist. Urteile, seien sie normativ oder deskriptiv, können nur wahr sein, wenn sich das, was sie behaupten, auf Tatsachen bezieht. Es gibt unterschiedliche Arten von Tatsachen[19] und unterschiedliche Weisen, sie zu erklären und ihre Wahrheit zu bestätigen. Tatsachen sind, wenn wir Wittgensteins schlichter Feststellung im Satz 2 seines *Tractatus* folgen wollen, «bestehende Sachverhalte».[20] Die Gravitation ist in diesem Sinn z. B. ebenso eine Tatsache wie die Farbe eines Apfels. Beides sind bestehende und nicht bloß mögliche Sachverhalte, und es ist typisch für bestehende Sachverhalte, dass sie sich beschreiben und häufig auch erklären lassen. Es ist Sache der Physik zu erklären, was ‹Gravitation› für ein Sachverhalt ist; außerdem können wir ihre Wirkung, wenn auch ungenau, wahrnehmen. Die Farbe eines Apfels können wir ebenfalls wahrnehmen, beschreiben und wissenschaftlich erklären. Alle Urteile, welche Sachverhalte dieser Art behaupten, sind wahr, weil sie sich auf Tatsachen beziehen und diese Tatsachen selbst wahr sind.[21] Wenn ethische Urteile wahr sein sollen, müssen sie sich in ähnlicher Weise auf wahre Tatsachen beziehen. Nehmen wir als Beispiel das Urteil ‹Oskar handelt verwerflich, weil er seinen Hund quält›. Wenn dieses Urteil wahr sein soll, muss es sich auf eine wahre Tatsache beziehen, aber auf welche? Es ist am einfachsten, wenn wir uns die gesuchte Beziehung auf eine Tatsache als Schluss vorstellen: Aus der Tatsache (1), dass es verwerflich ist, Menschen und Tiere zu quälen, und der weiteren Tatsache (2), dass Oskar seinen Hund Raudi quält, schließen wir (3), dass Oskar verwerflich handelt, weil er seinen Hund Raudi quält. Es mag ungewohnt sein, sittliche Grundnormen der Art, wie sie Satz (1) formuliert, als ‹wahr› und als ‹Tatsachen› zu bezeichnen. Dennoch handelt es sich um Tatsachen. Sie können nicht natur-, dafür aber sozial- und kulturwissenschaftlich als Tatsachen der sozialen und kulturellen Welt erklärt werden. Da sie auf ernst zu nehmende Weise erklärt werden können, sollten wir uns auch nicht scheuen, sie als Tatsachen zu begreifen.

Jemand könnte nun einwenden, Tatsachen, die sozial- oder kulturwissenschaftlich erklärt werden, seien lediglich Glaubenstatsachen und weniger zuverlässig als physikalische. Dies ist ein Vorurteil. Letztlich müssen wir alle Tatsachen glauben; wir tun es allerdings den jeweiligen Erklärungen entsprechend mit unterschiedlichen Gründen. Es erscheint uns nur weniger problematisch zu sein zu glauben, dass es die Gravitation gibt oder dass der Apfel grün ist, als zu glauben, dass es verwerflich ist, Menschen und Tiere zu quälen. Auch dies ist ein Vorurteil. Es mag daher rühren, dass wir uns bei physikalischen Tatsachen und wahrnehmbaren Objekten mit Erklärungen zufrieden geben, die zeigen, *dass* es sie gibt, und wie sie uns erscheinen. Bei sittlichen Tatsachen wie der Verwerflichkeit des Quälens von Menschen und Tieren wollen wir aber gerne wissen, *warum* sie so sind, wie sie uns erscheinen. Wir sind bei solchen Tatsachen eher geneigt, an ihrer Existenz zu zweifeln, weil wir nicht wirklich erklären können, warum es sie gibt. Außerdem können wir ihren Tatsachencharakter nur indirekt über das menschliche Handeln und Argumentieren wahrnehmen. Dagegen nehmen wir Tatsachen wie die Farbe der Äpfel direkt wahr. Den Nachteil der indirekten Wahrnehmung müssen wir bei sittlichen Tatsachen ebenso in Kauf nehmen wie bei der Gravitation. Bei vielen Tatsachen kennen wir keine Antwort auf die Frage, warum etwas so ist, wie es ist. Wir wissen z. B. nicht, welche Kraft hinter der Gravitation steckt, also warum es sie überhaupt gibt, und ebenso wenig wissen wir, warum es Äpfel gibt. Es ist aber dennoch möglich zu erklären, was beides ist. Wir sind uns außerdem sicher, dass beides, Äpfel und die Gravitation, Tatsachen sind. Einer ähnlichen Gewissheit steht die Skepsis im Weg, dass es uns vielleicht nur so erscheint, als ob es tatsächlich verwerflich wäre, Menschen und Tiere zu quälen. Dabei ist diese subjektive Skepsis auch bei allen anderen Tatsachen nicht restlos aus der Welt zu räumen. Bei sittlichen Tatsachen fällt es uns nur eher auf als bei anderen. Die Gewissheit, dass es sittliche Tatsachen gibt, ist nicht unsicherer als jede andere. Es ist ein Merkmal aller Tatsachen, dass sie so hinzunehmen sind, wie wir sie auf der Grundlage der verfügbaren Erklärungen kennen. Für diese Gewissheit gibt es keine zusätzlichen begründenden Argumente. Die Gewissheit gehört im Sinne Wittgensteins zum Sprachspiel, obwohl es für sie keine Begründung gibt.

Wittgenstein trug in *Über Gewissheit* sehr viel dazu bei, dass wir grundlegende Überzeugungen wie die Verwerflichkeit des Quälens von Menschen und Tieren als wahre Tatsachen verstehen können. Er wies nicht nur darauf hin, dass «am Grund des begründeten Glaubens» der unbegründete liege,[22] sondern fragte auch in seiner unnachahmlichen Weise: «Warum soll es möglich sein, einen Grund zum Glauben zu haben, wenn es nicht möglich ist, sicher zu sein?»[23] Die Sicherheit, dass etwas eine «unwankende Grundlage» eines Sprachspiels ist, macht diese Grundlage zu einer Wahrheit in genau dieser Hinsicht.[24] Nur weil uns der Glaube an die sittliche Tatsache, dass es verwerflich ist, Menschen und Tiere zu quälen, Sicherheit gibt, können die Urteile, die sich auf jene Tatsache beziehen, wahr sein.

Der Objektivität ethischer Urteile liegen wahre Tatsachen zugrunde, die unseren Urteilen in der von Wittgenstein beschriebenen Weise Sicherheit geben. Auf dieser Basis können selbst kontrafaktische Sätze, wie beispielsweise ‹wenn Oskar seinen Hund Raudi quälen würde, wäre dies verwerflich›, den Anspruch erheben, wahr zu sein. Häufig nehmen ethische Urteile z. B. auf die Verfassung, das Recht und die höchstrichterliche Rechtsprechung Bezug. Auch für verfassungsrechtliche Regelungen oder Entscheidungen gilt, dass wir sie als wahr anerkennen können, weil sie tatsächlich gelten. Es sind sittliche Tatsachen oder sittliche Grundnormen, auf die sich ethische Urteile so beziehen können, dass sie selbst wahr sind. Auf diese Weise trägt z. B. auch die Verfassung durch ihre Geltung zur Objektivität ethischer Urteile bei. Das Verfassungsrecht, insbesondere die in ihm enthaltenen Grundrechte und die präzisierende höchstrichterliche Rechtsprechung sind klare, greifbare, allgemeine und sicher auch stabile Manifestationen der Sitte.[25] Sie entsprechen mehrheitlich dem, was in einer Gesellschaft als gültig anerkannt wird. Damit gehören wesentliche Teile des Rechts zu den Voraussetzungen und Geltungsbedingungen ethischer Urteile. Welche Teile des Rechts in ethischen Urteilen vorausgesetzt werden, können wir nur von Fall zu Fall sagen. Schließlich können ethische Urteile auf gut begründete Weise geltendes Recht kritisieren und ihm sogar widersprechen. Selbst das Verfassungsrecht und das Kernstrafrecht, die im rechtlichen Sinn objektiv gelten, sind nicht immun gegen ethische Kritik.

Wenn wir an das Hume-Prinzip[26] denken und damit die Überzeugung verbinden, dass aus Tatsachen keine Normen ableitbar sind, nimmt es sich wie ein Trick aus, von ‹sittlichen Tatsachen› zu sprechen, ihnen Wahrheit zuzuschreiben und dann auch noch die Wahrheit normativer Urteile auf sie zurückzuführen. Tatsächlich ignorieren wir mit dieser Argumentationsweise jenes Prinzip keineswegs. Es wird ja kein Sollen aus einem Ist abgeleitet, sondern Faktisches aus Faktischem, nur dass dieses Faktische gleichzeitig normativer Natur ist. Es wird also, ganz in Humes Sinn, keine neue, unbegründete Beziehung hergestellt. Aus der sittlichen, normativen Natur des Faktischen wird ein Urteil gebildet, das eine entsprechende Verbindlichkeit zum Ausdruck bringt.[27] ‹Sittlich› und ‹normativ› sind Ausdrücke, welche die begründende Kraft einer Tatsache bezeichnen, der Tatsache nämlich, dass etwas gewiss ist, was nicht weiter begründet werden kann. In gewisser Weise haben alle Tatsachen eine ähnliche Kraft, sie wirkt sich nur meistens nicht normativ, sondern empirisch oder kognitiv aus. Die Verbindlichkeiten, die mit Tatsachen verbunden sind, können dementsprechend verschieden sein. Es können, wenn sie normativer Natur sind, Entscheidungen und Handlungen, wenn sie empirischer oder kognitiver Natur sind, wahre Urteile sein, zu denen sie verpflichten.

Nach diesen Überlegungen dürfen wir ethische Urteile dann als wahr behaupten, wenn die ihnen zugrunde liegenden sittlichen Tatsachen oder Grundnormen ebenfalls wahr sind. Die Einschlägigkeit, das fünfte Kriterium der Objektivität ethischer Urteile, besagt, dass sie einen klaren und direkten Bezug zu den tatsächlichen Problemen haben und nicht konstruiert sind. Wie belastbar diese fünf Kriterien ethischer Objektivität sind, muss sich noch erweisen. Zu den Manifestationen der Sitte gehören neben dem Recht ohne Zweifel auch Religionen und die ethnischen Merkmale von Kulturen. Sie schaffen ihrerseits Geltungsbedingungen, die teilweise dem geltenden Verfassungsrecht zugrunde liegen. Wenn nur das Recht und die Rechtsprechung, nicht aber Religionen oder ethnische Charakteristika einer Kultur als Bedingungen der Objektivität ethischer Urteile gelten sollen, gibt es dafür drei Gründe. Zum einen schließt die staatliche Rechtsordnung die religiösen Ansprüche, die wie die Religionsfreiheit in einer säkularisierten Gesellschaft allgemein akzeptiert werden, bereits ein. Zum anderen verbietet es die religiöse Neutralitätspflicht des Staates, einer bestimmten Religion einen Vorrang vor den anderen einzuräumen; es sei denn, es sprechen übergeordnete Interessen wie z. B. der Schutz der Jugend vor so genannten Jugendsekten dagegen. Das Christentum hat zweifellos nicht nur wesentliche verfassungsrechtliche Grundsätze wie den der Gleichheit und der Menschenwürde geprägt. Über deren Interpretation im Zusammenhang mit konkreten Problemen haben christliche Überzeugungen Einfluss auf die höchstrichterliche Rechtsprechung. Insofern kann man diese Rechtsprechung auch als Ausdruck der sittlichen Verallgemeinerung religiöser Überzeugungen in unserer Gesellschaft betrachten. Der dritte Grund ist, dass die Ethik zwar niemals sittlich neutral sein kann, aber zu Urteilen verpflichtet ist, deren Begründung und Rechtfertigung wissenschaftlichen Standards genügen sollten. Ethische Rechtfertigungen, die wissenschaftliche Argumente durch einen Appell an sittliche Grundüberzeugungen ersetzen, können keinen Anspruch auf Objektivität erheben. Es genügt z. B. nicht, auf die Verwerflichkeit des Quälens von Tieren zu verweisen, wenn es darum geht, über Tierversuche zu urteilen, die in der medizinischen Forschung als unersetzliche Voraussetzung zur Entwicklung lebensrettender Therapien gelten. Es kommt darauf an, ob sie tatsächlich unersetzlich sind. Wenn dies so ist, dann sind die Gründe, die dafür sprechen, Teil der Begründung einer besonderen Erlaubnis von Tierversuchen.

Dass ethische Urteile sittlich nicht neutral sein können, bedeutet auch, dass ethische Objektivität religiöse Ansprüche nicht ausschließt. Letztere unterliegen lediglich der Forderung, anerkannt und auch ethisch anerkennbar zu sein. Dies ist selbstverständlich bei allen sittlichen Grundsätzen so, die wie die Menschenwürde in den Kanon ethischer Prinzipien eingegangen sind. Religiös motivierte Aufforderungen zur Gewalt gegen Anders- oder Ungläubige sind aber weder ethisch noch rechtlich zu tolerieren. Die Ethik hat zu Religionen also eine durch das Verfassungsrecht und die sittlichen Geltungsbedingungen vermittelte Nähe und Distanz.

1.1.4.2. Moral

Sitte und Ethik gehören beide zum großen Bereich dessen, was wir «Moral» nennen; die Sitte kann man – wenn man so will – ‹implizite›, die Ethik ‹explizite Moral› nennen. Wichtiger als diese Benennungen ist die Frage, wie Sitte und Ethik miteinander zusammenhängen. Am besten erkennt man deren Zusammenhang am eben beschriebenen Unterschied zwischen Geltung und Rechtfertigung. Denken wir als Beispiel wieder an die merkwürdige Frage nach den Gründen für das Tötungsverbot. Ich werde nur dann einen der Gründe, die mir angeboten werden, als Begründung akzeptieren, wenn ich ihn an etwas festmachen kann, was in meinen Augen unbefragt gilt. Auf diese Weise ist die wissenschaftliche von der natürlichen Autorität oder die Geltung ethischer Gründe von der Geltung der Sitte abhängig. Es sind im Falle des Tötungsverbots wohl keine religiösen Überzeugungen, weil solche Überzeugungen gewöhnlich das Tötungsverbot zumindest für menschliches Leben schon fraglos enthalten. Ein gläubiger Jude, Christ oder Muslim braucht keine ethischen Gründe für das Tötungsverbot.[28] Wenn jemand keiner Religion angehört, aber an die Autorität der Verfassung glaubt, wird ihm die verfassungsrechtliche Begründung des Lebensschutzes als Grundlage für die Geltung eines entsprechenden ethischen Arguments genügen. Wenn jemand überzeugter Humanist ist und den Schutz und die Würde des menschlichen Lebens als unantastbar betrachtet, benötigt er auch keine ethische Begründung des Tötungsverbots. Wenn jemand aber keinerlei Glaubensgrundlage dieser Art hat, ist ihm kaum zu helfen. Dann kann er sich nur selbst dazu zwingen oder von anderen dazu gezwungen werden, als Angehöriger einer demokratischen, rechtsstaatlichen Gesellschaft nicht gegen jenes Verbot zu verstoßen.

Die Abhängigkeit der Geltung ethischer Begründungen von der Sitte, also von dem, was in den Augen der meisten unbefragt und ohne eigene Begründung gilt, macht diese Begründungen einerseits stark, andererseits aber auch schwach und anfällig. Stark werden sie durch die Menge und Kraft des Gewöhnlichen. In einer religiösen Gesellschaft z. B. besteht die Sitte aus Glaubensüberzeugungen; die Religion legt in einer solchen Gesellschaft das Normale und Gewöhnliche fest. Religiöse Überzeugungen können ohne besonderes

Zutun und ohne eigens dafür geschaffene Institutionen das gesamte soziale Leben beherrschen. Die wechselseitige Kontrolle der Mitglieder kann dann von der Ausübung der Religion bis in die Sphäre des Privaten reichen. Eine solche Gesellschaft bietet nur vermeintlich ein starkes Fundament für ethische Begründungen. Denn solche Begründungen können unter diesen Umständen die Unabhängigkeit gar nicht haben, die der Anspruch auf Objektivität fordert. Je stärker die weltanschaulichen Kräfte sind, die unbefragt gelten, desto weniger können ethische Begründungen die Standards der Objektivität erfüllen. Sie müssen dann lediglich religiöse Überzeugungen wiederholen und sind so kaum von weltanschaulichen Behauptungen unterscheidbar. Kein Wunder, weltanschaulich starke Gesellschaften kennen keine unabhängige Ethik. Objektive Gründe für gute und gegen schlechte Entscheidungen und Handlungen sind in solchen Gesellschaften zwar auch gerechtfertigt und sollten allgemein gelten, finden aber aufgrund von sittlichen Grundlagen, die eine unabhängige Ethik ausschließen, keine Anerkennung und haben deswegen kein eigenes Gewicht.

Laizistische, vor allem kollektivistische autoritäre Gesellschaften können ähnlich starke weltanschauliche Bedingungen haben wie religiöse.[29] Für ethische Begründungen unter diesen Bedingungen gilt dasselbe wie eben ausgeführt. In säkularisierten Gesellschaften ohne vorherrschende weltanschauliche Grundüberzeugungen können und müssen ethische Begründungen dagegen *unabhängig, anspruchsvoll und objektiv* sein. Dies sind die besonderen Merkmale und Ansprüche der *wissenschaftlichen Autorität* ethischer Urteile. Sie müssen diese Ansprüche wissenschaftlicher Autorität erfüllen, wenn sie Gehör finden wollen. Auch in solchen säkularisierten Gesellschaften ist die Autorität ethischer Begründungen aber von der natürlichen Autorität der Sitte abhängig. Und auch unter diesen Voraussetzungen werden ethische Begründungen durch ihre Abhängigkeit von der Sitte gestärkt und gleichzeitig geschwächt. Sie werden gestärkt von den Kräften, mit denen die Sitte die rechtlichen und politischen Grundstrukturen der Gesellschaft stützt. Man spricht in diesem Zusammenhang zumindest in unserer Gesellschaft vom Verfassungskonsens, also von den Überzeugungen, auf denen die grundlegenden Ansprüche der Verfassung aufbauen. Im Falle unserer Verfassung gehören dazu die Menschenwürde, das individuelle Lebensrecht und die Freiheits- und Gleichheitsrechte. Diese Ansprüche können nicht Gegenstand für Begründungen sein, weil sie selbst letzte und unbezweifelbare Gründe sind. Neben diesen ehernen Fundamenten einer Gesellschaft, die der Sitte ihren Charakter und der Ethik ihre Voraussetzungen geben, gibt es aber auch nicht-explizite und disponible Ansprüche, die ebenfalls zur Sitte gehören. Sie unterliegen Wandlungen, die kaum bemerkbar sind und erst auffallen, wenn sie schon geschehen sind. Auch von ihnen sind ethische Begründungen abhängig. Diese Abhängigkeit zwingt immer wieder dazu, ethische Begründungen zu revidieren, wenn sie ihren Anspruch auf Objektivität aufrechterhalten wollen. Das moralisch Gute und Schlechte wird dann vielleicht kompliziert, unscharf, schwer fassbar und gerät in politische und weltanschauliche Auseinandersetzungen. Dies ist keineswegs zu beklagen, da die Gründe für das moralisch Gute und gegen das Schlechte eine Angelegenheit aller Mitglieder einer Gesellschaft und keine Domäne von Experten sind. Im Übrigen sind diese Gründe selbst dann, wenn sie tatsächlich einen objektiven Charakter haben, nicht unbestreitbar oder unstrittig. Ein moralischer Dissens über bestimmte Entscheidungen kann auch entstehen, obwohl diese objektiv begründet sind. Das mag daran liegen, dass die Folgen einer solchen Begründung für ähnliche Fälle nicht anerkannt oder aus weltanschaulichen Gründen abgelehnt werden.

1.1.5. Sittlicher Wandel und ethische Kritik

In den letzten Dekaden sind etwa Wandlungen von Ehe und Familie erkennbar geworden, die darauf schließen lassen, wie sehr sich die Sitte in diesem Bereich des sozialen Lebens verändert hat. Der ursprüngliche, auf die Sicherung der Nachkommenschaft angelegte kollektive Sinn der Ehe z. B. wurde in den Augen vieler fragwürdig. Das Verständnis von Partnerschaften ist individualistischer geworden. Gleichgeschlechtliche Paare können mittlerweile Lebensgemeinschaften mit eigener Rechtsform bilden. Die veränderte Sitte, was die Bildung von Lebensgemeinschaften angeht, manifestiert sich in einer Reihe von Änderungen der Gesetzgebung, die noch vor wenigen Jahrzehnten undenkbar erschienen. Unabhängig von solchen Beispielen können wir davon ausgehen, dass die Sitte in bestimmten Gesetzen, wie z. B. dem bereits erwähnten Kernstrafrecht, einen zuverlässigen und klaren Ausdruck findet. Solche Gesetze gelten zwar in der Regel nicht wie die Sitte von allein und ohne Gewalt, bringen aber das zum Ausdruck, was in einer Gesellschaft zumindest überwiegend als gültig anerkannt wird. Daneben lebt freilich ein großer Teil der Sitte jenseits gesetzlicher Manifestationen in der sozialen Praxis.

Ethische Begründungen müssen nicht notwendig den Wandlungen der Sitte folgen, weil weder die Sitte noch das Recht und die Rechtsprechung ethisch über alle Zweifel erhaben sind. Rechtfertigungen können und müssen sich immer wieder kritisch gegen das richten, was nach mehrheitlicher Auffassung und in der sozialen Praxis gilt. Die wissenschaftliche Autorität der Ethik stellt dann die natürliche Autorität dessen, was gilt, in Frage und schränkt Letztere ein bzw. versucht es zumindest. Die kritische Kompetenz der Ethik hat, was die Geltung ihrer Urteile angeht, eine begrenzte Reichweite. Mehr als eine Teilautonomie der Sitte gegenüber kann die Ethik nicht erreichen, selbst dann nicht, wenn ihre Urteile Objektivität beanspruchen können. Der Wahrheitsanspruch der Urteile hängt, wie eben gezeigt, von den sittlichen Tatsachen ab, die ihnen zugrunde liegen. Diese Tatsachen sind, wie die Verwerflichkeit des Quälens und Tötens, in der Sitte verankert. Wenn die Ethik sittliche Gepflogenheiten kritisiert, kann sie dies nur dann mit der Aussicht auf Erfolg, wenn ihre Argumente ihren Wahrheitsanspruch aus anderen sittlichen Tatsachen ableiten können. Die Geltung ethischer Begründungen setzt Bedingungen voraus, die von den Begründungen nicht geschaffen werden. Eine Umkehrung dieser Abhängigkeit ethischer von sittlicher Geltung gelingt nämlich auch dann nicht wirklich, wenn die Ethik die Sitte mit guten Gründen kritisiert. Von Fall zu Fall mag sich etwa die wissenschaftliche Autorität ethischer Rechtfertigungen verfassungsrechtlich niederschlagen. Damit verändert sich die Abhängigkeit der ethischen von der sittlichen Geltung aber nicht. Es findet lediglich ein punktueller Wandel der Sitte statt. Gewöhnlich eilen umgekehrt die Veränderungen der Sitte aber der wissenschaftlichen Begründbarkeit sittlicher Regeln und Verhaltensweisen in der Ethik oder in der Rechtsentwicklung voraus. Dies trifft nicht nur für das Ehe- und Familienrecht zu. Die Ethik tritt zwar immer auf den Plan, wenn es darum geht, in kritischer Absicht normative Gründe für oder gegen bestimmte Entwicklungen zu finden. Wenn sie ihren wissenschaftlichen Anspruch erfüllen will, folgt sie den Veränderungen der Sitte aber nicht zwangsläufig oder blind. Ihre kritische Kompetenz wäre sonst auch nicht ernst zu nehmen. An der indirekten Abhängigkeit der Geltung ihrer Argumente und Begründungen von der Sitte ändert sich aber dennoch nichts. Auf Dauer könnte auch die Ethik z. B. das allgemeine Tötungsverbot nicht begründen, wenn das Tötungsverbot keine sittliche Tatsache wäre. Umgekehrt erscheinen ethische Argumente für eine Liberalisierung des Tötungsverbots für viele Menschen in Gesellschaften befremdlich, ja schamlos, in denen die Sitte dieses Verbot stützt.[30]

Die Abhängigkeit der Geltung ethischer Begründungen von der Sitte hat also zwei Seiten. Die Chancen, Gründe in kritischer Absicht für oder gegen ein bestehendes Verbot erfolgreich vorzutragen, hängen davon ab, wie die Sitte dazu steht. Ist das Verbot sittlich nicht anerkannt, sind die Chancen ethischer Gründe für das Verbot ähnlich aussichtslos wie in Fällen, bei denen die Sitte unmittelbar dagegen wäre.[31] Diese Abhängigkeit der Geltung kritischer ethischer Begründungen von der Sitte zwingt die Ethik, ihren Standort immer wieder – selbstkritisch – neu zu bestimmen und die Kriterien der Objektivität ihrer Urteile zu schärfen. Die Ethik hat sich in der Moderne seit der Aufklärung dieser Aufgabe häufig dadurch entledigt, dass sie ihr auswich und sich – mit theoretischer Anstrengung, aber letztlich mühelos – für autonom und universalistisch erklärte. Sie beschränkte sich auf die Rhetorik der Kritik und sagte sich einfach von der Sitte los. An der beschriebenen Abhängigkeit der Ethik von der Sitte hat sich aber dennoch nichts geändert. Sie wurde nur nicht weiter reflektiert. Deshalb hatten die ethischen Standortbestimmungen in der Moderne häufig wenig mit den geltenden Wertstrukturen der Gesellschaften zu tun, in denen sie vorgenommen wurden, und hatten auch nur einen geringen kritischen Einfluss. Je autonomer die Ethik argumentierte, desto isolierter und unverständlicher wurden viele ihrer Empfehlungen. Der Anspruch der Ethik auf Autonomie, auf Selbstbestimmung und Unabhängigkeit als Theorie, kann eben auch als Ausflucht benutzt werden und in Rhetorik erstarren.

Dies spricht nicht generell gegen eine von Fall zu Fall nötige klare und kritische Distanzierung der Ethik von der Sitte, im Gegenteil. Es gibt schließlich viele gute, historisch sogar zwingende und unabweisbare Gründe für die Unabhängigkeit der Ethik von einer bestimmten geltenden Sitte. In der «Königsberger Aufklärung» des 18. Jahrhunderts ging es Kant darum, die Ethik von der moralischen Autorität der Religion zu befreien. Die Ethik sollte auf eigenen Füßen stehen, um endlich ein zuverlässiges und objektives Fundament zu haben. Das Drehbuch für die Einleitung dieser Selbstbestimmung der Ethik gegen die herrschende Sitte ist Kants *Grundlegung zur Metaphysik der Sitten*. Er beginnt diese Schrift mit einer knappen, abstrakten Skizze der moralischen Auffassungen, die zumindest den Gelehrten seiner Zeit gemeinsam waren, und zeigt dann, warum diese Auffassungen nicht tragfähig sein konnten. Die Idee des *Kategorischen Imperativs* richtete sich gegen die Vormacht der geltenden Sitte im protestantischen, in gewisser Weise durchaus aufgeklärten Preußen Friedrichs des Großen und gegen den Einfluss der religiös geprägten Sitte auf die Auffassung dessen, was als das moralisch Gute gelten konnte.

Selbst einem, wenn nicht dem Begründer der Metaethik des 20. Jahrhunderts, George Edward Moore, ging es mit seinen Argumenten gegen die Definierbarkeit von ‹gut› noch darum, den Einfluss kirchlicher, sozialer und politischer Autoritäten auf die Ethik zu Beginn des 20. Jahrhunderts in der Klassengesellschaft der damaligen Weltmacht Großbritannien zurückzudrängen. Und nach dem Völkermord an Juden, Sintis, Romas, Slawen, Armeniern, Hutus, Tutsis, Bahais und anderen Völkern und Religionsangehörigen durch deutsche und andere Barbaren im 20. Jahrhundert fällt es schwer, das Wort ‹Sitte› überhaupt noch ernsthaft in den Mund zu nehmen. Die sittlichen Fundamente vieler Gesellschaften sind durch diese Untaten zumindest für die Zeit ihrer jeweiligen historischen Dauer diskreditiert. Sittlichen Wandel kann es in beiden Richtungen geben, hin zu mehr Menschlichkeit und hin zu Barbareien wie den eben erwähnten.

Sittlicher Wandel wäre nicht wirklich möglich, wenn sittliche Tatsachen nicht entstehen und vergehen könnten. Ich habe oben behauptet, dass die Ethik keine neuen sittlichen Tatsachen, zumindest nicht deren Geltung schaffen könne. Wäre es aber nicht möglich, dass die ethische Reflexion und Urteilsbildung solche Tatsachen in Frage stellt und sie bzw. ihre Geltung dann auch gefährdet? Bei einigen, wie z. B. der Frauenbeschneidung, wäre dies wünschenswert, bei anderen, wie z. B. dem Tötungsverbot, mag es im Zusammenhang mit der Diskussion der Sterbehilfe die entsprechende Befürchtung geben. Wenn der ethische Diskurs die Geltung sittlicher Tatsachen durch Kritik und stetig geäußerte Skepsis gefährden kann, kann diese Gefahr schlechten ebenso wie guten sittlichen Tatsachen drohen. Es müsste dem ethischen Diskurs dann aber auch möglich sein, sittliche Tatsachen in ihrem Bestand zu sichern. Nehmen wir an, es wäre so, dann bliebe immer noch die Frage, ob es sittlichen Tatsachen nicht grundsätzlich schadet, dass sie ethisch reflektiert werden.

Diesem Gedanken liegt die Intuition zugrunde, dass jede Tatsache durch permanent geäußerte Zweifel in Frage gestellt werden kann. Bei sittlichen Tatsachen wie dem Tötungsverbot kommt dann noch die intuitiv ebenfalls leicht nachvollziehbare Vorstellung hinzu, dass ethische Skepsis deren Geltung gefährden kann. Ich habe oben dafür argumentiert, dass Geltungen nicht durch Begründungs- und Rechtfertigungsleistungen zustande kommen. Analog dazu verschwinden auch keine sittlichen Tatsachen einfach aufgrund solcher Leistungen. Allerdings ist es vorstellbar, dass solche Leistungen sittliche Tatsachen, die nicht mehr anerkannt werden, zusätzlich in Frage stellen und deren Korrosion beschleunigen. Ist es z. B. vorstellbar, dass die sittliche Tatsache der Menschenwürde durch ethische Reflexion ihre Anerkennung verliert? Kann die Menschenwürde etwa durch die Debatte über die Erlaubnis von Forschungen mit humanen embryonalen Stammzellen oder die Debatte über die Sterbehilfe einen Teil ihrer Anerkennung einbüßen? Ethische Debatten und Kontroversen haben bisher nirgends eine solche Wirkung gehabt. Sittliche Tatsachen können ihre Geltung wohl nur durch andere sittliche Mächte oder durch Gewalt verlieren. In Religionskriegen wurden sittliche Tatsachen der einen durch solche der anderen Religion oder Konfession gewaltsam abgelöst. In der Zeit des Nationalsozialismus in Deutschland wurde der Anspruch auf Menschenwürde von Juden, Sinti und Roma, von Behinderten, von gläubigen Christen und von politischen Gegnern von der herrschenden Mehrheit nicht anerkannt. Das Regime und sein Gefolge haben den Anspruch ignoriert und gewaltsam außer Kraft gesetzt. Eine ähnliche Zerstörung sittlicher Tatsachen durch ethische Kontroversen ist nicht vorstellbar. Ethische Reflexion steht weder am Beginn noch am Ende der Geltung sittlicher Tatsachen. Denkbar ist allerdings, dass es die ethische Erziehung versäumt, Kindern und Jugendlichen die Gewissheit zu vermitteln, dass es sittliche Tatsachen gibt und welche dies sind. Im Erziehungsprozess Skepsis vor der Gewissheit zu vermitteln, erzeugt Unsicherheit im Urteil, Unkenntnis und Gleichgültigkeit. Diese Folgen fehlgeleiteter Erziehung können den Bestand sittlicher Tatsachen nachhaltig gefährden. Darunter leidet aber das ethische Bewusstsein nicht weniger als die sittlichen Tatsachen.

1.1.6. Begrenzte Autonomie

Die Abhängigkeit der Ethik von der Sitte ist wohl selbst eine Tatsache. An ihr ändern auch die Gründe, die nachdrücklich eine kritische Unabhängigkeit der Ethik von der Sitte fordern, nichts. Es kann nur darum gehen, genauer zu sagen, wie abhängig die Ethik von der Sitte ist und wie unabhängig sie von ihr sein kann. Es kann nur um eine begrenzte Autonomie oder Teilautonomie der Ethik gehen. Denn die Ethik bedarf der Sitte, wenn sie für ihre Begründungen Gehör und Zustimmung finden und Geltung, also Autorität, beanspruchen will. Dies trifft vor allem dann zu, wenn sie sich gegen bestimmte sittliche Überzeugungen und geltende Wertvorstellungen richtet. Dann bedürfen ihre Argumente ganz besonders der sittlichen Verankerung. Eindrucksvoll und beispielhaft ist diese Verankerung in den Überlegungen des Theologen Dietrich Bonhoeffer, einem Mitglied der Bekennenden Kirche und des deutschen Widerstands gegen Hitler. Bonhoeffer verurteilte die Judenverfolgung bereits in einem Vortrag im April 1933.[32] Er berief sich dabei auf die sittlichen Verpflichtungen des Christentums und auf das christliche Kirchenverständnis. Ein nichtreligiöses, rassistisches Verständnis des Judentums lehnte er vehement ab. Er sah eine Mitschuld der Kirche am Verfall der christlichen Kultur und forderte eine Erneuerung und Umkehr auch innerhalb der Kirche.[33]

Selbst ein solcher Ernstfall ethischer Begründung, in dem es um das moralische Überleben einer Gesellschaft und ihrer Kultur geht, kommt nicht ohne die Kraft und die natürliche Autorität einer geltenden Sitte aus. Für Bonhoeffer war dies das Christentum, obwohl seine Geltung in der nationalsozialistischen Gesellschaft für viele verschüttet war. Der Gedanke, dass die Berufung auf ethische Prinzipien allein in einem solchen Fall hinreichend sein sollte, erscheint naiv und überfordert die wissenschaftliche Autorität, die eine Ethik haben kann. Auch der *Kategorische Imperativ* Kants, der vielen als Modell ethischer Begründung dient, hat nur diejenige Autorität in öffentlich vorgetragenen ethischen Argumenten, die ihm – in unseren Tagen – etwa vom Verfassungsrecht und der dort eingetragenen Bedeutung der Menschenwürde verliehen wird.[34] Auf diese Weise stützt die Sitte dieses zumindest in der Theorie und nur dort gänzlich autonome Kriterium objektiver ethischer Forderungen. Ähnliches gilt im Übrigen, wie später deutlich werden soll, für alle anderen Kriterien ethischer Forderungen, welcher theoretischen Herkunft sie auch sein mögen.

Die eben beschriebene Abhängigkeit und gleichzeitige Unabhängigkeit der Ethik von der Sitte und deren eigene, historisch immer wieder offenbar werdende Fragwürdigkeit legen eine Frage nahe, die ebenso folgerichtig wie irritierend skeptisch erscheint: ‹Gibt es in Fragen der Moral überhaupt eine letzte Instanz?›[35] Würde die Frage mit ‹nein› beantwortet, wäre der eben erläuterte Anspruch auf Objektivität in der Ethik lächerlich und der Einfluss der Sitte auf das moralische Urteil nicht kontrollierbar. Ethisch urteilen wir doch nur, wenn wir unsere Urteile zuverlässig begründen können. Die Gründe, die darüber entscheiden, ob etwas richtig oder falsch, gut oder schlecht ist, setzen einen Maßstab des Richtigen und Guten voraus. Wenn es ein brauchbarer Maßstab sein soll, kann er aber nicht nur für einen Fall oder eine Handlung gelten; sonst wäre es nicht nur kein brauchbarer, sondern überhaupt kein Maßstab. Er muss allgemein, für jeden Fall und jede Handlung dieser Art unter den gleichen Umständen gelten. Deswegen muss es – relativ zu diesem Maßstab und seiner Geltung – eine letzte Instanz in Fragen der Moral geben. Ein Mord oder eine andere Schandtat sind und bleiben verwerflich, wann immer sie begangen wurden. Es ist weder vorstellbar noch wünschenswert, dass sich der Maßstab zur Beurteilung solcher Taten jemals ändert.

Die Crux mit der eben erwähnten Frage liegt in der sittlich-ethischen Mehrdeutigkeit dessen, was ‹Moral› bedeutet. Wenn es Objektivität in der Ethik nur relativ zu sittlichen Tatsachen gibt, kann es keine uneingeschränkte Autonomie der Ethik geben. Dies klingt aus ethischer Perspektive relativistisch, so als könnten ethische Gründe allein niemals wirklich zuverlässig sein und immer nur unter dem Vorbehalt anerkannter sittlicher Tatsachen gelten. Wenn das so wäre, könnte die Sitte die Ethik immer dann, wenn z. B. die Rechtfertigung ethischer Urteile schwer fällt oder umstritten ist, ersetzen. Diese das Rechtfertigungsvermögen der Ethik relativierende Folgerung, nach der die Sitte immer dann, wenn es schwierig wird, an die Stelle der Ethik treten kann, ist aber falsch. Sie ist falsch, weil sie in einen endlosen Regress führt. Die Sitte würde nämlich das Geschäft der Rechtfertigung übernehmen, obwohl sie gerade das nicht kann, und dabei ihre Kraft einbüßen.

Wir erkennen dies leicht am Beispiel des Tötungsverbots. Dieses Verbot ist eine Tatsache, deren wir – in der in Kapitel 1.1.4.1. beschriebenen Weise – gewiss sind, obwohl es keine Rechtfertigung für sie gibt. Würden wir diese sittliche Tatsache wie ein wissenschaftliches Argument behandeln, könnte sie mit der Frage bezweifelt werden, woher sie ihre Rechtfertigung beziehe. Damit wären wir bereits in einem endlosen Regress von Begründungen. Genau dieser Regress wird überall da zu einem Problem, wo versucht wird, das Tötungsverbot religiös oder biologisch zu begründen. Denn solche Begründungen können nicht allgemein anerkannt werden und sind deswegen ihrerseits bezweifelbar.

Sittliche Tatsachen wie das Tötungsverbot galten nicht zu allen Zeiten und haben eine wechselvolle Geschichte. Wenn es nun aber keine ethische Autonomie in einem uneingeschränkten Sinn gibt, die sittlichen Tatsachen sich aber historisch verändern, ist die Frage durchaus berechtigt, wie ethische Rechtfertigungen dann überhaupt zuverlässig sein können. Die begrenzte historische Reichweite der wissenschaftlichen Begründungen macht die Objektivität ethischer Urteile zwar von der Kultur- und Epochengeschichte abhängig. Ihr Anspruch auf Objektivität bleibt aber auf die Gegenwart bezogen und wird in dieser Hinsicht von historischen Veränderungen nicht tangiert. Der Anspruch auf zuverlässige, objektive ethische Urteile, die bis auf weiteres in letzter Instanz getroffen werden, darf nicht relativiert werden.

Mit der Objektivität von Gründen in der Ethik verhält es sich im Übrigen nicht anders als mit der Objektivität von Gründen in anderen wissenschaftlichen Bereichen. Niemand würde etwa einem Naturwissenschaftler vorhalten, was er entdeckt habe, sei bereits jetzt durch künftige Einsichten relativiert. Solange diese Einsichten nicht tatsächlich vorliegen und allgemein nachprüfbar sind, können sie auch keine relativierende Wirkung haben. Genauso verhält es sich mit ethischen Gründen relativ zu den unbekannten sittlichen Veränderungen in der Zukunft. Allerdings gibt es immer wieder epochale Veränderungen und historische Brüche wie die Aufklärung des 18. Jahrhunderts oder den Naturalismus, den Szientismus und die metaethischen Entwicklungen des 20. Jahrhunderts. Solche Umbrüche verändern das Wertgefüge, das Welt- und Selbstbild von Gesellschaften grundlegend. Die Grundüberzeugungen der Menschen können dabei ihre Vorzeichen wechseln. Die negative sittliche Bewertung von Verhaltensweisen oder Haltungen wie Sparsamkeit, Ehrgeiz oder Scharfsinn, um nur wenige Beispiele aus der frühen Neuzeit zu erwähnen, kann sich dann wie bei der Sparsamkeit ins Positive wenden oder wie beim Ehrgeiz und Scharfsinn neutralisieren.[36] Solche Veränderungen sind aber erst in der historiographischen Darstellung, also im Nachhinein, erkennbar. Niemand, der am Beginn oder inmitten eines epochalen Umbruchs steht, kann wissen, was genau sich in welcher Richtung verändert. Und diejenigen, die grundlegende Veränderungen fordern, wissen nicht, ob sie sich durchsetzen. Andere wiederum, die gut vernehmlich sittliche Verfallserscheinungen behaupten, verfolgen damit häufig offen oder verdeckt ihre eigenen weltanschaulichen oder tagespolitischen Ziele.

Wir müssen uns auf den sittlichen Maßstab für unser Urteil verlassen, obwohl wir ihn nicht selbst wählen und schon gar nicht selbst begründen können. In der Wahl des sittlichen Maßstabes sind wir nicht wirklich frei oder gänzlich unabhängig. Wir bewegen uns immer in einem großen sittlichen Rahmen, den wir – bildhaft gesprochen – nur von innen sehen. Diesen Rahmen gibt es, abgesehen von den Menschenrechten oder den verfassungsmäßigen Rechten, nur implizit im moralischen Verhalten und Empfinden der Menschen. Wir können diesen Rahmen entweder ganz oder teilweise akzeptieren oder ganz oder teilweise verwerfen. Größere Freiheit haben wir gegenüber dem Rahmen der ethischen Theorie, die wir argumentativ mitgestalten können. Im Rahmen einer ethischen Theorie finden wir dann ethische Maßstäbe für die Rechtfertigung von Urteilen. Die ethischen und sittlichen Maßstäbe können miteinander unvereinbar sein und sind es auch häufig. Sonst könnten wir uns nicht wirklich erklären, dass es zu ein und demselben moralischen Problem unsichere, konträre und widersprüchliche Urteile gibt. Die Wahl des ethischen Maßstabs und der dazu passenden ethischen Theorie steht bei der Beurteilung der Objektivität einer Begründung selbst auf dem Prüfstand. Es ist dennoch keine Frage des zeitlichen und geschichtlichen Horizonts, wie wir die Frage, ob es überhaupt eine letzte Instanz in Fragen der Moral gibt, beantworten. Für jede Zeit, in der Menschen ethisch urteilen, gibt es eine letzte Instanz, sowohl in sittlicher als auch in ethischer Hinsicht. Für vergangene Zeiten gelten aber ebenso die Maßstäbe der Gegenwart wie für künftige. Wir beurteilen heute die Sklaverei mit guten Gründen als verwerflich und unmenschlich, obwohl sie in früheren Epochen Teil der Sitte vieler Kulturen war. Wir würden unser Urteil auch nicht ändern, wenn wir veranlasst wären zu glauben, dass die Sklaverei wieder eine Zukunft hätte oder in manchen Kulturen noch immer praktiziert wird. Außerdem hat es auch in der Antike, spätestens seit der Entstehung des Christentums, Menschen gegeben, die die Sklaverei für verwerflich hielten.

1.1.6.1. Ansprüche der Aufklärung

Nicht immer sind die Dinge so einfach wie im Fall der Sklaverei. Um sicher zu sein, neigen wir dazu, Maßstäbe für unsere ethischen Urteile zu wählen, die möglichst zuverlässig und stabil und, so gut es geht, auch frei von historischen und kulturellen Bedingungen sind. Diese Neigung entspricht dem Ideal der aufgeklärten Vernunft. Im Fahrwasser der Letzteren wähnen wir uns in gewisser Weise auch, wenn wir im Bewusstsein der eigenen, autonomen Vernunft eine fremde letzte Instanz in moralischen Fragen ablehnen. Hat uns nicht die aufgeklärte Vernunft die Augen für die Unmoral vieler historisch, aber auch heute herrschender Sitten, für unsere ungerechtfertigte Abhängigkeit von ihnen und für die solchermaßen «selbst verschuldete Unmündigkeit»[37] geöffnet? Hat uns nicht erst diese Vernunft zu unserem eigenen, aufgeklärten moralischen Urteil befähigt und ethische Autonomie ermöglicht?

Es fällt uns nicht leicht einzugestehen, dass wir uns, wenn wir Kants transzendentalen Idealismus nicht einfach übernehmen wollen, mit jener Überzeugung doppelt irren können. Unsere eigene individuelle Vernunft dürfen wir erstens nicht mit der Aufklärungsvernunft gleichsetzen. Dass wir dies nicht dürfen, erkennen wir daran, dass uns Letztere wie eine ultimative fremde Instanz zur Unterwerfung auffordert. Die autonome Vernunft, so lehrt uns Kant, erlässt moralische Gesetze, die uns nötigen, das Gute zu wollen, weil wir als lebendige Individuen – zu Selbstsucht und Egoismus neigend – nicht von allein dazu fähig sind. Wenn Kant Recht hat, brauchen wir diese letzte Instanz, um uns selbst zum Guten zu nötigen. Es handelt sich aber nicht um unsere eigene individuelle Vernunft, sondern um eine Vernunft, die wir uns unabhängig von unserer realen Natur denken und unter idealen Bedingungen aneignen könnten. Nur im Rahmen des transzendentalen Idealismus, den Kant entwarf, wirkt die aufgeklärte Vernunft nicht heteronom, sondern autonom. Wenn wir uns diesen Rahmen aneignen, machen wir die aufgeklärte Vernunft – in der Theorie – zu unserer eigenen und zwingen uns dann selbst, aus eigener Einsicht, zum Guten. Ob und wie diese Aneignung praktisch möglich ist, mag an dieser Stelle offen bleiben. Selbst dann, wenn diese Frage gelöst werden könnte, wäre die angeeignete Vernunft eine letzte Instanz, die in ihrer idealen, vollendeten Form niemandem individuell zugeschrieben werden könnte. Die aufgeklärte Vernunft ist eine im Rahmen von Kants Idealismus gedachte letzte Instanz, an der sich – wenn wir seinem Rat folgen – unser wirkliches Selbstverständnis orientieren sollte. Würden wir uns aber selbst als einzelne Individuen die Befähigung, als letzte Instanz ethisch urteilen zu können, zuschreiben, wäre dies eine Anmaßung. Wir sollen uns – Kant folgend – am Ideal der Selbstbestimmung orientieren und dann auch selbst ethisch urteilen und entscheiden, was zu tun ist. Wir bewegen uns mit diesen Einschränkungen durchaus im Fahrwasser der aufgeklärten Vernunft, wenn wir uns selbst weder individuell noch kollektiv als letzte Instanz in Fragen der Moral betrachten, aber das Ideal der Selbstbestimmung ernst nehmen. Zu meinen, wir könnten als Einzelne oder als Menschheit über die letztinstanzliche Vernunft verfügen, wäre nicht nur ein Irrtum, sondern ein falsches Verständnis von Kants ethischem Idealismus.

Der zweite mögliche Irrtum ist, dass wir uns über die Bedeutung der Sitte täuschen und meinen, es gebe heute – in der aufgeklärten Moderne – keine herrschende Sitte mehr. Tatsächlich gibt es sie aber auch heute und in jeder Gesellschaft, wie aufgeklärt und individualistisch sie auch sein mag. Wir können uns in unserer eigenen Gesellschaft zwar leichter als früher individuell oder als Gruppe gegen die Sitte auflehnen. Ihre Macht in Fragen der Moral kann sie aber noch immer, wenn sie entsprechend genutzt wird, mitunter auch gegen jede Vernunft ausspielen. Sie äußert sich als öffentliche Meinung oder als Meinung der Mehrheit oder als das, was vor Gericht als ‹gute Sitten› gilt. Es wäre ein Missverständnis zu meinen, die Sitte sei per se schon moralisch schlecht oder unvernünftig. Nein, es geht nur darum einzusehen, dass es sie gibt und dass sie immer wieder die Funktion der natürlichen Autorität einer letzten Instanz in Fragen der Moral annimmt, obwohl sie nicht eigens begründet ist. Es wäre töricht zu meinen, dass moralische Werte, Haltungen, Einstellungen und Urteile einfach deswegen falsch und unhaltbar wären, weil sie nicht explizit ethisch begründet, sondern Teil der kulturellen Geschichte und sozialen Evolution sind. Die Sitte wird so lange anerkannt, solange sie ihre alltäglichen und gewöhnlichen Funktionen erfüllt und von sozialen Praktiken gestützt wird. Dies gilt für eine gute, aber leider auch für eine schlechte Sitte. Problematisch für viele wird die Sitte erst, wenn es gute Gründe gibt, der moralischen Normalität zu misstrauen und ihre Geltung aus ethischen Gründen in Frage zu stellen. Wenn sich unter diesen Bedingungen die herrschende Sitte als letzte Instanz durchsetzt, gibt es Grund zur ethischen Klage. Dann maßt sich die Sitte eine rechtfertigende Kraft an, die sie als Teil der kulturellen Evolution nicht haben kann. Die berechtigte Klage gegen diese Anmaßung wird aber nur in freien, offenen und demokratischen Gesellschaften öffentliches Gehör, Aufmerksamkeit und Anerkennung finden können.

Die «Königsberger Aufklärung» hat uns erstmals gelehrt, was objektive Gründe in der Ethik sind. Seit Kants *Grundlegung zur Metaphysik der Sitten* wissen wir – wenn wir wollen –, dass objektive Forderungen in der Ethik eine gesetzmäßige Form und mit dieser Form eine allgemeine Gültigkeit haben müssen, unabhängig von den Besonderheiten einzelner Personen und Situationen. Trotz seiner heftigen Abneigung gegen historische Religionen war Kant aber nicht pauschal gegen die Sitte und ihren Einfluss auf die Ethik. Schließlich sind es die «Maximen», die subjektiven Willensprinzipien,[38] die wir als Individuen haben und deren allgemeine Gültigkeit durch den *Kategorischen Imperativ* geprüft wird. Woher sollen meine eigenen Willensprinzipien denn kommen, wenn nicht aus der Sitte, also aus derjenigen Kultur, in der ich erzogen wurde und denken, leben und arbeiten lernte. Willensprinzipien sind, wie uns die Interpreten erklären, von Kant als allgemeine Vorschriften oder Regeln gedacht worden, die unserem Leben eine gewisse Form und einen moralischen Halt geben. ‹Halte deine Versprechen›, ‹sage die Wahrheit›, ‹habe Mitleid mit deinesgleichen›, ‹sei nicht missgünstig›, ‹helfe Bedürftigen, so gut du kannst› und ähnliche Regeln kommen als Beispiele in Frage. Solche Regeln entsprechen dem, was ich als Sitte, als das moralisch Gewöhnliche und Normale beschrieben habe. Wenn diese sittlichen Überzeugungen die Kandidaten für *Kategorische Imperative* sind, verwandelt dieser Imperativ moralisch Selbstverständliches in objektiv gültige Forderungen. Natürlich gilt dies nur, wenn die Maximen keinen anstößigen Charakter haben und – wie Kant vorschlug – ohne Widerspruch ihre allgemeine Geltung gewollt werden kann.[39] Dann ist es gar keine fremde, höhere Vernunft, welche meine eigene bändigt, sondern ich verleihe meinem Wollen selbst eine vernünftige moralische Form. Dann bin ich tatsächlich selbst die letzte Instanz in moralischen Fragen, aber mit allen Unwägbarkeiten meiner eigenen historisch und kulturell begrenzten Vernünftigkeit.[40] Dies ist sicher keine beruhigende oder gute Nachricht. Es wäre schon merkwürdig, wenn ich mich selbst ganz ungeniert als letzte

Instanz in moralischen Fragen feiern würde, wohl wissend, wie fehlbar und irrtumsanfällig ich bin. In gewisser Hinsicht komme ich aber auch nicht darum herum, mich selbst als moralische Instanz ernst zu nehmen und so lange als letzte Instanz zu betrachten, bis ich eines Besseren belehrt werde, von anderen oder von mir selbst. Schließlich soll ich für meine moralischen Urteile selbst verantwortlich sein. Wenn ich den Mut haben soll, mich meines eigenen Verstandes zu bedienen, muss ich wohl auch den Mut haben, zu dessen eigener Begrenztheit und Fehlbarkeit zu stehen.

Kant hatte mehr als dies im Auge, als er die Kriterien der Objektivität ethischer Forderungen festlegte. Er hätte nur «unbedingt», eben «kategorisch» und «notwendig»[41] gültigen Forderungen den Segen der Objektivität verliehen. Diese Kriterien können wir insoweit akzeptieren, als sie sich gegen den Einfluss der individuellen Neigungen und Triebe richten. Diesen Einfluss können wir in der Tat eindämmen, wenn wir wollen. Wenn sie aber über diesen Einfluss hinaus eine rein vernünftige Willensbestimmung fordern, weisen sie über das hinaus, was wir selbst bei bestem Wissen und Gewissen in der Ethik zuwege bringen können.[42] Dennoch ging es ihm wie uns heute um kohärente und – wie eben erwähnt – um widerspruchsfreie Kriterien ethischer Urteile und Forderungen. Wenn wir heute bei den Begründungen ethischer Objektivität auf Unbedingtheit und Notwendigkeit verzichten, bedeutet dies, weder von Kants ethischen Überzeugungen gänzlich Abschied zu nehmen noch auf zuverlässige Standards der Objektivität zu verzichten. Lediglich die theoretischen Rahmenbedingungen haben sich verändert. Solche Veränderungen der Standards der Objektivität – in den Naturwissenschaften ist seit Thomas Kuhn[43] von Paradigmenwechsel die Rede – sind nicht radikal. Nehmen wir ein Beispiel aus der Physik. Die Standards von Newtons Physik gelten heute nicht mehr allgemein. Es wäre aber befremdlich zu behaupten, es gebe deswegen keine objektiven physikalischen Erkenntnisse mehr. Auch die Kriterien der Objektivität und mit ihnen die entsprechenden Wissensgehalte haben eine Geschichte, in der sie sich verändern und den jeweils neuen Anforderungen gerecht werden.

Wenn wir nun die eigene Fehlbarkeit, unsere notgedrungen begrenzte Vernünftigkeit und die nicht wirklich auflösbare Bindung der Ethik an die Sitte zusammennehmen, liegt es natürlich nahe, jene merkwürdige Behauptung einfach stehen zu lassen, es gebe in Fragen der Moral keine letzte Instanz. Recht verstanden, geben wir damit weder die Standards der Objektivität ethischer Gründe noch unsere Verantwortung für zuverlässige und korrekte moralische Urteile auf. Auch die Rolle der Sitte stellen wir nicht in Frage. Es bleibt damit denkbar und ist nicht gänzlich unwahrscheinlich, dass wir immer wieder unsere ethischen Begründungen revidieren und korrigieren müssen, weil wir sie im Lichte neuer Erkenntnisse betrachten oder ihre Abhängigkeit von sittlichen Überzeugungen durchschauen, die wir nicht mehr teilen. Wir halten uns einfach die Möglichkeit offen, die Ethik zu verändern, ohne damit die Ethik der Kulturgeschichte und der sozialen Evolution anheim zu geben oder dem Relativismus und der Beliebigkeit zu verfallen. Einerseits behaupten wir damit unsere souveräne Verantwortung für ethisches Wissen und die wissenschaftliche Autorität unserer Urteile, andererseits erkennen wir selbstkritisch die Grenzen unserer moralischen Selbstbestimmung. Dies ist mit dem Ausdruck ‹begrenzte Autonomie› gemeint. Wir bemühen uns, moralisch so autonom wie möglich zu sein, aber eben nicht autonomer.

1.2. Ethische Objektivität und das Verbot zu töten

1.2.1. Authentische Urteile

Objektive Gründe kann es nur geben, wenn allgemeine Standards des Wissens erfüllt sind. Die Gründe müssen – wie oben bereits bemerkt – verständlich, nachprüfbar, wahr und einschlägig und, falls sich der Begründungszusammenhang nachweislich verändert hat, auch revidierbar sein. Diese Kriterien gelten für Gründe in allen möglichen Bereichen, in der Ethik ebenso wie im Recht, aber auch in den Naturwissenschaften, in der Politik oder in den Ingenieurwissenschaften. Die Ethik muss außerdem einer Anforderung genügen, die in anderen Bereichen mehr oder weniger selbstverständlich ist. Das ethische Wissen, das mit jenen Kriterien gewonnen wird, kann erst dann als zuverlässig gelten, wenn es *unabhängig gewonnen* wird und *anspruchsvoll* ist. Negativ formuliert, es darf nicht von interessierten Dritten diktiert und nicht trivial sein.[44] Ein Ingenieur oder Naturwissenschaftler wird an dieser Stelle ironisch bemerken, dass dies Selbstverständlichkeiten seien und deshalb nicht der Rede wert. Das mag sein. Es kommt in diesen Bereichen objektiven Wissens für dessen Zuverlässigkeit aber nicht unbedingt darauf an, wer und wie viele gleichzeitig an der Wissensgewinnung beteiligt waren.

In der Ethik ist genau dies jedoch für die Zuverlässigkeit des Urteils entscheidend. Denn die selbst gewonnene, individuelle, persönliche

Einsicht ist in der Ethik selbst ein kognitiver Standard der Zuverlässigkeit des Urteils. Das authentische, selbst gewonnene, eigene Wissen kann in besonderer Weise selbst verantwortet werden. Wir sind allerdings auch für das Wissen verantwortlich, das wir von anderen übernehmen, und zwar in doppelter Weise, sowohl für die Übernahme als auch für den Gehalt. Jedes ethische Urteil sollte Zeugnis der eigenen Urteilsfähigkeit geben und damit auch Einsichts- und Kritikfähigkeit erkennen lassen. Denn nicht nur der Gehalt des Urteils, sondern auch die Gründe, die es rechtfertigen, müssen für denjenigen, der es vertritt, beurteilbar sein. Er muss auch für die kritische und umsichtige Wissensgewinnung im Rahmen seiner Kenntnisse einstehen können; sonst kann er nicht in eigenem Namen urteilen. Dieser Anspruch auf Authentizität ist in allen Wissenschaften wichtig, in der Ethik aber besonders unverzichtbar, weil man die Unabhängigkeit und das normative Gewicht ethischer Begründungen nur beurteilen kann, wenn ihre Herkunft und ihre Sprecher identifizierbar sind und deren Zuverlässigkeit erwiesen ist. Wer wissenschaftlich urteilt, sollte freilich immer im eigenen Namen und in eigener Verantwortung urteilen.

Die Forderung nach Authentizität des Urteils wäre nun freilich absurd, wenn sie von jedem Einzelnen verlangen würde, das Wissen, welches für das Urteil nötig ist, in vollem Umfang selbst zu gewinnen. Es geht lediglich um das Wissen des jeweiligen Falles, der zu beurteilen ist, und die Kenntnis dessen, worauf sich das Urteil wesentlich stützt. Es geht nicht um das Wissen und die Kenntnisse, die für das allgemeine Verständnis der Hintergründe und Zusammenhänge des Falles maßgeblich sind. Ein solches umfassendes Wissen können Einzelne weder in Fragen der Ethik noch in Fragen anderer Wissenschaften selbst gewinnen. Die Kenntnis des Falles, um den es geht, und sei er noch so allgemein, muss der ethisch Urteilende aber selbst gewinnen. Er darf sich nicht einfach auf Behauptungen anderer verlassen, sondern muss sich ein Bild davon machen können, was diesen Behauptungen an Einsichten zugrunde liegt.

1.2.2. Das Verbot zu töten

Wie objektive Begründungen in der Ethik möglich sind, lässt sich zwar abstrakt gut darlegen. Das reale Gewicht und die Chancen für solche Begründungen in der Praxis sind aber nur an konkreten Problemen zuverlässig einzuschätzen. Deswegen prüfen wir die Kriterien der Objektivität nun an einem Beispiel, das wir schon kennen, das Verbot, Menschen zu töten.[45] Wie wir schon sahen, handelt es sich bei diesem Verbot um eine sittliche Tatsache, für die es keine expliziten Gründe gibt. Das Tötungsverbot ist zweifellos ebenso eine sittliche Tatsache wie z.B. die Menschenwürde. Das Verbot kann sprachlich wie jede andere Tatsache beschrieben werden: ‹Es ist verboten, Menschen zu töten.› Sittliche Tatsachen, die als solche nicht begründbar sind, sollten nicht so verstanden werden, als wären sie grundlos im Sinne von beliebig. Im Gegenteil, sie sind als sittliche Tatsachen anerkannt, gewiss und gelten unbezweifelt im Netzwerk sittlicher Tatsachen. Sittliche Tatsachen sind – wie wir schon sahen – normativer Natur. Das Merkmal solcher Tatsachen ist ihre nicht weiter begründbare Geltung. Normativer und gleichzeitig empirischer Natur ist die Anerkennung ihrer Geltung in der Praxis. Sittliche Tatsachen wie das Tötungsverbot verstehen wir in einer Gesellschaft als deren sittliche Grundnormen.

Auf sittliche Tatsachen bzw. Grundnormen nehmen ethische Prinzipien Bezug. Kein ethisches Prinzip, nicht einmal der *Kategorische Imperativ*, steht in einem sittlichen Vakuum.[46] Zurück zum Tötungsverbot. Wenn es schon für diese Grundnorm keine Gründe gibt, so muss es doch für das konkrete Verbot, bestimmte Personen oder andere Lebewesen zu töten, genau dann objektive Gründe geben, wenn das Verbot in Frage gestellt wird. Wir können die Objektivität jeder Begründung anhand ihrer Kriterien prüfen. Das Tötungsverbot selbst ist jedermann als sittliche Grundnorm verständlich, und sie ist als sittliche Tatsache im oben beschriebenen Sinn wahr. Nur in Ausnahmefällen wie der Notwehr kann das Tötungsverbot von Fall zu Fall durch besondere Gründe eingeschränkt werden. Es wird für einen solchen Fall, wenn entsprechende Gründe für eine Notwehr vorliegen, nur ausgesetzt, aber nicht verändert. Wenn diese Gründe selbst verständlich, einschlägig und wahr sind, ist die Einschränkung des Verbots als objektiv gültig gerechtfertigt. Das ist in einer Notwehrsituation nur der Fall, wenn die bedrohte Person sich nicht anders retten kann und die Mittel der Selbstverteidigung verhältnismäßig, also für eine Abwehr der tödlichen Bedrohung angemessen sind.

Nicht alle sittlichen Tatsachen werden so unzweideutig anerkannt wie das Tötungsverbot. Dennoch wird dieses Verbot da und dort in Frage gestellt. Wenn sich der Zweifel an der Geltung dieses Verbots durchsetzen würde, wäre es tatsächlich als sittliche Tatsache gefährdet. Sittliche Grundnormen sind fragil, weil sie ohne Geltung und Anerkennung nicht wirksam sind. Es hätte auch keinen Sinn, ohne diese Voraussetzungen zu behaupten, dass sie nachprüfbar und wahr sind. Wenn dies so wäre, müsste es andere sittliche Tatsachen geben, die ihrerseits wahr sein und der Geltung des Tötungsverbots zugrunde liegen müssten. Wir könnten versuchsweise die Menschenwürde als eine solche sittliche Grundnorm annehmen. Diese Grundnorm können wir dem Tötungsverbot aber nicht stützend zugrunde legen, weil sie die Unantastbarkeit der Würde des Menschen behauptet. Es ist aber nicht der Fall, dass die Menschenwürde mit dem Leben gleichzusetzen ist. Die eine sittliche Grundnorm ist zwar eng mit der anderen in dem Netz dieser Normen verbunden, und dieses Netz hat insgesamt für jede einzelne Grundnorm eine stützende Funktion. Wenn aber eine dieser Grundnormen in Frage gestellt wird, können andere nicht automatisch die Lücke schließen. So müssen wir wohl auch unsere Verfassung verstehen. Das «Recht auf Leben und körperliche Unversehrtheit» entspricht dem, was ich hier – zumindest auf Menschen bezogen – das Tötungsverbot nenne. Es ist im Artikel 2, II des Grundgesetzes beschrieben, die Menschenwürde dagegen im Artikel 1, I. Es handelt sich um zwei getrennt geltende, inhaltlich verschiedene verfassungsrechtliche Normen mit einem prinzipiellen Charakter. Sie stehen zwar nicht in einer strikten, aber doch in einer gewissen Hierarchie.[47] Wir können und sollten diese Normen in ein größeres Ganzes einordnen, in dem sie sich wechselseitig im Verfassungsrecht ergänzen. Sie gelten aber individuell, jedes für sich und können sich nicht wechselseitig ersetzen.

Was ist zu tun, wenn jemand glaubt, es sollte in einem anderen Fall als einer begründeten Notwehr erlaubt sein, eine bestimmte Person zu töten? Dann genügt es nicht, auf die sittliche Grundnorm des Tötungsverbots hinzuweisen. Es muss Gründe für die Geltung des Verbots im konkreten Fall oder für die besondere Erlaubnis zu töten geben. Die sittliche Grundnorm wird dabei im einen oder anderen Sinn mit einer Begründung für den konkreten Fall verbunden. Und diese Begründung soll dann im Verbund mit der Grundnorm objektiv gelten. In jedem Begründungszusammenhang ist die Bedeutung des Verbots verständlich, weil jeder weiß, was es für die Person, für die das Verbot aufgehoben werden soll, bedeuten würde. Das Verbot ist in einem solchen Zusammenhang auch einschlägig, weil die Person ja noch lebt. Nachprüfbar sind die Gründe, die für das Verbot oder dessen partielle Einschränkung sprechen, im Rahmen der Ethik und mit Hilfe des Strafrechts und des Verfassungsrechts. Wahrheit kann eine Begründung beanspruchen, weil das Verbot selbst als sittliche Tatsache wahr ist und tatsächlich gilt und die Wahrheit der Begründung einerseits auf diese Tatsache, andererseits auf die Wahrheit der besonderen Umstände Bezug nimmt. Revidierbar wären diese letzten Rechtfertigungsgründe, wenn die Wahrheit dieser besonderen Umstände bei einer erneuten Prüfung nicht bestätigt werden könnte.

Eine solche Revision der Rechtfertigungsgründe würde aber die Geltung des Tötungsverbots nicht berühren. Nach solchen Überlegungen können wir die Begründung des Verbots oder einer Ausnahme im konkreten Fall als objektiv gültig anerkennen.[48] Normalerweise sind Überlegungen dieser Art verzichtbar, weil die Gründe für dieses Verbot in der Rechtsprechung leicht zugänglich und verfügbar sind. Die Ethik ist erst dann gefragt, wenn das Tötungsverbot in besonderen Fällen umstritten und rechtlich unklar ist. Das ist etwa beim Tötungsverbot von Tieren der Fall oder beim Tötungsverbot von Personen, die als Schwerkranke und Sterbende sich nicht selbst töten können und darum bitten, getötet zu werden.

1.2.2.1. Der Wunsch zu sterben

Allein die öffentlich gestellte Frage, ob es erlaubt sein kann, Sterbende oder unheilbar Kranke, die den Wunsch haben, den Sterbeprozess oder ihr unerträgliches Leiden abzukürzen, zu töten oder ihnen dabei zu helfen, sich selbst zu töten, zeigt, dass das Tötungsverbot kein Tabu mehr ist. Es ist also keineswegs in der Sitte so fest verankert, dass die Erlaubnis zu töten undenkbar wäre. In den lebhaften Diskussionen über die Erlaubnis der passiven, der indirekten oder gar der aktiven Sterbehilfe[49] geht es nicht um die Frage, ob der Sterbewunsch eines Patienten selbst ethisch gerechtfertigt ist, sondern darum, in welchem Umfang Ärzte oder Ehegatten[50] – passiv, indirekt oder aktiv – an der Tötung mitwirken dürfen. Die sittliche Grundnorm des Tötungsverbots wird im Strafrecht, im verfassungsrechtlichen Lebensschutz[51] und nicht zuletzt in der ärztlichen Standesethik anerkannt. Das deutsche Strafrecht verpflichtet Ärzte dazu, menschliches Leben zu retten und zu erhalten, wenn die Lebensrettung gewünscht wird.[52] Es verbietet die aktive Sterbehilfe, während die passive Sterbehilfe grundsätzlich dann, wenn das Sterben dem Willen des Patienten entspricht, der Sterbeprozess begonnen hat und irreversibel ist, straflos bleibt.[53] Wenn lebensverlängernde Maßnahmen allerdings mutmaßlich vom Patienten gewünscht, aber nicht gewährt werden, obwohl sie möglich und sinnvoll wären, handelt es sich um keine passive Sterbehilfe, sondern um eine vorsätzliche Tötung.[54] Die rechtlich wirksame Patientenverfügung trägt sehr zur Rechtssicherheit bei der Gewährung der passiven und indirekten Sterbehilfe bei. Der eben geschilderte Hintergrund erklärt, warum die Diskussionen sich vor allem um die Art und den Umfang der Mitwirkung von Ärzten am Sterben Schwerkranker drehen. Er erklärt auch, warum so viel Wert auf die genaue Bezeichnung der Art und Weise der Mitwirkung gelegt wird, schließlich kann kein Patient ohne die zumindest indirekt gewährte Hilfe eines Arztes rascher sterben oder sich selbst töten. Selbst das Sterben-Lassen bedarf nicht nur auf Seiten des Patienten, sondern auch auf Seiten des Arztes einer Entscheidung. Tatsächlich stellt sich die Frage der Mitwirkung von Ärzten am Tod von Patienten im klinischen Alltag in zunehmendem Umfang. Immer mehr Menschen sterben in Kliniken und werden häufig allein deswegen in Kliniken verbracht, weil sie sonst beim Sterben gänzlich allein gelassen und ohne Versorgung wären. Die ethische Begründung des Tötens, des Sterben-Lassens oder der indirekten Verursachung des Todes auf ausdrücklichen, etwa in einer Patientenverfügung zuverlässig geäußerten Wunsch von Patienten kann Ärztinnen und Ärzte entlasten und sie strafrechtlichen Sanktionen entziehen.

Die weiter reichende Frage ist, ob es objektive ethische Gründe für die aktive Sterbehilfe gibt, die das Töten Schwerkranker und Sterbender erlauben. Diese Frage ist ethisch keineswegs schon deshalb obsolet, weil es etwa in Holland oder Belgien bereits rechtliche Regelungen gibt, die das Töten solcher Patientinnen und Patienten unter eingeschränkten Bedingungen und unter Beachtung von Sorgfaltspflichten erlauben. Denn diese Regelungen sind international und auch in Holland und Belgien umstritten. Die Gründe für das Töten schwer leidender, nicht mehr lebensfähiger und bereits sterbender Menschen sind verständlich und einschlägig. Es wäre zynisch, einem schwer kranken Sterbenden nicht zu glauben, dass er seinen Zustand als unerträglich und unwürdig empfinde und ihn angesichts des unausweichlichen Todes abkürzen wolle. Außerdem ist dieser Wunsch einschlägig, da der Zustand des Patienten und der begonnene Sterbeprozess medizinisch hinreichend klar sind oder sein sollten. Problematisch sind allerdings in diesem Zusammenhang die anderen Kriterien objektiver ethischer Begründungen: die Nachprüfbarkeit, Revidierbarkeit und Wahrheit der Gründe. Wir müssen uns außerdem darüber klar werden, was als Tötungsgrund gelten soll, der medizinische Zustand des Patienten oder sein Wille oder beides. Den medizinischen Zustand des Sterbenden können allein Ärzte beurteilen. Es ist medizinisch nachprüfbar, ob der Sterbeprozess eines Patienten bereits unwiderruflich begonnen hat. Wenn dies nachprüfbar ist, sind entsprechende Behauptungen auch wahr.[55]

Wenn es um die Erlaubnis zu töten geht, muss die größtmögliche Sorgfalt auf die Begründung in jedem einzelnen Fall gelegt werden. Es wäre ethisch unhaltbar, den medizinisch dokumentierbaren Zustand eines Patienten allein als Begründung für diese Erlaubnis gelten zu lassen. Der erklärte Wille des Patienten, etwa in Form einer Patientenverfügung, darf nicht ignoriert werden. Die Patientenautonomie ist zu respektieren. Umstritten ist allerdings, ob der Patient, der eine Patientenverfügung unterschreibt, umfassend aufgeklärt sein muss. Normalerweise bedingen sich Aufklärung und Patientenautonomie wechselseitig. Gesetzt den Fall, der Patient wurde über seinen Zustand und seine Lebensaussichten aufgeklärt, kann sich überhaupt äußern und sagt wiederholt und vor mehreren Zeugen, dass er sterben will, und bittet sogar darum, getötet zu werden, scheint einer objektiven Begründung, ihn töten zu dürfen, nichts entgegenzustehen. Der Wille des Patienten muss freilich selbst nachprüfbar und seine Willensäußerung wahr im Sinne von zuverlässig sein. Diese Bedingungen sind, wenn keine Patientenverfügung vorliegt und der Patient sich selbst nicht mehr äußern kann, nicht zu erfüllen. Gänzlich missachtet werden jene Bedingungen bei Tötungen ohne ausdrückliches Verlangen, wie sie etwa in den Niederlanden dokumentiert wurden. Entscheidungen von Ärzten, Patienten ohne deren Verlangen zu töten, sind selbst dann verwerflich, wenn die Lebenserwartung geringer als eine Woche ist.[56]

Patienten äußern – so wird immer wieder bemerkt – den Sterbewunsch häufig als Hilferuf, nicht immer im wörtlich gemeinten Sinn. Viele Schwerkranke und Sterbende empfinden sich als Belastung und Zumutung für ihre Umgebung und äußern aus diesem Grund den Wunsch, rasch zu sterben. Wenn sie sich nicht als Belastung empfänden, würden sie den Wunsch wohl kaum haben. Eine zuverlässige Nachprüfung des Sterbewunsches und die entsprechende wahre Behauptung, dass der Patient tatsächlich und aus angemessenen Gründen sterben wolle und nicht nur einem sozialen Druck nachgebe, lassen sich gewöhnlich nicht erbringen. Lediglich eine Patientenverfügung oder die Willensäußerung des Sterbenden und der medizinisch festgestellte irreversible Sterbeprozess können Grundlage einer objektiven Begründung der Erlaubnis, einen Patienten sterben zu lassen, sein. Dem Willen des Sterbenden gebührt generell Respekt. Wer keine lebensverlängernden Maßnahmen wünscht, darf nicht gegen seinen Willen, der in einer Patientenverfügung dokumentiert ist, am Leben erhalten werden. Passive Sterbehilfe wird in einem solchen Fall dadurch gewährt, dass zwar einerseits eine Basisversorgung geleistet wird, aber lebenserhaltende Maßnahmen abgebrochen werden.[57] Die in Deutschland verbotene aktive Sterbehilfe würde darin bestehen, das Sterben durch die Verabreichung von Medikamenten, etwa durch eine Injektion, rasch herbeizuführen. Noch ein Wort zur Patientenverfügung. Patienten und Patientinnen können den Verzicht auf lebensverlängernde Maßnahmen auf rechtlich wirksame Weise mit Hilfe einer

Verfügung zum Ausdruck bringen. In ihr sind alle Maßnahmen aufgeführt, die sie nicht wünschen. Es war einige Zeit umstritten, ob diese möglicherweise Jahre alte Verfügung angewandt werden kann, ohne dass die betroffene Person sie noch einmal bekräftigt. Inzwischen hat der Bundesgerichtshof geklärt, dass die Patientenverfügung auch dann gilt, wenn der Patient sich nicht noch einmal dazu geäußert hat.[58]

Das Kriterium, das wir noch nicht geprüft haben, ist die Revidierbarkeit des Urteils. Angesichts des Todes mag es unsinnig erscheinen, dann über die Revidierbarkeit der Erlaubnis zu töten nachzudenken, wenn diese Erlaubnis bereits zum Tode geführt hat. Ein Urteil kann aber auch dann noch revidiert werden, wenn es zu spät ist, seine Folgen rückgängig zu machen. Auf wirkungsvolle Weise revidierbar ist die Erlaubnis zu töten, bevor sie in die Tat umgesetzt wurde. Selbst wenn man von der wenig wahrscheinlichen Möglichkeit absieht, dass sich nach Beginn des Sterbeprozesses eine plötzliche Besserung zeigt, muss es im Rahmen der Patientenautonomie möglich sein, dass sich Personen, die um Sterbehilfe baten, eines anderen besinnen können. Diese Möglichkeit besteht in der Tat. Nach einer Entscheidung für die aktive Sterbehilfe wird dies, wenn sie rasch umgesetzt wird, kaum möglich sein. Nach einer Entscheidung für die indirekte Sterbehilfe bleibt dafür aber Zeit, in der Regel auch bei der passiven Sterbehilfe. Wer eine Patientenverfügung unterschrieben hat, kann sich selbstverständlich in letzter Minute noch eines anderen besinnen. Eine Revidierbarkeit der Entscheidung ist also zumindest bei der passiven und indirekten Sterbehilfe möglich.

Es ist nach diesen Erwägungen keineswegs ausgeschlossen oder unmöglich, die Erlaubnis zu töten objektiv zu begründen. Die Kriterien der Objektivität lassen sich aber im Fall der aktiven Sterbehilfe, sieht man einmal davon ab, dass sie hierzulande gesetzlich verboten ist, nicht klar und eindeutig erfüllen. Auch bei der passiven oder indirekten Sterbehilfe ist dies nicht leicht. Wie der Wille des Patienten zu bewerten ist, ob er tatsächlich gute Gründe für den Sterbewunsch hat, bleibt generell problematisch und bedarf jeweils der sorgfältigen Prüfung. In der ethischen Argumentation sollten wir uns nicht allein auf pauschalierende Befunde oder Regelungen stützen, die etwas mehr oder weniger Vertrauenswürdiges über die Zuverlässigkeit des Todeswunsches Sterbender sagen oder diesen Wunsch unterstellen. Es liegt daher nahe, der Frage nachzugehen, wie die Willensäußerung des Sterbenden überhaupt ethisch zu beurteilen ist. Dazu sollten wir erst einmal daran erinnern, wie der Wille von Patienten allgemein beurteilt wird. Dann erkennen wir wichtige Unterschiede bei der ethischen Bewertung der Willensäußerungen von Patienten.

1.2.2.2. Verantwortung für den eigenen Tod?

Nehmen wir an, es geht darum, ob und wie eine bestimmte Therapie angewendet werden soll. Wenn sich Ärzte in dieser Frage nach dem Willen des Patienten richten, trägt dieser für seine Entscheidung die Verantwortung; und zwar nicht nur dann, wenn er sich gegen den Rat der Ärzte entscheidet. Eine ähnliche Verantwortung kann ein Sterbender aber nicht haben. Im Falle der Entscheidung über eine Therapie kann der Tod ein kalkulierbares Risiko sein, das der Patient – nach hinreichender ärztlicher Aufklärung – selbst beurteilen, in Kauf nehmen und frei bejahen kann. Der Patient kann dieses Risiko aber auch ablehnen. Er hat die Wahl, kann dann aber auch niemandem einen Vorwurf machen, wenn sich sein Zustand verschlechtert. Sein frei geäußerter Wille begründet seine Verantwortung für die Folgen seiner Wahl. Wenn ein Sterbender den Wunsch äußert, dass alle lebenserhaltenden Therapien abgebrochen werden, damit er sterben kann, kennt er die Folgen seines Wunsches und kann sie verantworten. Er mutet niemandem zu, ihn zu töten, und trifft im Allgemeinen keine Entscheidung über den Zeitpunkt[59] des Todes, sondern möchte nur auf dem Weg zum Tod begleitet werden und möglichst schmerzfrei sterben.

Im Fall der aktiven Sterbehilfe ist der Tod dagegen gewiss und nicht mehr nur ein Risiko. Die ethisch entscheidende Frage ist, ob ein Schwerkranker oder Sterbender frei ist, den eigenen Tod zu wollen; denn nur dann kann er dafür auch verantwortlich sein, und nur dann ist sein Wille für Dritte zuverlässig und verbindlich.[60] Ich bin überzeugt, dass nicht jeder Sterbende frei ist, seinen Tod zu wollen. Wir benötigen zur Klärung dieser Behauptung keine anspruchsvolle Theorie der Willensfreiheit. Es genügt, wenn wir eine einfache Unterscheidung, nämlich die zwischen Handlungsfähigkeit und Handlungsfreiheit, zu Hilfe nehmen. Wir erkennen, ob eine Person handlungsfähig ist, allein an ihrem Verhalten. ‹Handlungsfähigkeit› ist ein Verhaltensbegriff. Es genügt, dass sich eine Person bewegt, spricht und ihren Willen äußert, um sagen zu können, sie sei handlungsfähig. Um sich so verhalten zu können, muss eine Person keine besonderen Gründe haben und nicht notwendig nachdenken. Sie muss sich auch nicht überlegen, wie sie sich im Blick auf die Zukunft entscheiden sollte. Sie tut es einfach. Selbst bei so komplizierten körperlichen Bewegungen wie Laufen, Radfahren oder Autofahren genügt es, handlungsfähig zu sein, weil wir darin Routine und Übung haben. Personen müssen nur dazu fähig sein, kurzfristige, nahe liegende Ziele zu realisieren. In die Zukunft gerichtete, weit- oder weiterreichende Entscheidungen müssen dazu nicht getroffen werden; es ist nicht notwendig, dass eine Person im Vollbesitz ihrer geistigen Kräfte ist. Im Fall des Rad- oder Autofahrens genügt die Fahrtüchtigkeit; dies ist genau das, was im Fall dieser Bewegungsarten ‹Handlungsfähigkeit› bedeutet.

Handlungsfähigkeit ist ein behaviorales, Handlungsfreiheit dagegen ein kognitives Konzept. Handlungsfreiheit setzt die Fähigkeit, längerfristige Ziele zu fassen und Gründe für bestimmte Handlungen zu haben, voraus. Eine Person muss sich entscheiden können, und dies erfordert weit mehr als bloße Handlungsfähigkeit. Um frei handeln zu können, genügt es nicht, dass eine Person sich bewegen, sprechen und etwas wollen kann. Sie muss vielmehr in der Lage sein, das, was sie will, auch aus der Perspektive anderer zu beurteilen, gegen Alternativen abzuwägen und in den größeren Rahmen ihres Lebens, ihrer Lebenspläne und Bedürfnisse einzuordnen. Diese Freiheit braucht eine Person bei ständig wiederkehrenden Tätigkeiten wie Sprechen, Schreiben, Rechnen, Lesen, Links- oder Rechtsabbiegen, Schwimmen oder Radfahren nicht unbedingt. Eine lediglich handlungsfähige Person ist nur bedingt verantwortlich für das, was sie tut. Sie muss nicht überschauen können, welche Folgen ihr Tun hat, weil ihr dieses Tun normalerweise problemlos gelingt und mangelnde Aufmerksamkeit im Einzelfall kein Versäumnis ist. Anders ist es, wenn es um weitreichende oder unwiderrufliche Entscheidungen geht; dann muss die Person in der Lage sein, ihr Tun kritisch, aufmerksam, unbelastet und im Blick auf mögliche erwünschte und nicht erwünschte Folgen auch ohne Druck zu beurteilen. Dies kann eine Person kaum unter starken Schmerzen oder wenn sie unter anderen Einflüssen steht und abgelenkt ist.

Die Unterscheidung zwischen Handlungsfähigkeit und Handlungsfreiheit dient dazu, das Verhalten und die Willensäußerungen von Menschen besser zu verstehen und sie richtig beurteilen zu können. Wenn Personen durch ihr Verhalten zeigen, dass sie handlungsfähig sind, bedeutet dies nicht schon, dass sie Handlungsfreiheit besitzen. Handlungsfähigkeit kann aufgrund ihrer Verhaltensmerkmale den Schein der Freiheit erzeugen. Für Handlungsfreiheit gibt es keine unmittelbar am Verhalten ablesbaren und eindeutig erkennbaren Merkmale. Deswegen können wir uns nicht sicher sein, ob eine Person für ihre Äußerungen voll verantwortlich ist. Die bloße Äußerung eines Wunsches ist weder für das eine noch für das andere ein Nachweis. Wir sollten daher skeptisch sein und uns des Urteils, ob eine Person frei oder nur handlungsfähig ist, enthalten, wenn wir dafür Gründe erkennen. Die Anforderungen an das Urteil, ob eine Person frei oder lediglich handlungsfähig ist, sind dann besonders hoch, wenn es darum geht, den Willen Schwerkranker oder Sterbender zu verstehen und richtig zu deuten. Sterbende äußern den Wunsch zu sterben möglicherweise unter starken Schmerzen. Dass sie auch unter solchen Umständen noch sprechen und den Todeswunsch äußern können, ist kein Nachweis ihrer Handlungsfreiheit. Sie sind zwar noch handlungsfähig, aber ebendeswegen nicht notwendig frei in dem eben beschriebenen Sinn.

Wenn dies so ist, können Sterbende nicht immer im vollen Sinn verantwortlich für ihren Todeswunsch sein. Es liegt daher nahe, sie dann nicht mit der Verantwortung für ihren eigenen Tod zu belasten, wenn es Gründe gibt, an ihrer Handlungsfreiheit zu zweifeln. Die Ärzte können die Verantwortung für den Sterbewunsch eines Patienten aber nicht ohne weiteres alleine tragen. Schließlich zählt der Wille des Patienten. Wenn es nun aber nicht möglich ist, dessen Willensäußerung als objektiven ethischen Grund für seine Tötung zu bewerten, tut sich – was die aktive Sterbehilfe angeht – eine Lücke in der ethischen Begründung auf, die nicht geschlossen werden kann. Nach diesen Überlegungen ist eine objektive ethische Begründung der Erlaubnis, Sterbende auf ihren eigenen Wunsch hin zu töten, nicht möglich. Es fehlt die Nachweisbarkeit des eigenverantwortlichen Wollens des Sterbenden, und dieser Nachweis ist für die geforderte Begründung unverzichtbar.[61] Es ist zwar wahr, dass der Sterbende sagt, er wolle getötet werden. Seine Äußerung kann aber nicht als zuverlässiger und belastbarer Nachweis seiner Verantwortung für den Todeswunsch gewertet werden.

Beim Wunsch eines Schwerkranken, ohne lebensverlängernde Therapien schmerzfrei zu sterben, fehlt der Nachweis seiner Verantwortung zwar auch. In diesem Fall ist er aber auch nicht gefordert, weil keine Person das Unvermeidliche, das ihr widerfährt, in diesem Fall das eigene Sterben, verantworten muss. Wenn etwas nach Abwägung aller verfügbaren Möglichkeiten – auch durch Ärzte – nicht verhindert werden kann, ist dafür niemand verantwortlich. Verantwortung kann nur für das gefordert werden, was wählbar und tatsächlich vermeidbar ist. Lediglich die Art und Weise, wie wir Menschen sterben, können wir wählen, nicht aber, ob wir sterben. Für den Wunsch, eine Therapie, die das Leben verlängert, abzubrechen, genügt die Handlungsfähigkeit des Patienten als Bedingung seiner Anerkennung. Säuglinge und Menschen im Koma sind weder handlungsfähig, noch können sie ihren Willen äußern.[62] Wenn sie ohne therapeutische Hilfe sterben würden, können nur Angehörige und Ärzte darüber entscheiden, ob diese Hilfe gewährt wird oder nicht. Für so schwierige Entscheidungen wären klarere und eindeutigere Entscheidungshilfen mehr als nur wünschenswert; es gibt sie jedoch nicht. Das aktive Töten solcher Patienten ist aber ethisch so wenig erlaubt wie das Töten Schwerkranker ohne deren eigenes Verlangen.

Nehmen wir aber dennoch einmal an, es wäre möglich, die Erlaubnis, Schwerkranke oder Sterbende auf ihren eigenen Wunsch hin zu töten, objektiv ethisch zu begründen. Eine solche Begründung könnte zu einem Urteil wie diesem führen: ‹Es ist gut, dass der Patient möglichst rasch stirbt.› Wenn wir den Sterbewunsch ernst nehmen und jenes Urteil unbelastet von der theoretischen Frage, ob es eine objektiv begründete ethische Erlaubnis für das Töten geben könne, betrachten, fällt uns auf, wie wenig es unserem normalen sittlichen Empfinden entspräche. Wir würden eher ein Urteil über die Art und Weise seines Sterbens als eines über den Zeitpunkt erwarten. Wäre es nicht besser, sagen zu können, dass es gut sei, wie der Patient stirbt, als dass er rasch stirbt? Es sollte doch darum gehen, dass er menschenwürdig stirbt, wenn er schon nicht mehr menschenwürdig leben kann. Der Zeitpunkt des Todes entscheidet aber nicht über die Würde des Sterbens. Eine unnötige Verlängerung des Sterbens ist sicherlich nicht menschenwürdig, ebenso wenig aber eine zu große Eile. Deswegen ist der Zeitpunkt nicht völlig bedeutungslos.

Die Sterbebegleitung der Palliativmedizin nimmt sich mit schmerzlindernden Therapien und persönlicher Zuwendung der Sterbenden an. Wenn sie ohne Opiate auskommt, verzögert sie den Tod nicht, beschleunigt ihn aber auch nicht aktiv.[63] Der Sterbende soll sich geborgen und begleitet und nicht von seiner Hilflosigkeit und Angst erdrückt fühlen. Das schließt nicht aus, dass die Dosierung der schmerzlindernden Mittel den Sterbeprozess beschleunigt und im Ergebnis identisch mit indirekter Sterbehilfe ist. Eine scharfe Trennlinie zwischen palliativen Maßnahmen und indirekter Sterbehilfe ist nicht zu ziehen, aber die Motivation kann jeweils eine andere sein. Die Sterbebegleitung will sich auf einen Menschen in seinem Sterben einlassen und seine Bedürfnisse erkennen. Der Sterbehilfe geht es vorrangig um die Erlaubnis, zu töten oder den Tod zu beschleunigen. Ohne Zweifel ist auch ihr Ziel ein menschenwürdiger Tod, im Falle der aktiven Sterbehilfe sogar ein planvoll herbeigeführter. Es geht der indirekten Sterbehilfe jedoch eher um die Vermeidung unnötigen Leidens durch erlaubtes Töten oder Sterben-Lassen als um die Linderung des unvermeidbaren Leidens durch Zuwendung. Die palliative Sterbebegleitung ist in jeder Hinsicht und in allen Fällen, in denen sie möglich ist, ethisch wünschenswert. Die indirekte oder passive Sterbehilfe muss dagegen von Fall zu Fall beurteilt werden, selbst wenn sie von guten und humanen Absichten auf Seiten der Ärzte begleitet wird. Die Erlaubnis zu töten, also die aktive Sterbehilfe, ist ethisch nicht objektiv begründbar, weil der Patient allein durch seine Willenserklärung nicht die Verantwortung für seinen Tod übernehmen kann. Bei der passiven und indirekten Sterbehilfe und der Anwendung einer Patientenverfügung muss der Patient diese Verantwortung nicht übernehmen, weil er sich weder entscheiden noch die Erlaubnis geben muss, getötet zu werden. Diese Formen der Sterbehilfe sind deswegen durchaus objektiv begründbar. Passive und indirekte Sterbehilfe sollten aus den geschilderten Gründen in Verbindung mit palliativer Sterbebegleitung gewährt werden.

Ich habe versucht, die Gründe dafür klar zu machen, warum Sterbende nicht in jedem Fall die Verantwortung für ihren aktiv herbeigeführten Tod übernehmen können. Wenn diese Gründe stichhaltig sind, sollte ihnen diese Verantwortung auch dann nicht angelastet werden, wenn dies rechtlich möglich ist. Die Sterbebegleitung, genauer gesagt diejenigen, die sie etwa auch in Verbindung mit passiver oder indirekter Sterbehilfe gewähren, übernehmen die einzige Verantwortung, die für das Sterben eines Menschen übernommen werden kann, nämlich dafür zu sorgen, dass er in Würde, möglichst ohne Angst und ohne Schmerzen sterben kann. Sowohl Sterbehilfe als auch palliative Sterbebegleitung wenden sich mit guten Gründen gegen eine Lebensverlängerung um ihrer selbst willen.

Es ging um die allgemeine Frage, wie wir uns Objektivität in der Ethik vorstellen können. Die schwierige, aber unumgängliche Frage, ob es erlaubt sein kann, Sterbende oder Schwerkranke zu töten, diente als konkretes Problem. Während es leicht möglich ist, das prinzipielle Verbot, Menschen zu töten, ethisch objektiv zu begründen, ist dies offenbar bei der konkreten Erlaubnis nicht so. Es mag der Eindruck entstanden sein, die Möglichkeiten objektiver ethischer Beurteilungen und Begründungen erschöpften sich in Fragen über Leben und Tod. So ist es nicht. Solche Fragen sind lediglich von starken Empfindungen begleitet, besonders bedrängend, umstritten und wichtig. Die Reichweite und die Ansprüche der Ethik sind jedoch nicht nur in diesen Fragen umstritten. Es ist unklar, wie allgemein und wie konkret ethische Urteile und Begründungen sein sollten. Sichtbar ist diese Unklarheit in der künstlich erscheinenden Trennung zwischen Allgemeiner und Angewandter Ethik. Diese Trennung ist nicht mehr als ein Ausdruck jener Unklarheit. Daher empfiehlt es sich, der Frage, wie allgemein und wie konkret die Ansprüche der Ethik sein können, besondere Aufmerksamkeit zu widmen.

1.3. Situative Ethik und universale Forderungen

1.3.1. Gleichheit als Prinzip

Das ethische Prinzip der Gleichheit aller Menschen enthält einen universal geltenden Anspruch. Die allgemeine, empirische Behauptung, dass alle Menschen gleich seien, ist ebenso offensichtlich falsch wie die Behauptung, alle Steine seien gleich. Keine zwei Menschen, nicht einmal eineiige Zwillinge, gleichen einander völlig. Es wäre daher töricht, das Gleichheitsprinzip als tatsächliche Gleichheitsbehauptung verstehen zu wollen, die auf die konkreten Merkmale Bezug nimmt, nach denen sich die Menschen voneinander unterscheiden. Worin sich die Menschen nicht unterscheiden, sind ihre Zugehörigkeit zur biologischen Art Mensch (homo sapiens sapiens) und – in Kants Worten – in ihrem Anspruch, «*selbst Zweck zu sein*».[64] Der universale Anspruch, ein Selbstzweck zu sein, leitet sich nicht aus jener biologischen Tatsache ab und ist auch durch nichts anderes begründet. Wir können den Selbstzweck – im oben beschriebenen Sinn – als sittliche Tatsache der Menschenwürde begreifen. Diese Tatsache liegt den realen Ansprüchen der Grund- und Menschenrechte zugrunde und kommt in der Gleichheit vor dem Gesetz konkret zum Ausdruck.[65] Die Gleichheit der Menschen ist selbst eine sittliche Tatsache. Es hat nie eine Übereinkunft in der Frage gegeben, was genau die Gleichheit der Menschen begründen könnte. Für die Geltung einer sittlichen Tatsache wie dieser ist eine Übereinkunft weder möglich noch nötig. Die Gleichheit im Sinne der Grund- und Menschenrechte und der Gleichheit vor dem Gesetz sind die Wertbestimmungen, welche die Forderung nach Unterschiedslosigkeit auf kürzeste und gleichzeitig umfassendste Weise ausfüllen. «Gleichheit» sagt selbst nicht, worin sie besteht und was ihren besonderen Wert ausmacht, sie normiert aber den Wert des menschlichen Lebens und die sittlichen Ansprüche jedes einzelnen Menschen. Im Einzelnen gehören zu diesem Wert das Recht auf Leben, die Freiheitsrechte und alle Schutzrechte mit ihren wechselseitigen Ansprüchen, kurz all das, was unsere Verfassung als Grundrechte und die Charta der Vereinten Nationen als Menschenrechte enthält.

Auch im ethischen Sinn sind die Menschenwürde und alle Grund- und Menschenrechte das, was Menschen tatsächlich sittlich beanspruchen können. Die sittlichen und die aus ihnen abgeleiteten normativen Ansprüche der Menschen haben aber eine Geschichte. Sie entstanden historisch in einer Kultur, Religion und Gesellschaft, und dieser Entwicklungsprozess ist nicht abgeschlossen, solange es Menschen gibt. Denn jede einzelne Person kann in die Verlegenheit kommen, ihre Gleichheitsansprüche verteidigen zu müssen. Dann wird sichtbar, dass sie in jedem einzelnen Fall ethnische und sprachliche, aber auch staatliche und gesellschaftliche Aspekte haben. Es wird auch erkennbar, dass das Verständnis der Gleichheit durch Bildung und Beruf, durch die sozialen Rollen und das Geschlecht konkret geformt wird. Dieser Prozess ist Teil der Sitte, und als solcher gehört er zu den Voraussetzungen des ethischen Verständnisses der Gleichheit. Daran sei noch einmal erinnert: Ethische Begründungen können keinen Anspruch auf Geltung erheben, wenn es keine Geltungsgründe gibt, die in der Sitte verankert sind. Die Sitte liefert zwar keine Begründungen, bildet aber den Rahmen für Begründungen. Dieser Rahmen allein gewährt aber keine ethischen Rechtfertigungen. Deswegen muss der Geltungsrahmen durch einen Rahmen der Rechtfertigung ergänzt werden. Genau dies ist die theoretische Aufgabe der Ethik, die sie mit oder auch kritisch gegen die Sitte erfüllt.

Die Grundrechte und die allgemeinen Menschenrechte rechne ich stillschweigend zur Sitte. Das ist nicht ganz korrekt. Was die Geltungsgründe angeht, spielen die Menschenrechte zwar die gleiche Rolle wie Prinzipien, die in der Sitte verwurzelt sind. Die allgemeinen Menschenrechte und die Gleichheit vor dem Gesetz sind aber Ansprüche, die eine doppelte Bedeutung haben. Sie entstammen einerseits historisch und kulturell der europäisch-westlichen, jüdisch-christlich geprägten Kultur, haben aber im 20. Jahrhundert jene universale, von der Sitte unabhängige Funktion angenommen, die ich bereits beschrieben habe.[66] Sie gelten als sittliche Tatsachen aber universal, für alle Menschen, unabhängig von ihrer Herkunft und Sitte, weil alle Menschen den gleichen Anspruch auf Würde haben.

Der Gedanke der Gleichheit ist also einerseits historisch-kulturell entstanden, soll aber unabhängig von dieser Entstehung universal gelten. Jene eben beschriebene normative Tatsache der Gleichheit, welche die biologische ergänzt, hat eine doppelte Bedeutung, eine genetische und eine rechtfertigende. Nun geht es mir aber nicht um diese Janusköpfigkeit der Gleichheit, sondern um die Verbindung zwischen universalen Ansprüchen einerseits und historisch, sozial und kulturell gewachsenen und sich verändernden Ansprüchen andererseits. Denn diese Verbindung ist nicht nur unauflöslich, sondern bestimmt indirekt über den sittlichen Geltungsrahmen die Reichweite ethischer Begründungen. Wie unauflöslich jene Verbindung ist, zeigt sich etwa in den unterschiedlichen Auslegungen der Menschenrechte in den europäischen und asiatischen Kulturen. Selbst innerhalb der europäischen Kultur können wir deutlich verschiedene Mentalitäten erkennen, wenn es etwa um die Deutung des Lebensschutzes bei der ethischen Beurteilung der Frage des erlaubten Tötens oder der Forschung mit humanen embryonalen Stammzellen geht. Es ist also keineswegs so, als würde eine universal geltende normative Tatsache wie die Geltung der Menschenrechte gleiche oder gar identische ethische Begründungen zur Folge haben.

Die Reichweite ethischer Begründungen ist offenbar auch dann von der Sitte bestimmt, wenn es um die Auslegung universaler Geltungsansprüche geht. Erkennbar sind Unterschiede in der Reichweite ethischer Begründungen an der Tatsache, dass trotz identischer Prinzipien in der einen Kultur erlaubt, was in der anderen verboten ist. Die Unterschiede in der Reichweite schränken nicht nur die Universalität ethischer Begründungen, sondern indirekt auch die Universalität der dabei beanspruchten Prinzipien ein. Es ist deswegen fraglich, ob Universalität eine sinnvolle methodische Forderung in der Ethik ist. Stattdessen schiene es auf den ersten Blick vernünftiger zu sein, sich auf eine situative Ethik zu beschränken, deren Forderungen zumindest regional, für bestimmte Probleme unter bestimmten Bedingungen objektiv begründet sind. Es wird sich zeigen, dass es zwar ein Problem mit dem ethischen Universalismus gibt, die Alternative Universalismus versus situative Ethik aber auf einem Missverständnis beruht. Bei dieser Frage geht es nun nicht mehr allein um einzelne ethische Forderungen, sondern auch um unterschiedliche ethische Methoden und Richtungen.

1.3.2. Situative und universale Zusammenhänge

Jede Ethik ist in gewisser Weise eine situative, weil sie Aspekte und Elemente enthält, die den besonderen – individuellen und kollektiven – Kontext des Handelns charakterisieren. Nehmen wir die auf Aristoteles zurückgehende Tugendethik als Beispiel. Die Ausübung einer Tugend, etwa der Tapferkeit, setzt eine Situation voraus, in der Mut gefordert ist, in der ich und alle anderen von mir Mut erwarten. In einer solchen Situation helfen andere Tugenden wie etwa die Mäßigung oder die Freundschaft nicht weiter. Allerdings wäre eine Handlung nicht mutig, wenn sie eine dieser anderen Tugenden verletzen würde. Die Tugenden gehören zu einem Ganzen, aber eben mit Akzenten, die von der jeweiligen Situation abhängen. In jeder Situation ist eine Tugend, eine besondere Exzellenz im Handeln gefordert.

Selbst in der Ethik Kants, deren Universalismus in der Ethik prägend wurde, geht es darum, die bereits erwähnten Maximen, jene «subjektiven Willensprinzipien», im *Kategorischen Imperativ* zu verallgemeinern. Zumindest der Ausgangspunkt der Verallgemeinerung ist ein situativer, die allgemeine Lebensregel oder das Verhaltensprinzip einer bestimmten Person in einer bestimmten Situation. Nur für diesen Typ Situation trifft dann die allgemein geltende Verpflichtung zu, die der *Kategorische Imperativ* formuliert. Nehmen wir als Beispiel die früher erwähnte Maxime ‹halte deine Versprechen›. Wir erkennen die Eignung dieser Maxime für einen *Kategorischen Imperativ* rasch. Denn wir können ihre Verallgemeinerung ohne Widerspruch wollen; aus dem subjektiven kann ein objektives Willensprinzip und allgemein geltendes moralisches Gesetz werden. Dennoch hängt die Relevanz und Wirksamkeit dieses Gesetzes von Situationen ab, in denen Versprechen gegeben werden können. Es kann z. B. nichts versprochen werden, was bereits geschehen oder gar nicht zu verwirklichen ist. Während ich gewöhnlich weiß, was ich nicht realisieren kann, kann ich durchaus etwas guten Glaubens versprechen, was ohne mein Wissen schon geschehen ist.[67] Dann habe ich etwas versprochen, ohne dass es einen Grund für eine Verpflichtung gibt. Es gibt eben nicht nur falsche, sondern auch grundlose Versprechen, nämlich solche, in denen das Versprochene bereits ohne mein Wissen von jemand anderem realisiert wurde. Nur in einem der beiden Fälle gibt es einen *Kategorischen Imperativ*. Beim falschen Versprechen ist schon nach Kants Überlegungen[68] klar, warum, beim grundlosen nicht, weil er an einen solchen Fall nicht dachte. Bei falschen Versprechen weiß ich, warum sie verboten sind: Ich kann deren Verallgemeinerung nicht ohne Widerspruch wollen. Das kategorische Sollen gilt beim Versprechen als Gebot, beim falschen Versprechen als Verbot. Ein grundloses Versprechen kann ich weder einzeln noch verallgemeinert wollen, weil es ja gerade dadurch gekennzeichnet ist, dass ich es aus Unwissen für begründet halte. Für grundlose Versprechen gibt es weder ein Gebot noch ein Verbot, nicht einmal eine sinnvolle Erlaubnis. Die grundlosen oder unbegründeten Versprechen zeigen, wie kontextbezogen oder situativ selbst ein *Kategorischer Imperativ* ist. Es kommt auch bei ihm auf die genauen situativen Zusammenhänge und nicht nur auf die allgemeine Handlungssituation und deren universale Bedingungen an. Die jeweilige Handlungssituation bildet den Rahmen, in dem eine Maxime, die verallgemeinert werden kann, zu finden ist. Ohne eine als moralisch relevant vorgegebene oder als solche erkannte Situation ginge eine Anwendung der Formel des *Kategorischen Imperativs* ins Leere, wie der Fall des grundlosen Versprechens zeigt. Ohne diese

Voraussetzung könnte ihre Anwendung auch ganz unsinnige Folgen haben, wenn die Formel z. B. auf moralisch irrelevante Situationen angewandt würde, in denen es etwa um sinnvolles antizyklisches Verhalten geht.

1.3.3. Kein Gegensatz zwischen situativ und universal

Wenn nun aber jede Ethik einfach als situative deklariert würde, könnten wir uns dieses Etikett sparen. Mit der Bezeichnung wäre nichts Interessantes gesagt. Immerhin würde nach den bisherigen Überlegungen derjenige, der bisher voreilig meinte, ‹situativ› sei gleichbedeutend mit ‹relativistisch›, eines Besseren belehrt. In der eben erläuterten Allgemeinheit bleibt aber der ebenfalls vermeintliche Gegensatz zwischen ‹situativ› und ‹universal› unaufgeklärt. Um diesen Gegensatz aufzulösen, sollten wir uns genauer ansehen, wie der Situationsbezug jeweils hergestellt wird. Wenn wir einmal annehmen, es gebe einen festen Bestand von Regeln und Imperativen, den wir auf wechselnde, ihrem Typ nach gleiche Situationen beziehen, haben wir keine situative, sondern eine universalistische Ethik. Für eine universalistische Ethik ist es nämlich entscheidend, dass sich lediglich die Situationen, nicht aber die Regeln verändern. Ein und dieselbe, immer gleich gültige Regelmenge wird auf ständig andere Situationen angewandt. So ähnlich kann man sich dann auch das vorstellen, was ‹Angewandte Ethik› genannt wird.

Ob es aber überhaupt sinnvoll ist, eine fixe, unveränderliche Regelmenge bei sich gleichzeitig verändernden Situationen und Problemen anzunehmen, muss bezweifelt werden. Es geht hier nicht nur um den methodischen, sondern auch um den empirischen Sinn einer solchen Annahme, also nicht nur darum, ob es so sein kann, sondern ob es so ist. Was würde es denn bedeuten, unveränderlich gleiche Regeln zu haben, deren Bestand, Menge und Geltung unabhängig davon ist, wie sich die Situationen verändern, für die sie gelten? Wir kennen solche Verhältnisse zwischen fixen Regeln und variierenden Situationen. Wer wollte bezweifeln, dass wir, auf dem gleichen, unveränderlichen Bestand arithmetischer Regeln aufbauend, ständig wechselnde Dinge addieren, subtrahieren, multiplizieren und dividieren. Genauso wenig wie sich mit dem Rechnen in jeweils anderen Situationen die Regeln des Rechnens ändern, werden sich wohl – so könnten wir vermuten – auch die Regeln des guten und schlechten Handelns verändern. Warum sollten diese Regeln veränderlicher sein als diejenigen des Rechnens? Außerdem sind nicht alle Regeln ihrer Natur nach dauerhaft.

An der Dauerhaftigkeit vieler Regeln ist nicht zu zweifeln. Dennoch wissen wir – nicht aus der Arithmetik, aber aus anderen Bereichen des Regelgebrauchs –, dass sich Regeln verändern. Sie werden aufgehoben, ergänzt und mit Ausnahmen versehen, und manche werden ganz neu eingeführt. Dann dürfen plötzlich Radfahrer gegen die Richtung einer Einbahnstraße fahren, oder Frauen dürfen – weniger harmlos – eine Schwangerschaft abbrechen, oder die Regeln der Rechtschreibung in einer Sprache verändern sich. In all diesen Fällen werden jeweils so gut wie alle anderen Regeln beibehalten. Das führt beim Schwangerschaftsabbruch dann zu der merkwürdigen Mischung aus Verbot und indirekter Erlaubnis, nach der es weiterhin unter Strafe verboten ist, menschliche Föten zu töten, die Tötung aber innerhalb eines bestimmten Zeitraums nach vorheriger Beratung oder bei bestimmten Indikationen straffrei bleibt. Es gibt offenbar eine Art paralleler und gleichzeitiger Variation von Regeln und Situationen, ohne dass sich der Charakter, die Geltung und die Bedeutung von Regeln notwendig verändert hätten. Lediglich die Menge der Regeln nimmt parallel zur Menge an problematischen Situationen und den nötigen Lösungen zu.

Meine Vermutung war, dass es in der Ethik nicht sinnvoll ist, eine fixe, unveränderliche Regelmenge auf der einen und sich ständig verändernde Situationen auf der anderen anzunehmen. Offenbar variieren beide Seiten, die Regeln ebenso wie die Situationen. Diese Ko-Variation von Regeln und Situationen soll die Bezeichnung ‹situative Ethik› zum Ausdruck bringen. Es ist allerdings auch in der situativ verstandenen Ethik so, dass sich primär die Situationen und selten die Regeln verändern. Die Probleme der jeweiligen Situationen erzeugen auf Dauer einen Veränderungsdruck, der dann zu einer Modifikation der Regeln führt. Regeln und Situationen ändern sich nicht gleichzeitig, aber doch in wechselseitiger Abhängigkeit. Ebendies scheint aber genau dann nicht der Fall zu sein, wenn eine Ethik nur eine einzige Regel wie etwa den *Kategorischen Imperativ* oder die Maximierung des Gesamtnutzens annimmt. Das Gegenteil trifft zu. Wenn eine Ethik nur eine einzige Regel kennt, ist diese so abstrakt und inhaltsleer, dass ihre inhaltlichen Anforderungen entweder ganz von den Zusammenhängen ihrer Anwendung bestimmt werden, oder sie ist gänzlich unanwendbar. Beim *Kategorischen Imperativ* zeigt das Beispiel des grundlosen Versprechens, dass es Zusammenhänge gibt, in denen er gar nicht anwendbar ist. Bei der Regel der Maximierung des Gesamtnutzens ist es ähnlich. Wenn es sich etwa herausstellt, dass die Maximierung des Gesamtnutzens in einer Gesellschaft einer bestimmten Gruppe von Menschen schadet, wäre es ungerecht, die Regel unter diesen Bedingungen anzuwenden.[69] In beiden Fällen – und das gilt wohl für Ethiken mit nur einer Regel allgemein – ist es nur begrenzt sinnvoll, von einer Ko-Variation von Regel und Situation zu sprechen. Denn Regeln, die nicht anwendbar sind, verändern sich nicht. Bei Ethiken mit einer bestimmten Menge von Regeln ist dies freilich nicht grundsätzlich anders; nur dass in diesen Fällen obsolet gewordene Regeln durch andere ersetzbar oder einzelne Regeln tatsächlich durch Kontexte veränderbar sind.

Wenn sich nicht nur Situationen, sondern auch Regeln verändern, wird nicht nur die Menge der Regeln betroffen sein. Es werden sich auch die Geltung und Relevanz der Regeln verändern. Wir werden dafür eine Reihe von Beispielen kennen lernen. Regeln verschwinden oder hören auf zu gelten, weil sie keinen Sinn mehr haben, andere entstehen neu. Dieses Entstehen und Vergehen von Regeln mit ethischer Bedeutung lässt in besonderer Weise den Einfluss der Sitte auf die Ethik erkennen. Letztlich handelt es sich um eine Ko-Variation von Sitte und Ethik an bestimmten Brennpunkten. Obwohl wir jetzt noch nicht übersehen können, wie diese Ko-Variation genau aussieht, drängt sich nun unabweisbar die Frage auf, was mit dem vermeintlichen Gegensatz zwischen ‹situativ› und ‹universal› gemeint ist. Dieser scheinbare Gegensatz löst sich auf, wenn wir erkennen, dass sich ‹situativ› auf das Verhältnis zwischen ethisch relevanten Regeln und Problemen, ‹universal› dagegen allein auf die Regeln bezieht. Die beiden Merkmale werden also gar nicht auf demselben methodischen Niveau gebraucht. Sie beziehen sich auf jeweils anderes und drücken entsprechend auch unterschiedliche, miteinander nicht konkurrierende Ansprüche aus. So merkwürdig es klingt, aber ‹universal› bezieht sich auf die Geltung einzelner Ansprüche, Regeln oder Gesetze in bestimmten Situationen und im Rahmen bestimmter Probleme. Regeln und Gesetze können nur innerhalb eines begrenzten, klar umrissenen Rahmens universal gelten. Ihre Universalität ist also doppelt relativ, einmal bezogen auf eine Sitte, zum anderen bezogen auf ein bestimmtes Problem.[70]

Die Überlegungen zur Ko-Variation von Regeln und Situationen dürfen nicht so verstanden werden, als ob ethische Urteile auf sich ständig bewegenden und verändernden sittlichen Geltungsbedingungen beruhen würden. Einige dieser Bedingungen, vor allem diejenigen, welche die Ordnung und Struktur der sozialen Beziehungen der Menschen in Familie und Staat regeln, bewegen sich in der Tat, aber auch dies nur in historischen Zeiträumen. Hier gibt es tatsächlich eine Ko-Variation ethisch rechtfertigbarer Regeln und sittlicher Geltungsbedingungen. Diese Ko-Variation zerbricht aber, wenn die sittlichen Geltungsbedingungen für humane ethische Ansprüche zerstört werden. Ein erschreckendes und mahnendes Beispiel dafür ist die Relativierung des Tötungstabus in der Nazizeit. Das Tötungstabu und die mit ihm verbundenen humanen Ansprüche sind zwar so alt wie die Menschheitsgeschichte, konnten aber – wie die deutsche Geschichte zwischen 1933 und 1945 zeigte – durch die massenhafte Gefolgschaft einem rassistischen und totalitären Regime gegenüber rasch zerstört werden. Wenn sittliche Voraussetzungen in dieser Weise durch politische Ideologien zerstört werden, wächst der Ethik die Aufgabe zu, ihre eigenen Geltungsbedingungen auf erzieherischem Weg wieder herzustellen. Auf diese Aufgabe sollte die Ethik nicht erst in Zeiten vorbereitet sein, in denen ihre Geltungsbedingungen unmittelbar gefährdet sind. Sie sollte durch Unterricht und Unterweisung dazu beitragen, dass eine ähnliche Gefährdung der Sittlichkeit wie durch das Naziregime unwahrscheinlich wird.

1.4. Humane Ansprüche und Menschenrechte

1.4.0.1. Zur Kritik verpflichtet

Die Auflösung des Gegensatzes zwischen ‹situativ› und ‹universal› hinterlässt nicht nur Genugtuung. Wir fragen uns vielmehr besorgt, wie es angesichts dieser scheinbar glatten Verkehrung der Verhältnisse des Allgemeinen und Besonderen noch möglich sein soll, gegen offenbares Unrecht, das sich hinter einer Sitte verbirgt, ethisch zu argumentieren. Gefährden wir nicht das «Projekt der Aufklärung», also die weltweite Durchsetzung menschenwürdiger, freiheitlicher und gerechter Lebensverhältnisse? Wird nicht z. B. der universale Charakter des Gleichheitsprinzips durch die situative Ethik gefährdet? Die Gefahr ist erkennbar, dass humane Ansprüche und sittliche Tatsachen wie die Gleichheit der Menschen mit der Ausflucht ignoriert werden, dass diese Ansprüche in einer bestimmten Kultur keinen passenden Kontext haben.

Diese Sorge ist verständlich, aber voreilig und unbegründet. Es geht beim Konzept der situativen Ethik ja nicht um die Frage, ob es objektiv begründete ethische Ansprüche geben solle oder nicht. Diese Frage ist immer schon beantwortet, wenn wir den ethischen Diskurs beginnen. Vielmehr geht es darum, wie wir den offensichtlichen Wandel ethischer Begründungen verstehen können, ohne deren objektive Ansprüche selbst zu relativieren. Es wäre daher absurd anzunehmen, wir müssten nun wegen der Abhängigkeit der Geltung ethischer Begründungen von der Sitte eine ethisch verwerfliche Sitte in Kauf nehmen. Keine Sitte ist allein deswegen sakrosankt, weil sie in einer Gesellschaft gilt und eine lange Geschichte hat. Sittliche Tatsachen, die zu keinem ethischen Rechtfertigungs- und Begründungsrahmen passen oder – wie die Frauenbeschneidung – ethisch gerechtfertigten Ansprüchen zuwiderlaufen, sollten nicht gelten. Sittliche Tatsachen sind vor Kritik nicht sakrosankt, weil sie gelten und weil einige dieser Tatsachen ethischen Rechtfertigungen Geltung verleihen. Es gibt sittliche Tatsachen, die im Lichte ethischer Reflexion nicht gelten sollten, obwohl sich ihre Geltung jeder Begründung entzieht. Was ohne Begründung gilt, muss deswegen nicht auch gut sein. Rassismus, geschlechtliche und soziale Ungleichheit sind Beispiele für sittliche Tatsachen, die lange in Geltung waren, ohne jemals in irgendeinem Sinn gut gewesen zu sein. Die Ethik ist gegenüber solchen Tatsachen zur Kritik verpflichtet. Sie darf die Ansprüche ihres eigenen Begründungsrahmens nicht ignorieren und nur die sittlichen Tatsachen gelten lassen, die ihren eigenen Kriterien entsprechen. Sittliche Tatsachen, die im Konflikt mit ethisch gerechtfertigten Ansprüchen stehen, darf sie nicht tolerieren. Eine sittliche Tatsache kann sich aus unterschiedlichen Gründen ethisch als unhaltbar erweisen. Es kann sein, dass sich eine solche Tatsache fälschlich auf religiöse oder andere sittliche Voraussetzungen beruft und nur scheinbar gilt. Es kann auch sein, dass sittliche Tatsachen an sich ethischen Ansprüchen widersprechen. Dieser Widerspruch kann harmlos oder gravierend sein. Harmlos ist er z. B., wenn eine sittliche Tatsache wie die Ehrerbietung dem Alter gegenüber im engeren Rahmen des Familienlebens der Gleichheitsforderung widerspricht. Nicht harmlos und ethisch zu kritisieren wäre dieselbe Tatsache, wenn sie im sozialen und politischen Leben einer Gesellschaft gelten würde. Gewöhnlich sind es religiös oder durch politische Ideologien geschaffene sittliche Tatsachen, die im Gegensatz zu ethischen Forderungen stehen. Nicht immer können sich die sittlichen Tatsachen aber auf religiöse Voraussetzungen berufen.

1.4.0.2. Das Beispiel der Frauenbeschneidung

Ein Beispiel für eine ethisch zu kritisierende und religiös nicht wirklich begründete Geltung einer sittlichen Tatsache ist die in animistischen, muslimischen und christlichen Kulturen Afrikas praktizierte Frauenbeschneidung.[71] Ethisch illegitim ist dieses Ritual, bei dem die Genitalien von minderjährigen Frauen verstümmelt werden, weil es nicht nur die Gesundheit dieser Frauen gefährdet und lebensgefährlich ist, sondern dauerhaft die körperliche Integrität von Frauen verletzt und ohne wirksame Einwilligung der minderjährigen Frauen vollzogen wird. Dennoch wird diese sittliche Tatsache von Frauen innerhalb der entsprechenden Kulturen akzeptiert und unterstützt. Die Sitte dieser Kulturen macht die soziale Anerkennung und familiäre Integration der Frauen von diesem Ritual abhängig. Der dabei wirksame soziale Druck kann die Tatsache der Körperverletzung aber nicht entschuldigen.

Der Soziologe Heinrich Popitz bot für ähnliche Arten von schwer begreiflicher Integration durch freiwillige Unterwerfung – ohne direkten Bezug zur Frauenbeschneidung – eine Erklärung an. Der dauernd Erniedrigte, so Popitz, rechtfertige seine «Fügsamkeit», indem er sie in Freiwilligkeit uminterpretiere, und er rechtfertige diese Freiwilligkeit «durch die Verbindlichsetzung der Ordnung».[72] Auf diese Weise ist zumindest verständlich, warum Frauen in den genannten Kulturen mit der Beschneidung nicht nur einverstanden sind, sondern an dieser Praxis festhalten. Die Abhängigkeit von und das Einverständnis mit dieser Praxis sind groß genug, dass wir keine der Frauen – aus der Ferne und damit wohlfeil – dafür kritisieren wollen.

Dennoch ist die Frauenbeschneidung objektiv nicht zu rechtfertigen. Der Blick auf die Kriterien objektiver ethischer Begründungen zeigt dies. Nehmen wir einmal an, es sei zumindest aus einer ethnischen und kulturellen Perspektive verständlich und aufgrund der Verhältnisse der Anerkennung und sozialen Integration einschlägig, dass Frauen beschnitten werden. Es ist aber weder nachprüfbar noch wahr, dass es einen tieferen religiösen oder kulturellen Grund für dieses Ritual gibt. Der Islam schreibt ein solches Ritual ebenso wenig zwingend vor wie eine andere Religion. Es ist ein Mittel der sexuellen Kontrolle über die Frauen zur Sicherung der Vaterschaft. Dies ist das nahe liegende Motiv für die sittliche Praxis der Beschneidung. Als sittliche Rechtfertigung können neben diesem Motiv die lange geübte, geltende Praxis und die Zustimmung und Freiwilligkeit der erwachsenen Frauen dienen. Wir dürfen eine sittliche Rechtfertigung dieser Art aber ethisch nicht gelten lassen, weil sie Geltung mit Rechtfertigung verwechselt. Frauenbeschneidung ist Körperverletzung, verstößt gegen das Recht auf körperliche Unversehrtheit und wird an Minderjährigen ohne wirksame Einwilligung vorgenommen. Ein Verstoß gegen diese Rechtsansprüche kann auch durch die spätere Zustimmung der Betroffenen zu diesem Ritual nicht gerechtfertigt werden. Die Frauen haben sich dem sozialen Druck und dem sexuellen Kontrollinteresse angepasst und unterstützen die sittliche Praxis deswegen; ihnen bleibt keine Wahl. Die Praxis der Beschneidung ist inhuman und, weil sie ohne wirksame Einwilligung das Recht auf körperliche Unversehrtheit verletzt, ethisch verwerflich. Frauenbeschneidung ist also nicht nur schlecht, sondern sollte wie alle Verstöße dieser Art verboten und international geächtet werden.

Gegen diese Überlegungen ließe sich einwenden, das Argument, die Praxis der Frauenbeschneidung könne sich auf keine wirklich religiöse Begründung für ihre Geltung berufen, sei eine ungerechtfertigte methodische Forderung an eine sittliche Praxis. Schließlich sind viele sittliche Tatsachen, wie etwa die Ehrerbietung den eigenen Eltern oder Alten gegenüber, nur in einigen, aber nicht in allen Kulturen religiös begründet und gelten dennoch. Macht sich die ethische Kritik nicht doch anheischig, eine nicht begründbare, aber fest etablierte Sitte einem Begründungszwang zu unterwerfen? Wenn dies so wäre, müsste sich die ethische Kritik den Vorwurf des moralischen Imperialismus gefallen lassen. Tatsächlich maßt sich diese Kritik aber nicht das Recht an, Begründungsforderungen nur deswegen an eine Sitte zu richten, weil sie deren Geltung aus einer subjektiven, europäischen Sicht nicht anerkennt. Es ist eine methodische Verpflichtung der Ethik, sittliche Tatsachen kritisch zu prüfen und zu beurteilen, die offensichtlich im Konflikt mit ethischen Ansprüchen stehen. Die Gründe dafür liegen, rein methodisch betrachtet, nicht auf der Hand, weil ethische Begründungen ihrerseits Prinzipien voraussetzen, die – wie das Gleichheitsprinzip – sittliche Tatsachen sind und grundlos gelten. Dies legt aber den Verdacht nahe, dass die Ethik implizit zwischen einer guten, nämlich ethisch rechtfertigbaren, und einer schlechten, nicht rechtfertigbaren sittlichen Praxis unterscheidet. Würde sie damit nicht den methodischen Anspruch verletzen, dass sittliche Tatsachen keiner Begründungspflicht unterliegen, weil sie gar nicht begründbar sind?

Der Ethik kann ein solcher Vorwurf nicht gemacht werden. Wenn sie mit guten Gründen eine ungerechtfertigte sittliche Praxis kritisiert, verhält sie sich in Übereinstimmung mit ihrem eigenen Begründungsrahmen, zu dem selbstverständlich auch sittliche Tatsachen gehören. Es wäre – im oben erläuterten Sinn – inkonsistent und inkohärent, wenn sich die Ethik des Urteils über verwerfliche sittliche Tatsachen wie die Frauenbeschneidung enthielte. Die Ethik kann sich ihrer Verpflichtung zur Kritik nicht entziehen. Innerhalb ihres eigenen Begründungsrahmens gibt es keine ethische Neutralität. Es gibt analog dazu aber auch keine sittliche Neutralität der Ethik. Entweder die Ethik teilt grundlegende sittliche Tatsachen mit der geltenden Sitte oder nicht. Im einen Fall profitieren ihre Urteile und Rechtfertigungen von der Übereinstimmung, weil sie die allgemeine Anerkennung der ethischen Urteile sichert. Im anderen Fall wird die Geltung ihrer Urteile in der Gesellschaft zumindest umstritten sein, auch wenn die Urteile objektiv gerechtfertigt sind.

Bei der Frauenbeschneidung haben wir es mit einer objektiv ethisch zu verurteilenden, verwerflichen sittlichen Praxis zu tun, welche das Recht auf körperliche Unversehrtheit von Frauen missachtet, ihr Leben und ihre Gesundheit gefährdet und damit ein Menschenrecht verletzt. Aufgrund dieser Folgen ist die Fundierung dieser Sitte in den entsprechenden Kulturen selbst fragwürdig. Aus der Perspektive unserer eigenen Kultur steht die Geltung des kritischen Urteils allerdings nicht in Frage. Von der Verwerflichkeit der Praxis des Rituals können wir darauf schließen, dass auch dessen sittliche Wurzeln verwerflich sind. Dies ist die andere Seite der situativen Ethik und der Ko-Variation von Sitte und Ethik. Wir sind ethisch verpflichtet, eine verwerfliche Praxis zum Anlass zu nehmen, die zugrunde liegende Sitte zu kritisieren und zu verurteilen. Wenn die sittliche Praxis kritikwürdig ist, wird es die Sitte, in der sie wurzelt, auch sein. Für die Verletzung von Menschenrechten gibt es keine ethisch akzeptable Begründung in einer Sitte, unabhängig davon, ob sie religiös begründet ist oder nicht. Auch wenn ethische Ansprüche mit religiösen in Konflikt geraten, kann es keine ethische Neutralität geben.

Die Befürchtung, dass die situative Ethik universale humane Ansprüche dem ethnischen und kulturellen Schicksal überlässt und das «Projekt der Aufklärung» verrät, ist unbegründet. Der ethische Diskurs, der objektive Gründe fordert, hat selbst historische und kulturelle Wurzeln in der Moderne, bildet aber nach der oben beschriebenen Verantwortung für ethische Begründungen ein eigenes Universum des Diskurses. Konkret bedeutet dies, dass die Ansprüche der Humanität, die sich seit der Aufklärung entwickelten, nicht zur Disposition stehen, sondern zu vertreten und zu verteidigen sind. Damit geschieht keiner Kultur Unrecht, die ihre normativen sittlichen Ansprüche tatsächlich selbst verteidigen kann. Wenn eine Kultur ihre normativen Ansprüche tatsächlich ethisch begründen kann, werden im Ergebnis situative Ethik und Universalismus ununterscheidbar. Die ethischen Standards haben ihre eigene Geschichte, gelten nun aber allein deswegen, weil sie objektiv rechtfertigbar sind. Mit diesem Anspruch ist das Konzept der Ethik verbunden, das zumindest in demokratischen Gesellschaften in der historischen Gegenwart vertreten werden kann und sollte. Über Inhalt und Art der ethischen Ansprüche, die sich mit diesem Konzept vertreten lassen, ist damit nur gesagt, dass sie den sittlichen Tatsachen der Menschenwürde und der Menschenrechte verpflichtet sind. Diese Tatsachen liegen der Ethik zugrunde.

Das Beispiel der Frauenbeschneidung hat uns historisch und kulturell weit weg geführt. Wir könnten daraus vorschnell den Eindruck gewinnen, humane Ansprüche und Menschenrechte würden nur weit weg von uns selbst verletzt. Dies wäre nicht nur oberflächlich und selbstgerecht, sondern falsch. Die humanen ethischen Ideale, die in einer Gesellschaft frei und kritisch, vielleicht sogar mit dem Gestus der moralischen Überlegenheit vertreten werden können, mögen ihr gut zu Gesicht stehen. Sie zeigen auch, dass es eine offene, demokratisch und rechtsstaatlich verfasste Gesellschaft ist, machen sie aber nicht schon zu einer moralisch guten Gesellschaft. Wie gut oder schlecht eine Gesellschaft ist, hängt nicht nur vom ethischen Diskurs ab, der in ihr geführt werden kann. Entscheidend sind auch die jeweils geltende Sitte und die mit ihr verbundene sittliche Praxis. Da eine Sitte vor allem in einer offenen Gesellschaft keine homogene, widerspruchsfreie Menge von Überzeugungen und Werten, sondern weltanschaulich vielfältig und heterogen ist, dürfen uns widersprüchliche ethische Begründungen in einer offenen Gesellschaft nicht überraschen. Ein Beispiel für eine solche Gesellschaft ist unsere eigene. Ethische Begründungen treten in ihr eher pluralistisch, in wechselseitiger Konkurrenz und mit gegensätzlichen, zuweilen sogar widersprüchlichen Forderungen auf. Was ich oben bereits ansprach, dass ein und dasselbe ethische Prinzip in unterschiedlichen Kulturen ganz unterschiedlich interpretiert wird, gilt auch für unsere eigene pluralistische Kultur. Nehmen wir als Beispiel die Menschenwürde.

1.4.1. Ansprüche der Menschenwürde

Die Menschenwürde ist eine sittliche Tatsache und ein Menschenrecht, das in unserer Verfassung, nicht aber in allen anderen und auch nicht im Menschenrechtskatalog der Vereinten Nationen zu finden ist. Ihr hoher Rang ist äußerlich daran erkennbar, dass sie im ersten Artikel der Verfassung steht. «Die Würde des Menschen ist unantastbar. Sie zu achten und zu schützen ist Verpflichtung aller staatlichen Gewalt.»[73] Nach den Gräueln des Nationalsozialismus waren die ersten Parlamentarier der Bundesrepublik wohl von dem Gedanken durchdrungen, dass das Grundgesetz, die vorläufige neue Verfassung für den Westen Deutschlands, solches Unrecht nicht mehr zulassen dürfe. Der Staat sollte für den Schutz der Menschenwürde unmittelbar in die Pflicht genommen werden. Die Motive für diese Entscheidung waren und sind historisch klar. Die Bedeutung der Menschenwürde selbst ist aber nur auf den ersten Blick klar. Sobald es darum geht, ethische Begründungen mit diesem Verfassungsprinzip zu untermauern, wird offensichtlich, dass es in gegensätzlichen, ja widersprüchlichen Begründungen verwendet werden kann.

In den 70er Jahren des 20. Jahrhunderts haben sich sowohl die Befürworter als auch die Gegner des Rechts auf Schwangerschaftsabbruch auf die Menschenwürde berufen. In jüngerer Zeit tun die Befürworter und Gegner der Forschung mit humanen embryonalen Stammzellen dasselbe. Auch sie stützen ihre Argumente auf die Menschenwürde. Die einen behaupten, es sei mit der Menschenwürde unvereinbar, Embryonen[74] für Forschungszwecke zu verbrauchen, die anderen sind überzeugt, dass es mit ihr nicht nur vereinbar, sondern von ihr für die Entwicklung von Heilverfahren auch gefordert sei. Für die einen ist es zumindest ebenso verwerflich, Embryonen für die Herstellung von Stammzellen zu verbrauchen wie Frauen zu beschneiden; in beiden Fällen werde, wie sie glauben, die Menschenwürde verletzt. Die anderen meinen, dass es ethisch begründbar ist, Embryonen unter bestimmten Voraussetzungen für die Forschung zu verbrauchen.

Es geht hier nicht nur um Recht oder Unrecht der einen oder anderen Seite, sondern auch um die jeweilige Abhängigkeit widersprüchlicher ethischer Begründungen von der Sitte in ein und derselben Kultur. Bei der Frauenbeschneidung habe ich rasch von der Verwerflichkeit dieser Praxis auf die Verwerflichkeit der zugrunde liegenden Sitte geschlossen. Ähnlich rasch werden wohl diejenigen, die gegen die Forschung mit embryonalen Stammzellen sind, darauf schließen, dass die Befürworter solcher Forschungen auf verwerfliche Weise die Menschenwürde missachten. Es sieht aber nicht so aus, als könnten wir ähnlich sicher und entschieden wie im Fall der Frauenbeschneidung die Kriterien objektiver ethischer Begründungen zur Klärung der Frage der Stammzellforschung anwenden. Immerhin stehen sich nun auf der Grundlage unserer eigenen Sitte Gegner und Befürworter gegenüber, die sich auf ein und dieselbe sittliche Tatsache, die Menschenwürde, berufen. Selbst wenn eine Seite Recht hätte, könnte man in diesem Fall von der angeblichen Verwerflichkeit der anderen ja nicht auf die Verwerflichkeit der Sitte schließen. Schließlich teilen diese Sitte beide Seiten.

Die Menschenwürde ist als sittliche Tatsache auf ähnliche Weise in der Sitte verankert wie das Tötungsverbot. Darüber hinaus ist die Menschenwürde auch ein ethisches Konzept, das dem *Kategorischen Imperativ* Kants entliehen ist. Als ethisches Konzept ist es nicht so verständlich, wie es sittliche Tatsachen gewöhnlich sind. Um zu verstehen, was ‹Menschenwürde› bedeutet, können wir verfassungsrechtliche Entscheidungen, die sich auf dieses Prinzip berufen, und Kants

Erläuterungen zur Würde des Menschen nachlesen. Wesentliche Aspekte des Würdeverständnisses in der Rechtsprechung gehen auf Kant zurück. Sehen wir uns das Konzept an seiner historischen Quelle an. In seiner *Grundlegung zur Metaphysik der Sitten* bindet Kant die Würde an das Moralgesetz und die besondere Natur des Menschen, die mit diesem Gesetz verbunden ist. Er sagt, der Mensch sei durch seine Natur «Zweck an sich selbst», das könne er aber nur unter der Bedingung sein, dass er Würde habe.[75] Kurz davor erklärt er die Würde am Unterschied zwischen «Preis» und «Würde». Für Ersteres könne es ein Äquivalent geben, für Letzteres nicht. Was Würde hat, hat also nach Kant einen «unvergleichlichen»,[76] «absoluten»[77] und damit unantastbaren Wert. Diesen Wert bestimmt nun aber nicht unsere Intuition, sondern das Moralgesetz. Nichts habe einen Wert als den, der ihm vom Moralgesetz zugewiesen werde, und dieses Gesetz verdanken wir der Autonomie, der Selbstgesetzgebung vernünftiger Wesen.[78] Entscheidend an Kants Überlegungen ist, dass die Menschenwürde durch nichts relativierbar und ein Produkt der moralischen Autonomie ist. Sie wird von vernünftigen Wesen vernünftigen Wesen zugeschrieben, und diese Wesen verstehen, was «Selbstgesetzgebung» und «Pflicht» im Hinblick auf den Willen endlicher Wesen bedeuten.

Diesen hohen Anspruch, gleichzeitig aber auch das Problem von Kants Verständnis der Menschenwürde, bringt eine Passage in seiner *Grundlegung* zum Ausdruck, die ich in ganzer Länge zitieren möchte: «Und hierin liegt eben das Paradoxon, daß bloß die Würde der Menschheit als vernünftiger Natur, ohne irgendeinen anderen dadurch zu erreichenden Zweck oder Vorteil, mithin die Achtung für eine bloße Idee dennoch zur unnachlaßlichen Vorschrift des Willens dienen sollte und dass gerade in dieser Unabhängigkeit der Maxime von allen solchen Triebfedern die Erhabenheit desselben bestehe, und die Würdigkeit eines jeden vernünftigen Subjekts ein gesetzgebendes Glied im Reich der Zwecke zu sein; denn sonst würde es nur als dem Naturgesetze seiner Bedürfnisse unterworfen vorgestellt werden müssen.»[79] Kant vermutet hier, dass die Würde widersinnig, ja paradox erscheinen müsse, weil der Respekt vor ihr keinen Vorteil, keinen Preis habe. Es gibt für die Achtung der Würde ebenso wenig einen Anreiz wie für das Moralgesetz selbst. Die Würde liegt in seinen Augen gerade in der vorteilslosen Selbstgesetzgebung.

Das Problem, das in dieser Passage zum Ausdruck kommt, scheint aber nicht das Paradox, von dem Kant selbst spricht, zu sein, sondern dessen Voraussetzung und Folge. Kant scheint nämlich vorauszusetzen, dass es ohne die Selbstbestimmung «vernünftiger Wesen» keine Würde gibt. Die Konsequenz wäre, dass Wesen, die nicht dem Ideal der Vernunft entsprechen und sich nicht moralisch selbst bestimmen können, keine Würde hätten. Dies wäre ein Missverständnis. Die Würde ist nicht von der Vernunft abhängig, sondern von der Tatsache, dass Menschen Zwecke an sich sind. Kant wollte den Menschen, welche die Einsicht in die Bedeutung der Autonomie nicht haben, ihre Würde nicht absprechen. Es scheint aber schwierig, sein Konzept der Menschenwürde mit seinen eigenen Formulierungen auf Embryonen und Föten, Kleinkinder und geistig Behinderte anzuwenden. Die Würde müssten wir uns durch die moralische Autonomie selbst verdienen, wenn die «Erhabenheit und Würde» einer Person davon abhinge, dass diese «alle ihre Pflichten erfüllt».[80] Dies ist aber nicht der Fall, weil wir als Selbstzwecke sowohl zur «intelligibelen Welt» als auch zur «Sinnenwelt» gehören.[81]

Kants Konzept der Menschenwürde ist nur scheinbar mit dem Problem verbunden, dass es die Zuschreibung eines unantastbaren Werts von einer Bedingung abhängig macht, die weder für jeden Menschen noch für die Menschheit insgesamt als tatsächlich erfüllt gelten kann. Wir werden später noch einmal sehen, dass dies nicht so ist.[82] Ganz unabhängig von diesen Fragen der Auslegung von Kants Texten haben jene Parlamentarier, die sich nach dem in deutschem Namen begangenen Völkermord auf sein Konzept der Menschenwürde besannen, die Unantastbarkeit jedes einzelnen Menschen ohne alle Bedingungen im Auge gehabt. Diesem Gedanken entsprach bisher auch die höchstrichterliche Rechtsprechung. Sie legte das Konzept der Menschenwürde so aus, dass das menschliche Leben von Anfang an ein unantastbares, nicht instrumentalisierbares Rechtsgut ist.

Das Verbot des Missbrauchs, der Instrumentalisierung ist in der Sitte auf allgemein verständliche Weise verankert. Insofern entspricht auch der zweite Grundgedanke von Kants *Kategorischem Imperativ*, der vorschreibt, die eigene und andere Personen «niemals nur als Mittel, sondern als Zwecke an sich» zu achten, einer sittlichen Tatsache, die allgemein verstanden werden kann. Inwieweit und in welchem Umfang die eigene Person nicht instrumentalisiert werden darf, ist allerdings nicht klar, weil unklar ist, ob es eine Menschenwürdepflicht gibt.[83] Natürlich kann ich mir selbst eine solche Pflicht, orientiert an meinem Verständnis der menschlichen Würde, auferlegen. Eine solche Pflicht wäre aber, wenn sie mir von Dritten auferlegt oder von ihnen eingeklagt werden könnte, nicht unproblematisch, weil sie die Handlungsfreiheit einschränken und die Menschen verpflichten würde, ihr Verhalten einem bestimmten Menschenwürdebild anzupassen. Wie dieses Bild genau aussehen könnte, wer es festlegen dürfte und ob es auch dann wirksam wäre, wenn es von Menschen nicht geteilt würde, sind nicht nur offene Fragen. Sie dürfen, wenn wir dem *Kategorischen Imperativ* folgen, auch gar nicht in einer allgemein verbindlichen Weise beantwortet werden, weil sie gegen die Selbstbestimmung verstoßen würden. Das Verbot der Instrumentalisierung begründet jedenfalls keine Menschenwürdepflicht.

Es wäre wohl kaum möglich, die Menschenwürde als Prinzip in einer ethischen Begründung zu verwenden, wenn nicht als Verbot der Instrumentalisierung menschlichen Lebens und des Missbrauchs von Personen. Wir sollten dabei aber wissen, dass dieses Verbot zumindest in unserer Verfassung ein ganzes Bündel von Ansprüchen enthält, die wie das Recht auf Leben und körperliche Unversehrtheit oder wie die «unverletzliche» Freiheit der Person nicht im ersten, sondern im zweiten Artikel des Grundgesetzes aufgeführt sind. Die Menschenwürde ist also Teil eines Integrals von Bestimmungen, nicht eine einzelne Wertzuschreibung, die wie ein natürliches Merkmal des menschlichen Lebens an einer Person erkennbar wäre. Alle diese Bestimmungen gelten als unverzichtbar. Und sie beschreiben allesamt inhaltlich das, was wir unter ‹Menschenwürde› im weiteren Sinn verstehen. Ohne diese Inhalte wäre die Menschenwürde auf das Verbot der Instrumentalisierung reduziert.

1.4.1.1. Forschung mit embryonalen Stammzellen

Wenn es nun um die Frage geht, ob die Forschung mit embryonalen Stammzellen erlaubt sei oder nicht, hat eine ethische Begründung, die sich auf die Menschenwürde als Prinzip bezieht, zwei entscheidende Anhaltspunkte: das Verbot der Instrumentalisierung und die übrigen Ansprüche, die wie das Recht auf Leben und körperliche Unversehrtheit und die Freiheit der Person die Menschenwürde inhaltlich beschreiben. Ich habe darauf hingewiesen, wie gegensätzlich sich die ethischen Argumente im Ergebnis für und gegen die Forschung mit embryonalen Stammzellen auf die Menschenwürde bezogen. Teilweise geht dieser Gegensatz darauf zurück, dass unterschiedliche Aspekte des Prinzips betont und in den Vordergrund gerückt wurden. Da kein Prinzip sagt oder gar vorschreibt, wie es zu verwenden ist, kommt es auf die Argumente und die passende Methode der jeweiligen Begründung an. Es stellt sich nun heraus, dass das Prinzip der Menschenwürde selbst in der minimalistischen Auslegung, dass es nur um das Verbot der Instrumentalisierung geht, keinen natürlichen und unmittelbaren Gegenstand hat wie etwa das Tötungsverbot. Eine direkte Begründung eines Verbots oder einer Erlaubnis der besagten Forschung lässt das Prinzip also gar nicht zu. Ohne anspruchsvolle Zusatzannahmen hat es keine Richtung und keinen Gegenstand, auf den es sich beziehen ließe. Und diese Zusatzannahmen sind umstritten.

Die Frage, auf die es keine eindeutige Antwort gibt, ist, ob das personale menschliche Leben mit der Verschmelzung von Ei- und Samenzelle beginnt oder erst später. Nimmt man an, dass der Embryo im frühesten Zustand, also unmittelbar nach der Verschmelzung der Zellkerne – bei der Befruchtung –, eine Person ist, genießt der Embryo alle Schutzansprüche des menschlichen Lebens. Eigentlich erübrigt diese Festlegung, über den Lebensschutz hinaus noch das Prinzip der Menschenwürde zu beanspruchen. Embryonen dürfen unter der Voraussetzung, dass der Lebensschutz bereits gilt, ebenso wenig für Forschungszwecke verbraucht werden wie menschliches Leben in späteren Stadien der Entwicklung. Nimmt man dagegen an, dass in dem frühesten Stadium der Embryo noch keine Person sein kann, weil er erst durch die Einnistung in die Gebärmutter[84] die Möglichkeit erhält, sich voll zu entfalten, gilt der Lebensschutz zumindest ethisch noch nicht. Dann muss allerdings ein anderer Zeitpunkt, etwa die Einnistung, als Beginn des Lebensschutzes festgelegt werden. Unter dieser Bedingung kann es erlaubt sein, Embryonen vor der Einnistung für Forschungen zu verbrauchen. Die Entscheidung ist in diesem Fall aber davon abhängig, inwieweit das Prinzip der Menschenwürde verletzt würde. Selbst dann, wenn es erlaubt sein könnte, Embryonen im frühesten Stadium zu verbrauchen, muss das Verbot der Instrumentalisierung beachtet werden. Der Grund hierfür ist, dass die Menschenwürde im rechtlichen Sinn eine zeitliche Vorwirkung hat, also ausstrahlt auf das menschliche Leben im frühesten Stadium. Dies bedeutet, Embryonen dürfen nicht für beliebige Zwecke verbraucht und auch nicht für bloße Forschungszwecke hergestellt werden. Schließlich handelt es sich bei Embryonen um menschliches Leben in einem frühen Stadium.

Das Verbot der Instrumentalisierung und des Missbrauchs gilt für menschliches Leben im Allgemeinen, unabhängig von seiner Eigenständigkeit, Vollkommenheit oder Bedürftigkeit. Es gilt also für das Leben Sterbender, Schwerbehinderter oder im Koma liegender Patienten ebenso wie für Kleinkinder oder Embryonen. Das Verbot des Missbrauchs und der Instrumentalisierung darf aber nicht gleichgesetzt oder gar verwechselt werden mit dem Lebensschutz. Dies wird uns eindringlich bei der Sterbehilfe und Sterbebegleitung bewusst. Eine sinnlose Verlängerung des Lebens Sterbender mit medizintechnischen Mitteln kann nur vermieden werden, wenn das Gebot des Lebensschutzes vom Verbot der Instrumentalisierung getrennt wird und das eine wie das andere eigene Bedingungen hat. Die Würde Sterbender verbietet es, dem Lebensschutz einen absoluten Vorrang einzuräumen. Wenn dies dennoch getan wird, werden Sterbende intensivmedizinisch instrumentalisiert. Weil die Menschenwürde Sterbender nicht vom Lebensschutz garantiert wird, müssen beide Prinzipien, Lebensschutz und Verbot der Instrumentalisierung, voneinander unabhängige Bedingungen haben. Auch beim embryonalen Leben sollten die Bedingungen des Lebensschutzes vom Verbot der Instrumentalisierung getrennt werden.

Kehren wir zum Problem der Forschung mit embryonalen Stammzellen zurück. Umstritten ist bei der Lösung dieses Problems, oberflächlich gesehen, nur der Zeitpunkt, zu dem der Lebensschutz beginnt. Bei genauerem Hinsehen geht es allerdings nicht nur um den Beginn des Lebensschutzes, sondern auch um die Beachtung der Menschenwürde und das Verbot der Instrumentalisierung. Diejenigen, die eine bedingte Erlaubnis der Forschung mit embryonalen Stammzellen begründen wollen, müssen nachweisen, dass Embryonen nicht für Zwecke instrumentalisiert werden, die der Menschenwürde widersprechen. Das können sie nur, wenn Lebensschutz und Menschenwürde getrennt berücksichtigt werden. Alle Gegner solcher Forschungen begründen ihre Ablehnung mit dem Beginn des Lebensschutzes bei der Befruchtung. Sie benötigen das Prinzip der Menschenwürde nur in dem weiten, unspezifischen Sinn, in dem auch der Lebensschutz zur Würde des menschlichen Lebens gehört.

Im Einzelnen erwarten wir von beiden Seiten Gründe, die verständlich, nachprüfbar, revidierbar, wahr und einschlägig sind. Sammeln wir unter diesen Kriterien einer objektiven Begründung noch einmal die Gründe, um zu einem Urteil über die Erlaubnis oder das Verbot der Stammzellforschung zu kommen. Gegen den Verbrauch von Embryonen bei der Herstellung von Stammzellen spricht der Lebensschutz vom Zeitpunkt der Verschmelzung der Zellkerne bei der Befruchtung an. Dieser Grund ist verständlich und einschlägig, denn wir wissen, was genau verboten wird und dass das Verbot einen wesentlichen Anspruch, nämlich den Lebensschutz, erfüllt. Der Grund ist auch unter Vorbehalt wahr, weil das derzeit geltende – aber umstrittene – Embryonenschutzgesetz den Lebensschutz genau bei diesem Zeitpunkt beginnen lässt. Es ist lediglich nicht nachprüfbar, ob dieser Zeitpunkt der richtige ist, und wenn es gute Gründe gibt, die gegen die Fixierung auf diesen Zeitpunkt sprechen, ist das Urteil revidierbar.[85]

Tatsächlich sprechen gute Gründe dagegen, den Lebensschutz auf Embryonen vor der Einnistung anzuwenden. Erst mit der Einnistung ist z. B. klar, ob es sich um entwicklungsfähiges Leben handelt und wie viele Personen sich entwickeln. Erst mit der Einnistung beginnt die Bindung an die Mutter. Es ist das früheste Stadium, in dem ein menschliches Wesen durch die Bindung an die Mutter in eine soziale Beziehung eintritt. Erst aufgrund der Einnistung und durch die Einflüsse der Mutter kann sich das menschliche Leben voll entwickeln. Die Einnistung erscheint aus diesen Gründen als der entscheidende Zeitpunkt für die Entwicklung menschlichen Lebens. Das Verbot des Verbrauchs von Embryonen vor der Einnistung für die Herstellung von Stammzellen ist daher nicht objektiv begründet.

Für eine Erlaubnis, Embryonen für die Herstellung von Stammzellen zu verbrauchen, sprechen zwei Gründe: dass der Beginn des Lebensschutzes nach der Einnistung der Embryonen mit den eben genannten Gründen zu rechtfertigen ist und dass der Verbrauch von Embryonen die Menschenwürde nicht in jedem Fall verletzt. Der erste Grund ist verständlich und einschlägig, denn wir kennen die Gründe, die dafür sprechen, den Zeitpunkt der Einnistung für den Beginn des Lebensschutzes zu beanspruchen. Würde das derzeit geltende Embryonenschutzgesetz wie eine sittliche Tatsache gelten, wäre es aber nicht begründbar, dass der Lebensschutz erst nach der Einnistung beginnt. Das geltende Gesetz ist in diesem Punkt für alles menschliche Leben *in vitro*, also im Rahmen der so genannten künstlichen Befruchtung, glasklar. Andererseits sind die Gründe, die für den Beginn des Lebensschutzes zum Zeitpunkt der Einnistung sprechen, durchaus nachprüfbar. *In vivo*, also im Rahmen des natürlichen Prozesses von Zeugung und Fortpflanzung, ist das menschliche Leben durch die Regelungen des Strafgesetzbuches zum § 218 erst nach der Einnistung geschützt. Die Gründe des Strafgesetzbuchs für diesen Zeitpunkt könnten auch für das Embryonenschutzgesetz gelten; dann wäre dieses Gesetz genau in diesem Sinn revidierbar. Ohne eine Einnistung in einer Gebärmutter kann aus einem Embryo kein menschliches Leben entstehen. Der erste Grund kann also durchaus als objektiv gültig betrachtet werden, obwohl der Beginn des Lebensschutzes vom Embryonenschutzgesetz auf den Zeitpunkt der Kernverschmelzung gelegt wurde. Eine Änderung des entsprechenden Paragraphen im Embryonenschutzgesetz wäre ethisch gerechtfertigt. Die Regelung des geltenden Gesetzes ist ethisch nicht zwingend.

Der zweite Grund ist ebenfalls verständlich und einschlägig. Wir müssen dazu allerdings das Gebot des Lebensschutzes und das Verbot der Instrumentalisierung voneinander entkoppeln. Wir wollen den zweiten Grund für sich beurteilen, und zwar unabhängig davon, ob der erste Grund gegenwärtig einen objektiven Charakter hat oder nicht. Wir können durchaus verstehen, was es heißt, dass das Verbot der Instrumentalisierung und damit die Menschenwürde im engeren Sinn nicht verletzt werden, wenn Embryonen für die Herstellung von Stammzellen verbraucht werden. Die Instrumentalisierung kann sich nun aber auf zweierlei beziehen, auf die Herkunft der Embryonen und auf ihre Verwendung in der Forschung. Wenn Embryonen verwendet werden, die nicht eigens für den Verbrauch hergestellt werden, sondern etwa bei der künstlichen Befruchtung übrig blieben,[86] werden sie, was ihre Herkunft angeht, nicht instrumentalisiert. Das Verbot der Instrumentalisierung wird auch beachtet, wenn die Stammzellen, die aus ihnen hergestellt werden, in Forschungen Verwendung finden, die auf nachprüfbare Weise humanen Zielen dienen.

An dieser Stelle der Argumentation ist zu beachten, dass eine gute Zielsetzung eine Instrumentalisierung weder verhindert noch nachträglich entschuldigt. Auch die guten Ziele der Stammzellforschung könnten die Instrumentalisierung nicht rückwirkend rechtfertigen. Nur dann, wenn die Embryonen, welche im so genannten Vorkernstadium, also kurz vor der Kernverschmelzung, eingefroren wurden, nicht als instrumentalisiertes menschliches Leben gelten können, kann mein Argument richtig sein. Kant hat übrigens klar umrissen, wo genau die unerlaubte Instrumentalisierung beginnt. Er sprach davon, dass der Mensch als «Zweck an sich selbst, *nicht bloß als Mittel* zum beliebigen Gebrauche für diesen oder jenen Willen» existiere.[87] Was er ausschließen wollte, sind die Beherrschung des Menschen durch beliebige subjektive Neigungen und Zwecksetzungen und den Gebrauch von Personen als Sachen. Damit ist nicht ausgeschlossen, dass Menschen sich gegenseitig als Mittel zu vernünftigen Zwecken dienen, wenn sie miteinander leben, arbeiten, sich helfen oder fortpflanzen. Embryonen, die mit dem Ziel der Befruchtung hergestellt werden, dienen als Mittel, den Kinderwunsch zu erfüllen. Dies ist weder ein beliebiger Zweck, noch werden dabei Personen als Sachen gebraucht. Streng genommen wird aber nur der eine Embryo, der sich tatsächlich zu einer Person entwickelt, nicht instrumentalisiert, weil er als Person zu einem Selbstzweck werden kann. Der erfolgreiche Prozess der Befruchtung setzt aber voraus, dass mehr als ein Embryo zur Verfügung steht, falls der erste Versuch scheitert. Die nicht benötigten Embryonen werden in diesem Prozess als Mittel verfügbar gemacht. Alle Embryonen dienen aber demselben Zweck. Wenn einer von der unerlaubten Instrumentalisierung ausgenommen werden kann, dann auch die anderen. Entweder sind alle Embryonen auf gerechtfertigte Weise als Mittel gebraucht oder keiner. Die Frage ist nun, ob sich dieses Argument auf überzählige Embryonen, die mit der Einwilligung der Mutter in der Stammzellforschung gebraucht werden, übertragen lässt. Es darf nicht darauf ankommen, was ansonsten mit den nicht gebrauchten Embryonen geschehen würde. Es geht lediglich darum, ob diese Embryonen in der Forschung auf erlaubte oder unerlaubte Weise instrumentalisiert werden. Sie würden unerlaubt instrumentalisiert, wenn sie zu beliebigen subjektiven Zwecken gebraucht würden. Dies ist in der seriösen Forschung nicht der Fall. Die Einschränkung Kants, dass Personen nicht als Sachen gebraucht werden dürfen, wäre nur dann einschlägig, wenn Embryonen bereits als Personen gelten könnten. Dies ist mit Kants Vorstellung dessen, was eine Person ist, nicht in Übereinstimmung zu bringen. Er sagte, «die vernünftige Natur existiert als Zweck an sich selbst»,[88] und stellte diese Vorstellung ausdrücklich in den Zusammenhang der menschlichen Willensbestimmung. Embryonen existieren nicht als Zwecke an sich selbst, sie ermöglichen aber deren spätere Existenz. Deswegen darf der Umgang mit ihnen nicht beliebigen Zwecken dienen. Die menschliche Fortpflanzung ist ebenso wenig ein beliebiger Zweck wie die Forschung zur Entwicklung lebensrettender Therapien. Die Forschung muss den Gebrauch von Embryonen im Lichte dieser Überlegungen nicht rückwirkend rechtfertigen.

Der Verbrauch von menschlichen Embryonen darf nicht beliebigen Forschungszwecken dienen. Es muss sich durch unabhängige wissenschaftliche Gutachten zuverlässig feststellen lassen, welche Forschungen gut begründet sind und dem Lebensschutz künftiger Generationen, der Heilung von Erbschäden oder von Krankheiten, die genetische Ursachen haben, dienen. Diese Prüfung dient nicht der nachträglichen Rechtfertigung einer Instrumentalisierung von Embryonen, sondern dem Schutz vor ihrem Gebrauch zu beliebigen Zwecken. Wenn der Gebrauch von Embryonen den eben beschriebenen Ansprüchen dient, werden sie nicht auf unerlaubte Weise instrumentalisiert. Dann ist es wahr, dass die Forschung mit embryonalen Stammzellen die Menschenwürde nicht verletzt. Dann ist die Begründung dieser Forschung auch so lange ethisch einschlägig, solange es keine Gründe gibt, sie zu revidieren. Es sind also alle fünf Kriterien einer objektiven ethischen Begründung im Fall des zweiten Grundes erfüllt. Da beide Gründe, die ich oben nannte, objektiv gelten, ist die ethische Begründung der Erlaubnis der Forschung mit embryonalen Stammzellen insgesamt gerechtfertigt. Eine entsprechende Änderung des Embryonenschutzgesetzes, mit welcher der Beginn des Lebensschutzes auf den Zeitpunkt der Einnistung festgelegt würde, ist aus objektiven ethischen Gründen geboten.

Die Gegner der Forschung mit embryonalen Stammzellen können sich nicht auf objektiv gültige Begründungen berufen, die Befürworter dagegen schon. Allerdings ist die Begründung der Befürworter nur dann objektiv gültig, wenn die Festlegung des Beginns des Lebensschutzes durch das derzeit geltende Embryonenschutzgesetz nicht als sittliche Tatsache gelten kann. Ein Nachweis, welcher der Objektivität der Begründung einer Erlaubnis der Stammzellforschung im Wege stehen könnte, müsste zeigen, dass die Verschmelzung der Zellkerne tatsächlich der zwingende Zeitpunkt für den Beginn des Lebensschutzes und des personalen menschlichen Lebens ist. Dies lässt sich aber nicht nachweisen. Für keinen Zeitpunkt, auch nicht für den der Nidation, gibt es zwingende biologische Kriterien. An die Stelle solcher Kriterien müssen überzeugende andere Gründe treten. Deshalb habe ich geprüft, inwieweit das Verbot einer Instrumentalisierung auf Embryonen anwendbar ist.

1.4.1.2. Zweifel am Wert ethischer Begründungen?

Die Frage, für welche Stufe der menschlichen Entwicklung die Prinzipien der Menschenwürde und des Lebensschutzes gelten, kann die Ethik argumentativ beantworten. Sie kann mit Argumenten für oder gegen bestimmte Festlegungen votieren und auf diese Weise versuchen, Einfluss auf die Gesetzgebung zu nehmen. Der Geltungsbereich der Prinzipien wird aber verfassungsrechtlich festgelegt und ist Teil der geltenden Sitte. Die Verfassung legt die Bedingungen fest, unter denen grundlegende normative Ansprüche allgemein gelten. Der Gesetzgeber bewegt sich ebenfalls innerhalb dieses Rahmens. Im Fall des Embryonenschutzgesetzes hat der Gesetzgeber eine Entscheidung über den Zeitpunkt getroffen, von dem an Embryonen den vollen Lebensschutz genießen. Ethische Überlegungen können veranlassen, dass diese Festlegung des Gesetzgebers daraufhin geprüft wird, ob sie mit den verfassungsrechtlichen Bedingungen konform ist. Die Ethik ist zwar nicht gezwungen, sich nur im Rahmen sittlicher, in unserem Fall verfassungsrechtlicher oder vom Gesetzgeber festgelegter Geltungsbedingungen zu bewegen. Wenn sie objektiv urteilen will und dabei vom Geltungsrahmen bestehender Gesetze abweicht, muss sie jedoch prüfen, ob sie dabei mit dem sittlichen Geltungsrahmen in Konflikt gerät oder nicht. Auch das derzeit geltende Embryonenschutzgesetz nimmt sittliche Tatsachen wie den Lebensschutz in Anspruch. Wie ich oben schon betonte, kann die Ethik nur richtige Begründungen liefern, aber nicht die sittlichen Tatsachen, die ihnen eine allgemein anerkennbare Geltung verleihen. Wenn die Ethik sich anmaßen würde, auch die sittlichen Tatsachen, also die Bedingungen der Geltung von Prinzipien, festzulegen, wäre ihr Handwerk von Anfang an in zirkulären Begründungen befangen. Sie könnte dann alles Mögliche begründen, weil sie für jede Begründung die dazu jeweils passenden Geltungsbedingungen mitliefern würde. Ethische Begründungen wären dann zumindest praktisch nichts mehr wert, weil sie sich in einem selbst gemachten abstrakten Zirkel bewegen würden. Wenn sie wie im Fall der Forschung mit embryonalen Stammzellen aber zu einem Ergebnis kommen, das öffentlich umstritten und mit dem geltenden Recht im Konflikt steht, stellt sich ebenfalls die Frage, was ethische Begründungen praktisch wert sind. Dies ist eine ernste Frage, die wir später wieder aufnehmen werden. Im Augenblick drängt sich aber die Frage auf, ob die Ethik nicht doch – im Gegensatz zu meinen Überlegungen – eine universale Kompetenz haben und über Prinzipien und ihre Geltung in eigener Vollkommenheit entscheiden kann oder gar entscheiden sollte. Schließlich gibt es dafür nicht nur ein bedeutendes historisches Vorbild, nämlich Kants Ethik, sondern die zeitgenössische ethische Literatur, die den Idealen der Autonomie und des Universalismus folgt. Ich habe oben lediglich für eine begrenzte Autonomie[89] plädiert und werde hier noch einmal aus einem anderen Blickwinkel den Universalismus prüfen, der – orientiert an Kant – die uneingeschränkte Geltung ethisch begründeter Forderungen vertritt.

Kants Königsberger Aufklärung hat die Praktische Vernunft – er spricht selbst gar nicht von «Ethik» – mit einer Unabhängigkeit ausgestattet, die durch die Sitte nicht eingeschränkt werden darf. Autonomie ist eine theoretische Verpflichtung, welche die Praktische Vernunft unter allen Umständen einzuhalten hat, wenn moralische Gesetze oder *Kategorische Imperative* überhaupt den Anspruch auf Gültigkeit erfüllen sollen. Sowohl die Prinzipien der Sittlichkeit als auch der Rahmen ihrer Geltung sind alleinige Sache der Praktischen Vernunft. Kant unterschied in seiner *Metaphysik der Sitten* allerdings zwischen den Bereichen der Moral und des Rechts.[90] Auf das Recht und dessen Geltung hat die Praktische Vernunft keinen unmittelbaren Einfluss. Insofern hat Kant einerseits die Sitte in ihrer historischen und – wie wir am Beispiel der Todesstrafe noch sehen werden – auch in ihrer rechtlichen Gestalt anerkannt, andererseits aber die Geltung des Moralgesetzes von der Sitte getrennt. Es liegt aber dennoch nahe, sich zu vergewissern, ob Kants Universalismus nicht doch gerade im Blick auf die Menschenwürde ethische Ansprüche verbindlich macht, die wesentlich sind, aber verloren gehen, wenn wir die Geltung ethischer Gründe von der Sitte abhängig machen.

1.4.2. Universalismus und Sitte

1.4.2.1. Würde ohne den Kategorischen Imperativ

Ein ethischer Universalismus soll die Begründung und Geltung, aber auch die Wirkung und Reichweite ethischer Forderungen erklären. Es liegt nahe, Kants Moraltheorie, insbesondere sein Konzept eines *Kategorischen Imperativs*, als mustergültigen Ansatz des Universalismus zu deuten. Hinter der Bezeichnung ‹*Kategorischer Imperativ*› verbergen sich nicht nur drei unterschiedliche Formulierungen oder Formeln, sondern zwei wesentliche Ansprüche des Universalismus. Der eine betrifft die Begründung des Imperativs, der andere dessen Geltungsbereich, also seine Wirkung und Reichweite. Kant begründet den Imperativ mit dessen Form und erklärt mit ihr, was ‹universal› bedeutet: dass eine Forderung *für alle* Wesen mit Vernunft als verbindliches Gesetz – ähnlich wie ein Naturgesetz – *gilt.* Aber auch die Wirkung und Reichweite des Imperativs sollen universal sein: Dadurch, dass sich alle menschlichen Wesen in gleicher Weise durch die Vernunft selbst nötigen, zu wollen, was dem Moralgesetz entspricht, erlangen sie ihre Würde. Die selbst auferlegte Nötigung gilt unbedingt, ohne Einschränkung für alle menschlichen Wesen unter gleichen Bedingungen jederzeit. Dieser für alle Menschen gleichermaßen geltende Selbstzwang ist die eine Seite des Universalismus, seine Wirkung und sein Inhalt, die Menschenwürde, die andere. Die Würde haben wir so, wie Kant sie verstand, bereits kennen gelernt. Wir wiederholen dieses Konzept hier nicht, sondern beleuchten diesen Aspekt seines Universalismus, um ein besonderes Problem dieses Universalismus zu untersuchen. Die Bedeutung der Form des Universalismus wird von den Formeln des *Kategorischen Imperativs* in allen wesentlichen Hinsichten umrissen: wie ein Moralgesetz entsteht, unter welchen Bedingungen es gilt und wie und für wen es gilt. Aus einer Maxime kann, wie wir schon sahen, ein solches Gesetz entstehen. Die Maxime muss nur in verallgemeinerter Form ohne Widerspruch gewollt werden können. Wenn dies der Fall ist, gilt sie – nach Kants erklärter Absicht – wie ein Naturgesetz ausnahmslos. Die Wesen, die sich solche Gesetze geben, verpflichten sich, sich selbst und alle anderen als «Zwecke an sich selbst» zu achten.[91]

Allein schon die von Kant gewählte Begründung des Imperativs durch seine bloße Form macht seinen Universalismus überaus anspruchsvoll. Als würde dies nicht genügen, nimmt Kant dann eine Wirkung und Reichweite des Universalismus an, die dessen Form noch einmal überbietet. Die Wirkung soll in der Menschenwürde, in der Selbstzwecklichkeit aller Menschen, bestehen. Dies überrascht, weil die Menschenwürde doch bereits mit der bloßen Existenz der Menschen als Selbstzwecke gegeben ist. Die folgenden Überlegungen zeigen deswegen auch, dass die universale Geltung der Menschenwürde den *Kategorischen Imperativ* gar nicht voraussetzt. Einen wesentlichen Aspekt der Würde und ihren Zusammenhang mit der universalistischen Form von Kants Ethik haben wir bisher nicht thematisiert. Als Geltungsbereich, also im Hinblick auf die Wirkung des Universalismus, betrifft sie uns Menschen nämlich in einer anderen Weise als die Form. Dies scheint einerseits leicht nachvollziehbar zu sein. Die Form richtet sich an uns Menschen als endliche, fallible, also so unfertige Wesen, als die wir uns selbst kennen. Wenn wir alle uns dem Imperativ entsprechend selbst bestimmen, erlangen wir Würde. Dies scheint leicht verständlich zu sein, ist es aber bei näherem Hinsehen nicht. Nicht leicht verständlich ist nämlich, zu was für Wesen wir uns mit Hilfe des Imperativs machen und wie wir dabei unsere Würde erwerben, obwohl wir sie als Selbstzwecke doch schon haben. Können wir uns durch den *Kategorischen Imperativ* selbst zu etwas verursachen, was wir davor nicht waren? Können wir das, was zuvor schlecht war, zu etwas Gutem machen, ohne im Grunde schon gut zu sein? Die Asymmetrie des Vorher-Nachher und der Wirkungszusammenhang zwischen Form und Inhalt des Universalismus bereiten Kopfzerbrechen.

Nun werden einige sagen, als Wirkungszusammenhang sei der Universalismus von Kant gar nicht gemeint. Seine Überlegungen – so dieser Einwand – gelten im Rahmen des transzendentalen Idealismus nur für vernünftige (intelligible) Wesen, deshalb gebe es keine Asymmetrie, kein Vorher und kein Nachher, sondern nur eine zeitlose Gleichzeitigkeit. Dann würden *wir uns* idealiter nicht nur als Sprecher und Adressaten des Imperativs, sondern gleichzeitig auch *als Selbstzwecke denken*. Wenn dies so wäre, müssten wir damit zurechtkommen, dass der Universalismus keine reale Wirkung hätte, sondern nur einen transzendental gedachten Zustand beschreiben würde. Die Beschreibung dieses Zustands wäre aber dann noch zu erläutern, weil wir uns gleichzeitig als Wesen mit Würde, also als Wesen mit absolutem Wert, und als fallible Sprecher und Adressaten einer unbedingten Nötigung denken müssen. Es wäre einfacher, wenn wir uns eins nach dem anderen, aber nicht beides zugleich vorstellen könnten. Dann würde der Inhalt des Universalismus, die Würde, aus seiner Form, dem Imperativ, quasi als Belohnung folgen. Wenn der Universalismus keinen Wirkungszusammenhang beschreibt, der von einem moralisch schlechten zu einem guten Wollen und Handeln übergeht, bleibt er ein bloßes, wirkungsloses Konstrukt.

Kant wollte seinen Universalismus aber nicht als bloßes Konstrukt entwerfen, sondern deutete ihn ganz real als Wirkungszusammenhang. Wir müssen seine Behauptung wörtlich nehmen, dass der Mensch als Zweck an sich selbst «existiert».[92] Kant wollte diese Behauptung nicht nur als Hypothese verstanden wissen, weil er den Schritt von der hypothetischen Annahme zur expliziten Behauptung der Existenz im Text der *Grundlegung* selbst macht. Es geht in der *Grundlegung* um die Wirkung der moralischen Selbstbestimmung des Menschen auf dessen wirkliche moralische Existenz. Sonst hätte Kant auch nicht von «Personen» als «objektiven Zwecken»[93] gesprochen. Er wollte in seiner Moraltheorie mit allem Nachdruck eine wirkungsvolle Verbindung zwischen der Form und dem Inhalt des Universalismus herstellen. Deswegen erläuterte er das moralische Sollen auch als eine Selbstnötigung. Die Selbstnötigung hat, wie er selbst andeutete, aber nur Sinn, wenn wir uns gleichzeitig als Glieder der «intelligibelen Welt» und der «Sinnenwelt» betrachten.[94] Wenn wir uns als Selbstzwecke begreifen, erkennen wir, was wir zu tun haben, um zu dem zu werden, was wir eigentlich schon sind. Anders ausgedrückt: Wir sind zwar schon, was wir erst werden sollen, müssen uns aber grundlegend ändern, um uns dessen, was wir eigentlich sind, als würdig zu erweisen.

In dieser Lesart läuft der Universalismus nicht leer, er beschreibt den Wirkungszusammenhang zwischen der Form und der Wirkung des Imperativs sowohl als Gleichzeitigkeit als auch als zeitliches Nacheinander. Die Würde als Wirkung des Imperativs wird zumindest im Sinne der Gleichzeitigkeit nicht als Folge des eigenen Tuns erklärt, weil die Wirkung dem menschlichen Wesen – als Vernunftwesen – unabhängig davon zugeschrieben wird, ob es sich wirklich dem Moralgesetz entsprechend selbst bestimmt oder nicht. Einerseits ist dies eine gute Nachricht, weil die Würde, d. h. die Wirkung und der Inhalt des Universalismus, dem menschlichen Wesen unabhängig davon zugeschrieben wird, ob es sich dazu selbst verursachte oder nicht. Wenn die Menschen in jedem Fall Würde haben, wird dann andererseits aber unklar, was mit der universalistischen Form des Imperativs noch bewirkt wird[95] und wozu wir dann noch das zeitliche Nacheinander von Imperativ und Würde benötigen. Es würde doch genügen, nach bestem Wissen und Gewissen moralisch zu handeln. Wenn dies so ist, brauchen wir für die Menschenwürde auch in der Theorie keinen *Kategorischen Imperativ*.

Die Stärken und Schwächen des Universalismus werden uns in seiner anspruchsvollsten Version besonders deutlich. Die Stärken liegen in den formalen Ansprüchen, die ein Universalismus des Sollens stellt. Die Form ist das Bestechende am *Kategorischen Imperativ.* Die Schwächen von Kants Universalismus liegen im bloßen Schein eines Wirkungszusammenhangs zwischen Form und Inhalt, zwischen dem Imperativ und der Menschenwürde. Für die Annahme der Würde benötigen wir keine universale Geltung von Imperativen. Zumindest für die Reichweite des Universalismus ist seine Form weder eine notwendige noch eine hinreichende Bedingung. Genauso universalistisch verstehen wir heute die Reichweite der Menschenwürde. Wir verstehen sie im Sinn unserer Verfassung als ein für alle Menschen geltendes politisches, soziales und rechtliches Konzept, das keinerlei moralische Vorleistungen fordert. Kein Mensch hat erst durch Moralität Würde. Jeder Mensch ist schützenswert. Selbst demjenigen, der moralisch verwerflich handelt, steht der Schutz der Menschenwürde und aller Menschenrechte zu. Nur bei der Todesstrafe scheiden sich die Geister. Der Gewinn an Menschlichkeit ist durch die von Vorleistungen unbelastete Zuerkennung der Menschenwürde enorm. Wir tun uns allerdings mit der tatsächlich geltenden Würde – wie wir sahen – auch schwer, wenn es darum geht, die Grenzen des Geltungsbereichs der Würde am Beginn und am Ende des menschlichen Lebens zu bestimmen.

Ganz unabhängig von diesen Überlegungen zum Universalismus gelten ethisch begründete Forderungen ausnahmslos für alle Menschen in vergleichbaren Situationen. Wir können getrost allgemein fordern, dass alle erkenntnis- und urteilsfähigen Wesen, also Menschen mit normalen geistigen Fähigkeiten, alle moralischen Forderungen erfüllen sollten, die begründet sind und die sie erfüllen können. Alle anderen Menschen sollten von diesem Anspruch allerdings ausgenommen sein, denn sie können die Forderungen ja entweder nicht verstehen oder nicht erfüllen oder beides. Der Geltungsbereich der begründeten Forderungen kann also nicht wirklich universal für die Menschheit insgesamt gelten, sondern nur für diejenigen, die moralfähig[96] sind, die also über die geistigen, seelischen und körperlichen Kräfte verfügen, den moralischen Forderungen zu entsprechen.

1.4.2.2. Empirische und apriorische ethische Begründungen, das Beispiel der Todesstrafe

Es war Kants universalistische Methode der Begründung moralischer Forderungen, die wir in ihrer Wirkung auf die Menschenwürde prüfen wollten, um keinen seiner Ansprüche vorschnell oder grundlos aufzugeben. Wir sahen, dass wir für einen Universalismus der Menschenwürde keinen Universalismus der Imperative benötigen. Was an Kants Methode der Begründung moralischer Forderungen aber sicher auf viele Theoretiker noch immer große Anziehungskraft ausübt, sind ihre apriorischen Forderungen. Empirische Begründungen sollen nicht zugelassen werden, weil sie von wechselnden Bedingungen abhängig und nicht dauerhaft sind. Nur Begründungen a priori können sich der begrifflichen Inhalte wirklich bedienen, die wie die Menschenwürde eine Geltung haben, die unabhängig von Zufälligkeiten und Wechselfällen sind. Die Unterstellung dabei ist, dass ethische Forderungen unabhängig von empirischen Zusammenhängen gelten. Es sollte mittlerweile klar geworden sein, dass ich diese Überzeugung nicht teile und dass sie mit einer situativen Ethik unvereinbar ist. Die Gründe, die gegen den Apriorismus Kants sprechen, sind aber vielleicht noch nicht klar genug.

Tatsächlich verstehen wir nämlich auf Anhieb, dass die Frage, ob eine Handlung moralisch gut oder schlecht ist, nicht durch empirische Erhebungen zu entscheiden ist. Die Häufigkeit einer Handlung kann nicht darüber entscheiden, ob sie moralisch gut ist oder nicht. Nun gibt es aber unterschiedliche Auffassungen davon, was als ‹empirisch› gelten kann. Viele werden etwa sagen, die Ergebnisse von Meinungsumfragen hätten einen empirischen Charakter. Sicherlich wollten wir keinem Umfrageergebnis die Beantwortung der Frage überlassen, ob eine Handlung moralisch gut oder schlecht ist. Denn bei dieser Beurteilung des ethischen Werts einer Handlung geht es nicht um eine quantitative Größe, also nicht um die Häufigkeit einer Handlung, aber auch nicht um die Häufigkeit eines Urteils über eine Handlung. Denn diese Häufigkeit des Urteils sagt nichts aus über seine Begründetheit, die Quantität des Urteils nichts über seine Qualität. Es mag sein, dass die Menge und die Verlässlichkeit eines Urteils miteinander übereinstimmen, wenn es etwa um Geschmacksurteile wie ‹Vanilleeis schmeckt gut› geht und gesundheitliche Erwägungen außen vor bleiben. Wir würden uns über diese Übereinstimmung nicht wundern und sie auch nicht bezweifeln. Bei kaum umstrittenen moralischen Urteilen wie ‹es ist schlecht, seine Pflichten zu verletzen› würden wir uns auch nicht wundern, wenn sehr viele Menschen so urteilten. Die Qualität solcher Urteile entspricht der allgemeinen Anerkennung sittlicher Tatsachen. Bei umstrittenen moralischen Urteilen wie ‹es ist verwerflich, Menschen mit dem Tod zu bestrafen› wird uns aber spätestens klar, wie wenig eine quantitative Übereinstimmung im Urteil über dessen ethische Richtigkeit sagt. Bei allen Urteilen, deren moralische Qualität in Zweifel steht, darf die ethische Begründung nicht von der Menge derer abhängig sein, die sie teilen oder ablehnen. Schließlich ist auch die Geltung sittlicher Tatsachen nicht davon abhängig, wie vielen Menschen sie bewusst sind.

Die ethische Begründetheit eines Urteils darf zwar nicht von der Häufigkeit der Zustimmung zu ihm abhängig sein. Es ist aber dennoch nicht völlig unerheblich, wie viele Menschen eine Handlung als moralisch gut oder schlecht beurteilen. Was wir nämlich an dieser Häufigkeit erkennen, sind die moralischen Intuitionen, welche die Menschen bei ihren Urteilen leiten. Hinter den Intuitionen der Menschen steht die jeweils geltende Sitte, also die kulturell, religiös und ethnisch geprägten Wertvorstellungen und Moralempfindungen. Sie zu kennen ist nicht unerheblich, weil sie die Politik beeinflussen und die Gesetzgebung leiten. Wer die Sitte nicht kennt, weiß nichts über die sittlichen Tatsachen und die Geltungsbedingungen normativer Ansprüche in einer Gesellschaft. ‹Geltung› darf aber, wie wir oben sahen, nicht mit ‹Rechtfertigung› verwechselt werden, auch wenn nur das gelten sollte, was gerechtfertigt ist. Konkret sieht diese einfache Unterscheidung, wie wir sahen, schwieriger aus als abstrakt, weil das eine vom anderen gleichzeitig abhängig und unabhängig ist. Wenn etwa die Wertvorstellungen, die wir in empirischen Umfrageergebnissen dokumentiert finden, für ethische Begründungen umstrittener moralischer Urteile nicht taugen, müssen wir uns fragen, wozu sie ethisch überhaupt gut sind. Was bedeutet die empirisch festgestellte Praxis des moralischen Urteilens, wenn sie nichts darüber sagt, wie begründet oder unbegründet die Urteile sind? Offenbar ist die Praxis des Urteilens nicht gänzlich bedeutungslos; dies folgt schon aus der lediglich begrenzten Autonomie der Ethik gegenüber der Sitte. Wegen dieser begrenzten Autonomie müssen wir im konkreten Fall sorgfältig zwischen der empirisch feststellbaren Praxis des moralischen Urteils und seiner ethischen Begründung unterscheiden. Schließlich können – wie die Geschichte lehrt – sowohl die Urteile von Mehrheiten als auch diejenigen von Minderheiten moralisch unhaltbar und ethisch verwerflich sein.

Es liegt nahe, die Unterscheidung an einem Beispiel nachzuvollziehen, das ich bereits erwähnte, die Todesstrafe. In einigen Staaten findet eine Mehrheit, in anderen dagegen eine Minderheit von Menschen, dass es gut sei, Todesurteile für Kapitalverbrechen zu verhängen und zu vollziehen. Dennoch sind diese Urteile ethisch nicht objektiv begründbar. Sie verstoßen gegen die Menschenwürde. Wer die Todesstrafe für moralisch begründet hält, ist vielleicht davon überzeugt, dass Menschen ihre Würde verlieren können und dann ganz der Gewalt anderer oder von Gesetzen ausgeliefert sind. Vergeltung ist ein möglicher Grundgedanke der absoluten Verfügung über das Leben derer, die vermeintlich durch eine schwere Untat ihre Würde verwirkt haben. Allerdings ist Strafe nicht notwendig an den Gedanken der Vergeltung gebunden. Vergeltung kann, wenn überhaupt, nur für bewusst beabsichtigte und sorgfältig geplante Handlungen gefordert werden. Vor allem dann, wenn die Einsichten über die unbewusste Steuerung menschlicher Handlungen durch die psychologische Forschung weiter vertieft werden, kann Vergeltung für die Bestrafung nicht mehr das entscheidende Motiv sein. Schließlich wäre es unsinnig, für eine nicht bewusst vollzogene Handlung Vergeltung zu fordern. Kant teilte übrigens den Grundgedanken der Vergeltung und meinte, dass Kapitalverbrecher ihre Würde verwirkt hätten und den Tod als Strafe verdienten.[97]

Wer davon überzeugt ist, dass Menschen weder ihre Würde ganz verwirken können noch – außer im Krieg, dann aber nach Maßgabe des Kriegsrechts – vollständig der Gewalt anderer oder von Gesetzen unterworfen sein dürfen, muss die Todesstrafe ablehnen. Auch diejenigen, die sie befürworten, können sie nicht deswegen für ethisch begründet halten, weil eine Mehrheit von Menschen für sie votiert. Sie nehmen das Prinzip der Vergeltung in Anspruch, weil es in der Sitte einiger Kulturen und in bestimmten Religionen eine Rolle spielt. In Kulturen, in denen die Sitte den Gedanken der Vergeltung nicht nahe legt, behaupten viele, die Todesstrafe wirke auf potentielle Straftäter abschreckend. Dies ist eine empirische Behauptung, die im Übrigen empirisch gut widerlegt werden kann. In Staaten mit Todesstrafe ist die Zahl der Kapitalverbrechen keineswegs geringer als in anderen.[98] Wenn es als empirisch erwiesen gelten kann, dass die Todesstrafe nicht abschreckt, verfällt das Argument der Abschreckung.

Die Urteile von Mehrheiten oder Minderheiten sind für ethische Begründungen und damit für die Rechtfertigung von Sollensforderungen unbrauchbar. Dennoch dürfen wir nicht die moralische Qualität der Intuitionen ignorieren, die etwa in Umfragen empirisch repräsentiert werden. Sie sind zwar – im Unterschied zu Gesetzen – nur ein informeller Ausdruck der geltenden Sitte. Die moralischen Empfindungen, über die sie Auskunft geben, bilden aber die qualitative Grundlage für die alltäglichen, gewöhnlichen und nicht weiter begründeten Unterscheidungen zwischen dem moralisch Guten und Schlechten. Sie sind nicht schon deswegen ethisch irrelevant, weil es sich um Gefühle und unbegründete Urteile handelt. Ethische Begründungen mögen in einem engen methodischen Sinn objektiv gültig sein, Aussicht auf Erfolg und Wirksamkeit haben sie aber nur, wenn sie darauf hoffen können, von Menschen auf dem Hintergrund ihrer moralischen Gefühle verstanden und anerkannt zu werden. Deswegen nehmen solche Begründungen, wie wir etwa am Beispiel der Forschung mit embryonalen Stammzellen sahen, Rücksicht auf die Sitte und damit sowohl auf die geltenden Gesetze als auch auf die informellen, nirgends genau fixierten, aber dennoch öffentlich gegenwärtigen Überzeugungen. Ein strenger Apriorismus, wie Kant ihn methodisch forderte, würdigt weder den quantitativen noch den qualitativen Charakter empirischer Argumente und ignoriert wesentliche Bedingungen ethischer Rechtfertigung. Da ethische Begründungen von solchen Bedingungen tatsächlich abhängen, gefährdet der strenge Apriorismus die ethische Objektivität.

Im Fall der Todesstrafe habe ich aber nun selbst – so werden ihre Befürworter vermuten – eine Art Apriorismus vertreten. Denn sie werden sich auf ihre Sitte und ihre moralischen Intuitionen berufen und mir vorwerfen, ich propagiere zwar die Relevanz der Sitte für ethische Begründungen, folge dieser methodischen Verpflichtung aber nur, wo es mir passt. Dagegen muss ich mich verwahren. Die Sitte kann selbst keine ethischen Begründungen leisten, wie relevant sie auch sein mag. Es ist umgekehrt, ethische Begründungen müssen Rücksicht auf sittliche Tatsachen nehmen. Das bedeutet aber nicht, dass sie ihnen in jedem Fall Recht geben. Wenn es nun allerdings – wie in einer westlichen Demokratie – Gesetze gibt, welche die Todesstrafe für Kapitalverbrechen unter bestimmten Bedingungen verbindlich machen, kann die ethische Begründung eines Verbots der Todesstrafe dies nicht einfach ignorieren. Die ethische Analyse muss sich auf diese Rechtslage einlassen und die Begründung der Todesstrafe prüfen. Es lässt sich zeigen, dass die Todesstrafe aus ethischen Gründen ein Unrecht ist und auch rechtlich verboten sein sollte. Die Begründung kann sich – ähnlich wie in der Frage der Frauenbeschneidung – auf die Menschenwürde berufen. Jede Art physischer oder psychischer Gewalt gegen Menschen, die deren körperliche und seelische Integrität verletzt, ist mit der Menschenwürde unvereinbar. Auf dieser sittlichen Grundlage ruht das ethische Argument, dass die Anwendung von physischer und psychischer Gewalt gegen Menschen, sei es in Form von Folter oder der Bedrohung durch den Tod, weder als Strafe für deren Taten noch als Mittel der Prävention erlaubt ist, weil sie gegen die Menschenwürde verstößt. In unserem Rechtssystem ist eine ethische Begründung des Verbots der Todesstrafe überflüssig. Es gibt die Todesstrafe nicht als ethisches Problem.[99] Auch darin zeigt sich der situative Charakter der Ethik, dass etwas in einer Gesellschaft ein ethisches Problem ist, in einer anderen aber nicht. Dies bedeutet aber nicht, dass nur in der Gesellschaft, in der es das Problem gibt, eine objektive ethische Begründung für eine Lösung des Problems sinnvoll und möglich ist. Ethische Gründe sprechen überall gegen die Todesstrafe, auch dort, wo sie nicht öffentlich anerkannt werden.

Das Beispiel der Todesstrafe macht deutlich, dass ethische Begründungen möglicherweise einschlägiger, aber auch schwieriger werden, wenn wir auf den Apriorismus, wie Kant ihn vertrat, verzichten. Die relative Bindung ethischer Begründungen an die Geltung sittlicher Tatsachen zwingt uns aber nicht, in der ethischen Argumentation Rücksicht auf ein geltendes Rechtssystem zu nehmen. Wenn dieses Rechtssystem selbst einen legitimen Charakter hat, ist es schwierig, aber nicht unmöglich, gegen einzelne seiner Bestimmungen objektive ethische Einwände geltend machen zu können. Allerdings kann ein Rechtssystem nur beanspruchen, legitim zu sein, wenn es die Menschenrechte anerkennt, auf demokratische Weise eingesetzt und verfassungsrechtlich integer ist. Es ist schwer vorstellbar, dass in einem legitimen Rechtssystem die Todesstrafe praktiziert wird, weil sie mit der Menschenwürde nicht zu vereinbaren ist. Die demokratische Legitimität einer Verfassung sollte eine Garantie dafür sein, dass mögliche Widersprüche zwischen begründeten ethischen Forderungen und dem Rechtssystem aufgelöst werden können. Eine Garantie gegen die Möglichkeit solcher Widersprüche kann es aber nicht geben, weil Sitte und Ethik nicht dasselbe sind. ‹Sittliche Legitimität› ist nicht identisch mit ‹ethischer Begründung›.

Nicht weniger problematisch als eine Identität von Sitte und Ethik wäre die völlige Loslösung des einen vom anderen. Im einen Fall würde die Ethik ihre eigenständige und unabhängige Urteilskompetenz verlieren, weil sie nur Sprachrohr der herrschenden Sitte wäre. Im anderen Fall würde die Ethik ihre kritische und konstruktive Aufgabe nicht mehr ernst nehmen, für schwierige Probleme moralisch richtige Lösungen zu finden. Sie würde die Sitte ignorieren und die wirklichen moralischen Probleme gar nicht mehr wahrnehmen. Für beide Varianten des Verfalls der Beziehungen zwischen Sitte und Ethik gibt es historische und zeitgenössische Beispiele, die besondere Aufmerksamkeit kaum lohnen. Denn die Gefahr, ihr Verhältnis zur Sitte zu vergessen, ist nicht allzu groß, wenn die Ethik ihre Begründungskompetenz als klassische Aufgabe wahrnimmt und sich als eine praktische Wissenschaft behauptet, der es um die Klärung der Möglichkeiten des guten Lebens der Menschen geht.

2. ETHIK ALS KONFLIKTWISSENSCHAFT

Grundlegende Veränderungen der menschlichen Lebensverhältnisse in der jüngeren Geschichte wurden von den Sozialwissenschaften als Modernisierungsprozesse beschrieben. Diese Veränderungen lassen die normativen Strukturen der Lebensverhältnisse nicht unberührt und bleiben auch nicht ohne Folgen für die Ethik. Der Zahl und der Schwierigkeit nach nehmen normative Probleme, vor allem in Gestalt moralischer Konflikte, zu. Die Ethik, die sich mit ihnen auseinander setzt, wird zu einer Konfliktwissenschaft. Die Frage, wie das gute Leben unter den Bedingungen moralischer Konflikte möglich ist, kann nicht mehr nur mit den Empfehlungen, tugendhaft zu handeln oder seine Pflichten zu erfüllen, beantwortet werden. Das Kapitel untersucht zunächst, was ‹moralische Konflikte› sind und wie sie von der Ethik gelöst werden können. Auch in den Fällen, in denen es keine Regeln für die Lösung von Konflikten gibt, fordert die Ethik Lösungsverfahren, die sich rechtfertigen lassen, ohne dass sittliche und ethische Ansprüche von Menschen ignoriert oder verletzt werden. Als Beispiel für Probleme dieser Art dient die Organstransplantation. Die Ethik muss erkennen, dass es für viele Moralkonflikte keine einfachen oder glatten Lösungen gibt. Sie wird deswegen nicht ratlos, muss aber bedenken, dass sich unter solchen Bedingungen der moralische Raum, in dem wir Menschen leben, verändert. Kants Frage ‹was darf ich hoffen?› gewinnt in dem veränderten moralischen Raum neue Aktualität.

2.1. Sittliche und ethische Normalität

Die Ethik hat ihre Verbindung zur Sitte lange Zeit nur ungenügend im Blick gehabt und sich von ihr – zumindest in der Tradition Kants – gänzlich unabhängig gewähnt.[1] Dies führte – zumindest in der Entwicklung einer Reihe ethischer Theorien – zu einer Abwertung der Sitte.[2] Die Ethik verlor damit zusehends ihre Bodenhaftung, Sitte und Ethik drifteten auseinander. Interessanter, als nach Schuldigen an dieser Entwicklung zu suchen, ist einzusehen, dass ein weiterer Grund dafür in der Natur der Ethik und in der Zahl und Größe der Probleme liegt, welche die Sitte nicht mehr bewältigen kann. Es gibt also, wenn man so will, zwei Gründe für das Auseinanderdriften, der eine liegt in einer bestimmten Tradition der Ethik, der andere in der Sitte. Wie jede Disziplin hat die Ethik die natürliche Neigung, sich relativ zum Schwierigkeitsgrad ihrer Probleme zu perfektionieren. Das bedeutet, ihre Begründungen liegen jenseits dessen, was Menschen allein auf der Grundlage ihres normalen moralischen Empfindens und Urteilens, ihres sittlichen Bewusstseins, leisten und beurteilen können. Die Ethik ist nicht erst in der Moderne zu einer Sache von Experten geworden. Schon in der Antike gab es solche Fachleute. Mit dem wachsenden Abstand ethischer Begründungen von der Sitte können Menschen mit ihren normalen moralischen Intuitionen diese Begründungen immer schwerer nachvollziehen. Der Abstand wächst, weil die Begründungen relativ zu den Problemen, die sich stellen, immer anspruchsvoller werden. Er wächst nicht nur deswegen, weil die Ethik von sich aus immer abstrakter und begrifflich differenzierter wird, sondern weil die Probleme und mit ihnen die Lösungen immer schwieriger werden.

Die Ethik ist, seit es immer mehr moralische Probleme gibt, die nicht mehr allein mit tugendhaftem Verhalten oder mit Regeln und Imperativen lösbar sind, die dem normalen sittlichen Empfinden und Urteilen korrespondieren, eine Wissenschaft, die der Lösung von Konflikten dient. Die Aufgabe der Ethik war keineswegs immer die Konfliktlösung, denn nicht immer war die Sitte mit der Lösung moralischer Probleme überfordert. Beispielshalber erwähne ich die zwei historisch weit voneinander entfernten und, was die Rolle der Sitte angeht, gegensätzlichen Ethiken von Aristoteles und Kant. Erstere war die erste an der Sitte orientierte moralische Verhaltenslehre, Letztere die erste rein apriorische praktische Begründungstheorie der Ethikgeschichte. Dazwischen und danach lagen Ethiken, die man zumindest seit Thomas Hobbes als Vertragstheorien bezeichnen kann und die – was die Rolle der Sitte angeht – eine Art Mittelweg zwischen Verhaltenslehre und Begründungstheorie gingen. Aristoteles hat eine moralische Verhaltenslehre entwickelt, die alle moralisch guten Handlungen als Tugenden, als politisch und sittlich anerkannte «Vortrefflichkeiten» beschrieb. Er musste nicht begründen, warum etwa tapfere, gerechte und kluge Handlungen moralisch exzellent waren. Deren moralische Qualität war von der herrschenden Sitte her klar. Aristoteles musste nur begründen, wie es der menschlichen Natur nach möglich war, so zu handeln und – nach einem individuellen sittlichen Trainingsprogramm – sich dauerhaft so zu verhalten. Der Aristotelisch gute Mensch konnte der Maxime folgen ‹ich handle gerecht (tapfer, klug etc.), weil ich auf diese Weise (in meiner politischen Gemeinschaft) gut und glücklich lebe›. Für Kant war die menschliche Natur ebenso auf Glückssuche, dabei aber eigensüchtig und böse, aus «krummem Holze»,[3] wie er meinte. Dieser Charakterzug der menschlichen Natur habe moralisch gutes Handeln eher verhindert als gefördert. Entsprechend konnte Kant der Sitte, die natürlich aus demselben Holz war, in moralischer Hinsicht nicht vertrauen. Er musste daher begründen, wie es Menschen dennoch möglich war, moralisch gut zu werden. Der Kantisch gute Mensch konnte sich von der Maxime leiten lassen ‹ich soll dem Moralgesetz folgen, weil ich es als vernünftiges Wesen will›.

Den Vertragstheoretikern war klar, dass Kooperation die Basis für ein sicheres soziales Leben und moralisch gute Verhältnisse ist. Sie wussten aber auch, dass ausdrückliche Abmachungen zu kooperieren nicht wirklich verlässlich sind, weil jeder zuallererst sein eigenes Glück und seinen privaten Nutzen steigern will. Sie dachten ähnlich schlecht – oder realistisch – über den Menschen wie Kant. Es konnte ihnen deswegen nicht genügen, sich auf die gute Sitte, einen Vertrag einzuhalten, zu verlassen. Es musste politisch und rechtlich möglich sein, Kooperation auch gegen die Egoisten durchzusetzen. Die Vertragstheoretiker mussten daher begründen, wie Kooperation möglich ist, obwohl es vernünftiger im Sinne von vorteilhafter für jedermann war, nicht zu kooperieren. Sie versuchten in der Regel erst gar nicht, den Abstand zwischen egoistischer Sitte und kooperativer Ethik theoretisch zu überbrücken. Der vertragstheoretisch gute Mensch konnte entweder der Maxime folgen ‹ich verhalte mich nicht kooperativ, wenn es vorteilhaft ist, andernfalls kooperativ› oder der Maxime ‹ich tue, was man von mir erwarten kann, weil dies für mich und alle anderen Menschen besser ist›. Er überspielte einfach den Gegensatz zwischen Sitte und Ethik, weil die Sitte der Egoisten auf natürliche Weise so lange herrscht, bis es kollektiv unsinnig und verlustreich ist und Kooperation dann ohnehin rechtlich oder sonst wie erzwungen wird.

Für die Ethik als Konfliktlösung gibt es keine vergleichbare Maxime. Warum dies so ist, verstehen wir, wenn wir erkennen, was sie zumindest von den drei kurz und kursorisch erwähnten historischen Beispielen unterscheidet. Alle diese Beispiele kennen so etwas wie sittliche Normalität, ob sie in exzellenten oder egoistischen Handlungsweisen, in einem Leben ohne Lebensgefahr oder in nützlicher Kooperation bestand. Und dieser sittlichen Normalität entsprach dann eine ethische Normalität, die nichts anderes sollte, als die Sitte zu ergänzen und moralisch zu perfektionieren oder in moralischen Fragen – wie Kant dies wollte – ganz und restlos zu ersetzen. Das Ende dieser Korrespondenz zwischen sittlicher und ethischer Normalität war wohl spätestens mit der Theorie der Gerechtigkeit von John Rawls in der zweiten Hälfte des vergangenen Jahrhunderts erreicht. Er erkannte, dass die Probleme der Ethik im Grunde politische und soziale Konflikte sind, die mit so netten utilitaristischen Maximen wie ‹ich kooperiere, weil es alle Menschen glücklich macht oder weil es den Nutzen aller maximiert› nicht zu lösen sind. Erstmals wurde klar, dass der sittlichen Normalität des Egoismus – von Einzelnen, Gruppen oder ganzen Gesellschaften – keine ethische Normalität entsprechen kann, wenn die Ethik die Konflikte, die aus der sozialen Ungleichheit der Menschen entstehen, lösen soll.

Rawls hat zumindest für die Lösung der Konflikte, die aus der sozialen Ungleichheit entstehen, eine vom Gleichheitsprinzip bestimmte Maxime vorgeschlagen, das Differenzprinzip. Es empfiehlt Gleichverteilung für den einfachsten Fall von zwei Personen genau dann, wenn es keine Güterverteilung gibt, die beide Personen besser stellt.[4] Niemand soll mehr bekommen, wenn der andere nicht auch mehr bekommt. So weit ist dieser Maxime noch nicht anzusehen, wie sie dazu beitragen könnte, Konflikte zu lösen, die aus sozialer Ungleichheit entstehen. Interessant und brisant wird das Differenzprinzip erst, wenn man sich die Verteilung von Einkommen, allgemein von Gütern, in einer Gesellschaft ansieht, in der es am einen Ende eine Klasse Wohlhabender und am anderen eine Klasse armer, ungelernter Arbeiter gibt. Menschen, die in dieser Ungleichheit leben, haben sehr ungleiche Erwartungen. Das Differenzprinzip besagt nun, dass die Ungleichheit ihrer Lage und Aussichten nur zu rechtfertigen sei, wenn die Differenz der Erwartungen und Aussichten sich zugunsten der Klasse der ungelernten Arbeiter auswirkt. Die Aussichten derer, die am meisten benachteiligt sind, sollen maximiert werden.

Nehmen wir an, es handelt sich um eine Güterverteilung durch Steuern; dann sollten nach dem Differenzprinzip die Reichen nur dann steuerlich entlastet und begünstigt werden, wenn damit gleichzeitig auch den Ärmsten geholfen würde. Das mag unter günstigen Umständen ja gelingen, aber darauf kommt es hier nicht an. Wichtiger ist, dass diese gut gemeinte sozialdemokratische Maxime der Güterverteilung vielleicht Konflikte der sozialen Ungleichheit lösen helfen kann, aber nicht als allgemeine Maxime der ethischen Konfliktlösung taugt. Der Grund ist einfach der, dass es zu verschiedenartige ethische Konflikte gibt, als dass es eine einzige Maxime geben könnte, die den entsprechenden Lösungen Richtung und Sicherheit geben könnte. Rawls hat die Ethik zwar als Theorie der Konfliktlösung etabliert, war aber noch davon überzeugt, dass Konflikte mit Verfahren gelöst werden könnten, denen universal gültige, feste Regeln und Imperative zugrunde liegen.

Traditionell dienten die allgemeinen ethischen Maximen zum einen dazu, Regeln, Anweisungen und Befehlen den richtigen moralischen Charakter zu geben. Zum andern machten die Maximen zumindest auf abstrakte Weise den Weg erkennbar, auf dem eine gute Lösung eines Problems zu finden war. Die Regeln oder Imperative stellten die ethische Normalität dar, die der sittlichen korrespondierte. Sie funktionierten nach dem Modell: Wenn ein bestimmtes moralisches Problem auftaucht, gibt es dafür eine ethische Lösung in Gestalt einer Regel. Wenn man dieser Regel folgt, ist das Problem gelöst. Ein besonderer Vorzug, ja ein Verdienst der ethischen Normalität war es, dass es immer eine und nur eine ethisch richtige Regel für jedes moralische Problem gab, dass sie unter normalen Umständen auch befolgt werden konnte und dem moralischen Sinn entsprach. Damit konnte es die moralische Sicherheit und die individuell empfundene Gewissheit geben, dass man etwas tun wollte oder tatsächlich getan hat, was gut ist. Darüber hinaus gewährte die ethische Normalität – zumindest theoretisch – die soziale Sicherheit, in einer Gemeinschaft mit Menschen zu leben, die etwa die gleiche moralische Gesinnung und Empfindung hatten. Sie fanden das Befolgen ethischer Regeln selbst dann gut, wenn sie sich selbst nicht oder nicht immer daran hielten.

Diese historischen Bemerkungen sollten nicht nur eine erste Vorstellung der Ethik als Konfliktlösung geben, sondern indirekt zeigen, dass es seit der Antike eine Kontinuität sich wandelnder, diskontinuierlicher ethischer Theorien gibt. Interessant an dieser Kontinuität ist, dass der theoretische Wandel mit dem sittlichen Wandel einhergeht und nicht in jeder Hinsicht ersetzend, sondern immer auch ergänzend wirkt. Wenn wir heute moralische Probleme zu lösen haben, für die klassische ethische Theorien keine Lösungen anbieten, bedeutet dies nicht, dass diese obsolet oder überholt wären. Wenn wir einmal davon absehen, dass ihre Methoden und Prinzipien miteinander konkurrieren und sie sich meist polemisch begegnen, verstehen wir noch immer, was sie zu sagen haben.[5] Wir schätzen, was Aristoteles über die moralische Exzellenz der Tugenden, Kant über den guten Willen und das Moralgesetz, die Vertragstheoretiker über Kooperation und die Utilitaristen über den Nutzenkalkül lehrten. Zwischen diesen Ethiken und der Sitte gibt es nach wie vor eine Korrespondenz der Normalitäten. Wir verstehen heute unter einem Mutigen, Gerechten und Klugen nichts wesentlich anderes als das, was uns Platon und Aristoteles zu sagen wussten, nur eben unter ganz anderen sozialen und politischen Lebensbedingungen. Und was die unterschiedlichen Ansprüche von

Imperativen sind, lernen wir noch immer am besten aus Kants *Grundlegung zur Metaphysik der Sitten*. Über den Zusammenhang zwischen individuellem und kollektivem Nutzen klären uns die Utilitaristen am besten auf. Und das, was die Vertragstheoretiker lehren, ist vor allem nach Rawls' radikaler Erneuerung Basis der modernen liberalen Politiktheorie. Wir würden im Übrigen den Wandel, der sich als Ende der korrespondierenden Normalitäten ankündigt, gar nicht verstehen, wenn wir für die klassischen Verhältnisse zwischen Sitte und Ethik keine konkrete Vorstellung mehr entwickeln könnten. Mit dieser Vorstellung können wir aber wesentliche moralische Probleme nicht verstehen, die sich heute als soziale oder politische Konflikte zeigen. Das ist der Grund dafür nachzuforschen, was sich im Verhältnis zwischen Sitte und Ethik verändert hat und welche Ethik uns hilft, jene Probleme zu lösen. Ethik als Konfliktlösung ist dabei zunächst nur der Name für ein Programm.

2.2. Ethische Normalität und Moralkonflikte

Bisher habe ich nicht erklärt, was genau ‹ethische Normalität› bedeutet. Ich sagte, der sittlichen Normalität habe eine ethische entsprochen etwa in diesem Sinn: Wenn ein moralisches Problem auftauchte, das einfach deshalb, weil es kein einfaches Problem war, nicht von der Sitte selbst zu lösen war, gab es eine und nur eine ethische Lösung in Gestalt einer Vorschrift oder Regel; wenn sie eingehalten wurde, war das Problem gelöst. Verständlicher als diese abstrakten Bemerkungen ist vielleicht ein einfacher Fall. Nehmen wir an, jemand kam ohne eigenes Verschulden in Not, und es war niemand da, der durch besondere verwandtschaftliche, nachbarschaftliche oder andere sittliche Bindungen verpflichtet gewesen wäre zu helfen. Wäre jemand dieser Art da gewesen, wäre das Problem einfach sittlich gelöst worden. Man hilft sich eben gegenseitig, weil man verwandt, befreundet oder gut bekannt ist. Oder man gibt bedürftigen Fremden Almosen, auch das gehört zur Sitte. Ein ethisches Problem hätte es nur gegeben, wenn Hilfen dieser Art nicht möglich gewesen wären, wenn also die Sitte ihre normale Aufgabe nicht hätte erfüllen können. Die normale ethische Lösung bestand nun darin, dass ein Dritter oder eine Dritte in Kenntnis jenes in Not geratenen Menschen der Regel folgte, Menschen in Not zu helfen, wenn dies möglich ist. Wenn die Regel von jener Person befolgt werden konnte, war das Problem gelöst. Solche

Beispiele gehören nach wie vor zum moralischen Alltag. Wir lesen an ihnen ab, was ‹ethische Normalität› bedeutet: dass es für ein moralisches Problem eine – und nur eine – Regel gibt, der ich einfach folgen muss, wenn ich es lösen will. Es gehören noch eine Reihe anderer Merkmale zur ethischen Normalität, etwa das so genannte Sollensprinzip, dass die Regel nur gilt, wenn sie tatsächlich befolgt werden kann. Auch eine Reihe von Voraussetzungen müssen erfüllt sein wie etwa die, dass es keine anderen Verpflichtungen gibt, die mit der besagten Regel im Konflikt stehen, und dass immer nur eine Verpflichtung gleichzeitig gilt und nicht mehrere. Schließlich muss es klar und darf nicht umstritten sein, dass die Regel überhaupt gilt. In etwas knapperer Form bedeutet ethische Normalität mindestens dies: Die Regeln gelten, werden allgemein anerkannt, können tatsächlich befolgt werden und gelten singulär und konfliktfrei.

Wenn der sittlichen Normalität eine ethische korrespondiert, gibt es keine Konflikte. Es mag moralisches Versagen geben, etwa indem die eben erwähnte Person einfach ignoriert, dass sie jener anderen Person helfen sollte. Es mag auch etwas dazwischenkommen, etwa indem die Helferin oder der Helfer plötzlich selbst Hilfe benötigt und gar nicht mehr helfen kann. Für diese Fälle brauchen wir keine Beispiele, weil wir sie zur Genüge kennen. Konflikte gibt es nur, wenn die eben aufgezählten Bedingungen ethischer Normalität nicht erfüllt sind. Dies ist in mindestens drei Typen von Fällen so, die ich zunächst im Einzelnen nennen und dann ausführlich erklären werde. Der erste Typ ist der *Moralkonflikt*. Er herrscht immer dann, wenn in einer Situation mehr als eine Regel oder Verpflichtung gilt, aber nur eine erfüllt werden kann. Es gibt zwei Arten von Moralkonflikten. Die einen sind ethisch lösbar,[6] die anderen nicht. Letztere nennen wir *moralische Dilemmata*.

Der zweite Typ von Fällen, der die Bedingungen ethischer Normalität nicht erfüllt, ist der *moralische Dissens*. Er tritt immer auf, wenn das Verständnis sittlicher Tatsachen und die Weisen der Anwendung und der Auslegung ethischer Prinzipien bei unterschiedlichen Gruppen einer Gesellschaft vor allem aus weltanschaulichen Gründen unüberbrückbar verschieden sind. Der moralische Dissens kann nach dem gleichen Muster auch zwischen ganzen Gesellschaften auftreten.

Der dritte Typ ist die *normative Überforderung*. Sie kann aus einem Moralkonflikt entstehen, aber auch auftreten, wenn es keinen Moralkonflikt gibt. Es reicht schon, wenn eine Person die Verpflichtungen, die aus ihren verschiedenen, teilweise gesetzlich beschriebenen Rollen, etwa als Vater, Mutter, Kind, Kollege, Mitarbeiter, Vorgesetzter, Arzt, Patient etc., resultieren, nicht alle und nicht gleichzeitig erfüllen kann.

Eine unmittelbare Kollision von zwei oder mehreren Pflichten ist für die normative Überforderung nicht nötig. Das wechselseitige Verhältnis dieser drei Umstände wird noch Thema sein. Zunächst können wir der Einfachheit halber festhalten, dass es zwei Arten von Moralkonflikten gibt; zum einen die Moralkonflikte im weiteren Sinn, unter die auch der moralische Dissens und die normative Überforderung fallen. Dann gibt es Moralkonflikte im engeren Sinn, die aus Kollisionen von Pflichten bestehen, die entweder ethisch lösbar oder wie die Dilemmata nicht lösbar sind.

2.2.1. Moralische Dilemmata, das Beispiel der Organtransplantation

Offensichtlich haben die drei Typen von Fällen, unter denen es keine ethische Normalität geben kann, jeweils zwei Gesichter, ein sittliches und ein ethisches. Insofern gibt es auch hier eine Korrespondenz zwischen Sitte und Ethik. Machen wir uns dies an Beispielen klar, die wir teilweise schon kennen. Der Moralkonflikt bezeichnet einen Bruch der Normalität, der harmloser, aber auch unstrittiger erscheint, als er tatsächlich ist. Betrachten wir ein Beispiel, das seit Jahrzehnten zum medizinischen Alltag gehört, die Transplantation von Organen. Es eignet sich gut, um anschaulich zu machen, was ‹Moralkonflikt› bedeuten kann. Immer mehr Menschen leiden z. B. an Nierenkrankheiten, werden Dialysepatienten und benötigen irgendwann eine Spenderniere. Es herrscht aber ein großer Mangel an Spenderorganen. Eine große Zahl von Patienten stirbt jährlich, weil keine Spenderorgane zur Verfügung stehen. Ich werde später auf die einzelnen moralischen Ansprüche der Organverteilung eingehen.[7] Es geht nur um die moralische Situation der Knappheit, unter der Organe verteilt werden.

Nehmen wir der Einfachheit halber an, dass es zwei Patienten, aber nur ein verfügbares Organ gibt. Nehmen wir außerdem an, dass beide Patienten medizinisch gesehen etwa den gleichen Anspruch auf das Organ haben und es auch sonst keinen zwingenden Grund gibt, dem einen der beiden Patienten eher als dem anderen das Organ einzupflanzen. Dann haben wir zumindest moralisch gesehen ein Problem, nämlich einen Moralkonflikt, ja sogar ein Dilemma. Es sieht, abstrakt beschrieben,[8] so aus: Es gibt zwei Verpflichtungen, nämlich dem Patienten X und dem Patienten Y die Niere einzupflanzen, und jede der beiden Verpflichtungen gilt; in Symbolen:

(1) $A \wedge B$.[9] Beide Verpflichtungen sind aber nicht erfüllbar; in Symbolen:

(2) $\neg M (A \wedge B)$. Wenn jede der beiden Verpflichtungen gilt, dann können wir prinzipiell annehmen, dass auch beide zusammen gelten und gleichzeitig erfüllt werden sollen; in Symbolen:

(3) $P (A \wedge B)$.[10] Nun gilt aber auch das bereits erwähnte Sollensprinzip, dass eine Verpflichtung nur dann verbindlich ist, wenn sie auch erfüllt werden kann, kurz, Sollen impliziert Können; d. h., wenn es die Verpflichtung gibt, X und Y die Niere einzupflanzen, dann ist es auch möglich, dies zu tun; in Symbolen:

(4) $P (A \wedge B) \rightarrow M (A \wedge B)$. Beide Verpflichtungen gegenüber X und Y können aber, wie wir schon angenommen haben, nicht gleichzeitig erfüllt werden;[11] in Symbolen:

(5) $\neg M (A \wedge B) \rightarrow \neg P (A \wedge B)$. Aus den Annahmen (2), (3) und (5) folgt aber, dass X und Y die Niere bekommen sollen und dass X und Y sie nicht bekommen sollen; in Symbolen:

(6) $P (A \wedge B) \wedge \neg P (A \wedge B)$. Dies ist ein offensichtlicher Widerspruch. Eine Lösung dieses Widerspruchs ist aber nicht möglich. Das moralische Dilemma bestand schon vor dieser Analyse, weil die beiden Sollensforderungen nicht erfüllt werden können. Der logische Widerspruch stellt ein zusätzliches Problem dar.

Wir könnten nun darüber streiten, ob es sich bei PA und PB tatsächlich um Verpflichtungen handelt, und auch darüber, ob es überhaupt Verpflichtungen gibt, die gleichzeitig gelten, obwohl sie nicht gleichzeitig erfüllt werden können. Wir könnten also bezweifeln, dass es moralische Dilemmata dieser Art gibt.[12] Man könnte meinen, es gebe solche Konflikte nur auf den ersten Blick, nicht aber bei genauerem, kritischem Hinsehen. Dann würden sie sich auflösen, je mehr man in die Einzelheiten ginge. Wer so denkt, glaubt dann auch, dass am Ende schon klar werde, wer von den beiden, X oder Y, das verfügbare Organ bekommen solle. Richtig an dieser Ansicht ist, dass jeder Konflikt dieser Art mit zunehmender Menge an Einzelheiten so beschrieben werden kann, dass am Ende keine Gleichheit der Ansprüche mehr besteht. Das liegt einfach daran, dass es keine zwei identischen Patienten gibt. Man kann die Ungleichheit der Ansprüche auf das eine verfügbare Organ leicht aus der medizinischen und biophysischen Ungleichheit der Patienten herleiten, weil deren Alter, Gesundheitszustand, Blutgruppe, genetische Disposition, Lebensführung, Lebensqualität, Lebensaussichten etc. genügend Unterschiede hergeben. Dies gilt selbst für zwei Patienten oder Patientinnen, deren Organverträglichkeit, Alter, Lebensaussichten etc. sehr ähnlich sind.

Minimale medizinisch beschreibbare Unterschiede dieser Art können aber nur dann zur Grundlage einer Organzuteilung gemacht werden, wenn wir einen schweren Fehler in der ethischen Begründung in

Kauf nehmen und die ethisch gerechtfertigten Ansprüche der Patienten, die tatsächlich gleich sind, ignorieren. Aus der Gleichheit dieser Ansprüche leitet sich nämlich die Gleichheit der Verpflichtungen ab, sowohl dem einen wie dem anderen Patienten das Organ einzupflanzen. Und diese Gleichheit der Verpflichtungen können wir mit einer medizinisch oder sozial beschriebenen Ungleichheit der Patienten nicht aufheben. Die ethisch gerechtfertigten Ansprüche eines Patienten verschwinden auch nicht, wenn er kein Spenderorgan bekommen konnte. Der sittliche, durch das Transplantationsgesetz beschriebene Rahmen der Organverteilung nimmt auf die ethisch gerechtfertigten Ansprüche der jeweils betroffenen Patienten keine Rücksicht, weil die Verteilung sonst möglicherweise in jedem einzelnen Fall zu einem Problem würde, das eigens ethisch zu lösen wäre. Es gibt eine funktionierende, rechtlich gesicherte Praxis der Transplantation, die aber keine Rücksicht auf die Ansprüche aller Patienten nimmt, weil sie von keinem Gesetz gezwungen wird, darauf Rücksicht zu nehmen. Dies hat unter bestimmten Bedingungen sogar eine gewisse Plausibilität, weil es unsinnig wäre, die Gleichheit der Ansprüche bei Patienten zu vertreten, deren medizinische Dispositionen für eine erfolgreiche Transplantation deutlich voneinander abweichen. Die Gleichheit der ethischen Ansprüche kann erst dann sinnvoll beachtet werden, wenn die medizinischen Voraussetzungen dafür erfüllt sind.

Meine Darstellung der Struktur und Probleme moralischer Dilemmata konzentrierte sich auf das Beispiel der Organtransplantation. Der Grund dafür war nicht ein Mangel an anderweitigen Beispielen. Viele Beispiele für solche Dilemmata sind allerdings unübersichtlicher und schwieriger, weil die Folgen alternativer Entscheidungen z. B. medizinisch nicht hinreichend gut beurteilt werden können. Ein Beispiel dafür sind Krebserkrankungen in der Schwangerschaft.[13] Der Konflikt besteht in Fällen dieser Art darin, dass eine Gleichbehandlung des Patienten- und des Kindeswohls nicht möglich erscheint. Eine Tumortherapie würde die Überlebenschancen der Mutter verbessern, aber das Leben des Kindes gefährden. Dieser Konflikt löst sich auf, wenn sich die Mutter für den Abbruch des Schwangerschaft und für die Tumortherapie entscheidet. Tut sie dies nicht, bleibt die vage Hoffnung, dass eine später begonnene Tumorbehandlung noch erfolgreich sein kann oder das Leben des Kindes durch eine solche Behandlung nicht gefährdet wird. Das medizinische Wissen, das für Entscheidungen über diese Optionen nötig wäre, ist noch zu gering. Wenn es weit genug ist, um je nach Art des Tumors die Lebenschancen der Mutter und des Kindes einschätzen zu können, kann der Konflikt lösbar sein, ohne dass das Leben des Kindes für die Lebensaussichten der Mutter geopfert werden muss. Solange das medizinische Wissen für eine Auflösung des Konflikts zu gering ist, bleibt das moralische Dilemma bestehen.

Wir berühren mit Beispielen dieser Art ein interessantes Problem, das noch genauer zu untersuchen ist, wie weit nämlich ethisch gerechtfertigte moralische Ansprüche von nicht-moralischen Bedingungen – in diesem Fall medizinischen – abhängig sind. Es geht um das allgemeine Problem der Abhängigkeit des Normativen vom Faktischen. Diese Abhängigkeit verändert zwar nicht den Gehalt normativer Ansprüche, bestimmt aber – wie wir noch sehen werden – ihre Relevanz. Kehren wir zunächst zu unserem ersten Beispiel für einen Moralkonflikt zurück. Das Transplantationsgesetz formuliert keine Bedingungen für ethische Ansprüche und kann dies letztlich auch nicht, weil es lediglich den Rahmen für eine rechtlich makellose *und* sittlich gute Praxis beschreibt. Wie in vielen anderen Fällen, in denen gleiche, gerechtfertigte Ansprüche existieren, aber nicht gleichzeitig erfüllt werden können, gibt es in der Praxis der Transplantation bei den Enttäuschten keine ethisch begründeten Beschwerden, höchstens ein mehr oder weniger tiefes Bedauern. Daraus leiten einige etwas übereilt ab, dass es dann wohl auch keinen wirklichen oder ernst zu nehmenden Moralkonflikt gegeben habe. Moralkonflikte sind aber nicht deswegen harmlos, weil sie keine sichtbaren oder auffälligen Folgen nach sich ziehen. Sie haben in jedem Fall moralische Folgen, diese müssen aber nicht sofort erkennbar sein. Es sind zum einen Folgen für die ethische Qualität der Ansprüche, die mit Verpflichtungen einhergehen, und zum andern Folgen für die Verbindlichkeit der Verpflichtungen selbst. Natürlich können nur die unerfüllten Ansprüche derjenigen Verpflichtungen sanktioniert werden, die rechtlich geschützt sind. Die Versäumnisse von Verpflichtungen, die rechtlich ungeschützt sind, sind dennoch zwei Gruppen von Personen zuzuordnen; die einen haben eine Verpflichtung nicht erfüllt, die anderen sind davon betroffen und geschädigt. Vielleicht erhält der Patient, der jetzt kein Organ bekommen hat, später eins, vielleicht ist es aber auch zu spät für ihn. Dann ist er ein Opfer, aber lediglich im ethischen Sinn; denn rechtlich und medizinisch ist ja alles mit rechten Dingen zugegangen. Hier wird immerhin die Folge des moralischen Versäumnisses augenfällig. Das ist bei Moralkonflikten aber nicht häufig so.

In jedem Fall können wir nicht behaupten, es sei ethisch normal oder gar gut, dass bei Moralkonflikten im engeren Sinn lediglich eine von mindestens zwei Verpflichtungen erfüllt wird, alle anderen aber nicht. Umgekehrt können wir jedoch niemandem einen moralischen Vorwurf daraus machen. Das ist ein besonderes Problem von Moralkonflikten im engeren und im weiteren Sinn, dass es Opfer, aber keine Täter gibt. Schließlich dürfen wir von niemandem mehr verlangen, als er kann. In der Ethik heißt dies – dem mehrfach erwähnten Prinzip entsprechend –, Sollen schließt Können ein: Wer eine Verpflichtung aus Gründen, die er nicht zu verantworten hat, nicht erfüllen kann, soll sie auch nicht erfüllen. Dieses Prinzip des Sollens schützt unter normalen Umständen vor der Überforderung durch nicht erfüllbare Verpflichtungen. Wenn ich aber zwei Verpflichtungen habe, die ich nicht gleichzeitig erfüllen kann, entlastet mich das Prinzip nicht, weil ich ja jede einzelne Verpflichtung erfüllen könnte, nur nicht beide gleichzeitig. Das Prinzip des Sollens sagt mir also nicht, welche Verpflichtung ich nicht erfüllen kann. Es hilft mir nicht bei der Wahl selbst. Wenn das Prinzip ‹Sollen schließt Können ein› ein moralisches Problem aber nicht mehr lösen hilft, ist das in Frage gestellt, was ‹ethische Normalität› bedeutet. Es gibt dann nicht mehr nur eine Verpflichtung oder Regel, mit der ein Problem gelöst werden kann. Die ethische Sicherheit und die Gewissheit darüber, was gut und ethisch gerechtfertigt ist, sind dahin. Es gibt keine ethische Lösung solcher Dilemmata.

Es ist zwar nicht augenfällig, aber doch unabweisbar, dass das Prinzip ‹Sollen impliziert Können› in den eben angestellten Überlegungen zwei miteinander nicht verträgliche Funktionen hat. Stephan Sellmaier hat diese beiden Funktionen so umschrieben, dass die eine prinzipiell unverzichtbar ist, die andere aber konkrete, genuine moralische Dilemmata unmöglich machen würde.[14] Unverzichtbar ist das Prinzip, wenn es – in meiner Ausdrucksweise – darum geht, moralische Überforderung prinzipiell zu verhindern. Keine Person soll zu etwas verpflichtet sein, was sie prinzipiell nicht tun kann. In konkreten Situationen, wie sie von der oben aufgezeigten formalen Ableitung abstrakt vorgestellt wird, dürfe – wie Sellmaier argumentiert – das Prinzip aber *nicht* gelten, da die relevanten Handlungen im Einzelnen von der Person ausgeführt werden können, also keine prinzipielle Unmöglichkeit vorliegt. In Situationen dieser Art bestehen also ausschließlich Forderungen, die die Person eigentlich – unabhängig von der Dilemmasituation – erfüllen kann. Das Prinzip ‹Sollen schließt Können ein› hat ausschließlich die Funktion, Forderungen auszuschließen, die immer unerfüllbar sind. Übersieht man diese Funktion und wendet das Prinzip auf alle Entscheidungssituationen an, unterbindet man aus den erwähnten formalen Gründen die Möglichkeit genuiner moralischer Dilemmata. Deswegen, so Sellmaier, könne das Prinzip nur als Prinzip zweiter Ordnung gelten, wenn es um prinzipielle Möglichkeiten des Handelns gehe.

Wie Sellmaier bin ich überzeugt, dass es genuine moralische Dilemmata gibt. Die oben modellhaft vorgestellte symbolische Darstellung erlaubt es aber nicht, moralische Dilemmata wirklich ernst zu nehmen, weil die Darstellung zu einem Widerspruch führt. Deswegen scheint es, was das Argument angeht, unumgänglich zu sein, eines der Prinzipien, die in dem Argument verwendet werden, also entweder das Sollensprinzip (‹Sollen impliziert Können›) oder das Agglomerationsprinzip, in Zweifel zu ziehen. Es ist nicht plausibel, das Sollensprinzip ganz zu verabschieden, weil ohne dieses Prinzip unklar würde, was ein moralisches Dilemma wäre. Nicht wenige Theoretiker zweifeln am Agglomerationsprinzip und schließen damit mögliche Konflikte von vornherein aus. Andere stellen moralische Dilemmata einfach in Abrede, indem sie eine der beiden miteinander nicht zu vereinbarenden Verpflichtungen als nicht verbindlich erklären. Unplausibel an diesen Versuchen, die Dinge geradezubiegen, ist, dass man offenbar lieber in die Wirklichkeit normativer Verhältnisse eingreift, als sich ernsthaft mit moralischen Dilemmata zu beschäftigen. Folgendes lässt sich aber nicht einfach wegdiskutieren: Wenn mindestens zwei Verpflichtungen wirklich existieren und von einer Person als verbindlich anerkannt werden, aber nicht gleichzeitig erfüllbar sind, hat diese Person an der Geltung der Ansprüche wegen ihrer gleichzeitigen Unerfüllbarkeit keinen Zweifel; sie erkennt deswegen, dass sie in einem Konflikt steht. Es wäre auf merkwürdige, nämlich theoretische Weise paternalistisch, der Person den Konflikt auszureden, weil theoretische Erwägungen dagegen sprechen. Es wäre unplausibel und künstlich, wollte man moralische Dilemmata gegen besseres Wissen ablehnen. Stephan Sellmaiers Vorschlag, das Sollensprinzip als Prinzip zweiter Ordnung anzuerkennen, ist plausibel, weil er einerseits an der Bedeutung dieses Prinzips für die Beschreibung moralischer Dilemmata festhält, andererseits aber den Akteur davor schützt, dass ihm Leistungen abverlangt werden, die er unter keinen Umständen erbringen kann.

2.2.2. Moralischer Dissens und normative Überforderung

Die eben angestellten Überlegungen gelten für Moralkonflikte im engeren Sinn. Moralkonflikte im weiteren Sinn erkennen wir ebenfalls an der Kollision von Pflichten bei Einzelnen, aber auch an den Gegensätzen zwischen den moralischen Überzeugungen mehrerer. Wir können bei den Kollisionen von Pflichten auch nicht alle Ansprüche gleichzeitig erfüllen, können sie aber ihrem Gewicht nach ordnen und die Stufung der Ansprüche ethisch vertreten. Dennoch bleiben mehr oder weniger gravierende, vielleicht auch dauerhafte Enttäuschungen bei den Betroffenen nicht aus. Bei gegensätzlichen moralischen Überzeugungen sind ethisch gerechtfertigte Lösungen der Moralkonflikte ebenfalls möglich, wenn auch nicht einfach.

Diese Art des Moralkonflikts, unter dem es keine ethische Normalität gibt, nenne ich ‹moralischen Dissens›. Wir haben ihn seiner Form nach schon am Beispiel der Forschung mit embryonalen Stammzellen kennen gelernt. Die Ansichten derer, die diese Art Forschung unter bestimmten Bedingungen für erlaubt oder für verboten halten, stehen sich unversöhnt gegenüber. Es handelt sich nicht um ein ethisch unlösbares Dilemma, sondern um einen Konflikt der Überzeugungen, um einen Gegensatz der Moralauffassungen, also um einen Moralkonflikt im weiteren Sinn. Wir kennen solche Konflikte von den Auseinandersetzungen um den Abbruch von Schwangerschaften, um die Sterbehilfe und viele andere moralische Probleme von Leben und Tod, bei denen bestimmte sittliche Auffassungen nicht notwendig mit ethischen Urteilen harmonieren. Ich werde das Thema der embryonalen Stammzellen hier nicht noch einmal ausbreiten. Es genügt, daran zu erinnern, dass der Streit zwischen denen, die für eine Erlaubnis, und denen, die für ein Verbot der Forschung waren, um die Frage ging, ob dabei die Menschenwürde verletzt werde oder nicht. Ich habe nachzuweisen versucht, dass es trotz der Gesetzeslage eine objektive ethische Begründung für jene Forschung geben kann. Darum geht es hier nicht mehr. Es geht nun um den Dissens selbst, und der ist vielschichtiger, als es dieses Urteil verrät. Es geht also nicht nur um die Frage, ob der Lebensschutz oder die Menschenwürde oder beides durch die Forschungen betroffen sind. Für den Dissens sind nicht nur diese sittlich bestimmbaren Aspekte entscheidend, sondern auch die Motive, aus denen er überhaupt entstehen und einen öffentlichen Konflikt entfachen konnte. Es ist typisch für den moralischen Dissens, dass es nicht um die nüchterne Bewertung von Argumenten und Begründungen geht. Vielmehr sprechen sich die Kontrahenten gegenseitig die Kompetenz, häufig sogar die Seriosität ab, in der Angelegenheit vernünftig mitreden und ethisch richtig entscheiden zu können.

Da es sich um einen Konflikt der Moralauffassungen handelt, werden gegensätzliche weltanschauliche Hintergründe lebendig, ähnlich wie bei den historischen Konflikten zwischen Religionen und Konfessionen. Solche Konflikte werden in einer offenen Gesellschaft durch ihre demokratische und rechtsstaatliche Verfassung gemildert und entschärft, aber nicht aufgelöst. Sie sind latent vorhanden und brechen vornehmlich dann auf, wenn tief greifende moralische Probleme auftreten, die von der allgemein akzeptierten Sitte und vom geltenden Recht nicht gelöst werden. Der moralische Dissens hat immer, auch bei geringen Anlässen, den Charakter eines weltanschaulich motivierten Kampfes. Er drückt sich darin aus, dass die einen etwas als ‹gut› beurteilen, was für die anderen ‹schlecht› oder ‹verwerflich› ist. Eine Einigung und Übereinkunft in den moralischen Urteilen ist nicht zu erwarten. Sowohl die sittliche als auch die ethische Normalität sind in solchen Fällen verloren gegangen.

Als dritten Umstand, unter dem eine ethische Normalität nicht mehr denkbar ist, nenne ich die *normative Überforderung*. Wie bei den Moralkonflikten im engeren oder weiteren Sinn ist auch dieses Thema von subjektiven Assoziationen begleitet, die eine theoretische Klärung eher erschweren als erleichtern. Deswegen ist es ratsam, sich auf möglichst klar identifizierbare Merkmale der Überforderung zu beziehen, die einen Spielraum für subjektive Einschätzungen zulassen, ohne dass dadurch das ethische Problem selbst in Frage gestellt wird. Mangelnde Bereitschaft, seine Pflichten zu erfüllen, oder fehlende moralische Gesinnung sind nicht die Ursachen dieses Problems, auch wenn sie subjektiv so erscheinen. Normative Überforderung hat einen objektiven und einen subjektiven, aber eben nicht nur einen subjektiven Charakter. Sie kann im Gefolge von lösbaren und von nicht lösbaren Moralkonflikten auftreten. Die Moralkonflikte sind objektiv gegeben, die jeweilige normative Überforderung subjektiv; denn sie trifft immer eine einzelne Person. Der Ausdruck ‹normative Überforderung› bedeutet, dass eine Person einen moralischen Konflikt lösen will, ohne dass es dafür eine Lösung gibt, zu der sie verpflichtet ist. Sie will mehr, als sie soll. ‹Normative Überforderung› beschreibt also kein Gefühl, schließt aber nicht aus, dass eine Person sich dabei überfordert fühlt.

Betrachten wir zunächst das Beispiel eines Arztes, der einen Sterbenden medizinisch begleitet. Der Arzt hat in einer solchen Situation mindestens zwei rechtlich beschriebene sittliche Verpflichtungen: das Leben des Patienten zu erhalten und ihn möglichst vor Schmerzen und unnötigem Leiden zu bewahren.[15] Beide Verpflichtungen können meistens, aber nicht immer, vor allem nicht bei allen Sterbenden gleichzeitig und mit der gleichen Zuverlässigkeit erfüllt werden. Die Lebensverlängerung kann mit unnötigem Leiden und großen Schmerzen verbunden sein; das Stillen der Schmerzen kann zum rascheren Tod führen. Der Arzt kennt seine Verpflichtungen und weiß, wie schwer oder unmöglich es in der angedeuteten Situation ist, beide gleichzeitig zu erfüllen. Dennoch weiß er aus seiner Erfahrung als Arzt und als mitfühlender Mensch, was zu tun ist. Er weiß, was er verantworten kann und wie hoch die Dosierung der schmerzstillenden Mittel sein sollte, ohne tödlich zu sein; er weiß aber auch, dass es keine absolut sichere Dosierung gibt. Die Sitte, das geltende Recht, das von ihm etwas verlangt, was in bestimmten Fällen unmöglich ist, hilft ihm nicht, seine Verantwortung ohne Risiko wahrzunehmen. Sie überfordert ihn normativ, weil er helfen will und sich nicht sicher ist, ob er das, was er tun will, auch tun soll. Dieser Fall knüpft die normative Überforderung an einen Moralkonflikt, der situativ durch gesetzlich bestimmte Verpflichtungen entstehen kann, aber nicht muss. Häufiger als diese Fälle sind Moralkonflikte, deren sittlicher Charakter nicht oder nicht eindeutig rechtlich formuliert ist. Sie können durch eine Unvereinbarkeit sozialer Rollen und die unübersichtliche Vielfalt sozialer Funktionen bewirkt werden, die Menschen in einer modernen Gesellschaft haben.

2.2.3. Normative Folgen von Modernisierungsprozessen

Es ist nicht Sache der Ethik, sondern der Sozialwissenschaften, diese Vielfalt zu beschreiben, und sie tun es auch auf vielfältige Weise, seit einiger Zeit mit besonderer Eindringlichkeit unter dem Titel der «reflexiven Modernisierung».[16] Menschen leben in der von dieser Theorie beschriebenen «Zweiten Moderne» in Verhältnissen und Beziehungen, deren einzige Stabilität die Instabilität und die Schaffung neuer Stabilitäten ist. Sie verzweifeln nicht am Verfall von Werten und Sitten, fördern oder bewirken ihn auch nicht, sondern erfinden und schaffen für jedes aufgelöste Verhältnis ein neues anderes. Partnerschaften, Lebensgemeinschaften, Biographien, Berufe und Ansprüche wechseln, und die Menschen haben dabei dennoch die Kraft und die Fähigkeit, neue Bindungen und Verpflichtungen einzugehen. Dies klingt wie ‹brave new world› und heroischer, als es ist. Tatsächlich hat die Zweite Moderne einen Wandel der sozialen Strukturen, einen Modernisierungsprozess eingeleitet, der den früheren nicht einfach fortsetzt. Die sozialen Kosten dieses Prozesses sind allerdings hoch und wiederum – was ihre theoretische Beschreibung und Analyse anbelangt – eine Sache der Sozialwissenschaften.

Es kommt hier nicht darauf an, ob die Zweite Moderne die wissenschaftlich richtige Beschreibung des zeitgenössischen Prozesses der gesellschaftlichen Modernisierung ist. Sie beschreibt aber genau die Bedingungen, unter denen sittliche Normalität häufiger unmöglich als möglich ist. Die sittliche Normalität war mit sozialen Verhältnissen verbunden, in denen die Rollen nach Geschlecht und sozialer Herkunft, nach Beruf und Stand gegliedert und weltanschaulich stabil gehalten wurden. Normative Überforderung wurde durch diese weltanschaulich fundierte Schichtenstruktur verhindert. Es wäre nun aber falsch, daraus zu schließen, dass die erste und zweite Auflösung der Standes- und Rollenstrukturen der Gesellschaft – also die Erste und Zweite Moderne – allenthalben Moralkonflikte entstehen ließ, die dann ihrerseits eine normative Überforderung sämtlicher Mitglieder einer Gesellschaft zur Folge hatten. Sittliche und eine ihr entsprechende ethische Normalität gibt es auch in der Zweiten Moderne. Es ist ja gerade ein Charakteristikum dieser Modernisierung, dass sich aus den Brüchen von Wertstrukturen neue Normalitäten entwickeln können. Normative Überforderungen können eine ethische Normalität nicht nur zerstören, sondern auch neue normative Strukturen bewirken. Normative Überforderung kann selbst zu einer Normalität werden, in der die Geltung bestimmter sittlicher Tatsachen bezweifelt wird und sich allmählich auflöst. Es können sich auch auf diesem Hintergrund neue, relativ stabile normative Strukturen entwickeln, in denen die Probleme der normativen Überforderung überwunden werden.

Es ist hier nicht der Ort, die sozialen Folgen einer anhaltenden oder überwundenen normativen Überforderung zu beschreiben. Die Folgen der normativen Überforderung für die Ethik stehen im Mittelpunkt unseres Interesses. Wenn Moralkonflikte, moralischer Dissens und normative Überforderung eine ethische Normalität unmöglich machen, muss sich die Ethik auf die Lösung ebendieser Konflikte konzentrieren. Die Skizze dieser Aspekte moralischer Konflikte sollte erkennbar machen, dass ihr Auftreten bei bestimmten moralischen Problemen zeigt, dass es für deren Lösung keine ethische Normalität mehr gibt. Wir sind gewöhnt, nach Ursachen zu fragen, und könnten nun meinen, die drei Umstände der außer Kraft gesetzten ethischen Normalität seien die Ursachen für das ethische Scheitern. Damit würden wir allerdings die Wirkung mit der Ursache verwechseln. Zunächst scheitert die Sitte an der Lösung eines moralischen Problems. Gewöhnlich gibt es für dessen Lösung eine ethisch wohlbegründete Regel oder Verpflichtung. Erst wenn Probleme auftreten, für deren Lösung es keine Regel oder Verpflichtung gibt, treten Moralkonflikte, moralischer Dissens und normative Überforderung auf. Zur Lösung solcher Konflikte reichen Appelle an die Tugendhaftigkeit, an die Einhaltung bestimmter Regeln oder Imperative nicht aus. Wenn es gilt, Moralkonflikte und normative Überforderung zu bewältigen oder einen moralischen Dissens aufzulösen, herrscht bereits keine ethische Normalität mehr; es verhält sich nicht umgekehrt.

2.3. Konfliktlösung ohne moralischen Konsens

Es sieht wie das eingestandene Scheitern der Ethik aus, wenn es entweder keine ethische Lösung eines moralischen Konflikts oder Lösungen gibt, die mit normativer Überforderung oder moralischem Dissens verbunden sind. Die Grenzen der ethischen Normalität sind aber nicht die Grenzen der Ethik überhaupt. Wenn es keine Regeln gibt, die helfen, einen Moralkonflikt zu lösen, kann es dennoch jenseits der Anwendbarkeit von Regeln gute und schlechte Lösungen dieses Konflikts geben. Dies mag widersprüchlich erscheinen, ist es aber nicht. Es kann ethisch nicht einerlei sein, wie ein Dilemma konkret aufgelöst wird, obwohl es keine Verpflichtung in der einen oder anderen Richtung gibt. Eine Ethik, die es mit der Lösung von Konflikten zu tun hat, die auf herkömmliche Weise nicht gelöst werden können, hat ein eigenes theoretisches Gesicht. Sie ist gemessen an den klassischen Ansprüchen des Universalismus und der Autonomie moderner Ethiken geradezu arm und anspruchslos. Denn beide Ansprüche sind, wie ich oben schon zeigte, in einer Ethik, die ihre Begründungen auf die geltenden sittlichen Verhältnisse bezieht, nur eingeschränkt wirksam. An die Stelle allgemeiner Regelbegründungen, die für alle vergleichbaren Fälle gelten, tritt die situationsbezogene Begründung der Lösung eines Konflikts. Nun ist aber gar nicht klar, was in einer Ethik überhaupt als Lösung eines Konflikts gelten kann, wenn es keine ethische Lösung im engeren Sinn gibt.

Es hat den Anschein, als könnte es unter solchen Umständen nur schwache, vorläufige und unsichere Begründungen für Lösungen geben. Den Anspruch, im oben beschriebenen Sinn objektive ethische Begründungen für die Lösung moralischer Probleme anzubieten, scheint eine Ethik unter Bedingungen von Moralkonflikten im engeren oder weiteren Sinn nicht erfüllen zu können. Wenn dies so wäre, gäbe es in der Tat keine Ethik, die zur Konfliktlösung taugt. Nun sahen wir aber am Beispiel der Forschung mit embryonalen Stammzellen, dass es möglich ist, die Bedingungen für eine objektive ethisch begründete Lösung selbst bei moralischem Dissens zu erfüllen und zu zeigen, wie eine Lösung des Konflikts aussehen kann. Der moralische Dissens kann freilich mit einer solchen Lösung nicht aufgelöst oder aufgehoben werden. Es wäre naiv davon auszugehen, dass eine objektive Begründung einen weltanschaulich begründeten moralischen Dissens in einen Konsens verwandeln könnte. Es mag beim einen oder anderen aufgrund einer solchen Begründung einen Meinungswandel geben, aber damit geht nicht notwendig ein Wandel der Weltanschauung einher, der für den moralischen Dissens verantwortlich ist. Die objektiv begründete ethische Lösung im Fall der Stammzellforschung kann unmittelbar zu einer Änderung des Embryonenschutzgesetzes führen. Dann wäre auf rechtspolitischem Niveau ein Konsens erreicht, der den herrschenden moralischen Dissens zumindest sozial entschärfen würde. Eine solche Lösung ist erreichbar, weil die ethische Begründung der Lösung objektiv gültig ist. Mit unsicheren oder vorläufigen Begründungen ist die Lösung eines Konflikts, der auf einem moralischen Dissens beruht, nicht zu erwarten.

Es gilt allgemein, dass nur objektiv gültige Begründungen für die ethische Lösung von Konflikten taugen. Und es wird gerade am erneut erwähnten Beispiel der Stammzellforschung deutlich, in welcher Weise objektive ethische Begründungen eine Angelegenheit der Ethik als praktischer Wissenschaft sind. Erst wenn diese Begründungen erbracht wurden, sind kohärente rechtliche Regelungen denkbar. Auch in anderen Wissenschaften mit einem empirischen Anspruch sind objektive Begründungen nicht allein durch theoretische Argumente, sondern nur durch beides, durch theoretische und empirische Argumente möglich. In der Ethik ist es nicht anders. Die empirischen Argumente liefern die Biowissenschaften und die Medizin. Solche Lösungshilfen sind bei moralischem Dissens aber nicht unbedingt zwingend.

2.3.1. Lösungsverfahren für Moralkonflikte

Bei Moralkonflikten, die auf moralischem Dissens beruhen, sieht die Lösung anders aus als bei Moralkonflikten im engeren Sinn. Letztere lösen sich naturgemäß weder auf sittlichem Wege noch mit Hilfe ethischer Regeln auf. Dennoch müssen wir auf der Suche nach einer Lösung beharren, die ethisch vertretbar und im moralischen Sinn, also auch sittlich, gut ist. Für diese Suche gibt es jeweils nur ein eingeschränkt brauchbares, aber kein allgemeines, auf alle Moralkonflikte anwendbares Modell. Wie ein solches Modell aussehen könnte, zeigt ein Beispiel. Erinnern wir uns an den Moralkonflikt, der die Transplantation von Organen begleitet. Wir können in diesem Fall von keinem Gesetz Hilfe für eine objektive, ethisch begründete Lösung des Konflikts erwarten, wie im Fall des moralischen Dissenses. Im Fall der Transplantation von Organen wäre eine anspruchsvolle, objektiv begründete Konfliktlösung nur mit einem neuen, allgemein für solche Fälle anwendbaren Entscheidungsverfahren möglich, in dem der ethisch begründete Anspruch jedes einzelnen Patienten respektiert wird. Wer das eine verfügbare Organ dann bekommt, könnte durch ein Verfahren entschieden werden, das von allen Beteiligten, den Patienten ebenso wie den Ärzten, den Kliniken und den Krankenkassen, als gerecht akzeptiert würde.[17] Wenn die medizinisch beschreibbaren Unterschiede zwischen den Patienten so minimal sind, dass eine Gewichtung der Organverträglichkeit, der Lebensqualität, der Lebensaussichten, der bisherigen Wartezeit und ähnlicher Faktoren keine Entscheidung über die Zuteilung eines Organs nahe legt, darf die Gleichheit der moralischen Ansprüche der Patienten nicht mehr übergangen werden. Sie darf natürlich auch vorher nicht übergangen werden, greift aber praktisch nicht, solange die medizinischen Bedingungen einer erfolgreichen Transplantation bei den Patienten nicht mehr oder weniger gleich gut sind. Ich wies schon darauf hin, dass normative Ansprüche dieser Art faktische Voraussetzungen haben, die darüber entscheiden, ob sie relevant sind oder nicht. Nehmen wir also an, zwei oder mehr Patienten hätten ähnlich gute Aussichten auf eine medizinisch erfolgreiche Transplantation und die Unterschiede ihrer gewichteten Ansprüche seien minimal. Dann ist die Frage, wie gleiche ethische Ansprüche durch ein Entscheidungsverfahren überhaupt berücksichtigt werden können. Es sind nicht eben viele Möglichkeiten denkbar, und keine wird unumstritten sein.

Denkbar ist etwa eine Lotterie oder ein ähnliches Verfahren, das die Gleichheit der moralischen Ansprüche simuliert und die Lösung dem Zufall oder der Natur überlässt. Vorstellbar ist eine solche Nachahmung der Natur etwa als Ziehung einer farbigen Kugel aus einer Trommel. Zunächst gewichtet man die medizinischen Ansprüche der Patienten. Man gewinnt dabei für jeden einzelnen Patienten eine bestimmte Punktezahl, die man mit einer entsprechenden Menge von Kugeln einer bestimmten Farbe repräsentiert. Für jeden der zwei oder drei Patienten mit mehr oder weniger gleichem medizinischen Anspruch hat man dann jeweils eine Menge von farbigen Kugeln. Diese Kugelmengen gibt man in eine Trommel, aus der man dann wie bei einer Lotterie nach hinreichender Durchmischung der verschiedenen Farben eine Kugel zieht.

Es mag auf den ersten Blick befremden, ein Lotterieverfahren zum einen als Simulation einer natürlichen Verteilung zu betrachten und es dann auch noch modellhaft für die Lösung eines moralischen Dilemmas zu bemühen. Vor allem ist unklar, was an einem solchen ethisch neutralen Verfahren angesichts der lebensbedrohlichen Lage der Patienten als moralisch gut und empfehlenswert gelten kann. Derjenige der Patienten, der, rein medizinisch betrachtet, auf die höchste Punktezahl bei der Gewichtung der genannten Faktoren kommt, wird der Ansicht sein, er habe – aus wissenschaftlich objektiven Gründen – den größten Anspruch auf das eine verfügbare Organ. Ihm wird es nicht ohne weiteres einleuchten, dass er, ethisch gesehen, keinen höheren Anspruch hat als der oder die anderen. Das ist verständlich, ändert aber nichts an der Tatsache, dass die Patienten gleiche ethisch gerechtfertigte Ansprüche haben. Medizinische Kriterien allein können einen ethischen Anspruch nicht rechtfertigen, liegen ihm aber im Sinn der Bedürftigkeit zugrunde.

2.3.2. Ethische Neutralität

Moralisch gut ist ein Lotterieverfahren gerade deswegen, weil es als Verfahren dem moralischen Dilemma angemessen und ethisch neutral ist. Ethisch neutral ist ein Verfahren dann, wenn es durch kein ethisches Kriterium im engeren Sinn, also durch keine Regel entschieden werden kann und keinen ethischen Anspruch verletzt. Jedes Verfahren, das diese Bedingungen erfüllt, kann – wenn es praktisch eingerichtet wird – Lösungen schaffen, die als ethisch erlaubt und als sittlich gut, also insgesamt als moralisch gut gelten können. Das erwähnte Lotterieverfahren erfüllt diese Bedingungen. Es überträgt die Entscheidung weder auf die Differenz der gewichteten Punktemengen noch auf ein anderes Kriterium, das manipulierbar ist oder unausdrücklich Erwägungen Raum gibt, die eine ungerechtfertigte Differenz der Ansprüche bewirkt. Solche Erwägungen sind bei keiner Punktezuteilung auszuschließen, schließlich sieht und vergleicht man unwillkürlich – um ein grobes Beispiel zu bemühen – die junge Mutter und den älteren Raucher. Wer wäre nicht geneigt, dem älteren Raucher neben seinem Alter auch seine gesundheitsschädigende Lebensführung anzukreiden. Auch wenn in solchen Fällen ein Diskriminierungsverbot gilt, ist es schwer zu vermeiden, mit dem einen mehr Sympathien zu haben als mit dem anderen. Es ist dann wiederum schwer, die Unterschiede der Sympathien aus der medizinischen Gewichtung herauszuhalten. Weil dies so ist, kann in einem Fall wie der Zuteilung eines Organs an einen von mehreren Patienten nur eine ethisch neutrale Lösung auch moralisch gut sein. Selbst der Patient, der meint, seine Punktezahl sei ein wissenschaftlich objektives Kriterium für die Zuteilung des einen verfügbaren Organs, sollte auf diese Weise nachvollziehen können, dass die gewichteten Punktezahlen keinen Anspruch auf Objektivität erheben können. Zum einen sind schon die Kriterien, nach denen die Punkte vergeben werden, was ihre

Zahl und Auswahl betrifft, umstritten, und die Gewichtung der Punkte ist es nicht minder. Zum andern ist ihre Verwendung notgedrungen von subjektiven Einschätzungen und Sympathien beeinflusst. Deswegen haben die gewichteten Punktezahlen weder in medizinischer noch in ethischer Hinsicht den Charakter objektiver Gründe für eine Entscheidung über die Zuteilung eines Organs. Die gewichteten Punkte haben aber gleichwohl Einfluss auf die Wahrscheinlichkeit dieser Zuteilung in einem Lotterieverfahren. Auch dieses Verfahren ist nicht frei von subjektiven Einschätzungen.

Die ethische Neutralität eines Verfahrens entspricht übrigens dem Geist der Sympathie und des Wohlwollens, unterscheidet sich aber von diesen moralischen Gefühlen in einer wesentlichen Hinsicht. Sympathie und Wohlwollen sind keine allgemein geltenden Gebote, sondern allgemeine moralische Empfindungen, die Menschen einander ohne Kenntnis der Person entgegenbringen sollten. Ethische Neutralität ist dagegen ein Gebot, das in Verfahren strikt gilt, in denen es darum geht, gleiche ethische Ansprüche von Personen unabhängig von ihren persönlichen oder sozialen Beziehungen zu wahren. Ethisch betrachtet, verdienen alle Menschen die gleiche Sympathie, das gleiche mitmenschliche Wohlwollen und das gleiche Verständnis, ungeachtet ihrer Person, ihrer Herkunft, ihres Geschlechts und Alters etc. Das Gleichheitsprinzip drückt sich in diesen moralischen Empfindungen aus, allerdings nicht strikt und zuverlässig genug. Deswegen darf die ethische Neutralität nicht mit der Gleichheit der sittlichen Zuwendung zu allen Menschen verwechselt werden. Das hängt mit praktischen Schwierigkeiten zusammen, die wir mit gleichen moralischen Empfindungen haben. Die gleiche Sympathie und das gleiche Wohlwollen können wir kaum gegenüber Menschen einlösen, die wir nicht kennen. Die Rücksicht auf diese moralischen Empfindungen überfordert uns vollends Menschen gegenüber, die wir kennen oder mit denen wir gar verwandt sind.

In gewisser Weise ist es sogar moralisch schlecht und verwerflich, enge persönliche Beziehungen und Beziehungen der Verwandtschaft ganz außer Acht zu lassen. Müsste nicht in einer Notsituation aus sittlichen Erwägungen eine Person ihrem Lebenspartner, ein Ehemann der Rettung seiner eigenen Frau oder eine Mutter der Rettung ihres Kindes unter allen Umständen den Vorzug vor der Rettung anderer geben? Sympathie und Wohlwollen leiten zwar ethische Ansprüche aus dem Gleichheitsprinzip ab, gelten aber nicht als Gebote. Sie lassen auf durchaus begründete Weise Diskriminierungen durch die ungleich verteilte Intensität der moralischen Empfindungen zu, die sich den Unterschieden der persönlichen, sozialen und biologischen Verbindungen zwischen den Menschen verdanken. Ein Verfahren zur Lösung moralischer Dilemmata, das moralisch gut – also sittlich gut und ethisch neutral – sein soll, darf sich nicht an Sympathie und Wohlwollen orientieren, sondern ist verpflichtet, dem Gleichheitsprinzip Vorrang vor den begründeten Unterschieden der individuellen Zuwendung und der moralischen Empfindungen zu geben. Es muss in diesem Sinn ethisch neutral sein. Ein solches Verfahren muss nicht zuletzt auch deswegen ethisch neutral sein, weil – wie ich schon betonte – Moralkonflikte im engeren Sinn nicht durch ethische Regeln oder Kriterien entschieden werden können. Es gibt für die Lösung solcher Konflikte also keine sittlich geltenden Kriterien. Eine ethisch begründete Lösung – besser gesagt: Auflösung – eines Moralkonflikts ist aus diesem Grund gezwungen, auch den indirekten Einfluss sittlicher Kriterien oder moralischer Anschauungen auszuschließen. Die ethische Neutralität der Auflösung eines Moralkonflikts im engeren Sinn ist schließlich eine wichtige Bedingung dafür, dass ein Verfahren, das über ethische Ansprüche entscheidet, ethisch objektiv begründet werden kann.

Die Objektivität der ethischen Begründung für die Auflösung eines Moralkonflikts ist freilich keine bloße Angelegenheit abstrakter Betrachtungen. Es wird im Fall einer ethisch objektiv begründeten Entscheidung über die Zuteilung eines Organs auch darauf ankommen, ob das Verfahren rechtmäßig und im Rahmen der geltenden Sitte allgemein zustimmungsfähig ist. Wenn etwa eine Lotterie für ein solches Verfahren vorgeschlagen wird, muss geprüft werden, in welcher Form sie rechtlich zulässig wäre und dann auch von Patienten, Ärzten, Kliniken und Krankenkassen akzeptiert würde. Erst wenn diese Fragen geklärt sind, kann sie den Anspruch erheben, Teil eines ethisch objektiv begründeten Verfahrens zur Lösung eines Moralkonflikts zu sein, andernfalls nicht.

2.4. Schuldlos uneingelöste Verpflichtungen

2.4.1. Sittliches Bewusstsein

Ähnlich wie wir Menschen gewöhnlich wissen, was moralisch gut und was schlecht ist, sind wir uns der Verpflichtungen bewusst, die wir anderen und uns selbst gegenüber haben. Wenn wir einer besonderen Belehrung über unsere gewöhnlichen und alltäglichen Verpflichtungen bedürften, hätten wir kein sittliches Bewusstsein, zumindest aber ein mangelhaftes. Belehrungen würden im Übrigen den Mangel an sittlichem Bewusstsein nicht wirklich ausgleichen, weil die normalen und alltäglichen moralischen Obliegenheiten nur beschränkt kognitiv zugänglich und unbewusst wirksam sind. Wenn wir etwa darüber belehrt werden müssten, dass wir unsere Versprechen halten sollen, wüssten wir zwar, dass wir mit einem Versprechen eine Verpflichtung eingehen. Es wäre uns aber allein aufgrund dieser Erklärung noch nicht klar, was konkret als ‹Versprechen› zählt. Wenn wir unsere Muttersprache erwerben, lernen wir, was ‹Versprechen› bedeutet. Es ist ein vielschichtiger Lernprozess, der nur unzureichend mit den Bedingungen beschrieben werden kann, die für den Erfolg des entsprechenden sprachlichen Akts nötig sind.[18] Zum sprachlichen Akt gehören außer den bloßen Worten auch Gestik, Mimik und Intonation, die den Worten eine emotionale Färbung geben. Ohne die richtige Färbung würde der sprachliche Akt missverständlich werden. Dieser Färbung korrespondieren Empfindungen, die Ausdruck der Ernsthaftigkeit sind, mit der das Versprechen gegeben wurde. Wie wir etwas versprechen und was wir versprechen, zeigt, ob es oberflächlich, ironisch oder tief, zuverlässig oder vage gemeint ist. Die Färbung zeigt auch, welche Verbindung wir zu demjenigen haben, dem wir das Versprechen geben. Die Kenntnisse, die wir benötigen, um uns über diese Seite eines Versprechens klar zu sein, können nicht rein sprachlich vermittelt werden. Sie müssen praktisch, im sozialen Umgang eingeübt werden. Das sittliche Bewusstsein bildet sich in solchen praktischen Einübungen, die gewöhnlich in der Kindheit stattfinden und in dieser Lebensphase auch am leichtesten fallen. In diesem Lernprozess bilden wir Menschen das moralische Gehör und die Sensibilität für unsere gewöhnlichen sittlichen Beziehungen zu anderen Menschen. Das Ergebnis ist das normale, alltäglich wache und wirksame sittliche Bewusstsein, eine Art moralische Muttersprache, die es uns erlaubt, uns emotional und kognitiv über alles das moralisch zu verständigen, was wir als gut oder schlecht beurteilen.

Diese moralische Muttersprache ist nicht auf das reduzierbar, was traditionell ‹Gewissen› genannt wird, sondern entspricht eher dem, was Heidegger darunter verstand. Nach üblichem Verständnis ist das Gewissen eine Negativanzeige und regt sich nur, wenn Pflichten verletzt werden oder werden würden. Umgangssprachlich nennen wir dies ‹schlechtes Gewissen›. Gemeint ist damit das Bewusstsein von etwas Tadelnswertem. Daneben sprechen wir analog aber auch vom ‹guten Gewissen› und meinen damit gewöhnlich das Bewusstsein von etwas Lobenswertem.[19] Entscheidend an diesem positiven und negativen Bewusstsein ist, dass es ein Bewusstsein des moralischen Raums vermittelt, in dem wir Menschen leben. In diesem Raum haben wir allein dadurch, dass wir in ihm leben, die *Schuldigkeit*, dem eigenen Selbst, den anderen Menschen und der Begrenztheit des Lebens durch den Tod gerecht zu werden. Wir können uns dieser Schuldigkeit nur in der uns eigenen Sprache bewusst werden. Dafür benötigen wir eine moralische Muttersprache, also die Sprache, in der das sittliche Bewusstsein jedes Menschen selbst gegenwärtig ist und sich äußert. Die moralische Muttersprache registriert nicht nur Verstöße, zieht nicht nur eine negative Bilanz aus unserem Verhalten. Sie befähigt uns vielmehr, in dem moralischen Raum, in dem wir leben, neben dem Schlechten auch das Gute zu erkennen und zu beurteilen, bevor wir uns mit guten oder schlechten Gründen dafür oder dagegen entscheiden. Wir können uns deswegen einen Begriff vom Guten und Schlechten machen, und zwar hinreichend lange, bevor es wirklich konkret relevant wird. Das sittliche Bewusstsein sagt uns, wann ein Versprechen, das wir vielleicht geben wollen, gut und wann es schlecht ist, und Klugheit und Erfahrung sagen uns, ob wir es halten können. Wir können seine möglichen Wirkungen vorwegnehmen und beurteilen. Ohne diese Fähigkeit, moralisch zu kalkulieren, wäre moralisches Handeln unmöglich. Wir könnten uns dann immer herausreden, dass wir ja nicht wissen konnten, was passieren würde. Das wissen wir meistens sehr genau, und deswegen spreche ich auch vom moralischen Kalkulieren, weil es wie das gewöhnliche Rechnen auf seine Weise genau und zuverlässig sein kann. Sonst wäre es ganz undenkbar, ein falsches Versprechen geben zu können, von dem man sich einen ganz bestimmten Vorteil erhofft.

Das sittliche Bewusstsein verdankt sich zwar einem Lernprozess, der unter den Bedingungen sittlicher und ethischer Normalität stattfindet. Es ist aber nicht gefährdet, wenn diese Normalität unter den eben beschriebenen Umständen in Frage gestellt wird. Moralkonflikte und moralischer Dissens trüben das sittliche Bewusstsein nicht, belasten es aber. Bernard Williams[20] sprach davon, dass Moralkonflikte ein Bedauern hinterlassen, und zwar nicht im üblichen Sinn eines enttäuschten Wunsches oder der Frustration über ein Missgeschick. Das Bedauern, das er meinte, ist das gefühlsmäßige Äquivalent des moralischen Scheiterns, das man sich selbst eingesteht und das wohl auch von anderen als solches beurteilt wird. Es ist zwar kein wirkliches moralisches Versagen, weil man ja nicht anders konnte, und kein Vorwurf Dritter wäre berechtigt. Dennoch macht man sich selbst Vorwürfe und fühlt mehr oder weniger stark das Unglück der unerfüllten Verpflichtung. Wäre dies nur ein Gefühl, könnte man sich dagegen wappnen oder es einfach verdrängen. Das Bedauern ist aber nur die emotionale Seite und nur der spürbare Ausdruck des klaren sittlichen Bewusstseins vom Nachteil oder sogar Leiden dessen, dem gegenüber man verpflichtet war. Selbst dann, wenn es gelingt, einen Moralkonflikt mit wohlbegründeten ethischen Mitteln aufzulösen, bleibt doch mindestens ein Opfer übrig, dessen moralischer Anspruch unerfüllt ist. Im äußersten Fall kann auf diese Weise ein tragischer Konflikt entstehen, wenn sich der unerfüllte Anspruch für das Opfer plötzlich als sehr nachteilig oder gar lebensgefährlich erweist.

2.4.2. Folgen von Moralkonflikten

Moralkonflikte im weiteren Sinn aufzulösen, bedeutet also keineswegs, ethische Normalität wiederherzustellen. Dies gilt natürlich auch für die Entlastungen, die wir für normative Überforderungen finden. In allen Fällen dieser Art lösen sich die unerfüllten Verpflichtungen nicht einfach auf wie Schmerzen nach der Einnahme eines Schmerzmittels. Bei unerfüllt gebliebenen Verpflichtungen genügt es nicht, die Symptome zu beseitigen. Andererseits ist es, was unerfüllte Verpflichtungen angeht, nicht klar, was es Gutes bewirkt, wenn man den Ursachen auf den Grund geht. Schließlich kann man nicht jede normative Überforderung leicht lösen oder im Nachhinein beseitigen.

Ich bin noch nicht darauf eingegangen, welche objektiven ethischen Gründe überhaupt für die Auflösung einer normativen Überforderung denkbar sind. Deswegen ist es an dieser Stelle noch zu früh, über die Folgen unerfüllt bleibender Verpflichtungen zu urteilen. Als ich die normative Überforderung als eine der Gefährdungen ethischer Normalität vorstellte, wies ich darauf hin, dass sie von lösbaren oder nicht lösbaren Moralkonflikten verursacht werden kann. Von diesem kausalen Zusammenhang können wir profitieren, wenn es darum geht, eine normative Überforderung aufzuheben. Wenn es nämlich eine objektive ethische Begründung dafür gibt, etwa ein Organ einem von mehreren Patienten zuzuteilen, gibt es danach auch keine normative Überforderung mehr. Sie löst sich mit dem ethisch begründeten Verfahren ebenso auf wie der Moralkonflikt selbst. Lediglich dann, wenn der aufgelöste Moralkonflikt ein tragisches Ende für denjenigen hat, dessen ethischer Anspruch nicht eingelöst wurde, bleibt die normative Überforderung ein Problem. Ansonsten gilt, dass die Auflösung eines Moralkonflikts auch die Ursache der mit ihm verbundenen normativen Überforderung beseitigt.

Anders ist es, wenn es für einen Moralkonflikt keine objektive, ethisch begründete Lösung gibt. Wir haben den Fall eines solchen Moralkonflikts kennen gelernt. Erinnern wir uns an den Arzt, der einen Sterbenden begleitet. Er soll gleichzeitig der Verpflichtung, Leben zu retten, und der Verpflichtung, niemandem zu schaden und dem Wohl des Patienten zu dienen, d. h. in diesem Fall Schmerzen zu lindern, nachkommen. Eine Situation dieser Art muss keineswegs, kann aber zu einem Moralkonflikt führen. Dies mag laienhaft beschrieben dann so sein, wenn der Arzt sich nicht sicher ist, ob seine Schmerztherapie – etwa mit Opiaten – nicht doch den vorzeitigen Tod seines Patienten verursacht. Jedenfalls gibt es in Fällen dieser Art keine objektive ethische Lösung des Konflikts zwischen den konkurrierenden Verpflichtungen, Leben zu retten und dem Wohl des Patienten zu dienen bzw. ihm nicht zu schaden. Aus diesem Grund kann der Konflikt den Arzt normativ überfordern, weil er dem Patienten helfen will, es aber keinen Grund gibt, eher das eine statt des anderen zu tun. Der Arzt sieht keine klare Verpflichtung in der einen oder anderen Richtung. Wenn der Moralkonflikt durch das, was er tun will, nicht lösbar ist, bleibt die normative Überforderung bestehen. Sie endet auch nicht mit dem Tod eines Patienten. Denn der Arzt hat bei seinem nächsten Patienten möglicherweise dasselbe Problem. Es kann sein, dass der Arzt sich subjektiv in keinem Moralkonflikt sieht, weil er das beschriebene Problem lange genug kennt und weiß, dass es keine Lösung geben kann. Normativ überfordert ist er dennoch. Es kommt nicht auf seine subjektive Befindlichkeit an.

Es mag, ja muss uns enttäuschen, dass es für die normative Überforderung kein objektives ethisches Lösungsverfahren gibt. Entweder löst sie sich mit dem Moralkonflikt auf, von dem sie verursacht ist, oder sie bleibt unaufgelöst. Wann immer ein Moralkonflikt nicht lösbar ist, trifft dasselbe für die normative Überforderung zu. Spätestens hier erkennen wir einen typologischen Unterschied zwischen den drei Umständen, unter denen ethische Normalität verloren gehen kann. Moralkonflikte im engeren Sinn und moralischen Dissens können wir aktiv, durch Verfahren und Begründungen auflösen, die objektive Ansprüche erfüllen. Im Falle des moralischen Dissenses löst sich zwar nicht der weltanschauliche Dissens im Hintergrund auf. Es wird aber ein sittlicher Konsens mit Hilfe ethischer Argumente und rechtlicher Verfahren erreicht. Eine normative Überforderung, die sich nicht mit dem entsprechenden Moralkonflikt auflöst, kann dagegen nicht durch unser eigenes Zutun beseitigt werden. Sie hat und behält den Charakter eines Zustands, der das sittliche Bewusstsein längere Zeit oder dauerhaft belasten kann.

Es scheint nun doch so, als müsste ich die eben geäußerte Behauptung überprüfen, dass das sittliche Bewusstsein von den Umständen, unter denen ethische Normalität verloren geht, zwar belastet, aber nicht getrübt werde. Denn eine dauerhafte Belastung des sittlichen Bewusstseins kann wohl mit einigem Recht als Trübung gedeutet werden. Auch wenn die Frage, unter welchen Bedingungen das normale sittliche Bewusstsein getrübt wird, wohl nur sozialwissenschaftlich und sozialpsychologisch geklärt werden kann, können wir doch abschätzen, was eine solche Trübung ethisch bedeutet. Wenn mein sittliches Bewusstsein getrübt ist, kann ich nicht sicher zwischen Gut und Schlecht unterscheiden; ich werde dann nicht nur unsicher, sondern auch widersprüchlich urteilen. Die Trübung wirkt sich auf die moralische Urteilsfähigkeit ähnlich aus wie eine Situation, deren moralisches Problem ich nicht durchschaue. Auch in diesem Fall weiß ich nicht, was gut und was schlecht ist. Der Unterschied ist, dass ich im einen Fall bei klarem sittlichen Bewusstsein moralisch verunsichert bin, im anderen Fall bei unklarem. Im letzten Fall bin ich hilfloser als im ersten, weil ich im ersten meine Hilflosigkeit wenigstens gezielt und sicher auch mit fremder Hilfe überwinden kann. Im Übrigen kann sich die Trübung des sittlichen Bewusstseins ganz unterschiedlich auswirken, entweder als Willfährigkeit dem gegenüber, was ich normalerweise als schlecht ablehnen würde, oder als ungerechtfertigter Selbstvorwurf.

Was es ethisch bedeutet, dass das sittliche Bewusstsein getrübt ist, können wir uns am besten anhand der negativen Grundsätze vorstellen, mit denen sich ein solches Bewusstsein entlastet: ‹Wenn ich es nicht mache, macht es eben ein anderer› oder ‹Ich kann ohnehin nichts daran ändern› oder ‹Wir müssen uns damit abfinden, auch wenn es schwer fällt› oder ‹Ich bin an allem schuld› oder ‹Ich hätte alles anders machen müssen›. Solche und ähnliche Grundsätze zeugen gewöhnlich von einem getrübten sittlichen Bewusstsein, weil sie Ausdruck eines falschen Bewusstseins von moralischer Schuld oder Unschuld sind. Sie können als unbegründete Entschuldigung für moralisches Versagen oder als unbegründete Selbstbeschuldigung gebraucht werden. Wir neigen dazu, uns die eigene normative Überforderung als moralisches Versagen zuzuschreiben, vor allem dann, wenn wir Mitleid mit uns selbst oder mit den anderen Opfern der Überforderung empfinden. Diese Neigung mag von einem getrübten sittlichen Bewusstsein zeugen, ein Zeichen moralischer Verunsicherung ist sie in jedem Fall. Das wirkliche moralische Versagen ist dagegen keine Folge normativer Überforderung. Deswegen sind unbegründete Entschuldigungen für solches Versagen hier nicht von Interesse.

Ich habe bisher noch keinen Fall einer normativen Überforderung betrachtet, der nicht von einem Moralkonflikt verursacht worden wäre. Es gibt aber auch Fälle, denen kein Moralkonflikt im engeren Sinn eines ethisch unlösbaren moralischen Dilemmas zugrunde liegt. Ich denke an normative Überforderungen – und lösbare Moralkonflikte –, die durch die individuelle Lebensführung und die Rollenvielfalt zustande kommen. Betrachten wir den Fall eines Mannes, der aus zwei Ehen oder Partnerschaften Kinder hat. Er lebt mit seiner zweiten Familie zusammen und kann sich um diese Kinder aufgrund der Nähe zu ihnen intensiv kümmern. Es liegen ihm aber auch die Kinder aus der ersten Ehe oder Partnerschaft am Herzen. Seine berufliche und familiäre Situation lässt es aber nicht zu, dass er sich um diese Kinder ähnlich intensiv kümmert wie um die anderen. Wenn jene Kinder seine Fürsorge aber ganz besonders benötigen, weil sie ohnehin unter der Scheidung oder Trennung gelitten haben und vielleicht schulische und andere Schwierigkeiten haben, wird er seiner Unfähigkeit, den Kindern aus beiden Partnerschaften eine ähnliche Fürsorge zukommen zu lassen, schmerzlich gewahr. Es ist ihm kein ethisch begründeter Vorwurf zu machen, dass er sich nicht mit gleicher Kraft seinen Pflichten beiden Gruppen von Nachkommen gegenüber widmen kann. Er ist von diesen Pflichten normativ überfordert, weil er seinen Pflichten nachkommen will, aber nicht weiß, welcher Verpflichtung er wann den Vorzug geben soll. Eine der beiden Gruppen von Nachkommen wird darunter leiden, er selbst wohl ebenfalls. Dennoch kann ein Konflikt dieser Art gelöst, zumindest aber entschärft werden, wenn sich die unterschiedlichen Ansprüche auf Fürsorge ausgleichen lassen. Zumindest ist eine solche Lösung prinzipiell möglich, indem eine normativ überlastete Person durch eine andere entlastet wird oder indem sich die Lebenssituation so verändert, dass die Überlastung aufgehoben werden kann.

Ähnlich wie bei Moralkonflikten im engeren Sinn können auch bei normativer Überforderung Pflichten unerfüllt bleiben. Obwohl es auch in diesen Fällen – wie schon im Zusammenhang mit ethischen Dilemmata deutlich wurde – zwar Opfer, aber keine Täter gibt, verschwinden die unerfüllten Verpflichtungen nicht einfach. Sie können zwar ethisch nicht als Vorwürfe geltend gemacht werden, davor schützt zumindest theoretisch das Prinzip ‹Sollen schließt Können ein›. Es schützt prinzipiell, wenn auch – wie wir bereits sahen[21] – nicht in jedem einzelnen Fall denjenigen, der trotz besten Bemühens eine oder einige seiner Verpflichtungen nicht erfüllen konnte, vor dem Vorwurf des moralischen Versagens. Die unerfüllten Verpflichtungen belasten aber dennoch das sittliche Bewusstsein dessen, der sie erfüllen sollte, aber nicht konnte. Sie belasten sicher auch das sittliche Bewusstsein derer, die darunter leiden, dass die Verpflichtungen ihnen gegenüber unerfüllt blieben. Es geht nun nicht darum, dass das sittliche Bewusstsein auf der einen wie auf der anderen Seite getrübt wurde, und auch nicht darum, dass sich derjenige, der die Pflichten nicht erfüllen konnte, unbegründet moralisches Versagen vorwerfen mag. Worum es geht, ist die Frage, was aus den unerfüllten Verpflichtungen selbst wird.

2.4.3. Der moralische Raum

Diese Frage geht über den Rahmen individualethischer Überlegungen hinaus und spricht die soziale Wirksamkeit unerfüllter Verpflichtungen an. Es ist eine sozialwissenschaftliche und gleichzeitig eine ethische Frage. Die Menge der unerfüllten Verpflichtungen wird sich nicht nur in den Problemen derer niederschlagen, deren moralische Ansprüche auf Aufmerksamkeit, Sympathie, Hilfe und Fürsorge unerfüllt bleiben. Sie wird den gesamten moralischen Raum berühren und als sittlicher Mangel auch von denen wahrgenommen werden, die selbst gar nicht unmittelbar von den unerfüllten Verpflichtungen betroffen sind. Während die negativen Folgen von ethischen Dilemmata und moralischem Dissens auf das soziale Leben durch die ethische Konfliktlösung entschärft werden können, scheint dies bei der normativen Überforderung nicht möglich zu sein. Deren Folgen zeigen sich vor allem dann, wenn sie sich häufen, als soziale Probleme, die durch individuelle ethische Bemühungen nicht mehr zu bewältigen sind. Wir bezeichnen diese Probleme gewöhnlich mit Namen, die etwa als ‹schulisches Versagen›, als ‹soziale Auffälligkeit› oder als ‹Verwahrlosung› nicht mehr erkennen lassen, dass sie zumindest teilweise durch normative Überforderung verursacht wurden.

Es wäre zweifellos zu pauschal und empirisch nicht haltbar, wollte man soziale Probleme dieser Art allgemein auf Situationen normativer Überforderung zurückführen. Es wäre umgekehrt aber auch naiv und letztlich töricht, wollte man die soziale Wirksamkeit unerfüllter moralischer Verpflichtungen, die Resultat normativer Überforderung sind, einfach ignorieren. Nicht nur das zurechenbare moralische Versagen, auch die normative Überforderung hinterlässt soziale Opfer. Den moralischen Ursprung ihrer sozialen Probleme können wir nicht ohne weiteres an ihrem Verhalten ablesen. Daraus zu schließen, dass sie keinen moralischen Ursprung haben, wäre aber sicher falsch.

Wenn sich das sittliche Bewusstsein nur unter Bedingungen ethischer Normalität bilden kann, wird die Entwicklung dieses Bewusstseins denjenigen, die diese Bedingungen nicht genießen können, schwer fallen. Wer über längere Zeit den unversöhnten Gegensatz zwischen seinen eigenen moralischen Ansprüchen und deren Enttäuschung hilflos erlebt, wird der Geltung sittlicher Werte auf Dauer nicht vertrauen. Für solche Enttäuschungen gibt es viele Gründe, an denen die Enttäuschten selbst – zumindest im höheren Lebensalter – nicht immer schuldlos sind. Wenn die Gründe nicht auf überzogene und unbegründete Ansprüche zurückgehen, sind sie mit hoher Wahrscheinlichkeit auf eine normative Überforderung vieler Menschen zurückzuführen, die für andere Verantwortung tragen. In einem moralischen Raum, dessen sittliche und ethische Normalität dauerhaft gefährdet ist, kann sich zudem kein Verständnis der moralisch Enttäuschten für die unglücklichen Umstände entwickeln. Denn dieses Verständnis ist einerseits auf das normale sittliche Bewusstsein und auf normale sittliche Empfindungen angewiesen und bildet sich zum andern nur, wenn die berechtigte Hoffnung besteht, dass die Enttäuschung nicht von Dauer ist.

Der moralische Raum ist, wie Charles Taylor[22] geschildert hat, ein Raum, der eine besondere Art von Orientierung bieten soll, nämlich die Orientierung am Guten. Natürlich ist das Wort ‹Raum› hier zunächst als Metapher gebraucht. Sie beschreibt die soziale Welt, in der Menschen handeln und ihre Identität bilden, aber nicht nur in einem geometrischen Sinn statisch, sondern gleichzeitig auch zeitlich und dynamisch. Taylors Verdienst ist es, uns eine Vorstellung davon zu geben, wie sich in diesem Raum das Bewusstsein der eigenen Person in Abhängigkeit vom Bewusstsein des Guten entwickelt. Das normale sittliche Bewusstsein kommt also nicht etwa äußerlich zu dem hinzu, was man das eigene Selbst oder die eigene Person nennt, sondern entwickelt sich mit diesem zusammen. Wenn sich aber das eine nicht entwickeln kann, wird auch das andere stagnieren. Was immer das sittliche Bewusstsein trübt, gefährdet auch das Bewusstsein des eigenen Selbst. Der moralische Raum kann unter diesen Voraussetzungen dann auch keine Orientierung am Guten gewähren.

Die Bedingungen, unter denen sich das sittliche Bewusstsein und das Bewusstsein der eigenen Person bilden, sind keine anderen als diejenigen der Ethik selbst. Der moralische Raum, der den einzelnen Personen die Möglichkeit gibt, ein Bewusstsein des Guten zu entwickeln, ist identisch mit den Bedingungen, unter denen sich auch die Ethik entwickelt und entwickeln kann. Es wäre auch nicht vorstellbar, dass die Ethik andere Bedingungen hätte als das normale sittliche Bewusstsein. Dies bedeutet aber, dass die Gefährdungen für beides dieselben sind. Die Folgen der normativen Überforderung für den moralischen Raum beschrieb ich nicht nur, weil ich darauf aufmerksam machen will, dass die Möglichkeiten der Ethik, Konflikte zu lösen, durch die sittliche Qualität dieses Raumes begrenzt sind. Vielmehr möchte ich darüber hinaus auch zeigen, dass die Ethik selbst unter denselben Bedingungen gefährdet und ihren Ansprüchen nicht mehr gerecht werden kann. Ethische Lösungen für Moralkonflikte im engeren und weiteren Verständnis haben nur Sinn und Aussicht auf Erfolg, wenn das sittliche Bewusstsein der meisten Menschen nicht getrübt ist. Und nur dann kann es auch eine Ethik geben, die den Anspruch erfüllen kann, solche Lösungen anzubieten. Die Bildung eines am sittlich Guten orientierten Bewusstseins des eigenen Selbst – und dies gilt auch für diejenigen, die Ethik betreiben – muss schon erfolgreich gewesen sein, wenn die Lösung jener Konflikte gelingen soll. In einem korrumpierten moralischen Raum, in dem das individuelle sittliche Bewusstsein der Menschen getrübt ist, kann die Ethik weder Konflikte lösen, noch wird sich eine Ethik entwickeln können, welche dies vermag. Damit bewegen wir uns in einem Zirkel, in dem jedes Ende und jeder Anfang gleichermaßen Ursache und Wirkung sein können. Wenn die normative Überforderung zur Normalität wird, kann sich kein normales sittliches Bewusstsein bilden. Wenn ein solches Bewusstsein nicht vorhanden ist, kann eine Ethik – selbst wenn sie als Theorie vorhanden wäre – keine Konflikte lösen, weil es keine anerkannten Geltungsgrundlagen geben würde und denjenigen, die es angeht, gar nicht klar wäre, was als gute Lösung gelten könnte. Wenn sich ein normales sittliches Bewusstsein nicht bilden kann, kennen die Menschen weder ihre Verpflichtungen, noch können sie sicher moralisch urteilen. Dasselbe gilt für diejenigen, die für die Ethik zuständig sind. Dann wäre auch aus deren Perspektive unklar, was die Ethik zur Lösung von Konflikten beitragen könnte. Der Erfolg der Ethik, Konflikte zu lösen, hängt offenbar nicht nur von theoretischen Merkmalen und Ansprüchen der Ethik, sondern auch von den Bedingungen des moralischen Raums ab, in dem die Konflikte entstehen. Und diese Bedingungen sind für alle, die in einem moralischen Raum leben, dieselben, ob sie Wissenschaftler sind oder nicht.

Eine entscheidende Schwachstelle unter den Bedingungen, die für die Gefährdung der ethischen Normalität verantwortlich sein können, ist offenbar die normative Überforderung. Die negativen Folgen, welche die normative Überforderung im moralischen Raum besonders dann hat, wenn sie ihn auf Dauer belastet, sind mit ethischen Mitteln nicht einzudämmen. Wenn zu viele Verpflichtungen von zu vielen nicht erfüllt werden können, erzeugt die normative Überforderung soziale Probleme. Für deren Lösung taugen weder ethische noch rechtliche, sondern nur sozialpolitische und sozialpsychologische

Mittel. Ähnlich wie sich das gute Handeln vieler einzelner Menschen – etwa die Hilfsbereitschaft oder die Solidarität – gut für viele andere, vielleicht sogar als Segen für eine ganze Gesellschaft auswirkt, gilt auch das Umgekehrte. Die normative Überforderung vieler Einzelner entfaltet nach dem gleichen Muster eine negative kollektive Wirksamkeit. Zusammen mit dem moralischen Versagen vieler anderer bewirkt die normative Überforderung einzelner Menschen soziale Probleme. Die individuelle Moral geht – wenn man so will – in einen anderen, kollektiven Aggregatzustand über. Abstrakt gesagt, akkumulieren sowohl die positiven als auch die negativen Folgen individuellen Handelns zu entsprechenden sozialen Wirkungen. Während die positiven Wirkungen willkommen sind und soziale Früchte tragen, belasten die negativen das soziale Leben. Diese Belastungen können von einem bestimmten Niveau an nicht durch individuelle gute Taten ausgeglichen werden. Der kollektive Aggregatzustand der normativen Überforderung kann nicht mehr ohne erhebliche soziale Energien in den Zustand sittlicher Normalität zurückgeführt werden.

Eine ethische Theorie verfügt nicht über die methodischen Mittel, die individuellen und kollektiven Ursachen und Folgen der normativen Überforderung empirisch zu erforschen und Prognosen über deren Auftreten zu geben. Die Ethik kann aber die Rolle und Bedeutung des moralischen Bewusstseins, seine Veränderung durch Moralkonflikte und die Bedeutung der normativen Überforderung für den moralischen Raum begrifflich klären. Das Konzept der moralischen Überforderung kann im eben beschriebenen begrifflichen Rahmen als heuristisches Konzept für sozialwissenschaftliche und sozialpsychologische Untersuchungen dienen. Untersuchungen über normative Ursachen sozialer Veränderungen kommen gar nicht ohne eine normative Heuristik, in diesem Fall nicht ohne ethische Konzepte aus. Die Verbindung einer solchen Heuristik mit sozialwissenschaftlicher Empirie ist ein methodisches Problem, das in der Sozialpsychologie als lösbar betrachtet wird.[23]

2.4.4. Mehr Wollen als Sollen

Normative Überforderung hängt, zumindest was die Häufigkeit der Beispiele angeht, mit Modernisierungsprozessen und destabilisierenden sozialen Veränderungen zusammen. Dennoch ist normative Überforderung nicht schicksalhaft und in jedem Fall unabwendbar. Es gibt im Gegenteil seit langem eine ethische Praxis, die zumindest punktuell als Überwindung einer normativen Überforderung gelten kann, nämlich die Bereitschaft von Menschen, Organe zu spenden. Es gibt diese Bereitschaft für den Fall des eigenen Todes, nach dessen Eintritt die Organe entnommen und über ein bestimmtes Verfahren an Bedürftige verteilt werden. Es gibt die Bereitschaft aber auch für die Lebendspende von Nieren und Lebern Verwandten und Lebenspartnern gegenüber, die dringend eines dieser Organe benötigen. Was hat diese Spendebereitschaft mit normativer Überforderung zu tun? Die Bereitschaft, nach dem eigenen Tod Organe zu spenden, hat nichts damit zu tun, aber die so genannte Lebendspende. Bei einer solchen Spende lebt der Spender und will auch ohne Schaden weiterleben. Bei der Lebendspende steht der Spender oder die Spenderin in einem Konflikt zweier Verpflichtungen. Sie oder er will einem anderen helfen, soll und darf sich damit aber nicht selbst gefährden. Die eine Verpflichtung ist selbst gewählt, die andere nicht. In diesen Konflikt gerät die Spenderin[24] freiwillig und ohne Zwang. Niemand kann zu einer Organspende gezwungen werden. Es gibt nicht einmal eine sittliche oder ethische Verpflichtung dazu. Es kann daher auch niemand für seine fehlende Spendebereitschaft kritisiert werden. Dies gilt für jede Spendebereitschaft. Bei der Lebendspende kommt nun aber das Risiko hinzu, sich mit der Spende selbst zu gefährden. Keine Lebendspende ist ohne Risiko.[25] Umso weniger kann jemand dazu gezwungen werden, und umso mehr tritt die Verpflichtung in den Vordergrund, sich mit der Spende nicht selbst zu gefährden.

Die Spenderin gerät allein durch ihren Wunsch, der anderen Person zu helfen, in einen Konflikt zweier Verpflichtungen. Ohne ihren Wunsch gäbe es keinen Konflikt. Er ist, zumindest was die Lebendspende von Nieren angeht, nicht dramatisch. Darauf kommt es hier aber nicht an. Was uns an dieser Stelle interessiert, ist allein die Frage, wie die Spenderin die normative Überforderung überwindet. Das Besondere am Beispiel der Lebendspende ist, dass sowohl die Ursache der normativen Überforderung als auch ihre Überwindung der feste und aufgeklärte Wunsch der Spenderin ist, mit einem Teil ihrer Leber oder einer ihrer beiden Nieren dem anderen zu helfen. Sieht man von dieser Besonderheit ab, wird die Form einer ethisch anspruchsvollen Lösung oder Überwindung der normativen Überforderung erkennbar. Wir können diese Form als ‹mehr wollen als sollen› bezeichnen. Hinter dieser Formel verbirgt sich der einfache Umstand, dass die Spenderin zu dem, was sie will, nicht verpflichtet ist. Sie will es aber dennoch tun. Obwohl es sich um keine Verpflichtung handelt, hat ihre Haltung und Gesinnung eine normative Bedeutung. Sie geht eine Selbstverpflichtung ein, will etwas tun, wozu sie niemand außer ihr selbst verpflichten kann. Da sie dabei ein bestimmtes Risiko eingeht, ist nicht klar, ob sie das, wozu sie sich verpflichtet, auch wirklich kann. Mit dem Können, um das es hier geht, ist keine Handlungsfähigkeit, sondern die Verträglichkeit und Zumutbarkeit einer Handlung gemeint. ‹Kann die Person das, was sie will?› bedeutet so viel wie ‹kann sie sich das, was sie will, auch wirklich selbst zumuten?› Das Risiko, das die eigene künftige Lebensfähigkeit und Gesundheit betrifft, mag als gering eingeschätzt werden. Dennoch ist es ein Risiko, das die Spenderin treffen kann, wie gering es auch immer sein mag. Sie muss dieses Risiko nach hinreichender Aufklärung durch Ärzte selbst einschätzen und beurteilen, ob sie das Risiko wirklich tragen kann. Wenn sich herausstellt, dass sie es nicht konnte, weil sie durch den eingetretenen Risikofall überfordert wurde, sieht ihre ursprüngliche Entscheidung ganz anders aus. Aus dieser Perspektive wird aus dem ‹mehr Wollen als Sollen› ein ‹mehr Wollen als Können›. Während die erste Maxime als Selbstverpflichtung erlaubt ist, beschreibt die zweite eine Selbstüberforderung, die zwar nicht verboten, aber fragwürdig ist. Die Grenze zwischen der erlaubten und der fragwürdigen Maxime ist unscharf.

Die Menschen, die nicht zu einer Lebendspende bereit sind, können sich auf das Prinzip ‹Sollen schließt Können ein› berufen und werden durch dieses Prinzip ethisch entlastet. Niemand soll sich mehr zumuten, als er nach eigener Selbsteinschätzung kann und will. ‹Können› bedeutet hier so viel wie ‹Wollen-Können› und ‹Nicht-Können› so viel wie ‹Nicht-Wollen›; um ein objektives ‹Können› kann es hier nicht gehen, weil sonst niemand vor der paternalistischen Zumutung geschützt wäre, dass er kann, obwohl er nicht will. Wer ein Risiko, das von Ärzten als gering eingeschätzt wird, nicht eingehen und z. B. keine Niere spenden will, kann es eben auch nicht. Dies entspricht dem, was wir unter ‹Autonomie› oder ‹Selbstbestimmung› verstehen. Kein Schatten eines Vorwurfs fällt auf den, der zu keiner Lebendspende bereit ist, es sei denn, er will selbst einmal in den Genuss einer solchen Spende kommen. Tadelnswert ist die fehlende Spendebereitschaft nur unter dieser Voraussetzung. Derselbe Tadel trifft auch denjenigen, der nicht bereit ist, nach seinem Tod seine Organe zu spenden, aber dennoch selbst in den Genuss eines Post-mortem-Spenderorgans kommen will. Asymmetrien dieser Art zwischen Geben-Wollen und Nehmen-Wollen mögen einer verbreiteten menschlichen Schwäche entsprechen, sind aber ethisch nicht zu tolerieren.

Das Sollensprinzip schützt generell, als Prinzip zweiter Ordnung, denjenigen, der nicht mehr will, als er soll, vor Zumutungen, die ihm selbst unerträglich erscheinen. Es bietet umgekehrt aber auch dem

Amoralisten einen gewissen Unterschlupf. Schließlich kann er sich hinter dem ‹ich kann das nicht› auch aus bloßer Bequemlichkeit verbergen. Das ‹ich kann nicht› lässt sich nicht klar und eindeutig vom ‹ich will nicht› abgrenzen, weil es sich um subjektive Selbsteinschätzungen handelt. Auch dem Amoralisten sind aber Grenzen gesetzt, wenn das Können allgemein zumutbar ist. Wenn er sich z. B. nicht nass machen will, obwohl er schwimmen kann und jemanden vor dem Ertrinken retten könnte, kann sein amoralisches Verhalten zu einer Straftat und geahndet werden.

Das Prinzip zweiter Ordnung ‹Sollen schließt Können ein› wird durch das ‹mehr Wollen als Sollen› übrigens nicht in Frage gestellt. Selbst wenn es als Prinzip erster Ordnung verstanden würde, wäre es mit der Maxime ‹mehr Wollen als Sollen› vereinbar. Denn auch dann, wenn das ‹mehr Wollen›, im Nachhinein gesehen, das übersteigt, was eine Person tatsächlich leisten konnte, steht die Maxime nicht im Konflikt mit dem Sollensprinzip. Dann hat die Person, ohne dass sie dies vorher wissen konnte, lediglich mehr gewollt, als sie wollen konnte. Das Sollensprinzip hat sie auch dann nicht verletzt. Die Maxime ‹mehr Wollen als Sollen› kann daher auch ohne theoretische Probleme bei der Überwindung normativer Überforderungen helfen. Das Sollensprinzip ist deswegen nicht überflüssig. Es schützt als Prinzip zweiter Ordnung die Spenderin davor, dass durch ihre Bereitschaft, mehr zu wollen, als sie soll, kein ethischer Anspruch Dritter ihr gegenüber entsteht. Sie soll aus der Perspektive der Dritten Person ja nicht mehr als jeder andere auch. Was ihre eigene Entscheidung, mehr zu wollen als andere, angeht, ist sie niemandem gegenüber Rechenschaft schuldig. In dieser Hinsicht ist das ‹mehr Wollen als Sollen› mit supererogatorischem[26] Handeln vergleichbar. Eine Person, die mehr will, als sie soll, oder mehr tut, als das, was geboten ist, geht nur sich selbst gegenüber eine Verpflichtung ein. Ihre Spendebereitschaft z. B. ist ein Geschenk, eine freie Gabe oder Selbstverpflichtung. Nicht jede Person, die sich für eine Lebendspende entscheiden will, ist allerdings dafür auch geeignet. Eine Gruppe von Gutachtern beurteilt aus guten Gründen die Spendebereitschaft aus medizinischer, psychologischer und rechtlicher Sicht. Sie prüft die Motive der Person und stellt sicher, dass sie ohne sozialen Druck und ohne sich selbst zu gefährden zu ihrer Spende bereit ist, und gibt dann eine Empfehlung ab. Das letzte Wort haben, wenn dem geltenden Recht Genüge getan ist, die Spenderin und das Ärzteteam, das transplantiert.

Es ist nicht einfach, die Lebendspende in den gewöhnlichen Katalog von Pflichtbegriffen einzuordnen. Weil es keine allgemeine Pflicht zu spenden gibt, ist eine Spende auch kein Supererogatorium. Zur Pflicht kann eine Spende nur werden, wenn eine Person es sich selbst zur Pflicht machte, einer anderen durch eine Lebendspende das Leben zu retten. Dann handelt es sich um eine gewöhnliche Pflicht und gleichzeitig um ein Beispiel für ‹mehr Wollen als Sollen›. Ein Vorbild für das ‹mehr Wollen als Sollen› lieferte Thomas von Aquin mit seinem Konzept der *Dona gratuita*, der geschenkten Gabe.[27] Es entstammt einem theologisch-ethischen Zusammenhang. Thomas dachte an die Gaben – vor allem an die christlichen Tugenden von Glaube, Hoffnung und Liebe –, welche die Menschen von Gott empfangen. Gott hat den Menschen gegenüber – so lehrt die Theologie – keine Verpflichtungen, sondern geht eine Art ungeschuldeter Liebespflicht ein. Genau dasselbe tut eine Spenderin. Sie geht mit ihrer Spende dem Empfänger gegenüber eine ungeschuldete Liebespflicht ein. Tatsächlich ist die Liebe einem anderen gegenüber ein Motiv dafür, dass eine Person mehr will, als sie soll. Ohne Zweifel kann die Liebe, für die es auch unter Menschen keine Verpflichtung gibt, dazu beitragen, Moralkonflikte zu lösen oder eine normative Überforderung zu überwinden. Es gibt aber keine Verpflichtung zu diesem Motiv.

Wir können uns nach dem Modell der Maxime ‹mehr Wollen als Sollen› auch eine Überwindung anderer Arten von normativer Überforderung vorstellen. Es ist sicherlich wünschenswert, dass möglichst viele Menschen bereit sind, über das hinaus, was sie sollen, mehr ungeschuldete Verpflichtungen zu übernehmen. Allerdings ist dabei Vorsicht geboten, das Wünschenswerte darf dann, wenn es gewährt wird, nicht mit einem einklagbaren Anspruch verwechselt werden. Würden wir das Modell der ungeschuldeten Verpflichtungen allgemein zur Überwindung normativer Überforderungen empfehlen, würden wir es indirekt doch zu einer allgemeinen Verpflichtung machen. Erlaubt ist allerdings der Hinweis, dass normative Überforderung nicht schicksalhaft und unüberwindlich ist. Das ‹mehr Wollen als Sollen› ist keine ethisch gebotene, aber doch eine ethisch erlaubte und sittlich überaus wünschenswerte Form, normative Überforderungen zu überwinden. Dasselbe gilt auch für das stärkste Motiv für jene Maxime, die Liebe, die einen Menschen veranlasst, einem anderen zu helfen, ohne es zu müssen.

2.5. Die Befähigung, moralisch zu handeln

2.5.1. Verantwortung für die Lebensführung

Kehren wir nun zu einem Beispiel zurück, das ich früher für die normative Überforderung angeführt habe. Es eignet sich zwar nicht für eine Lösung nach dem Modell der ungeschuldeten Verpflichtungen, legt aber andere moralische Reaktionen nahe. Ich sagte, dem Mann, der aus zwei Ehen oder Partnerschaften Kinder hat, sei moralisch kein Vorwurf zu machen, wenn er die Verpflichtungen beiden Gruppen von Kindern gegenüber nicht mit gleicher Kraft erfüllen kann und schließlich eine der Gruppen vernachlässigt. Dennoch wird mancher dazu neigen, dem Mann zumindest wegen seiner Lebensführung einen Vorwurf zu machen. Er habe durch seinen Partnerwechsel sich und seine Kinder – so der mögliche Vorwurf – ohne Not in eine Lage gebracht, die er moralisch nicht in vollem Umfang verantworten könne; und für diese Situation trage er die Verantwortung. Ähnliche Vorwürfe kann man auch Menschen machen, die durch ihre Lebensführung ihre Gesundheit oder durch ihr Verhalten im Straßenverkehr sich und andere Menschen gefährdet oder gar ruiniert haben.

Vorwürfe dieser Art sind gegen denjenigen berechtigt, der sehenden Auges und fahrlässig ein Risiko in Kauf nimmt, von dem er weiß, dass er es nicht bewältigen kann. Er selbst und andere werden dann darunter zu leiden haben. Hier handelt es sich um moralisches Versagen, das auch rechtlich geahndet werden kann, wenn jemand geschädigt wurde. Normative Überforderung ist hingegen kein moralisches Versagen. Niemand ist dafür verantwortlich, wenn er unverschuldet in einen Moralkonflikt gerät und von Verpflichtungen normativ überfordert wird, die er weder gleichzeitig noch nacheinander erfüllen kann. Gleichwohl fragen wir uns bei Fällen normativer Überforderung, ob nicht doch demjenigen, der in diese Lage gekommen ist, ein Vorwurf zu machen ist.

Wir bewegen uns hier in einer Grauzone des vagen Begriffs der Zurechenbarkeit. Vage ist dieser Begriff, weil wir, um klar sagen zu können, ob es sich um fahrlässiges Verhalten handelte oder nicht, klar zwischen aktiven und passiven Aspekten des Handelns unterscheiden können müssten. Genau das können wir aber nicht. Natürlich geschieht in den Fällen normativer Überforderung, die nicht Folge eines ethischen Dilemmas sind, nichts ohne das aktive Zutun der handelnden Personen. Wenn jemand seine Familie verlässt und eine andere

Bindung eingeht, ist er oder sie gewöhnlich nicht nur Opfer widriger Umstände. Wenn er oder sie dafür allerdings gute und verantwortbare Gründe hatte, wäre es unverantwortlich, wenn er oder sie die bisherige Partnerschaft oder Ehe fortsetzen würde. Diese Person beugt sich dann – passiv – dem Druck der schlechten Lebensverhältnisse und versucht, ihrer Verantwortung für sich selbst gerecht zu werden. Dieser Versuch kann zu einer anderen Partnerschaft führen mit Folgen wie in dem genannten Beispiel.

Auch unabhängig von solchen Beispielen, welche die Tendenz haben, moralischen Dissens zu provozieren, begegnen wir bei der normativen Überforderung der eben erwähnten Schwierigkeit, zwischen aktiven und passiven Aspekten des Handelns zu unterscheiden. Kulturgeschichtlich kennen wir diese Problematik aus den griechischen Tragödien. Sie folgen dem Muster, dass der Held oder die Heldin in einer Hinsicht schuldig und gleichzeitig in einer anderen Hinsicht unschuldig ist. Ödipus etwa wurde vorausgesagt, dass er seinen Vater töten und seine Mutter heiraten werde. Trotzdem gerät er in genau diese tragischen Verwicklungen und muss dafür büßen. Er weiß von seinen Taten durch das Orakel, irrt aber über seine eigene Identität. Dennoch wird er schuldig. In der Literatur zum Thema ‹Moralkonflikte› ist das Muster des tragischen Konflikts immer wieder fälschlich für die Klärung ethischer Dilemmata bemüht worden. Fälschlich deswegen, weil moralische Dilemmata gerade nicht durch eigenes Zutun oder eine Schuld wie im Fall von Ödipus zustande kommen. Anders ist es bei normativen Überforderungen, die nicht Folge solcher Dilemmata sind. Hier haben wir tatsächlich, was die Ununterscheidbarkeit der aktiven und passiven Seite, des Tuns und des Leidens angeht, eine ähnliche Unklarheit wie bei tragischen Konflikten, aber nur eine ähnliche. Denn es geht bei normativen Überforderungen anders als bei tragischen Konflikten nicht um Schuld und Unschuld.

Um jemandem berechtigt eine moralische Schuld zuschreiben zu können, müssen wir wissen, dass er moralisch versagt hat. Ein solcher Vorwurf ist nur dann berechtigt, wenn er das tat, was er tatsächlich wollte. Der Vorwurf verliert seine Berechtigung nicht unbedingt, wenn der Handelnde äußeren Einflüssen oder einem bestimmten Zwang unterlag. Äußerer Zwang setzt Verantwortung, wie Harry Frankfurt[28] zeigte, nicht außer Kraft. Es kommt – wie wir später sehen werden – nicht darauf an, ob ein Akteur anstelle seiner Handlung etwas anderes hätte tun können. Denn entscheidend ist allein, welche Wünsche er – ob unter Zwang oder nicht – verwirklichen wollte. Wenn er tat, was er wollte, ist ihm ein Vorwurf zu machen und die moralische Schuld zuzuschreiben. Es ist nun aber typisch für die normative Überforderung, dass jemand zwar aktiv einen bedauernswerten Zustand herbeiführte, aber genau das nicht wollte. Er kann z. B. die Verpflichtungen, die er dann nicht einlösen konnte, selbst verursacht haben, ohne dass ihm daraus ein Vorwurf zu machen wäre. Er wollte und konnte nicht anders, weil er in jedem Fall gegen eine andere, größere Verpflichtung verstoßen hätte, was er unter allen Umständen vermeiden wollte. Die Vagheit bei der Unterscheidung zwischen Tun und Erleiden, die der normativen Überforderung zugrunde liegen kann, geht also letztlich darauf zurück, dass eine Person willentlich ein geringeres Übel in Kauf nimmt, um ein größeres zu vermeiden.

Darüber zu richten, ob tatsächlich das geringere Übel gewählt wurde, fällt nicht nur schwer, sondern ist – zumindest für Dritte – selten möglich. Es fehlt denjenigen, die aus der Perspektive der Dritten Person urteilen, die Durchsichtigkeit der Gründe, die aus der Sicht der Ersten Person – wenn auch in gewissen Grenzen – möglich ist. Ich kann das Gewicht und die Vielschichtigkeit der Gründe, aus denen ich zwischen zwei Übeln wähle, besser kennen als jeder andere; es sei denn, ich täusche mich über mich selbst. Die anderen könnten diese Gründe, würden sie sie kennen, nicht weniger gut gegeneinander abwägen als ich selbst. Sie kennen deren mentales oder psychisches Gewicht allerdings nur von mir, meinen Behauptungen und meinem bisherigen Handeln. Wenn dieses Gewicht überhaupt eine Rolle spielt und meine Behauptungen plausibel sind, bleibt den anderen nur übrig, sie zu akzeptieren. Damit reicht die Vagheit der Unterscheidung zwischen dem aktiven und passiven Anteil, den eine Person an ihrer normativen Überforderung hat, tief hinein in den undurchsichtigen Bereich der eigenen inneren Bewertungen und Beweggründe. Was tatsächlich das größere und was das kleinere Übel für mich und andere ist, lässt sich schwerlich genau ausmachen. Auch aus diesem Grund gibt es keine objektiven ethischen Gründe, um eine normative Überforderung aufzulösen. Umgekehrt gibt es auch keine Möglichkeit, einem Menschen, der nach eigenem Bekunden und nach dem Urteil Dritter normativ überfordert ist, eine moralische Schuld zuzuschreiben. Die Frage nach moralischer Schuld oder Unschuld ist in solchen Fällen nicht entscheidbar. Niemandem kann ein berechtigter Vorwurf gemacht werden.

2.5.2. Moralische Selbstbefähigung und ihre Grenzen

Es wäre ein nahe liegendes Missverständnis zu meinen, die Vagheit der Unterscheidung zwischen dem aktiven und passiven Anteil einer Person an ihrer normativen Überforderung setze schon ein getrübtes sittliches Bewusstsein voraus. Die Unsicherheit bei der Beurteilung des eigenen moralischen Status ist ein bekanntes Problem, das von Autoren wie Augustinus und Kant behandelt wurde. Sie waren beide überzeugt davon, dass niemand mit Sicherheit seine eigene Moralität und die Güte seines Wollens und Handelns bewerten kann. Diese kaum bestreitbare Unsicherheit hat sicher einen Grund in der Undurchsichtigkeit der eigenen Gefühle, Motive und Wünsche. Das eigene Wollen und Empfinden ist einer Person selbst in der Regel durchsichtiger als anderen, aber auch das nur in Graden und nicht uneingeschränkt. Wenn es etwa darum geht, die Güte der eigenen Gründe für eine schwierige Wahl zwischen unterschiedlichen Handlungen zu bewerten, können wir nicht mit absoluter Sicherheit richtig urteilen. Dies mag daran liegen, dass wir ohne äußere Hilfe nichts Zuverlässiges über unsere eigenen Absichten wissen. Augustinus[29] meinte, wir benötigten die Gnade Gottes, um etwas Genaues über unsere geistige und moralische Lage zu wissen. Es mag auch daran liegen, dass wir – wie Kant meinte – von unserer Selbstliebe auch dann noch betrogen werden können, wenn wir überzeugt sind, dem Moralgesetz zu folgen.[30] «Die eigentliche Moralität der Handlungen (Verdienst und Schuld)» – so Kant in der *Kritik der reinen Vernunft*[31] – «bleibt uns daher, selbst die unseres eigenen Verhaltens, gänzlich verborgen.» Beide Varianten dieser unüberwindlich scheinenden Unsicherheit der moralischen Selbstbewertung gehen nicht etwa von einem getrübten oder kranken, sondern vom ganz normalen sittlichen Bewusstsein aus. Sie mahnen uns allerdings zur Vorsicht, was die moralische Bewertung des eigenen Wollens und Tuns angeht. Die Undurchsichtigkeit des eigenen Wollens und Empfindens führt dann nicht zur Trübung des sittlichen Bewusstseins, wenn sie uns zur Demut und zur kritischen Selbstschätzung veranlasst.[32] Entsprechendes gilt für die Vagheit der Unterscheidung zwischen dem aktiven und passiven Anteil an Situationen normativer Überforderung. Bemerkenswert daran ist, dass es ethische Probleme gibt, an denen niemand im herkömmlichen Sinn schuld ist, obwohl die Verursacher und vor allem die Opfer identifizierbar sind. Enttäuschend, ja beunruhigend ist, dass diese Probleme ethisch nicht lösbar sind, jedenfalls nicht mit objektiven Begründungen oder allgemein anwendbaren Verfahren.

Wenn bei normativer Überforderung niemandem eine moralische Schuld an versäumten Verpflichtungen zugeschrieben werden kann, bedeutet dies nicht, dass wir Menschen für die eigene Befähigung, moralisch zu handeln, nicht verantwortlich wären. Kant betrachtete es etwa als Pflicht, dass wir uns nicht selbst unglücklich machen.[33] Wir könnten ja leicht mit zunehmenden Sorgen und unbefriedigten Bedürfnissen in die Gefahr geraten, Pflichten zu übertreten, meinte er. Dabei konnte er noch nichts von den immer ausgeklügelter gewordenen Möglichkeiten wissen, sich zu quälen, sich unzufrieden zu machen und es aus vermeintlichem Selbstinteresse zuzulassen, dass andere uns dies antun. Er durchschaute aber die Abhängigkeit der eigenen Fähigkeit, moralisch zu handeln, von den Bedingungen des eigenen Lebens, die wir selbst bestimmen können. Wir sind so weit fähig, moralisch zu handeln, so weit wir uns dazu selbst befähigen wollen und können. Die Einschränkung, die in diesem Zusammenhang zwischen Fähigkeit und Befähigung steckt, bezieht sich auf die Bedingungen, unter denen wir uns zum moralischen Handeln selbst befähigen können. Sie liegen, anders als Kant dies mit seiner Theorie des guten Willens annahm, nicht wirklich ganz in unseren eigenen Händen. Unser eigener Wille ist nicht nur vom Willen anderer mitbestimmt, wir sind auch, was unsere geistigen und moralischen Kräfte angeht, nur beschränkt autonom. Die Verantwortung dafür, dass wir uns zum moralischen Handeln selbst befähigen, wird dadurch aber nicht eingeschränkt. Beschränkte Autonomie[34] entspricht der ethischen Normalität und schränkt das sittliche Bewusstsein nicht ein. Es gibt aber ungünstige soziale und politische Bedingungen, unter denen sich Menschen nicht zum moralischen Handeln befähigen können.

Es fällt uns leichter, diese Bedingungen zu beschreiben als die positiven, unter denen die moralische Selbstbefähigung gelingt. Wir wissen besser, wann diese Bedingungen verletzt sind und können wenig Sinnvolles darüber sagen, wie sie im besten Fall aussehen müssten. Es ist uns kaum bewusst, wie wichtig die Bedingungen des sozialen Wohlstands und der geistigen und körperlichen Gesundheit für unsere Moralfähigkeit sind. Ähnliches trifft für Bildungsfähigkeit ganz allgemein zu. Es ist uns auch selten klar, dass die Bildung eine entscheidende, wenn auch nicht die einzige Voraussetzung dafür ist, dass wir lernen können, moralisch zu handeln. Hunger, Armut und Not hindern Menschen auf Dauer daran, sich die Fähigkeiten, moralisch zu urteilen und zu handeln, anzueignen.[35] Dasselbe gilt für Menschen, die in dauernder Angst leben, deren Leben ständig gefährdet oder von unerträglichen Schmerzen, von mangelnder Anerkennung und sozialer Verachtung entstellt ist.[36] Auf Dauer zerstört werden kann die Moralfähigkeit durch Folter. Dieses Wort steht für die gewaltsame Zerstörung der menschlichen Persönlichkeit, ihrer Selbstachtung und ihres Lebenswillens.

Wohlstand, Gesundheit, Bildung und soziale Sicherheit sind aber umgekehrt keine Garantie dafür, dass sich Menschen zum moralischen Urteilen und Handeln selbst befähigen können. Die Lebensbedingungen in Deutschland nach 1933 waren nicht von sozialer Not, Armut, Hunger, mangelnder Bildung und anderen Entbehrungen geprägt. Dies hat eine große Zahl von Menschen nicht gehindert, rassistisch, diskriminierend und menschenverachtend zu denken und zu handeln. Gute Lebensbedingungen sind also keine hinreichenden Bedingung dafür, dass sich Menschen erfolgreich zum moralischen Urteilen und Handeln befähigen. Sie sind unter solchen Bedingungen aber dafür verantwortlich, wenn sie es nicht tun. Aus diesem Grund sind solche Lebensbedingungen notwendig, aber eben nicht hinreichend für die moralische Selbstbefähigung. Dagegen ist Menschen, die unter Not und Entbehrung leiden, nicht in jedem Fall ein Vorwurf daraus zu machen, wenn sie sich mehr um ihr Überleben als um ihre moralische Bildung kümmern. Unter extremen Lebensbedingungen muss es unernst wirken, von Menschen zu verlangen, dass sie sich selbst zum moralischen Urteilen und Handeln befähigen. Auch die normalen Maßstäbe der moralischen Beurteilung von Handlungen versagen unter solchen Umständen. Es erfüllt uns aber mit Bewunderung, wenn Menschen auch unter extremen Lebensbedingungen ihre moralische Integrität bewahren können.

2.5.3. Gründe für eine gute Gesinnung

Kant schrieb in seiner *Anthropologie in pragmatischer Hinsicht*[37] ein kleines Kapitel, in dem er in ironisch leichter Art darüber räsoniert, wie wir Menschen über den moralischen Schein zu einer tatsächlich guten moralischen Gesinnung finden können. Er meinte, wir seien mit wachsender Zivilisiertheit auch umso größere Schauspieler, die den moralischen Schein ohne die Absicht zu betrügen pflegten. Je mehr wir diesen Schein pflegten und gesittet miteinander umgingen, umso stärker werde unsere gute Gesinnung. Nur in uns selbst müsse der Schein «ohne Verschonen weggewischt, und der Schleier, womit die Eigenliebe unsere moralischen Gebrechen verdeckt, abgerissen werden».[38] Dieser Gedanke hat Charme, weil er eine unserer Schwächen ummünzt und darin eine Chance sieht, sie als Einübung des guten Willens zu nutzen. Gute Sitten, so Kant, erzeugen die Illusion einer guten Gesinnung, und diese Illusion heilt dann die moralischen Gebrechen. So kann z. B. Höflichkeit – eines seiner Beispiele – über den «Schein der Herablassung» Liebe einflößen.[39] Das ist ohne Zweifel gut beobachtet und dem gesitteten Umgang der Menschen miteinander dienlich. Wir kommen mit Hilfe heilsamer Illusionen in unserer eigenen Gesinnung aber sicher nicht vom moralischen Schein zum tatsächlichen guten Willen. Für diesen Übergang benötigen wir gute Gründe.

Kant stattete uns auch mit solchen guten Gründen aus, allerdings in einem gänzlich anderen Zusammenhang. Er stellte bereits in der *Kritik der reinen Vernunft* die Frage «was darf ich hoffen?»[40] – etwas ausführlicher lautet die Frage: «wenn ich nun thue, was ich soll, was darf ich alsdann hoffen?»[41] Dahinter steht das Interesse, etwas Überzeugendes darüber zu erfahren, was uns Menschen dazu veranlassen kann, auch dann unseren Pflichten zu folgen, wenn sie uns lästig sind oder uns schwer fallen. Wer will sich schon einer Mühe unterziehen, die sinnlos erscheint, weil sie ohne Aussicht auf Erfolg ist? Natürlich sollen wir – darauf beharrt Kant – allein aus dem Grund unsere Pflichten erfüllen, weil sie geboten sind. Dies gilt für jede einzelne Pflicht, wann immer sie zu erfüllen ist. Wenn es aber um die Begründung einer lebenslangen guten Gesinnung und einer dauerhaften Pflichterfüllung geht, genügt die Erfüllung der einzelnen Gebote für die Moralität nicht, weil sie sich ja nur auf das beziehen, was im Einzelfall zu tun ist. Kant ging offenbar davon aus, dass es einen letzten durchschlagenden und dauerhaften Grund dafür geben müsste, dass wir Menschen uns tatsächlich selbst dazu nötigen, dem zu folgen, was moralisch geboten ist. Der einzige Grund, der für ihn dafür in Frage kam, war die berechtigte Hoffnung auf Glückseligkeit. Es ging ihm nicht um die Frage, welche Motive wir für jede einzelne moralische Handlung haben könnten. Denn diese Frage war in seinen Augen durch den *Kategorischen Imperativ* gelöst. Es ging ihm um die Gesamtbilanz eines moralischen Lebens. Nicht die Motivation oder – in seinen Worten – die Willensbestimmung schien ihm problematisch, sondern die Einbettung der Selbstbestimmung zum Guten in den Zusammenhang des menschlichen Lebens, in dem das Glück eine natürliche Bedeutung hat, die durch nichts anderes zu ersetzen ist. Kants Überlegungen zur moralischen Lebensbilanz sind mit seiner Idee der Unsterblichkeit und dem Höchsten Gut, in dem Moralität und Glück vereinigt sind, verbunden. Unabhängig davon, ob wir Menschen uns heute mit diesen Ideen identifizieren können, hat Kants Gedanke einer moralischen Lebensbilanz nach wie vor seine Berechtigung. Denn wir kennen nicht anders als Kant den durch die Lebenserfahrung genährten Zweifel, ob sich dauernde Pflichterfüllung wirklich lohnt, ob am Ende dem Gerechten auch Gerechtigkeit widerfährt. Es gibt genügend Anlass zu vermuten, dass es nur auf den moralischen Schein ankommt und wir auf dem Weg zum eigenen Glück gut beraten sind, dem Imperativ zu folgen ‹du sollst dich nicht erwischen lassen›. Was kann uns berechtigte Hoffnung darauf geben, dass sich Pflichterfüllung wirklich lohnt, dass sie nicht enttäuscht wird und dass wir tatsächlich durch ein dauerhaft moralisch gutes Leben glücklich werden?

Es geht hier nicht um die langsame Entwicklung und die vielen Modifikationen der Frage «was darf ich hoffen?» in Kants Werken, sondern darum, ob und inwieweit uns diese Frage heute bewegt. Es ist bemerkenswert, dass Kant sich erst in seiner *Religionsschrift* zu der nüchternen und gleichzeitig einfachen Bilanz durchrang, dass es nur darauf ankommt, dass wir unsere Pflicht tun, weil die Rechtfertigung, also die moralische Entschuldung für die eigenen Verfehlungen, nicht in unserer Hand liege.[42] Wir sollen uns nur um das kümmern, was wir selbst moralisch leisten können, und sonst um nichts. Die Entscheidung darüber, ob wir dafür durch Glückseligkeit in diesem oder in einem künftigen Leben belohnt werden und ob wir dieses Lohnes überhaupt würdig sind, liegt – Kant zufolge – nicht in unserer Hand. Wir dürfen aber auch auf etwas hoffen, wenn wir keinen Grund haben, es zu erhoffen. Es ist wie bei der Hoffnung auf Geschenke. Hoffen dürfen wir, ob wir sie aber bekommen, ist eine andere Frage. Deswegen dürfen wir auch darauf hoffen, für ein moralisch gutes Leben belohnt zu werden. Mit Gott als Garanten einer gerechten Entlohnung für unsere Pflichterfüllung dürfen wir aber nicht rechnen. Jedenfalls gibt es dafür keine Berechtigung, und zwar unabhängig davon, ob es ihn gibt oder nicht. Wenn wir auf ihn als Garanten des Glücks hoffen dürften, wären wir nach Kant nicht autonom. Wir würden die moralische Selbstbestimmung mit der Hoffnung auf Belohnung vermengen und nicht aus rein moralischen Gründen handeln. Die Hoffnung, wie Kant sie sah, ist also zweigeteilt, in eine berechtigte und eine nur erlaubte, aber nicht berechtigte. Der eine Teil, die berechtigte Hoffnung, richtet sich auf uns selbst und das, was wir aus eigener Kraft erreichen können. Ziel dieser Hoffnung ist die Würdigkeit, glücklich zu werden, allein durch eine dauerhafte, moralisch gute Gesinnung. Der zweite Teil, die erlaubte, aber nicht berechtigte Hoffnung, richtet sich darauf, tatsächlich durch moralisches Handeln glücklich zu werden.

Eine nüchterne Bilanz nach Kants Überlegungen ist, dass wir keinen wirklichen Grund für eine berechtigte Hoffnung auf Glück haben, wenn wir ein pflichterfülltes Leben führen. Am Ende bleibt die

Frage, ob die erlaubte, aber nicht berechtigte Hoffnung auf Glück noch trägt. Haben wir heute noch Grund, auf das Glück zu hoffen, wenn wir uns dazu entscheiden, ein moralisch integres Leben zu führen? Die Bedingungen, unter denen Kant seine Frage stellte, haben sich nicht gänzlich verändert. Wir kommen auch heute nicht ohne Hoffnung aus. Dauerhafte Pflichterfüllung ohne die berechtigte Aussicht auf mehr Gerechtigkeit und ein besseres Leben erscheint uns sinnlos zu sein. Moralische Forderungen ohne die Hoffnung darauf, dass sie sich selbst wieder moralisch auszahlen, verlieren auf Dauer ihre Überzeugungskraft. Dieser Zusammenhang zwischen Moral und Hoffnung hat sich nicht verändert. Das, was wir erhoffen, und das, was wir unter ‹Moral› verstehen, ist jedoch nicht mehr mit dem identisch, was Kant darunter verstand. Wir haben ein pragmatisches Verhältnis zur Ethik und verbinden mit ihr nicht die unbedingten Forderungen eines Sittengesetzes Kant'scher Prägung. Außerdem hoffen wir nicht auf eine Glückseligkeit, wie Kant sie verstand, und viele Menschen glauben heute nicht an ein Leben nach dem Tode. Wir sind aber wie er davon überzeugt, dass es nicht gerecht wäre, wenn ein moralischer Lebenswandel nicht belohnt würde. Diese Überzeugung ist zwar nicht völlig unabhängig von der Frage, was ‹moralischer Lebenswandel› genau bedeutet. Die Intuition selbst, dass es gerecht wäre, wenn Moralität belohnt würde, ist aber unabhängig von dieser Frage. Niemand würde heute die Überzeugung vertreten, dass es gleichgültig ist, ob Moralität nun belohnt wird oder nicht. Die Erwartungen, die sich mit der Erfüllung moralischer Ansprüche verbinden, haben sich seit Kant nicht geändert. Anders als zu früheren Zeiten zweifeln wir heute aber daran, dass sich moralische Ansprüche immer ohne Konflikte erfüllen lassen.

Die Glückseligkeit in Gestalt eines künftigen Lebens wird und wurde von denjenigen erhofft, die an Gott und an ein Leben nach dem Tod glauben. Diese Menschen werden kaum Anhänger einer Vernunftreligion sein, wie sie Kant vorschwebte. Es ist allerdings nicht völlig klar, wie Kant das Verhältnis der Ethik zur Religion verstand. In der *Religionsschrift* kritisierte er den kirchlich geprägten Glauben einerseits als «hinterlistige Hoffnung»,[43] die mit dem fremden Verdienst der stellvertretenden Erlösung rechne. In einem Briefentwurf an Jung-Stilling,[44] den Kant offenbar in einem Brief an den Kantianer und katholischen Philosophen und Theologen Johann Michael Sailer benutzte, bezeichnete er andererseits das Evangelium als «unvergänglichen Leitfaden wahrer Weisheit». Als ob dies nicht schon reichte, meinte er im gleichen Satz, dass die Vernunft der Belehrung durch diesen Leitfaden bedürfe. [45] Die erst 1793 veröffentlichte *Religionsschrift* spricht eine klare Sprache, was die Kritik des «Kirchenglaubens» angeht. Dazu steht nicht in Widerspruch, dass Kant dennoch ein positives Verhältnis zum christlichen Evangelium hatte. In der Religionsschrift heißt es nämlich auch, dass der Kirchenglaube «das Vehikel für den reinen Religionsglauben» enthalte und dass die «Entsündigung» nicht anders als durch die «stellvertretende Genugtuung» begreiflich zu machen sei. Kant war allerdings überzeugt, dass der gute Lebenswandel dieser Gnade vorausgehen müsse, weil der Glaube an die stellvertretende Genugtuung sonst zu einem «gottesdienstlichen Aberglauben» werde.[46]

Es gibt eine große, vielleicht sogar wachsende Zahl von Menschen, die nicht an Gott glauben und sich dennoch für ein moralisch integres Leben entscheiden wollen. Ihre Hoffnung wird weder durch den Gott einer Vernunftreligion noch durch den einer historischen Religion unterstützt. Dürfen sie dennoch damit rechnen, dass sich Moralität auf Dauer lohnt? Es kann nicht überraschen, dass es allerlei Ersatzkandidaten für den Garanten des Glücks gibt. Da sind der Staat, die Gemeinschaft der Staaten und die vielen Rechtsordnungen, die mit ihren Mitteln die Rechtmäßigkeit des individuellen Verhaltens auf Dauer zu belohnen versprechen. Zu den Belohnungen gehört ein Leben, das von der Hoffnung geprägt ist, durch Rechtsansprüche, Bildung, Sicherheit, Wohlstand und Freizügigkeit nachhaltig verbessert werden zu können. Staaten und Rechtsordnungen können aber nur – wenn überhaupt – das belohnen, was Kant «Legalität» nannte, die äußere Übereinstimmung mit Geboten. Es ist mehr als fraglich, ob die Sicherung der Legalität die Hoffnung auf bessere Lebensverhältnisse oder gar ein gutes Leben rechtfertigen kann. Denn das prägende Motiv eines Lebens, das Rechtsverhältnisse mit Libertinismus verbindet, ist, sich nicht erwischen zu lassen. Dieses Motiv ist mit der egoistischen Hoffnung verbunden, die persönlichen Lebensverhältnisse zu verbessern, koste es, was es wolle. Die Hoffnung auf Glück, auf das höchste Gut im Sinne Kants, oder auf die Sicherung des Gemeinwohls als Teil des guten Lebens steht mit der egoistischen Hoffnung, sein eigenes Leben zu verbessern, zumindest potentiell im Konflikt.

Diese Beobachtung ist nicht neu. Sie zeigt die Grenzen einer Hoffnung auf, die auf Staaten und Rechtsordnungen aufbaut. Die Prüfung der Moralität der eigenen Motive kann durch diese Substitute Gottes nicht nahe gelegt werden. Es erscheint sogar irrational, sich der Moralität der persönlichen Motive zu verschreiben, wenn die egoistische Hoffnung die besseren Aussichten auf Erfolg hat. Wir müssen diese Konsequenz nicht vertiefen, um zu erkennen, dass lediglich eine Selbstbeobachtung, die sich unter den Augen Gottes wähnt, zumindest aber die Vorstellung einer nicht zu betrügenden Beurteilung des eigenen Wollens und Tuns, die Moralität mit der Hoffnung auf ein gutes Leben verbinden kann.[47] Wir dürfen also nur auf ein gutes Leben, auf eine Verwirklichung des Gemeinwohls hoffen, wenn wir diese metaphysische Perspektive auf das eigene Tun ernst nehmen. Auf diese Perspektive können wir nicht verzichten, wenn wir überhaupt einen Sinn in der moralischen Integrität der persönlichen Lebensführung und einer positiven moralischen Lebensbilanz sehen wollen.

Das gute Leben, das wir uns heute anstelle des höchsten Guts und der Glückseligkeit als Belohnung für die eigene Moralität erhoffen können, lässt sich nicht als Summe der möglichen Verbesserungen der individuellen Lebensverhältnisse definieren. Deswegen ist die eben beschriebene metaphysische Perspektive, die Kant in seiner Vernunftreligion «Gott» nannte und als Ideal der untrüglichen, integren Beurteilung der eigenen Moralität verstand, unverzichtbar. Wenn wir heute einen Sinn in der Moralität sehen wollen, benötigen wir die Hoffnung auf ein gutes Leben, deshalb können wir auf eine metaphysische Perspektive auf unser Wollen und Tun auch nicht verzichten. Die Hoffnung auf das eigene persönliche Glück reicht nicht als Sinngebung für die dauerhafte Moralität. Wenn wir das einsehen, können wir die Frage, was wir hoffen dürfen, heute nicht anders beantworten als Kant. Es muss eine Hoffnung darauf geben, dass das gute Leben möglich ist, obwohl wir wissen, dass wir es durch die eigenen moralischen Leistungen nicht verdienen können. Diese Hoffnung darf aber kein Motiv für die eigene Moralität sein. Nur die eigenen moralischen Überzeugungen zählen und nicht die Hoffnung auf persönlichen Gewinn. Berechtigte Hoffnungen auf ein gutes Leben können wir uns nur aufgrund der eigenen Leistungen machen. Da diese Hoffnungen aber leicht und häufig enttäuscht werden, bleibt nur noch die – nach wie vor unberechtigte, aber erlaubte – Hoffnung auf das gute Leben ohne eigenes Verdienst. Diese Hoffnung ist als Sinngebung der Moralität zwar erlaubt, aber berechtigt zu keinerlei konkreten Aussichten, vor allem nicht zu der Überzeugung, dass sich das eigene moralisch integre Leben materiell lohnen wird. Es bleibt dabei, die eigene Moralität ist in jedem Fall notwendig, wenn auch nicht hinreichend für ein gutes Leben.

3. FREIHEIT UND VERANTWORTUNG

Die Freiheit der Person ist ein Grundrecht und ein unverzichtbarer menschlicher Anspruch. Die Ethik muss diesem Anspruch nicht nur gerecht werden, sondern setzt ihn selbst voraus. Ohne die Annahme, dass Menschen in ihrem Denken, Wollen und Handeln frei sind, würde der Ethik eine Voraussetzung fehlen, die fast allen ihren Ansprüchen zugrunde liegt. Ohne die Freiheit des Willens ist Ethik durchaus denkbar. Es könnte ihr dann aber nicht darum gehen, wie das Gute möglich ist, sondern nur darum, wie es möglich ist, dass die Menschen sich den wechselnden Lebensbedingungen anpassen und ihr Verhalten so lenken, dass es ihrem wechselseitigen Vorteil dient. Das Gute zu wollen setzt Willensfreiheit voraus. Zu dieser Einsicht will das Kapitel führen. Ohne die Willensfreiheit wären die Anforderungen, welche die Menschen in der Ethik an sich selbst richten, weder schwer zu erfüllen noch besonders anspruchsvoll. Es ist aber umstritten, was ‹Freiheit› bedeutet und wie sie mit der biophysischen Natur des Menschen verbunden ist. Das Kapitel entwickelt eine Auffassung von Freiheit, die einerseits eng mit einem Konzept der Verantwortung verbunden ist, das Heideggers Gedanken der Sorge aufnimmt, und die andererseits in keinem Gegensatz zur biophysischen Natur des Menschen steht. Personen können mit ihren angeborenen und selbst entwickelten Fähigkeiten als Ursachen ihres Handelns verstanden werden. Sie erweitern die Spielräume ihres Denkens und Handelns innerhalb der Gesetzmäßigkeiten, denen sie unterliegen, und gestalten sich selbst, ihre individuelle Freiheit und die Welt, in der sie leben, mit Hilfe ihrer Empfindungs- und Reflexionsfähigkeit. Sie wirken mit ihrem Wissen und mit ihrem erworbenen Können an der Gestaltung des guten Lebens in einer Gesellschaft mit. Die Frage ist allerdings, wie weit sie dabei gehen dürfen. Mit den technologischen Entwicklungen, vor allem aber mit der Genetik und Gentechnik, haben die Menschen Werkzeuge entwickelt, mit denen sie sich und ihre Umwelt im guten wie im schlechten Sinn verändern können. Das Kapitel diskutiert die Grenzen des Möglichen u. a. anhand der Pränatal- und Präimplantationsdiagnostik.

3.1. Verantwortung als Sorge

3.1.1. Verantwortung subjektiv und intersubjektiv

Früher (in Kap. 2.5.1.) erwähnte ich, dass die eingeschränkte Autonomie die Verantwortung für die eigene moralische Selbstbefähigung nicht vermindert. Dies wird niemanden überzeugen, der glaubt, dass moralische Verantwortung individuelle Freiheit und Selbstbestimmung voraussetzt. Tatsächlich hat Verantwortung aber neben der subjektiven auch eine intersubjektive Struktur, und diese Letztere ist bedeutsamer als Erstere. Da es indessen näher liegt zu glauben, nur aus der Subjektivität der Freiheit und der Individualität des Handelns sei Verantwortung abzuleiten, bedarf jene intersubjektive Struktur einer besonderen Erklärung. Das Wort ‹Subjektivität› schließt an dieser Stelle große Ansprüche ein. Es besagt nicht nur, dass einzelnen Menschen jeweils für sich die Verantwortung zugeschrieben wird, sondern auch, dass diese dabei ungeteilt bleibt. Verantwortung darf also keinesfalls einer Person stellvertretend für eine andere zugeschrieben werden. Gewöhnlich, d. h. also unter ethischer Normalität, ist dies der Fall und ganz unstrittig. Niemand kann – normalerweise – für das Handeln eines anderen verantwortlich sein. Dies muss – so vermuten viele – allgemein für das Handeln von Menschen gelten, die in vollem Umfang Verantwortung übernehmen können.

Diese letzte Feststellung läuft nun allerdings ins Leere, weil sie tautologisch ist. Man könnte ebenso sagen, verantwortlich sei derjenige, der Verantwortung habe. Nicht tautologisch ist eine solche Feststellung, wenn wir die Verantwortung durch ihre notwendige und hinreichende Bedingung ersetzen. Dann besagt sie: Wer Freiheit besitzt, ist in vollem Umfang für sein eigenes Tun verantwortlich. Ich werde später noch auf den Zusammenhang zwischen Freiheit und Verantwortung eingehen. An dieser Stelle geht es darum, dass niemand, der frei und für sein Tun verantwortlich ist, seine Verantwortung an jemand anderen delegieren kann. Zur Klärung der Verantwortung können wir uns vorläufig auf das beschränken, was ‹Handlungsfreiheit› genannt wird. Dieser Begriff von Freiheit besagt: Eine Person kann tun, was sie will; der bereits feststehende Wille der Person kann von ihr in die Tat umgesetzt werden. Damit ist die Freiheit gemeint, die ein Akteur im Rahmen der Gesetzmäßigkeiten, denen er unterworfen ist, hat, etwas zu wollen und zu tun. Die Handlungsfreiheit individuiert den einzelnen Akteur und grenzt mehrere Akteure wechselseitig so gegeneinander ab, dass jedem Einzelnen das zugerechnet werden kann, wofür er oder sie verantwortlich ist. In diesem abstrakten, auf die einzelnen Individuen verteilten Sinn ist die Verantwortung jedes Akteurs unteilbar seine eigene. Sie kommt individuiert, zugeschrieben auf einzelne Akteure vor. Gemeinsames Handeln und gemeinsame Verantwortung sind damit nicht ausgeschlossen, vielmehr wird dann jedem einzelnen Akteur auch die gleiche Verantwortung für das gemeinsame Tun zugeschrieben.

Sobald der Status des frei handelnden Menschen aber relativiert und auf die Handlungsfähigkeit[1] reduziert wird, kann die Verantwortung nicht mehr unteilbar sein. Fraglich ist dann aber, wer für wen verantwortlich ist. Am Beispiel der Sterbehilfe war die intersubjektive Struktur der Verantwortung sichtbar geworden. Genau genommen war jedoch nur deutlich, dass die Verantwortung für Leben und Sterben dann geteilt und besser stellvertretend getragen werden kann, wenn Menschen ihre Handlungsfreiheit verloren haben. Eine intersubjektive Struktur der Verantwortung wurde damit aber nur indirekt und auf dem falschen Weg deutlich, weil wir dabei immer noch – fälschlich – davon ausgingen, die Verantwortung sei erst subjektiv und dann intersubjektiv. Die intersubjektive Struktur tritt hingegen erst dann in vollem Umfang zutage, wenn wir die Verantwortung als Sorge begreifen. Gehen wir aber zunächst einmal vom üblichen Verständnis der Verantwortung aus.

Gewöhnlich verstehen wir Verantwortung im Sinne einer Rechenschaftspflicht. Mit diesem Verständnis werden wir unserer normalen Rolle als Akteure gerecht, indem wir für das aufkommen, was wir verursachen. Wir sind die Ursache für etwas, was ohne unser Zutun nicht geschehen wäre und vielleicht nicht hätte geschehen sollen. Wir werden also unserem Ursache-Sein gerecht, wenn wir unserer Rechenschaftspflicht nachkommen. Die Ursache für etwas zu sein, ist allerdings – dies sei hier in Parenthese gesagt – keine hinreichende Bedingung dafür, dass einer Person Verantwortung zugeschrieben werden kann. Denn auch psychisch Kranke oder Personen mit Hirnverletzungen können etwas verursachen, wofür sie aber kaum oder selten als verantwortlich gelten. Typisch für die Verantwortung im Sinn einer Rechenschaftspflicht ist ihr retrospektiver zeitlicher Charakter. Natürlich denken wir über diese Pflicht vorausschauend, prospektiv, nach, indem wir uns vorstellen, was geschehen könnte, wenn wir etwas Bestimmtes tun würden. Wir simulieren die denkbaren Folgen und möglichen Wirkungen im Konjunktiv und konditional nach dem Muster: ‹wenn ich das und das tun würde, würde das und das geschehen›. Schon für diese Überlegung, für deren Umsichtigkeit und die guten Absichten tragen wir die Verantwortung. Aber auch diese prospektive Beurteilung möglicher Folgen beurteilen wir erst retrospektiv, und zwar dann, wenn sich die Frage nach der Rechenschaft stellt. Dies geschieht gewöhnlich nur, wenn das Handeln – unbeabsichtigt oder nicht – negative Folgen hat und ein Schaden zu bewerten ist. Nehmen wir einmal an, der Schaden entstand unbeabsichtigt und als unabsehbare Nebenwirkung. Dennoch wird von den Akteuren, die den Schaden verursachten, Rechenschaft gefordert. Schließlich sieht man dem Schaden selten an, ob er beabsichtigt, in Kauf genommen oder eine unbeabsichtigte, vermeidbare oder unvermeidbare Nebenwirkung ist. Der retrospektive Charakter der Rechenschaftspflicht zeigt sich auch daran, wie wichtig es ist, dass die Akteure zu der Zeit, zu der sie einen Schaden verursachen, nicht alle relevanten Wirkungen ihres Tuns absehen und einschätzen können. Es besteht aber meistens die Tendenz, von den Akteuren im Nachhinein zu erwarten, dass sie mehr oder weniger allwissend sämtliche denkbaren Folgen ihres Handelns kalkulieren konnten. Sie tragen jedenfalls meistens die Beweislast dafür, dass sie das, was dann eintrat, tatsächlich nicht wissen konnten.

3.1.2. Vorausschauende Verantwortung – Sorge

Verantwortung hat neben diesem retrospektiven auch einen prospektiven Charakter, ist eine aktiv gestaltende Kraft. Sie gestaltet schwierige soziale Beziehungen und sichert das Leben von Menschen. Ich nenne die Verantwortung mit dieser aktiven sozialen Gestaltungskraft ‹Sorge›. Menschen stehen allgemein in Beziehungen wechselseitiger Sorge. Sie sorgen sich, selbst wenn sie sich um sich selbst sorgen, immer auch um andere Menschen, aber auch um Dinge, Entwicklungen, Pläne und Lebensverhältnisse. Martin Heidegger sprach in *Sein und Zeit* von der Sorge als dem Strukturganzen des Daseins.[2] Er meinte damit keine beabsichtigten Handlungen, auch keine mentalen Zustände, sondern das «In-der-Welt-sein». Interessant an diesem Gedanken ist, dass er die Sorge nicht individualistisch oder subjektivistisch, sondern ontologisch und intersubjektiv auffasst. Dies klingt abstrakter, als es gemeint ist. Die ontologische Beziehung zu den Dingen nannte Heidegger «Besorgen», das Verhältnis zu den anderen Menschen «Fürsorge». Mein Interesse an Heideggers Überlegungen rührt daher, dass er die Sorge zeitlich, prospektiv und als Bedingung des Daseins und des freien Handelns verstand. In seiner Sprache heißt das, dass die Sorge als ein «sich-vorweg-sein» zu verstehen ist und als eine «existenzialontologische Bedingung der Möglichkeit des *Freiseins* für eigentliche existenzielle Möglichkeiten».[3]

Heideggers Auffassung der Sorge macht die intersubjektive Struktur der Verantwortung erkennbar. Verantwortung ist, zumindest in ihrer prospektiv gestalterischen Bedeutung, nicht auf eine Person beschränkt. Denn jede einzelne Person kann ihr eigenes Dasein, wie Heidegger erklärt, zunächst nur ‹ermöglicht› und dann erst ‹ermöglichend› verstehen. Wir sind als Einzelne weder die Quellen unseres eigenen Daseins noch die Bedingungen unserer Freiheit. Es wäre unsinnig zu meinen, wir existierten in der Welt als autonome Individuen. Auch unser Freisein ist, wie Heidegger überzeugend darlegte, ermöglicht. Für das Verständnis der Verantwortung ist dieser Gedanke wichtig, weil er zeigt, dass es sie zuallererst intersubjektiv und dann erst individuell gibt. Genau genommen kann die umgekehrte Reihenfolge gar nicht in Frage kommen. Dies ist nicht unwichtig, weil wir ja nur dann die intersubjektive Struktur der Verantwortung als grundlegend erachten können, wenn sie nicht anders denkbar ist. Wäre es unserem Belieben und Geschmack überlassen, wie wir sie denken, hätte das unliebsame praktische Konsequenzen. Wir könnten uns so immer auf Wunsch von den Belastungen der Verantwortung befreien, wenn sie uns unzumutbar erschienen. Dann wären wir nur für das verantwortlich, wofür wir es auch sein wollten. Wir können uns aber weder für unsere Freiheit noch für unsere Verantwortung entscheiden, gegen beides aber schon. Freiheit und Verantwortung sind als positive Möglichkeiten nicht beliebig. Wir können sie auch nur verneinen und ablehnen, weil sie uns gegeben sind. Diese Nicht-Beliebigkeit, man könnte auch sagen das Nicht-Willentliche, macht die intersubjektive Struktur der Verantwortung zu einem zuverlässigen, grundlegenden Merkmal des moralischen Raums. Die Bedingungen, unter denen wir leben, sind gleichzeitig die Bedingungen, unter denen wir frei sind und in dem, was wir tun, der Verantwortung als Sorge gerecht werden.

Wenn wir für Neugeborene, Schwerbehinderte oder Sterbende, also für Menschen, die keine Handlungsfreiheit haben, Verantwortung übernehmen, tun wir dies im Freiraum der Sorge, der für unser Dasein grundlegend ist. Nichts anderes tun wir, wenn wir für uns selbst Verantwortung tragen. Die Sorge ist als Bedingung intersubjektiver und subjektiver Verantwortung grundlegender als jede egoistische oder altruistische Interessenstruktur, aber auch moralisch befähigender als die Autonomie. Selbst die Autonomie kann nicht grundlegender sein, weil sie einen Spielraum voraussetzt, innerhalb dessen wir uns frei bewegen und selbst bestimmen können. Dieser Freiraum ist kein Ergebnis, sondern die Voraussetzung der Selbstbestimmung. Es ist ein Daseinsraum, der uns die Möglichkeit eröffnet, moralisch zu handeln. In meinem Jargon gesprochen, eröffnet dieser Daseinsraum die Situationen, in denen wir uns befinden und in denen wir unsere moralischen Ansprüche artikulieren und behaupten.

3.1.3. Grenzen der Selbstgestaltung

Es mag uns merkwürdig vorkommen, dass wir Freiheit und Verantwortung zwar als positive Möglichkeiten nicht selbst wählen können, aber die Wahl haben, sie abzulehnen oder nicht wahrzunehmen. Genau genommen ist dies aber nicht außergewöhnlich. Es ist eigentlich bei allem so, was uns zufällt, was wir geschenkt bekommen oder ohne unser Zutun gewinnen. Ablehnen, nicht annehmen oder vergeuden können wir es erst, wenn es uns zugefallen und in die Hand gegeben ist. Es bleibt nur die Merkwürdigkeit, dass Freiheit und Verantwortung wie unvermeidliche, nicht wirklich wählbare und belastende, ja sogar lästige Obliegenheiten erscheinen. Es sieht so aus, als wären wir diesen Obliegenheiten gegenüber nur im negativen, nicht aber im positiven Sinne frei. Wir wären also nur frei, uns von Freiheit und Verantwortung loszusagen und als Folge davon dann eben auch nicht mehr frei und verantwortlich zu sein. Ähnlich können wir uns frei das Leben nehmen mit der Konsequenz, dass wir dann nicht mehr frei sind zu leben.

Wie wir später (Kap. 3.2.) sehen werden, deckt der eben beschriebene Eindruck nur einen Teil dessen ab, was ‹Freiheit› bedeutet. Er bezieht sich nur auf den vorgegebenen Spielraum, der aus einer Fülle physischer und psychischer Bedingungen besteht, welche die handelnden Personen nicht in jeder Handlungssituation wählen können. Einige davon können tatsächlich belastend, lästig und störend sein. Wir sollten uns an dieser Stelle aber schon darüber klar sein, dass dieser Spielraum weder unveränderlich noch beliebig veränderbar ist. Denn ‹Freiheit› bezeichnet die Kraft, den eigenen Spielraum des Handelns durch selbst gewählte Möglichkeiten, durch Fähigkeiten und Vermögen, die wir uns selbst im Laufe des Lebens aneignen, zu erweitern. Diese veränderbaren und nicht veränderbaren Bedingungen können allerdings nur deswegen das Ganze unserer Freiheit bilden, weil wir Menschen gleich im doppelten Sinn beschränktes Wissen haben. Wir kennen weder den unveränderlichen Spielraum, der uns vorgegeben ist, genau, noch wissen wir in jeder Situation, wie weit wir den Spielraum aus eigener Kraft vergrößern können.[4] Für unser Freiheitsverständnis ist es wesentlich, dass wir aus diesen beiden Gründen nicht wissen können, was die Zukunft bringen wird.[5] Wir wissen nur, was wir wollen und wie wir es vielleicht erreichen können, mehr nicht.[6] Dieses Verständnis von Freiheit vorausgesetzt, kann auch eine Selbsttötung eine freie Handlung sein. Derjenige, der den eigenen Tod wählt, sieht keine andere Möglichkeit mehr, sich aus dem vorgegebenen, unerträglich eng gewordenen Spielraum aus eigener Kraft zu befreien. In gewisser Weise wird er zum Opfer seines Unwissens über die Zukunft.

Kehren wir zum Thema Freiheit und Verantwortung zurück. Über grundlegende Bedingungen des Daseins nachzudenken, kann leicht verwirren, weil uns das, was wir dabei denken, wie ein Vexierbild erscheint. Denken wir Freiheit und Verantwortung als existenzielle Voraussetzungen dessen, was wir tun können, haben wir den Eindruck, als seien wir gar nicht frei und verantwortlich. Denn unsere eigenen aktiven Leistungen, die uns normalerweise als Bedingung von Freiheit und Verantwortung erscheinen, sind auf diesem fundamentalen Niveau gar nicht gefragt. Und restlos verwirrend ist, dass die einzige Freiheit, die wir auf dieser Ebene haben, darin bestehen soll, Freiheit und Verantwortung zu verneinen und zu verlieren. Außerdem erscheinen uns Freiheit und Verantwortung als existenzielle Bedingungen zu allem Überfluss wie Lasten, die uns aufgebürdet sind und jene Attraktivität vermissen lassen, die sie normalerweise im moralischen Diskurs haben. Plötzlich erscheinen wir nicht mehr als potentiell mächtige moralische Akteure, die alles im Griff der freien Selbstbestimmung haben, sondern eher als zur Bescheidenheit gezwungene Sachwalter von recht beschränkten Möglichkeiten, die wir vorfinden.

Es ist nicht ganz so trist, wie es scheint, aber dennoch ernüchternd. Innerhalb der Möglichkeiten, die uns gegeben sind, die wir teilweise selbst erarbeitet haben und die für jeden von uns anders sind, haben wir genügend Spielraum, zu tun und zu lassen, was wir wollen. Innerhalb dieses Rahmens sind wir frei, beschränkt autonom und verantwortlich für das, was wir tun. Die ontologische Betrachtung der Verantwortung als Sorge sagt uns nicht positiv, was wir alles tun können, aber negativ, was wir auf keinen Fall tun sollten. Die Ontologie hat unmittelbare ethische Konsequenzen, weil wir nur so erfahren, worüber wir nicht verfügen können. Die Bedingungen, unter denen wir frei und verantwortlich urteilen und handeln, sind nicht Teil unseres eigenen Verfügungsrahmens, liegen nicht innerhalb der Grenzen unserer Selbstbestimmung und Selbstgestaltung. Die schöpferische Kraft, mit der wir unsere Lebensbedingungen gestalten können, reicht nicht über jene Grenzen hinaus, sondern nur bis zu ihnen hin. Die zerstörerische Kraft beginnt jenseits dieser Grenzen zu wirken und gefährdet das Ganze des menschlichen Daseins und der Natur.

3.1.3.1. Klonen und andere gentechnische Verfahren

Die ethischen Konsequenzen, die ich andeutete, liegen auf der Hand. Die Entwicklungen der Gentechnologie und die Entzifferung des menschlichen Genoms haben phantastisch erscheinende Möglichkeiten der Selbstgestaltung vorstellbar gemacht. Naturwissenschaftler warnen zwar davor zu meinen, Menschen könnten tatsächlich irgendwann einmal wie das jung verstorbene Schaf Dolly geklont werden. Viele hoffen aber darauf, dass tödlich verlaufende Erbkrankheiten und schwere Behinderungen oder Krankheiten wie Krebs gentechnisch heilbar werden. Das reproduktive Klonen, bei dem Menschen mit dem Erbcode eines anderen quasi als zeitlich versetzter eineiiger Zwilling hergestellt werden, wird – von Ausnahmen abgesehen – weltweit verworfen. Auf das so genannte therapeutische Klonen, bei dem der genetische Code verändert und dadurch Krankheiten geheilt oder Organe hergestellt werden, mit denen man kranke Organe ersetzen könnte, richten sich dagegen viele Hoffnungen. Nicht wenige Menschen erwarten für ihre eigene Genesung Fortschritte bei der Entwicklung von – vielleicht irgendwann – anwendbaren Verfahren des Klonens.

Wir können an dieser Stelle danach fragen, ob es eine objektive ethische Begründung für ein Verbot oder eine Erlaubnis des reproduktiven oder so genannten therapeutischen Klonens gibt. Die Frage ist – was das reproduktive Klonen angeht – rasch beantwortet, weil das Embryonenschutzgesetz den Verbrauch menschlicher Embryonen nicht zulässt. Ein Verbot im rechtlichen Sinn besteht also zweifelsfrei. Auch gegen das so genannte therapeutische Klonen gibt es erhebliche Vorbehalte, da es sich – wie Expertinnen und Experten sagen – nicht vom reproduktiven unterscheiden lässt, da sich beide des Dolly-Verfahrens bedienen.

An dieser Stelle geht es aber nicht um objektive ethische Begründungen für Verbote oder Erlaubnisse von gentechnischen Verfahren. Wir wollen vielmehr wissen, wo die Grenzen des Erlaubten liegen und wo wir mit dem, was wir gentechnisch vielleicht einmal können, die Grenzen unserer Möglichkeiten überschreiten werden. Diese Neugier kann nicht leicht befriedigt werden, weil wir unsicher sind, in welchem Maße und bis zu welcher Grenze unsere biophysische Natur als unverfügbare, nicht wählbare Voraussetzung unseres Daseins zu verstehen ist. Die indirekte Beeinflussung dieser Natur durch die medizinischen, sozialen und ökonomischen Veränderungen des menschlichen reproduktiven Verhaltens ist alt, wenn auch politisch und weltanschaulich umstritten. Schließlich hilft uns die Medizin – nicht nur durch die Gentherapie –, gesunde Nachkommen zu bekommen. Es gibt steuerliche, volkswirtschaftliche und demographische Anreize dafür, Kinder zu haben, und es gibt ökonomische Erwägungen, die dafür und dagegen sprechen. Wer wollte diese Einflüsse unterschätzen, vor allem dann, wenn sie von vielen, mit oder ohne Kinderwunsch, begrüßt werden. Wir können daher nicht jede effektive Beeinflussung der eigenen Natur ontologisch so deuten, als würden dadurch die Freiheit und Verantwortung von vielen Menschen in Frage gestellt.

Zwischen der Beeinflussung der eigenen Natur und Eingriffen in sie besteht in der Tat ein Unterschied, der ontologisch und ethisch allerdings nicht in jedem Fall zu Buche schlägt. Betrachten wir zunächst einen Fall, in dem es ethisch keinen Unterschied gibt. Nehmen wir beispielsweise an, die genetische Untersuchung eines Embryos[7] zeigt, dass das Kind eines Paares mit hoher Wahrscheinlichkeit schwer behindert wäre. Nehmen wir weiter an, es wäre nicht möglich, mit einem genetischen Eingriff diese Behinderung zu vermeiden. Dann wäre ein Vorwurf ethisch schwer zu begründen, wenn sich das Paar zum Abbruch der Schwangerschaft entschließen würde. Sehr viel weniger klar wäre die Situation allerdings, wenn das Kind mit einer gewissen Wahrscheinlichkeit lediglich leicht behindert wäre. Unter diesen Umständen wäre es kaum möglich, mit ethischen Argumenten den Abbruch der Schwangerschaft zu rechtfertigen. Es kommt auf den Fall an. Behinderte sind Menschen und genießen dieselbe Würde und denselben Schutz wie Nichtbehinderte. Für die Frage, was sich eine Mutter an Belastungen durch ein behindertes Kind zumuten kann und was nicht, ist jener Anspruch auf Würde und Schutz ethisch virulent. Die Belastungen der Mutter reichen nicht hin, diesen Anspruch generell in Frage zu stellen. Wie immer die Entscheidung nach einer Pränataldiagnostik ausfällt und ethisch begründet oder kritisiert werden kann, in jedem Fall beeinflusst die genetische Untersuchung das Schicksal des Embryos. Nehmen wir nun aber an, es wäre möglich, die schwere oder leichte Behinderung mit einem genetischen Eingriff zu heilen. Dann wäre dies zweifellos ebenfalls ein Eingriff in die Natur dieses menschlichen Embryos. Sein Leben würde aber erhalten, und es könnte sich ein Mensch entwickeln, der nicht von jenen genetischen Dispositionen bedroht wäre. Ein solcher Eingriff wäre ethisch nicht verwerflich, weil menschliches Leben bewahrt wird. Wenn ein Eingriff in die menschliche Natur mit dem Ziel zu heilen vorgenommen wird, verändert dies die menschliche Natur zwar individuell. Solange das Ziel die Heilung und die Erhaltung des Lebens ist, kann der Eingriff ethisch aber nicht kritisiert werden.

Nun drängt sich der Verdacht auf, als würde in solchen Fällen der gute Zweck die möglicherweise verwerflichen Mittel heiligen. Tatsächlich wäre es aber unsinnig, gentechnische Eingriffe in die menschliche Natur generell für verwerflich zu halten und als moralisch schlecht zu beurteilen. Wenn bei einem solchen Eingriff ein Mensch geheilt wird, niemand zu Schaden kommt und auch keine unabsehbaren, nicht zu verantwortenden genetischen Folgen zu befürchten sind, wäre es absurd, die dabei gebrauchten gentechnischen Verfahren ethisch zu kritisieren. Die vielen Bedingungen, die in diesem langen Satz stecken, sind allerdings voller Probleme, weil niemand wissen kann, ob es nicht doch Nebenfolgen der Gentechnik gibt, und zwar einfach deswegen, weil sie jetzt noch nicht zu erkennen sind. Auf das Thema ‹Nebenfolgen› gehe ich gleich noch ein. Vor den möglicherweise nicht zu verantwortenden oder nicht absehbaren Nebenfolgen können aber bereits die Voraussetzungen eines gentechnischen Eingriffs problematisch sein. Es kommt nämlich ganz darauf an, was als ‹Krankheit› gilt. Wenn ‹Krankheit› als dynamischer, sich den gesellschaftlichen Veränderungen, Erwartungen und Mentalitäten ständig anpassender Begriff verstanden wird, kann vieles als Krankheit gelten. Dann ist es denkbar, dass z. B. ein unwillkommenes, von vielen als hässlich empfundenes körperliches Merkmal, das den Idealvorstellungen eines gesunden Körpers widerspricht, als Krankheit gilt. Gentechnische Eingriffe, die solche Merkmale verhindern sollen, wären vielleicht ästhetisch, aber keinesfalls ethisch zu rechtfertigen. Menschen können unter als hässlich empfundenen Merkmalen ähnlich wie unter einer Krankheit leiden, und solche Merkmale mögen ebenso schicksalhaft sein wie eine Krankheit. Was immer als Leiden empfunden wird, schränkt die Lebensqualität ein. Es gefährdet aber weder die körperliche Gesundheit noch das Leben eines Menschen und rechtfertigt keine weitreichenden medizinischen Eingriffe, seien sie gentechnischer oder anderer Art. Der Begriff der ‹Krankheit› darf, wenn er z. B. gentechnische Eingriffe rechtfertigen soll, nicht durch schwankende ästhetische Bedürfnisse und Erwartungen inflationär werden. Wenn das, was allgemein als ‹Krankheit› gilt, nicht eingegrenzt wird auf Gefährdungen der körperlichen Gesundheit und der Lebensfähigkeit, würden sich in Zukunft beliebige gentechnische Eingriffe mit unabsehbaren Folgen rechtfertigen lassen.

Über die langfristigen Folgen solcher Eingriffe ist noch wenig bekannt. Die Wissenschaftsgeschichte kennt aber genügend Beispiele von Nebenfolgen, die wie die Schädigung des Ozongürtels durch FCKWs lange nicht erkennbar waren.[8] Der Blick auf potentielle Nebenfolgen darf nicht als Panikmache missverstanden werden. Keine Technologie ist an sich verwerflich, es sei denn, sie verfolgt von vornherein verwerfliche Ziele wie die Vernichtung von Leben.[9] Diejenigen, die schon die Gentechnik selbst und die Möglichkeit von Eingriffen in die menschliche Natur als verwerflich kritisieren, befürchten deren Missbrauch. Diese Befürchtung ist auch dann ernst zu nehmen, wenn die Gentechnik mit dem Ziel, Menschen zu heilen, entwickelt wird. Die Grenze zwischen Heilung und Eugenik, zwischen der Vermeidung von Leid und der Erfüllung eitler, törichter Träume wird ähnlich fließend und umstritten sein wie die Grenze zwischen einem Heileingriff und einer kosmetischen Operation. Deswegen ist es so wichtig, die Grenzen des ethisch Möglichen genau zu fassen.

Es bietet sich an, die Grenzen des biophysisch Möglichen negativ über die Grenzen der Freiheit und Verantwortung zu bestimmen. Die entscheidende Frage dieser negativen Grenzbestimmung wird die sein, wann wir die menschliche Freiheit und Verantwortung durch Veränderungen und Eingriffe in die menschliche und außermenschliche Natur gefährden oder gar zerstören. Die Gentechnik gehört wie jede andere biomedizinische oder technische Entwicklung in den wachsenden Raum von Möglichkeiten, die unsere Freiheit und Verantwortung ontologisch und ethisch erweitern, unübersichtlicher und schwerer machen. Der Freiraum, den Heidegger als Sorge beschrieb, sei uns – wie er sagte – für «eigentliche existenzielle Möglichkeiten»[10] gegeben. Er selbst wollte diese Möglichkeiten nicht mit der modernen Technologie in Verbindung gebracht wissen. Einer seiner Gründe für seine kompromisslose technikkritische Haltung war die drohende Vergegenständlichung und Verdinglichung des menschlichen Daseins durch Wissenschaft und Technik. Diese Gefahr sollte man ernst nehmen, ohne daraus eine generelle Absage an diese Wissensbereiche abzuleiten. Gleichzeitig empfiehlt es sich, darüber nachzudenken, was «eigentliche existenzielle Möglichkeiten» heute sind. Zweifellos schließen solche Möglichkeiten den zweckgerichteten Missbrauch, die gewinnorientierte Manipulation und Instrumentalisierung der menschlichen Daseinsbedingungen aus. Diese Beschreibung der Bedingungen, unter denen menschliche Freiheit und Verantwortung gefährdet oder zerstört würden, ist aber reichlich abstrakt, unanschaulich und vieldeutig und daher nicht ausreichend.

3.1.3.2. Grenzen des Möglichen

Vergegenwärtigen wir uns noch einmal die Lage, von der wir ausgehen. Freiheit und Verantwortung können wir nicht positiv wählen, sondern nur dankbar akzeptieren und uns nur in ihrem Rahmen selbst bestimmen oder aber diesen Rahmen gefährden und zerstören. Aufgrund dieser Asymmetrie unserer positiven und negativen Möglichkeiten fällt es uns leichter, die Voraussetzungen unseres Daseins zu zerstören, als ihre Grenzen zu respektieren. Doch ist es nicht möglich, jene Bedingungen, wenn sie einmal zerstört sind, wiederherzustellen. Also müssen wir alles daransetzen, die Zerstörung dieser Bedingungen zu vermeiden. Es bleibt uns keine Wahl, weil wir nichts wieder gutmachen können, was wir an Lebensbedingungen einmal zerstört haben. Nun herrscht aber Streit darüber, wann und wodurch die Voraussetzungen menschlichen Daseins verletzt und zerstört werden. Dieser Streit ist interessenabhängig. Die einen verharmlosen die Risiken der Gentechnik, die anderen übertreiben sie. Die einen glauben, der Artenschutz sei punktuell und regional ausreichend, die anderen sagen, er sei nur möglich, wenn man das Ganze der Natur im Auge habe. Was wie eine weltanschauliche Kontroverse aussieht, ist aber auch ein Streit der Argumente.[11] Und es gibt bessere und schlechtere Argumente. Freiheit und Verantwortung schließen die Pflicht, diese Argumente voneinander zu unterscheiden und den besseren unter ihnen Recht zu geben, ein.

Die Folgen eines eugenisch motivierten Eingriffs in das menschliche Erbgut wären unabsehbar und nicht zu verantworten. Die Herstellung von Menschen mit Merkmalen nach Wunsch wäre daher selbst dann, wenn sie möglich wäre, verwerflich. Der menschliche Erbcode, so wird mancher einwenden, wird von Umwelteinflüssen und durch die Lebensführung doch auch verändert, sonst würde die Zahl der Krebserkrankungen nicht so ungebremst ansteigen. Dem ist zu entgegnen, dass es schwierig ist, das Anwachsen dieser Veränderungen insgesamt als ‹natürlich› zu bezeichnen und den Menschen von der Verantwortung für sie freizusprechen. Denn sie zeigen nur, dass die Schädigung der Umwelt die Daseinsbedingungen schon dauerhaft in Mitleidenschaft gezogen hat. Wir sollten daraus lernen und erkennen, dass das, was zerstört wurde, nicht mehr in einer für diese und viele kommenden Generationen erlebbaren Zeit wiederhergestellt werden kann. Aus der ohnehin vorhandenen Veränderung des Erbguts ein Recht abzuleiten, dasselbe tun zu dürfen, wäre ähnlich absurd, wie aus der Tatsache, dass Menschen ohnehin sterben, das Recht abzuleiten, sie töten zu dürfen.

Die Grenzen des Möglichen können aber nicht nur negativ über die mögliche Gefährdung und Zerstörung von Freiheit und Verantwortung bestimmt werden. Dies fällt uns spätestens dann auf, wenn wir mit Fragen konfrontiert werden, die sich aus den Entwicklungen der Gentechnik und Molekularmedizin ergeben. Unter den vielen Fragen, die sich stellen, spreche ich hier lediglich zwei an. Bei der einen geht es darum, ob menschliches oder außermenschliches Erbgut patentiert werden darf, bei der anderen um die Auswirkungen des neuen genetischen Wissens auf das individuelle Leben. Zunächst zur Frage der Patentierung von Erbgut. Wer erfolgreich Pflanzen und Tiere mit wertvollen, nützlichen und wünschenswerten Merkmalen züchtet, so scheint es, kann einen berechtigten Anspruch auf die Gewinne erheben, die diese Entwicklung abwirft. Patentierbar ist grundsätzlich alles, was Menschen erfinden und nicht einfach nur vorfinden oder entdecken. Patente sollen dem technischen Fortschritt und Entwicklungen dienen, die das Wohl der Menschen fördern und nicht nur wirtschaftlichen Gewinn bringen. Wie weit können menschliche oder tierische Gene in diesem Prozess genutzt werden, und wann wird das menschliche Wohl verletzt oder gar gefährdet?

Das Europäische Parlament hat 1998 einen Gesetzentwurf zur Änderung des Patentgesetzes eingebracht, das den Begriff der Erfindung auch auf Stoffe anwendbar macht, die in der Natur vorgefunden werden. Es heißt dort, «dass Stoffe, einschließlich biologischem Material, die als solche schon in der Natur vorhanden waren, wenn sie mit Hilfe eines technischen Verfahrens aus ihrer natürlichen Umgebung isoliert und hergestellt werden», Erfindungen seien.[12] Für Laien ist dieses weite Verständnis des Begriffs «Erfindung» nicht leicht nachvollziehbar. Es zielt, dies zum besseren Verständnis, auf die Patentierung von Verfahren ab, mit denen natürliche Stoffe, auch Gene, isoliert werden können. Die Sequenzierung von ganzen Genomen[13] ist ohne solche Verfahren nicht möglich. Es geht nicht, jedenfalls nicht unmittelbar, um die wirtschaftliche Nutzung von Genen.

Dennoch gibt es Grund zur Beunruhigung. Im Sinn des eben zitierten Textes ist es offenbar möglich, technische Verfahren auch dann als patentierbare Erfindungen zuzulassen, wenn die isolierten Bestandteile des menschlichen Körpers, z. B. Gensequenzen, die mit ihnen gewonnen werden, ihrem Aufbau nach mit dem der natürlichen Bestandteile identisch sind.[14] DNA-Sequenzen menschlichen Ursprungs können offenbar wie beliebige andere Naturstoffe behandelt werden. Wenn dies so sein sollte, wäre – so ist zu vermuten – nicht nur die Patentierung von gentechnisch isoliertem Erbgut, sondern auch dessen wirtschaftliche Nutzung erlaubt. So einfach ist dies jedoch nicht. Es gibt eine Grenze der Patentierbarkeit. Denn die so genannte Biopatentrichtlinie[15] stellt klar und eindeutig fest, dass der menschliche Körper keine patentierbare Erfindung darstellen kann. Dieselbe Richtlinie stellt darüber hinaus fest, dass Verfahren zum Klonen von menschlichen Lebewesen und die Verwertung von menschlichen Embryonen zu industriellen oder kommerziellen Zwecken nicht patentierbar sind.

Trotz der eben erwähnten Grenze der Patentierbarkeit bleibt ein unaufgelöster Gegensatz zu der angesprochenen Möglichkeit, mit technischen Verfahren DNA-Sequenzen herzustellen, die mit natürlichen identisch sind. Der Patentrechtler Joseph Straus sprach von einem «Spannungsverhältnis» zwischen dem eben erwähnten Patentierungsverbot und dem ebenfalls angesprochenen Patentierungsgebot des modernen Patentrechts. Patentierbar sind Erfindungen im oben genannten Sinn, wenn sie nicht in allen ihren Anwendungen gegen die Menschenwürde und gegen die guten Sitten verstoßen. Ein Verbot ist, so Straus, nur zu rechtfertigen, «wenn sich keine der möglichen Verwertungen mit dem *ordre public* in Einklang bringen lässt».[16] Dies lässt einen gewissen Spielraum; denn es ist denkbar, dass menschliches Erbgut patentiert werden kann, ohne dass dies der öffentlichen Ordnung widerspräche. Allerdings berechtigt ein Patent seinen Inhaber noch nicht, die entsprechende Erfindung anzuwenden. Er kann lediglich Dritten dessen gewerbliche Nutzung untersagen. Das erwähnte Spannungsverhältnis ist in der Praxis vielleicht kein Grund zur Beunruhigung. Es zeigt aber, dass die Patentierung von Teilen des menschlichen Erbguts nicht unter allen Umständen ausgeschlossen ist. Daraus ergeben sich zumindest theoretisch für die Geltung der Menschenwürde und für die allgemeine Entwicklung des Erbguts selbst Risiken. Für die Menschenwürde besteht das Risiko in der Instrumentalisierung des menschlichen Erbguts.

Es sind aber auch Risiken für die Entwicklung des nicht-menschlichen Erbguts denkbar, wenn dies durch technische Verfahren beeinflusst und verändert werden kann. Wenn Risiken – auch solche durch nicht beabsichtigte Nebenfolgen – sich selbst nach sorgfältig angelegten Versuchen nicht berechnen lassen, herrscht schlichte Ungewissheit; und dies ist keine Grundlage, auf der eine genetische Veränderung nicht-menschlicher Erbanlagen gerechtfertigt werden könnte. Die Patentierung von Erbgut wäre allgemein ethisch genau dann verwerflich, wenn die Risiken für die natürlichen Lebensbedingungen nicht zu beurteilen sind.

Patente auf menschliches Erbgut, die seit der Entschlüsselung des menschlichen Genoms denkbar wurden, können aber auch aus einem anderen Grund ethisch verwerflich sein. Zunächst sollten wir uns aber vergegenwärtigen, worum es geht. Es gibt Diskussionen darüber, ob etwa das menschliche Brustkrebsgen[17] oder andere Gene oder ganze Embryonen, die für Forschungszwecke verwendet werden, patentierbar sind. Solche Patente können im Sinn des erwähnten Patentgesetzes durchaus als Erfindungen gelten. Es ist aber fragwürdig, inwieweit sie tatsächlich Erfindungen sind. Wenn Erfindungen – wie es das deutsche

Patentgesetz verlangt – ein technisches Problem auf neuartige Weise lösen und eine bestimmte «erfinderische Höhe» aufweisen sollen, die deutlich über dem vorhandenen technischen Niveau liegt, wenn sie also nicht einfach nur den normalen technischen Fortschritt fortsetzen, sind technisch veränderte Gene sicher keine Erfindungen im definierten Sinn. Denn die Gene selbst sind vorgefunden und nicht geschaffen, und die gentechnische Veränderung benutzt allgemein übliche Verfahren. Außerdem ist offen, welche «technischen Probleme» jenseits der Isolierung der genetischen Bestandteile solche «Erfindungen» lösen.

Natürlich könnte man anstelle der Lösung technischer die Lösung gesundheitlicher Probleme einsetzen. Dann unterscheiden sich solche Patente nicht von pharmazeutischen, für die das Arzneimittelgesetz mit seinen Zulassungsbedingungen gilt. Es gibt nun aber mehrere denkbare Zusammenhänge, die nicht alle zur selben Kategorie patentierbarer Gene gehören und sich deswegen auch nicht in jedem Fall wie Arzneimittel verstehen lassen. Die einen können, wie das Brustkrebsgen, bestimmte Organe oder Gewebe, die anderen, wie bei Embryonen, ein ganzes genetisches System oder einen potentiellen Menschen betreffen. Vielleicht lässt sich in einem Organ oder Gewebe die Wirkung eines veränderten Gens gut einschätzen und wirkungsvoll in einem Heilprozess einsetzen. Dann könnte man ein gentechnisch verändertes Gen nach entsprechenden Versuchen wie ein Medikament gezielt zur Heilung eines Organs verwenden. Genetische Veränderungen eines ganzen genetischen Systems im Rahmen von Forschungen mit Embryonen sprengen indessen diesen kalkulierbaren Rahmen und dienen vor allem nicht wie Medikamente ursächlich der Heilung von Menschen. Es wäre nicht klar, welches technische oder gesundheitliche Problem mit der patentierten Erfindung gelöst würde. Die Vermutung liegt nahe, dass solche Patente lediglich der Vermarktung dienen.

Die Patentierung eines ganzen genetischen Systems, etwa eines Embryos, für Forschungszwecke wäre ethisch verwerflich, weil ihr keine Erfindung zugrunde läge. Damit würde lediglich über eine der Bedingungen menschlichen Daseins verfügt, die uns vorgegeben sind. Patente auf einzelne Systeme menschlichen Erbguts wären ähnlich absurd und verwerflich wie Steuern auf den lebensnotwendigen individuellen Verbrauch von Atemluft. Aus nicht wählbaren, sondern nur vorfindbaren menschlichen Daseins- und Lebensbedingungen darf kein Dritter Nutzen ziehen, weder wirtschaftlich noch politisch, noch sonst wie. Der einzige Nutzen steht demjenigen zu, der mit diesen Bedingungen lebt und leben muss, weil er keine Wahl hat. Da niemandem ein Verdienst daran zukommt, dass es diese Bedingungen gibt, kann ihre gentechnische Veränderung auch keine Erfindung und ihr Gebrauch kein Medikament sein. Es handelt sich bei ganzen genetischen Systemen um eine besondere Art unteilbarer natürlicher und öffentlicher Güter, die nicht marktfähig sind. Natürliche öffentliche, allgemein zugängliche und nicht teilbare Güter, die zu den unverzichtbaren Lebensbedingungen aller Menschen gehören, dürfen nicht vermarktet werden.[18] Sie müssten dazu erst künstlich verknappt und der Zugang der Menschen zu ihnen müsste durch Zwang eingeschränkt werden. Eine solche Verknappung der unverzichtbaren Lebensbedingungen wäre nicht nur Unrecht, sondern würde jedem einzelnen Menschen die Freiheit und Verantwortung gegenüber seinen eigenen individuellen Lebensbedingungen entziehen. Dies wäre ähnlich verwerflich wie die Versklavung und Unterdrückung von Menschen.

Die individuelle Heilung von Menschen durch gentechnische Verfahren könnte wie die Verwendung von Arzneimitteln gehandhabt werden. Die Entwicklung von gentechnischen Heilverfahren setzt ähnliche Forschungsprozesse voraus wie die Entwicklung neuer Medikamente und kann ähnlich kontrolliert und patentiert werden. Dies ist ethisch nicht umstritten. Wenn für die Entwicklung solcher Heilverfahren menschliches Erbgut, das gentechnisch isoliert wurde, erforderlich ist, wird den geltenden Gesetzen entsprechend nicht das Erbgut selbst, sondern lediglich das Verfahren patentiert. Das Heilverfahren wird so geschützt wie Medikamente. Eine Vermarktung ist dann auch legitim. Für Verfahren zur Heilung von Diabetes kann dies ebenso gelten wie für die Heilung von Erbschäden oder gesundheitsgefährdenden genetischen Dispositionen. Wenn solche gentechnischen Heileingriffe hinreichend in Tierversuchen erprobt und ihre Risiken beherrschbar sind, kann ethisch nichts gegen sie eingewandt werden.

3.1.3.3. Verpflichtung zu wissen und gute Gründe, nicht zu wissen

Neben dem Problem der Folgen genetischer und molekularbiologischer Verfahren für die individuellen Lebensbedingungen nimmt sich das eben angesprochene Problem der Patentierung von menschlichem Erbgut auf den ersten Blick akademisch aus. Die Entschlüsselung des menschlichen Erbcodes nach der vollständigen Sequenzierung der Gene durch das Humangenomprojekt[19] hat viele noch nicht absehbare Folgen für die individuelle Lebensführung. Durch Gentests können bereits jetzt Erbschäden und genetische Dispositionen für Krebs, Diabetes und Herz-Kreislauf-Erkrankungen erkannt werden, bevor die entsprechenden Krankheiten ausbrechen. Man spricht im Fachjargon von prädiktiver genetischer Diagnostik. Die ethische Frage ist, wann und unter welchen Bedingungen genetische Tests gemacht werden dürfen und was aus ihnen folgt. Es wird zwar von Ethikern gefordert, dass die Beratung nach solchen Tests die Selbstbestimmung der Menschen nicht einschränken dürfe, dass keine ärztlichen Empfehlungen und Ratschläge erteilt werden sollen und das genetische Wissen mit größter Diskretion behandelt wird. Dennoch wird dieses Wissen für jeden einzelnen Menschen, auch bei geringem genetischen Risiko, zu einer seelischen, sozialen und vielleicht auch finanziellen Belastung werden. Ethiker sprechen von einer neuen Art von Patienten, den so genannten Unpatienten.[20] Dies sind weder Patienten, die aktuell behandelt werden, noch sind es Menschen ohne ärztlichen Befund.

Es ist dieser sprachlichen Unbeholfenheit schon anzusehen, welche Unsicherheit mit dem genetischen Wissen für einzelne Menschen entstehen kann. Menschen haben unter bestimmten Bedingungen gute Gründe, nicht zu wissen – also eine Art Recht auf Nichtwissen –, unter anderen dagegen die Pflicht zu wissen. Dies erscheint neben den eben noch erhobenen Forderungen nach genauer wissenschaftlicher Aufklärung der Möglichkeiten und Risiken gentechnischer Eingriffe verwirrend und bedarf daher einer Begründung. Beginnen wir mit der Pflicht zu wissen, und zwar aus der umgekehrten Perspektive. Gute Gründe, nicht zu wissen, kann es für mich als Handelnden immer dann nicht geben, wenn das Nichtwissen berechenbare Risiken für das Leben, die Gesundheit und das Eigentum Dritter enthielte. Dasselbe trifft natürlich auch auf mich selbst zu. Immer dann, wenn dies der Fall ist, habe ich die Pflicht, zu wissen und die Risiken meines Handelns zu kennen. Wenn ich z. B. von meinem Arzt nicht darüber aufgeklärt werden wollte, welche Risiken eine Therapie oder mein Verzicht darauf für mich hat, würde ich ohne Zweifel meine Selbstbestimmung und eine aus ihr abgeleitete Pflicht verletzen. Vielleicht wäre dies nicht risikoreich, weil ich dem Arzt vertrauen kann. Er hat aber die Pflicht, mich aufzuklären, und muss sich seinerseits gegen das mögliche rechtliche Risiko absichern, mich nicht hinreichend aufgeklärt zu haben.

Eine ähnliche Pflicht zu wissen, in diesem Fall sogar zu genetischen Tests, haben Paare, die sich Kinder wünschen, in deren Familien es aber schwere genetische Krankheiten gibt. Besonders wichtig ist die Aufklärung des genetischen Risikos für die Nachkommen dieser Paare, wenn es sich z. B. um monogen erbliche Krankheiten[21] handelt. Sie werden durch die Veränderung (Mutation) eines einzigen Gens verursacht und vererben sich nach den Mendelschen Gesetzen. Wenn eine solche Mutation unabhängig vom Geschlecht des Trägers oder der Trägerin ist, werden die Kinder eines Paares mit einer Wahrscheinlichkeit von 0,5[22] die Mutation erben und ebenfalls irgendwann unter der Krankheit leiden. Monogene Erbkrankheiten, die auf Veränderungen an einem einzigen Gen zurückgehen, können aber ganz verschiedene Symptome aufweisen, von denen einige lebensbedrohlich oder gar tödlich, andere dagegen therapeutisch zu behandeln oder sogar individuell zu bewältigen sind. Allein im so genannten CFTR-Gen, das u. a. Cystische Fibrose verursacht, sind über 950 Mutationen bekannt.[23] Einige verursachen schwere Lungenerkrankungen, andere schädigen dauerhaft die Bauchspeicheldrüse, wieder andere führen bei Männern zur Unfruchtbarkeit. Es geht hier nicht um die wissenschaftlichen Details, sondern um die Einsicht, dass die hohe Wahrscheinlichkeit des Ausbruchs von monogenen genetischen Krankheiten noch nichts über deren Schwere aussagt. Genetische Testverfahren sollten darüber aufklären und den Betroffenen eine Vorstellung davon vermitteln, dass selbst bei monogen erblichen Krankheiten der Entstehungsprozess der Erkrankungen außerordentlich komplex und ihre Schwere sehr unterschiedlich sind.

Es ist nicht in jedem Fall unverantwortlich, das hohe Risiko monogen erblicher Krankheiten zu ignorieren, selbst wenn es genetisch diagnostiziert werden kann. Es kommt, was die Frage der Verantwortung angeht, sehr darauf an, um welche Art von genetischer Krankheit es sich handelt, wie schwer sie ist, mit welcher Wahrscheinlichkeit sie auftritt und ob es für sie überhaupt eine Therapie und die Aussicht auf Heilung gibt. Unter einer genetisch bedingten Störung bei der Bildung des Blutfarbstoffes Hämoglobin (Thalassämie) leiden weltweit ca. 100 Millionen Menschen. Unter der Milchzuckerunverträglichkeit die Mehrzahl der Menschen in Asien und Afrika. Einerseits zeigt sich an dieser Vielzahl von Betroffenen, was ein erbliches Risiko mit einer Wahrscheinlichkeit von 0,5 bedeutet, andererseits wäre es aber – was die Milchzuckerunverträglichkeit angeht – absurd, von einer Pflicht zur genetischen Risikoaufklärung zu sprechen. Die Durchschlagskraft von dominant vererblichen genetischen Störungen und die Wahrscheinlichkeit der Entstehung der entsprechenden Erkrankung sind sehr unterschiedlich. Während die genetische Krankheit Chorea Huntington[24] mit Sicherheit im Laufe eines Lebens ausbricht, schwankt die Wahrscheinlichkeit der Entstehung von Brustkrebs aufgrund einer genetischen Mutation zwischen 0,25 und 0,85.

Zu dem differenzierten, komplizierten Bild der Arten und Wahrscheinlichkeiten genetischer Krankheiten kommen nun noch einige Unsicherheiten hinzu. Zum einen kann die Diagnose einer genetischen Krankheit nichts Genaues über den Zeitpunkt ihres Ausbruchs sagen. Zwischen dem genetischen Test und der Krankheit kann eine lange Zeitspanne liegen. Entsprechend groß ist der Zeitraum der individuellen Unsicherheit, Besorgnis und Angst. Nützlich ist dieser Zeitraum nur bei den Krankheiten, gegen die eine Vorsorge möglich und sinnvoll ist. Bei unheilbaren Krankheiten wie Chorea Huntington ist eine Vorsorge nur im Blick auf mögliche Nachkommen möglich, bei denen diese Krankheit mit einer Wahrscheinlichkeit von 0,5 ebenfalls ausbricht. Allerdings müsste der genetische Test schon sehr früh gemacht werden, da die ersten Symptome erst im Erwachsenenalter auftreten und es dann für eine Vorsorge den Nachkommen gegenüber zu spät ist. Wer unter dieser Krankheit leidet, hat altersbedingt kaum eine Chance, seine Nachkommen vor ihr zu bewahren. Frühe genetische Tests, der Verzicht auf eigene Nachkommen oder genetische Tests vor der In-vitro-Befruchtung (Präimplantationsdiagnostik, abgekürzt PID)[25] können spätere Generationen vor der Krankheit schützen. Das Wissen um die genetische Disposition ist für die eigene Lebensplanung daher von großer Bedeutung. In jedem Fall bleibt aber die Angst vor dem Ausbruch der unheilbaren Krankheit nach der genetischen Diagnose. Es ist in solchen Fällen im Blick auf spätere Generationen schwierig, von einer Pflicht zu wissen zu sprechen, wenn keinerlei Anlass zu der Vermutung besteht, dass man unter dieser Krankheit leiden wird. Im umgekehrten Fall, in dem die Familiengeschichte auf eine erbliche Krankheit hinweist, schließt eine verantwortliche Lebensplanung durchaus eine Pflicht zu wissen ein. Die Pflicht zu wissen läuft aber ins Leere, wenn Hinweise dieser Art fehlen und zur Einlösung dieser Pflicht alle Neugeborenen auf genetische Krankheiten wie Chorea Huntington gestestet werden müssten. Dies führt allerdings zu dem weiteren Problem, ob und im Hinblick auf welche Krankheiten Neugeborene genetisch untersucht werden sollten.

Eine andere Art von Unsicherheit rührt daher, dass sehr viele Krankheiten, für die eine genetische Disposition notwendig vorausgesetzt ist, von Einflüssen der Umwelt abhängen.[26] Dazu gehören weit verbreitete Krankheiten wie Bluthochdruck oder Diabetes, aber auch psychiatrische Krankheiten wie Schizophrenie. Unterschiedliche Gene, die jeweilige Umwelt und das eigene Verhalten wirken bei diesen Krankheiten zusammen. Die genetische Diagnose der entsprechenden Disposition kann Menschen sowohl ängstigen als ihnen auch helfen, durch ihre Lebensführung und mit ärztlicher Hilfe Vorsorge zu treffen. In nicht wenigen Fällen ist diese Vorsorge aber gar nicht nötig, weil die entsprechende Krankheit trotz genetischer Disposition gar nicht ausbricht. Dann ist die Angst, die eine genetische Diagnose auslöst, unnötig und verursacht Probleme eigener Art.

Die Unterschiede bezüglich Schwere und Häufigkeit sowie die erheblichen zeitlichen Schwankungen des Ausbruchs von genetischen

Krankheiten, ihre Ungewissheit und fehlende Therapien machen es unmöglich, eine generelle Pflicht zu wissen durch prädiktive genetische Diagnosen zu fordern. Eine solche Forderung wäre vor allem im Hinblick auf diejenigen genetischen Krankheiten absurd, die unheilbar sind, gegen die es keine Vorsorge gibt und deren Ausbruch zeitlich ungewiss ist. In solchen Fällen hätte jeder Betroffene gute Gründe, nicht zu wissen. Allerdings könnten ebendiese Gründe gar nicht in Anspruch genommen werden, weil sie entweder irrelevant wären oder zu spät kommen würden. Im einen Fall wüsste jemand noch nichts von der genetischen Anlage, im anderen wäre sie ihm schon bekannt. Wenn die eigene Familiengeschichte von solchen Krankheiten berichtet, wäre der Anspruch ‹aus guten Gründen nicht zu wissen› ebenfalls unsinnig, weil man dann ja schon mehr oder weniger wüsste, wovon man nichts wissen will. In diesem Fall müsste man – um sich nicht töricht zu verhalten – wenigstens gut darüber informiert sein, was genau man nicht wissen will.

Die Hinweise auf Unsicherheiten und Ungewissheiten sollten allerdings nicht den Blick darauf verstellen, dass es genetisch diagnostizierbare schwere Krankheiten gibt, gegen die eine Vorsorge wirksam ist. Im Zusammenhang mit solchen Krankheiten kann man von einer Pflicht zu wissen sprechen. Ein Beispiel dafür ist die Phenylketonurie (PKU). Es handelt sich um eine angeborene Stoffwechselstörung, die bei Neugeborenen genetisch festgestellt werden kann. Wenn diese Störung nicht behandelt wird, führt sie zu schweren Hirnschäden. Eine phenylalaninarme Diät, die trotz des abstoßenden Geschmacks des dabei verwendeten Mittels zumindest bei Frauen, die sich eigene Kinder wünschen, auch über den Zeitraum der Hirnreifung hinaus durchgehalten werden muss, verhindert die Erkrankung. In Fällen dieser Art muss man eine Pflicht zu wissen fordern. Praktisch bedeutet dies, dass alle Neugeborenen auf Stoffwechselstörungen genetisch getestet werden. Von einer analogen Pflicht zu wissen kann man im Zusammenhang mit der oben erwähnten Thalassämie, die in den Ländern des Mittelmeers verbreitet ist, sprechen. Die Pränataldiagnostik und der Verzicht auf eigene Kinder durch Paare, die ein genetisches Risiko aufwiesen, haben in diesen Ländern dazu geführt, dass die Krankheit erheblich zurückging.

Diese Beispiele sprechen dafür, Neugeborene auf genetische Krankheiten wie Stoffwechselstörungen zu testen.[27] Die Thalassämie zeigt allerdings, dass die Häufigkeit einiger dieser Krankheiten regional sehr verschieden ist. Es wäre nicht sinnvoll, für eine allgemeine, überregionale oder gar globale genetische Untersuchung aller Neugeborenen zu plädieren.[28] Neben den Krankheiten, die regional, und denen, die allgemein bei Neugeborenen untersucht werden sollten, gibt es eine große Zahl anderer, die – wie Chorea Huntington – selten und unheilbar und andere – wie bestimmte Krebsarten – häufig und behandelbar sind. Eltern sollten über diese Zusammenhänge aufgeklärt werden und dann darüber entscheiden, welche Untersuchung sie für ihr Neugeborenes wünschen und ob sie überhaupt eine wünschen. Eltern sollten das Recht haben, solche Untersuchungen nicht zu wünschen. Sie sollten allerdings über die Risiken ihrer Entscheidungen aufgeklärt sein.

Ein Bereich, in dem die genetische Diagnose mit einer entsprechenden Vorsorge verbunden werden kann, ist die Onkologie. Nach Schätzung der Fachleute gehen 10–15 % der Krebserkrankungen auf genetische Dispositionen zurück. Eine Vorsorge durch chirurgische Maßnahmen ist offenbar bei einigen Formen des Krebses möglich und wirkungsvoll. Es wäre unsinnig, im Blick auf diese Dispositionen ein ‹Recht auf Nichtwissen› zu fordern. Im Gegenteil, wenn es familiäre Hinweise auf solche Krankheiten und dazu auch Heilchancen gibt, ist eine genetische Diagnose nicht nur nahe liegend, sondern Pflicht.

Wann kann man dann überhaupt noch von guten Gründen, nicht zu wissen, sprechen? Nur dann, wenn es keine berechenbaren Risiken, für deren Vermeidung man verantwortlich sein kann, gibt, sondern nur Ungewissheiten. Selbst ein wenig wahrscheinliches Risiko eines Schadens reicht noch immer aus für eine Entscheidung, mit der ich ihn vermeiden oder in Abwägung gegen einen ebenfalls wahrscheinlichen Gewinn eigenverantwortlich in Kauf nehmen kann. Wenn es aber keine zuverlässigen Erkenntnisse darüber geben kann, mit welcher Wahrscheinlichkeit ein denkbares Ereignis eintritt und wie es verhindert werden könnte, hat es keinen Sinn, diese Unsicherheit zu ignorieren und nach Informationen zu suchen, welche diese Unsicherheit beseitigen sollen. Dies gilt ganz offensichtlich für ein so unvermeidliches Ereignis wie den eigenen Tod. Weil es keinen Sinn hat, die Wahrscheinlichkeit eines solchen Ereignisses zu berechnen, habe ich auch einen guten Grund, nicht zu wissen, wann es eintritt. Wer immer einen Grund, nicht zu wissen, beansprucht, sollte über den Unterschied zwischen Risiken und Ungewissheiten aufgeklärt sein. Er sollte wissen, dass es ein bestimmtes, präventiv wirksames Wissen über die eigene gesundheitliche Zukunft bei bestimmten genetischen Dispositionen nicht gibt. Dann kann er Annahmen über denkbare, aber ungewisse erbliche Anlagen als unsinnig ablehnen, weil sie kein wirkliches Wissen sind. Genetische Dispositionen, die zu einem ungewissen zukünftigen Zeitpunkt auf ebenfalls ungewisse Weise ursächlich für den eigenen Tod sein können, sind kein Wissen. Wer dennoch Informationen über solche denkbaren Zusammenhänge wünscht, sollte über die psychischen und sozialen Risiken dieser Kenntnisse aufgeklärt sein.

Gute, wohl informierte Gründe, nicht zu wissen, können vor möglicherweise falschen, voreiligen, kaum belegten, unsicheren und daher unsinnigen Folgerungen, vor Irrtümern und deren Folgen wie Angst und Verzweiflung, ja selbst vor sozialer Ausgrenzung schützen. Für zu wenige genetische Krankheiten gibt es vorsorglich schützende Behandlungsmöglichkeiten oder gar Heilungschancen. Eine Pflicht zu wissen bei Diagnosen schwerer Krankheiten zu fordern, für die es keine Therapien gibt, wäre unfair, wenn nicht böswillig. Nur wenn die Früherkennung genetischer Krankheiten mit entsprechender Vorsorge und therapeutischer Hilfe verknüpft werden kann, wäre es unsinnig, ein ‹Recht auf Nichtwissen› zu fordern. Nicht zu unterschätzen ist im Übrigen neben der psychischen die soziale Wirkung genetischer Diagnosen. Sie können je nach Art und Schwere der Krankheit zu Isolierung und Ausgrenzung führen, ganz zu schweigen von der Gefahr, dass das Netz der Solidarität von Kranken- und Lebensversicherungen brüchig werden kann. So unsinnig es wäre, ein blindes ‹Recht auf Nichtwissen› zu fordern, so unsinnig wäre das Gegenteil. Wenn wir gute Gründe dafür haben, nicht zu wissen, sollten wir sie verteidigen, um nicht Opfer der pseudowissenschaftlichen Illusion zu werden, dass sich alle gesundheitlichen Übel, wenn man sie nur rechtzeitig erkennt, vermeiden lassen.

Nicht immer kann schließlich die Pflicht, die eigenen genetischen Dispositionen im Hinblick auf eine bessere Lebensführung zu kennen, ethisch sinnvoll gefordert werden. Jemand könnte z. B. meinen, dieses Wissen sei Pflicht, damit er das Rauchen vermeiden oder damit aufhören könnte, wenn er wüsste, genetisch für Lungenkrebs disponiert zu sein. Dagegen muss man einwenden, dass die gesundheitlichen Risiken der Lebensführung unabhängig von der Kenntnis des eigenen genetischen Codes hinreichend bekannt sind. Für die Verpflichtung sich und anderen gegenüber, ein möglichst gesundes Leben zu führen, ist die Kenntnis des genetischen Codes gänzlich redundant. Wer nur dann rauchen würde, wenn er keine genetische Disposition für Lungenkrebs hätte, könnte sich und anderen dennoch mit seinem Verhalten schaden und würde es mit einer gewissen Wahrscheinlichkeit auch tun. Er würde im Übrigen Opfer der Illusion, dass Krankheiten wie Lungenkrebs nur von einer genetischen Disposition verursacht werden.

Die prädiktive genetische Diagnostik hat, wie die eben erwähnten Beispiele zeigen, viele Gesichter. Unter bestimmten Umständen kann die Kenntnis der eigenen genetischen Dispositionen vor abwendbaren Gefahren schützen, unter anderen nicht. Wenn genetische Tests dem eigenen Schutz oder dem der Nachkommen dienen, sind sie ethisch erlaubt und vielleicht sogar zu empfehlen. Eine allgemeine Empfehlung genetischer Tests etwa an Neugeborenen ist aber nur für wenige genetische Krankheiten sinnvoll. Es gibt allerdings auch Zusammenhänge, in denen genetische Tests sinnvoll und zu empfehlen sind, weil sie dem eigenen Schutz dienen. Dem eigenen Schutz können solche Tests z. B. dienen, wenn der Arbeitsplatz mit gesundheitlichen Risiken verbunden ist, die mit einer gewissen Wahrscheinlichkeit den Ausbruch einer Krankheit fördern, für die eine genetische Anlage erkennbar ist. Es wäre unsinnig, in einem solchen Fall, in dem tatsächlich ein Risiko der Gefährdung erkennbar ist, auf das genetische Wissen zu verzichten. Deswegen sollten Menschen, denen ein Arbeitsplatz mit gesundheitlichen Risiken angeboten wird, die Freiheit haben, ihr Risiko relativ zu ihren genetischen Anlagen prüfen zu lassen. Es ist aber auch niemandem ein Vorwurf zu machen, der einen Arbeitsplatz mit solchen Risiken annimmt, ohne sich genetisch testen zu lassen. Anders würde es sich verhalten, wenn der Ausbruch einer genetisch bedingten Erkrankung andere gefährden würde. In einem solchen hypothetischen Fall würde das Schutzinteresse der anderen das eigene ‹Recht auf Nichtwissen› überwiegen. Dann sollten – nach entsprechender Aufklärung und dem Einverständnis der Betroffenen – zielgerichtete Tests gemacht werden. Solche Tests sollten aber nicht allgemein Voraussetzung für den Abschluss von Arbeitsverträgen sein.[29]

3.1.3.4. Pränatal- und Präimplantationsdiagnostik (PND und PID)

In einer schwierigen, von Moralkonflikten bestimmten Situation sind Paare, die sich eigene Kinder wünschen, aber von genetisch bedingten Erkrankungen ihrer leiblichen Verwandten wissen. Seit mehreren Jahrzehnten können Frauen mit diesem Wissen eine genetische Diagnostik von der 14. Schwangerschaftswoche an (Fruchtwasserpunktion) oder bereits in der 10. Schwangerschaftswoche (Chorionzottenbiopsie), die so genannte Pränataldiagnostik, beanspruchen. Wenn die Diagnose eine genetische Schädigung erkennen lässt, haben die Frauen in der Bundesrepublik das Recht, die Schwangerschaft abzubrechen. In anderen Ländern – nicht aber in der Bundesrepublik – haben Frauen auch das Recht, vor der Schwangerschaft in vitro befruchtete Embryonen genetisch untersuchen zu lassen (so genannte Präimplantationsdiagnostik). Im einen Fall kann man von einer ‹Schwangerschaft auf Probe›, im anderen von einer ‹Zeugung auf Probe› sprechen. Letztere erscheint eher zumutbar als Erstere, weil der Abbruch der Schwangerschaft einen chirurgischen Eingriff mit einigen gesundheitlichen Risiken erfordert. Einen genetisch geschädigten Embryo nicht in den Uterus einzusetzen, birgt dagegen für eine Frau kein gesundheitliches Risiko.

Diejenigen, die den vollen Lebensschutz für Embryonen fordern, setzen jedoch eher den umgekehrten Akzent. Sie werden zwar den Abbruch einer Schwangerschaft ebenfalls als ein Übel betrachten, lehnen aber die Tötung eines Embryos vollkommen ab. Auch die Gesetzgebung hat die Tötung eines Fötus – bis zum Zeitpunkt des Einsetzens der Geburtswehen – erlaubt, die Tötung eines Embryos dagegen nicht. Sieht man von diesem Widerspruch ab,[30] den der Gesetzgeber zu verantworten hat, stellen sich ethische Fragen, die – was die PID angeht – denen ähnlich sind, die wir von der Frage her kennen, ob Forschungen mit embryonalen Stammzellen erlaubt sind oder nicht. Es gelten die gleichen Bedingungen für eine Beurteilung der Frage, ob es objektive ethische Gründe für die Zulässigkeit der PID gibt oder nicht. Ich habe dafür argumentiert, dass es trotz des Embryonenschutzgesetzes objektive Gründe für eine Erlaubnis gibt.[31]

Neben diesen ethisch relevanten gesetzgeberischen Schwierigkeiten sind Paare aber sowohl bei PND als auch bei PID von individuellen ethischen Problemen belastet. Sie stehen im Konflikt, ob sie es verantworten können, aufgrund einer genetischen Diagnose und nach hinreichender Aufklärung eine Schwangerschaft abzubrechen oder erst gar nicht zu beginnen. Dieser Konflikt ist nicht generell, für alle Fälle charakterisierbar. Er sieht für jedes Paar und jede Frau anders aus, weil es individuell sehr verschiedene Ausgangbedingungen gibt. Der Konflikt kann für viele von sittlichen, insbesondere religiösen Überzeugungen begleitet oder verschärft sein. Er wird wohl in vielen Fällen davon abhängen, wie hoch die Wahrscheinlichkeit einer genetischen Schädigung und welcher Art diese ist. Die Lösbarkeit des Konflikts ist aber wesentlich von der individuellen Bereitschaft abhängig, mit einem genetisch geschädigten Kind leben zu wollen oder nicht. Wie ein Paar einen solchen Konflikt löst, kann es nur selbst, autonom entscheiden. Niemand kann aus der Perspektive der Dritten Person dazu verpflichtet werden, ein Risiko zu übernehmen, das sie oder er nicht tragen will. Deswegen kann dieser Moralkonflikt nicht ethisch entschieden werden. Eine Lösung setzt sittliche Überzeugungen und Urteile voraus, die diesseits ethischer Erwägungen liegen. Es können sittliche Gründe für oder gegen das Leben einer Familie mit einem genetisch geschädigten Kind sprechen. Diese Gründe vertreten allein die Eltern dieser Kinder oder die Paare, die sich für oder gegen solche Kinder entscheiden. Da keine der beiden denkbaren Entscheidungen aus ethischen Gründen allein zu bevorzugen ist, kann auch keine Entscheidung ethisch als ungerechtfertigt gelten. Dies bedeutet aber auch, dass Eltern, die sich für ein behindertes Kind entschieden haben, vor sozialen Diskriminierungen geschützt werden sollten. Da sie ethisch nicht kritikwürdig handelten, dürfen ihnen keine Nachteile aus ihrer Entscheidung entstehen. Entsprechendes gilt für ihr Kind. Ethisch verwerflich wäre, wenn Eltern, die sich für ein behindertes Kind entscheiden, der Respekt für ihre Entscheidung deswegen verweigert würde, weil das Kind vermeidbar war. Zum einen wäre dies verwerflich, weil das Kind das gleiche Lebensrecht und den gleichen Würdeschutz wie ein genetisch nicht geschädigter Mensch genießt. Zum andern wäre es ethisch verwerflich, einer Entscheidung, die frei getroffen wurde und gegen die es keine ethische Empfehlung gab, die Anerkennung zu verweigern. Dies bedeutet aber nicht, dass jede Entscheidung, die nach hinreichender Aufklärung und nach Einschätzung der eigenen Person getroffen wurde, sittlichen Respekt verdient. Menschen, die andere in der Zeit des Nationalsozialismus in Deutschland wegen deren Religion und Herkunft oder wegen deren geistiger Behinderung töteten, haben ihre Entscheidung zu morden schließlich frei getroffen, obwohl sie über die Folgen ihres Tuns aufgeklärt waren.

3.1.3.5. Gefahren durch Missbrauch

Es wäre naiv zu glauben, die prädiktive genetische Diagnostik werde von allen Menschen nach gleichen sittlichen Erwägungen und mit gleich guten ethischen Gründen beansprucht. Der Wunsch nach einem bestimmten Geschlecht oder nach bestimmten anderen Merkmalen bei Nachkommen sind häufig Motive für eine genetische Diagnose. Das Motiv der Geschlechterwahl ist in manchen Ländern selektiv wirksam. Weibliche Nachkommen sind z. B. in einigen Ländern unerwünscht. Dies ist ein konkretes Beispiel dafür, wie sehr sittliche Besonderheiten gegen allgemeine ethische Ansprüche, in diesem Fall gegen das Gleichheitsgebot und das Diskriminierungsverbot, verstoßen können.

Nun liegt allerdings der begründete Verdacht nahe, dass ich mit zweierlei Maß messe. Im Falle der Moralkonflikte, die durch das genetische Risiko einer Missbildung entstehen, plädierte ich für eine sittliche Lösung, nun aber lehne ich selektiv wirksame sittliche Haltungen als ethisch verwerflich ab. Sittliche Gründe, z. B. eine mangelnde Risikobereitschaft für ein behindertes Kind, sind doch auch selektiv wirksam. Es könnte doch sein, dass die kulturellen Gründe, die in anderen Ländern gegen weibliche Nachkommen sprechen, individuell für ein Paar dort ebenso gravierend sind wie die Aussicht auf ein behindertes Kind hierzulande. Ich lehne diesen Vergleich jedoch mit dem Hinweis auf das Gleichheitsgebot und das Diskriminierungsverbot, also mit global verbindlichen sittlichen und ethisch gültigen Menschenrechtsansprüchen, ab.[32] Es wäre gleichwohl unbillig, wenn ich nicht gleichzeitig zugeben würde, dass es ganz analoge menschenrechtliche Ansprüche, nämlich die Menschenwürde und den Lebensschutz, gibt, die nach dem Urteil vieler Menschen gegen eine Selektion genetisch geschädigter Embryonen sprechen. Wenn, wie ich dies vertrete, die Geltung ethischer Ansprüche von sittlichen Bedingungen abhängig ist, lässt sich ethisch gegen dieses Urteil zunächst nichts einwenden. Entsprechend habe ich ja auch behauptet, dass die Entscheidung eines Paares für das Risiko eines behinderten Kindes ethisch nicht zu kritisieren ist. Müsste ich, wenn ich die Entscheidung eines Paares gegen dieses Risiko ethisch akzeptiere, dasselbe nicht auch einem Paar zubilligen, welches – kulturell bedingt – das Risiko weiblicher Embryonen scheut?

Meine ablehnende Antwort auf diese Frage hat selbst eine sittliche Grundlage, nämlich die geltende Rechtsprechung und das Verfassungsrecht. Denn niemand kann nämlich allein auf dieser sittlichen Grundlage den Abbruch einer Schwangerschaft mit einem genetisch geschädigten Ungeborenen verurteilen. Sicherlich ist diese sittliche Grundlage nicht makellos, denn der Lebensschutz wird beim Abbruch jeder Schwangerschaft verletzt. Religiöse Ansprüche verstärken diese Skepsis. Die Religionsfreiheit und das Gleichheitsgebot schränken in einem laizistischen Staat zwar die Geltung religiöser Urteile ein, eine religiöse Deutung der Menschenwürde und des Lebensschutzes kann aber angesichts der Widersprüche des Lebensschutzes nicht überraschen. Die allgemeine Rechtsprechung und das Verfassungsrecht können – angesichts der Widersprüche des Lebensschutzes – auch nur bedingt eine allgemeine sittliche Geltung beanspruchen. Hier liegen ernst zu nehmende Wurzeln des moralischen Dissenses in Fragen des Lebensschutzes. Dennoch müssen wir jene skeptisch zu beurteilenden sittlichen Voraussetzungen im Augenblick akzeptieren. Der einzige ethisch verbindliche Grund dafür ist, dass sie den derzeitigen verfassungsrechtlichen Grundlagen unseres Gemeinwesens entsprechen.

Meine sittlich begründete Ablehnung einer kulturell bedingten Selektion z. B. von weiblichen Nachkommen steht also nicht auf einer über jeden Zweifel erhabenen Grundlage. Der Verdacht auf zweierlei Maß ist nicht absurd, weil die geltende Rechtsprechung, was den Lebensschutz angeht, tatsächlich zweierlei Arten von genetisch bedingter Selektion kennt, eine sittlich gute und eine sittlich schlechte. Die eine stimmt mit der geltenden Rechtsprechung überein, die andere nicht. Dies ist zwar eine sittliche Tatsache, ethisch aber sehr unbefriedigend. Es ist zwar ethisch nicht möglich, eine Frau oder ein Paar zu verurteilen, die sich gegen das Risiko einer Schwangerschaft mit einem genetisch geschädigten Embryo entscheiden, weil die Bereitschaft zu solchen Risiken nicht allgemein verbindlich gemacht werden kann. Dagegen ist eine kulturell bedingte, durch genetische Diagnose unterstützte Selektion von Embryonen nach geschlechtlichen oder anderen Merkmalen ethisch zu verurteilen, wenn sie geltende Menschenrechte verletzt. Ebenfalls ethisch zu verurteilen ist aber eine Rechtsprechung, die den sittlichen Unterschied zwischen einer guten und einer schlechten Selektion von Embryonen nicht zweifelsfrei begründen kann. Die sittlich vertretbaren Gründe, die gegen das Austragen eines genetisch geschädigten Embryos sprechen, sollten nicht nur mit der geltenden Rechtsprechung, sondern mit allen Ansprüchen des Lebensschutzes übereinstimmen. Das können sie aber nur, wenn der Lebensschutz vom Gesetzgeber von den derzeitigen Widersprüchen befreit wird. Erst dann kann die sittlich erlaubte klar und eindeutig von der sittlich verwerflichen Selektion unterschieden werden.

Ethisch verwerfliche Motive für genetische Diagnosen sollten in rechtsstaatlichen, demokratischen Gesellschaften vom Gesetzgeber geächtet, ihr Missbrauch verfolgt werden. Die Gesetzgeber werden allgemein dafür Sorge zu tragen haben, dass Menschen durch das genetische Wissen ihrer Anlagen weder sozial gefährdet noch von kommerziellen oder wissenschaftlichen Interessen instrumentalisiert werden. Menschen dürfen durch Gentests nicht sozial oder beruflich benachteiligt oder gar stigmatisiert und isoliert werden. Solche Tests dürfen den Zugang zu Versicherungen oder die Wahl von Lebenspartnern nicht behindern. Für den Kinderwunsch werden sie aber sicher maßgeblich werden. Doch alle denkbaren gesetzlichen Maßnahmen zum Schutz der Menschen, von denen jede Einzelne umstritten und vielleicht auch nicht jede durchsetzbar sein wird, werden nicht verhindern können, dass sich das Verhältnis der Menschen zu den Bedingungen ihres Daseins durch Gentests verändert. Es reicht unter solchen Voraussetzungen nicht mehr, die Grenzen des Möglichen allein über die drohende Verletzung oder Zerstörung von individueller Freiheit und Verantwortung zu bestimmen. Denn nun werden die Menschen unmittelbar mit ihren individuellen Daseinsbedingungen konfrontiert, die sie zwar so vorfinden wie sich selbst, mit denen sie sich aber vielleicht nicht abfinden können, weil sie ihnen unzumutbar erscheinen.

Die Unzufriedenheit mit sich selbst, mit seinen Anlagen, Dispositionen und Lebensbedingungen ist kein neues, durch die Kenntnis genetischer Dispositionen verursachtes Phänomen. Sie kann sich als Ansporn für intensivere Bemühungen und als Motiv für eine verstärkte Arbeit an sich selbst und seinen Fähigkeiten positiv umsetzen lassen. Das unscharfe und begrenzte Wissen von sich und seinen Anlagen gibt der individuellen Selbstbestimmung nicht nur eine Chance, sondern vor allem auch einen Sinn. Durch das genetische Wissen um die eigenen gesundheitlichen Risiken und die mögliche gentechnische Beeinflussung dieser Risiken kann die Arbeit an sich selbst – so scheint es – jedoch ihren Sinn verlieren. Dies mag in der Tat so sein, wenn die Menschen mit genetischen Belastungen den eben angesprochenen gesetzlichen Schutz nicht genießen und sozial isoliert und ausgegrenzt werden. Gentests allein machen aus der ermutigenden Maxime ‹nutze den Tag!› aber nicht per se schon die eher lähmende Auskunft ‹du kannst den Tag nur noch nutzen, solange du gesund bist›. Denn mit dieser Auskunft müssen schon jetzt viele kranke Menschen leben, die nach der Entdeckung oder Behandlung ihrer Krankheit erst wieder lernen mussten, den Tag zu nutzen. Auch die Kenntnis der gesundheitlichen Risiken ist kein neues, durch die Genforschung verursachtes Phänomen.

Neu ist aber, dass die Fortschritte der Medizin die Neigung fördern, aktuelle oder drohende Belastungen mit schweren Krankheiten, seien sie genetisch bedingt oder nicht, parallel zu den Chancen ihrer Heilung als vermeidbar zu betrachten. Wenn solche Krankheiten oder erblich bedingte Schädigungen vermeidbar erscheinen, empfinden immer mehr Menschen sie als unzumutbar, zumindest neigen sie dazu. Vermeidbare Leiden gelten vielen als sinnlose Leiden. In den Augen derer, die vermeidbares Leiden als sinnlos betrachten, verdienen diejenigen, die leiden müssen, auch kein Mitleid. Diese Haltung wäre ethisch aus ähnlichen Gründen verwerflich wie die Kritik an einer Mutter, die sich für ein behindertes Kind entscheidet. Denn mit dieser Haltung würde die Mutter, die ein behindertes Kind zur Welt bringt, obwohl sie während der Schwangerschaft erfuhr, dass es behindert sein würde, kein Mitleid verdienen, geschweige denn Bewunderung für ihren Mut und ihre Liebe zu ihrem behinderten Kind. Die Mutter verdient diese Bewunderung jedoch, weil sie dem Fötus das Lebensrecht nicht verweigern wollte und dessen Lebensbelastungen zu ihren eigenen macht. Ebenso ist es Ausdruck des normalen sittlichen Bewusstseins, das Leben mit schweren Krankheiten und Behinderungen nicht als sinnlos und menschenunwürdig zu betrachten. Behinderungen, Leiden und schwere Krankheiten sind an sich ethisch weder gut noch schlecht. Deswegen ist es weder geboten noch verboten, sie zu vermeiden. Hin und wieder wird behauptet, dass eine Frau, die ein behindertes Kind zur Welt bringt, obwohl sie vom Risiko der Behinderung aufgrund einer genetischen Diagnose wusste, das Risiko – unberechtigt – anstelle und zu Lasten ihres Kindes in Kauf genommen habe. Diese Behauptung ist haltlos. Sie beruht auf der fragwürdigen Unterstellung, dass eine Entscheidung gegen eine solche Schwangerschaft das behinderte Kind entlaste. Der Tod des Embryos entlastet lediglich die Mutter, falls sie die Behinderung ihres Kindes als Belastung empfindet. Eine Behinderung kann ein behindertes Kind sicherlich auch belasten. Es kommt dabei wohl auf die Art und Schwere der Behinderung an. Eine Behinderung muss aber nicht notwendig für das behinderte Kind selbst belastend sein, wenn es die elterliche Fürsorge und Zuneigung genießen kann. Wer dazu bereit ist, diese Sorge aufzubringen, belastet wohl sich selbst, aber nicht das behinderte Kind.

Die prädiktive genetische Diagnose erweitert die Freiheit einer Frau, sich für oder gegen eine Schwangerschaft oder – bei PID – gegen eine Zeugung in vitro zu entscheiden, und bürdet ihr gleichzeitig eine bisher nicht gekannte Verantwortung auf. Sie ist nun nicht mehr nur mit ihrer Lebensführung verantwortlich für die gesunde Entwicklung des Fötus, sondern mit dem genetischen Wissen auch für dessen Lebensbedingungen nach der Geburt. Diese neuen, von der Genforschung erweiterten Bedingungen von Freiheit und Verantwortung machen es daher notwendig, dass unser sittliches Bewusstsein neue Sicherheit und Normalität gewinnt. Leiden ist nicht schon deshalb, weil es vermeidbar war, sinnlos. Auch das behinderte Kind, dessen Empfängnis vermeidbar gewesen wäre, verdient die Sorge seiner Eltern und die Solidarität der Gesellschaft wie jeder andere Mensch. Menschen können und dürfen die Augen nicht vor den Risiken verschließen, die durch herkömmliche Diagnosen oder durch Gentests bekannt werden, vor allem dann nicht, wenn dieses Wissen die Verantwortung anderen Menschen gegenüber verändert. Es kann keine allgemeine ethisch begründete Pflicht geben, Lebensrisiken und Leiden zu vermeiden, sondern nur eine Pflicht, unzumutbare und gleichzeitig vermeidbare Risiken für Dritte, welche diese nicht kennen und denen sie auch nicht zustimmen können, zu vermeiden, wenn dies möglich ist. Was nun für einen selbst ein unzumutbares Risiko ist, bleibt dem Urteil jedes Einzelnen und seiner Selbstbestimmung überlassen.

Die Kenntnisse von genetischen Dispositionen für Krankheiten nehmen rascher zu als die Chancen, jene zu heilen. Dennoch können wir nicht leugnen, dass der individuelle Spielraum der Lebensgestaltung – zumindest in der hochtechnisierten westlichen Welt – durch die frühe Erkennung der Risiken und durch die wachsenden Heilungschancen zugenommen hat. Die Grenzen des Möglichen werden dabei nicht ohne Risiken für die individuelle Freiheit und Verantwortung ausgedehnt. Man denke nur an den möglichen Missbrauch gentechnischer Daten. Diese Risiken gefährden oder zerstören aber nicht schon per se die Daseinsbedingungen der Menschen. Allerdings erfordern sie einen Zuwachs an Verantwortung. Denn der wissenschaftlich und technisch erweiterte Spielraum eröffnet neue Freiheiten, die uns nur scheinbar von der Sorge für bisherige Gefährdungen und Leiden befreien. So fällt es mit zunehmendem medizinischen und biowissenschaftlichen Fortschritt schwerer zu verstehen, dass Krankheiten, Behinderungen und Leiden nicht deswegen sinnlos sind, weil sie geheilt oder vermieden werden könnten. Umgekehrt wäre es absurd, die fatalistische Empfehlung zu geben, dass wir uns wohl oder übel mit künftigen Lebensbedingungen abfinden müssen, auch wenn sie schlecht zu werden versprechen.

Die Hilfe und das Verständnis für Menschen, welche die Gesundheits- und Lebensrisiken, denen sie ohne eigenes Verschulden ausgesetzt sind, nicht bewältigen können, dürfen nicht davon abhängig sein, ob die Risiken vermeidbar waren oder sind. Das Leben *keines* Behinderten oder Schwerkranken ist sinnlos, nur weil es nach einem Gentest der Eltern schon vor der Empfängnis vermieden oder nach einer genetischen Diagnose frühzeitig durch den Abbruch der Schwangerschaft hätte beendet werden können.

3.2. Die Freiheit von Personen

Niemand kann leugnen, dass der Handlungsspielraum zur Gestaltung des eigenen Lebens nicht nur von den individuell erworbenen Fähigkeiten, sondern mindestens ebenso von den Möglichkeiten abhängig ist, die man vorfindet und die eine Gesellschaft für die eigene Entfaltung bietet. Auf ganz ähnliche Weise sind, wie wir eben sahen, die gesundheitlichen Bedingungen der eigenen Lebensführung von ererbten genetischen Anlagen, der jeweiligen – mehr oder weniger gesunden – Umwelt, der medizinischen Forschung und den therapeutischen Möglichkeiten, Vorsorge zu treffen und zu heilen, bestimmt. Der eigene Beitrag durch eine bewusst gesunde Lebensführung kann keine der risikoreichen genetischen Anlagen verändern und nur in sehr begrenzter Weise die jeweilige Umwelt und den Erfolg der therapeutischen Möglichkeiten beeinflussen. Ähnliches trifft für die psychischen Bedingungen zu, unter denen Personen denken und handeln. Auch sie lassen sich, wenn sie sich als beeinträchtigend für das eigene Wollen und Tun erweisen, nur in begrenztem Umfang therapeutisch verändern. Das Zusammenspiel zwischen eigenen und vorgegebenen Möglichkeiten kennzeichnet zwar alle Lebensbereiche, ist aber nur selten und meistens in geringem Ausmaß von den eigenen Möglichkeiten her wirklich beherrschbar. In diesem – mehr oder weniger schmalen oder breiten – Korridor der eigenen Möglichkeiten bewegt sich die individuelle Freiheit in der Gestaltung des eigenen Lebens.

Dieses von vielen einschränkenden Bedingungen bestimmte Bild von der eigenen Freiheit ist im Rahmen ethischer Überlegungen ungewohnt. Es ist deswegen auch nicht auf Anhieb klar, was es für die Ethik bedeutet, die Freiheit jedes einzelnen Menschen nicht nur als sein eigenes individuelles Vermögen, sondern als etwas zu denken, was in hohem Maße von den Bedingungen seines Daseins ermöglicht wird. Es ist entsprechend ungewohnt, die individuelle Verantwortung zuerst intersubjektiv als Verhältnis der Menschen zueinander und zu ihrer Umwelt zu verstehen und dann erst als individuelle Rechenschaftspflicht. Schließlich ist es einer der Gemeinplätze modernen, selbstbewussten, individualistischen Denkens, dass es menschliche Verantwortung nur dann gibt, wenn die Akteure frei sind, und zwar jeder für sich. Wenn nun aber Freiheit und Verantwortung zu einem gehörigen Teil ermöglicht und von Bedingungen abhängig sind, die jenseits dessen liegen, was eine Person selbst beeinflussen kann, was bleibt dann noch individuell zu verantworten? Beugen wir gleich einem möglichen Missverständnis vor: Wir wollen – und können – unter keinen Umständen auf den ethischen Anspruch verzichten, dass das eigene Tun individuell zu verantworten und immer einer einzelnen Person zuzuschreiben ist. Es geht nicht darum, die individuelle Verantwortung durch vorgegebene, individuell kaum zu beeinflussende Bedingungen ethisch zu entlasten. Sie soll lediglich in den Abhängigkeiten verstanden und beurteilt werden, in denen sie steht. Weder die individuelle Verantwortung noch die Freiheit werden von einschränkenden äußeren, physischen oder inneren, psychischen Bedingungen notwendig unmöglich gemacht.

Es gibt zwei historische Zeugen für diese Überzeugung, John Locke und Harry Frankfurt. Die Überlegungen dieser beiden Philosophen, die ich kurz vorstelle, ergänzen sich. Einer Person kann, wie Harry Frankfurt zeigt, Verantwortung auch dann zugeschrieben werden, wenn sie nicht frei ist. ‹Frei› bedeutet in diesem Zusammenhang so viel wie ‹hätte anders handeln können›. Diese Auffassung von Freiheit, die man auch als Wahl- oder Indifferenzfreiheit bezeichnet, wird häufig in Argumenten benutzt, die Freiheit als notwendige Voraussetzung für die Zuschreibung von Verantwortung behaupten. John Locke hatte sehr viel früher schon zu zeigen versucht, dass es bei der Freiheit auch nicht auf einschränkende Bedingungen ankommt. Beide Philosophen illustrieren ihre Überlegungen anhand von Gedankenexperimenten.

John Locke beschrieb ein Gedankenexperiment,[33] das intuitiv klar machen sollte, dass Freiheit nicht eine Sache des uneingeschränkten Willens einer Person ist, sondern allein von dem abhängt, was in deren «Macht» (power) steht. Eine schlafende Person, so die Geschichte, wird in ein Zimmer gebracht und dort eingeschlossen. Nun befindet sich in dem Zimmer aber jemand, den jene Person gerne sehen wollte. Die Person wacht auf, freut sich über die angenehme Gesellschaft und bleibt gerne da, obwohl sie nicht die Freiheit hat wegzugehen. Locke schloss daraus, dass es nicht auf diese Freiheit ankomme, sondern allein auf die Wahl, die jemand trifft, «etwas zu tun oder zu unterlassen». Weiter reiche die Freiheit nicht, so das Argument Lockes.[34]

Frankfurts Gedankenexperiment[35] schließt an das an, was Locke mit dem seinigen zeigen wollte. Es ging Frankfurt darum nachzuweisen, dass Verantwortung auch dann einer Person zugeschrieben werden kann, wenn sie nicht die Freiheit hatte, etwas anderes zu tun. Ein Mann namens Black, so das Gedankenexperiment, will, dass ein anderer mit Namen Jones etwas Bestimmtes tut. Black wartet, bis sich Jones zu einer Handlung entschließt. Black greift nicht ein, außer wenn Jones im Begriff ist, etwas anderes zu tun als das, was Black will. Dann manipuliert Black mit einer raffinierten technischen Einrichtung das Nervensystem von Jones so, dass dieser das tut, was Black will. Genau dieser Eingriff ist aber – so die Geschichte – niemals nötig, weil Jones immer tut, was Black will. Frankfurt folgert daraus, es sei völlig klar, dass Jones in jedem Fall die gleiche moralische Verantwortung für das habe, was er tut. Es komme nicht darauf an, ob Black kurz davor stand, sein Handeln zu manipulieren.

Frankfurts Gedankenexperiment ist, weil es etwas bizarr erscheint, vielleicht mühevoller nachzuvollziehen als das von Locke. Beide Philosophen machen mit ihren Überlegungen aber klar, dass der Anspruch der Wahl- oder Indifferenzfreiheit keinen Einfluss darauf hat, ob jemand bei dem, was er tut, frei (Locke) oder verantwortlich (Frankfurt) ist. Es kommt nur darauf an, was die Person tatsächlich tut. Die einschränkenden physischen oder psychischen Bedingungen sind für die Zuschreibungen von Freiheit und Verantwortung nicht entscheidend.

3.2.1. Kant und die Willensfreiheit

Es mag überraschen, aber Kants Auffassung von Willensfreiheit steht nicht im Gegensatz zu dieser Behauptung. Dies werde ich gleich erläutern, zunächst will ich aber Kants Auffassung von ‹Willensfreiheit› vorstellen, weil er zur zeitgenössischen Debatte etwas beizutragen hat. In der *Kritik der reinen Vernunft* heißt es, zwischen der Naturnotwendigkeit und der Freiheit «in einer und derselben Handlung» gebe es «keinen direkten Konflikt».[36] Nach Kants Überzeugung herrscht friedliche Koexistenz zwischen Determinismus, der lückenlosen Geltung von Naturgesetzen, und dem freien Willen. Nicht bei allem, was Menschen wollen und tun, sind sie – nach Kant – frei. Nicht frei sind sie, wenn sie ihrer Natur nach das tun, wovon sie sich versprechen, glücklich zu werden. Frei sind sie bei den Handlungen, die sie tun, weil sie sie tun sollen. Auf der einen Seite gelten in Kants Modell ausnahmslos und unbeugsam die Naturgesetze für alles, was sich unter der Sonne tut, also auch für das menschliche Handeln und seine natürlichen Ziele. Auf der anderen Seite führt Kant den freien Willen als eine Ursache eigener Art ein. Sie unterscheidet sich von den Naturursachen und ist für die Verwirklichung dessen zuständig, was gesollt und vom Moralgesetz geboten wird.

Kants Ansatz lässt sich nicht mit der heute üblichen Klassifikation in ‹Kompatibilismus› und ‹Inkompatibilismus› versehen.[37] Er vereinigt scheinbar unversöhnliche Gegensätze. Auf der einen Seite war er von der ausnahmslosen und die gesamte Natur erfassenden Geltung der Naturgesetze überzeugt, also ein empirischer Monist. Ein empirischer Monist glaubt, dass allem beobachtbaren Geschehen eine einzige Art von Gesetzmäßigkeit, eben die Naturgesetze, zugrunde liegt. Andererseits war Kant transzendentaler Monist. Diese Überzeugung lässt sich so beschreiben: Alle Arten von Gesetzmäßigkeiten, seien es solche der Natur oder der Moral, werden von der menschlichen Vernunft erdacht, gefordert und überprüft. Dies sind in Kants Sprache ‹Postulate der Vernunft›, Forderungen der Vernunft, für die sie unabweisbare Gründe hat. Dieser Monismus ist transzendental, weil er etwas darüber sagt, wie die menschliche Vernunft überhaupt zu der Einsicht gelangen kann, dass es Gesetzmäßigkeiten empirischer und nicht-empirischer, also z. B. moralischer Art gibt. Diese beiden Arten des Monismus passen, wenn man Kant folgt, bestens zusammen. Denn der zweite kommt in der Reihenfolge, in der wir Menschen Gesetzmäßigkeiten denken und erkennen, vor dem ersten, d. h., der transzendentale Monismus hat kognitiv Vorrang vor dem empirischen.

Wenn es aber darum geht, Gesetzmäßigkeiten empirisch zu prüfen, gibt es nur den empirischen Monismus und sonst keinen.

Eine Relativierung des empirischen Monismus kann es für Kant nicht geben, weil es widersprüchlich wäre, einerseits von Naturnotwendigkeit zu sprechen, andererseits Ausnahmen zuzulassen und eine ursächliche Wirksamkeit z. B. des Willens jenseits der Naturgesetze anzunehmen. Er sagt in aller Klarheit, dass «der empirische Charakter der Willkür» den Determinismus voraussetze.[38] Für alles, was wir Menschen wollen, gelten nach seiner Überzeugung die Naturgesetze. Das ist äußerst unbefriedigend, weil wir, empirisch gesehen, keine noch so kleine Lücke für die Wirksamkeit des Willens jenseits der Naturgesetze bei Kant finden. Kant ist sogar überzeugt, dass sich empirisch nichts über die Freiheit des Willens herausfinden lasse.

Diejenigen, die nach wissenschaftlichen Argumenten oder gar Beweisstücken für die Willensfreiheit suchen, muss Kant ebenso enttäuschen wie diejenigen, die im Vertrauen auf den Determinismus davon überzeugt sind, es gebe keinen freien Willen. Kant war im Hinblick auf diese Alternativen ein Quietist, also jemand, der zu einer Frage oder einem Problem nichts sagt, weil es dazu auch nichts zu sagen gibt. Was trägt er dann zur Debatte über die Willensfreiheit bei? Sein Rat wäre, Einsichten über die Freiheit des Willens nicht empirisch und wissenschaftlich zu suchen, sondern in einem Vernunft-Modell zu finden, das uns erklärt, wie wir Menschen uns auf vernünftige Weise unsere Freiheit vorstellen können. Das Selbstverhältnis der Menschen, wie sie sich selbst und ihr eigenes Wollen und Tun durch ihr eigenes Denken vorstellen, ist weder für Kant noch für uns heute ein Gegenstand empirischer Forschung. Das soll nicht heißen, dass sich über unser Wollen und Tun wissenschaftlich nichts sagen ließe, im Gegenteil. Wir haben darüber immer mehr Informationen, nicht zuletzt diejenigen, die die Hirnforschung liefert. Es ist aber Kants besondere Einsicht, dass wir Menschen uns, ähnlich wie wir in der Ethik selbst Verbindlichkeiten begründen, auch bei der Beschreibung der Natur die Gesetzmäßigkeiten selbst ausdenken, für die wir dann empirisch Bestätigungen finden oder nicht. Wir benutzen auch in der empirischen Forschung ein Vernunft-Modell, eine selbst erdachte Vorstellung der Funktionsweise unserer Erkenntnis und ihrer Beziehung zur Natur, zur eigenen ebenso wie zur äußeren. ‹Freiheit› kann in einem solchen Vernunft-Modell nur eine grundlegende, das menschliche Selbstverhältnis prägende, aber keine empirisch feststellbare Tatsache sein.

Heißt das nicht, dass es dann auch keine Willensfreiheit gibt? Wenn man davon ausgeht, dass es nur das gibt, was empirisch feststellbar ist, gibt es sie tatsächlich nicht. Kant kann auch heute jeden Hirnforscher in dieser Überzeugung bestärken, weil er meinte, dass Freiheit nicht einmal ihrer Möglichkeit nach empirisch beweisbar sei.[39] Es wäre aber falsch, daraus zu schließen, dass sie, weil empirisch nicht feststellbar, auch wirkungslos sei. Bloße, empirisch nicht feststellbare Gedanken können recht wirkungsvoll sein. Und alles, was den Namen ‹Freiheit› oder ‹frei› verdient, entsteht im Denken und aus Gedanken. Wenn die Wirkung von Gedanken davon abhinge, ob sie empirisch feststellbar sind, könnten wir uns nicht erklären, wie Menschen Gesetzmäßigkeiten erkennen, als Gesetz formulieren und dann auch als solches nutzen könnten. Zunächst entstehen Gesetze im menschlichen Denken, bevor sie getestet und genutzt werden. Es erschiene daher absurd anzunehmen, unser Denken sei wirkungslos. Schließlich ist ja auch das, was wir verstanden haben müssen, um empirische Gesetze zu verstehen, nachzuprüfen und zu nutzen, nicht empirisch feststellbar. Wir Menschen können uns Ordnungen ausdenken und können deswegen auch Ordnungen erkennen, in der Natur ebenso wie in der Gesellschaft. Kant hatte genau diesen Gedanken im Sinn, als er schrieb, dass sich die Vernunft «mit völliger Spontaneität eine eigene Ordnung nach Ideen» macht und in diese Ordnung «die empirischen Bedingungen hineinpaßt».[40] Die Vernunft kann in die empirische Ordnung ebenso empirische Informationen wie nicht-empirische moralische Forderungen einpassen, also auch Handlungen fordern, «die doch nicht geschehen sind».[41] Denn in der von der menschlichen Vernunft ausgedachten Ordnung sind die spontanen, selbst erdachten Ursachen nicht weniger real als in der Ordnung, die sich dann empirisch bestätigen oder verwerfen lässt.

Kant legte besonderen Wert darauf, dass die Wirksamkeit der spontan erdachten Ursachen vor allem an den moralischen Gesetzen evident und leicht erkennbar sei. Schließlich gebe es, meinte er, keine empirischen Ursachen für das, was ich tue, wenn ich tue, was ich soll.[42] Natürlich gibt es alle möglichen empirischen Ursachen, die normativen Charakter haben: wenn ich z. B. tue, was ich selbst zwar nicht will, aber wozu mich andere zwingen, oder wenn ich mich gegen das, was ich gewöhnlich tue, entscheide und mich an das Verhalten anderer anpasse. Das sind aber keine wirklichen Einwände gegen die Möglichkeit von Freiheit. ‹Spontane Selbstbestimmung› ist in diesem Zusammenhang das Stichwort, das es notwendig macht, etwas verspätet zu klären, was Kant überhaupt unter ‹Willensfreiheit› verstand.

Zu Beginn dieses Abschnitts habe ich darauf hingewiesen, dass Kants Auffassung von Willensfreiheit nicht im Gegensatz zu der – von Locke und Frankfurt vertretenen – Überzeugung steht, dass physische oder psychische Einschränkungen weder Freiheit noch Verantwortung unmöglich machen. Diese vielleicht überraschende Behauptung will ich jetzt begründen. Ähnlich wie Locke und Frankfurt verstand Kant Freiheit nicht im Sinn der Indifferenz. Das Kriterium ‹hätte anders handeln können› kann in seiner Theorie die Bedeutung von ‹frei› nicht erklären. Eine Person handelt nach Kant nicht deswegen frei und verantwortlich, weil sie auch anders handeln könnte. Sie handelt nur dann frei, wenn sie ihren Willen vernünftig bestimmt, und zu dieser Bestimmung gibt es – nach Kant – keine gleichwertige Alternative.

Wie wenig die Indifferenzfreiheit, d. h. die Möglichkeit alternativer Handlungen, das trifft, was ‹Freiheit› bedeutet, erkennen wir bereits an der Unergiebigkeit dieser Annahme. Wir müssen uns nur vorstellen, was die möglichen Antworten auf die Frage, ob jemand auch hätte anders handeln können, erklären. Wir erkennen so rasch, dass es ganz gleichgültig ist, ob die Frage bejaht oder verneint wird. Beide Antworten erklären nichts, weil – wie wir gleich sehen – keine etwas darüber aussagt, ob der Person im Hinblick auf das, was sie tat, ein freier Wille zugeschrieben werden kann, und worin er zum Ausdruck kam. Wird die Frage nämlich bejaht, entsteht die weitere Frage, *warum* sie dann nicht etwas anderes oder gar nichts tat. Es bleibt unklar, ob sie nicht die Freiheit hatte, eine der möglichen Alternativen zu wählen, oder ob sie diese Alternativen bewusst mied. Wird die Frage dagegen verneint, muss es Ursachen dafür geben, dass die Person nur das tun konnte, was sie tat. In Frage kommen äußerer Zwang oder ähnliche Einflüsse, aber auch die eigene Entscheidung, also – wenn man so will – der Selbstzwang oder die Selbstverursachung. Weder der äußere noch der innere Zwang schließen aber aus, dass die Person einen freien Willen hatte. Denn es spricht auch in diesem Fall nichts dagegen, dass sich die Person unter all diesen Bedingungen frei zu dem entschied, was sie tat. Es lohnt sich also nicht, zur Klärung dessen, was ‹Freiheit› bedeutet, der Frage nachzugehen, ob eine Person auch hätte anders handeln können. Die Antworten sind unergiebig. Deswegen bietet das Konzept der Indifferenzfreiheit keine tragfähige Grundlage, um das zu verstehen, was ‹Willensfreiheit› bedeutet.

Kant war aus anderen Gründen ein Gegner der Indifferenz-Auffassung[43] der Freiheit. Sein Grund lag in der Überzeugung, dass die Freiheit des Willens allein an dem erkennbar wird, was eine Person tatsächlich tun will. Die Spontaneität der Handlung besteht nach diesem Konzept darin, dass eine Person ihrem Wollen Ausdruck verleiht, und nicht in dem, was sie nicht will oder unter anderen Umständen möglicherweise gewollt hätte. Wenn eine Person ihrem Willen entsprechend anders hätte handeln können, hätte sie es auch getan. Dass sie es nicht tat, ist kein Argument gegen die Willensfreiheit, im Gegenteil.

Ich stimme Kant in dieser Auffassung zu. Wenn eine Person überhaupt als Ursache ihres Wollens und Tuns anzusehen ist, dann kann sich ihre kausale Kraft auch in nichts anderem zeigen als in dem, was sie tatsächlich getan hat.

Kant hat sehr viel mehr zum Thema ‹Freiheit› zu sagen gehabt als das, was ich bisher skizziert habe. Er beschränkte sich nicht darauf, empirische Beweisversuche der Willensfreiheit für unmöglich zu erklären, sondern forderte auch – vorübergehend jedenfalls –, dass Freiheit zumindest in praktischer Hinsicht bewiesen werden müsste. Dies tat er im Dritten Abschnitt seiner *Grundlegung zur Metaphysik der Sitten*. Dort verlangte er, dass «Freiheit als Eigenschaft des Willens aller vernünftigen Wesen bewiesen werde».[44] In einer Anmerkung zu dieser entschiedenen Forderung schränkte er ein, dass er die Freiheit dem Handeln der vernünftigen Wesen «bloß in der Idee» zugrunde lege, der theoretische Nachweis ihrer Wirklichkeit aber offen bleibe. In der *Kritik der praktischen Vernunft* nahm er den Gedanken eines praktischen Nachweises der Willensfreiheit nicht mehr auf. Es genügte ihm, Freiheit als ein «Faktum der Vernunft» anzunehmen.[45] Diese Erklärung lässt sich durchaus mit dem vereinbaren, was ich oben das Vernunft-Modell der Freiheit nannte. Es ist der Versuch der menschlichen Vernunft, Freiheit in einer sinnvollen Ordnung der Wirklichkeit zu denken. Auf den transzendentalen Charakter dieser Auffassung von Freiheit habe ich hingewiesen. Im Rahmen seines Vernunft-Modells bezeichnete Kant die Freiheit auch als «absolute Spontaneität»[46] und als «das Vermögen, einen Zustand von selbst anzufangen».[47] Er meinte damit die eben beschriebene kausale Kraft des Willens, der von der Vernunft und nicht von Neigungen und Trieben bestimmt ist. Deswegen hielt er auch fest: «Die *Freiheit* im *praktischen Verstande* ist die Unabhängigkeit der Willkür von der Nöthigung durch die Antriebe der Sinnlichkeit.»[48] Kants Auffassung der Willensfreiheit ist, wie ich oben erklärte, im wissenschaftlichen Sinn quietistisch. Er wollte nur über die erkennbare «intelligibele Ursache»[49] der menschlichen Handlungen, also nur über das begrifflich fassbare und beurteilbare Verhältnis zwischen Personen und Handlungen sprechen. Mentale, psychologische oder physiologische Ursachen für die Willensfreiheit und freies Handeln zu suchen, erschien ihm nicht vernünftig, weil solche Ursachen nach seiner Überzeugung keinen Einfluss auf die Freiheit haben. Die Freiheit des Willens verstand er als moralisch wirksame Ursache, die daran erkennbar wird, dass Menschen tun, was sie sollen.

Es fällt uns heute nicht leicht, die Willensfreiheit im Sinne Kants – ‹bloß in der Idee› – als Ursache eigener Art von Handlungen zu verstehen, die dann aber doch real wirksam sein soll. Eine berührungslose, bloß gedachte Koexistenz der Freiheits- und Naturursachen können wir uns vorstellen, aber dann hätte die Willensfreiheit keine wirkliche Bedeutung. Wenn Kants Einsichten theoretisch zu Buche schlagen sollen, müssen sie sich in ein überzeugendes Verständnis menschlichen Handelns integrieren lassen. Ich nehme seinen Gedanken der Freiheit als Spontaneität später auf und stelle ihn in den Rahmen eines Konzepts, das die handelnde Person als Ursache dessen, was sie tut, begreifbar machen will.[50] Ein anderer Grund für eine distanzierte Haltung gegenüber Kants Verständnis der Willensfreiheit ist sicher, dass das, was ‹Wille› und ‹Wollen› bedeuten, nicht mehr nur und ausschließlich als eine Angelegenheit philosophischer Begriffsbildung betrachtet wird. Die Kompetenz für solche Begriffe liegt zumindest teilweise bei den empirischen Sozialwissenschaften, besonders bei der Psychologie. Die empirische Psychologie hat in Laborversuchen zu zeigen versucht, dass so genannte Minimalhandlungen wie das Schnippen mit den Fingern physiologisch beginnen und vom menschlichen Gehirn gesteuert werden, bevor sie dem Menschen bewusst sind.[51] Dieser Befund zwingt uns dazu anzuerkennen, zumindest aber in Betracht zu ziehen, dass Menschen, bevor sie bewusst beabsichtigen, mit einem bestimmten Finger zu schnippen, bereits eine feststellbare physiologische Bereitschaft, ein vorbereitendes Potential, dafür aufbauen. In gewisser Weise tun Menschen also etwas, bevor sie es beabsichtigen. Wer würde nach dieser Feststellung nicht sofort an Determinismus, unbewusste, subpersonale Steuerung und Unfreiheit denken? Für solche Befürchtungen gibt es aber keinen Grund. Denn jene Ergebnisse der empirischen Psychologie lassen sich nicht als Nachweis dafür verstehen, dass es keine Freiheit gibt. Die menschliche Freiheit sollte – und konnte – mit den Laborversuchen nicht widerlegt werden. Es ist aber dennoch wichtig, sich darüber klar zu werden, was es heißt, dass – zumindest bei Minimalhandlungen – unsere bewussten Absichten nicht die ersten Ursachen der körperlichen Bewegungen sind. Natürlich wäre es voreilig, von den Einsichten über Minimalhandlungen auf das Verständnis tatsächlicher Handlungen, die wir uns mittel- oder längerfristig vornehmen, über die wir nachdenken und dann ausführen, zu schließen. Wir können uns zwar vorstellen, dass auch die Handlungen, auf die wir uns bewusst vorbereiten, über deren Alternativen wir nachdenken und deren Risiken und Erfolgsaussichten wir beurteilen, ähnlich unbewusste physiologische Ursachen haben wie das Schnippen von Fingern; diese Ursachen bestimmen aber nicht die Bedeutung und das Verständnis dieser Handlungen.

Es kommt darauf an, was wir genau unter ‹Handlungen› verstehen. Sie bestehen ja nicht nur aus rationalen oder irrationalen Überlegungen und Zielsetzungen, sondern auch aus dem beobachtbaren körperlichen Verhalten. Das Verhalten im Sinn der Körperbewegungen hat eigene Bedingungen und Ziele, es setzt andere Fertigkeiten voraus als die abwägende, rationale Beurteilung der Chancen und Risiken dessen, was man erreichen will. Die körperlichen Fertigkeiten und ihre Verbesserung werden wohl, das können wir aus Libets Experimenten lernen, sehr viel weniger von bewussten Überlegungen geleitet als die Beurteilung der Handlungen und ihrer Ziele. Im Gegenteil, die körperlichen Fertigkeiten werden umso besser, je unabhängiger sie von bewussten Überlegungen und je mehr sie von den nicht bewussten, subpersonalen physiologischen Prozessen gelenkt sind. Was z. B. ein Pianist mit seinen Fingern leistet, wird zu Beginn seines Lernprozesses bewusst von ihm gesteuert und ist auf diesem Niveau nicht unbewusst verursacht, wie minimal seine Fingerbewegungen auch sein mögen. Sein Lernerfolg wird nämlich davon abhängen, dass er jede seiner minimalen Fingerbewegungen bewusst korrigieren kann, dass er vielleicht bewusst eine andere Technik wählt, wenn er mit der einen nicht weiterkommt. Der wünschenswerte Lernerfolg wird aber darin bestehen, dass er irgendwann nicht mehr an die Bewegungen denken muss, die er mit seinen Fingern ausführt. Dann kann er vielleicht Konzerte geben. Je weniger ihm die Bewegungen seiner Finger im Einzelnen bewusst sind, desto freier und ausdrucksvoller kann er spielen und das Klangbild eines Stückes individuell gestalten.

So ähnlich können wir uns das Zusammenspiel unbewusster, subpersonaler und bewusster Ursachen bei Handlungen allgemein vorstellen. Wir üben die Koordination der gedanklichen Vorarbeit, die wir für unsere Ziele benötigen, mit den körperlichen Bewegungen ein. Auch bei spontanen, nicht im Voraus geplanten Handlungen können wir dann auf den Fundus des mehr oder weniger mechanisch Eingeübten zurückgreifen. Dies gilt aber nicht nur für die Körperbewegungen, sondern auch für sprachliche[52] und intellektuelle Fähigkeiten. Auch Gedankengänge müssen vielfach geprobt werden, bevor man sie überzeugend vortragen kann. Argumentieren – sei es schriftlich oder mündlich – will z. B. gelernt und so eingeübt sein, dass auch schwierige gedankliche Figuren ohne die bewusste Vorbereitung jedes einzelnen Schritts gelingen. Analog kann man auf einleuchtende Weise die Ergebnisse der Libet-Studien auf alle Lernprozesse übertragen. Schließlich sind auch alle Formen gedanklicher Arbeit von physiologischen Leistungen des Gehirns und des Nervensystems allgemein abhängig und müssen genauso trainiert werden wie das Schnippen eines Fingers.

Der Korridor, in dem wir Menschen uns frei bewegen und selbst gestalten können, ist also auch durch die Lernprozesse bestimmt, die wir durchlaufen und die uns befähigen zu sprechen, zu argumentieren oder Klavier zu spielen. Dieses Bild freien Handelns nimmt Abschied von der Überzeugung Kants, dass freies Handeln nur von «intelligiblen Ursachen» bewirkt wird, die keine physiologischen Korrelate haben. Was wir seit der Kindheit eingeübt haben an sprachlichen, geistigen und körperlichen Leistungen, gehört zu den Voraussetzungen und zum Rahmen der individuellen Freiheit. Es mag pathetisch klingen, aber diese selbst erarbeiteten Voraussetzungen des Sprechens und Handelns zählen ebenso zu den Bedingungen unseres individuellen Daseins wie unsere natürliche und soziale Umwelt. Diese Bedingungen wirken beim individuellen Handeln zumindest indirekt, oft auch direkt mit. Individuelle Freiheit ist ein Produkt dieser Bedingungen und keine rein subjektive, voraussetzungslose Selbstverursachung. Dennoch werden Handlungen mit guten Gründen individuell zugeschrieben und verantwortet. Die handelnde Person hat – wenn man so will – das letzte Wort, wenn es darum geht, etwas zu tun oder zu lassen. Was sie tut, tut sie freiwillig, aber freiwillig heißt weder frei von jeder Art von Zwang noch frei von äußeren oder inneren, bewussten oder unbewussten Einflüssen. Individuelle Freiheit benötigt im negativen Sinn – als Freiheit *von* – nicht mehr als die Fähigkeit, ‹nein› sagen zu können, also das eine nicht und dafür das andere oder gar nichts zu tun. Im positiven Sinn – als Freiheit *zu* – hängt alles davon ab, was eine Person sich an Fähigkeiten erarbeitet hat und in welcher Umwelt sie lebt. Ihre Gestaltungsfreiheit und Spontaneität wird von einem Bündel von Voraussetzungen ermöglicht, von denen wenige ganz in ihrer eigenen Hand liegen. Allerdings sind es diese wenigen Voraussetzungen, die eine Person von einer anderen unterscheiden; deswegen bewundern wir eine Künstlerin oder einen Künstler, eine Wissenschaftlerin oder einen Wissenschaftler. Und das dichterische Credo von Jean Racine in seiner Vorrede zu Bérénice «Faire quelque chose de rien» (etwas aus dem Nichts heraus tun) begeistert uns, weil wir jene Leistungen so bewundern, als wären sie wie die göttliche Schöpfung aus dem Nichts geschaffen. Man sieht den Werken nicht mehr an, welcher Mühsal die Könnerschaft bedurfte, und man schätzt sie ohne Ansehung der Daseinsbedingungen, unter denen sie entstanden sind.

3.2.2. Spielräume des Handelns

Kant kam mit seiner Auffassung des künstlerischen Genies in der *Kritik der Urteilskraft* dieser Mixtur aus allgemeinen und besonderen Bedingungen des Schöpferischen sehr nahe. Der Künstler oder die Künstlerin teilen mit jedermann das ästhetische Urteilsvermögen. Insofern sind alle Menschen mit ihrem «Gemeinsinn» – im Sinn des Sensus communis – auf passive Weise Künstlerinnen und Künstler. Der Unterschied besteht – nach Kant – nur darin, dass Letztere das, was sie sich individuell als Kunstwerk vorstellen, auch verwirklichen und sichtbar oder hörbar gestalten können. Dieses Quäntchen Kraft und Fähigkeit fehlt uns anderen. Ich erwähne diesen Gedanken der Dritten Kritik, weil er mit einer Auffassung von individueller Freiheit vereinbar ist, die wir heute verstehen und akzeptieren können. Kant beschrieb das Genie als «musterhafte Originalität der Naturgabe eines Subjekts im *freien* Gebrauche seiner Erkenntnisvermögen».[53] Damit wollte er sagen, dass das Genie seine Einbildungskraft und seinen Verstand, die beiden Erkenntniskräfte, die wir allgemein – nach Kant – im ästhetischen Urteil miteinander ins Verhältnis setzen, frei und unabhängig gebrauchen kann. Was Kant zu den grundlegenden Fähigkeiten des Genies sagt, lässt sich verallgemeinern und auf alle Menschen anwenden. Denn unabhängig von der künstlerischen Gestaltungskraft sind alle Menschen im Umgang mit ihren Erkenntniskräften frei, allerdings nur im Rahmen ihrer Lebens- und Daseinsbedingungen, über die Kant noch nichts sagte. Und diese Daseinsbedingungen können ebenso von dauernder Behinderung, von vorübergehender Einschränkung, von Krankheit, von Arbeitslosigkeit, Armut und Not bestimmt sein wie von Begabungen, mühsam erarbeiteten Fähigkeiten, interessanter Arbeit, Glück und Gesundheit.

An solche glücklichen oder unglücklichen Daseinsbedingungen denken wir selten und nicht gerne. Viel lieber sehen wir die individuelle Freiheit im idealen Licht uneingeschränkter Gestaltungskraft. Wenn wir aber sowohl von idealen als auch von glücklichen oder unglücklichen Bedingungen absehen, wird doch ein Lackmustest der individuellen Freiheit mit der Frage verbunden sein, was wir in Situationen tun, auf die wir nicht vorbereitet sein können. Die Spontaneität, die in solchen Situationen gefordert ist, gibt uns ein realistisches Bild des Spielraums unserer Möglichkeiten, den wir ‹Freiheit› nennen. Wir haben Beispiele solcher Situationen zumindest begrifflich abstrakt als Moralkonflikte kennen gelernt. Wenn solche Konflikte erstmals auftreten, ist niemand auf sie vorbereitet. Die individuelle Freiheit in einer Situation, für deren Lösung es keine ethischen Regeln gibt, ist nicht mit der Fähigkeit, ‹nein› sagen zu können, erschöpft. Denn ‹nein› sagt angesichts eines Moralkonflikts gar nichts. Es wäre aber auch unsinnig, solche Konflikte als Situationen der Unfreiheit und des Zwangs zu beschreiben. Denn wir könnten dann immer, wenn es schwierig wird, das Klagelied der Unfreiheit und des Determinismus anstimmen und uns aus der Verantwortung stehlen. Wenn es keine geregelten Lösungen von Konflikten gibt, tritt der Ernstfall ein, der uns einen Begriff der Freiheit gibt, die wir beanspruchen müssen, um Verantwortung zu tragen. Wenn überhaupt, dann finden wir in solchen Situationen einen Nachweis unserer Spontaneität. Denn der Umgang mit Konflikten kann erst erlernt werden, nachdem sie aufgetreten sind. Die Spontaneität für mögliche Lösungen wird aber davon abhängen, wie gut unsere Reflexionsfähigkeit trainiert ist und wie gut begründet die Verfahren zur Problemlösung sind. ‹Spontan› bedeutet weder ‹kopflos› noch ‹ungeübt› oder ‹unwillkürlich›. Im Gegenteil, je höher der Stand geistiger und körperlicher Fähigkeiten ist, desto spontaner können Menschen mit neuen, ungewohnten Situationen und Problemen fertig werden.[54]

Lediglich in Situationen normativer Überforderung, für die es keine dauerhaften Lösungen gibt, weil sie etwa chronisch auftreten, wird der Spielraum unserer Möglichkeiten so eng, dass wir unsere Freiheit teilweise einbüßen können. Diesen Verlust an Freiheit haben wir anders als etwa beim Missbrauch von Technologien nicht individuell zu verantworten. Wir gefährden oder zerstören damit nicht durch eigenes Verschulden unsere Daseinsbedingungen. Und da es individuelle Daseinsbedingungen sind, kann ihre Zerstörung lange unauffällig und auch mit sozialen Maßnahmen nicht wieder gutzumachen sein.

3.2.3. Personen als Ursachen ihres Handelns

Meine Behauptung, dass es Freiheit nicht so gibt wie Personen oder Sachen, richtete sich einerseits gegen die von Kant vertretene Auffassung, Willensfreiheit sei eine Ursache mit eigener – bloß gedachter – Wirksamkeit, neben und unabhängig von den natürlichen Ursachen des Handelns. Andererseits teile ich mit Kant jedoch die Überzeugung, dass die Willensfreiheit empirisch nicht belegbar, aber gleichwohl wirkungsvoll ist, und versuche, sie in eine Auffassung des menschlichen Handelns zu integrieren, die nur einen Typ von Verursachung kennt. Freiheit ist für sich genommen so keine Ursache. Nur *Personen*, die frei sind, können wir als Ursachen ihrer Handlungen verstehen. Willensfreiheit wird über die Person, die handelt, wirksam, ohne dass ihre Wirksamkeit eigens empirisch erkennbar und von der Wirksamkeit anderer Eigenschaften und Fähigkeiten der Person unterscheidbar wäre. Damit bleibt noch offen, wie freies Handeln zu verstehen ist. Allerdings sollte ich betonen, dass die Behauptung, Freiheit sei keine Ursache, nicht unterstellt, Freiheit sei eine Illusion.[55] Dass wir Freiheit nicht als Ursache von Handlungen feststellen können, bedeutet nicht, dass sie für das Handeln keine Bedeutung hat und wie ein schöner Schein unserer Phantasie entspringt. Denn es gibt freies ebenso wie unfreies, von einzelnen Personen zu verantwortendes ebenso wie von keiner einzelnen Person oder gar von niemandem zu verantwortendes Handeln. Für Völkermord, Folter oder Ausbeutung können nur viele und nicht ein Einzelner verantwortlich sein. Für die Zerstörung von Teilen des Ozongürtels durch die FCKWs war bis zu dem Zeitpunkt, zu dem diese Ursache gefunden wurde, niemand verantwortlich. Es war eine Nebenfolge, von der lange niemand, einschließlich derjenigen, welche die FCKWs entwickelten, etwas wissen konnte.[56]

Freie oder unfreie Handlungen gibt es nur, weil es freie oder unfreie Personen gibt, die sie vollzogen oder verursacht haben. Sie besitzen ihre Freiheit oder Unfreiheit zwar individuell, ihre individuelle Existenz ist aber allein nicht hinreichend für ihre Freiheit oder Unfreiheit. Die Freiheit jeder einzelnen Person lässt sich nur im Rahmen der allgemeinen Daseins- und ihrer jeweiligen Lebensbedingungen verstehen. Dies ist nicht etwa ein Zugeständnis an die sittliche Praxis der Rechtsprechung, welche die Lebensbedingungen der Menschen bei der Beurteilung ihrer Verantwortung berücksichtigt, sondern selbst eine ethische Forderung. Nur wenn Freiheit sowohl eine Bedingung des Lebens und Daseins von Menschen als auch eine Fähigkeit von Personen ist, kann sie auch im ethischen Sinn ursächlich für die individuelle Verantwortung sein. Es geht mir hier nun nicht um eine inhaltliche Beschreibung der Bedingungen des menschlichen Daseins, die ich oben als ‹vorausschauende Verantwortung› und Sorge beschrieb.[57] Im Vordergrund steht jetzt die Frage, in welchem Sinn Freiheit eine Fähigkeit von Personen ist.

3.2.3.1. Schwierigkeiten mit den Ursachen freien Handelns

Philosophen streiten darüber, was genau Ursachen von Handlungen sind und ob Handlungen überhaupt Ursachen haben. Es geht mir hier nicht darum, mit zu streiten. Ich kann dem Streit aber auch nicht einfach ausweichen. Nachdem ich nämlich einige Mühe darauf verwandt habe nachzuweisen, dass Freiheit – als Willensfreiheit – keine Ursache von Handlungen sein kann, muss ich nun wohl oder übel erklären, was die Ursachen freier Handlungen sind. Die eben erneut erwähnten Daseinsbedingungen beschreiben den Rahmen oder Korridor freien menschlichen Handelns und haben ohne Zweifel einen ursächlichen Anteil daran, was Menschen wollen und tun. Sie sind aber keine unmittelbar wirksamen Ursachen freier Handlungen, sondern müssen erst durch Personen dazu gemacht werden.

Nun habe ich bereits behauptet, Personen seien die Ursachen von Handlungen und freie Personen dementsprechend die Ursachen freier Handlungen. Damit nahm ich nolens volens eine bestimmte Haltung in jenem Streit über die Ursachen von Handlungen ein. Sie trägt den wenig aussagekräftigen Namen ‹Handlungskausalität›. Manche nennen sie auch ‹Akteurskausalität›. Kaum hilfreicher ist der englische Name ‹agent causality›.[58] Dabei geht es um die zunächst schlichte Überzeugung, dass die Akteure selbst die Ursachen ihrer Handlungen sind. Mancher wird nun sagen, ‹was denn sonst?›; dabei ist es überhaupt nicht klar, was es bedeutet, dass Personen Ursachen dessen sind, was sie tun. In den vergangenen Jahrzehnten schrieben viele Philosophen[59] lieber mentalen Ereignissen wie den Absichten, Wünschen und Überzeugungen von Personen als diesen selbst eine kausale Kraft zu. Dies scheint klarer und einfacher zu sein, als Personen als Ursachen zu verstehen. Dieser Vorteil ist aber rasch verbraucht. Denn man muss sich dann wieder fragen, wie jene mentalen Ereignisse ihrerseits verursacht werden. Man landet also bei neuen Problemen. Deswegen ist es hier nicht nötig, auf dieses Konzept näher einzugehen. Stattdessen werde ich mich bemühen, die Personen selbst als Ursachen ihres Tuns zu charakterisieren.

Wenn man, so klar und einfach es geht, von Ursachen spricht, meint man damit Kräfte, die zu einem bestimmten Zeitpunkt und an einem bestimmten Ort nach bestimmten Gesetzmäßigkeiten wirksam werden. Die Graviation ist z. B. die Kraft eines Körpers mit einer bestimmten Masse, einen oder mehrere andere Körper dazu zu bewegen, ihre Lage zu verändern oder beizubehalten. Wenn man ähnlich von Personen sprechen will, müssen eine Reihe von Bedingungen erfüllt sein: Es muss ähnliche Gesetzmäßigkeiten wie die Gravitation geben, die man ihnen sinnvoll zuschreiben kann, und sie müssen für alle Personen in gleicher Weise gelten. Auf den ersten Blick scheint es nicht sehr wahrscheinlich, dass es solche Gesetzmäßigkeiten gibt, weil es ja um freie Personen gehen soll und nicht um gesetzlich determinierte. Dem ist entgegenzuhalten, dass auch Gesetzmäßigkeiten wie die Gravitation bei jedem Körper seiner Masse und Lage entsprechend anders wirken – und trotzdem Gültigkeit haben. Wenn also Personen in jenem Korridor von Möglichkeiten, innerhalb dessen sie sich und ihr Leben gestalten können, ihren jeweiligen individuellen Bedingungen entsprechend anders handeln, sprechen diese individuellen Verschiedenheiten des Verhaltens nicht per se gegen die Geltung von Gesetzmäßigkeiten. Außerdem haben wir am Beispiel des Pianisten gesehen, dass bestimmte Lernprozesse nicht nur physiologische, sondern auch geistige Prägungen bewirken, die dann zur subpersonalen, psychologischen Ausstattung eines Menschen gehören. Sowohl die Lernprozesse als auch deren Wirkungen lassen sich im Rahmen von Gesetzmäßigkeiten des Verhaltens verstehen und beschreiben.

Was beim Verständnis von Personen als Ursachen Schwierigkeiten bereitet, ist zum einen der Ereignischarakter von Ursachen. Es wäre einfach unsinnig zu sagen, Personen seien, wenn sie handeln, die Ereignisse, welche die Handlungen nach bestimmten Gesetzmäßigkeiten verursachen. Personen sind keine Ereignisse. Die zweite Schwierigkeit ist die, dass Personen dann, wenn sie als Ursachen gelten sollen, selbst als verursacht gelten müssten. Das wäre aber noch unsinniger, weil sie dann tatsächlich determiniert und nicht frei wären. Die dritte Schwierigkeit ist, dass der Status von Handlungen selbst unklar ist. Wenn sie Wirkungen sind, müssen sie ihrerseits Ursachen von etwas anderem sein. Doch was sollte dies sein? Im Folgenden wird rasch deutlich, dass diese drei Schwierigkeiten zu lösen sind.

Die erste Schwierigkeit ist einerseits in einem trivialen Sinn keine und andererseits eine Scheinschwierigkeit, die auf die Art der sprachlichen Darstellung zurückgeht. Sie ist insofern keine, als Personen natürlich physiologisch gesehen – vom Stoffwechsel bis zur Tätigkeit des Gehirns – ein Bündel von Ereignissen sind, und einige dieser Ereignisse haben ursächlich etwas mit den Handlungen zu tun, welche eine Person vollzieht. Wir kennen diese Ereignisse bei weitem nicht alle, und über die wenigen, die wir kennen, können wir nur insoweit begrifflich und praktisch verfügen, als sie uns bewusst oder in unserem Verhalten evident, aber unbewusst wirksam sind. Die sprachlich motivierte Scheinschwierigkeit besteht darin, dass eine Person als Ursache genauso wenig ein Ereignis ist wie die Gravitation. So wie die Gravitation als kausale Kraft ein Ereignis erklärt, soll die kausale Kraft einer Person eine Handlung erklären. Die Gravitation ist eine Gesetzmäßigkeit, die bestimmte Kräfte erklärt, die Körper aufeinander ausüben. Eine Person ist zwar keine Gesetzmäßigkeit im gleichen, berechenbaren Sinn wie die Gravitation; dazu wissen wir über die Gesetzmäßigkeiten, die im Leben einer Person die entscheidende Rolle spielen, zu wenig. Eine Person hat aber eine kausale Kraft, bestehend aus Fähigkeiten, die wir als begriffliche und praktische Vermögen beschreiben, wie immer sie physisch beschaffen sein mögen. Diese Kraft bewirkt die Veränderungen bei ihr selbst und bei anderen, hat aber auch Einfluss auf die Gegenstände und Zustände ihrer Umwelt. Es wäre verfehlt zu sagen, dass diese Fähigkeiten oder Vermögen Ereignisse sind. Sie können aber gebündelt als kausale Kraft Ereignisse bewirken und sind ihrerseits durch Ereignisse angestoßen, von denen uns einige bewusst sind, weil wir sie in Lernprozessen erlebt und vielleicht auch durchlitten haben. Wir müssen also keineswegs Personen, die wir als Ursachen von Handlungen betrachten, deswegen auch als Ereignisse verstehen.

Die zweite Schwierigkeit ist ebenfalls nur eine Scheinschwierigkeit. Wer wollte bestreiten, dass Personen verursacht sind? Ein Teil dieser Ursachen geht auf die Daseins- und Umweltbedingungen zurück, ein anderer Teil auf sie selbst. Personen werden im Lauf ihres Lebens verändert und verändern sich selbst durch das, was sie tun. Von Determinismus im Sinn einer Steuerung durch Gesetzmäßigkeiten, deren hilflose Opfer Personen wären, kann keine Rede sein. Natürlich können Personen, wenn sie keinen Spielraum haben, auch Opfer von Gesetzmäßigkeiten sein, denen sie nicht ausweichen können. Personen können sich aber auch vielerlei Gesetzmäßigkeiten aneignen, die sie dann, wenn sie sie – so gut wie etwa der Pianist – gelernt haben, subpersonal beherrschen. Personen können zwar keine Gesetzmäßigkeiten verändern, aber sie können sich selbst verändern, indem sie sich Fähigkeiten aneignen, die sie dann in die Lage versetzen, Veränderungen in ihrer Umwelt zu bewirken.

Die dritte Schwierigkeit ist aus diesem Grund auch keine. Denn um die Veränderungen mit ihrer kausalen Kraft bewirken zu können, müssen Personen handeln. Handlungen sind also einerseits von den Personen verursacht, andererseits bewirken sie wie Ursachen ebenjene Veränderungen, die wir als Wirkungen des Handelns verstehen. Wir unterscheiden zwar häufig nicht zwischen dem Vollzug von Handlungen und ihren Ergebnissen und nennen beides Handlungen, weil wir zum Musikmachen z. B. Klavier oder Geige spielen oder zum Bildermachen photographieren oder malen müssen. Bei vielen Tätigkeiten benutzen wir für deren Vollzug dieselben Worte wie für deren Ergebnis, wie z. B. rechnen und radfahren. Diese Besonderheit unseres Sprechens kann uns aber nicht darüber hinwegtäuschen, dass der Vollzug des Radfahrens oder Rechnens noch nicht das ist, was man damit bewirken will. Im Sattel zu sitzen oder aufrecht stehend in die Pedale zu treten, kann zum Vollzug des Radfahrens gehören, ist aber nicht das, was wir meinen, wenn wir sagen, wir wollen radfahren. Und Additionen und Subtraktionen können Teil des Rechnens sein, sind aber nicht das, was wir meinen, wenn wir sagen, wir wollen Einnahmen und Ausgaben berechnen. Der Unterschied zwischen dem Vollzug und dem dabei bewirkten Ergebnis oder Ziel ist uns also durchaus klar.

3.2.3.2. Willensfreiheit und reflexiv wirksame Ursachen

Eine Schwierigkeit habe ich bisher zwar nicht verschwiegen, aber noch nicht deutlich genug gemacht. Sie besteht in der schlichten Frage, was Personen in den jeweiligen Situationen oder Augenblicken, in denen sie handeln, selbst zu Ursachen ihrer Handlungen macht. Es geht nicht wie eben um allgemeine, kurz- oder langfristig wirksame Ursachen, sondern um diejenigen, die in jedem einzelnen Fall den Ausschlag dafür geben, dass eine Person handelt. Viele meinen, es seien – wie ich schon erwähnte – ihre Absichten, Wünsche und Überzeugungen; und es gibt einen fruchtlosen Streit darüber, ob es eher die Überzeugungen oder eher die Wünsche und Leidenschaften sind, die den Ausschlag geben. Wenn Personen selbst Ursachen sein sollen, würde es nicht genügen, solchen mentalen Ereignissen allein eine kausale Kraft zuzuschreiben. Schließlich bestehen Personen ja nicht nur aus ihren mentalen Zuständen und Ereignissen. Außerdem müssten wir dann wieder erklären, wie solche geistigen Phänomene selbst wirksam werden können und welche Ursachen sie ihrerseits haben. Ohne Zweifel spielt das mentale Leben einer Person für ihre kausale Kraft eine besondere Rolle, aber eben nur eine neben anderem. Ich werde gleich die Kriterien freier Personen beschreiben und dabei besonders auf zwei Merkmale eingehen, die ich das ‹begriffliche Verständnis› und die ‹praktische Verfügung› über Gesetzmäßigkeiten nenne, denen Personen unterliegen und die sie sich aneignen. Diese Kriterien beschreiben zum einen die zunächst passive, kognitive Seite des mentalen Lebens, zum anderen die aktive, praktische Seite des Verhaltens von Personen, die beide zusammen die kausale Kraft von Personen, ihre willentliche Wirksamkeit, ausmachen. Man könnte geneigt sein, dem Wollen eine besondere Funktion zuzuschreiben, die erklärt, wie Handlungen ausgelöst und in bestimmten Augenblicken begonnen werden. Dies wäre aber voreilig, weil nur dann, wenn eine Person das, was sie will, auch kann, sie auch einen guten Grund hat, es wirklich zu tun. Das Wollen allein mag eine Handlung auslösen, und wir meinen gewöhnlich, dass solche Handlungen spontan seien. Aber selbst eine spontane Handlung kann nur gelingen, wenn eine Person über bestimmte praktische Fähigkeiten verfügt. Jedenfalls verleihen die angedeuteten kognitiven und praktischen Fähigkeiten Personen die kausale Kraft zu handeln.

Nun habe ich freilich erneut über kurz-, mittel- oder längerfristig wirksame Ursachen und nicht über den Augenblick der Verursachung einer einzelnen Handlung gesprochen. Ich kann nun nicht mehr ohne weiteres – im Blick auf den Zeitpunkt der Verursachung – auf eine Parallele zwischen der kausalen Kraft der Gravitation und derjenigen von Personen verweisen, weil ein Körper mit einer bestimmten Masse keine Wahl hat, einen anderen anzuziehen oder von ihm angezogen zu werden. Die Gravitation wirkt in jedem Augenblick genau so, wie sie allgemein wirkt. Es kommt allein auf die Masse, die raumzeitliche Lage des Körpers und seine Nähe und Distanz zu anderen Körpern an. Zwischen der allgemeinen Wirkung und dem besonderen Fall ist kein Unterschied. Nur die Masse des Körpers macht bei gleicher Lage einen Unterschied aus. Der Unterschied zwischen der allgemeinen Wirkung und derjenigen in einem besonderen Fall scheint aber für freie Personen der entscheidende zu sein. Tatsächlich wirkt die kausale Kraft von Personen aber genauso wie die Gravitation; es kommt dann allerdings noch etwas Wesentliches hinzu, nämlich die Zielsetzung. Die Gravitation ist im Unterschied zu Personen lediglich eine einfache, berechenbare Kraft. Personen sind sehr komplexe Kräfte, die unberechenbar, in ihrem Verhalten sogar chaotisch erscheinen. Sie sind aber nicht wirklich chaotisch, sondern folgen den von ihnen individuell erlernten Verhaltensmustern mit großer Stetigkeit. Abweichungen sind durch Umwelteinflüsse ebenso möglich wie bei der Gravitation oder beim Wetter. Bedeutet das aber nicht, dass Personen keine Wahl haben, das nicht zu tun, was sie tun?

Es gibt zwei eng miteinander verbundene Arten zu wählen, eine, die langfristig, und eine, die kurzfristig wirksam wird. Die erste, langfristig wirksame, ist die entscheidende Wahl; von ihr ist die kurzfristige abhängig. Personen treffen in den Lernprozessen, in denen sie ihren eigenen sittlichen Charakter[60] und ihre Fähigkeiten ausbilden und zu dem werden, was sic sind, eine langfristig wirksame Wahl. Diese Wahl ist kein Wahlakt, sondern eine Haltung, die Entschiedenheit für einen bestimmten Weg, eine Richtung und einen Kurs. Der sittliche Charakter bildet sich auf diesem Weg; er ist das Ergebnis der langfristig wirksamen Wahl. Er wird von und in der Gemeinschaft geprägt, in der die Menschen aufwachsen und leben. Die Charakterbildung ist wesentlich für die besondere sittliche Qualität und das Bewusstsein, in dem Personen ihre Kraft ausüben. Der sittliche Charakter einer Person, das, was in der aristotelischen Ethik der eingeübte Habitus ist, lässt sich zwar nicht von ihren übrigen Fähigkeiten trennen, hat aber ein anderes Gewicht. Wer sittlich gebildet ist und einen entsprechend guten Charakter hat, erscheint als reife Person, ganz unabhängig von seinen sonstigen

Fähigkeiten. Zum guten Charakter gehören auch all die emotionalen Fähigkeiten, die wie Liebe, Mitleid, Sympathie, Scham und Wohlwollen das Leben mit anderen menschlich gut und lebenswert machen. Jemand, der keinen guten sittlichen Charakter hat, kann dieses Defizit nicht durch andere bewundernswerte Fähigkeiten ausgleichen. Es gibt zwischen der Charakterbildung und den übrigen Lernprozessen einen weiteren Unterschied. Es ist so nicht vorstellbar, dass jemand, der die Anlagen für einen sittlich guten Charakter hat, ihn nicht ausbilden will und sich nicht für ihn entscheidet. Dies ist bei anderen Anlagen nicht der Fall. Der musikalisch Begabte muss selbst dann, wenn er seine Begabung erkennt, nicht notwendig ein Instrument erlernen. Die mathematisch Begabte muss selbst dann, wenn ihr die Mathematik leicht fällt, nicht Mathematikerin werden. Umgekehrt wollen weniger Begabte unbedingt Musiker oder Mathematiker werden und tun mit mehr oder weniger Erfolg alles, was dazu nötig ist. Personen arbeiten ihr Leben lang an den Gesetzmäßigkeiten ihres Verhaltens und bestimmen sie mit. Die Bildung des Charakters erreicht schon vor dem Erwachsenenalter eine gewisse Festigkeit, muss aber ein Leben lang praktisch gepflegt werden. Die Gesetzmäßigkeiten des Verhaltens, an deren Wirksamkeit die Menschen selbst mitgewirkt haben, müssen nach den entsprechenden Bildungsprozessen nicht mehr eigens von Fall zu Fall gewählt werden. Personen werden zu dem, was sie aus sich machen, und können nicht wechselnden Einstellungen oder Launen entsprechend ihren Charakter und ihre Fähigkeiten verändern.

Dieser langfristig wirksame Prozess der Charakterbildung liegt den kurzfristig wirksamen, täglich geforderten Wahlakten zugrunde. Eine Person entscheidet sich immer dann am leichtesten für etwas, wenn es ihrem Charakter entspricht und mit dem Verhaltensmuster übereinstimmt, dem sie zu folgen gelernt hat. Auch wenn sie von diesem Muster abweicht, wird sie im Repertoire ihrer Überzeugungen dafür Gründe finden, die ihre eigenen sind und mit denen sie ganz übereinstimmt. Der Wahlakt ist keineswegs vom Charakter blind determiniert, weil der Charakter selbst einen großen Entscheidungsspielraum lässt. Er gibt aber die Spur vor, auf der wir Menschen uns bewusst und unbewusst bewegen, wenn wir kurzfristig entscheiden. Zu wessen Charakter es gehört, wenig Alkohol zu trinken, wird in der Regel auch bei angenehmster Stimmung, ohne lange nachdenken zu müssen, die Einladung zu einem weiteren Glas Wein ablehnen. Lang- und kurzfristiges Wählen sind ineinander verwoben, ohne dass das eine das andere determiniert. So kann es auch vorkommen, dass der dem Alkohol gegenüber zurückhaltende Mensch hin und wieder einer Stimmung nachgibt und ein Glas zu viel trinkt. Seinem Charakter tut dies keinen Abbruch.

Der Charakter und die begrifflichen und praktischen Fähigkeiten, die eine Person kennzeichnen, weil sie lange genug von ihr eingeübt wurden, werden ihr Verhalten so lange kennzeichnen, solange sie sich davon nicht durch Einübung anderer Fähigkeiten löst. Sich von dem, was eingeübt wurde, zu lösen, macht in der Regel mehr Mühe als der erste, in jungen Jahren stattfindende Einübungsprozess. Dies alles bedeutet aber nicht, dass jede einzelne Handlung gesetzmäßig vorbestimmt wäre. Wenn eine Person sich z. B. für oder gegen das Angebot einer Praline entscheiden kann und nicht Diabetiker ist, wird ihre Wahl in jedem Augenblick nicht nur von längerfristigen Einstellungen wie ihrer Lust auf Süßigkeiten bestimmt. Sie kann auch einfach aktuell einmal eine Praline nehmen, obwohl sie es sonst nicht tut. Dann ist ihr Verhalten eben ein wenig anders als sonst, aber auch das wird zu ihr passen. Im selben Sinn kann ich ohne Grund meinen Arm heben oder zu singen beginnen. Damit weise ich meine Bewegungsfähigkeit oder meine Neigung zu Clownerien, aber nicht meine Freiheit nach.

Diese Überlegungen werden nicht jeden überzeugen, der daran festhalten möchte, dass eine Person in jedem Augenblick die grundsätzliche und uneingeschränkte Wahl hat, etwas zu tun oder nicht. Wenn eine Person tatsächlich die Ursache ihrer Handlungen ist und diese Kraft so beschrieben werden kann, wie ich es getan habe, hat es keinen Sinn, ihr in jedem Augenblick ihres wachen Verhaltens Wahlfreiheit zuzusprechen. Denn der kurzfristig wirksame Wahlakt ist aus sich heraus, losgelöst vom Charakter der Person, gar nicht erklärbar. Mit der Zuschreibung einer uneingeschränkten Wahlfreiheit in jedem Augenblick müsste die zielbewusste Mitwirkung der Person an den Lernprozessen und an deren Ergebnissen, die sich längerfristig in ihrem Charakter und Verhalten zeigen, geleugnet werden. Es wäre dann aber auch nicht möglich zu sagen, dass eine Person wirklich das kann, was sic sich angeeignet hat. Zu diesem Können gehört neben ihren charakterlichen und emotionalen Befähigungen und Haltungen ein Repertoire an Handlungsmöglichkeiten, die einer Person in jeder Situation zur Verfügung stehen. Aus diesem Repertoire kann sie tatsächlich kurzfristig wählen. Eine Person kann ein und dieselbe Handlung einmal so, ein anderes Mal so vollziehen, sich z. B. einmal für und das andere Mal gegen das zusätzliche Glas Wein entscheiden. Was sie aber nicht gelernt hat und was deswegen auch nicht zu ihrem Charakter und dem für sie charakteristischen Repertoire an Handlungen und Handlungsweisen gehört, kann sie auch kurzfristig nicht wählen.[61] Ein solches Repertoire kann eine Menge an alternativen Handlungsweisen, auch widersprüchliches Verhalten, einschließen, aber nicht die jeweils konträre Handlung zu derjenigen, die eingeübt wurde und zum Charakter einer Person gehört. Der sittlich gebildete Charakter ist gradlinig, stetig und empfindsam. Die Willensfreiheit von der Wahl zwischen konträren Handlungsmöglichkeiten in jedem Augenblick abhängig zu machen, wäre daher unsinnig. Denn eine solche Wahl könnte nur die Wirkung von Ursachen sein, die eine Person nicht eingeübt hat und die ihr gänzlich verborgen sein müssten. Das wäre in der Tat das, was viele unter ‹Determinismus› verstehen, nämlich die – aus der Sicht einer Person – blinde Wirkung von ihr unbekannten Ursachen im Verhalten.

Kant nahm an, dass Personen für bestimmte Folgen oder Ketten von Ereignissen die Auslöser oder die ersten Ursachen seien.[62] Dies scheint mit dem, was ich erklärte, in Widerspruch zu stehen. Wenn man Kants Behauptung aber ein wenig verändert und die Bedeutung des Ausdrucks ‹Erstursache› auf die kausale Kraft des Akteurs bezieht, löst sich der Widerspruch auf. Kant war der Überzeugung, dass Personen sich die Fähigkeit, dem moralischen Gesetz zu folgen, aneignen müssen. Dies widerspricht nicht dem, was ich unter einem charakterlichen Lernprozess verstehe, der einerseits angelegte Gesetzmäßigkeiten ausnutzt und andererseits zu erweiterten und veränderten Gesetzmäßigkeiten führt, an deren Entwicklung die Akteure selbst mitwirken. In gewisser Weise ist dies ein Prozess der Selbstherstellung des Charakters und aller anderen Fähigkeiten, der dem Geiste Kants entspricht. Würde eine Person z. B. nicht an einem solchen Lernprozess mitwirken, der moralisches Verhalten zum Ziel hat, würde sie in vielen Fällen etwas tun, was als amoralisch oder schlecht gelten würde. Personen sind, was immer sie tun können, keine ersten Ursachen. Sie können aber, je nach ihrer Entwicklung, von ihrem bisherigen Verhalten abweichen und mit genügend Vorbereitung erstmalig etwas tun, was sie vorher nicht konnten und deshalb auch nicht taten. Sie können je nach ihren Lern- und Entwicklungsprozessen seltene oder häufige Konstellationen von Ursachen neu bündeln, die dann auch in Wechselwirkung untereinander stehen. In diesem Punkt unterscheidet sich die kausale Kraft von Personen nicht von der Kraft der Gravitation. Die Parallele zur Gravitation geht aber noch weiter. Denn es werden zum andern – ähnlich wie bei der Gravitation – in jedem einzelnen Fall sämtliche für eine Situation relevanten allgemein geltenden Bedingungen auch wirksam. In jede einzelne Wirkung der kausalen Kraft von Personen gehen all die charakterlichen, emotionalen, begrifflichen und praktischen Fähigkeiten ein, welche diese Person für ähnliche Situationen erwarb und zu nutzen lernte. Dazu gehört auch die Fähigkeit, das, was sie kann und will, den jeweiligen Situationen anzupassen. Es ist nicht sinnvoll anzunehmen, dass diese Fähigkeiten irgendwie als mentale Zustände und Einstellungen im Hintergrund schlummern und dann plötzlich von einem äußeren oder inneren Ereignis des Wollens oder Beabsichtigens ausgelöst werden. Entweder kann eine Person eine Situation mehr oder weniger rasch erfassen, darauf eingehen und das tun, was sie in solchen Situationen will oder für solche Situationen seit einiger Zeit wollte, oder sie kann all dies nicht und geht dann auch nicht auf die Situation ein. Das Vermögen von Personen, in Situationen – im Sinn des kurzfristigen Wahlakts – Entscheidungen zu treffen und zu handeln, ist mit den Situationen selbst so eng verknüpft, als wären ihre Fähigkeiten und die Situationen jeweils Ganzheiten. Nur wenn wir für das menschliche Handeln nachträglich nach Gründen suchen und Handlungen in einzelne Schritte und Voraussetzungen auflösen, zerfallen sie in ihre Teile und Aspekte, in kurz- und langfristige Entscheidungen. Die Gestalt einer Handlung kann nur künstlich und im Nachhinein in ein mentales Inneres und ein beobachtbares Äußeres aus Körperbewegungen und Situationen aufgelöst werden. Im jeweiligen situativen Umfeld ähneln die meisten Handlungen einem eingeübten Handlungstyp, einem Muster, das dem Charakter einer Person entspricht und in vielerlei Hinsicht variiert werden kann. Ebenso ähnelt beinahe jede sprachliche Äußerung einem eingeübten Typ von Sprechakt, einem Muster sprachlichen Handelns, das von kompetenten Sprechern, also von Personen, die ihre Sprache gelernt haben, vielfach verändert und variiert werden kann.

Häufig weichen Personen in ihrem Verhalten von vielfach gebrauchten, gut eingeübten Mustern ab. Auch für das Verständnis solcher Ereignisse benötigen wir keine Wahlfreiheit im Sinn der Indifferenz. Dies zeigen folgende Überlegungen. Es läge nahe, die auf Wahlfreiheit beruhenden Unterschiede zwischen den Verhaltensweisen einer Person mit demjenigen zwischen notwendigen und hinreichenden Bedingungen zu erklären. Wenn wir – hypothetisch – davon ausgehen, dass die kausale Kraft einer Person mit ihrem Charakter und ihren begrifflichen, emotionalen und praktischen Fähigkeiten beschrieben werden kann, stellt sich die Frage, ob diese Fähigkeiten sowohl hinreichend als auch notwendig für jede einzelne Handlung oder nur notwendig sind. Wären sie nur notwendig, müsste mindestens noch eine weitere, singuläre, bisher nicht wirksame und auch nicht bekannte, nun aber unter den gegebenen Umständen hinreichende Bedingung zu den notwendigen hinzukommen, damit die Handlung auch möglich wäre. Diese Erklärungsstrategie wäre aber fragwürdig. Denn eine solche bisher unbekannte, für eine Person neuartige und von ihren Fähigkeiten abweichende Bedingung könnte gar nicht singulär und gleichzeitig hinreichend für eine einzelne Handlung sein. Der Grund hierfür ist, dass keine zusätzliche, neue Bedingung von den anderen, allgemein wirksamen Bedingungen abweichen darf. Jede neue Bedingung muss vielmehr mit diesen Bedingungen kompatibel sein, um überhaupt wirksam werden zu können.

Gegen dieses Argument – und wiederum hypothetisch zugunsten der Wahlfreiheit im Sinn der Indifferenz – liegt der Einwand nahe, es sei doch wohl möglich, dass einzelne potentielle, bisher nicht wirksame, quasi schlummernde Bedingungen plötzlich aktiv werden und dann den Ausschlag als hinreichende Bedingungen geben können. Dies ist nicht falsch, aber auch nicht richtig. Sicherlich kann es vorkommen, dass eine Person Fähigkeiten an sich selbst bemerkt, die nicht zu ihrem Charakter gehören, die sie weder bewusst erlernte noch bisher an sich kennen lernen konnte. Solche Fähigkeiten können vom Charakter der Person abweichen. Jemand, der z. B. durch das Verhalten anderer erstmals emotional zum Äußersten getrieben wird, mag sich im Nachhinein merkwürdig oder gar fremd vorkommen, weil er außer sich geriet und sich selbst so nicht kannte. Dennoch gehört auch eine solche Reaktion in Situationen der Notwehr, der Gefährdung oder des berechtigten Zorns zum Repertoire der allgemeinen Fähigkeiten einer Person. Sie ist Teil ihrer Grundausstattung. Viele Verhaltensweisen gehören zur Grundausstattung, man muss sie nicht lernen und verfügt dennoch darüber, andere müssen erst erlernt werden und gehören dann erst zum Charakter, zur Empfindungsfähigkeit und zum Repertoire der Handlungsmöglichkeiten einer Person. Jemand, der z. B. noch nie Fußball spielte, sich aber normal bewegen kann, wird ohne besondere Übung fähig sein, den Ball irgendwohin zu kicken. Er wird aber kaum dazu in der Lage sein, den Ball mit dem Fuß oder dem Kopf punktgenau einer anderen Person zuzuspielen. Ersteres ist eine allgemeine, mit dem Laufen entwickelte, Letzteres eine erlernte Fähigkeit, die weit über die Grundausstattung hinausgeht. Die Erstmaligkeit oder Einmaligkeit eines Verhaltens setzt keine Bedingung voraus, die verglichen mit den allgemeinen Fähigkeiten einer Person neuartig, nicht vereinbar und deswegen hinreichend für eine Handlung wäre. Dass es potentielle oder schlummernde Fähigkeiten gibt, ist unbestritten. Sie zählen aber zu den allgemeinen Fähigkeiten von Personen, zu der Grundausstattung, die sie im Kindesalter entwickeln. Im Laufe ihres Lebens entfalten und verlieren Personen bestimmte Fähigkeiten zu handeln, ihr Repertoire an Handlungsmöglichkeiten vergrößert sich in einigen und verkleinert sich in anderen Hinsichten. Lediglich der Charakter und die mit ihm verbundenen emotionalen Fähigkeiten bleiben konstant, wenn das Leben der Person nicht dauerhaft durch Krankheit und Leid belastet und gefährdet wird.

Es gibt noch weitere Überlegungen, die gegen den – in der Wahlfreiheit unterstellten – Ausschlag neuartiger, singulärer Bedingungen für die Verursachung einzelner Handlungen sprechen, und zwar die Ökonomie und die Rationalität der Bedingungen. Es wäre ganz unökonomisch und irrational, wenn für jede einzelne Handlung nicht die allgemeinen Fähigkeiten einer Person den Ausschlag geben würden, sondern bisher unbekannte neue. Zum einen bräuchte man zu viele von solchen Gründen, als dass sie wirklich alle neu sein könnten. Es wäre deswegen unnütz und unökonomisch, auf sie – in einer theoretischen Betrachtung wie dieser – zu setzen und nach ihnen zu suchen. Zum anderen wäre es unvernünftig, nützliche, charakterlich wertvolle und geschätzte Verhaltensweisen zu erlernen, wenn sie am Ende doch nicht den Ausschlag geben würden. Der Pianist müsste sich z. B. grämen, wenn seine Mühsal bis zur mühelosen Beherrschung der Technik nicht für jedes einzelne Stück, das er spielt, eine zuverlässige Basis bieten würde. Und die sittlich gebildete Person müsste am Sinn zuverlässigen und gradlinigen Verhaltens zweifeln.

Was immer als hinreichende Bedingung für eine einzelne Entscheidung gelten kann, muss also zu den bereits vorhandenen, bekannten Bedingungen gehören, welche die kausale Kraft einer Person charakterisieren. Es kann sich bei dieser Kraft nur um den Charakter und die begrifflichen, emotionalen und praktischen Fähigkeiten handeln, die eine Person allgemein als Akteur charakterisieren. Es kann keine bisher unbekannte neue, noch nicht vorhandene, einmalige Bedingung sein. Der Unterschied zwischen notwendigen und hinreichenden Bedingungen hilft uns aber dennoch weiter, wie wir gleich sehen werden. Dass eine Handlung zu einem bestimmten und nicht zu einem beliebigen anderen Zeitpunkt stattfindet, liegt daran, dass die charakterlichen, begrifflichen und praktischen Fähigkeiten eine Person dazu befähigen, zu reflektieren und den richtigen Zeitpunkt für ihr Handeln zu erkennen. Auf diese Weise liegt dem kurzfristigen das langfristige, als Charakter erkennbare Entscheiden zugrunde.

‹Reflektieren› heißt Vergleichen. Dies ist keine neue, zusätzliche Fähigkeit, sondern ein integraler Bestandteil der Fähigkeiten einer Person. Verglichen werden die eigenen Fähigkeiten untereinander und im Blick auf eine Situation relativ zu den aktuellen Zielen beurteilt und bewertet. Eine Person erfasst ihre aktuellen, aber auch mittel- und langfristigen Möglichkeiten zu handeln reflexiv. Nur durch Reflexion weiß sie, was sie kann und was sie nicht kann. Sie erkennt auf diese Weise, wo sie selbst gerade steht und ob es relativ zu ihren eigenen Fähigkeiten möglich ist, erfolgreich etwas Bestimmtes zu tun. Nach hinreichender Reflexion tut sie das, was sie kann, und lässt das, was sie nicht kann. Sie determiniert sich reflexiv selbst. Durch das Reflektieren entwickelt und gewinnt sie eine bewusste Vorstellung, schließlich einen Begriff von sich selbst. Sie weiß, wer sie ist, hat Selbstbewusstsein. Dass sie den richtigen Zeitpunkt für eine Handlung reflexiv erkennen kann, bedeutet, dass sie ihren begrifflichen und praktischen Fähigkeiten jeweils das Gewicht geben kann, das ihnen in einer Situation angemessen ist. Sie macht so zu jedem Zeitpunkt unter all den Bedingungen, über die sie verfügt, den erlernten und eingeübten Handlungsmustern entsprechend, selbst einen Unterschied zwischen notwendigen und hinreichenden Bedingungen. Diese Gewichtung ist dann die ihre, das, was ihr als Person individuell entspricht und was ihr Erscheinungsbild charakterisiert.

Zu Beginn meiner Überlegungen zur menschlichen Freiheit sprach ich davon, dass wir Menschen nicht wissen, was die Zukunft bringt.[63] Diese Offenheit gegenüber der Zukunft, die wesentlich von Nichtwissen geprägt ist, setzt dem Reflektieren eine unüberwindliche Grenze. Das Bewusstsein dieser Grenze verleiht der Reflexion über die eigenen Möglichkeiten den Ernst, der nötig ist, um zu erkennen, dass es sich bei dieser Form der Selbsteinschätzung um eine verantwortliche Tätigkeit handelt. Reflektieren bedeutet, in Verantwortung gegenüber der eigenen Person, aber auch anderen gegenüber, sich und seine Fähigkeiten relativ zu dem, was man erreichen will, und relativ zu dem, was man nicht wissen kann, einzuschätzen. Der gebildete sittliche Charakter hilft dabei, dies mutig – wenn auch nicht ohne Furcht – und im Bewusstsein eines begrenzten Risikos zu scheitern zu tun. Situationen, in denen diese ernsthafte Selbstreflexion notwendig ist, prägen nicht den Alltag, aber die Entscheidungen, die erinnerungswürdig sind und den eigenen Lebensweg bestimmen.

Die eben beschriebene reflexive Orientierung und Selbstbestimmung einer Person auf der Basis der Charakterbildung ist das, was ‹Willensfreiheit› bedeutet. Sie unterscheidet sich, was den Typus der Wirksamkeit von allgemein geltenden gesetzmäßigen Bedingungen angeht, nur durch die Reflexion und das dabei lebendige kritische Selbstbewusstsein von der Wirksamkeit der Gravitation. Personen können aufgrund ihrer Willensfreiheit die Wirksamkeit von Gesetzmäßigkeiten, auch diejenigen des Charakters und der Gefühle, reflexiv, bezogen auf sie selbst, beeinflussen, aber auch das müssen sie gelernt haben. Bei der Gravitation ist die Steuerung vollständig in den gesetzmäßigen Bedingungen enthalten. Kein Körper kann zwischen den notwendigen und hinreichenden Bedingungen seiner Wirksamkeit unterscheiden und sie entsprechend gewichten. Personen können das und zeigen damit, was ‹Willensfreiheit› bedeutet. Sie können zwar die Menge der Bedingungen, die in ihrem Handeln wirksam werden, nicht verändern, sie können einzelnen Bedingungen – wie z. B. bestimmten Emotionen – aber reflexiv mehr oder weniger und für den einzelnen Fall ausschlaggebendes Gewicht geben. Damit verleihen sie ihrem Handeln eine Richtung. Die Intentionalität einer Handlung, ihre bewusste Ausrichtung auf ein Ziel hin, wäre ohne das Vermögen von Personen, ihre Fähigkeiten relativ zu sich selbst und ihrer Lage zu reflektieren, unerklärlich. Wir würden ohne dieses Vermögen auch nicht wissen, was wir mit ‹Willensfreiheit› meinen. Sie zeigt sich in den Wahlakten, in den kurzfristig wirksamen Entscheidungen.

Die Willensfreiheit, die darin liegt, sich selbst mit seinen Fähigkeiten in jeder Situation zu reflektieren und die eigenen Handlungsmöglichkeiten zu erkennen, unterscheidet die kausale Kraft von Personen nicht nur von der Wirksamkeit der Gravitation. Sie verhindert auch, dass das Handeln von Personen durch die allgemein geltenden Gesetzmäßigkeiten ohne eigene Mitwirkung determiniert wird. Ohne dass Personen diese Gesetzmäßigkeiten ändern müssten oder könnten, können sie ihrer kausalen Kraft, wenn dies zu ihrem Charakter, ihrer Emotionalität und ihrem eingeübten Repertoire gehört, in jedem einzelnen Akt reflexiv eine Richtung, eine Intention geben. Die Reflexion hat analog zum Charakter und zu den begrifflichen, emotionalen und praktischen Fähigkeiten eine aktive und eine passive Seite. Die passive besteht aus Lernleistungen, die aktive in der Ausübung der erlernten Fähigkeiten; beide Seiten enthalten besondere Empfindungsfähigkeiten. Personen passen sich, ständig lernend, veränderten, neuen und ungewohnten Situationen an. Sie wenden das Erlernte an, wenn sie Situationen erfolgreich verändern, vermeiden oder genießen wollen. Lernen ist insofern ein Prozess, der selbst schon eine aktive und eine passive Seite hat. Personen passen sich nicht einfach an, sondern reflektieren, was sie tun, nicht nur kognitiv, sondern auch emotional und beeinflussen so bereits, was und wie sie lernen. Das Erlernte und Eingeübte gehört dann zu ihrer Ausstattung, zu ihrem Charakter und zum Repertoire ihrer Handlungsmöglichkeiten, die sie, soweit es sich um Körperbewegungen, Gefühle oder sprachliche Fähigkeiten handelt, in einem bestimmten Umfang unbewusst realisieren. Reflexionsleistungen müssen nicht gänzlich bewusst erbracht werden. Wenn sie unbewusst geleistet werden können, machen sie das Handeln einer Person besonders sicher und erfolgreich.

Weil sich Personen reflexiv und lernend veränderten Situationen anpassen und sich dabei selbst verändern, müssen sie weder alle noch die meisten Situationen, in denen sie sich finden, vorher kennen. Sie schulen ihre Willensfreiheit, indem sie lernen, auf neue Situationen einzugehen und auch selbst etwas zu tun, was sie noch nie vorher taten. Personen sind fähig, spontan zu handeln. Spontaneität ist eine Fähigkeit, die gewöhnlich mit plötzlich einsetzendem, überraschend vollzogenem, nicht bewusst vorbereitetem oder überlegtem, grundlosem und unwillkürlichem Verhalten identifiziert wird. Einige dieser Merkmale sind zutreffend, einige falsch. Richtig ist, dass spontanes Verhalten plötzlich, mehr oder weniger überraschend und in gewisser Weise grundlos und unbewusst vollzogen wird. Falsch ist, dass es unvorbereitet, unüberlegt und unwillkürlich sei. Auch spontanes Verhalten muss – wie ich oben schon betonte – gekonnt, gelernt und emotional möglich sein. Natürlich kann jemand, der noch nie vorher einen Ball kickte, spontan gegen ihn treten. Ein Verhalten dieser Art ist aber nur als Körperbewegung, nicht als Umgang mit dem Ball spontan. Wer mit einem Ball spontan umgehen will, muss dieses Spiel gelernt haben und beherrschen. Das beste Beispiel für spontanes Verhalten ist das Sprechen. Mit einem relativ kleinen Kanon an Regeln und einem begrenzten Vokabular können Menschen beliebig viele neue, bisher so noch nicht geäußerte Sätze bilden. Die Spontaneität des Sprechens hängt von der Sprachfähigkeit ab, eine Art Willensfreiheit im Umgang mit der Sprache. Je besser eine Person eine Sprache beherrscht, desto leichter fällt es ihr, Sätze zu bilden, die nach ihrem Inhalt, ihrem Witz, ihrer Schlagfertigkeit und ihrem Gestus andere überraschen. Dass eine Person einen Satz so und nicht anders bildete, hat nicht notwendig einen Grund. Spontan geäußerte Sätze könnten auch anders formuliert sein. Ihre grammatische Form und die Wortwahl sind in dieser Hinsicht grundlos. Dies widerspricht nicht der Tatsache, dass Personen, wenn es darauf ankommt, die Wahl ihrer Worte und die Form ihrer Sätze sehr häufig wohl überlegt wählen. Der Lacherfolg einer spontanen, humorvollen Bemerkung ist meistens von einer gut eingeübten Wortwahl und Gestik und der Glaubwürdigkeit der dazu passenden Gefühle abhängig. Natürlich können nicht nur grammatisch wohlgeformte Äußerungen spontan sein. Jemand kann spontan – zwar überraschend, aber doch überlegt – einen unartikulierten Laut ausstoßen, um Unmut oder Enttäuschung zu zeigen. Aus bloßer Überraschung ist die Äußerung eines unartikulierten Lauts keine spontane, sondern eine unwillkürliche oder instinktive Äußerung. Grundlos sind spontane Äußerungen sicherlich nicht in dem Sinn, dass sie als Handlungen keinen Grund hätten. Personen wollen etwas mit ihren Äußerungen erreichen. Lediglich die besondere Form der Äußerung, die Wahl der Worte, ihre grammatische Gestalt und die

Gestik müssen nicht notwendig einen besonderen und eigenen Grund haben, sondern können spontan aus dem Repertoire der Sprachfähigkeit gewählt werden. Im Nachhinein mag jemand z. B. wegen eines Missverständnisses noch einen Grund liefern, um zu erklären, warum er diese und nicht andere Worte wählte.

Aufgrund ihrer reflexiven Lernfähigkeit, der Grundlage ihrer Willensfreiheit, haben Personen innerhalb ihres Repertoires die kurzfristig wirksame Wahl, das, was sie mehr oder weniger erfolgreich tun können, zu einem bestimmten Zeitpunkt, der ihnen geeignet erscheint, auch zu tun. Es wäre verkehrt, die Wahl des Erfolgversprechenden selbst zur Ursache des Wahlaktes zu erklären. Die reflexiv wirksame, kausale Kraft einer Person erklärt ihre Wahl und damit auch den Ort und die Zeit einer Handlung, nicht umgekehrt. Es ist daher unsinnig, nach einer anderen Ursache zu suchen. Aus demselben Grund wäre es auch falsch, die Verursachung von Handlungen mit der Wahl einer Handlung und ihren Motiven erklären zu wollen.

3.2.3.3. Was freie Personen tun

In den letzten Abschnitten habe ich das freie Handeln aus einer künstlich klein anmutenden, miniaturartigen Perspektive betrachtet. Der Zweck dieser Übung war, Personen als Ursachen, besser gesagt als Verursacher ihrer Handlungen zu darzustellen. Die größere Sicht auf das, was freie Personen tun, schien dabei unter lauter Gesetzmäßigkeiten begraben zu werden. Es war aber wichtig zu klären, was die Freiheit von Personen ausmacht und worin sich die Willensfreiheit von der blinden Wirksamkeit von Gesetzmäßigkeiten unterscheidet. Wenn es nur allgemeine Gesetzmäßigkeiten und keine individuell zurechenbaren Eigenleistungen von Personen gäbe, wäre der Ausdruck ‹freie Personen› oder ‹Willensfreiheit› ohne Inhalt. Eben sprach ich über die reflexive, von der Offenheit gegenüber der Zukunft geprägte Verursachung von Handlungen und beschrieb damit die Möglichkeit der Willensfreiheit. Nun sollte ich mehr über diese Freiheit sagen und darüber, was Personen tatsächlich in die Lage versetzt, frei zu sein, sich einen Charakter und ein Repertoire von Handlungsmöglichkeiten zu schaffen und diesen kleineren oder größeren Spielraum zu nutzen. Der gesuchte Inhalt kann nicht einfach mit dem identisch sein, was ich oben als Charakter und als bewusste begriffliche und praktische Fähigkeiten und schließlich als Willensfreiheit beschrieb. Ich habe zwar schon manches über subpersonale Ursachen gesagt, aber ihr Verhältnis zu den bewussten noch nicht deutlich genug gemacht. Zu wissen, dass man friert oder schwitzt, bedeutet ja nicht, dass man diese angenehmen oder unangenehmen Ereignisse selbst frei bewirken könnte. Das aktuelle Bewusstsein des jeweiligen Zustands allein kann nicht das primäre Kriterium der Freiheit sein. Wesentlich ist die Fähigkeit der Selbstreflexion, das reflexive Bewusstsein der eigenen Möglichkeiten und Empfindungen unter den jeweils herrschenden Bedingungen, verbunden mit den unbewusst wirksamen Fähigkeiten. Die subpersonal wirkenden Fähigkeiten, wie der Charakter, die Empfindungsfähigkeit oder die Fingerfertigkeit des Pianisten, sind ebenso wie die Bewusstseinsleistungen zu dem zu rechnen, was eine freie Person ausmacht.

Eine wesentliche Bedingung der Reflexion der eigenen Möglichkeiten sind das begriffliche Verständnis und die damit einhergehende praktische Verfügung, die Personen über Ereignisse und Gesetzmäßigkeiten haben. ‹Begriffliches Verständnis› bedeutet zu wissen, was geschieht und was unter bestimmten Bedingungen geschehen kann. ‹Praktische Verfügung› bedeutet zu wissen, wie das, was geschehen kann und geschieht, verändert oder nicht verändert werden kann. Zur praktischen Verfügung gehört auch die Kenntnis der eigenen Gefühle. Wer z. B. häufig dem Gefühl der Überlegenheit erliegt und überhaupt seinen Schwächen leicht nachgibt, ist weniger frei als derjenige, der Zurückhaltung übt und seine Gefühle und Neigungen beherrscht. Zur praktischen Verfügung gehört Selbstkenntnis, und Selbstkenntnis schließt das Wissen um die eigenen Stärken und Schwächen ein. All diese Kenntnisse mischen sich zu einem Ganzen, das den Spielraum der Freiheit einer Person ausmacht. Ein einfaches Beispiel: Eine Person spürt häufig große Lust auf Süßes; sie weiß aber, dass ihr als Diabetikerin Süßes schaden kann, hat also ein begriffliches Verständnis ihrer Krankheit und der Wirkungen von Glukose auf ihren Organismus. Entweder nimmt die Person dann z. B. Zucker in den Tee oder nicht; jedenfalls weiß sie, was passiert, wenn ihr Organismus nicht genügend Insulin für den Abbau der Glukose hat. Sie weiß, dass sie kontrolliert oder unkontrolliert Glukose zu sich nehmen kann, und sie weiß, wie sie das, was ihr schadet, vermeiden kann. Sie muss nicht unbedingt auf süß Schmeckendes verzichten und kann ihren Tee ohne Zucker süßen. Die Person hat nicht nur aufgrund dieser Kenntnisse eine praktische Verfügung über einige kausale und funktionale Zusammenhänge ihrer Ernährung als Diabetikerin. Sie muss ihre Lust auf Süßes auch beherrschen können, sonst kann sie nicht wirklich über sich selbst verfügen.

Ein weiteres Element der Reflexion von Personen ist, dass sie aus oder mit Gründen handeln können. Wenn wir davon sprechen, dass eine Person einen bestimmten Grund hatte, dies oder jenes zu tun, nehmen wir gleichzeitig auf zweierlei Bezug, einmal auf die Bedingungen, die mit ihrem Charakter und ihrer langfristig wirksamen Haltung verbunden sind; zum andern auf die Situation, in der sie gerade steht, und die Bedingungen, die sich daraus für eine kurzfristig wirksame Entscheidung ergeben. Gründe sind so einerseits Tatsachen, die wie die Lust auf Süßes aktuell wirksam werden oder wie die Schädlichkeit von Glukose bei einem Mangel an Insulin dauerhaft wirksam sind. Mit diesen unterschiedlichen Arten von Tatsachen sind aktuelle Wünsche und Absichten verbunden. Wenn jemand weiß, dass er Diabetiker ist, und trotz der Schädlichkeit von Glukose Zucker nimmt, tut er dies mit keinem guten Grund. Wenn er Zucker meidet, weil es ihm schaden kann, und stattdessen seinen Tee ohne Zucker süßt, hat er dafür einen guten Grund. Daraus könnte man etwas vorschnell schließen, dass gute Gründe nützen und schlechte schaden. Und diese allzu rasche Folgerung ließe sich durch eine weitere, ebenfalls viel zu rasche ergänzen: Freie Personen handeln aus guten Gründen, unfreie aus schlechten. Beide Schlüsse sind zu einfach und unbedacht, um in ihrer Allgemeinheit wahr zu sein. Zum einen ist nicht immer klar, was ein guter Grund ist. Das Diabetes-Beispiel setzt objektives Wissen um diese Erkrankung voraus. Nicht immer sind die guten Gründe einer Person aber gut aufgrund objektiven Wissens. Weit häufiger nimmt eine Person aus subjektiven Erwägungen an, dass sie gute Gründe hat, etwas zu tun, und es stellt sich dann später heraus, dass sie sich täuschte. Nicht weniger häufig handelt eine Person aus Gründen, deren Güte sie gar nicht kennt, ja nicht einmal kennen kann, vielleicht auch nicht kennen will. Ein Beispiel dafür ist, wenn ich mich für einen Wein entscheide, weil mir das Etikett gefällt. Häufig ist die Güte der Gründe nicht bekannt. Dennoch gibt es immer noch einen Unterschied zwischen demjenigen, der eigentlich gerne wüsste, wie gut ein Grund ist, und demjenigen, der einfach in Kauf nimmt, dass er es nicht weiß, und dennoch handelt. Der Erstere ist freier als der Letztere, weil er von seiner Fähigkeit, selbst zu intervenieren und den Lauf der Dinge zu beeinflussen, mehr Gebrauch macht als der Letztere. Frei zu handeln heißt nicht einfach, aus guten Gründen zu handeln, sondern einerseits aus guten Gründen handeln zu wollen und andererseits, ob dies möglich ist oder nicht, die Güte dieser Gründe zu beurteilen und sich der Risiken bewusst zu sein, die mit ihnen verbunden sind. Freiheit schließt die Möglichkeit des Irrtums, der Fehleinschätzung und des Scheiterns ein. Derjenige, der weniger frei ist, weil er von seinen Möglichkeiten zu intervenieren weniger Gebrauch macht, ist aber nicht einfach unfrei. Vielleicht ist er ja skeptischer gegenüber den Möglichkeiten, die Risiken, die mit den ‹guten Gründen› verbunden sein können, realistisch einschätzen zu können. Vielleicht ist er aber auch nur fahrlässig. Selbst dann ist er nicht unfrei, er handelt nur schlecht. Gelingen und Scheitern sind keine Indizien, die für oder gegen die Freiheit sprechen.

Selbst dann, wenn eine Person ohne Gründe etwas tut, obwohl sie weiß, dass sie nötig wären, handelt sie nicht per se unfrei.[64] Wenn sie dies ständig tut, gehört es wohl zu ihrem Charakter, den erkennbaren Risiken ihres Verhaltens zum Trotz nichts lernen zu wollen. Freie, besser gesagt, mehr oder weniger freie Personen kennen einige der für ihr Leben wichtigen Gesetzmäßigkeiten, denen sie unterliegen. Sie kennen auch diejenigen, nach denen sie sich bestimmte Fertigkeiten und Fähigkeiten angeeignet haben, um ihr Leben nach ihren eigenen Vorstellungen führen zu können. Sie kennen nicht nur ihren Charakter und das Repertoire ihrer Handlungsmöglichkeiten und wissen, wie groß ihr Spielraum an Möglichkeiten ist, sondern auch, wie, wo und wann sie ihn ausnützen können. Letzteres ist nicht nur eine passive Kenntnis, sondern die aktive Fähigkeit, das tun zu können, was sie beherrschen. Ihr begriffliches Verständnis und ihre praktische Verfügung über bestimmte Gesetzmäßigkeiten machen diesen Spielraum und ihr Repertoire aus und damit das, was ihre ‹Willensfreiheit› genannt werden kann. Innerhalb dieses Spielraums wählen sie, was sie tun wollen. Weniger freie Personen kennen ihren Charakter kaum und wissen zu wenig und zu ungenau, was sie oder wie sie es tun sollen. Weniger freie Personen können aber, wenn ihnen die entsprechende sittliche Bildung fehlt, dasselbe wissen wie freie Personen, sich aber nicht daran halten. Sie verhalten sich so, als wäre ihr Spielraum größer oder kleiner, täuschen sich aber über ihr Repertoire oder wollen es auch nicht anders. Solche Personen haben keine hinreichende Charakterbildung, und es mangelt ihnen an einem hinreichenden begrifflichen Verständnis und an den entsprechenden praktischen Fähigkeiten, die erworbenen Gesetzmäßigkeiten des Verhaltens zu nutzen. Es ist allerdings auch möglich, dass sie lediglich ignorant oder zwanghaft oder beides und in dieser Weise einfach töricht sind.

Die Grade der Freiheit von Personen sind durch ihren Charakter, durch passives und aktives Wissen, durch Kenntnisse, kognitive und emotionale Fähigkeiten und praktische Fertigkeiten bestimmt. Sie hängen einerseits von den Kenntnissen ab, die Personen über einige entscheidende Gesetzmäßigkeiten erwerben können, welche ihre Daseinsbedingungen beeinflussen. Andererseits hängen sie von der Selbstkenntnis und davon ab, wie gut jemand gelernt hat, über einige dieser Gesetzmäßigkeiten zu seinen Gunsten praktisch zu verfügen und das zu tun, was für ihn gut ist. Hinter dem, was ich ‹begriffliches

Verständnis› und ‹praktische Verfügung› nenne, verbergen sich komplexe Zusammenhänge. Wenn eine Person nur weiß, dass sie nach bestimmten Gesetzmäßigkeiten handelt, hat sie zwar bestimmte Kenntnisse und damit auch ein begriffliches Verständnis ihres Verhaltens, aber noch keine praktische Verfügung über das, was sie weiß. Wenn sie indessen weiß, wie die Gesetzmäßigkeiten wirken, weiß sie, warum das, was sie tut, so und nicht anders geschieht und geschehen kann. Dann weiß sie auch, was sie tun kann und was nicht. Es steht ihr z. B. als Diabetikerin nicht frei, die Schädlichkeit von Glukose bei einem Mangel an Insulin zu verändern. Es steht ihr auch nicht frei, keine Lust auf Süßes mehr zu empfinden. Sie kann dieses Gefühl aber beherrschen und ihr Verhalten ändern. Sie wird es auch tun, wenn sie an einige der schlimmen Folgen der Zuckerkrankheit für ihre Organe und ihren Kreislauf denkt. Wenn sie weiß, dass sie Diabetikerin ist, dass sich daran nicht ohne weiteres etwas ändern lässt, und sie sich entsprechend verhalten will, hat sie einen guten Grund, nicht unkontrolliert Glukose zu sich zu nehmen. Sie handelt dann mit diesen Kenntnissen und aufgrund ihrer Selbstbeherrschung trotz ihrer Krankheit frei. Ihre Fähigkeit, frei zu handeln, besteht also darin, dass sie ihre Wünsche nach ihrem Wissen und ihren praktischen Möglichkeiten richtet und dann auch das tun kann, was für sie gut ist. Sie wird dies aber nur dann tun, wenn sie durch ihren Charakter dazu befähigt wird. Man kann auch sagen, sie ist eine freie Person, wenn sie aufgrund ihres Charakters konstant den guten Gründen für ihr Handeln folgt. Wenn sie dennoch Lust auf etwas Süßes hat, ist sie deswegen nicht schon unfrei, jedenfalls solange sie sich beherrschen kann. Zu den guten Gründen gehören also nicht nur das passive Wissen von den Möglichkeiten, sondern auch der Charakter und die praktischen Fähigkeiten, die sie in die Lage versetzen, das zu tun, was gut für sie ist. Freies Handeln ist Handeln aus Gründen, wie gut oder schlecht sie auch immer sein mögen, und Handeln aus Gründen setzt voraus, die passiven und aktiven Kenntnisse und Fähigkeiten zu besitzen, die einer Person die Kraft geben, den Spielraum ihrer Möglichkeiten, angeleitet von ihrem Charakter, zu nützen. Dieser Spielraum ist durch Gesetzmäßigkeiten bestimmt, die sie nicht beeinflussen, die sie aber für ihre Selbstherstellung, für die Bildung ihres eigenen Selbst, nutzen kann.

3.2.3.4. Der Wert des Freiseins

Diese Charakterisierung dessen, was freie Personen tun, scheint unproblematisch zu sein, solange das Handeln durch einen sittlich gebildeten Charakter angeleitet wird. Ohne diese Bedingung, allein nur auf der Basis begrifflicher und praktischer Fähigkeiten, kann aber auch jeder Ignorant oder Schurke eine freie Person sein. Dummheit mag bedauerlich, ja verzeihlich sein, Ignoranz und Bosheit aber nicht. Da uns der charakterliche Wert freien Handelns nicht gleichgültig ist, wollen wir klären, wie dieser Wert mit den Gründen zusammenhängt, aus denen eine freie Person handelt. Für den wünschenswerten charakterlichen Wert genügt es offenbar nicht, nur nach Gründen zu handeln. Wenn eine Person ihre Wünsche allein nach ihrem Wissen richtet, kann sie nämlich durchaus Gründe dafür haben, anderen zu schaden. Sie kann also aus Gründen handeln und dabei ein Schurke sein. Sie schadet ja nur anderen, nützt aber sich selbst. Der größte Schurke ist dann der, der nicht nur weiß, wie er anderen schaden kann, sondern auch fähig ist, ihnen so zu schaden, dass es meistens gut für ihn selbst ist. Er nutzt seine Freiheit auf seine Art. Das begriffliche Verständnis und die praktische Verfügung über die erworbenen und angeborenen Gesetzmäßigkeiten machen zu allem Möglichen frei. Wenn eine Person beides hat, das Verständnis und die Verfügung über die Gesetzmäßigkeiten des Handelns, weiß sie auch, was anderen schadet, und wenn sie es tut, obwohl sie dies weiß, handelt sie schlecht, vielleicht sogar verwerflich. Freie Personen können ihre Wünsche nach ihrem Wissen richten und entsprechend handeln. Sie können diese Anpassung mit guten, aber ebenso auch mit eigensüchtigen oder bösen Absichten vollziehen. Der Wert ihrer Freiheit ist durch das, was eine Person weiß und kann, noch nicht bestimmt.

Der kundige und geschickte Schurke soll – nach dem eben Gesagten – eine freie Person sein, derjenige, der als Diabetiker unkontrolliert Glukose zu sich nimmt, obwohl er weiß, dass es ihm schadet, dagegen weniger frei. Das leuchtet nicht auf Anhieb ein und entspricht nicht unbedingt unseren Intuitionen. Denn beide sind doch für ihr Tun verantwortlich, der eine für seine Schandtaten, der andere für seine Unvernunft. Dann müssten sie doch eigentlich, wenn sie schon für ihr Tun verantwortlich sind, beide freie Personen sein. Dies ist richtig. Natürlich ist der Schurke für seine Schädigung anderer verantwortlich und – wenn sein Tun ruchbar wird – Rechenschaft schuldig. Und der unkontrolliert Zucker essende Diabetiker, der – im einfachsten Fall – niemand außer sich selbst schadet, ist ebenfalls für sein Verhalten verantwortlich. Weil er aber die Gesetzmäßigkeiten seiner Krankheit ignoriert und den Spielraum seiner Möglichkeiten nicht zu seinen Gunsten nützt, ist er weniger frei, als er sein könnte. Er hätte allen Grund, nur dann Glukose zu sich zu nehmen, wenn dies sein Insulinspiegel zulässt, sonst aber nicht.

Es kommt bei der Beurteilung der Freiheit einer Person nicht auf die guten oder schädlichen und schlechten Folgen ihres Handelns, sondern auf die Gründe und ihren Gebrauch an. Man könnte nun – im Zug dieses Arguments – meinen, die Personen, die dasselbe wissen und können wie der Schurke, aber aufgrund ihres Charakters keine Schurken sein wollen, von ihrem Wissen also keinen für andere schädlichen Nutzen machen, wären unfrei. Das wäre jedoch nicht nur misslich, sondern auch falsch. Denn sie wollen ja aufgrund ihrer sittlichen Bildung keine Schurken sein, sie wissen dies und wissen auch, welche Folgen es hätte, wenn sie sich anders verhielten, und haben deswegen auch keinen Grund, sich so zu verhalten. Dieser zusätzliche Grund unterscheidet sie vom Schurken. Es würde ihnen selbst schaden, schurkenhaft zu handeln, weil es nach ihrem eigenen Urteil nicht gut für sie selbst wäre, wenn sie anderen schaden würden. Der Schaden wäre nicht nur ein Widerspruch zu ihren Überzeugungen, sondern ebenso eine Verletzung der Wertvorstellungen, die ihnen selbst aufgrund ihres Charakters wichtig sind. Es kommt also nicht darauf an, einfach nur dieselben Gründe zu haben, sondern man muss sich auch entscheiden, wie man sie gebraucht.

Der Wert der Freiheit bemisst sich also nicht vorrangig nach den guten oder schlechten Wirkungen, die freie Personen durch ihr Handeln für sich und andere erzielen. Das Wissen bestimmter Gesetzmäßigkeiten, die praktischen Fähigkeiten und der Wille, den Spielraum, den sie lassen, voll auszuschöpfen, machen den Wert der Freiheit nicht allein aus. Im Ergebnis bedeutet dies, dass der Wert der Freiheit nicht schon in ihr selbst besteht. Ihren Wert bestimmen zum einen das, was ihrem Gebrauch zugrunde liegt, und die Art und Weise, wie sie gebraucht wird. Oben war im Zusammenhang mit der vorausschauenden Verantwortung bereits von einer Grundlage der Freiheit die Rede. Es ist die Einsicht in die – von Heidegger so beschriebene – «Bedingung der Möglichkeit des *Freiseins* für eigentliche existenzielle Möglichkeiten».[65] Was eine ‹eigentliche existenzielle Möglichkeit› ist, hängt davon ab, welche vorgegebenen Bedingungen des richtig verstandenen menschlichen Daseins es gibt, und ob wir sie reflexiv erkennen können. Es geht also darum, wie und ob wir den Sinn unseres Daseins richtig verstehen können und welche Zukunft wir mit diesem Verständnis haben. Natürlich hängt die ‹eigentliche existenzielle Möglichkeit› auch davon ab, ob das richtige Verständnis des Sinns unseres Daseins mit dem, was wir jetzt und in Zukunft sein wollen, in Übereinstimmung zu bringen ist. Wenn das eine mit dem anderen nicht in Übereinstimmung zu bringen ist, verfehlen wir die Möglichkeit des Freiseins für das, was dem menschlichen Dasein gemäß ist. Den Sinn unseres Daseins und unserer selbst können wir nicht nur individuell, sondern auch kollektiv verfehlen. Der Wert der Freiheit bemisst sich – zum einen – individuell und kollektiv nach diesem Gelingen oder Misslingen. Wer ein Schurke sein will, verfehlt – so nehmen wir an – seine eigentliche existenzielle Möglichkeit. Seine Freiheit erscheint relativ zu dem Sinn, den sein Dasein haben könnte, wertlos. Die Wahl der existenziellen Möglichkeit, die der Freiheit einen positiven Wert gibt, kann aber weder neutral sein, noch kann sie allein vom Gelingen oder Misslingen der Wahl abhängen. Eine Person kann ihrer Freiheit – zum zweiten – nur einen Wert relativ zu den Zielen geben, die sie nach der kritischen, reflexiven Einschätzung ihrer Möglichkeiten für gut hält. Da sie nicht weiß, was die Zukunft bringt, und ihre Möglichkeiten nur nach den Erfahrungen beurteilen kann, die sie mit sich und ihrem Handeln bisher gemacht hat, hängt die Wertigkeit der Ziele von der Gesetzmäßigkeit ab, die ihrem Verhalten Konstanz und Gradlinigkeit gibt. Das ist ihr Charakter. Er verleiht der Freiheit der Person ihren konkreten Wert. Wirklich scheitern kann die Wahl der Möglichkeiten nur, wenn sie keine charakterliche Grundlage hat. Dann fehlt es an der Richtschnur und an der Selbstgewissheit, nach der eine Person ihre Wahl in eigener Verantwortung überhaupt nur treffen kann.

3.2.3.5. Wozu frei sein?

Der ersten der beiden eben beschriebenen Bedingungen des Werts der Freiheit werden wir vielleicht mit einer gewissen Skepsis begegnen, weil niemand sagen kann, was der Sinn des Daseins und jene ‹eigentliche existenzielle Möglichkeit› genau sind. Es ist nicht einmal klar, um wen es genau geht, um alle, um einige oder um jeden einzelnen Menschen oder einfach nur um das Dasein unabhängig vom Menschen. Man mag wie Heidegger mit Sorge den kulturellen Wandel beobachten und zu dem Ergebnis kommen, dass mit den Entwicklungen der technischen Zivilisation – mit dem, was er «Verdinglichung» nannte – eigentliche existenzielle Möglichkeiten verfehlt würden. Der Grund, dieses Urteil skeptisch aufzunehmen, ist nicht die Unklarheit des Standpunkts, von dem aus ein solches Urteil gesprochen wird. Der Standpunkt ist klar. Unklar ist nur, woher die Sicherheit und Entschiedenheit rührt, mit der ein solches Urteil auftritt. Es wäre sicherlich naiv, für so endgültige Urteile eine evidente, allgemein einsehbare Grundlage zu fordern. Das Problem ist nicht nur, dass eine solche Grundlage ohnehin nicht für alle Menschen erkennbar wäre, sondern dass so endgültige, ultimative Urteile die freie Sicht auf das verstellen, was eine ‹eigentliche existenzielle Möglichkeit› für den einzelnen Menschen tatsächlich ist. Wir sollten trotzdem nicht vor der Ausdrucksweise Heideggers zurückschrecken, weil wir ja die Freiheit haben, das Wort ‹eigentlich› verständlich zu umschreiben. Es bedeutet einfach, dass wir Menschen die Möglichkeiten unseres Daseins nach dem Maßstab ausrichten sollten, der unserer reflexiven Selbstauffassung entspricht. Dann ergreifen wir die Möglichkeiten, die wir haben, uns und unser Leben selbst zu gestalten. Wenn es um das eigene Dasein geht, interessiert uns nicht so sehr ein allgemeines Menschenbild, sondern das, was jeder für sich selbst sein will und was das eigene Leben sinnvoll macht. Es ist keine Schande, wenn wir Menschen dies in bestimmten Lebensphasen nicht genau wissen. Mancher hat es lange, selten oder nie nötig, darüber nachzudenken. Irrtum ist ohnehin nie ausgeschlossen. Lediglich die Ernstfälle des Lebens zwingen uns, Klarheit darüber zu gewinnen, was – ohne dass wir sie unbedingt so nennen müssten – jene eigentlichen existenziellen Möglichkeiten sind. Und auch dann ist ein Irrtum nicht ausgeschlossen. Umso wichtiger ist die Verankerung der Entscheidungen über die Möglichkeiten des Lebens, die eine Person ergreifen will, in ihrem eigenen Charakter.

Ich werde gleich ein Beispiel eines Ernstfalles schildern und mit ihm die Frage verbinden, ob Menschen unter bestimmten Bedingungen keine eigentlichen existenziellen Möglichkeiten mehr haben und wie weit der eigene Charakter dann noch trägt. Eben umschrieb ich den Spielraum freier Personen in den Grenzen von Gesetzmäßigkeiten, von denen sie ein begriffliches Verständnis und über die sie eine gewisse praktische Verfügung haben. Beide Bedingungen bilden zusammen mit dem Charakter die Gründe, aus denen eine Person handelt. Nun wird sich aber mancher zweifelnd fragen, wie weit die begriffliche Kenntnis von Gesetzmäßigkeiten und die Verfügung darüber tragen, wenn es um freies Handeln geht. Wir können uns zwar Beispiele wie den Diabetiker vorstellen und uns auch vergegenwärtigen, wie ein Leistungssportler – etwa eine Hochspringerin – ihre Sprungtechnik verbessert. Sie nützt dabei die Gesetzmäßigkeiten aus, die beim Hochsprung herrschen, und prägt sich kleinste Nuancen des Bewegungsablaufs ein, die Erfolg versprechen. Sie wird sich ähnlich bewusst ernähren wie der Diabetiker. Wenn auch freilich unter Einhaltung anderer Regeln. Alle diese Gesetzmäßigkeiten und einige mehr sollte sie kennen und über die entsprechenden Fähigkeiten, sie zu nutzen, verfügen, wenn sie ihre existenziellen Möglichkeiten als Leistungssportlerin ausschöpfen und ihr Sprungrepertoire ausbauen will. Sie wird sie ausschöpfen wollen, wenn sie über den Charakter verfügt, der sie dazu befähigt.

Wir haben keine Schwierigkeiten, uns den Diabetiker und die

Hochspringerin als frei agierende Personen innerhalb ihres gesetzmäßig bestimmten Spielraums und mit guter charakterlicher Bildung vorstellen zu können. Ein entschiedener Skeptiker wird meine oben geäußerten Gedanken zur lernenden Bewältigung neuer Situationen vielleicht dennoch nicht akzeptieren und mir entgegenhalten, dass sich schon bei solchen Beispielen andeute, dass das Wissen und die praktische Verfügung über jene Gesetzmäßigkeiten deren einengende Wirkung nicht verändern und den Spielraum nicht wirklich erweitern können. Bei unheilbar Kranken werde diese Art Zwang und Unfreiheit schließlich offensichtlich. Dies ist in mancher, aber nicht in jeder Hinsicht zutreffend. Wer Diabetiker ist oder als Nierenkranker mehrmals pro Woche eine Dialyse benötigt, ist zwar nicht notwendig unheilbar krank, kennt aber die engen Spielräume, die das Leben solcher Patienten bestimmen. Ein Leistungssportler unterwirft sich seinen Zwängen zwar freiwillig, wird sie aber dennoch hin und wieder als Einengungen seines Lebens empfinden. Und der unheilbar Kranke, für den es keine Therapie gibt, die seine Erkrankung aufhalten oder mildern könnte, wird sich gänzlich als Opfer einer unausweichlichen Gesetzmäßigkeit verstehen müssen, über die er keine Verfügung hat. Was geschieht mit jenen eigentlichen existenziellen Möglichkeiten einer Person, wenn die Kriterien der Freiheit auf ihr Leben nach und nach keine Anwendung mehr finden und scheinbar gegenstandslos werden? Verliert eine Person unter solchen Bedingungen nicht auch ihren Halt in ihrem Charakter? Wird es damit nicht auch sinnlos, von der Freiheit solcher Menschen zu sprechen?

Ich will auf diese Frage im Rahmen des angekündigten Beispiels eines Ernstfalles eingehen. Es gibt Menschen, die – wie die Neurowissenschaftler sagen – am Locked-in-Syndrom leiden. Sie sind in sich selbst eingeschlossen, können sich nicht mehr äußern und kaum noch oder gar nicht mehr bewegen. Ganz besonders davon betroffen sind Patienten, die an amyotropher Lateralsklerose (A.L.S.) leiden.[66] A.L.S. ist eine unheilbare Erkrankung des Nervensystems, die zu Muskelschwund und am Ende zu völliger Lähmung führt. Die Patienten können dann nicht mehr kommunizieren, haben aber, wie der Neuropsychologe Niels Birbaumer betont,[67] ein eigenes geistiges Leben. Sie haben Gedanken und Empfindungen, und Birbaumer ist überzeugt und weist dies mit seiner Behandlungsmethode nach, dass es möglich ist, auch mit solchen Menschen zu kommunizieren. Es kommt hier nicht auf die Details seiner Methode an, mit der er die Tätigkeit des Gehirns ohne den Einsatz von Sprache und Bewegung erkennbar macht.[68] Wesentlich ist, dass die Kommunikation auch mit solchen Menschen gelingt. Birbaumer weist gerne auf literarische Leistungen von Patienten hin, die am Locked-in-Syndrom litten. Da ist der Roman des Kriegsopfers Dalton Trumbo *Johnny Got His Gun*,[69] ein Antikriegsbuch, geschrieben 1938, erstmals veröffentlicht 1939. Trumbo konnte nach seinen schweren Verletzungen im Ersten Weltkrieg nur noch mit dem Kopf nicken und so das Alphabet morsen. Der französische Journalist Jean-Dominique Bauby, der nach einem Schlaganfall an A.L.S. litt, schrieb über die Bewegung seines linken Augenlids sein Leiden auf. Der Titel dieses Buchs ist *Schmetterling und Taucherglocke*.[70] Es wurde kurz vor seinem Tod 1997 erstmals veröffentlicht. Natürlich kann man ebenso gut die Bücher des Physikers Stephen Hawking als Beispiele dafür nehmen, dass Menschen, die am Locked-in-Syndrom leiden, nicht nur kommunizieren können, sondern frei sind – und das, obwohl ihr Spielraum auf ein absolutes Minimum eingeschränkt ist, nämlich auf ihre Gedanken und die Tätigkeit ihres Gehirns. Wobei diese letzte Beweglichkeit für sie – wie Birbaumer aus seinen klinischen Erfahrungen berichtet – nur Sinn hat, wenn sie mit anderen Menschen kommunizieren können.

Es mutet zunächst zynisch und gefühllos an, im Blick auf Menschen, die an A.L.S. leiden, von ‹eigentlichen existenziellen Möglichkeiten› und dem ‹Freisein› für solche Möglichkeiten zu sprechen. Birbaumer hat mit seinen Forschungen aber den Nachweis erbracht, dass dies alles andere als zynisch ist. Seine Patienten wollen leben und nicht sterben. Sie wollen aber nur leben, wenn und weil andere Menschen mit ihnen kommunizieren. Sie wollen nicht wie Tote behandelt werden und haben bisher das Angebot, sie sterben zu lassen, abgelehnt; sie haben die Freiheit, nicht sterben zu wollen, wahrgenommen.[71] Ihre eigentliche und gleichzeitig letzte existenzielle Möglichkeit ist die Kommunikation mit anderen. Nur noch dafür sind sie frei.

Es wäre ungerechtfertigt, davon zu sprechen, dass die Freiheit einer Person in einem solchen Ernstfall wertlos würde. Im Gegenteil, die A.L.S.-Kranken wissen, welchen Gesetzmäßigkeiten sie unterworfen sind und wie sie den letzten Spielraum, den sie haben, nutzen können. Die Möglichkeit, mit anderen zu kommunizieren, ist ein Grund, weshalb sie leben und nicht sterben wollen. Wenn eine an A.L.S. leidende Person diese Möglichkeit ergreift, so dürfen wir vermuten, kann ihr Charakter seine Festigkeit nicht eingebüßt haben. Es wäre gefühllos und verächtlich, wollte man diesen Kranken den Wert ihrer Freiheit absprechen. Die Frage, wozu Menschen frei sein wollen und was der Wert ihrer Freiheit ist, hängt nicht von einem von den Gesunden als allgemein akzeptabel eingeschätzten Spielraum an Möglichkeiten ab. Wir können zwar nicht darüber hinwegsehen, dass jede Einschätzung des Spielraums an Möglichkeiten historische und soziale, aber auch subjektive und kollektive Bedingungen hat. Aber auch Menschen jenseits eines solchen, als allgemein akzeptabel eingeschätzten Spielraums, die wie A.L.S.-Kranke oder andere Schwerkranke ganz von der Zuwendung anderer abhängen, können einen positiven, reflektierten und kritischen eigenen Maßstab der Selbstauffassung haben und Halt in ihrem Charakter finden. Sie müssen sich und ihr Leben nicht gering schätzen, wenn andere ihnen ihr Freisein ermöglichen.

Der Gedanke des Freiseins für eigentliche existenzielle Möglichkeiten gewinnt im Blick auf das auf ein Minimum reduzierte Leben von unheilbar Kranken einen konkreten und greifbaren Sinn. Der abstrakte Sinn des Gedankens liegt in den vorfindbaren Daseinsbedingungen, der konkrete Sinn in den Möglichkeiten, die Menschen so füreinander schaffen, wie die Möglichkeit der Kommunikation für A.L.S.-Kranke. Es wäre übrigens naiv anzunehmen, dass nur das Freisein von Menschen, die im klinischen Sinn am Locked-in-Syndrom leiden, von den Möglichkeiten abhängt, die ihnen andere Menschen bieten. In sich eingeschlossen und scheinbar unzugänglich leben auch viele Menschen, die sich wie Gesunde bewegen. Weil ihre Hilfsbedürftigkeit nicht offensichtlich ist, laufen sie ähnlich wie unheilbar Kranke Gefahr, keinen Sinn mehr mit der Frage verbinden zu können, wozu sie frei sind, wenn sie bei niemandem Zuwendung finden. Wenn sie mit niemandem offen über ihre Bedürftigkeit sprechen, sind ihr Wille zu leben und die Bedeutung und Festigkeit ihres Charakters für andere nicht erkennbar. Die Lage unheilbar Kranker macht uns darauf aufmerksam, dass Menschen, die im klinischen Sinn nicht krank, aber im sozialen Sinn in sich eingeschlossen sind, ebenfalls Zuwendung verdienen. Die Zuwendung zu anderen öffnet allgemein den Spielraum an Möglichkeiten, den wir selbst für unser eigenes Freisein benötigen.

3.2.4.6. Willensfreiheit und Ethik

In der einleitenden Übersicht zu Beginn dieses Kapitel wies ich darauf hin, dass eine Ethik ohne die Freiheit des Willens denkbar sei. Die Überlegungen von Locke und Frankfurt haben gezeigt, dass die Zuschreibung von Verantwortung eine so anspruchsvolle Bedingung wie die Willensfreiheit nicht notwendig voraussetzt. Eine Ethik, die ohne den Anspruch auf Willensfreiheit auskommt, könnte z. B. nützliche Dienste beim Entwurf von Ordnungen menschlichen Verhaltens leisten. Sie würde sich an biologischen oder psychologischen Verhaltensmustern orientieren und Ordnungen entwerfen, die dem wechselseitigen Nutzen der Menschen dienen. Die Wahl, welche den Menschen bliebe, wäre, sich entweder im wohlverstandenen eigenen Interesse und zum eigenen Nutzen diesen Ordnungen anzupassen oder für Abweichungen und unangepasstes Verhalten den Preis zu bezahlen. Der Preis könnte irgendeine Art informeller oder formeller Sanktion oder Strafe sein. Ethik wäre unter solchen Voraussetzungen eine Verhaltenswissenschaft, die ein Regelwerk der Anpassung an die individuell und kollektiv nützlichsten Optionen des Verhaltens entwerfen würde. Die Grundfrage dieser Ethik wäre, wie es möglich ist, dass die Menschen sich wechselnden Lebensbedingungen anpassen und ihr Verhalten so lenken können, dass es in jeder Situation ihrem eigenen und dem wechselseitigen Vorteil dient. Die Antwort könnte z. B. in einem System von Anreizen oder in einem Modell der Nutzenmaximierung bestehen, die das menschliche Gewinnstreben, den Wunsch nach Mehr von allem Wünschenswerten, als psychologischen Allgemeincharakter zur Grundlage hätten. Die Wahl, welche die Menschen in solchen Systemen zu treffen hätten, wäre einfach, der Verlockung des richtigen, zielführenden Anreizes nachzugeben und alles zu tun, um Erfolg zu haben.

Auf solche Vorstellungen will ich hier nicht näher eingehen. Sie nehmen auf natürliche menschliche Haltungen Bezug, die zu leugnen unsinnig wäre, weil sie im Verhalten häufig evident sind. Diese natürlichen Haltungen finden überall dort Interesse, wo es darum geht, Möglichkeiten der Steuerung menschlichen Verhaltens durch Anreizsysteme oder durch Konditionierung zum individuellen und allgemeinen Nutzen zu entwickeln. Es wäre aber verfehlt, dem natürlichen Gewinnstreben oder der Wahl von Anreizen eine normativ verbindliche Bedeutung zu geben. Auch eine so plausibel erscheinende natürliche Haltung wäre für die Entwicklung einer Ethik unzulänglich. Denn aus dieser und ähnlichen naturalistischen Perspektiven ist es nicht möglich, genauer zu sagen, was das Gute des allgemeinen Nutzens ist und worin er für den Einzelnen und die Gesellschaft besteht. Es ist vor allem nicht möglich, etwas über das bestmögliche Verhältnis der Güter zu erfahren und zu erkennen, welche Güter für das gute Leben unverzichtbar sind. Schließlich ist es auf naturalistische Weise nicht möglich, die Gestalt des guten Lebens insgesamt zu erkennen. Das Gute in Form des guten Lebens ist, wie das nächste Kapitel zeigen soll, durch Nutzenmengen oder Nutzensummen beliebiger, ethisch unspezifischer Güter nicht bestimmbar. Es ist entsprechend auch nicht möglich, auf solche Weise Antworten auf die Frage zu geben, wie das gute Leben möglich ist. Zum Ziel des guten Lebens führen weder Anreizsysteme noch Nutzenerwartungen, weil jeder Anreiz oder jede Nutzenerwartung normativ unterbestimmt ist. Ob ein Anreiz gut oder schlecht ist, ob er gute oder schlechte Wirkungen hat, sieht man ihm nicht an. Denn ein und dieselbe Erwartung kann mit guten ebenso wie mit schlechten Handlungen erreicht werden, und außerdem kann eine Handlung gleichzeitig gute individuelle und schlechte kollektive Konsequenzen haben. Außerdem fördert ein Anreizsystem, das darauf beruht, das zu tun, was dem Eigennutz dient, nicht die Entwicklung eines sittlichen Charakters, weil es die normative Beständigkeit des Verhaltens nicht belohnt. Die Vorteilsannahme, die dem Eigennutz dient, fordert eine gewisse Charakterlosigkeit, jedenfalls möglichst große normative Flexibilität in den Haltungen. Akteure dürfen sich dabei nicht durch langfristige Haltungen und Überzeugungen über das, was gut und schlecht ist, selbst behindern. Fehlender Charakter kann zwar teilweise durch geltende Gesetze und deren Sanktionen ausgeglichen werden. Sein Fehlen macht sich aber spätestens dann bemerkbar, wenn es nichts zu gewinnen gibt und Opfer gebracht werden müssen.

Akte der Anpassung an gewinnbringende Optionen sind – unabhängig davon, ob sie gut oder schlecht sind – ethisch unaufwändig und anspruchslos. Um der Verlockung des besten Angebots nachzugeben oder dieses Angebot selbst zu fördern und herbeizuführen, benötigt niemand Willensfreiheit. Es genügt, dass Menschen zwischen besseren und schlechteren Angeboten unterscheiden und wählen können. Sie müssen sich um sonst nichts kümmern. Der entscheidende Einwand gegen eine allgemeine positive ethische Wertung der Anpassung an die jeweils vorteilhafteste Situation durch Entscheidungen, die von Anreizen oder Nutzenerwartungen geleitet sind, hängt mit der normativen Unterbestimmtheit des Nutzens zusammen. Diese normative Unterbestimmtheit erlaubt, wie ich eben skizzierte, kein überzeugendes ethisches Konzept des Guten, weil die Willensfreiheit für ein solches Konzept eine unverzichtbare Voraussetzung ist. Dies will ich kurz erläutern.

Ethisch überzeugend ist ein Konzept des Guten nur dann, wenn es möglich ist, dass Menschen kurz- und längerfristige Entscheidungen treffen, die gerade deswegen gut sind, weil sie unabhängig von Anreizen und Nutzenerwartungen gefällt werden. Es sollte z. B. möglich sein, dass die Akteure in einem dazu legitimierten politischen Gremium über Güterverteilungen zugunsten von Gruppen entscheiden, die nicht zu ihren Wählern zählen. Um Möglichkeiten dieser Art geht es in den folgenden Kapiteln. Ein Konzept des Guten sollte es auch erlauben, dass Menschen Ziele um ihrer selbst willen verfolgen können.[72] Wie wäre ein gutes Leben in einer Gesellschaft denkbar, wenn die politischen Akteure sich nicht für Gerechtigkeit und Frieden um ihrer selbst willen entscheiden könnten? Es sollte Menschen auch möglich sein, das Gute in der moralischen Vervollkommnung des eigenen Verhaltens zu erkennen und sie auch gegen innere und äußere Hindernisse anzustreben. Zielen dieser Art zu folgen und dabei Nachteile in Kauf nehmen zu wollen, setzt das voraus, was ‹Willensfreiheit› bedeutet, nämlich reflexive Orientierung, Charakterbildung und Selbstbestimmung. Nur unter dieser Voraussetzung ist es verständlich, dass eine Person überhaupt weiß, was jenseits der aktuellen eigenen Interessen gut ist und was es bedeutet, in einer schwierigen, anspruchsvollen Situation das, was gut ist, zu wählen und zu tun. Anspruchsvoll und anerkennenswert ist eine Entscheidung nur dann, wenn ihr die Kenntnis des Guten durch die reflexive Orientierung und die Charakterbildung zugrunde liegt. In genau diesem Sinn setzen die Möglichkeit des Guten und die Entscheidung für ein gutes Leben Willensfreiheit voraus. Mit der gut informierten Anpassung an vorteilhafte, von Anreizen bestimmte Entscheidungslagen ist nicht zu erklären, warum ein Politiker seine Verantwortung darin erkennt, Entscheidungen zu treffen, die dem sozialen Ganzen dienen. Mit einer nutzen- oder anreizorientierten Haltung ist auch nicht zu erklären, warum jemand z. B. in jungen Jahren und weit entfernt von irgendwelchen Belohnungen Künstlerin oder Wissenschaftler, Priester oder Krankenschwester werden will. Wer sich bewusst für Lebensziele entscheidet, die in sich einen hohen Wert haben, wählt sie um ihrer selbst willen. Dies schließt nicht aus, dass dieselbe Person in anderen Zusammenhängen Anreizen folgt oder später noch andere Ziele um ihrer selbst willen wählt. Ebenso wenig ist ausgeschlossen, dass sich Lebensziele, für die sich Personen um ihrer selbst willen entscheiden, später als vorteilhaft erweisen. Es wäre absurd zu meinen, dass das, was ethisch das Beste ist, nicht auch Vorteile und Belohnungen bringen dürfte. Letztere dürfen lediglich bei der Entscheidung für bestimmte Ziele keine Rolle spielen, wenn diese ethisch anspruchsvoll sein sollen. Damit eine Entscheidung ethisch anspruchsvoll ist, kommt es auf die Freiheit an, sich zu der Person entwickeln zu wollen, die man mit bestem Bemühen und unter guten Bedingungen sein kann. Kein mittel- oder langfristiger Wunsch hat eine kurzfristige Gewinnauszahlung. Würde man alles, was Menschen an Zielen verfolgen können und wozu sie sich entwickeln wollen, als anreizbezogene Entscheidungen deuten, würde man keine Entscheidung, die unter dem eingeschränkten Wissen dessen, was tatsächlich geschehen kann, getroffen wird, verstehen können.

4. DAS GUTE, DAS RICHTIGE UND DAS GUTE LEBEN

Jede Antwort auf die Frage, wie das Gute in Gestalt des guten Lebens möglich ist, hängt davon ab, wie das Gute Maßstab menschlicher Entscheidungen und Handlungen sein kann. Dieses Kapitel stellt das Gute, angelehnt an Kants Ideenlehre, als Leitidee der Ethik und als Maßstab des guten Lebens vor. Das Verständnis des Guten als Maßstab menschlicher Entscheidungen und Handlungen wird durch die Tatsache erschwert, dass das Gute, das wir Menschen wollen, sich verändern kann. Wir können die Erfahrung machen, dass wir unsere Urteile über das, was wir einmal für gut hielten, korrigieren müssen. Beispiele dafür bieten sowohl das persönliche Leben als auch technische und wissenschaftliche Entwicklungen mit ihren unbeabsichtigten Nebenfolgen. Offenbar kann sich nicht nur das Urteil über das, was gut ist, sondern auch der Maßstab unseres Urteilens über das Gute im Lauf der Zeit verändern. Dies ist in der Ethik einerseits kaum zu tolerieren, da wir uns auf den Maßstab des Guten verlassen können müssen. Andererseits kann ein Wandel des Maßstabs nicht grundsätzlich unmöglich sein, wenn wir uns vergegenwärtigen, dass das Gute einen besonderen zeitlichen Sinn hat; es ist in die Zukunft gerichtet, wird erst nach einer Entscheidung realisiert und ist auch davon abhängig, was die Zukunft bringt. Wie kann das Gute in der Ethik aber als Maßstab dienen, wenn es sich verändern kann? Das Kapitel setzt sich mit der Unbeständigkeit und Vagheit des Guten auseinander und entwickelt unter dem Stichwort der ‹moralischen Ökonomie› Möglichkeiten, die daraus entstehenden Probleme zu lösen. Später (Kap. 5.) werde ich den Gedanken der moralischen Ökonomie wieder aufnehmen und der dort entwickelten Maximenmethode zugrunde legen. Das Spannungsverhältnis zwischen dem, was wir über das Gute wissen und nicht wissen können, verleiht ihm eine eigene Stellung zwischen dem bloß Möglichen und dem Wirklichen. Ich nenne das Gute deswegen eine ‹mögliche Wirklichkeit›. Das Kapitel geht auch auf Aspekte des Guten im Denken von Platon und Aristoteles ein.

4.1. Die Voraussetzungen und das Ziel der Ethik

Die Ethik als praktische Wissenschaft ist eingebettet zwischen ihren sittlichen Voraussetzungen auf der einen und ihrem Ziel auf der anderen Seite. Das Ziel der Ethik ist die Klärung der Frage, wie das Gute in Gestalt des guten Lebens der Menschen möglich ist. Die Voraussetzungen und das Ziel sind die Bedingungen, unter denen sich die Ethik als praktische Wissenschaft darstellt. Sie gehören zur Ethik, obwohl sie, wie wir an den sittlichen Tatsachen erkennen konnten, von der Ethik unabhängig sind. Abhängig von der Geltung sittlicher Tatsachen, methodisch jedoch unabhängig von ihnen, entwickelt die Ethik die Kriterien, die ihre Urteile als objektiv gültig rechtfertigen. Wir erwarten genau dies von der Ethik, dass sie auf zuverlässige und unabhängige Weise sagt, welche Entscheidungen und Handlungen objektiv richtig sind. Wie die Ethik diesem Anspruch trotz der Abhängigkeit von ihren Bedingungen gerecht werden kann, war Gegenstand des Kapitels über *Sitte und Ethik*. Nun soll es um das Ziel der Ethik gehen und um die Voraussetzungen, unter denen es erreicht werden kann.

Diese Voraussetzungen haben ebenso wie das Ziel keinen rein moralischen Charakter. Zu den Voraussetzungen, unter denen das Ziel erreichbar ist, gehören z. B. die Freiheit und die Fähigkeit der Menschen, Verantwortung für sich und andere zu übernehmen. Wir haben uns im letzten Kapitel mit der Frage beschäftigt, ob Menschen frei und für ihr Handeln verantwortlich sind. Wie frei sie wirklich sind, hängt in erheblichem Umfang von politischen, rechtlichen und wirtschaftlichen Bedingungen ab. Diese Bedingungen sind so wenig rein moralischer Natur wie das Ziel des guten Lebens. Dieser vorläufige Hinweis soll lediglich die Aufmerksamkeit auf die keineswegs überraschende Tatsache lenken, dass die Bedingungen der Ethik nicht rein moralischer Natur sind. Noch weniger überraschend mag es sein, dass auch ihr Ziel keinen rein moralischen Charakter hat. Für alles, was nicht rein moralischer Natur ist, kann die Ethik als praktische Wissenschaft nicht allein aufkommen. Sie benötigt weitere Bedingungen, die sie nicht selbst verfügbar machen kann.

Wir haben im Kapitel über *Freiheit und Verantwortung* gesehen, dass die Ethik auch nicht für deren Bedingungen aufkommen kann, obwohl ohne sie Ethik nicht möglich ist. Ethische Argumente können, wie die Beispiele aus der Medizin zeigten, nur dann darauf hoffen, als gültig und überzeugend im wissenschaftlichen Sinn anerkannt zu werden, wenn es dafür angemessene sittliche Voraussetzungen gibt. Die wichtigsten Voraussetzungen bestehen aus sittlichen Tatsachen oder Grundnormen, die nicht alle im engeren Sinn moralischer Natur sind.[1] Im engeren Sinn moralischer Natur sind sittliche Tatsachen wie die Menschenwürde oder das Tötungsverbot dann, wenn ihre Verbindlichkeit den Menschen bewusst ist und sie direkten Einfluss auf die moralischen Einstellungen und Urteile der Menschen haben. Dies ist bei sittlichen Tatsachen, die wie die Gleichheit der Menschen grundrechtliche Ansprüche sind, nicht unbedingt der Fall. Einen anderen Teil der sittlichen Voraussetzungen der Ethik bilden weltanschauliche und religiöse Grundsätze und kulturelle Traditionen. Auch sie müssen nicht im engeren Sinn moralischer Natur sein, weil ihr normierender Charakter den Menschen selbst dann selten bewusst und in seiner Bedeutung klar ist, wenn sie ihrem Verhalten zugrunde liegen. Nicht einmal sämtliche bewussten religiösen Überzeugungen sind in einem engeren Sinn moralischer Natur. Der Glaube, dass es Gott gibt, beeinflusst z. B. unmittelbar keine moralischen Urteile. Dies tut er nur indirekt, wenn er mit einer bestimmten Religion und deren Geboten und Glaubensartikeln verbunden ist.

Die Ethik hat Voraussetzungen im weiteren und im engeren Sinn. Diejenigen im weiteren Sinn gehören wie die Menschenwürde zur Sitte und bezeichnen sowohl die Bedingungen ihrer Existenz als auch die Bedingungen der Geltung ihrer Urteile. Die Voraussetzungen im engeren Sinn bezeichnen dagegen die Bedingungen, ohne welche die Ethik weder unabhängig von der Sitte argumentieren noch eine eigenständige wissenschaftliche Disziplin sein könnte. Dank ihnen kann die Ethik ihre eigenen Urteile begründen und rechtfertigen. Beide Arten von Voraussetzungen begrenzen zusammen mit dem Ziel der Ethik den moralischen Raum, in dem es uns Menschen möglich ist, nach einem guten gemeinsamen Leben zu streben.

Eine Voraussetzung der Ethik im engeren Sinn ist die individuelle, politisch und rechtlich gesicherte Freiheit. Sie ist für ein gutes Leben der Menschen unverzichtbar. Gleichzeitig ist sie eine Voraussetzung der Ethik im engeren Sinn, weil Ethik ohne Freiheit nicht als eigenständige Disziplin denkbar wäre. Mit der wissenschaftlichen Kompetenz der Ethik kann diese Grundlage aber weder begründet noch bereitgestellt, geschweige denn gesichert werden; insofern ist sie ähnlich beschaffen wie eine sittliche Tatsache. Es ist Sache der Politik und des Rechtswesens, in einem Staat die konkreten Freiheiten bereitzustellen und zu sichern. Obwohl sie Teil des moralischen Raums sind, in dem wir leben, sind diese Voraussetzungen der Ethik im engeren Sinn nicht moralischer Natur. Die Einsicht in die Abhängigkeiten der wissenschaftlichen Ethik von nicht-wissenschaftlichen und nicht-moralischen Bedingungen ergänzt die Überlegungen des eben abgeschlossenen Kapitels über Freiheit und Verantwortung und stellt sie in den größeren Rahmen der notwendigen und hinreichenden Bedingungen der Ethik.

Das Verhältnis der Freiheit zur Ethik ist, wie das letzte Kapitel deutlich machte, vielschichtiger, als es scheint. Die menschliche Freiheit ist nämlich in zweifacher Hinsicht eine Voraussetzung der Ethik. Als Voraussetzung im engeren Sinn ist sie unlösbar mit dem Selbstverständnis und der Natur des Menschen verknüpft, und so habe ich sie im zurückliegenden Kapitel auch dargestellt. Dann gibt es aber die Freiheit im Sinn der Freiheitsrechte, die in demokratischen Rechtsstaaten vom Verfassungsrecht garantiert werden. Als Voraussetzung im engeren Sinn ist sie weder politisch noch sonst wie garantierbar, sondern – wie zuletzt beschrieben – eine Kraft, welche die Menschen entwickeln und verfeinern können. Dabei ist die Entwicklung der individuellen Fähigkeiten von anderen Menschen abhängig, die der einzelnen Person dabei helfen, sich selbst zu dem zu machen, was sie selbst sein kann und sein will. Die individuellen und kollektiven, materiellen und intellektuellen Grenzen dieser Fähigkeit werden zwar täglich augenfällig, dennoch wird über deren Reichweite häufig so spekuliert, als sei sie grenzenlos.[2] Die mit der Freiheit verbundenen Ansprüche prägen zwar das menschliche Selbstverständnis; gleichwohl ist die reale Freiheit jedes einzelnen Menschen von vielen Bedingungen abhängig, begrenzt, von vielen Risiken bedroht und immer wieder flüchtig. Das Verfassungsrecht schützt bestimmte individuelle Freiheitsrechte und ermöglicht damit eine gewisse Selbstbestimmung. Über die Möglichkeit der Freiheit selbst schweigt das Verfassungsrecht.[3] Nur im verfassungsrechtlich verbrieften Sinn der Artikel 2, 4, 5 und 8 GG ist Freiheit als «Freiheit der Person», als «Glaubens- und Gewissensfreiheit», als «Meinungs- und Pressefreiheit», als Freiheit von Kunst und Wissenschaft und als «Versammlungsfreiheit» sowohl Teil der geltenden Sitte als auch Grundlage der Ethik. Ethnische, religiöse und kulturelle Sitten tragen zwar ebenfalls zur menschlichen Freiheit bei, aber meist in Abhängigkeit von Bedingungen wie Alter, Geschlecht, weltanschaulichen Bindungen, sozialen Rollen und dem Niveau der Bildung und des Einkommens. Man kann nicht behaupten, dass die Sitten oder die kulturellen Traditionen die individuelle Freiheit jedes Menschen fördern. Die sittliche Förderung der Freiheit ist – den eben erwähnten Bedingungen entsprechend – eher selektiv. Als individuelle Möglichkeit der Selbstgestaltung im Rahmen von allgemeinen Daseinsbedingungen und als Merkmal menschlichen Handelns erschließt sich Freiheit in Erörterungen, auf welche weder die Ethik noch das menschliche Selbstverständnis verzichten können. Diese Erörterungen beeinflussen die theoretische Anlage der Ethik, ihre Ansprüche und – wie das zurückliegende Kapitel zeigte – ihre tatsächliche Reichweite.

Nun gibt es aber neben den Voraussetzungen auch die Zielsetzung der Ethik, die ihren wissenschaftlichen Argumenten – ausdrücklich oder unausdrücklich – zugrunde liegt. Auch sie hat weder einen wissenschaftlichen Charakter, noch ist sie rein moralischer Natur. Sie beeinflusst die Anlage, die wissenschaftlichen Ansprüche und die Reichweite der Ethik. Im Unterschied zu ihren Grundlagen muss die Ethik für ihre Zielsetzung aber selbst aufkommen. Dabei kann sie keine wissenschaftliche Autorität beanspruchen, denn ihr Ziel hat den Charakter einer Leitidee. Es ist kein Prinzip wie die Gerechtigkeit, keine Tatsache wie Moralkonflikte, auch keine Norm, die verbindlich ist und nur von bestimmten Handlungen erfüllt werden kann, und es ist wissenschaftlich nicht bestimmbar. Genau genommen hat die Ethik nur ein einziges, umfassendes Ziel, das aber unmittelbar ein weiteres Ziel einschließt.

4.1.1. Die Fragen der Ethik

Ziel der Ethik ist es, die Frage zu beantworten, wie das Gute möglich ist. Dieses Ziel setzt die Kenntnis des Guten voraus; deswegen ist die erste Frage die, um welches Gute es geht und wie es beschaffen ist. Es geht um das Gute, das wir Menschen in unserem Leben erreichen können. Die Frage nach dem Guten führt uns daher unmittelbar zur Frage, wie das gute Leben möglich ist. Wir gelangen rasch zu der Einsicht, dass es immer nur mit anderen und nur vermeintlich für uns allein möglich ist. Ebenso rasch erkennen wir, dass das Gute keine Sache, sondern ein Ziel ist, das wir mit vielen unterschiedlichen Gütern verbinden können. Wir sehen außerdem ein, dass es nicht möglich ist, bei der Kenntnis der Möglichkeit des Guten in Gestalt des guten Lebens zu verharren. Denn diese Kenntnis drängt uns dazu, es auch verwirklichen zu wollen. Zu wissen, wie das gute Leben möglich ist, bedeutet, es auch realisieren zu wollen. Dieser bereits im Wissen der Möglichkeit des Guten enthaltene Wunsch entspricht der Natur des Guten. Das Gute weckt selbst den Wunsch, es auch zu erreichen, und ist selbst der erste Grund für die Frage, wie dies möglich ist und gelingen kann. Diese Besonderheit des Guten ist die Quelle allen menschlichen Strebens, weil sich seine Anziehungskraft auf alles überträgt, was gut ist. Die Anziehungskraft des Guten wirkt im Übrigen unabhängig davon, ob das Ziel, nach dem wir streben, wirklich oder nur vermeintlich gut ist und ob es nur für uns selbst oder auch für alle anderen gut ist. Wie wir später sehen werden, wissen wir nie mit absoluter Sicherheit, ob ein Ziel, dem wir folgen wollen, gut ist oder ob es nur so erscheint; auch dies ist eine Besonderheit der Natur des Guten. Ohne die natürliche Anziehungskraft des Guten wäre der menschliche Egoismus ebenso wenig denkbar wie der Altruismus. Alles Streben nach guten Zielen lebt – unabhängig davon, ob sie wirklich gut sind – aus derselben Quelle wie das Streben nach einem guten Leben.

Die Ethik hat es mit all diesen Fragen zu tun. Sie folgt der Dynamik des Guten und kann sich deswegen nicht auf die Frage nach der Natur des Guten beschränken. Sie muss der Frage nachgehen, wie das Gute in Gestalt des guten Lebens möglich ist und verwirklicht werden kann. Beide Fragen sind aus den eben beschriebenen Gründen unauflöslich miteinander verbunden. Die Frage nach der Realisierung des guten Lebens können wir nur beantworten, wenn wir erkennen, dass dazu eine Reihe anderer, nicht-moralischer Ziele erreicht werden muss. Denn das gute Leben ist nicht rein moralischer Natur, sondern schließt nicht-moralische Bedingungen wie allgemeinen Wohlstand, gerechte Gesetze, unabhängige Rechtsprechung und die Pflege und Wahrung der Menschenrechte ein. Ohne diese Bedingungen ist ein gutes Leben der Menschen weder individuell noch kollektiv möglich. Es ist für das Verständnis des Ziels der Ethik wichtig, von vornherein zu erkennen, dass das Gute keine rein moralische Zielsetzung ist. Deswegen ist auch nicht jede Handlung, die für das gute Leben von Menschen bedeutsam ist, allein deswegen gut, weil sie aufgrund moralischer Regeln gesollt ist.

Diese Beobachtung wirft ein besonderes Licht auf die anfangs erwähnte Einbettung der Ethik in ihre Voraussetzungen und ihr Ziel. Wenn das Gute das Ziel der Ethik, aber nicht rein moralischer Natur ist, wird die Grundfrage der Ethik, wie das Gute möglich ist, wohl auch nicht mit rein moralischen Mitteln, also nicht mit einer Liste von Tugenden oder Pflichten zu beantworten sein. Dass dies so ist, zeigen die vielfältigen politischen, rechtlichen und ökonomischen Bedingungen des guten Lebens, die selbst nicht moralischer Natur sind. Das bedeutet aber, dass das gute Leben der Menschen auch nicht nur oder ausschließlich von moralischen Bedingungen wie der individuellen Tugendhaftigkeit oder Pflichterfüllung abhängig sein kann. Die Aristotelische Ethik ist teilweise so ausgelegt worden, als ob die Tugendhaftigkeit eine notwendige und gleichzeitig hinreichende Bedingung für das gute Leben im Sinn der Glückseligkeit sei.[4] Dies ist jedoch keineswegs so. Aristoteles sah, dass das gute Leben auch von äußeren Bedingungen abhängt. Er nannte neben der leiblichen Gesundheit und Nahrung[5] auch die Staatskunst, die darin besteht, gute Gesetze zu machen, und die staatliche Fürsorge.[6] Diese Einsichten sind auch heute leicht nachvollziehbar und richtig. Wer nicht das Glück hat, in guten sozialen und politischen Verhältnissen zu leben, hat kaum Aussichten, ein gutes Leben zu führen, selbst wenn er ein moralisch guter Mensch ist. Wenn wir das eben Gesagte in umgekehrter Richtung lesen, heißt dies, dass das moralisch Gute keine hinreichende Bedingung des Guten oder des guten Lebens sein kann. Wir werden sehen, dass das moralisch Gute immerhin eine notwendige Bedingung des guten Lebens ist.

An dieser Stelle ist eine Bemerkung zum Begriffsgebrauch vonnöten. In der Ethik können wir das, was als das ‹Richtige› gerechtfertigt werden kann, als gleichbedeutend mit dem ‹moralisch Guten› verstehen. Es wäre nicht nur unsinnig, sondern auch unvereinbar mit den Standards ethischer Objektivität, wenn die Ethik zwei Maßstäbe des Richtigen unterhielte. Deswegen sind in ethischen Argumentationen ‹richtig› und ‹moralisch gut› gleichbedeutend. Wenn es der Ethik nun aber darum geht, Einsicht in die Richtigkeit von Zielen und Handlungen zu gewähren, diese Einsicht aber lediglich notwendige, jedoch keine hinreichenden Bedingungen des Guten und des guten Lebens liefern kann, ist die Reichweite der Ethik bei der Realisierung des guten Lebens begrenzt; aber das ist nicht verwunderlich. Wir werden später sehen,[7] dass diese begrenzte Reichweite, was die Realisierung des guten Lebens angeht, nicht der Ethik anzulasten, sondern dem besonderen, unbeständigen Charakter des Guten geschuldet ist. Vorläufig können wir aber sagen, dass die begrenzte Reichweite der Ethik einfach darin besteht, dass ihre Empfehlungen die Möglichkeit des guten Lebens – im Sinne ihrer Realisierung – nicht mit Sicherheit, sondern lediglich mit einer gewissen Wahrscheinlichkeit fördern können. Dabei ist der Grad der Wahrscheinlichkeit nicht nur vom Vorhandensein der nicht-moralischen Bedingungen des guten Lebens, sondern vor allem von der Kenntnis dessen abhängig, was auch im moralischen Sinn ‹gut› genannt werden kann. Was die Ethik als objektiv richtige Lösung eines Problems formuliert, trägt wahrscheinlich, aber nicht mit Sicherheit zum guten Leben bei. In dieser Einschränkung bezüglich der Wahrscheinlichkeit der Realisierung des Guten liegt die begrenzte Reichweite der Ethik. Zunächst soll es aber um die Klärung der Natur des Guten gehen.

4.1.2. Das Gute als Leitidee und Maßstab

Das Gute hat als Ziel der Ethik den Charakter einer Leitidee. Sie wird konkret in den Bedingungen des guten Lebens wie der Gerechtigkeit, der Geltung der Menschenrechte oder der allgemeinen Wohlfahrt. Das Gute erschöpft sich aber nicht in diesen Bedingungen, sondern ist primär und vorrangig ein Maßstab für die Qualität und Struktur des Ganzen, das die Menschen bewirken, und damit auch ein Maßstab für dessen moralische Qualität. Dieses Ganze ist das gute Leben jedes einzelnen Menschen und gleichzeitig das gute Leben der Gemeinschaften, in denen die Menschen leben. Als Maßstab des guten Lebens soll das Gute für das Ganze menschlicher Gemeinschaften, ebenso aber auch für das Ganze des individuellen Lebens integrierend, ausgleichend und ordnend wirken. Deswegen benötigt die Ethik diese Leitidee, weil ohne sie das Ganze des individuellen und gemeinschaftlichen Lebens der Menschen gar nicht zum Thema gemacht werden könnte. Das Ganze auch in moralischer Hinsicht muss aber Thema sein, weil die moralische Qualität einer einzelnen Handlung auch davon abhängt, in welchem Verhältnis sie zum individuellen und kollektiven Ganzen des guten Lebens steht. Aus diesem Grund benötigt die Ethik das Gute als Maßstab, und aus demselben Grund wirkt dieser Maßstab, nicht direkt, sondern nur indirekt. Aus dem Beitrag zur moralischen Qualität des Ganzen ergibt sich der Wert jeder einzelnen Handlung, nicht umgekehrt.[8] Die integrierende und ordnende Kraft des Guten schließt übrigens Moralkonflikte und andere Konflikte, die im Leben einer Gesellschaft auftreten, nicht aus. Das Gute als Ziel individuellen Handelns steht zwar nicht begrifflich im Gegensatz zum Guten des Ganzen einer Gesellschaft. Da der Maßstab des Guten aber nur indirekt und abhängig von der begrenzten Erkenntnisfähigkeit und Willenskraft der Menschen die Qualität der Ziele und Handlungen bestimmt, sind mögliche Konflikte zwischen diesen Zielen weder unwahrscheinlich noch – wie wir wissen – selten. Vielen dieser Konflikte liegen kontroverse Überzeugungen und Urteile darüber zugrunde, was gut ist.

Eine gewisse Zurückhaltung gegenüber dem Guten als Thema der Ethik entstand in jüngerer Zeit aus der Sorge, dass in pluralistischen Gesellschaften die Urteile über das, was gut oder schlecht ist, kontrovers seien.[9] Rawls sprach ausdrücklich vom «Vorrang des Rechten vor dem Guten in der Theorie der Gerechtigkeit als Fairness».[10] Er definierte das Gute aber ähnlich individualistisch wie der Utilitarismus als das, was die Menschen konkret darunter verstehen und was sie zu ihren jeweiligen Entscheidungen und Handlungen motiviert. Dieses Verständnis des Guten hat einen sittlichen Charakter und kann nicht als Ziel der ethischen Theorie begriffen werden. Deswegen sind Rawls' Überlegungen zu den Unterschieden zwischen dem Rechten und dem Guten[11] für meine Überlegungen nicht einschlägig. Rawls ging es in seiner Theorie nicht zuletzt um eine Kritik des Utilitarismus, der etwa in Gestalt des Regel-Utilitarismus den Wert der Gerechtigkeit von ihrem Nutzen für die Wohlfahrt des sozialen Ganzen abhängig macht. Seine Kritik am Utilitarismus ist ein theoretisch nachvollziehbares Motiv, den Vorrang der Gerechtigkeit zu betonen. Rawls schloss allerdings nicht aus, dass das Gute Gegenstand oder Inhalt einer eigenen Theorie oder gar einer «umfassenden Lehre» sein kann. Diese Lehre siedelte er hinter dem Schleier des Nichtwissens an und ließ ihre Verbindung mit seiner Konzeption der Gerechtigkeit auf diese Weise offen.[12] Das Gute ist als Ziel der Ethik aber weder ein individuelles Handlungsmotiv noch Inhalt einer umfassenden Lehre. Als ethische Leitidee ist es daher kein moralisches Korsett für die Mitglieder einer Gesellschaft, sondern ein Strukturprinzip und eine regulative Idee für die Möglichkeit und Denkbarkeit des guten Lebens. In der Ethik als praktischer Wissenschaft geht es um das Gute im Übrigen sowohl als moralisches als auch als nicht-moralisches Ziel und als soziale und politische Struktur gerechter Verteilungsprozesse. Aus diesen Überlegungen ergeben sich für das individuelle Entscheiden und Handeln keine allgemein verbindlichen Ziele. Die eben erwähnte Sorge von Rawls kann nur entstehen, wenn zwischen den sittlich bedingten, pluralistischen Auffassungen dessen, was in Gesellschaften als ‹gut› gelten kann, und dem Guten als dem singulären Ziel der Ethik als einer praktischen Wissenschaft nicht unterschieden wird.

Aus ethischer Perspektive richtet sich unser Interesse ganz besonders auf das Gute im moralischen Sinn. Dessen Bedeutung als Teilziel der Ethik verstehen wir aber nur, wenn wir den Zusammenhang dieses Teilziels mit dem guten Leben insgesamt erkennen. Tatsächlich ist es möglich, dass einzelne Handlungen moralisch gut sind, ohne dass die handelnde Person ein gutes Leben führt oder in einer Gesellschaft lebt, die allen ein gutes Leben ermöglicht. Aber auch das Umgekehrte trifft mit Einschränkungen zu. Das Leben einer Person, die nicht moralisch gut handelt, kann eine begrenzte Zeit gut erscheinen, ohne dass es tatsächlich gut ist. Es gibt zwei Gründe für diese relative Unabhängigkeit des guten Lebens vom moralisch Guten. Der eine ist, dass Menschen etwas für gut halten können, ohne dass es gut ist. Der andere Grund ist, dass ein Großteil der Bedingungen des guten Lebens nicht im engeren Sinn moralischer, sondern kultureller, politischer, rechtlicher und ökonomischer Natur ist. Dennoch ist das moralisch Gute für die Stabilität des guten Lebens, für dessen Dauer und für die allgemeine und jedem Einzelnen offene Zugänglichkeit als das kleinste, am wenigsten greifbare, aber entscheidende und wirksamste Element unverzichtbar.

Das moralisch Gute ist das Kernelement des Guten, weil es die Verbindung zwischen den Teilen des Guten herstellt und ihnen Zusammenhalt gibt. Salopp gesagt, ist das moralisch Gute der Kitt des Guten. Dies lässt sich leicht veranschaulichen: Ohne das moralische Element, ohne das richtige Handeln, z. B. in Gestalt der individuellen Gerechtigkeit und Unbestechlichkeit von Personen mit Verantwortung für andere wie etwa Politikern oder Richtern, ist ein gutes Leben in einer Gesellschaft ebenso wenig möglich wie deren Leben im Einzelnen gut sein kann. Beides ist selbst dann nicht möglich, wenn viele nicht-moralische Ziele des Guten wie Wohlfahrt, hohes Bildungsniveau, Vollbeschäftigung und Mobilität erreicht werden. Knapper gesagt, wenn diese Personen nicht im ethischen Sinn richtig entscheiden und handeln, nützen die besten nicht-moralischen Bedingungen des guten Lebens nichts, weder für sie selbst noch für alle anderen. Für kurze Zeit kann z. B. eine Gesellschaft, in der Bestechlichkeit das öffentliche Leben beherrscht, unter den Bedingungen äußeren Wohlstands den Schein des guten Lebens wahren. Dauerhaft wird dieser Schein aber nicht aufrechtzuerhalten sein, wenn Ungerechtigkeit und Korruption sichtbar Einfluss auf das Leben der Gesellschaft gewinnen. Wir werden später mehr über die Abhängigkeit des guten Lebens einer Gesellschaft von den moralischen und nicht-moralischen Teilzielen erfahren. Zunächst ist es wichtig, die relative Unabhängigkeit des guten Lebens vom moralisch Guten zu verstehen und gleichzeitig zu erkennen, dass ohne das moralisch Gute ein gutes Leben auf Dauer nicht wirklich möglich ist. Wir können diese beiden Einsichten auf die Formel bringen, dass das moralisch Gute zwar eine notwendige, auf Dauer unverzichtbare, aber keine hinreichende Bedingung des guten Lebens einzelner Personen und einer Gesellschaft ist.

Wenn wir diese Formel auf die individuelle Lebensführung anwenden, besagt sie, dass eine moralisch indifferente, ja sogar eine amoralisch handelnde Person den subjektiven Eindruck haben kann, ein gutes Leben zu führen. Denselben Eindruck können auch andere haben, die diese Person erleben und beobachten. Es mangelt ihr an nichts, was das Leben in ihren eigenen Augen – und in denen der Beobachter – angenehm und lebenswert macht. Vielleicht freut sich jene

– in einem oberflächlichen Sinn – beneidenswerte Person darüber, dass ihr so ein Leben trotz ihrer moralischen Indifferenz oder Amoralität vergönnt ist. Dieser falsche subjektive Schein eines guten Lebens zeigt sich aber mit jeder Belastung, Schwierigkeit oder Krise, die ihr begegnet und an den Gütern ihres guten Lebens – wie Gesundheit, Ansehen und Wohlstand – zehrt. Das gute Leben dieser Person ist ebenso flüchtig wie diese Güter und verschwindet mit ihnen ganz. Dies wird sie sich selbst eingestehen müssen. Dagegen gefährdet der Verlust von Gütern des guten Lebens nicht notwendig das gute Leben dessen, der dauerhaft versucht, den moralischen Ansprüchen an sich selbst zu genügen. Auch er ist nicht gegen den Verlust des guten Lebens gefeit. Die moralisch guten Maßstäbe, die Tugendhaftigkeit und Pflichterfüllung, denen seine Lebensführung erkennbar entspricht, geben seinem guten Leben aber die bestmögliche Stabilität. Er kann auf glaubhafte Weise auch nach dem Verlust der meisten Güter des guten Lebens sein eigenes Leben als gut beurteilen. Seine Selbstachtung und die Anerkennung derer, die seine Moralität schätzen, verschwinden mit jenen Gütern nicht.

Nach diesen Überlegungen können wir nun auch die Frage klären, wie die Ethik ihre methodische Unabhängigkeit bei gleichzeitiger Abhängigkeit von ihren nicht-moralischen Voraussetzungen wahren kann. Der Ethik als wissenschaftlicher Disziplin geht es in dieser Hinsicht genauso wie jeder Person, die sich mit dieser Disziplin beschäftigt. Jene ist bei dem, was sie tut, von bestimmten Lebensbedingungen abhängig. Wenn diese Bedingungen einigermaßen gesichert sind, können ihre Urteile und Einsichten aber unabhängig von diesen Bedingungen sein. Wenn ihre Lebensbedingungen unsicher und gefährdet sind, werden ihr unabhängige, an den Standards der Richtigkeit und Objektivität orientierte Urteile schwer fallen. Dies mag aus psychologischen Gründen so sein, weil sie sich ängstigt und sich zu große Sorgen um ihr Leben macht; es mag auch so sein, weil sie der Sicherung des Lebens allgemein größere Bedeutung beimisst als ethischen Überlegungen. Kant unterschied in der *Kritik der praktischen Vernunft*[13] zwischen dem «Seinsgrund» (ratio essendi) und dem «Erkenntnisgrund» (ratio cognoscendi). Es ging ihm dabei um das wechselseitige Verhältnis zwischen Freiheit und Moralgesetz. Darum geht es hier nicht. Dennoch lässt sich seine Unterscheidung gut auf die Abhängigkeit und gleichzeitige Unabhängigkeit der Ethik von bestimmten Bedingungen des guten Lebens anwenden. Diese Bedingungen bilden den Seinsgrund, aber nicht den Erkenntnisgrund der Ethik. Im Hinblick auf Ersteres ist sie abhängig, im Hinblick auf Letzteres aber unabhängig, sofern Ersteres gegeben ist. Wenn die Ethik die notwendigen Bedingungen des guten Lebens bestimmt, ist sie dabei methodisch und, was die Standards der Richtigkeit und Objektivität angeht, unabhängig. Wenn dafür die äußeren Bedingungen, unter denen allein sie dies unabhängig tun kann, fehlen, kann das, was die Ethik vermag, demjenigen unsinnig erscheinen, der sich mit ihr beschäftigt.

Wenden wir uns nun dem Guten als Ziel der Ethik zu. Versuchen wir erst einmal zu verstehen, wovon dabei die Rede ist, ohne gleich an die Ethik zu denken. Einerseits ist dieses Ziel nicht konkret, weder klar erkennbar noch definierbar; andererseits wissen wir immer ungefähr, wovon wir dabei sprechen. Wir sprechen nämlich vom Guten als dem Maximum dessen, was Menschen durch ihr eigenes Tun erreichen können, und zwar sowohl in jeder einzelnen Handlung als auch in der Summe aller Handlungen. Natürlich stellt sich jeder Mensch abhängig von den Sitten, die ihn geprägt haben, dieses Maximum anders vor. Entscheidend ist jedoch nicht der Unterschied zwischen den individuellen Vorstellungen, sondern die Bedeutung, die dieses Ziel im Leben hat. Es ist der Punkt, auf den sich jeder Mensch zu bewegen will, wo immer er sich befindet. Menschen wollen direkt oder indirekt für sich und diejenigen, die ihnen am nächsten sind, das Bestmögliche erreichen.[14] Dieses Ziel ist so selbstverständlich und entspricht so sehr ihrer Natur, dass sie nicht eigens daran denken müssen. Es ist in ihrer Natur so verankert, dass sie ihm unbewusst folgen. Sie können es allerdings irrtümlich mit dem identifizieren, was sie gerade aus irgendwelchen Gründen wollen. Dem Ziel des Guten bewusst und absichtlich zu folgen, bereitet den Menschen gewöhnlich enorme Mühe, es einfach zu haben, dagegen nicht die geringste.

Die Ethik kann sich nicht im Einzelnen um die Vielzahl der Ziele, welche die Menschen verfolgen, um das für sie Bestmögliche zu erreichen, kümmern. Sie kann sich deren individuelle Ziele auch nicht zu Eigen machen, will sie nicht in heillose Widersprüche geraten. Die Ethik kann lediglich die Kraft, mit der die Vorstellungen des Guten die Menschen bewegen, nutzen. Sie kann versuchen, diese Kraft in geordnete Bahnen zu lenken und ihr eine für alle Menschen verträgliche Richtung zu geben. Dabei kann sie einerseits den individuellen Vorstellungen des Bestmöglichen gerecht werden und andererseits das Bestmögliche für alle Menschen erreichbar machen. Da diese beiden Ziele so selten miteinander vereinbar sind wie bereits die individuellen Ziele zweier Menschen, haben sich einige Ethiken wie z. B. der Utilitarismus oder der Kantianismus dafür entschieden, jene Ziele aus der Perspektive der Menschheit auf einen gemeinsamen Nenner zu bringen. Nicht alle, aber vor allem die Ethiken in der Nachfolge von Aristoteles haben im Lauf der Geschichte Modelle entwickelt, wie das

Gute in Gestalt des guten Lebens der Menschen verwirklicht werden kann. Natürlich entwirft jede Ethik und jede Person, die sich damit beschäftigt, gewöhnlich nur ein Modell. Dieses Modell soll nicht nur zeigen, was zum bestmöglichen Leben für alle Menschen gehört, sondern wie ein solches Leben wirklich möglich ist. Dazu benötigt jede Ethik ihre eigenen Begriffe, genau genommen eine eigene Theorie. Auf diese theoretische, modellhafte Weise überbrückt die Ethik die Ungreifbarkeit des Guten. Greifbar und vorstellbar erscheint das Gute nur in Gestalt des guten Lebens. Auch in dieser Gestalt bleibt das Gute aber gemessen an den klareren Vorstellungen, die einzelne Menschen vom Bestmöglichen ihres Lebens haben können, vage und unklar. Diese Unklarheit hat, wie wir später sehen werden, tiefere Gründe. Außerdem ist die Ethik zumindest seit der Epoche der Aufklärung darauf bedacht, den Menschen keine Vorschriften darüber zu machen, was für jeden Einzelnen von ihnen das Beste wäre. Sie will das Beste für alle, indem sie so weit wie möglich die Selbstbestimmung jedes einzelnen Menschen respektiert und fördert. Deswegen will sie den Menschen nur sagen, wie das Bestmögliche als Gutes für alle Menschen in einem Modell vorgestellt werden kann, das gleichzeitig für jeden Einzelnen den Maßstab des Guten bietet. In genau diesem Sinn ist das Gute das Ziel der Ethik, zumindest in der Form, in der ich sie hier vorstelle.

Als Maßstab für das Ganze des menschlichen Lebens hat das Gute einen unbeständigen und vagen Charakter. Dies liegt einerseits am Guten selbst, andererseits aber an der Art und dem Umfang dessen, worauf sich das Gute als Maßstab bezieht. Auf den zweiten dieser beiden Gründe gehe ich gleich und nicht allzu lange, auf den ersten etwas später, dafür aber ausführlicher ein. Zunächst geht es also darum, was der Umfang des menschlichen Lebens mit dem vagen Charakter des Guten zu tun hat. Aussagen und Begriffe sind vage, wenn ihr Sinn zwar verständlich, ihre Vernünftigkeit und Wahrheit aber nicht eindeutig entscheidbar sind. «Vollkommenheit» ist z. B. ein Begriff, den wir verstehen und auf das menschliche Wissen oder Handeln beziehen können, von dem wir aber nicht wissen, was er genau besagt; dennoch können wir es für vernünftig und gut halten, nach Vollkommenheit zu streben. «Natur» ist ein weiterer vager Begriff. Selbst wenn er, wie Kant dies tat, als «Inbegriff der Gegenstände der Erfahrung»[15] gedeutet wird und wir uns eine Vorstellung davon machen können, wissen wir nicht, was der genaue begriffliche Umfang von «Natur» ist. Auch Aussagen wie ‹alles menschliche Leben hat einen Sinn› oder ‹alles, was die Natur hervorbringt, ist immer so vollkommen, wie es sein kann›[16] haben einen vagen Charakter. Wir verstehen, was mit den Aussagen gemeint ist, wissen aber nicht, ob sie wahr oder falsch und unter welchen Bedingungen sie zu bejahen oder zu verneinen sind. Es ist dennoch möglich, sie für vernünftig oder für unvernünftig zu halten. Die Art und der Umfang dieser Beispiele veranschaulichen, warum wir sie ‹vage› nennen können. Die Beispiele für vage Aussagen lenken unseren Blick unmittelbar auf den Umfang dessen, worauf sich das Gute bezieht, nämlich das menschliche Leben in seiner Gänze, und zwar im individuellen und im kollektiven Sinn. Es macht natürlich einen Unterschied, ob damit das Leben einer Person oder das Leben der Menschheit gemeint ist. In jedem Fall geht es aber um Ganzheiten. Bestimmte Ganzheiten – nicht alle – haben einen begrifflich vagen Charakter. Dasselbe trifft auf die Wertmaßstäbe zu, mit denen diese Ganzheiten beurteilt werden können.

Ganzheiten wie das gute Leben der Menschen, die Natur oder der Kosmos bleiben als Begriffe vage, und Entsprechendes gilt für Aussagen über ihren Sinn und Zweck. Dennoch können wir solche Aussagen aus bestimmten Gründen für vernünftig oder unvernünftig halten, obwohl es keinen Standpunkt jenseits des Ganzen gibt, das sie bezeichnen. Ich kann zwar – aus der Perspektive der Dritten Person, also über jemand anderen – sagen: ‹Oskar führte ein gutes Leben› und muss das dann auch begründen können. Dabei werde ich sicher an seine eigene Selbsteinschätzung, seine Menschlichkeit, Liebenswürdigkeit und das, was er anderen geben konnte, an seine Zufriedenheit und sein Glück, seine Erscheinung, sein Auftreten und seine Gesundheit, seine Bildung und seine Lebensziele, seine Einsichten und Erfolge denken. Wenn er von alledem genügend hatte, wird er ein gutes Leben geführt haben.[17] Über das menschliche Leben im Allgemeinen und als Ganzes und über mein eigenes bisheriges kann ich eine solche Aussage auch machen und ähnlich begründen. Verschiedene Personen werden verschiedene Merkmale eines guten Lebens betonen. Ich werde bei dem einen oder anderen, den ich kannte, da und dort Abstriche machen, aber sein Leben trotz vieler Rückschläge als gut bezeichnen. Bei alledem kann ich mich aber weder jenseits der Menschheit noch jenseits meiner selbst stellen und diese Ganzheiten aus der Distanz betrachten. Ich kann sogar ganz und gar davon überzeugt sein, ein gutes Leben zu führen, selbst wenn ich für niemand anderen überzeugende Gründe dafür angeben kann.

Die Stichhaltigkeit von vorhandenen oder fehlenden Gründen für die Güte des Ganzen meines Lebens kann ich aus einem weiteren, auf der Hand liegenden Grund nicht selbst prüfen. Dieser Grund ist zeitlicher Natur und hat etwas mit der noch zu klärenden Unbeständigkeit des Guten zu tun. Solange ich noch lebe, kann ich nämlich nicht wissen, was noch alles kommen und wie sich meine Lebensperspektive verändern wird. Auch ein anderer kann dies nicht, jedenfalls nicht mit Sicherheit. Auch in zeitlicher Hinsicht entzieht sich mein Leben der zuverlässigen Beurteilung. Es ist nicht zu erwarten, dass sich der normative Rahmen meines Lebens radikal ändert, völlig auszuschließen ist dies – wie der weltanschauliche Wandel eines Marxisten wie Arthur Koestler[18] zeigt – allerdings nicht.

Über viele Ganzheiten, die wir kennen und so überschauen können wie eine Gesellschaft, ein Rechtswesen, das Leben Verstorbener oder einen Staat, können wir mehr als nur vage Aussagen machen. Wir kennen auch Maßstäbe, die sich auf solche Ganzheiten anwenden lassen. Sonst könnten wir nicht zuverlässig beurteilen, ob eine Gesellschaft oder ein Staat demokratisch und die Rechtsordnung und Rechtsprechung in einem Land gerecht sind. Nicht alle Arten von Ganzheiten haben also begrifflich einen vagen Charakter. Außerdem haben solche mit und die ohne einen solchen Charakter bestimmte Gemeinsamkeiten. Alle Arten von Ganzheiten geben z. B. Handlungen oder Aussagen einen bestimmten Sinn, die in ihrem Rahmen vollzogen werden. Diese Abhängigkeit des Einzelnen – seien es Aussagen oder Handlungen – vom jeweiligen Ganzen ist ganz unabhängig davon, ob das Ganze seinerseits einen Maßstab hat und sein Sinn und Zweck erkennbar sind. Eine einzelne Handlung oder Aussage hat natürlich auch relativ zum Ganzen eines Lebens, ja selbst relativ zum guten Leben der Menschheit insgesamt einen Sinn. Relativ zum Ganzen eines individuellen Lebens können wir als Unbetroffene diesen Sinn sogar auf überprüfbare Weise beurteilen. Lediglich relativ zum eigenen Leben und dem der Menschheit insgesamt gelingt uns dies nicht, weil wir diese Ganzheiten nicht überschauen können. Es klingt befremdlich, aber auch das Ganze des eigenen Lebens ist im begrifflichen Sinn eine vage Ganzheit, ähnlich vage wie das Ergebnis eines Fußballspiels, das noch nicht beendet ist. Dennoch können wir die Qualität der eigenen Handlungen oder einzelner Lebensabschnitte, auch deren moralische Qualität, auf nachprüfbare Weise beurteilen. Den Maßstab des Guten können wir auf ähnliche Weise nur sinnvoll auf frühere Teile des eigenen Lebens anwenden.

4.1.3. Eine doppelte Relativität und der Kitt des guten Lebens

Eben habe ich behauptet, dass das Gute selbst einen begrifflich vagen Charakter habe. Den hat es – wie wir später sehen werden – unabhängig vom Umfang der Ganzheiten, auf die dieser Maßstab angewandt wird. Außerdem behauptete ich, dass die moralische Qualität einer einzelnen Handlung nur relativ zum Ganzen, dem sie zuzurechnen ist, beurteilt werden kann. Nun müssen wir uns aber vergegenwärtigen, dass wir nicht nur vergangene eigene Lebensabschnitte oder frühere Zustände einer Gesellschaft beurteilen wollen, die abgeschlossene Ganzheiten bilden und als ‹gut› angegeben werden können. Wir haben vielmehr ein besonders lebhaftes Interesse an der Qualität der Handlungen in zeitlicher Nähe. Denn die Handlungen, die Personen jetzt oder in Bälde beabsichtigen, sollen – auch vom moralischen Standpunkt aus – je nach ihrer Wirksamkeit zu deren eigenem Wohl und zum guten Leben einer Gesellschaft beitragen. Wenn nun aber die moralische Qualität einer Handlung nur relativ zum Ganzen des guten Lebens beurteilt werden kann, dieses Ganze aber einen begrifflich vagen Charakter hat, haben wir ein Problem. Denn den Sinn von Ganzheiten wie dem guten Leben der Menschen können wir nicht unmittelbar beurteilen. Woher sollen wir dann wissen, wie tauglich eine Handlung als Beitrag zum guten Leben ist? Die Verwirrung ist vollständig, wenn uns klar wird, dass wir das gute Leben selbst nur indirekt über Aussagen oder Handlungen erfassen können, die wir als Beitrag zu jenem Ganzen einschätzen. Damit drehen wir uns vollends im Kreise: Das Ganze des guten Lebens ist nur über seine Teile und deren Bedeutung für das Ganze nur vom Ganzen selbst her zu erschließen. Zu jenen Teilen zählen viele nicht-moralische Elemente, aber auch die moralisch guten Handlungen. Ist auch die moralische Qualität dieser Handlungen nur über ihren Beitrag zum Ganzen zu beurteilen, oder wissen wir unabhängig von diesem Ganzen, ob eine Handlung gut oder schlecht ist? Es gibt Handlungen, die wir unabhängig von ihrer Bedeutung für ein Lebensganzes als gut oder schlecht beurteilen können. Dies sind Handlungen, die Menschen nur aus dem Grund unternehmen, weil sie moralisch gut sind. Wer z. B. Verpflichtungen einhält, obwohl es ihm sehr schwer fällt und er auf Ziele, die er realisieren wollte, verzichten muss, handelt moralisch gut, unabhängig von der Frage, ob diese Handlungen etwas zu seinem eigenen guten Leben oder dem aller anderen beitragen. Ähnliches gilt auch für moralisch schlechte Handlungen. Wer z. B. einem anderen vorsätzlich schadet oder einen Schaden in Kauf nimmt, handelt schlecht und verwerflich, und zwar unabhängig davon, ob der Schaden eintritt oder ihm selbst und anderen Vorteile bringt.

Moralisch gute Handlungen haben für das gute Leben eine ganz besondere Bedeutung. Sie bilden den *Kitt* des individuellen und kollektiven guten Lebens und halten die vielen anderen Elemente, die für ein solches Leben nötig sind, zusammen. Die moralisch schlechten, verwerflichen Handlungen bewirken das genaue Gegenteil; sie zersetzen das gute Leben. Der Zirkel, den ich eben schilderte, bezieht sich also nicht auf die Handlungen, die wir mit Sicherheit als moralisch gut oder schlecht erkennen. Wie ist er dann zu verstehen? Machen wir uns den Zirkel an einer idealen Vorstellung klar. Nehmen wir an, das gute Leben in allen menschlichen Gesellschaften werde möglich, wenn die Menschenrechte geachtet werden, die natürliche Umwelt nicht weiter geschädigt wird, jeder Arbeit und Einkommen hat, die Bildungsmöglichkeiten chancengerecht verteilt sind, soziale Gerechtigkeit herrscht, die medizinische Versorgung optimal ist, die Renten gesichert, die Amtsträger gerecht und unbestechlich sind und jeder Mensch jedem anderen gegenüber seine Pflichten erfüllt. Nun wissen wir zwar nicht – jedenfalls können wir uns nicht völlig sicher sein –, ob diese Leistungen und Güter tatsächlich notwendig und hinreichend für das gute Leben der Menschen sind. Wir wissen auch nicht und sind eher skeptisch, ob es überhaupt möglich ist, all diese idealen Bedingungen eines guten Lebens zu erfüllen. Trotzdem könnten wir nach allem, was wir wissen, ein solches Konzept des guten Lebens für wünschenswert, überzeugend und vernünftig halten.

Allein eine plausible, vernünftig erscheinende Konzeption des guten Lebens, so vage dieser Begriff auch sein mag, kann uns dabei helfen, die Qualität einzelner Absichten und Handlungen, auch die moralische, relativ zum Ganzen des guten Lebens zu beurteilen. Wie sollten wir sonst korrupte Amtsträger oder politische Entscheidungen, welche die Menschenrechte ignorieren und Umweltschäden, unsichere Renten, mangelnde Bildungschancen etc. in Kauf nehmen, kritisieren können? Wir nehmen dabei immer Bezug auf ein gedachtes Ganzes, auf ein gutes Leben, das den Maßstab der Kritik liefert, so ungreifbar und vage dieses Ganze auch sein mag. Umgekehrt kann jeder Politiker, der sich für die Sicherung der Renten einsetzt, behaupten, allein damit werde das Leben der Menschen insgesamt besser. Niemand wird bestreiten wollen, dass dies möglich ist. So stützen sich die Beurteilung der Qualität einzelner Handlungen und die Frage, wie das Gute durch Politik, Recht und Wirtschaft möglich wird, auf ein vages Konzept des guten Lebens insgesamt. Schon die Ausarbeitung und ganz gewiss die Verwirklichung dieses Konzepts hängen jedoch umgekehrt auch davon ab, wie wir die Qualität einzelner Entscheidungen und Handlungen relativ zu jenem Konzept einschätzen. Das ist der Zirkel.

Dieser Zirkel schafft eine doppelte Unsicherheit und eine zweifache Relativität. Wir wissen weder genau, ob das Konzept des Ganzen tatsächlich ein gutes Leben ermöglicht, noch wissen wir, wie sehr bestimmte Entscheidungen und Handlungen dazu beitragen, jenes Konzept zu verwirklichen. Wir beurteilen die einzelnen Handlungen relativ zum Ganzen und erschließen das Ganze relativ zu den Handlungen, die wir beurteilen. Nach dem ersten Erschrecken über den Zirkel von Einzelnem und Ganzem wird uns dann aber klar, dass jene zweifache Relativität ein normales, ja alltägliches, wenn auch kein harmloses Phänomen ist. Es ist das Phänomen der wechselseitigen Justierung und Anpassung von Handlungen und Zielen. Wenn wir ein Ziel vor Augen haben, von dem wir nicht genau wissen, ob es das ist, was wir eigentlich wollen, und wie wir es erreichen können, probieren wir dies und jenes aus. Vielleicht erscheint uns anfänglich etwas viel versprechend, bis wir durch äußere Hindernisse oder eigenes Unvermögen eines Besseren belehrt werden. Dann ändern wir vielleicht nach mehreren Fehlversuchen das Ziel und passen es dem an, was wir lieber wollen oder tatsächlich können. Wir werden die theoretische Form dieses Phänomens der wechselseitigen Justierung an verschiedenen Stellen wieder finden. Das Phänomen wurzelt im zirkulären Verhältnis des Ganzen des guten Lebens zu seinen Teilen, den guten Handlungen, von denen viele auch im moralischen Sinn gut sein sollen.

Entscheidend für den Erfolg einer wechselseitigen Justierung von Zielen und Mitteln ist, dass die doppelte Relativität nacheinander auf eine einfache verkürzt wird und nie gleichzeitig herrscht. Nur wenn Mittel und Ziele gleichzeitig relativ sind, droht das Ungemach der Zirkularität. Dies können wir vermeiden. Entweder werden die Handlungen relativ zum Ganzen beurteilt oder umgekehrt, das Ganze relativ zu den Handlungen, aber nicht beides gleichzeitig. Den Größenverhältnissen entsprechend, tun wir gut daran, die Beständigkeit eines Konzepts des guten Lebens sehr viel höher einzuschätzen als diejenige von einzelnen Handlungen. Wir werden daher so lange wie möglich die Qualität einzelner Handlungen so beurteilen, *als ob* der konzipierte, vage Rahmen des guten Lebens vernünftig und realisierbar wäre. Solange wir dies tun, können wir versuchen, die einzelnen Entscheidungen und Handlungen in dieses Ganze zu integrieren. Der Erfolg dieser Integration ist nicht sicher, aber wenigstens nach allem, was wir aus Erfahrung wissen, wahrscheinlich. Die einzelnen Entscheidungen und Handlungen sind daher lediglich mit einer größeren oder geringeren Wahrscheinlichkeit gut.

Die Leitidee und der Maßstab der Integration ist das Gute, das dem guten Leben seine Gestalt geben soll. Diese Leitidee hat zwar selber einen vagen Charakter, eignet sich aber deswegen als Maßstab der Integration, weil sie gleichzeitig als Maßstab der Beurteilung einzelner

Handlungen dient. Die Frage, ob diejenigen Handlungen, die diesem Maßstab entsprechend als moralisch gut beurteilt werden, auch tatsächlich moralisch gut sind, ist dabei der Lackmustest der Integration. Für das Ganze des guten Lebens sind diese Handlungen von besonderer Bedeutung, weil deren moralische Qualität für eine dauerhafte Integration der vielen anderen nicht-moralischen Güter notwendig ist. Deren Güte ist zwar nicht moralischer Natur, darf aber nicht im Widerspruch zum Guten im moralischen Sinn stehen. Der Maßstab des Guten darf nicht widersprüchlich verwendet werden, sonst ist eine Integration der vielen Güter undenkbar. Er würde widersprüchlich verwendet, wenn z. B. die allgemeine Wohlfahrt auf eine Weise erreicht würde, die ungerecht ist, weil sie einzelne Personen oder soziale Gruppen benachteiligt. Nur aufgrund der identischen Verwendung der Maßstäbe ist eine Integration aller Handlungen, auch der moralischen, in ein homogenes Ganzes überhaupt möglich. Wie soll aber die Ethik die moralische Qualität von Handlungen mit wissenschaftlichem Anspruch beurteilen, wenn der Maßstab der Beurteilung selbst diesem Anspruch nicht genügt? Wir sollten uns diesen Maßstab daher nun etwas genauer ansehen.

4.1.4. Der Maßstab des Guten

Weil das Gute integrierend und ordnend wirkt, kann man sagen, dass es das Ganze des guten Lebens jedes einzelnen Menschen und der rechtlich und staatlich organisierten Gemeinschaften bildet. Über dieses Ziel ist die Ethik nicht nur mit der Sitte und der Politik, sondern mit allen Lebensbereichen verbunden. Das Gute und das gute gemeinschaftliche Leben sind zwar aufgrund ihres vagen Charakters keine wissenschaftlichen Gegenstände. Dennoch haben sie große Bedeutung für die wissenschaftlichen Ansprüche ethischer Argumente. Ähnliches gilt auch für andere vage Zielsetzungen wie etwa das Glück oder das höchste Gut. Der Ethik geht es auf vielfache Weise um das Gute, und zwar nicht nur um das moralisch Gute, sondern auch um all die vielfältigen Güter, die für das gute Leben der Menschen bedeutsam sind. Diese Vielfalt verdankt sich vor allem dem Umstand, dass das moralisch Gute auf vielfache Weise im individuellen und sozialen Leben der Menschen von den anderen Arten des Guten abhängig ist. Umgekehrt ist das moralisch Gute die einzig zuverlässige Kraft, welche die vielen, teilweise widerstreitenden Arten des Guten im guten Leben zusammenhalten kann. So kann etwa in der Politik das Gute für einzelne Menschen z. B. durch die Senkung von Steuern für viele andere schlecht sein, wenn deren soziale Sicherung durch das geringere Steueraufkommen gefährdet wird. Dann wird diese Gefahr nur durch andere oder zusätzliche politische Entscheidungen zu bannen sein. Die Glaubwürdigkeit und Durchsetzungsfähigkeit der Politik wird in solchen Fällen von der moralischen Qualität ihrer Entscheidungen abhängen und diese wiederum davon, wie gerecht die politischen Entscheidungen insgesamt sind.

Ähnliches gilt für andere Elemente des Guten, die für das gute Leben entscheidend sind, wie z. B. die wissenschaftliche Forschung, die Medizin, die Kunst und das Recht. Die Leistungen, die in diesen Bereichen für das gute Leben der Menschen erbracht werden, sind nicht nur sehr unterschiedlich, sondern mitunter auch wechselseitig unverträglich, wenn sie z. B. von ein und derselben staatlichen Förderquelle abhängen. Gegenüber der unterschiedlichen Qualität ihres jeweiligen Beitrags zum guten Leben sollte es einen kohärent anwendbaren Maßstab für die Verteilung der Leistungen geben. Es ist eine Aufgabe der Ethik, die Qualitäten der Elemente des Guten im Einzelnen kritisch zu beurteilen und zu erkennen, ob und wie sie zum Ganzen des guten Lebens auf widerspruchsfreie Weise beitragen können. Die Ethik orientiert sich dabei an der Leitidee des Guten und integriert und ordnet – diesem Maßstab entsprechend – die vielfältigen Güter zu einem Ganzen. Von zentraler Bedeutung sind dabei moralische Güter, die wie die Gerechtigkeit in allen Bereichen des Lebens eine prinzipielle Rolle spielen. Der Beitrag der Gerechtigkeit ist selbst vielfältig und setzt sich aus Elementen zusammen, die von unterschiedlicher Herkunft sind und deren Qualitäten miteinander unvereinbar erscheinen. Eine teilweise übereinstimmende Menge dieser hybriden Mischungen steht dabei im Zentrum, die Mischung von Normativem und Nicht-Normativem, von Qualitativem und Quantitativem sowie von Materiellem und Ideellem. Sie sind für das gute Leben spezifisch. Familie oder Partnerschaft, Beruf, Arbeit, Einkommen und Gesundheit, persönliches Glück, stabile politische Verhältnisse, soziale Gerechtigkeit, die Geltung des Rechts und soziale Anerkennung mischen sich zu dem, was der Einzelne und eine Gemeinschaft unter einem guten Leben verstehen. Genau genommen ist das gute Leben nur als Mischung unterschiedlicher, heterogener Arten von Gütern zu denken.[19] Ethisch Gutes wie die Gerechtigkeit und sittlich Gutes wie Familie oder Partnerschaft lassen sich von materiellen Gütern wie dem Einkommen nicht völlig trennen. Deswegen benötigt die Ethik das Ziel des Guten als integrierende Perspektive für alle Arten von Gütern. Und diese Integration heterogener Arten von Gütern ist ein Grund, warum wir vom ‹Guten› sprechen müssen, obwohl es so ungreifbar ist. Dieser Name bündelt die Vielfalt und Verschiedenartigkeit des Guten in Gestalt der Güter, die für ein gutes Leben notwendig sind.

Die Einheit dieser Vielfalt stiftet die Leitidee des Guten. Das Gute ist kein Gut unter anderen Gütern, es ist überhaupt kein einzelnes Gut, sondern der Maßstab, nach dem so unterschiedliche Güter wie die Menschenrechte, Gerechtigkeit, soziale Anerkennung, die Geltung des Rechts, Arbeit, Einkommen, Gesundheit und Bildung in ein Ganzes ohne Widersprüche integriert werden können. Das Gute ist zwar selbst kein Gut eigener Art, dennoch wäre es möglich zu fragen, ob das Gute selbst gut sei. Die Antwort würde lauten, dass es als Maßstab des Guten tatsächlich selbst gut ist. Betrachtet man die hinreichend belegte, scheinbar unüberwindliche Unverträglichkeit zwischen einigen der eben erwähnten Güter, erscheint das Ziel einer Integration ohne Widersprüche naiv und aussichtslos. Genauso naiv und scheinbar aussichtslos muss die Ethik sein, wenn sie die Frage beantworten will, wie die Integration der Vielfalt und der Güter zu einem Ganzen möglich ist. Wenn die Ethik dem Ziel des Guten folgen will, kann sie dieser Frage, wie naiv und aussichtslos sie auch erscheinen mag, nicht ausweichen. So hoffnungslos, wie es scheint, ist die Lage der Ethik aber nicht. Immerhin hat die Ethik – wie ich zu zeigen versuchte – eine eigene wissenschaftliche Kompetenz. Allerdings ist diese Kompetenz untauglich für die Klärung des Guten aufgrund seiner begrifflichen Vagheit. Wie soll die Ethik dann aber in der Lage sein, das Ganze des guten Lebens ohne Widersprüche zu denken? Es wird wohl darauf ankommen, wie dieses Ganze zu denken ist. Die Reichweite der Ethik hängt von der Denkbarkeit dieses Ganzen ab.

Gehen wir – bevor die Reichweite der Ethik und der Umfang des Ganzen Thema wird – erst einmal der Untauglichkeit der Ethik als Wissenschaft für das Gute nach. Mit ihrer wissenschaftlichen Kompetenz kann die Ethik nur Ansprüche vertreten, die den Kriterien der Objektivität entsprechen. Dies bedeutet, sie müssen – wie oben erläutert – verständlich, nachprüfbar, revidierbar, wahr und einschlägig sein. Das Gute erfüllt zwar diese Kriterien beinahe, aber eben nicht alle und kann deshalb auch keine Objektivität beanspruchen. Die Ethik als Wissenschaft kann für dieses Ziel auch nur deswegen selbst aufkommen, weil sie einige der Kriterien prüfen kann, die das Gute erfüllt. Das Gute muss als Maßstab verständlich, die Forderungen, die sich darauf berufen, müssen nachprüfbar und für das gute Leben einschlägig und konstitutiv sein. Lediglich das Kriterium der Wahrheit kann das Gute nicht erfüllen. Der Grund ist nicht sein vager Charakter, sondern – wie ich gleich erläutern werde – seine Unbeständigkeit. Es ist ungewöhnlich, dass ein Maßstab das Kriterium der Wahrheit aufgrund seiner Unbeständigkeit nicht erfüllt, schließlich dienen Maßstäbe ja gerade dazu, etwas auf Dauer in gleicher Weise messen zu können, auch wenn die Anwendungen unbeständig sind. Das Litermaß ist z. B. beständig und kann dauerhaft auf gleiche Weise angewandt werden, obwohl beim Münchner Oktoberfest schlecht eingeschenkt wird. Zwischen dem Litermaß und dem Maßstab des Guten gibt es allerdings einen deutlichen Unterschied. Das Litermaß ist ein äußerer Maßstab, der allem, was mit ihm messbar ist, von außen angelegt wird. Dagegen ist das Gute kein Maßstab, der dem menschlichen Leben von außen angelegt werden kann. Das, wofür er Maßstab ist, wird dem Leben selbst entnommen. Man könnte auch sagen, dieser Maßstab sei dem Leben der Menschen ebenso innerlich wie der Maßstab der Wahrheit der Sprache. Was wahre Sätze zu wahren Sätzen macht, hängt zwar auch von nicht-sprachlichen Gegebenheiten ab, aber zuallererst von den syntaktischen und semantischen Bedingungen, welche die Sprache selbst liefert. Diese Bedingungen erlauben es, wohlgeformte Sätze zu bilden, die nur deswegen, weil sie wohlgeformt sind, wahr oder falsch sein können. Wahrheit ist in diesem Sinn ein Maßstab, den es nur innerhalb einer Sprache gibt. Der Maßstab der Wahrheit ist der Sprache nicht äußerlich. Ähnlich verhält es sich mit dem Guten. Als Maßstab kann das Gute nur auf das Leben von Menschen, also etwas Gegebenes und Konkretes, angewandt werden. Seine Bedeutung und das Urteil, dem der Maßstab zugrunde liegt, hängen davon ab, wie gut Menschen tatsächlich leben, gelebt haben und leben können. In diesem Sinn gewinnen Menschen den Maßstab des Guten aus ihrem Leben selbst. Nur deswegen kann er dem Leben angemessen und im Leben selbst praktikabel sein. Das hindert Menschen allerdings nicht daran, Maßstäbe an ihr Leben anzulegen, die nicht wirklich, sondern nur scheinbar aus dem Leben selbst stammen, nicht praktikabel sind und Menschen unglücklich machen. Es sind z. B. Maßstäbe der Selbstüberforderung, der grenzenlosen Selbststeigerung und der Selbstüberschätzung. Um Maßstäbe des Guten handelt es sich in diesen Fällen nicht, im Gegenteil.

Bisher habe ich sehr viel über den Maßstab des Guten gesagt, ohne dass seine konkrete Handhabung im Einzelfall, also aus der Perspektive einzelner Personen, klar geworden wäre. Bei der Wahrheit wissen wir, wie sie im Einzelfall als Maßstab zu gebrauchen ist. Wir prüfen, ob das, was ein wohlgeformter Satz wie ‹Oskar hat sich mein Fahrrad geliehen› bedeutet, tatsächlich der Fall ist. Dies zu können, setzt auf ganz selbstverständliche Weise eine erstaunlich große Menge an Kenntnissen und Fähigkeiten voraus. Wir fassen sie unter dem unscheinbaren Wort ‹Sprachkompetenz› zusammen. Was wir damit meinen, ist nicht nur die Beherrschung einer Sprache als Kommunikationsmittel, sondern ein Verständnis der Wirklichkeit und der Welt, in der wir leben, das ihrem Gebrauch zugrunde liegt und ihn überhaupt erst sinnvoll macht. Außerdem benötigen wir Erkenntnis- und Urteilskraft. Von alledem hat nicht jeder gleich viel.

Mit dem Guten als Maßstab verhält es sich im Einzelfall ähnlich. Wir prüfen z. B., ob das, was jemand tun will, sinnvoll ist. Dazu müssen wir wissen, welche länger- und kurzfristigen Ziele die Person hat und ob das, was sie zu tun beabsichtigt, diese Ziele auch erreichbar machen kann. Dazu benötigen wir neben der eben erwähnten Sprachkompetenz auch noch das, was man ‹Klugheit› oder auch ‹Handlungskompetenz› nennen kann. Auch diese Worte sind unscheinbar verglichen mit den vielfältigen Kenntnissen und Fähigkeiten, die sich dahinter verbergen. Wir müssen z. B. wissen, was realisierbare, vernünftige, langfristige, kurzfristige und widerspruchsfreie Ziele, wie sie miteinander zu vernetzen und was geeignete, erlaubte und günstige Mittel sind. Außerdem müssen wir in der Lage sein, das zu tun, was wir wollen. Dazu gehören viel Erfahrung, Übung und wiederum Klugheit. Schließlich benötigen wir noch Moralkompetenz, die moralische Urteilskraft, mit der wir beurteilen können, was erlaubt, verboten oder geboten, was eine Verpflichtung, was gerecht und verantwortlich ist. All diese Kompetenzen setzen wir im Einzelfall ein, wenn wir den Maßstab des Guten gebrauchen. Genau genommen machen all diese Kompetenzen den Gebrauch dieses Maßstabs aus. Denn wir benötigen sie, um sagen zu können, welche Güter im Einzelnen und in welcher Menge ein gutes Leben ermöglichen. Offensichtlich können wir Menschen das Gute erst dann als Maßstab gebrauchen, wenn wir über genügend theoretische und praktische Kompetenzen verfügen. Ähnlich wie bei der Sprachkompetenz hat auch bei der Klugheit, der Handlungs- und Moralkompetenz nicht jeder gleich viel. Bemerkenswerter als diese unumgängliche Ungleichheit im Gebrauch des Maßstabs ist aber seine Abhängigkeit von den vielen, ungleich verteilten, sich aber auch bei ein und derselben Person verändernden Kompetenzen. Es scheint so, als ob der Maßstab des Guten nicht für alle gleich ist. Wir dürfen allerdings von der Verschiedenheit der Kompetenzen, ihn anzuwenden, nicht schon darauf schließen, dass der Maßstab selbst für die Menschen verschieden sein kann.

Ein solcher Schluss würde unserer Intuition widersprechen, nach der gerade der Maßstab des Guten unabhängig von den Unterschieden zwischen den individuellen Kompetenzen sein sollte. Diese Intuition scheint aber nur klar und kann trügen. Wie sollte der Maßstab auch unabhängig von den individuellen Kompetenzen sein, wenn er aus der Praxis seines Gebrauchs im Leben der Menschen stammt? Die Kompetenzen, die den Gebrauch des Maßstabs bestimmen, sind weder gleich verteilt, noch genügen sie gleich hohen Ansprüchen. Der Gebrauch des Maßstabs ist daher notgedrungen nicht nur ungleich; er kann bei verschiedenen Personen auch gegensätzlich und selbst bei einer einzigen Person widersprüchlich sein. Der Gebrauch des Maßstabs des Guten hat im Leben der Menschen kein festes und sicheres Fundament. Es ist daher nicht klar, was wir meinen, wenn wir sagen, dass sich der Maßstab nicht verändert und in den unterschiedlichen Urteilen immer der Gleiche bleibt. Ebenso unklar ist es zu sagen, der Maßstab sei ‹provisorisch›, wenn mit diesem Adjektiv der Gedanke verbunden wird, dass es irgendwann einen endgültigen geben werde. In gewisser Weise ist der Maßstab dauerhaft provisorisch.

Dies ist bei der individuellen Verwendung des Maßstabs der Wahrheit auch nicht anders. Auch in diesem Fall hängt der Gebrauch des Maßstabs von der Sprachkompetenz, dem aktuellen Wissen und der Urteilskraft jeder einzelnen Person ab. Dennoch würden wir nicht annehmen wollen, dass die Wahrheit sprecherrelativ ist. Ebenso wenig darf das Gute personenrelativ sein. Wenn im Hinblick auf das, was wahr ist, das Urteil des einen von dem des anderen abweicht, gibt es genügend Möglichkeiten aufzuklären, warum dies so ist. Im Normalfall wird demjenigen Recht gegeben, dessen Behauptungen wahr sind; dann hat er auch die besten Gründe auf seiner Seite. Der Maßstab des Guten lässt sich genauso anwenden. Im Normalfall wird dem Urteil Recht gegeben, das dem Maßstab des Guten entspricht; dieses Urteil hat die besten Gründe auf seiner Seite. So einfach, wie dies klingt, ist es in der Praxis aber nicht. Denn es wird selten so sein, dass die eine Person einsieht, dass die andere für ihr Urteil die besseren Gründe hat. Zum Teil liegt dies daran, dass jede Person für sich das Beste will, aber auch daran, dass jede Person aus ihrer eigenen Lebensperspektive urteilt. Und diese Perspektive orientiert sich nicht nur an allgemeinen Zielen, die mit dem Guten aller Menschen vereinbar sind, sondern auch an lokalen, kulturellen, religiös und ethnisch geprägten Einstellungen und Gründen.

Die Ethik kann diese Differenzen nicht einfach ignorieren, muss aber dafür sorgen, dass das große Potential an Konflikten, das in den unterschiedlichen Vorstellungen des Guten steckt, durch den gleichen Gebrauch des Maßstabs des Guten entschärft wird. Die ethischen Urteile über das, was gut ist, dürfen gegenüber den individuellen Vorstellungen des Guten nicht neutral sein, sonst könnte die Ethik nicht objektiv beurteilen oder rechtfertigen, was für alle Menschen, die in vergleichbaren Situationen handeln, moralisch gut ist. Die Ethik darf vom unterschiedlichen oder gar gegensätzlichen individuellen Gebrauch des Maßstabs des Guten in ihrer eigenen Urteilsbildung nicht irritiert werden. Ihre Urteile sollen wissenschaftlichen Ansprüchen genügen. Dennoch sind auch diese Urteile von den Kompetenzen derer abhängig, die sie entwickeln und für sie argumentieren. Die individuellen Differenzen, die sich dabei ergeben, stehen der Objektivität der Urteile zunächst im Wege. Die Urteilsbildung soll aber in einem wissenschaftlichen Diskurs erfolgen, in dem die unterschiedlichen Positionen zusammengeführt werden. Dieser Prozess der Integration und Überwindung der Differenzen fördert die Objektivität der Urteilsbildung. Die Differenzen müssen dabei nicht gänzlich ausgeräumt werden. Eine Übereinstimmung in ethischen Urteilen ist weniger erforderlich als eine Übereinstimmung in ethisch rechtfertigbaren sittlichen Wertüberzeugungen; und diese zeigen sich in der Anerkennung der grundlegenden sittlichen Tatsachen. Letztere schaffen, wie ich im ersten Kapitel zu zeigen versuchte, die Grundlage für die ethischen Auseinandersetzungen. Wenn diese Grundlagen fragwürdig sind und nicht allgemein geteilt werden, haben ethische Auseinandersetzungen über das, was moralisch gut oder schlecht ist, keinen Adressaten und daher auch wenig Sinn.

Kehren wir zum Maßstab des Guten zurück. Eben habe ich bereits angedeutet, dass das Gute wegen seiner Unbeständigkeit nicht wahrheitsfähig sei. Der Grund dafür ist, dass das Gute wesentlich mit der Zukunft verbunden ist. Die Geschichte einzelner Personen zeigt ebenso wie die Geschichte von Staaten und Völkern, wie leicht der Wunsch, ein gutes Leben zu führen, enttäuscht werden kann. Selbst dann, wenn die Historiker zuverlässige Quellen für eine Beschreibung vergangener guter Zeiten haben, strahlen diese Zeiten für die einzelnen Menschen und deren Leben selten und dann meist wenig Zuversicht aus. Die Menschen in ihrer jeweiligen Zeit werden eher von dem Eindruck beherrscht, wie wenig brauchbar die Vergangenheit als Maßstab des Guten ist, es sei denn, die Vergangenheit wird mythisch überhöht und glorifiziert. In unserer eigenen Gegenwart nährt die Enttäuschung über die Geschichte allerdings auch die Skepsis gegenüber der Zukunft. Je skeptischer wir der Zukunft gegenüber sind, desto weniger wollen wir, dass sich irgendetwas verändert. Wie sollte man sich auch allzu enthusiastische Hoffnungen auf ein gutes gemeinschaftliches Leben in der Zukunft machen, wenn auf der Hand liegt, wie wenig z. B. die wissenschaftlichen und technischen Verbesserungen des Lebens, über dessen bloße Verlängerung in der westlichen Welt hinaus, zum guten Leben der Menschheit beigetragen haben. So unverzichtbar diese Verbesserungen für ein gutes Leben auch sein mögen, niemand würde in ihnen selbst schon den Maßstab des Guten sehen wollen. Die Zukunft muss erweisen, wie gut das Leben in einer technischen Zivilisation wirklich sein kann. Weder die Gegenwart noch die Vergangenheit können diesen Nachweis erbringen. Wenn wir uns darüber in selbstkritischem und nüchternem Nachdenken klar geworden sind, kann die Skepsis der Zukunft gegenüber unserem Leben nicht wirklich beherrschen. Dann liegt es nahe, die zunächst eher verdrossene und pessimistische Perspektive zu überwinden und den Gedanken an ein gutes Leben mit der Zukunft zu verbinden und darauf zu hoffen, dass es einmal Wirklichkeit wird. Nicht alles, was in der Zukunft liegt, hat aber allein deswegen einen vagen Charakter. Die Aussage ‹alle Menschen sind sterblich› bezieht sich z. B. für alle noch lebenden Menschen auf die Zukunft und ist dennoch wahr. Vage ist nur der Zeitpunkt des Todes. Vieles in der Zukunft, vor allem die beabsichtigten und geplanten Ziele des Handelns können im Hinblick auf die gegenwärtigen Absichten wahr sein. Vage ist nur, ob sie realisiert werden. Darüber hinaus ist es möglich, dass der Maßstab, nach dem die gegenwärtigen Absichten und Ziele gut sind, sich in der Zukunft verändert und für das gute Leben als Ganzes als schlecht erweist.

4.1.5. Die Unbeständigkeit des Guten und das Problem der Ethik

Dieses Problem ist für die Ethik folgenreich, es ist das der Unbeständigkeit des Guten. Es ist – wie wir noch sehen werden – mit der eben beschriebenen doppelten Relativität der Mittel und Ziele des guten Lebens verwandt. Worin die bereits öfter angesprochene Unbeständigkeit des Guten genau besteht, ist rasch gesagt. Wenn der Maßstab des Guten tatsächlich konstitutiv für das gute Leben sein soll, muss er den ethischen Urteilen real zugrunde liegen. Unbeständig ist der Maßstab dann, wenn sich in der Zukunft herausstellt, dass es der untaugliche oder falsche Maßstab war. Das Gute kann sich in dieser Weise als unbeständig erweisen, denn wir wissen noch nicht, was das Gute sein wird, das unsere Handlungen bewirken werden.

Die Unbeständigkeit des Guten ist nicht auf größere kollektive Zusammenhänge des Entscheidens und Handelns beschränkt. Wir entdecken sie ohne Mühe im eigenen individuellen Leben. Häufig erkennen wir nämlich erst im Nachhinein, was gut gewesen wäre. Meistens – aber nicht immer – resultiert diese verspätete Einsicht aus den begrenzten und ungenügenden Kenntnissen der Probleme, um die es ging, und vielleicht auch aus der Unfähigkeit, sie zu lösen. Solange solche Schwächen vermeidbar gewesen wären, liegen sie der Unbeständigkeit des Guten nicht zugrunde. Anders verhält es sich mit den unvermeidbaren Schwächen und den nicht überwindbaren Begrenztheiten unseres Wissens, unseres Könnens und unserer Vorstellungskraft. Diese Einschränkungen unserer Freiheit, das Bestmögliche zu wollen und zu tun, können wir, was das eigene Tun anbelangt, beim besten Willen nicht überwinden. Wenn wir nachträglich erkennen, dass die Einsicht ‹es wäre besser gewesen, wenn …› an diesen Grenzen lag, begegnen wir einem Beispiel der Unbeständigkeit des Guten. Einige dieser individuellen Grenzen lassen sich allerdings in bestimmten Handlungszusammenhängen durch gemeinsame Anstrengungen relativieren. Auch die arbeitsteilige Zusammenarbeit stößt aber an Grenzen der Freiheit. Wenn sich diese Grenzen im Nachhinein tatsächlich als unüberwindbar erweisen, liegt dies an der besagten Unbeständigkeit. Wir erkennen sie in der kritischen Rückschau auf verpasste Chancen voller Bedauern. Nur in der Vorschau ist die Unbeständigkeit eine ungewohnte Gedankenfigur.

Wir verfügen nur über den gegenwärtigen, bis auf weiteres provisorisch richtigen Maßstab des Guten, aber dessen Richtigkeit schließt nicht die Falschheit künftiger ein. Was wir nicht wissen und nicht wissen können, ist ja nicht deswegen schon falsch, weil wir es nicht wissen; es ist weder wahr noch falsch, sein Wahrheitswert wird sich erweisen. Die Einsicht in die Tauglichkeit des provisorischen Maßstabs erweist seine künftige Brauchbarkeit, und die Qualität des künftigen Maßstabs können wir nur mit der heuristischen Hilfe des provisorischen erkennen. Beide Maßstäbe sind auf diese Weise miteinander verbunden und verweisen wechselseitig auf den jeweils anderen. Die Unbeständigkeit des Guten wirkt sich dann nicht aus, wenn sich zu einem späteren Zeitpunkt herausstellt, dass der frühere und damals provisorische und der zu jener Zeit noch künftige Maßstab für eine bestimmte Menge von Handlungen mehr oder weniger übereinstimmen. In diesem Fall ist die Unbeständigkeit eine harmlose Sorge und muss nicht weiter bedacht werden. Sie ist aber ganz und gar nicht harmlos, wenn der künftige Maßstab den gegenwärtigen wesentlich korrigiert. Dann lässt der neue Maßstab entweder eine Menge ursprünglich gut erscheinender Handlungen zu schlechten werden. Im harmloseren Fall erklärt er, warum sich Handlungsweisen, die unter dem provisorischen Maßstab als viel versprechend galten, als unwirksam erwiesen. Es kann aber auch sein, dass der veränderte Maßstab zeigt, welche der nicht wirksam gewordenen, aber einmal vorhandenen Optionen die bessere gewesen wäre.

Abstrakt mag man der Unbeständigkeit des Guten wenig abgewinnen. Konkret kennen wir sie aber zur Genüge aus der Wissenschaftsgeschichte ebenso wie aus dem privaten Leben. Sie begegnet uns etwa unter dem harmlosen Titel der ‹nicht intendierten Nebenfolgen› von Handlungen. Diese Art von Nebenfolgen sind unter bestimmten Bedingungen auch Beispiele für Veränderungen des Maßstabs des Guten im moralischen Sinn. Handlungen können nach allem, was wir in einer bestimmten Zeit wissen, deswegen als moralisch gut beurteilt werden, weil wir ihre Folgen kennen und glauben, sie verantworten zu können. Dann stellt sich aber – wie im Falle der Fluorchlorkohlenwasserstoffe (FCKWs) – heraus, dass es Folgen, wie die Schädigung des Ozongürtels, gibt, an die niemand dachte und von denen niemand wissen konnte, als die FCKWs erfunden wurden. Wir nennen sie ‹nicht intendierte Nebenfolgen›, weil sie nicht nur nicht beabsichtigt waren, sondern auch nicht beabsichtigt sein konnten. Nun sind sie aber vorhanden, und die ursprünglich als gut beurteilte Entwicklung jener Chemikalie ist nicht mehr gut. Die guten Absichten haben, was nicht selten ist, schlechte Folgen.

Es gibt zwei Arten von nicht intendierten Nebenfolgen. Die einen sind nicht beabsichtigt, aber ihr Risiko wird – zu Recht oder nicht, sei dahingestellt – so gering eingeschätzt, dass sie ignorierbar erscheinen; dies kann der Wahrheit entsprechen oder auch nicht. Die anderen, die ich eben ansprach, sind weder beabsichtigt noch bekannt und auch nicht absehbar; daher kann auch niemand die Risiken kennen, die mit ihnen verbunden sind. Es kann dementsprechend auch nicht um die richtige oder falsche Einschätzung von Risiken gehen. Nur diese Letzteren sind im Zusammenhang der Unbeständigkeit des Guten relevant. Diese Nebenfolgen sind – im Gegensatz zu den Ersteren – nicht so zu verstehen wie Aussagen über Risiken, die früher einmal falsch waren, nun aber wahr sind. Aussagen über solche nicht intendierten Nebenfolgen können vielmehr erst gemacht werden, wenn sie – gänzlich überraschend – eingetreten sind. Es ist typisch für diese Art Nebenfolgen, dass sie, weil sie nicht bekannt waren, deswegen auch nicht als irrelevant oder unwahrscheinlich gelten konnten. Es handelt sich hier also nicht um eine Veränderung des moralischen Werts von Urteilen. Im Falle der ersten Art nicht intendierter Nebenfolgen ändert sich der Wert früherer Entscheidungen, weil sich der Maßstab ihrer Beurteilung verändert hat. Wir können dies in Urteilen zum Ausdruck bringen wie ‹es war schlecht, dass damals so entschieden wurde› oder ‹es war doch nicht gut, dass das und das gemacht wurde›. Es geht also um eine Veränderung des Werturteils über etwas, was früher einmal als ‹gut› galt, weil niemand es besser wissen konnte. Der

Maßstab des Werturteils hat sich der neuen Sachlage angepasst, einer Sachlage, von der früher niemand wissen konnte, weil es für sie weder theoretische noch empirische Anhaltspunkte gab. Es hat sich tatsächlich beides verändert, der Maßstab ebenso wie die Sachlage.

Es fällt uns schwer, die soeben beschriebene Änderung des Maßstabs des Guten für möglich zu halten. Beispiele nicht intendierter Nebenfolgen aus der Technikgeschichte werden nicht jeden von uns überzeugen können. Jemand könnte sich bei solchen Beispielen darauf zurückziehen, dass es sich um ganz normale Veränderungen dessen handelt, was wir wissen. Solche Veränderungen können eben auch zu veränderten Bewertungen führen. Man hat es eben vorher nicht besser wissen können. Der Maßstab der Bewertung muss sich dabei doch nicht ändern. So könnte jemand argumentieren. Dann hätten wir den Maßstab des Guten mangels besseren Wissens eben nur nicht richtig angewandt. Wir haben uns nur in der Sache, nicht aber im Maßstab geirrt. Allein deswegen haben wir uns falsch entschieden.

Es gibt aber Beispiele aus dem sozialen Leben, die es uns schwer, wenn nicht unmöglich machen, Veränderungen des Maßstabs in Abrede zu stellen. Lange war es eine unbezweifelte sittliche Tatsache, dass die Ehe eine Lebensgemeinschaft von Mann und Frau ist, die dem Ziel dient, eine Familie zu gründen und zumindest potentiell Kinder zu haben. Die Ehe war eine kirchlich und staatlich anerkannte und geförderte Institution. Mittlerweile können auch gleichgeschlechtliche Paare eine Art Ehe eingehen, die zumindest staatlich als Lebensgemeinschaft anerkannt wird und ähnliche rechtliche Vorteile hat wie bisherige Ehen. In manchen Ländern können solche Paare auch Kinder adoptieren. Wir können im Hinblick auf das, was ‹Ehe› bedeutet, nicht umhin, von einer Veränderung des Maßstabs zu sprechen. Nicht jeder wird diese Änderung des Maßstabs mitmachen wollen, und viele werden das veränderte Verständnis von ‹Ehe› schlecht finden. An der Tatsache, dass sich eine soziale Grundnorm verändert hat, ändert dieser Dissens nichts. Der Maßstab des Guten hat sich zumindest für das, was ‹Ehe› bedeutet, gewandelt. Zweifel am Sinn solcher Veränderungen sind erlaubt. Nicht zu bezweifeln ist, dass sich eine sittliche Tatsache verändert hat. Anders als im Fall der nicht intendierten Nebenfolgen technischer Entwicklungen können wir uns in solchen Fällen nicht auf einen überraschenden, nicht vorwegnehmbaren Zuwachs an Wissen zurückziehen. Auch das Wissen über soziale Institutionen hat sich verändert, aber diese Veränderung setzt einen veränderten Maßstab dessen voraus, was als ‹gut› gelten kann.

Wer behaupten wollte, dass sich die Bedeutung des Maßstabs des ‹guten Lebens› seit seiner ersten Konzeption bei Aristoteles nicht qualitativ verändert hätte, wird sich mit einer Begründung dieser Behauptung schwer tun. Ist doch nicht einmal klar, was damit gemeint ist, wenn man sagt, dass sich die Bedeutung des Maßstabs des ‹guten Lebens› nicht verändert hat. Auf welche konkreten Merkmale des guten Lebens könnte sich diese Behauptung beziehen? Die derzeit keineswegs unpopuläre Tugendethik wird auf diese Frage gerne und mit Elan eingehen und an die Aristotelischen Tugenden erinnern. Sie wurden im Glauben an ihre Aktualität und damit auch an ihre Unwandelbarkeit in den frühen 80er Jahren des vergangenen Jahrhunderts reaktiviert.[20] Einige Vorzüge der Aristotelischen Tugenden sind nicht gering und durchaus dauerhaft. Aristoteles hatte sie ja nicht nur als vortreffliche, im heutigen Jargon ‹exzellente› Handlungen beschrieben, sondern auch ihre Bedeutung für das gute Leben untersucht. Er verstand das moralisch Gute einerseits als die Qualität, die der Tugendhafte im tapferen, gerechten, maßvollen und klugen Handeln selbst erfahren konnte, und andererseits als die gemeinschaftliche Praxis des guten Lebens der Polis. Seine Tugendethik kann aber dennoch kein Modell des moralisch Guten mehr sein, weil sie die moralische Autorität der Polis und der in ihr allgemein anerkannten großen Vorbilder voraussetzte. Der Gerechte, ein großer, vorbildlicher Einzelner, diente als Richtschnur für die Gerechtigkeit, die jede einzelne Person einüben und zum eigenen Habitus machen sollte. Solche Autoritäten können wir in einer individualistischen Epoche, in der sich die Ethik von moralischen Autoritäten aller Art befreit hat, nicht mehr anerkennen. Das eigene, wohlbegründete und vernünftige Urteil soll in der Moderne die einzig anerkennenswerte Autorität sein; jedenfalls sind die Menschen auch für ihr Urteil, nicht nur für ihre Handlungen selbst verantwortlich. In gewisser Weise verstehen alle Ethiken, die sich auf die Geltung moralischer Autoritäten einlassen, das moralisch Gute als einen Maßstab, der aus der – guten alten – Vergangenheit überliefert wurde. Es ist entweder auf mehr oder weniger mythische Weise mit großen Vorbildern und Helden verknüpft oder in einem religiösen Urtext oder einer Gründungsurkunde kodifiziert. Wenn die Ethik solche Autoritäten nicht anerkennt, sondern darauf beharrt, den Maßstab des Guten unabhängig von fremden Autoritäten zu gebrauchen, kann sie sich auf keine Tradition berufen. Dann muss sie den Maßstab in jeder Gegenwart neu bestimmen, und damit wird die oben beschriebene Unbeständigkeit des Guten überhaupt erst möglich.

Wenn die Ethik keine moralische Autorität jenseits ihrer selbst anerkennt, stellen sich die Maße des Guten erst dann heraus, wenn klar geworden ist, ob etwas gut oder schlecht für das gute Leben als

Ganzes war, also im Nachhinein. Im Blick zurück können sich auch als schlecht empfundene und schmerzliche Erfahrungen als gut und lehrreich erweisen. In diesem Licht müssen vielleicht frühere Urteile über das, was als moralisch gut und dem guten Leben dienlich galt, revidiert werden, ohne dass sich der Maßstab des Guten verändert hat. Es kann aber auch so sein, dass sich der Maßstab graduell veränderte oder völlig umkehrte, sodass etwas, was als ‹gut› galt, ‹schlecht› ist oder umgekehrt.[21] Diese Möglichkeit kann jedoch keine Entschuldigung dafür sein, dass in der jeweiligen Gegenwart nicht darüber geurteilt wird, was gut ist. Die Ethik kann wegen der Schwierigkeiten, die mit dem Maßstab des Guten verbunden sind, nicht resignieren und erlauben, dass sich jemand der Urteilspflicht entzieht. Sie kann dies selbst dann nicht, wenn es wahrscheinlich ist, dass einige Urteile im Lichte dessen, was die Zukunft bringt, revidiert werden müssen. In jeder Gegenwart muss so geurteilt werden, als wäre der Maßstab der Urteile klar und dauerhaft. Jedes Urteil muss deswegen mit dem Anspruch des Urteilenden verbunden sein zu wissen, was ‹gut› bedeutet und wie die Integration der vielfältigen Güter zu einem Ganzen ohne Widersprüche gedacht werden kann. Sinnvoll ist diese Forderung natürlich nur dann, wenn die Reichweite des Urteils einigermaßen klar ist. Sie hängt vom Umfang des Ganzen des guten Lebens ab, auf das sich der Maßstab des moralisch Guten bezieht. Die Frage nach diesem Umfang wird immer drängender.

Wie unumgänglich diese Frage ist, zeigt nicht zuletzt die heterogene Struktur des Guten. Denn das besondere Problem der eben erwähnten Mischungen von Gütern ist, dass jeweils eine Art von Elementen – die quantitativen und materiellen – wissenschaftlich erfassbar ist, die andere aber aufgrund ihrer Vagheit nur teilweise oder gar nicht. Deshalb ist das Ganze dieser Mischungen so unübersichtlich und in gewisser Weise unfassbar. Unter den wissenschaftlich nur teilweise begreifbaren Elementen sind mehr oder weniger alle normativer Art. Sie gehen auf sittliche oder ethische Festlegungen zurück. Die sittlichen Normierungen des Rechts sind in der Regel historisch, sozial- und rechtswissenschaftlich fassbar. Für die ethischen Normierungen trifft dasselbe zu. Die Koexistenz und Integration der sittlichen und ethischen Normierungen hat aber in der Leitidee des Guten und des guten Lebens einen Kern, der sich aufgrund seiner Vagheit dem wissenschaftlichen Zugriff entzieht.

Das Problem der Ethik ist zu klären, wie die Integration dieser unvereinbar erscheinenden Elemente zu einem Ganzen nach dem Maßstab des Guten möglich ist. Es geht dabei nicht nur um die kollektive, sondern auch um die individuelle Möglichkeit. Wie ist es für eine einzelne Person möglich, jene Integration zu einem guten Leben zu leisten? Dieses Problem muss theoretisch und praktisch lösbar sein. Es kann nicht so sein, dass die Unbeständigkeit des Guten die Lösung des Problems der Ethik grundsätzlich verhindert. Wenn dies so wäre, hätte die Ethik einen Maßstab, der praktisch nicht anwendbar und deshalb irrational wäre. Es wird sich zeigen, dass eine Lösung des Problems der Ethik dann möglich wird, wenn sich das Problem der Unbeständigkeit des Guten auflösen lässt. Das praktische Problem jedes einzelnen Menschen ist, sich jene Verbindung der Elemente zu einem Ganzen als Form des eigenen guten Lebens vorstellen und dann verwirklichen zu können. Das Problem der Ethik wird zwar zunächst erschwert durch den vagen Charakter des Guten und die Unbeständigkeit, die ich eben schilderte. Dieses vermeintliche Hindernis erweist sich aber rasch als konstitutives Element. Denn es zeigt sich, dass das Problem der Ethik nur deswegen lösbar ist, weil es jene Unbeständigkeit gibt. Dies wird nicht jeden überzeugen. Vielleicht wird mancher weniger daran zweifeln, dass die Ethik jenes Problem hat, als vielmehr daran, dass das Gute einen vagen Charakter hat. Nachdem Philosophen im vergangenen Jahrhundert viel Mühe darauf verwandten, die Ethik von den Unklarheiten der Metaphysik zu befreien, muss die Behauptung vom vagen Charakter des Guten wie ein Schritt zurück erscheinen. Da diese Behauptung im Übrigen den Umfang dessen, was ethisch zu beurteilen ist, zunächst einmal tatsächlich unübersichtlich macht, muss sie sogar schier unsinnig wirken.

Auf die Frage des Umfangs kommen wir gleich. Klären wir aber erst den Vorwurf der Rückschrittlichkeit. Er löst sich zur Hälfte von selbst auf. Denn die Behauptung vom vagen Charakter des Guten ist einerseits ganz harmlos, weil sich die Vagheit aus der Tatsache ergibt, dass das Gute nicht alle Kriterien wissenschaftlicher Objektivität erfüllt. Andererseits ist jene Behauptung, denkt man an die Schwierigkeiten, die sich aus der Unbeständigkeit des Guten ergeben, ganz und gar nicht harmlos. Ein Teil dieser Schwierigkeiten leitet sich daraus ab, dass das Gute einem besonderen zeitlichen Sinn unterliegt, welcher der Objektivität seinerseits im Wege steht. Wenn es zutrifft, dass das Gute in einer wesentlichen Hinsicht in der Zukunft liegt, kann der Anspruch der Ethik, für ihr Ziel selbst aufzukommen, nur begrenzt erfolgreich sein. Er ist auf Dauer gefährdet, wenn er nicht ständig erneuert wird. Obwohl er ständig erneuert wird, kann er dennoch verfehlt werden. Die Irrationalität des Maßstabs des Guten lauert im Hintergrund. ‹Vagheit› bedeutet eben nicht nur, dass der Sinn des Guten, den ethische Urteile voraussetzen, wissenschaftlich nicht vollständig erfassbar und auch nicht definierbar ist. Sie bedeutet auch, dass dieser Sinn theoretisch nicht zuverlässig vorweggenommen und in ethischen Urteilen selbst auch nicht mit Gewissheit, sondern nur mit einer gewissen Wahrscheinlichkeit erfasst werden kann. Nur im praktischen Handeln – und zwar individuell und kollektiv – kann der Sinn des Guten offenbar und gegenwärtig werden und sich als gutes gemeinschaftliches Leben zeigen. Wenigstens in dieser Hinsicht müssen wir der Aristotelischen Tugendethik und ihrem Gedanken, dass das Gute im tugendhaften Handeln, in der Praxis selbst liege, unsere Referenz erweisen.

4.1.6. Die Auflösung des Problems der Unbeständigkeit und die moralische Ökonomie

Zu Beginn des letzten Abschnitts wies ich auf eine Verwandtschaft der Unbeständigkeit des Guten mit der doppelten Relativität der Mittel und Ziele des guten Lebens hin. Die doppelte Relativität – zur Erinnerung – besteht darin, dass das Ganze des guten Lebens nur über die moralisch guten Handlungen und deren Qualität nur über jenes Ganze zu bestimmen ist. Wenn wir nun aber die Handlungen als gegenwärtig und den Maßstab des guten Lebens als wandelbar ansehen, folgt aus der doppelten Relativität unmittelbar die Unbeständigkeit. Denn – ebenfalls zur Erinnerung – die Unbeständigkeit entsteht, weil das Gute als Maßstab konstitutiv für das Ganze des guten Lebens ist und daher einerseits den gegenwärtigen ethischen Urteilen real zugrunde liegen muss, andererseits aber noch gar nicht zuverlässig zur Verfügung steht, weil das zu erreichende Gute in Gestalt des guten Lebens in der Zukunft liegt. Die Verwandtschaft der doppelten Relativität mit der Unbeständigkeit besteht also darin, dass der Maßstab des Guten das eine Mal mit und das andere Mal ohne die Zeitdifferenz zwischen Gegenwart und Zukunft gedacht wird. Dabei dürfen wir aber nicht übersehen, dass sich die doppelte Relativität allein auf die gegenwärtigen ethischen Urteile bezieht. Es geht nicht um den zukünftigen Maßstab, sondern um den jetzigen. Dennoch bildet sich die doppelte Relativität zeitlich als Unbeständigkeit ab. Umgekehrt ergibt sich aus der Unbeständigkeit, wenn sie um das Zeitverhältnis des gegenwärtigen zum künftigen Maßstab des Guten gekürzt wird, die doppelte Relativität. Wir können das eine also mühelos in das andere umwandeln. Diesen Vorteil werden wir zur Auflösung des Problems der Unbeständigkeit nutzen.

Zunächst stellt sich aber die Frage, was – im begrifflichen Sinn – früher und was später ist. Die doppelte Relativität ist, um es kurz zu machen, später, also abgeleitet. Sie leitet sich aus der Unbeständigkeit des Guten ab. Der Grund ist folgender: Das Verhältnis des Ganzen zu seinen Teilen ist asymmetrisch, wie immer wir es betrachten, und die Asymmetrie ist nur zeitlich erklärbar. Sehen wir uns dies im Einzelnen an: Das Ganze kommt – bei der doppelten Relativität – ursächlich nach den Teilen, das gute Leben nach den guten Handlungen. Umgekehrt wird die ethische Qualität der Handlungen über ihren Beitrag zum guten Leben als Ganzes bestimmt, insofern kommt also erst das Ganze, dann die Teile. Nur wenn wir ein gutes Leben als Ganzes betrachten, können wir bei vielen Handlungen sagen, ob sie gut sind bzw. gut waren. Diese doppelte Asymmetrie von Teil und Ganzem ist jeweils eine kausale, einmal ist das Ganze früher und die Teile später, das andere Mal ist es umgekehrt. Deswegen enthält die doppelte Relativität im Kern die Unbeständigkeit in Gestalt einer doppelten Asymmetrie.

Für das Problem der doppelten Relativität gibt es eine pragmatische Lösung. Auf analoge, nicht modifizierte Weise können wir auch die Unbeständigkeit auflösen. Die pragmatische Lösung der doppelten Relativität gelingt, wenn wir die Ziele und Mittel des Handelns einander wechselseitig angleichen. Die doppelte Relativität wird nacheinander jeweils auf eine einfache verkürzt. Entweder werden die Handlungen relativ zum Ganzen beurteilt oder umgekehrt das Ganze relativ zu den Handlungen, aber nicht beides gleichzeitig. Auch die Auflösung der Unbeständigkeit des Guten gelingt so ähnlich wie die wechselseitige Justierung. Wir urteilen immer so, als ob der gegenwärtige Maßstab auch künftig der richtige wäre. Dabei wird genau genommen nichts justiert, also nichts verändert. Wir passen auf imaginäre Weise den künftigen einfach dem gegenwärtigen Maßstab an, tun also so, als ob der künftige der jetzige sei. Wir urteilen so, als ob der Maßstab immer derselbe bliebe. Was wir uns aus der jetzigen Perspektive als das gute Leben vorstellen können, dient dazu, die Güter zu einem Ganzen zu integrieren. Die Anpassung ist nicht nur imaginär, sondern notgedrungen einseitig, denn wir wissen nicht genau, wie der Maßstab in Zukunft aussieht, ob er sich verändern oder gleich bleiben wird. Deswegen können wir Probleme wie diejenigen, die wir als unbeabsichtigte Nebenfolgen kennen lernten, nicht vermeiden. Typisch für solche Probleme ist, dass sich nicht nur die Urteile darüber verändern, welche Handlungen gut sind, sondern – wie wir am Beispiel der Ehe sahen – auch der Maßstab des Guten selbst. Es treten plötzlich und unvorhersehbar andere Kriterien des Guten in den Vordergrund, die wir nicht kannten und welche die früheren Urteile relativieren oder in Frage stellen.

Diese Tatsache unseres beschränkten Wissens ist alles andere als harmlos. Denn nur deswegen, weil es unmöglich ist, den künftigen Maßstab des Guten zu kennen, können wir das, was ich als zweite und besonders missliche Art von Nebenfolgen nannte, nicht vermeiden. Nur deswegen können diese für das gute Leben besonders nachteiligen Nebenfolgen überhaupt so wirkungsvoll sein. Wir können den künftigen Maßstab des Guten nicht wirklich vorwegnehmen, sosehr wir uns auch darum bemühen. Deswegen löst sich die Unbeständigkeit des Guten nur so lange von selbst auf, bis sie sich in Gestalt jener nicht vorhersehbaren Nebenfolgen bemerkbar macht. Anders als bei der doppelten Relativität können wir die Auflösung der Unbeständigkeit des Guten nicht selbst bewerkstelligen. Sie ist hartnäckig. Das Problem der Ethik ist zu keinem Zeitpunkt zu lösen.

Bei mehreren Gelegenheiten wies ich darauf hin, dass der Umfang des Ganzen, um den es beim guten Leben geht und auf den sich der Maßstab des Guten bezieht, zu klären ist. Außerdem habe ich behauptet, dass es nicht sein kann, dass die Ethik einen irrationalen, unerfüllbaren Maßstab hat. Dies ist nun der geeignete Ort dafür, beides zu erläutern, und zwar nacheinander. Es geht also zunächst um den Umfang des Ganzen, das mit den guten Handlungen hergestellt werden soll, und dann um die Frage, ob der Maßstab des Guten erfüllt werden kann. Es liegt auf der Hand, dass dieses Ganze nicht beliebig groß sein darf, sonst könnten wir uns am Ende nicht einmal einen vagen Begriff davon machen. Unser Wissen und unsere Vorstellungskraft sind begrenzt. Es ist auch klar, dass jenes Ganze nicht zu klein sein darf, weil es sonst für das gute Leben vielleicht keine Relevanz hätte. Es hat deswegen keinen Sinn, sich auf die ethische Rechtfertigung einzelner Handlungen losgelöst vom Ganzen, in dem sie stehen, zu konzentrieren. Die Verallgemeinerung eines einzigen Handlungsgebots und dessen theoretisch nachgewiesene Gültigkeit für vergleichbare Fälle schaffen kein Ganzes. Mit nur einigen wenigen, allgemein geltenden Handlungsgeboten oder mit nur einigen wenigen allgemein verfügbaren Gütern ist das gute Leben eher zufällig oder für einen Augenblick, aber nicht auf längere Sicht möglich. Diese auf der Hand liegenden Unmöglichkeiten geben aber nur indirekte, vage und subjektive Hinweise auf den Umfang des Ganzen. Um Klarheit über den für ethische Urteile relevanten Umfang des Ganzen zu gewinnen, benötigen wir eine solide begriffliche Basis. Diese Basis kann nur das Gute selbst sein. Die erste Frage führt also unmittelbar zur zweiten.

Überraschenderweise erweist sich hier die Unbeständigkeit des Guten, die zunächst aufgrund ihres vagen Charakters hinderlich schien, als hilfreich. Die Klärung des Umfangs des Ganzen und der

Erfüllbarkeit des Maßstabs des Guten folgen zusammen aus der Auflösung der Unbeständigkeit. Denn aus der Unmöglichkeit, den künftigen Maßstab des Guten vorwegzunehmen, ergibt sich unmittelbar eine Konsequenz für die Vorstellung des guten Lebens. Ich nenne sie ‹moralische Ökonomie›, weil es darum geht, aus knappen Mitteln das Bestmögliche zu machen.[22] Wenn – so die Auflösung des Problems der Unbeständigkeit – der künftige Maßstab des Guten bis auf Weiteres dem gegenwärtigen angepasst wird, dürfen wir davon ausgehen, dass das gute Leben nur das ist, was wir uns gegenwärtig darunter vorstellen können. Mehr kann es nicht sein. Wir bilden unsere Vorstellung des Ganzen in zweifacher Hinsicht ökonomisch, nämlich der Menge der Güter und ihrer Bedeutung für das gute Leben nach. Wir verfahren ökonomisch, indem wir nur diejenige Menge an Gütern zu einem Ganzen integrieren, die wir kennen und für das gute Leben für relevant halten. Wir verfahren wiederum ökonomisch, indem wir versuchen, das Minimum der Güter zu gewährleisten, die dem Maßstab des Guten entsprechen und für das gute Leben unverzichtbar sind. ‹Moralische Ökonomie› bedeutet schließlich, mit der kleinstmöglichen Menge an Gütern das bestmögliche gute Leben zu erreichen.

Wir können zunächst einmal nichts daran ändern, dass diese beiden Standards der moralischen Ökonomie abstrakt und nichts sagend sind. Dies ist aber kein Nachteil, denn die moralische Ökonomie hat einen unmittelbar erkennbaren, unschätzbaren Vorteil. Sie erlaubt nicht nur, sondern empfiehlt sogar, den Maßstab des Guten allein auf die Menge an Gütern zu konzentrieren, die wir gegenwärtig überblicken und als relevant für das gute Leben beurteilen können. Im Hintergrund lauert zwar weiterhin die Unbeständigkeit des Guten, sie ficht uns aber so lange nicht an, solange es keine unliebsamen Nebenfolgen gibt und wir die Integration der Güter nach bestem Wissen und Gewissen und auf möglichst ökonomische Weise zustande bringen. Die Tatsache, dass uns dies nur mit einer gewissen Wahrscheinlichkeit, aber niemals mit Sicherheit gelingt, stört uns dabei nicht.

Wenn wir uns nun konkret dem Umfang widmen, den die moralische Ökonomie empfiehlt, erkennen wir, dass er unter einem nicht geringen kognitiven Vorbehalt steht. Und dieser Vorbehalt besteht einfach darin, dass unser Wissen von der Mindestmenge der relevanten Güter für ein gutes Leben letztlich doch subjektiv und damit recht eingeschränkt ist. Deswegen ist die moralische Ökonomie keineswegs ohne Probleme. Sie verpflichtet uns einerseits zur Begrenzung, was die Menge und die Qualität der Güter angeht, die integriert das gute Leben ergeben sollen. Wegen des kognitiven Vorbehalts, zu dem uns die subjektive Perspektive zwingt, kann uns diese Begrenzung aber dazu verleiten zu glauben, dass die wenigen relevanten Güter, die wir kennen, für das gute Leben hinreichend sind. Negativ daran ist, dass wir dann die drohende Unbeständigkeit vergessen und dem eigenen Verständnis des Guten blind vertrauen. Dies kann sich rächen, wenn wir irgendwann einsehen müssen, dass wir z. B. die falschen Güter für wichtig hielten und andere in ihrer Bedeutung unterschätzten. Die Sozialwissenschaften fassen diesen Irrtum unter dem Begriff der ‹Entfremdung›. Es ist ein Irrtum über das, was für uns und unser Leben wirklich gut ist, und das, was als gut erscheint und nur vermeintlich gut ist. Diese Gefahr der moralischen Ökonomie ist nicht dauerhaft auszuräumen. Es gilt in diesem Fall das Motto ‹Gefahr erkannt, Gefahr gebannt› leider nicht. Wir müssen erkennen, dass die besagte Gefahr nicht aus bösem Willen oder Nachlässigkeit entsteht, sondern unausweichlich ist und dass wir potentiell ständig mit ihr konfrontiert sind. Die Gefahren, welche die moralische Ökonomie begleiten, sind die dauerhaften Gefahren von unbeabsichtigten Nebenfolgen und von grundlegenden Missverständnissen des Guten. Wir erkennen diese Gefahren spätestens daran, dass das gute Leben misslingt. Die Einsicht in die Gefahr ist aber keineswegs schicksalhaft, plötzlich und unabänderlich. Sie kündigt sich nämlich an, wenn es uns nicht gelingt, die Güter des guten Lebens in ein Ganzes für alle Menschen einer Gesellschaft zu integrieren. Erst wenn uns die – im folgenden Kapitel eingehend zu betrachtende – Integration der Güter unmöglich erscheint, misslingt das gute Leben.

Nicht nur die moralische Ökonomie und die Gefahr von Nebenfolgen leiten sich unmittelbar aus der Unbeständigkeit des Guten ab. Das Gleiche gilt für die Moralkonflikte, die lösbaren und die unlösbaren, die wir früher behandelten. Moralkonflikte – daran sei erinnert – entstehen, wenn die Bedingungen ethischer Normalität nicht mehr gegeben sind. Ethische Normalität herrscht aber nur, solange sich die Unbeständigkeit des Guten nicht bemerkbar macht. Solange die Integration der Güter, die für das gute Leben benötigt werden, gelingt, können wir unsere Pflichten erfüllen. Genau so lange herrscht ethische Normalität. Dass wir bestimmte Pflichten nicht oder nicht mehr erfüllen können, liegt daran, dass sich der bisherige Maßstab des Guten als unbrauchbar erweist. Gleichzeitig versagt die moralische Ökonomie. Jeder einzelne Konflikt, den wir oben kennen lernten, kann als Versagen der moralischen Ökonomie beschrieben werden. Bei manchen Konflikten – wie der normativen Überforderung – können wir nach kurzer Zeit einen neuen Maßstab für das gute Leben finden, bei manchen anderen – wie den unlösbaren moralischen Dilemmata – vielleicht erst nach einer Weile oder gar nicht. Wir sind überzeugt, dass auch die unlösbaren Konflikte das gute Leben nicht dauerhaft unmöglich machen. Die Integration der Güter über diese Konflikte hinweg ist eine Aufgabe der Ethik. Das erreichbare gute Leben muss kein konfliktfreies Ganzes sein; denn Moralkonflikte sind möglich, weil es die Unbeständigkeit des Guten gibt. Sie treten zwar nur dann auf, wenn sich die Unbeständigkeit nicht auflöst. Wenn ihr Auftreten das gute Leben indessen unmöglich machen würde, wäre dieses Ziel von vornherein aussichtslos und irrational. Moralkonflikte gefährden das gute Leben nicht weniger als die Unbeständigkeit des Guten, aber auch nicht mehr. Der Ethik muss es um die Frage gehen, wie das gute Leben mit solchen Konflikten möglich ist. ‹Ethik als Konfliktlösung› wäre sonst nur eine leere Floskel.

Dies ist zunächst eine Übersicht über die Fragen und Probleme, die mit dem Guten als Maßstab der Ethik zusammenhängen. Wichtige Aspekte dieses Maßstabs habe ich nur erwähnt. Es ist nötig, genauer auf sie einzugehen, um zu verstehen, wie das Problem der Ethik gelöst werden kann und wie moralische Ökonomie möglich ist. Natürlich können es nur Menschen sein, die nach dem Modell der moralischen Ökonomie entscheiden und handeln. Die Fähigkeiten der Menschen als frei handelnde Personen habe ich oben beschrieben. Dort habe ich das reflektierende Selbstbewusstsein und den Charakter als die entscheidenden Elemente der Selbstbestimmung von Menschen im Rahmen ihrer gesetzmäßig bestimmten Daseinsbedingungen beschrieben. Die reflexive Kraft der Menschen – so der Kern meiner Aussagen – befähigt sie, in jeder Lebenslage das zu tun, was sie lernten zu wollen und zu können. Diese Charakterisierung der Situation menschlichen Handelns sagt etwas über die Möglichkeit des freien Handelns und damit auch etwas über die geistigen Kräfte, insbesondere über die menschliche Klugheit. Sie entscheidet über die Qualität der Ziele, die verfolgt werden. Endgültig festgelegt ist deren Qualität aber nie.

Nun geht es darum, wie frei handelnde Personen die Ziele, die sie in allen ihren Handlungen anstreben, erreichen können. Wir haben bereits gesehen, dass es für diese Ziele in ihrer Gesamtheit einen Singular gibt, in dem sie alle inbegriffen sind, das Gute. Wir sahen auch, dass es dabei gleichzeitig um das gute Leben jeder einzelnen Person und aller Menschen einer Gesellschaft geht. Ich habe behauptet, dass dieses Ziel einen vagen Charakter hat, und als einen der Gründe dafür vom ‹zeitlichen Sinn des Guten› gesprochen. Der Klärung dieses Sinns und den Folgerungen, die sich daraus ergeben, sind die folgenden Abschnitte gewidmet. Nachdem ich über den vagen Charakter des Guten gesprochen habe, werde ich nun versuchen, den zeitlichen Sinn des Guten möglichst unabhängig davon darzustellen. Der zeitliche Sinn des Guten soll in gewisser Weise phänomenologisch aus der Perspektive der handelnden Personen erkennbar werden. Der Grund dafür ist nicht, diejenigen, die dem vagen Charakter des Guten gegenüber skeptisch sind, aus einer klaren und eindeutigen Perspektive zu überzeugen. Der Grund ist vielmehr, das Verhältnis der handelnden Person zum Guten aus ihrer eigenen, konkret beschreibbaren Perspektive zu verstehen. Schließlich begegnet den Menschen bei dem, was sie tun, der vage Charakter des Guten nicht von allein. Sie haben keine unmittelbare Evidenz dafür, dass es das Gute überhaupt gibt. Deswegen können die Menschen getrost darauf verzichten, sich über Fragen seiner Vagheit den Kopf zu zerbrechen. Die Ethik kann sich diese Freiheit aber nicht nehmen, weil sie die Bedingungen der Möglichkeit des Ganzen des guten Lebens untersuchen soll. Sie ist damit verpflichtet, sich mit der Vagheit des Guten auseinander zu setzen.

Wäre es aber nicht vernünftiger, vor Fragen wie den eben behandelten der konkret beschreibbaren Perspektive der Handelnden gerecht zu werden und vom Anschaulichen zum Vagen zu gehen? Dagegen spricht die Einsicht, dass die Möglichkeit des guten Lebens erst erkennbar wird, wenn der Maßstab des Guten und seine Reichweite geklärt sind. Dies war das Anliegen der zurückliegenden Abschnitte. Das bedeutet nun aber wiederum nicht, dass die Phänomenologie des guten Handelns unmittelbar von der Klärung der Fragen zur Natur des Guten abhängig wäre. Sie muss ihre eigene Evidenz haben.

4.2. Der zeitliche Sinn des Guten

Bewusst erlebtes menschliches Leben hat seine eigene Gegenwart. Robert Spaemann hat diese besondere zeitliche Verfassung des menschlichen Lebens beschrieben. Personen eignen sich – wie er zeigte – ihr Dasein und damit ihre Gegenwart an, indem sie sich zu sich selbst und zu ihrer Umwelt ins Verhältnis setzen.[23] Das Erlebte fließt nicht einfach wie ein Strom durch das menschliche Bewusstsein hindurch, sondern die Personen erleben sich selbst im Erlebten. Diese eine Zeit, die Personen erleben, lässt sich aber, ohne dass sie sich dessen gewahr werden, in verschiedenen Dimensionen abbilden. Die eine ist die lineare, objektive Zeit, die mit Daten für Jahre, Tage und Stunden bezeichnet ist und – der Früher-Später-Relation entsprechend asymmetrisch – beständig und im gleichen Takt in einer Richtung fortschreitet. Die andere ist die nicht-lineare, subjektive Zeit, unsere jeweilige Gegenwart, die zusammen mit der Vergangenheit und Zukunft eine Einheit bildet und daher vier und nicht etwa nur drei Dimensionen hat.[24]

Die Gegenwart erleben wir Menschen bewusst als kurzweilig oder langweilig, als rasch oder hektisch, als erholsam oder anstrengend, glücklich oder unglücklich. Wir können uns ganz dem gegenwärtig Erlebten hingeben oder die Gegenwart fliehen, indem wir uns an Schöneres in der Vergangenheit erinnern oder eine bessere Zukunft herbeisehnen. Unsere Sinne kennen aber auch in der schönen oder schmerzlichen Erinnerung oder in der Sehnsucht nach einer anderen Zeit nur das Gegenwärtige, das jetzt Erlebte. Was unsere Empfindungsfähigkeit angeht, sind wir in unserer jeweiligen Gegenwart gefangen. Sobald wir aber über das Empfundene nachdenken, darüber mit anderen sprechen und es als angenehm oder unangenehm, gut oder schlecht bewerten, stellen wir zwischen der erlebten Gegenwart und den anderen subjektiven Zeitdimensionen, der Vergangenheit und Zukunft, Beziehungen her, mit denen wir uns zumindest in unseren Absichten und Zielsetzungen in der Gegenwart vom Erlebnis des Gegenwärtigen befreien. Dies ist der Prozess, in dem, wie Robert Spaemann schrieb, die menschliche Person ein Bewusstsein ihrer selbst findet. Es ist ein zeitlicher Prozess, in dem die Zeitdimensionen miteinander in ein Verhältnis gesetzt werden. Ludwig Wittgenstein sprach davon, dass sich in der Sprache Erwartung und Erfüllung berühren.[25] Er dachte dabei nicht an die Zeitdimensionen. Dennoch trifft das, was er sagte, ganz besonders den zeitlichen Charakter des Sprechens. In jener Berührung von Erwartung und Erfüllung treffen die subjektiven Zeiten zusammen, und wir merken, wie sie zusammentreffen, wenn wir mit anderen über unsere Erlebnisse sprechen. Jeder, der mir z. B. zuhört, weiß dann, wie es für mich war, kann es sich vorstellen, vielleicht sogar selber erleben oder – wie Wittgenstein meinte – nachmachen.[26] Die subjektive Zeit ist nicht-linear; wir können durch Erwarten und Erinnern in der Gegenwart im Sprechen und Denken Beziehungen zu Vergangenheit und Zukunft herstellen. Da wir dies beständig tun können, die objektive Zeit aber fortschreitet, verändern sich auch diese nicht-linearen Bezüge ständig. Das subjektiv erlebte Heute ist deswegen morgen Gestern und bleibt dies auch objektiv.

4.2.1. Moralisches Bewusstsein und Moralfähigkeit

Diese nicht-linearen Beziehungen zwischen den Zeitdimensionen ermöglichen erst ein individuelles moralisches Bewusstsein. Denn um uns überhaupt unserer selbst bewusst zu sein, müssen wir uns als Handelnde, als Akteure einer sozialen Welt begreifen und erleben können. Um aber handeln zu können, benötigen wir Wünsche, Absichten und Überzeugungen, und alle diese Bedingungen des Handelns setzen asymmetrische zeitliche Verhältnisse zwischen dem Früheren und Späteren, dem Gestrigen, Heutigen und Morgigen voraus. Würden wir uns nicht an unsere Pflichten erinnern können, wüssten wir jetzt nicht, was zu tun ist; und könnten wir nicht beabsichtigen, sie auch in Zukunft zu erfüllen, wären wir nicht verantwortlich. Ohne ein Bewusstsein von Vergangenheit und Zukunft wären wir also nicht moralfähig. Wir hätten keinen Begriff des guten Lebens und wären zu einer moralischen Ökonomie nicht in der Lage.

Auch als moralische Akteure leben wir natürlich in einer Gegenwart, und diese Gegenwart ist uns durch unsere Empfindungen und das Bewusstsein unserer selbst präsent. Für das, was wir moralisch wollen und tun, sollte die emotionale und sensuelle Bindung an eine Gegenwart aber nur eine begrenzte Bedeutung haben. Wir können von Menschen, die von ihren Empfindungen so beherrscht sind, dass sie sich von deren Gegenwart nicht befreien können, moralisches Urteilen und Handeln weder erwarten noch verlangen. Augenfällig wird dies bei Menschen in Angst- oder Rauschzuständen. Es gilt aber auch bei körperlichen Entbehrungen und bei überwältigenden seelischen Empfindungen von Mitleid oder Abscheu, Liebe oder Hass. Wie immer diese Leiden oder Freuden beschaffen sind, ihre Präsenz kann so stark sein, dass sie dem besonnenen und vernünftigen Urteil wenig oder keinen Raum geben. Wer im Strudel seiner Empfindungen steht, ist moralisch gelähmt und unfähig, frei zu entscheiden und zu handeln.[27]

Der moralische Akteur sollte in seinem Urteilen und Handeln also möglichst unabhängig von seiner jeweils erlebten Gegenwart sein. Das bedeutet nicht, dass er keine Empfindungen haben sollte, im Gegenteil. Sein Mitleid, seine Zuneigung oder seine Sympathie für andere Menschen, aber auch seine Abscheu vor bestimmten Verhaltensweisen, seine Reue über eigenes Versagen oder seine Furcht vor verletzenden Reaktionen anderer zeigen ihm, wo er selbst steht, was er von sich selbst verlangen sollte und was seine Mitmenschen von ihm erwarten dürfen. Es sind aber die aktuellen und gegenwärtigen Erfordernisse und Verpflichtungen, die er erkennen, auf die er eingehen und die er erfüllen sollte. Dies kann er nur, wenn er sich von der emotionalen und sensuellen Bindung an seine eigene Gegenwart, von einengenden und lähmenden Gefühlen befreien und auf das konzentrieren kann, was er aus moralischen Gründen zu tun hat. Dies kann bedeuten, dass er seine Sympathie für oder seine Abneigung gegen den einen oder anderen Menschen unterdrücken muss. Es kann aber auch bedeuten, dass er mit guten Gründen seiner Zuneigung für bestimmte Personen folgen darf und sich besonders um sie kümmern sollte. Der moralische Akteur muss sich weder kasteien noch seine Gefühle leugnen, um moralisch gut handeln zu können. Unabhängig von der erlebten Gegenwart zu sein, bedeutet nur, dass es keinen direkten ursächlichen Zusammenhang zwischen der Qualität der Empfindungen und der moralischen Qualität der Absichten und Handlungen geben darf. Zwischen dem, was empfunden wird, und dem, was gesollt ist, muss es eine reflektierte Distanz und Diskontinuität geben. Sonst könnte man nur dann moralisch gut handeln, wenn man sich gut fühlt, und schlechte oder schmerzhafte Empfindungen hätten mehr oder weniger zwangsläufig moralisch schlechte Taten zur Folge. Wenn die schlechten Empfindungen oder der Schmerz aber anhalten, kann der davon ausgehende Prozess eine Eigendynamik entwickeln, und man verhält sich ungerecht, widerwärtig oder einfach grundlos schlecht anderen gegenüber.

Die eigene Distanzierung von der erlebten Gegenwart erscheint moralisch erst dann als fragwürdig, wenn der Akteur für das, was er tut, zu tadeln ist und sich schämen sollte. Es kommt allerdings auf den Grund an, aus dem sich jemand schämen sollte. Ernst Tugendhat hat den Unterschied zwischen der Scham aus dem Gefühl eines Verlustes an Selbstwertgefühl und der moralischen Scham genau beschrieben.[28] Im ersten Fall, in dem ein Mensch vielleicht sein Gesicht oder seinen guten Ruf verliert, bleiben die anderen Menschen entweder emotional unbeteiligt oder machen sich lustig oder bedauern ihn. Im zweiten Fall bleiben sie nicht unbeteiligt, sondern empören sich und tadeln ihn. Tugendhat zeigt, dass der moralischen Scham die Empörung als Sanktion gegenübersteht, und darüber hinaus, dass nur derjenige für die Empörung der anderen empfänglich ist, der ein Gewissen entwickelt und diese Sanktion «in der Scham internalisiert hat».[29] Wer mit seinem Tun Empörung auf sich zieht und Grund hat sich zu schämen, darf sich von der Gegenwart dieses moralischen Gefühls nicht einfach lösen. Schon der Versuch wäre ein Nachweis dafür, dass er kein Gewissen hat. Es wird von der Schwere der Tat und der geleisteten Genugtuung und Sühne abhängen, wie lange Scham und Empörung anhalten. In dieser Zeit kann die Moralfähigkeit der Person eingeschränkt sein, weil ihr die anderen die Anerkennung versagen. Es wird ihr dann, weil sie sich in den Augen der anderen disqualifiziert hat, nicht zugebilligt, moralisch gut urteilen und handeln zu können. Wenn nach menschlichem Ermessen für eine Tat überhaupt Genugtuung und Sühne geleistet werden kann, muss der Person nach der entsprechenden Zeit auch wieder ihre volle Moralfähigkeit zugebilligt werden. Sie muss sich selbst dazu von ihrem früheren Schamgefühl lösen können und die Anerkennung der anderen als moralische Person finden. Die Erinnerung an das eigene moralische Versagen darf die Urteils- und Handlungsfähigkeit ebenso wenig trüben wie das Gefühl der Scham. Schließlich sollte der Scham das ungetrübte moralische Urteil, versagt zu haben, vorausgehen.

4.2.2. Das gegenwärtige und das künftige Gute

Die Gründe für das, was gegenwärtig – nicht nur im moralischen Sinn – gut ist, haben eine ganz eigene zeitliche Struktur.[30] Die reflektierte Distanz zur erlebten Gegenwart schafft selbst noch keine Gründe für ein bestimmtes Gutes. Man weiß dann zwar, dass man sich nicht von seinen aktuellen Gefühlen leiten lassen darf, ist aber immer noch unsicher, was gut oder schlecht oder – im moralischen Sinn – richtig oder falsch ist. Was jetzt gut ist, kann sich nur aus dem Verhältnis zwischen Vergangenem und Zukünftigem ergeben. So merkwürdig dies klingt, aber das, was heute gut ist, wird von dem, was gestern gut war und morgen gut sein wird, mitbestimmt. Die Maßstäbe des Guten galten entweder schon, oder sie gelten noch nicht und sollen in Zukunft gelten. Das gegenwärtige Gute lebt von der Spannung zwischen dem vergangenen und dem zukünftigen Guten. Was aber bei diesen Zeitverhältnissen gleich bleiben sollte, sind die Solidität und Haltbarkeit der Gründe. Vor allem die guten Gründe, die sich, moralisch betrachtet, aus der Spannung zwischen vergangenem und zukünftigem Guten ergeben, sollten von Dauer sein.

Diese Zeitverhältnisse lassen sich an gewöhnlichen sittlichen Verpflichtungen ebenso nachvollziehen wie an ethischen Lösungen für Moralkonflikte. Jede Hilfe und Fürsorge, die ich einem anderen Menschen gegenwärtig schulde, entspricht einerseits einer allgemein bestehenden Verpflichtung und damit dem, was schon in der Vergangenheit als moralisch gut galt. Andererseits erfülle ich nur dann meine gegenwärtige Verpflichtung, wenn sich das, was ich tun werde, auch als hilfreich erweist. Es genügt nicht, dass mein Handeln gegenwärtig nur hilfreich erscheint. Ähnliches gilt für die Lösung eines Moralkonflikts.

Die Verpflichtungen und die moralischen Ansprüche, die miteinander kollidieren, haben einerseits eine Vorgeschichte. Sie kamen in der Vergangenheit zustande. Die jetzige Lösung darf aber nicht nur frühere Ansprüche erfüllen wollen. Sie ist nur dann gut und ethisch begründet, wenn sie auch die Folgen der unerfüllt bleibenden Ansprüche berücksichtigt. Die Lösung eines Moralkonflikts kann also nur gut sein, wenn sie sich dem künftigen Guten mit besonderer Sorgfalt und Aufmerksamkeit widmet. Nicht nur bei moralischen Dilemmata, auch bei ethischem Dissens und normativer Überforderung wird die Spannung zwischen dem vergangenen und künftigen Guten offensichtlich. Als künftiges Gutes kann bei diesen Störungen der ethischen Normalität nicht in jedem Fall die Befriedigung der zunächst unerfüllten Ansprüche oder enttäuschten Forderungen zu einem späteren Zeitpunkt gelten. Es besteht eher in der künftig wirksamen Wahrung oder Wiederherstellung der moralischen Urteilsfähigkeit der Betroffenen und damit in der Sicherung moralisch guter Lebensverhältnisse durch rechtliche, politische und soziale Maßnahmen.

Was für das Zeitenverhältnis bei solchen Konflikten gilt, trifft ebenso unter den Bedingungen zu, die wir als sittliche und ethische Normalität betrachten können. Die reflektierte Unabhängigkeit des einzelnen Menschen von seiner jeweils emotional präsenten Gegenwart muss auch unter normalen Bedingungen ergänzt werden durch Gründe, die sich aus der Spannung zwischen dem vergangenen und zukünftigen Guten ergeben. Beides gilt aber nicht nur für die Ethik, sondern auch für die Sitte. Was gegenwärtig gilt und sittlich verbindlich ist, darf sich nicht aus aktuellen, kollektiven Gefühlszuständen und den Meinungen von Mehrheiten oder Minderheiten ergeben. Auch das, was gegenwärtig sittlich gilt, lebt aus der Spannung zwischen Vergangenheit und Zukunft. Allerdings reichen in diesem Spannungsbogen die Zeiten weit über individuelle Lebenszeiten hinaus, das Vergangene in die Geschichte und in die kulturelle Tradition und das Zukünftige in die Lebenszeiten künftiger Generationen. Bei der Suche nach moralisch guten Gründen für das, was jetzt zu tun ist, kommt der Reichtum der Geschichte indirekt über die Sitte zum Tragen. Die Vergangenheit ist in den sittlichen Tatsachen lebendig, die Zukunft stellt besondere Anforderungen an die Auffassungen des Guten. Die geltende Sitte leitet ihre Ansprüche von historischen moralischen Leistungen und von der Anerkennung sittlicher Tatsachen ab. Aber auch das frühere moralische Versagen oder die moralischen Katastrophen beeinflussen indirekt die geltende Moral.

Diese geltende Moral ist weder theoretisch ausgearbeitet noch begrifflich manifest, sondern ein Amalgam aus sittlichen Tatsachen und

Wertüberzeugungen. Dieses Amalgam prägt die Wertvorstellungen einer Gesellschaft und damit auch die Vorstellungen der Menschen von dem, was ‹gutes Leben› für sie bedeutet. Religiöse oder weltanschaulich beeinflusste moralische Überzeugungen verbinden sich mit der Sitte, die sich u. a. in Teilen des geltenden Rechts ausdrückt, mit allgemeinen politischen und sozialen Wertvorstellungen und mit der Summe individueller, ökonomisch wirksamer Wertinteressen. Mit diesen Wertvorstellungen in Spannung stehen die geforderte, noch nicht etablierte, künftige Moral und das, was in Zukunft überhaupt als ‹gut› gelten kann. Das gegenwärtige und das künftige Gute müssen nicht mehr als den Namen gemeinsam haben, können also durchaus in direktem Gegensatz zueinander stehen. Wir haben dies am Beispiel der Menschenwürde gesehen, die von jeweils diametral gegensätzlichen moralischen Positionen reklamiert wird, von Gegnern ebenso wie von Befürwortern der Forschung mit embryonalen Stammzellen. Es ist in diesem Fall natürlich nicht klar, ob die moralische Position der Befürworter solcher Forschungen als zukünftige Moral zu verstehen ist. Gewöhnlich finden solche weltanschaulich geprägten Gegensätze zwischen etablierten und nicht etablierten moralischen Positionen keine so große öffentliche Aufmerksamkeit wie im Fall der Debatte um die Stammzellen.

Der Bogen zwischen der Vergangenheit und der Zukunft des Guten war historisch häufig bis zum Zerreißen gespannt. In demokratisch geprägten Epochen einer Kultur ist das Verhältnis dieser Zeiten aber eher kontinuierlich als diskontinuierlich. Die Chancen, dass das gegenwärtige Gute – auch im moralischen Sinn – das vergangene und zukünftige einschließt und integriert, sind in Demokratien größer als in anderen sozialen und politischen Strukturen. Wie wir am Beispiel des moralischen Dissenses sahen, können die weltanschaulichen Differenzen aber auch unter demokratischen Verhältnissen dazu führen, dass in den ethischen Urteilen Vergangenheit und Zukunft moralisch auseinander fallen. Dennoch wird das gute Leben des Ganzen dadurch nicht schon gefährdet.

Auch dann, wenn das Verhältnis der Zeiten von Kontinuität geprägt ist, kann es für Individuen und Gruppen, was die Gründe ihres Handelns angeht, eine Spannung zwischen dem vergangenen und künftigen Guten geben. Die Diskontinuität wird in Umrissen und schemenhaft erkennbar bei lösbaren und nicht lösbaren Moralkonflikten, bei moralischem Dissens und in Auseinandersetzungen um das, was hier und jetzt zu tun ist. Das künftige Gute ist in solchen Konflikten in gewisser Weise utopisch, hat noch keinen Ort, wird vielleicht niemals einen haben, außer in Traktaten und im ethischen Diskurs. Am besten erkennbar ist dieser utopische Charakter des künftigen Guten, wenn es um Themen wie ‹Menschlichkeit›, ‹Gerechtigkeit›, ‹Menschenwürde› und ‹Freiheit› geht. Keines dieser Konzepte wird von vergangenen oder gegenwärtigen politischen und sozialen Systemen wirklich ausgefüllt. Es gab und gibt viele Beispiele der Menschlichkeit, der Gerechtigkeit, der Menschenwürde und der Freiheit, sonst hätten wir längst kein Vertrauen mehr zu diesen Konzepten. Wir wissen nur über diese Beispiele, dass es Menschlichkeit, Gerechtigkeit, Menschenwürde und Freiheit geben kann und dass es möglich ist, diese Konzepte zu realisieren. Keines der Beispiele beschreibt aber einen Typus oder eine dauerhafte Struktur menschlicher Gemeinschaft. Es bleibt immer eine Aufgabe, diese Konzepte als Orientierungen zu verstehen und zu versuchen, sie zu verwirklichen. Aus ihnen nährt sich die Kritik an den gegenwärtigen Verhältnissen.

Die Veränderungen des Guten vollziehen sich ebenso wie die Anpassung der herrschenden an die künftige Moral – soweit wir dies überblicken können – in Revisionen. Nur Teile, Bruchstücke und Aspekte werden verändert, so dass genau genommen nicht klar ist, in welche Richtung die Asymmetrie zwischen Vergangenheit und Zukunft normativ wirkt und wie stark die Veränderungen sind. Revolutionäre Sprünge sind von so unterschiedlichen Autoren wie Augustinus, Kant und Marx gefordert worden, haben sich aber als tatsächlich utopisch erwiesen. Doch selbst revisionäre normative Veränderungen benötigen utopische Entwürfe des künftigen Guten. Insofern steht auch das Differenzprinzip von John Rawls, das Konflikte, die sich aus der sozialen Ungleichheit der Menschen ergeben, lösen soll, für eine Utopie – für die Utopie der Gerechtigkeit nämlich. Es wäre politisch und ethisch wünschenswert, wenn Idealvorstellungen von Konfliktlösungen auch in Wirklichkeit dazu führen würden, die sozialen Ungleichheiten der Menschen zu beseitigen.

Es geht nun aber nicht um Utopien oder Idealvorstellungen, sondern um eine Einsicht, die sich aus der Abhängigkeit sowohl des individuellen als auch des kollektiven Guten von der Spannung zwischen Vergangenheit und Zukunft ergibt. Leicht überspitzt könnte man sagen, gute Verhältnisse herrschen – von jeder Gegenwart aus gesehen – immer nur in der Zukunft. Die Zukunft wird natürlich dauernd und nicht nur irgendwann zu einer Gegenwart. Dennoch kann das gegenwärtige Gute nicht aus der Gegenwart selbst leben, sondern nur aus der Spannung zwischen Vergangenheit und Zukunft. Denn diese Spannung liefert die Gründe für das, was jetzt zu tun ist und künftig der Fall sein soll. Es wäre allerdings naiv zu glauben, dass die Spannung sich beständig auflöst und zu gerechten, menschenwürdigen, freien und menschlichen Verhältnissen führt. Ja, weil diese Spannung sich nicht dauernd in dem auflöst, was wir tun, bemerken und reflektieren wir sie. Wir denken darüber nach, was wir falsch gemacht haben und was besser gewesen wäre, und nehmen uns vor, dies in Zukunft zu tun.

Die Bedeutung der Zeiten im Blick auf das Gute können wir ontologisch oder erkenntnistheoretisch betrachten. Ontologisch gesehen kommt jeweils nur eine Zeit, die existiert oder existierte, ins Blickfeld. Wenn es darum geht, die Frage zu klären, welche Gründe es für gutes Handeln gibt, benötigen wir einen weiteren Horizont als diesen. Dann sind wir auf das Verhältnis zwischen Vergangenheit und Zukunft angewiesen und müssen darüber nachdenken, was wir wissen müssen, um im Blick auf die Zukunft richtig zu entscheiden. Dabei kann es nicht nur um das gehen, was es gibt, sondern um das, wovon wir wissen können, dass es möglich sein wird. Dies ist eine erkenntnistheoretische Perspektive, bei der das Verhältnis zwischen Vergangenheit und Zukunft im Vordergrund steht. Im Blick auf das Gute sollte daher das erkenntnistheoretische Interesse an den Zeitverhältnissen im Mittelpunkt stehen. Aus dieser Perspektive erscheint es kaum möglich zu sein, vom Guten jemals behaupten zu können, es existiere.

Aufgrund unseres Interesses an der erkenntnistheoretischen Frage nach dem Guten steht das Verhältnis zwischen Vergangenheit und Zukunft im Zentrum unserer Überlegungen. Interessant wird dieses Verhältnis der Zeiten aber erst, wenn wir einige Schritte weiter gehen. Wenn wir auf die Spannung zwischen Vergangenheit und Zukunft angewiesen sind, können wir gute Gründe weder in der herrschenden Vorstellung des Guten noch in der Vorstellung eines künftigen Guten allein finden. Vom reinen Vorrang einer dieser Vorstellungen zu einer der beiden Zeiten drohen rechthaberischer Dogmatismus und unduldsame Intoleranz. Dies ist der erste Schritt, dass wir aus der zeitlichen Spannung, aus der sich das Richtige und Gute – auch im moralischen Sinn – ergibt, erkennen, dass weder die herrschende Vorstellung des Guten noch eine Vorstellung des künftigen Guten allein entscheidend sein sollte. Anhand des oben behandelten Beispiels eines moralischen Dissenses, also anhand der Frage, ob Forschungen mit humanen embryonalen Stammzellen erlaubt sind oder nicht, lässt sich dies gut nachvollziehen. Eine Änderung des Embryonenschutzgesetzes wäre aus ethischen Erwägungen nur möglich auf der Grundlage geltender sittlicher Tatsachen. Der Schutz des menschlichen Lebens vor Missbrauch und Instrumentalisierung muss gewährleistet bleiben, wie auch immer die Gründe für eine Erlaubnis solcher Forschungen im Einzelnen aussehen.

4.2.3. Die mögliche Wirklichkeit des Guten

Der zweite Schritt ist, dass wir das Gute als prinzipiell unvollendet verstehen lernen. Keine Gegenwart ist moralisch vollkommen in dem Sinn, dass sie alle bestehenden und geltenden normativen Forderungen erfüllen könnte. Das Gute, sei es in Gestalt grundlegender Normen, Ansprüche und Verpflichtungen oder in Gestalt der Moralfähigkeit der Menschen, gelangt nie wirklich über das Stadium des Möglichen hinaus. Seine Modalität ist die einer *möglichen Wirklichkeit*. Dies leuchtet nicht ohne weiteres ein. Denn daraus, dass die Gründe für moralisch gute Handlungen aus einer Spannung zwischen herrschender und geforderter Moral gewonnen werden, folgt noch nicht, dass das Gute prinzipiell unvollendet ist. Im Gegenteil, wenn eine einzelne Handlung gut begründet war und glückte, ist sie selbst gut. Dann hat die Moral doch zumindest in Gestalt dieser Handlung eine reale Gegenwart. Tatsächlich stimmt dies aber nur in gewisser Weise. Denn es gilt für das gut begründete moralische Handeln analog das, was Sepp Herberger über Fußballspiele sagte: «Nach dem Spiel ist vor dem Spiel.» Die Gegenwart des Guten, auch des moralisch Guten, ist so wenig von Dauer wie der Gewinn eines Fußballspiels für den längerfristigen Erfolg einer Mannschaft. Deswegen kann das Gute als Ganzes in modaler Hinsicht nicht über den Zustand einer realen Möglichkeit hinauskommen. Außerdem wollte wohl niemand behaupten, dass eine beliebige Menge guter Handlungen beliebig vieler Menschen als Verwirklichung des Guten schlechthin gelten könnte.

Die Modalität des Guten können wir uns natürlich nicht nur in Analogie zum Fußball vorstellen, sondern unabhängig von der Begeisterung für diesen hin und wieder wunderbaren Ausdruck menschlicher Spontaneität[31] analog zu unseren individuellen Glückserfahrungen. Auch das Glück ist flüchtig. Diese Analogie wird aber nicht jedermann überzeugen. Mancher wird die hier vertretene Möglichkeit des Guten bezweifeln und überzeugt sein, dass das Gute in der herrschenden Moral mit ihren manifesten Wertstrukturen im Recht eine ganz normale dauerhafte Gegenwart habe, ja haben müsse. Wäre dies so, müssten wir in unseren Überlegungen zwei Schritte zurückgehen. Dies wäre an sich nicht bedauerlich, aber ganz unbegründet. Warum es weder eine normale dauerhafte Gegenwart des Guten noch des moralisch Guten geben kann, zeigt der besondere zeitliche Charakter des Guten. Das Gute ist entweder geschehen oder noch zu tun. Es ist entweder vergangen und war möglich oder zukünftig und ist möglich; es ist aber nie so gegenwärtig wie der jetzige Tag. Die eben erwähnte ontologische Frage kann zwar mit Hinweisen auf vergangene oder gegenwärtige moralische Verhältnisse und deren Integration in einen längeren oder kürzeren Moment der Geschichte beantwortet werden. Ontologisch greifbar ist das Gute aber dennoch nicht. Es gibt Beispiele für das Gute. Es wäre indessen falsch zu sagen, dass es das Gute gibt, wie es Menschen, Tiere oder Sachen gibt. Und wenn man sagt, dass es das Gute gab, meint man damit das Wirken besonderer Menschen oder die Wirkungen von Handlungen, die gut begründet waren und glückten, oder Ereignisse, die sich als fruchtbar und segensreich erwiesen. Das Gute gibt es nicht als vollendete, sondern nur als mögliche Wirklichkeit.

Die besondere Modalität des Guten ist im Hinblick auf das moralisch Gute leichter zu erkennen als im Hinblick auf das Gute im Sinn des guten Lebens. Zum guten Leben gehört aber nicht nur das moralisch Gute. Der zeitliche Sinn des guten Lebens ist ebenso beschaffen wie der des moralisch Guten. Der Grund dafür ist, dass die langfristige Integration der Güter des guten Lebens nur gelingt, wenn die Handlungen und Entscheidungen, die das gute Leben ermöglichen, auch moralisch gut sind. Sie müssen den Erfordernissen der Integration genügen; und die bestehen – negativ gesehen – darin, dass keines der Güter, die für ein gutes Leben erforderlich sind, von sich aus und allein ein solches Leben ermöglichen kann. Das gute Leben als gelingendes Ganzes ist flüchtig und fragil.[32] Es kann durch kein Verfahren der Gütersicherung auf Dauer sichergestellt werden, weil der Güterverbrauch immer neue Anstrengungen erforderlich macht, die verbrauchten und verteilten Güter wieder herzustellen. Dieser Prozess der Wiederherstellung von Gütern und ihrer Neuverteilung macht moralisch gute, nämlich gerechte Entscheidungen und Handlungen erforderlich. Deswegen kennzeichnet die zeitliche Modalität des moralisch Guten auch das gute Leben.

Die Suche nach dem Guten im Sinn eines wirklich möglichen guten Lebens war seit der klassischen Antike ein Thema, das lebhaftes Interesse fand. Ursula Wolf zeigte,[33] dass Platon nicht nur im Rahmen seiner Ideenlehre, losgelöst von der Erfahrungswelt, über das Gute nachdachte, sondern in vielen seiner Dialoge der Frage nach dem guten menschlichen Leben unter realen, empirischen Bedingungen nachging. Platon war, kaum anders als wir heute, mit der Abhängigkeit dieser Frage von äußeren, zufälligen und von inneren, seelischen Bedingungen vertraut. Er war sich, wie Ursula Wolf in ihrer Interpretation des Dialogs *Lysis* nachwies,[34] darüber im Klaren, dass jene Frage das Leben als Ganzes betrifft, obwohl dieses Ganze für jeden, der die Frage stellt, gar nicht überschaubar ist. Interessant ist, dass

Platon keinen besonderen Wissensbegriff entwickelte, der es den Menschen ermöglicht, ein gutes Leben zu führen. Das vielfältige – in seinem Sinn «technische» – Wissen, das wir Menschen erwerben können, ist auch ethisch bedeutsam. Ursula Wolf kam zu dem Schluss, dass die Frage nach dem guten Leben nach Platons Überzeugung alle das menschliche Leben betreffenden Fragen enthält.[35] Ernst Tugendhat wies in einer diesen Befund ergänzenden Weise darauf hin, dass Platon das Gute nur als relativen Begriff in seiner Bedeutung als das, was für das Leben zuträglich ist, kannte.[36] Und diese Zuträglichkeit muss relativ zu den Erfordernissen des Lebens von jedem Menschen selbst erkannt werden.

Im nächsten Kapitel dieses Buches wird es ebenfalls um das gute Leben gehen. Ein Problem wird dabei sein, wie wir einerseits mit der mangelnden Übersicht über das Ganze des Lebens fertig werden und nach welchem Maßstab die Güter, die wir für ein gutes Leben benötigen, in ein gutes Ganzes auf gerechte Weise integrierbar sind. Für Platon stellte sich dieses Problem zwar nicht in der eben beschriebenen Weise. Er war aber, wie ein Ausschnitt aus dem Dialog *Philebos*, den ich gleich vorstelle, zeigen soll, mit dem Kern dieses Problems vertraut, wie nämlich ein Maßstab wirksam sein kann, der nicht unmittelbar erkennbar und entsprechend auch nicht verfügbar – also vage im oben beschriebenen Sinn – ist. Da ich genau dieses Problem später im Zusammenhang mit der Integration der Güter in ein Ganzes, das den Namen ‹gutes Leben› verdient, erörtern werde, gehe ich kurz auf den Dialog ein. Platon diskutiert auch im *Philebos* die Frage, was im menschlichen Leben das Gute sei. Im Laufe des Dialogs stellt sich kaum überraschend heraus, dass nicht die Lust dieses Gute sein kann. Es gibt aber, wie ebenfalls deutlich wird, auch keine Idee, die dieses Gute unmittelbar erfassen würde. Sokrates schlägt, um diese Verlegenheit zu überwinden, eine Mischung aus Schönheit, Ebenmaß und Wahrheit vor, die für das Gute stehen soll.[37] Aus meiner Perspektive entscheidend an diesem Vorschlag ist, dass es auf das richtige Verhältnis der Mischung dieser drei jeweils für sich und direkt erkennbaren Elemente ankommt und das Gute selbst dabei das Maß ist. Dieser Vorschlag ist bemerkenswert, weil das Gute selbst jener Mischung die richtige Form gibt, obwohl es nicht direkt erkennbar und vage ist. Es gibt *das Gute* nicht als etwas, was für sich existieren würde, aber dennoch ist es als Maßstab wirkungsvoll. Im nächsten Kapitel werde ich bei der Integration der Güter auf ein ähnliches Problem zu sprechen kommen.[38] Es geht dabei um das Maß der gerechten Verteilung von Gütern und Lasten, wobei es ebenfalls kein allgemeines Maß gibt.

Auch Aristoteles kannte *das Gute* in einer unmittelbar erkennbaren

Weise nicht, führte aber das Konzept der Glückseligkeit ein, das später als Höchstes Gut (summum bonum) gedeutet wurde. Dieses Konzept erweckt zumindest den Anschein, als wäre damit eine Art höchster Wirklichkeit gemeint. Dabei umfasst die Glückseligkeit gleichzeitig zwei Ziele, das Ziel jeder einzelnen Handlung und das Ziel allen Strebens. Das eine liegt in der unmittelbaren, das andere in der weiteren Zukunft. Beide Ziele sind aber nur erreichbar, wenn man sich alle Tugenden zu Eigen gemacht hat und z. B. tapfer, klug, maßvoll und gerecht handelt. Die Glückseligkeit, wie Aristoteles sie verstand, ist «eine der vollendeten Tugend gemäße Tätigkeit der Seele».[39] Tugenden sind besonders anerkennenswerte, «lobenswerte»[40] – wie Aristoteles sagte – und perfekt eingeübte Verhaltensweisen. Wenn diese Verhaltensweisen eingeübt sind, kann jenes doppelte Gute, die Glückseligkeit, im Handeln erlebt werden. Dauerhaft gegenwärtig bleibt sie aber gleichwohl nicht, auch nicht in der reinen Denktätigkeit der Philosophen, die für Aristoteles das Glück schlechthin war. Die «vollkommene Glückseligkeit, sagte er, sei «eine Denktätigkeit».[41]

Immanuel Kant schließlich eröffnete den Ersten Abschnitt seiner *Grundlegung zur Metaphysik der Sitten,* indem er den guten Willen das nannte, was «ohne Einschränkung für gut könnte gehalten werden».[42] Das klingt wie eine Verabsolutierung eines bestimmten, nämlich des ethischen Sinns von ‹gut›.[43] Jeder Vernünftige sollte diese Behauptung akzeptieren können, meinte er wohl. Wir können dies an dieser Stelle dahingestellt sein lassen. Entscheidend ist, dass Kant die nicht-relative Bedeutung von ‹gut› mit dem menschlichen Willen verbindet, also mit dem Vermögen oder der Fähigkeit, mit der wir Menschen Ziele und Zwecke verwirklichen und Regeln folgen. Ohne diese Fähigkeit könnten wir uns vielleicht im spekulativen, interesselosen Sinn eine Zukunft vorstellen, aber keine konkrete Zukunft für uns selbst. Kant macht die «Idee von dem absoluten Werthe des bloßen Willens»[44] also an dem fest, was man ‹Zukunftsfähigkeit› nennen könnte. Und er verwendet dazu die nicht-relative Bedeutung des Guten. Damit bringt er das zum Ausdruck, was ich den ‹zeitlichen Sinn› des Guten nenne. Allerdings ist die Modalität, die Kant mit diesem Guten dann im Zusammenhang mit dem *Kategorischen Imperativ* verbindet, nicht die Möglichkeit, sondern die Notwendigkeit. Damit soll mit den sittlich guten, dem *Kategorischen Imperativ* gemäßen Absichten das Gute nicht nur – wie in dem hier vorliegenden Entwurf – mit Wahrscheinlichkeit, sondern mit der Notwendigkeit des unbedingten Sollens erreicht werden.

Diese Einsichten der Alten bestätigen indirekt die besondere Modalität des Guten. Weder Platon noch Aristoteles binden das gute

Leben an die jeweils erlebte Gegenwart. Platon billigt dem Guten eine eigene Wirklichkeit jenseits der gegenwärtig erlebbaren Lust zu. Als Maß der richtigen Mischung aus Ebenmaß, Schönheit und Wahrheit hängt in seinem Entwurf das Gute von der Erkenntnisfähigkeit des Einzelnen ab. Das Gute hat zwar eine Wirklichkeit, die dem zugrunde liegt, was Menschen als gut erkennen können. Es steht ihnen aber kein besonderes Wissen zur Verfügung, in dessen sicherem Besitz sie ein gutes Leben führen könnten. Auch bei Aristoteles hatte das gute Leben zumindest im Hinblick auf das «Bestmögliche» den Status einer möglichen Wirklichkeit. Beiden Autoren war der fragile Charakter des Guten im menschlichen Leben, den ich als ‹mögliche Wirklichkeit› bezeichne, nicht fremd.[45] Auch Kant kann zunächst als Zeuge für den in die Zukunft weisenden Charakter des Guten genannt werden; allerdings hätte er einer modalen Einschätzung des Guten als einer möglichen Wirklichkeit widersprochen und stattdessen das Gute mit der unbedingten Notwendigkeit und subjektiven Gewissheit des Sittengesetzes identifiziert.

Die Zerbrechlichkeit und Verletzlichkeit des Guten gehört zu den allgemeinen Erfahrungen der Menschheitskultur zu allen Zeiten. Wir kennen ihre besondere Modalität aus Zusammenhängen, die typisch für unsere eigene Zeit und Kultur sind. Typisch für unsere heutige Erfahrung ist, dass diese Modalität unabhängig von moralischen Zusammenhängen jeweils ein konkretes Verhältnis zu einer unbeständigen Wirklichkeit bestimmt. Entweder handelt es sich um ein kognitives oder um ein emotionales Verhältnis oder um beides. Stellen wir uns für einen Moment – angeregt durch den Regisseur und Drehbuchautor Billy Wilder – den Beginn vieler Filme vor: Junge trifft Mädchen und verliebt sich. Die Geschichte erzählt meistens davon, wie sich der Junge oder das Mädchen oder beide vorstellen, was Liebe ist, und was sie alles tun, weil sie sich Liebe so vorstellen. Ihr emotionales Verhältnis zueinander entspricht ihrer Vorstellung von Liebe. Was erzählt wird, ist diese Vorstellung, das emotionale Verhältnis der beiden zu einer möglichen Wirklichkeit; daraus könnte wirklich Liebe werden. Es wird nicht nur ein Traum, eine weit hergeholte, rein theoretische Möglichkeit erzählt, sondern etwas, was wirklich werden kann. Sie sind ja schon ineinander verliebt. Und dann lieben sie sich tatsächlich. Wenn das nicht schon das Ende der erzählten Geschichte ist, stellen sie irgendwann fest, wie flüchtig das ist, was sie sich unter Liebe vorstellten. Oder stellen wir uns – etwas prosaischer – die forschende Wissenschaftlerin vor. Sie will in irgendeinem Forschungsprozess herausfinden, wie sich etwas wirklich verhält. Ihr kognitives und sicher auch emotionales Verhältnis zum Unbekannten oder Unklaren beherrscht nicht nur ihren Forscherdrang. Sie findet vielleicht etwas heraus, was viele vermuteten, aber bisher nicht wussten. Die mögliche Wirklichkeit dieser Einsicht wird dann real. Sie weiß aber, wie rasch ihre Erkenntnis den Charakter der Neuigkeit verlieren, veralten und korrigiert werden kann.

Das Verhältnis zum Guten ist, was dessen Modalität als mögliche Wirklichkeit angeht, nicht anders als die geschilderten Verhältnisse zur Liebe oder zum wissenschaftlichen Wissen. Es sind emotionale und kognitive Verhältnisse zu unbeständigen, flüchtigen Wirklichkeiten. Was jetzt gut ist, mag gut bleiben. Wir können uns aber nicht sicher sein, weil etwas dazwischen kommen kann oder die Folgen ganz andere sind, als wir erahnen konnten. Was hier und heute – orientiert am Vergangenen und Bekannten – gut erscheint, kann in Zukunft seine moralische Qualität einbüßen. Dabei muss sich niemand geirrt haben. Lediglich die Handlungsbedingungen haben sich verändert. Selbst die gute Absicht bleibt zunächst nur im historischen Rahmen des Entscheidens und Handelns gut, ebenso die schlechte.

Dauerhaft gut oder schlecht sind Handlungen nur dann, wenn deren Güte oder Schlechtigkeit zu allen Zeiten und immer aufs Neue so beurteilt werden. Wahrhaft schlechte, böse Taten wie der nationalsozialistische Völkermord müssen im Gedächtnis bleiben, weil sie ohne Erinnerung keine Mahnung sein können. Dasselbe gilt für die wahrhaft guten Taten etwa von Menschen, die sich für andere opferten und die wir deshalb wie Heilige oder Helden verehren, zumindest aber bewundern. Jenseits solcher bleibend guter oder schlechter Taten müssen wir aber davon ausgehen, dass keine konkrete, einmal gehegte und realisierte Absicht zu einer Handlung an sich zeitlos gut sein kann. Der moralische Wert der Absicht wird zwar unter Abwägung vergangener und zukünftiger Aspekte des Guten begründet. Die Zukunft des Guten lässt sich dabei aber nicht von der Gegenwart vereinnahmen. Das Gute bleibt in der Schwebe zwischen Möglichkeit und Wirklichkeit.

Mehr als alles andere, zu dem wir im Verhältnis einer möglichen Wirklichkeit stehen, liegt das moralisch Gute in der Zukunft. Es liegt vor uns und ist erst noch zu tun. Dieser besondere zeitliche Charakter, die Zukünftigkeit des Guten, drückt sich unmittelbar in Form einer Verpflichtung aus. Wenn wir erkennen, dass ein bestimmtes Ziel gut und ethisch begründet ist, müssen wir daraus die Konsequenz ziehen, es auch zu verwirklichen, soweit wir können. Natürlich gilt dies für jedes gute, ethisch begründete Ziel unabhängig von seiner Häufigkeit oder Einmaligkeit. Es wäre ein Widerspruch, ein Handlungsziel als das unter den gegebenen Umständen beste und als realisierbar zu erkennen und es nicht verwirklichen zu wollen. Widersprüche dieser Art gibt es natürlich; sie sind nicht etwa deswegen unmöglich, weil es sich um Widersprüche handelt. Sehen wir uns kurz zwei Arten dieser Widersprüche an, den Willensschwachen und den Amoralisten.

Die Figur des Willensschwachen,[46] der zwar das Gute einer Handlung erkennt, sie aber gegen sein besseres Wissen nicht ausführt, lebt mit einem unaufgelösten praktischen Widerspruch. Er tut nicht nur etwas nicht, wovon er weiß, dass es gut ist – was sein Tun schlecht macht;[47] sondern er verhält sich damit auch so, als würde er gleichzeitig glauben und nicht glauben, dass sein Tun gut ist – was ihn irrational macht.[48] Der Amoralist[49] unterscheidet sich kaum vom Willensschwachen. Auch er weiß, was gut ist und was er tun sollte; und er tut es dennoch nicht. Allerdings ist er nicht irrational, weil er genau weiß, warum er z. B. als Auftragsmörder jemanden umbringt. Das Honorar ist es, das er höher schätzt als das Tötungsverbot. Wir müssen diese Varianten menschlicher Schlechtigkeit nicht vertiefen.[50] Es ist aber wichtig zu erkennen, dass sich weder für den Willensschwachen noch für den Amoralisten ernsthaft die Frage stellt: ‹warum soll ich moralisch sein?› Für beide ist diese Frage künstlich, weil sie ihnen entweder überflüssig oder sinnlos erscheinen muss. Sie ist für beide überflüssig, weil sie wissen, was moralisch gut wäre, es aber nicht tun. Damit hat sich die Frage erledigt. Die Frage ist auch sinnlos, weil der Willensschwache sie nicht beantworten könnte und der Amoralist sie gar nicht richtig versteht. Aus diesen Gründen wäre es unsinnig, ihnen Gründe zu nennen, warum es gut ist, moralisch gut zu handeln. Beide sind nicht moralfähig. Sie leiden an einem sittlichen Defekt, der sie daran hindert, nicht nur richtig zu verstehen, was sie tun sollen, sondern es auch zu tun. Die fehlende Moral- und Einsichtsfähigkeit macht jeden Begründungsversuch sinnlos. Normalerweise hat das Gute eine Kraft, die darauf drängt, ohne weitere Gründe verwirklicht zu werden. Jeder weitere Grund wäre redundant und würde die begründende Kraft des Guten relativieren.

Wir verstehen, dass etwas ohne weitere Gründe zu verwirklichen ist, wenn wir wissen, was Verpflichtungen sind. Verpflichtungen sind Ziele, die aufgrund ihrer Güte darauf drängen, realisiert zu werden, aber noch nicht realisiert sind. Das in der Zukunft liegende Gute macht etwas zu einer Verpflichtung, nicht der Akt, mit dem man in der Vergangenheit die Verpflichtung eingegangen ist. Ja, es muss nicht einmal notwendig einen Akt der Verpflichtung gegeben haben, wenn Rechenschaft dafür verlangt wird, dass diese nicht erfüllt wurde. Es ist ähnlich redundant zu sagen, das Gute sei verpflichtend, wie von einem wahren Satz zu sagen, er sei wahr. Dass primär das Gute verpflichtet und nicht die Äußerung, mit der man eine Verpflichtung eingeht, zeigt sich spätestens dann, wenn sich der moralische Wert dessen, wozu sich jemand ausdrücklich verpflichtete, ändert. Ein Versprechen verliert z. B. seine Verbindlichkeit, wenn sich das, was versprochen wurde, als etwas Schlechtes oder Verwerfliches herausstellt. Der Akt des Versprechens, wenn es überhaupt moralisch relevant ist,[51] leitet seine Verbindlichkeit aus der normativen Kraft des Guten, das man zu tun hat, und nicht – wie John Searle meinte[52] – aus dem Sprechakt ab, mit dem man es verspricht. Der Sprechakt kann aber – nun im Sinne Searles – etwas, was vorher nicht geboten war, zu etwas Gebotenem machen. Dass es gut ist, sein Versprechen zu halten, leitet sich in erster Linie von der Güte des Versprochenen und erst in zweiter Linie vom Versprechen als sprachlichem Akt ab. Deswegen ist es zwar schlecht, etwas unaufrichtig zu versprechen, aber gut, seine Haltung zu ändern und das Versprechen dennoch zu halten. Die falsch oder unehrlich eingegangene Selbstverpflichtung schmälert den Wert des Versprochenen nicht, sondern verstößt lediglich gegen die Pflicht zur Aufrichtigkeit.

Es ist trivial, dass wir Menschen – jeder für sich – nur leben, solange wir eine Zukunft haben. Es ist aber ganz und gar nicht trivial, dass wir ohne das Gute keine Zukunft haben und mit diesem Mangel auch in der Gegenwart nicht gut leben können. Dies gilt für das Gute im moralischen wie im nicht-moralischen Sinn. Aristoteles' Einsicht im ersten Satz seiner *Nikomachischen Ethik*,[53] dass jede Kunst, jede Lehre, jede Handlung und jeder Entschluss nach einem Gut strebt, erklärt nicht nur dieses Streben und seine Dynamik. Die Einsicht reicht weiter und erklärt auch die Bedingung, unter der alles Lebendige eine Zukunft hat. Sie liegt im Guten und seiner möglichen Wirklichkeit. Das Leben einer Tier- oder Pflanzenart hängt davon ab, ob es für sie in Zukunft einen natürlichen Lebensraum gibt. In diesen Lebensraum gehören andere Tiere und Pflanzen ebenso wie Licht, Luft und Wasser. Nur als Ganzes ermöglicht der Lebensraum den Pflanzen und Tieren eine Zukunft.[54] Ein Zoo oder Gehege ist kein natürlicher Lebensraum. Tiere können im Zoo keine Zukunft haben; lediglich als Einzelexemplare oder in kleinen Gruppen überleben sie dort. Dies ist eine biowissenschaftliche Tatsache. Entsprechendes gilt für uns Menschen. Zum einen haben wir als biologische Art keine Zukunft ohne den natürlichen Lebensraum, den wir mit Tieren und Pflanzen teilen, in dem wir mit allen anderen Arten atmen und uns ernähren. Zum andern ist unser individuelles Überleben noch keine Garantie dafür, dass wir als Art eine Zukunft haben. Der Egoismus von Einzelnen oder Gruppen nützt nicht notwendig dem Überleben der Art insgesamt, im Gegenteil, der individuelle Erfolg kann das Überleben der Art gefährden. Umgekehrt kann das individuelle Opfer für das Überleben der Art entscheidend sein. Wer z. B. die Maximierung des Nutzens mit jeder einzelnen Handlung als Prinzip zur Herstellung des Guten versteht, steht vor unlösbaren Schwierigkeiten, wenn er solche Einsichten der Evolutionären Ethik erklären soll.[55]

Es ist auch in diesem umwelt- und bioethischen Zusammenhang ein theoretischer und praktischer Widerspruch, wenn wir erkennen, was für uns und unsere natürliche Umwelt gut wäre zu tun, und es dennoch nicht tun. Diese Art Willensschwäche ist ursächlich für die von Menschen gemachten und immer weiter akkumulierenden Umweltschäden. Bedrohlich sind aber nicht primär diese Schäden, sondern der Mangel an Gutem in der Zukunft, mit dem wir und die anderen Tier- und Pflanzenarten bereits jetzt nicht *gut* leben können. Denn es ist jetzt schlecht und nicht nur irrational, der Willensschwäche nachzugeben und das zu unterlassen, was wir als gut für die natürliche Umwelt erkennen. Die Einsicht in das Gute, das zu tun wäre, begründet Handlungsgebote und nicht nur Folgerungen. Dies gilt für das Gute in moralischer und nicht-moralischer Hinsicht. Es ist in beiden Hinsichten schlecht, wenn wir das Gute unterlassen. Und es ist verwerflich, wenn wir das Schlechte in Kauf nehmen, weil es so – unabhängig von vielleicht drohenden Katastrophen – schon jetzt nicht möglich ist, gut zu leben.

4.3. Die praktische Funktion des Guten

Selbst wenn man an der Rolle des Guten als eines übergeordneten Maßstabs nicht zweifelt, ist noch unklar, in welchem argumentativen Verhältnis dieser Maßstab zu den wissenschaftlichen Ansprüchen der Ethik steht. Das eine scheint doch das andere eher auszuschließen als zu ergänzen. Es muss daher als abwegig erscheinen, wenn die Ethik wissenschaftliche Ansprüche unter Berufung auf einen vagen Maßstab vertreten will. Der Maßstab selbst mag nach den bisherigen Überlegungen annehmbar erscheinen. Offen ist aber, in welchem Verhältnis er zu dem Anspruch auf objektive ethische Begründung steht. Die Vermutung liegt nahe, dass die Kriterien der Objektivität die Wirksamkeit eines vagen Maßstabs ausschließen.

Bei der Entwicklung der wissenschaftlichen Ansprüche der Ethik und der Diskussion der Moralkonflikte war weder vom Guten noch von einem vagen Maßstab die Rede. Und das aus gutem Grund, denn objektive, wissenschaftliche Ansprüche lassen sich in der Tat nicht aus vagen Annahmen ableiten. Objektive Urteile folgen nur aus Annahmen, die selbst den Ansprüchen der Objektivität genügen. Das Ziel der Ethik genügt solchen Ansprüchen nicht. Deswegen ist der wissenschaftliche Anspruch ethischer Begründungen aber nicht gefährdet. Denn aus dem theoretischen Ziel der Ethik folgen die praktischen Mittel, mit denen das gute Leben zu verwirklichen ist, nicht unmittelbar. Der Grund dafür ist recht einfach: Das Gute ist gar kein unmittelbares Handlungsziel, aus dem sich Handlungen als Mittel ableiten lassen. Wer etwas Gutes tut, folgt nur indirekt dem Guten als Ziel. Sein direktes Ziel ist, dass er z. B. jemandem helfen, ein Versprechen halten oder sonst etwas Konkretes tun will. In dieser konkreten Leistung, die dem Maßstab des Guten mehr oder weniger entsprechen kann, besteht der ethisch beurteilbare Wert seines Tuns. Eine Person kann diesen Maßstab selbst, unabhängig von konkreten Handlungszielen, gar nicht kennen. Der Wert des Guten wird nur anhand unmittelbar erreichbarer Handlungsziele erkennbar und ethisch beurteilbar. Deswegen kann das Ziel der Ethik auch nicht so behandelt werden, als ließe sich daraus irgendetwas wissenschaftlich Anspruchsvolles ableiten. Da es keine unmittelbare logische und begriffliche Beziehung zwischen jenem Ziel der Ethik und den einzelnen Handlungen gibt, müssen die wissenschaftlichen Ansprüche bei der ethischen Beurteilung der Handlungen auch unabhängig von jenem Ziel sein. Aus diesem Grund steht die Funktion des vagen und unbeständigen Maßstabs der Ethik auch nicht im Gegensatz zu den wissenschaftlichen Ansprüchen ethischer Begründungen.

Völlig unabhängig vom Ziel der Ethik können die Handlungen und deren Begründungen aber auch nicht sein, sonst wäre jenes Ziel funktions- und bedeutungslos. Dass es keine direkten begrifflichen oder logischen Beziehungen zwischen dem Maßstab des Guten und den wissenschaftlich beurteilbaren Handlungen gibt, schließt wesentliche Beziehungen aber nicht aus. Das Gute spielt in der Ethik eine ähnliche Rolle wie die Ideen in Kants *Kritik der reinen Vernunft*. Er erläuterte deren regulative und methodische Bedeutung am Beispiel der Idee Gottes. Die Dinge der Welt, so schrieb er, «müssen so betrachtet werden, *als ob* sie von einer höchsten Intelligenz ihr Dasein hätten». Dazu erklärte er dann: «Auf solche Weise ist die Idee eigentlich nur ein heuristischer und nicht ostensiver Begriff, und zeigt an, nicht wie ein Gegenstand beschaffen ist, sondern wie wir, unter der Leitung desselben, die Beschaffenheit und Verknüpfung der Gegenstände der Erfahrung überhaupt *suchen* sollen.»[56] Ideen – wie diejenige Gottes – begründen keine Erkenntnis, sondern geben den vielfältigen Erkenntnissen, die durch die Erfahrung in der Welt gewonnen werden, in unserem Denken eine Einheit und einen systematischen Zusammenhang. Ähnlich können wir uns die methodische Bedeutung des Guten trotz der Vagheit dieses Begriffs für die ethischen Urteile vorstellen. Dieser Begriff ist selbst nicht wissenschaftlich begründet, lässt sich auch nicht durch einzelne Urteile inhaltlich erfassen, integriert aber die vielfältigen ethischen Urteile in ein Ganzes. Wir denken uns die Rolle dieses Begriffs in der Ethik so, als ob die ethischen Urteile und das gute Leben, dem sie dienen sollen, durch den Maßstab des Guten ein Ganzes bilden könnten.

Das Gute ist als Ziel der Ethik eine Leitidee, die zwar keine direkte, konstitutive, aber eine praktische und – wie ich eben mit dem Hinweis auf Kants Gebrauch von Ideen erläuterte – regulative Funktion hat: Sie leitet die handelnden Personen und gibt den ethischen Urteilen eine Orientierung. Denken wir an so verschiedenartige übergeordnete Ziele wie das Glück oder die Herstellung eines umweltfreundlichen Motors. Handlungen oder Handlungspläne, mit denen Menschen diese Ziele verfolgen, können jeweils nur Teilziele verwirklichen und auf diese Weise nach und nach dem übergeordneten Ziel des guten Lebens näher kommen. Das Glück oder der umweltfreundliche Motor werden so bestenfalls annähernd erreicht. Dennoch leiten und orientieren diese Ziele die handelnden Personen. Sie wissen zwar nie genau, wie weit sie von ihrem jeweiligen Ziel entfernt sind, können aber meistens recht genau sagen, ob sie dem Ziel näher kommen oder sich von ihm entfernen. Genauso ist es mit dem Guten.

Dessen praktische Funktion ist nicht nur individuell, sondern ebenso auch kollektiv wirksam. Wenn sich Menschen etwa darüber auseinander setzen, ob bestimmte Diagnosen wie PID oder biowissenschaftliche Forschungen mit embryonalen Stammzellen ethisch erlaubt sind oder nicht, lassen sie sich vom Maßstab des Guten leiten. Moralischer Dissens ist dabei, wie diese Debatten zeigten, nicht ausgeschlossen. Niemand besitzt jenen Maßstab. Es hat aber auch nicht jeder einen anderen. Aus dem Maßstab selbst sind weder bestimmte einzelne Handlungen noch konkrete ethische Urteile ableitbar. Der tiefere Grund dafür, dass moralischer Dissens möglich ist, liegt in der Unbeständigkeit des Guten. Sie macht es überhaupt erst möglich, dass Menschen gegensätzliche Auffassungen von dem haben, was dem Maßstab des Guten entspricht und wie das gute Leben aussehen soll. Die Unbeständigkeit des Guten macht es möglich, dass die praktische Funktion des Guten mehrdeutig ist.

Man kann auch sagen, dass die Unbeständigkeit des Guten das Verständnis von Moralkonflikten, seien sie lösbar oder auch nicht, erleichtert. Ihr Vorkommen und die Art, wie sie auftreten, hat mit der Unbeständigkeit unmittelbar nichts zu tun, ihre Denkbarkeit und ihr Verständnis aber schon. Kant hat darauf aufmerksam gemacht, dass es zwischen den Bedingungen dafür, dass wir etwas erfahren und wissen, und den Bedingungen, unter denen wir etwas denken können, einen wesentlichen Unterschied gibt.[57] Im einen Fall handelt es sich um objektive, von der Erfahrung abhängige Bedingungen des Wissens, im anderen um die Fähigkeit, Vorstellungen zu einem Ganzen zusammenzufügen, sie zu verbinden und zu ordnen, ohne dass sie sich auf etwas Konkretes in der Erfahrung beziehen. Mit solchen, lediglich gedachten Vorstellungen ist kein Wissen verbunden. Auf diese Weise sind wir fähig, uns ein Ganzes wie die Natur oder den Kosmos zu denken, und zwar unabhängig davon, ob wir wissen, was diese Vorstellungen bedeuten. In den Grenzen dieses Ganzen ist dann das, was gewusst werden kann, objektiv beurteilbar. Kant hat diese Bedingungen des Wissens und des Denkens voneinander unterschieden, sie aber gleichzeitig in ein großes Ganzes wie die Natur integriert.[58] Die Bedingungen objektiven Wissens gehorchen eigenen Gesetzmäßigkeiten, der Sinn dieses Wissens wird aber nur auf dem Hintergrund des denkbaren Ganzen sichtbar.

Ebenso verhält es sich mit den Bedingungen objektiver ethischer Urteile. Sie entsprechen den Standards der Objektivität. Ihr Sinn wird aber nur erkennbar auf dem Hintergrund des Ganzen, das wir als ‹gutes Leben› bezeichnen und das dem Maßstab des Guten entspricht. Dieser Maßstab ist eine Bedingung der Denkbarkeit jenes Ganzen, in dem objektive ethische Urteile sinnvoll sind. Die Möglichkeit von Moralkonflikten wird aber nur denkbar und im theoretischen Rahmen der Ethik verständlich durch die Unbeständigkeit des Guten. Der vage Charakter des Guten, der auch in der Unbeständigkeit des Guten zum Ausdruck kommt, macht den moralischen Raum trotz seiner Probleme und Konflikte als Ganzes denkbar. Die Tatsache, dass der moralische Raum auf diese Weise denkbar wird, zeigt, dass Moralkonflikte das Ganze des guten Lebens zumindest begrifflich nicht gefährden.

Letzteres ist allerdings nicht auf Anhieb klar. Die Schwierigkeit, die ich meine, habe ich bereits indirekt in der Erinnerung an Kants Gebrauch von Ideen deutlich gemacht. Er hat für die besondere Modalität des Denkens und der Denkbarkeit von Gehalten, für die es keine objektive Grundlage gibt, eine starke Garantie gebraucht. Die Gedanken, die sich zu einem Ganzen integrieren lassen, sollten nur dann stimmig und passend sein, wenn sie vernünftig sind. Die Vernunft – Kant nannte sie auch das «Vermögen der Ideen»[59] – kann zwar keine Garantie für die Wahrheit und Objektivität von Tatsachen, aber doch eine Garantie der Richtigkeit der Gedanken übernehmen. Deren Richtigkeit bedeutet aber nicht dasselbe wie ‹Freiheit von Widersprüchen›. Im Gegenteil, die Vernunft deckt Widersprüche auf, die teilweise lösbar, teilweise unlösbar sind. Kant meinte, dass Widersprüche, «Antinomien» wie er sie nannte, auf das Konto der Vernunft gehen. Wenn die Vernunft nämlich Verstand spielt, ihre Grenzen missachtet und so tut, als könnte sie doch etwas objektiv erkennen, verfängt sie sich in Widersprüchen. Kant zeigte, dass nach dieser Selbstdiagnose auch eine Therapie möglich ist. Die Vernunft kann einige der Widersprüche, z. B. den von Freiheit und Determinismus, als selbst erzeugten Schein auflösen, mit den anderen aber gut leben.[60] Wir müssen uns hier nicht auf dieses schwierige Kapitel von Kants Vernunftkritik im Einzelnen einlassen. Seine Auffassung der Rolle der Vernunft als Garant der Richtigkeit des Denkens ist aber ein Modell, auf das wir auch in der Ethik nicht verzichten können. Es zeigt, wie das Ganze der Natur, einschließlich des Menschen und seiner Freiheit, trotz einiger Widersprüche richtig gedacht und verstanden werden kann.

Wenn wir dieses Modell der Denkbarkeit eines Ganzen auf den moralischen Raum übertragen, verstehen wir, dass es möglich ist, dieses Ganze trotz der unlösbaren Moralkonflikte zu denken. Im Nachhinein verstehen wir auch, wie solche Konflikte zwar ethisch ungelöst bleiben, aber dennoch durch Verfahren aufgelöst werden können, die nicht im Gegensatz zu den Kriterien des moralischen Ganzen stehen. Das Modell der richtigen Denkbarkeit eines moralischen Ganzen ist aber bisher nur ein abstrakter Gedanke. Wie die ethische Vernunft trotz der Moralkonflikte die Integration der vielfältigen und verschiedenartigen Güter in ein Ganzes, angeleitet durch den Maßstab des Guten, leisten kann, ist noch offen. Klar ist aber, dass der Standard der Richtigkeit, der Maßstab der praktischen Vernunft, nur das Gute selbst sein kann. Die Schwierigkeit ist, diesen Standard auf die heterogenen und unvereinbar erscheinenden Güter anwenden und ihre Integration denkbar machen zu können.

Oben habe ich die Aufgabe der Ethik als Integration der unterschiedlichen Arten des Guten in ein Ganzes, das gute Leben, beschrieben und darauf hingewiesen, dass die Integration keine konfliktfreie Menge an Gütern voraussetzt. Als Methode der Integration schlug ich die moralische Ökonomie vor, ein Verfahren, das mit einem Minimum an Gütern ein Maximum an gutem Leben ermöglicht. Wie tauglich diese Methode ist, kann sich erst dann erweisen, wenn wir mehr über die vielfältigen Arten der Güter wissen, die integriert werden sollen.

Die Schwierigkeit der Integration bemisst sich nämlich nach dem Grad der Unvereinbarkeit und Gegensätzlichkeit der Güter. Die meisten der Güter, die ein gutes Leben ausmachen, müssen erst hergestellt oder geschaffen werden. Sie sind zunächst nicht mehr als nur Ziele von Handlungen.

5. DAS GUTE LEBEN UND DIE INTEGRATION VON GÜTERN

Die Güter, die wir Menschen benötigen, um ein gutes Leben führen zu können, sind vielfältig und verschiedenartig. Manche sind materieller Natur, andere nicht, manche haben einen normativen Charakter, andere nicht, auf manche haben die Menschen einen sittlich, rechtlich und ethisch begründeten Anspruch, auf manche nicht, aber beinahe alle sind knapp, so der erste Eindruck. Viele dieser Güter scheinen sich untereinander kaum oder gar nicht vergleichen zu lassen. Jedenfalls scheinen wir auf kaum eines dieser Güter verzichten zu können. Wenn wir aber eines oder mehrere dieser Güter verlieren oder ein Verzicht auf das eine oder andere Gut unumgänglich wird, wäre es gut zu wissen, welche der Güter tatsächlich unverzichtbar für ein gutes Leben sind und wann das gute Leben gefährdet ist. Welche Güter dies sind und wie das Problem der Knappheit zugunsten eines guten Lebens ethisch gelöst werden kann, ist Gegenstand dieses Kapitels. Im Hintergrund steht dabei die Frage, wie es möglich ist, die vielfältigen und verschiedenartigen Güter in ein Ganzes zu integrieren. Diese Integration der unverzichtbaren, knappen Güter in ein Ganzes ist eine der Bedingungen des guten Lebens. Denkbar wird diese Integration aber erst, wenn das Problem gelöst ist, wie die materiellen und nicht-materiellen, die normativen und nicht-normativen Güter voneinander abhängig und miteinander verflochten sind. Dies ist das methodische Grundproblem der Ethik. Wenn wir wissen, wie die Güter zusammenhängen und miteinander verflochten sind, können wir sagen, wie sie verteilt werden können. Die Lösung dieses Problems entscheidet darüber, ob die Güter des guten Lebens in einer Gesellschaft gerecht verteilt werden können. Rawls und andere haben Modelle der Verteilungsgerechtigkeit entwickelt, ohne explizit auf das methodische Grundproblem der Ethik einzugehen. Ich schlage vor, das methodische Grundproblem so zu lösen, dass die Lösung gleichzeitig als Modell der gerechten Güterverteilung dienen kann. Die Lösung bzw. das Modell, das ich vorschlage, ist die Maximenmethode. Sie nimmt den Gedanken der moralischen Ökonomie wieder auf und besteht aus drei Maximen mit unterschiedlichen Funktionen, aus der Knappheits-, der Normen- und der Integrationsmaxime. Diese Maximen können in politischen Verteilungsverfahren jeweils nacheinander und auf jedes Resultat immer wieder neu angewandt werden. Sie dienen nicht nur dazu, Güter gerecht zu verteilen, wenn die verteilbare Menge der Güter wächst, sondern greifen auch dann, wenn diese Menge schrumpft und Verluste zu verteilen sind. Außerdem können sie dazu beitragen, Konflikte zwischen begründeten normativen Ansprüchen einzelner sozialer Gruppen zu lösen. Der allgemeinste Maßstab der Verteilung in diesem Modell ist die Schuldigkeit. Diejenigen, die autorisiert sind, Güter zu verteilen, sollten sich vor jeder Entscheidung vergewissern, welche Verteilung sie welcher sozialen Gruppe und sich selbst, gemessen an ihren Verpflichtungen, schuldig sind.

5.1. Güter des guten Lebens

5.1.1. Märkte, Sitten und das gute Leben

Die Güter, die ein gutes Leben ermöglichen, sind so vielfältig wie die Fähigkeiten und so verschiedenartig wie die Kulturen, die Lebens- und Bedürfnislagen der Menschen. Ihre Bedeutung für das gute Leben sieht man den meisten dieser Güter selbst nicht unmittelbar an. Es hätte deswegen keinen Sinn, die Güter unabhängig vom guten Leben, etwa nach ihrem ökonomischen Wert oder nach ihrer sozialen Bedeutung, zu bestimmen.[1] Das gute Leben beschreibt den Rahmen und ist die Domäne, in der die Güter ethisch relevant sind. Jenseits der so bestimmten Grenzen gibt es Güter, die für das gute Leben nicht benötigt werden. Was aber bedeutet überhaupt ‹gutes Leben›? Das gute Leben einer Gesellschaft und jedes ihrer Mitglieder setzt voraus, dass die Menschen- und Freiheitsrechte gelten, dass es ein demokratisches, parlamentarisches System, ein Rechtssystem und eine unabhängige Rechtsprechung gibt, dass die Menschen gleiche Chancen haben und dass ein soziales System existiert, das ihnen auch dann hilft und sie schützt, wenn sie sich nicht selbst helfen und schützen können. Für das so verstandene gute Leben sind Güter wie Freiheit, Leben, Bildung, Rechte, Gesundheit, Sicherheit, Technologien, Geld, Besitz, Nahrung, Wohnen, Kleidung etc. nötig. Manche dieser Güter haben wie Technologien, Geld oder Besitz einen materiellen, quantifizierbaren Charakter. Andere Güter wie Freiheit, Leben und Bildung haben einen immateriellen Charakter und lassen sich nicht quantifizieren. Wenn wir nun überlegen, wie bedeutsam diese Güter für das gute Leben sind, stellen wir fest, dass sich ihr Wert nicht nur nach dem richtet, was sie selbst sind, sondern auch nach dem, was sie zum guten Leben beitragen. Wir machen dann die Beobachtung, dass alle Güter, die für das gute Leben notwendig sind, aufgrund ihres Anteils am guten Leben eine ganz besondere, nämlich hybride Qualität haben. Sie sind nie nur materieller und quantitativer Natur wie Geld oder Nahrung und nie nur immaterieller Natur wie Freiheit oder Bildung. Vielmehr ist jedes materielle Gut eine Bedingung für immaterielle Güter, und die immateriellen gibt es nur, wenn es bestimmte materielle Güter gibt. Wenn also z. B. Geld, Nahrung, Freiheit und Bildung – wie wir annehmen dürfen – einen unverzichtbaren Anteil am guten Leben haben, ist ihre Qualität genau deswegen hybrid. Wir können allgemein feststellen, dass sämtliche Güter, die für das gute Leben hinreichend sind, ihren hinreichenden Charakter der Tatsache verdanken, dass sie als Ganzes ein gutes Leben für die Menschen ermöglichen; und genau dieser Charakter verleiht den Gütern eine hybride Qualität. Was dies bedeutet, werden wir gleich sehen.

Natürlich haben Güter wie Geld oder Freiheit ihre eigene Qualität, und in dieser wohlbekannten individuellen Qualität sind sie für das gute Leben notwendig und unverzichtbar. Kein für das gute Leben notwendiges Gut ist dafür aber allein hinreichend. Solange wir solche Güter separat betrachten und als notwendig für ein gutes Leben einschätzen, sind sie das, was sie sind, und lassen sich auf herkömmliche Weise in materielle und quantifizierbare auf der einen und immaterielle und nicht quantifizierbare auf der anderen Seite aufteilen. Da keines der notwendigen Güter allein für ein gutes Leben hinreichend ist, hat es auch keinen Sinn, nur eines oder mehrere dieser Güter im Glauben, so ein gutes Leben erreichen zu können, beliebig zu vermehren. Weder eine bestimmte Menge Geld oder Nahrung noch die Freiheits- und Menschenrechte sind z. B. für sich allein hinreichend. Die Tauglichkeit bestimmter Güter für ein gutes Leben hängt von ihrem hybriden Charakter ab. Einen solchen Charakter haben alle Güter, die zum Ganzen des guten Lebens einen unverzichtbaren Beitrag leisten. Welche der vielfältigen Güter als gut in Abhängigkeit vom Ganzen und deswegen als unverzichtbar gelten können, hängt von den Qualitäten ab, die sie in das Ganze integrierbar machen.

Eine besondere Abhängigkeit des Werts bestimmter Güter vom Ganzen, in das sie integrierbar sind, begegnet uns nicht nur beim guten Leben. Wir kennen diese Abhängigkeit von den Märkten, die den Wert von Gütern aller Art durch Angebot und Nachfrage bestimmen. Märkte gibt es für beliebige Güter, auch für solche mit gemischten, materiellen und immateriellen, Qualitäten. Außerdem haben

Märkte und das gute Leben einige gemeinsame Qualitäten, obwohl sie in der entscheidenden Hinsicht verschieden sind: Das gute Leben ist nämlich, wie wir gleich sehen werden, kein Markt und auch kein Produkt eines Marktes, aber dennoch von der Produktivität von Märkten abhängig, obwohl bei weitem nicht alle seine Güter von Märkten stammen. Mindestens ebenso wichtig wie die noch genauer zu beschreibenden Ähnlichkeiten und Unähnlichkeiten ist aber die wechselseitige Abhängigkeit zwischen Märkten und dem guten Leben. Märkte sind ähnlich wie einige der oben erwähnten Güter notwendige, wenn auch keine hinreichenden Bedingungen des guten Lebens. Dagegen ist das gute Leben eine hinreichende, wenn auch keine notwendige Bedingung von produktiven Märkten.

Diese Thesen gilt es nun zu erläutern. Die Güter des guten Lebens können sich aufgrund ihres hybriden Charakters nicht selbst erhalten. Auch immaterielle Güter wie die Freiheits- und Gleichheitsrechte können den Menschen nur zugute kommen, wenn es dafür materielle Voraussetzungen gibt. Der Erhalt und in gewisser Weise auch die Qualität dieser Güter müssen politisch und rechtlich gesichert und, was die dazu nötigen Mittel angeht, erwirtschaftet werden; und dies ist nur in Märkten möglich. Viele der Güter des guten Lebens, wie z. B. Einrichtungen der Bildung, Gesundheit, Mobilität oder inneren und äußeren Sicherheit, haben einen Gemeinwohlcharakter. Sie dienen dem Wohl aller Mitglieder einer Gesellschaft, deswegen steht ihr Genuss allen offen und ist nicht nur auf bestimmte Mitglieder beschränkt. Solche Güter können aber nur dann dem Wohl aller dienen, wenn Marktbedingungen herrschen, die es erlauben, Gewinne zu erwirtschaften, die das gute Leben sichern. Das Wirtschaften liegt in der Verantwortung von Unternehmen, die Sicherung des guten Lebens einerseits in der Verantwortung jedes einzelnen arbeitenden Menschen, andererseits in der Verantwortung der Politik. In jedem dieser Verantwortungsbereiche geht es um die Mehrung und Sicherung knapper Güter. In der Verantwortung der Politik liegt die Verteilung knapper Güter, um das gute Leben für alle Mitglieder einer Gesellschaft möglich zu machen. Lediglich die teilbaren[2] materiellen knappen Güter werden nach Marktgesetzen erwirtschaftet, während beinahe alle übrigen Güter nach gesetzlich geregelten normativen Ansprüchen verteilt und gesichert werden. Materielle Güter werden durch Arbeit, technische Entwicklungen und finanzielle Investitionen geschaffen und im Rahmen von Märkten verteilt. Erst dann können sie – über Steuern und Abgaben – politisch und sozial verteilt werden. Verteilbar sind nur die Gewinne, die zunächst erwirtschaftet und dann über die Steuern durch den Staat eingenommen werden. Es werden aber nicht nur Gewinne, sondern auch Verluste verteilt, und beides soll gerecht sein und dem guten Leben dienen. Es wird später ausführlich um die Verteilung der Güter für das gute Leben gehen. Dies darf aber nicht darüber hinwegtäuschen, dass jeder einzelne arbeitsfähige Mensch, sofern er Arbeit hat, eine unmittelbare Verantwortung für die Sicherung seines eigenen guten Lebens und des guten Lebens derer hat, für die er verantwortlich ist. Auch der Arbeitslose hat bei aller Abhängigkeit von staatlichen Zuwendungen für sein gutes Leben, etwa seine Gesundheit und seine Arbeitsfähigkeit, Sorge zu tragen. Diese Verantwortlichkeiten können weder im immateriellen noch im materiellen Sinn ganz durch politische Verteilungsprozesse ersetzt werden. Dies zur allgemeinen Orientierung der nun folgenden Überlegungen.

Beginnen wir mit der Ähnlichkeit zwischen Märkten und dem guten Leben. Es gibt Ähnlichkeiten im Ganzen und in den Teilen. Entscheidend für die Ähnlichkeit im Ganzen ist, dass beide den Wert ihrer Güter bestimmen. Deswegen können wir die Entstehung und die Bedeutung der hybriden Qualitäten von Gütern an der Entwicklung von Märkten gut beobachten. Einige dieser Beobachtungen erleichtern uns dann das Verständnis der Güter des guten Lebens. Der Wert ein und desselben Guts in einem Markt hängt z. B. sowohl von dessen eigener gegenständlicher Qualität als auch von dem Wert ab, den ihm der Markt relativ zum Grad seiner Knappheit[3] gibt. Ein Gut wie z. B. ein Computer hat als technisch hoch entwickelter Gegenstand eine bestimmte Qualität relativ zum Stand der technischen Entwicklung und einen Wert, der vom Grad seiner Knappheit auf dem Markt abhängt. Die Knappheit bestimmt den Preis dieses Gegenstandes in höherem Maß als seine technische Qualität und die Kosten seiner Herstellung. Gleichwohl mischen sich Knappheit, Herstellungskosten und technischer Wert zu einem einzigen hybriden Wert, den die Käufer zu bezahlen haben. Der hybride Wert eines Guts ist vom Markt abhängig und verändert sich seiner Knappheit entsprechend. ‹Hybrid› bedeutet, dass der Wert, der einem Gut wie z. B. einem Computer vom Markt zugeschrieben wird, nicht nur von der eigenen – in diesem Fall technischen – Beschaffenheit des Guts, sondern vom Markt als Ganzem abhängt, in dem das Gut knapp ist.

An dieser Stelle fallen schon einige Ähnlichkeiten, aber auch Unterschiede zum guten Leben auf. Auch die Güter des guten Lebens sind in einem ähnlichen Sinn hybrid wie Güter von Märkten, insofern sie – nehmen wir als Beispiel das Rechtsgut des Lebensschutzes – einen Eigenwert haben und dabei gleichzeitig vom Ganzen abhängen, in dem es sie gibt. Wenn das Ganze einer Gesellschaft z. B. von rechtlicher Unsicherheit gekennzeichnet wäre, wäre das Rechtsgut des

Lebensschutzes knapp; es könnten nicht alle Mitglieder der Gesellschaft an diesem Gut teilhaben. Damit hätte der Lebensschutz nicht den Wert, den er im Ganzen eines guten Lebens hat. Der Lebensschutz würde nicht für alle Menschen in gleicher Weise gelten. Dieses Beispiel zeigt, dass der Wert eines Guts wie des Lebensschutzes nicht wie ein Marktgut knapp und daher nicht den Gesetzmäßigkeiten eines Marktes unterworfen sein darf. Das Integral des guten Lebens lässt, was die Wertzuschreibung für Güter angeht, verglichen mit dem Integral eines Marktes nur geringe Toleranzen zu. Wenn ein bestimmtes Gut in einem Markt zu knapp geworden oder nicht mehr verfügbar ist, kann es durch ein anderes gleichwertiges ersetzt werden. Der Markt leidet darunter nicht, im Gegenteil. Bei den Gütern des guten Lebens ist genau dieser Ersatz nicht möglich. Ein gutes Leben ist nicht möglich, wenn ein bestimmtes Gut wie z. B. das Rechtsgut des Lebensschutzes knapp wird oder wenn es dieses Gut nicht gibt. Es kann durch kein anderes Gut ersetzt werden. Lediglich die Gewichtungen, also die relativen Anteile der Güter des guten Lebens, können variieren und sich verschieben, ohne das gute Leben insgesamt zu gefährden.

Die Unersetzbarkeit bestimmter Güter für das gute Leben durch beliebige andere ist der entscheidende Grund dafür, dass das gute Leben nicht das Resultat des Marktgeschehens sein kann. Das Ganze des guten Lebens kann – abstrakt ausgedrückt – nicht das Ergebnis eines Prozesses der Akkumulation von Nutzenwerten sein. Die Akkumulation solcher Werte sagt nichts über die Qualität ihrer Verteilung, lässt offen, welche Güter dabei eine Rolle spielen und wer mit welchen Ansprüchen an diesem Prozess teilnimmt. Es ist möglich, dass die Gütermenge und mit ihr der Gesamtnutzen wächst, aber nur eine geringe Zahl von Mitgliedern einer Gesellschaft daran teilhat. Die normativen Ansprüche, die mit dem Ganzen des guten Lebens verbunden sind, verbieten es, das gute Leben von der bloßen Akkumulation von Gütern durch den Markt abhängig zu machen.

Die Ähnlichkeiten und Unähnlichkeit zwischen Märkten und dem guten Leben wollen wir, was den angedeuteten Wertvergleich angeht, noch etwas vertiefen. Wir kommen damit auf die Ähnlichkeit und Unterschiedlichkeit in den Teilen zu sprechen. Ein Marktgut kann z. B. teurer werden, wenn es durch die steigende Nachfrage knapper wird, und es kann billiger werden, wenn die Nachfrage sinkt. Das muss aber nicht so sein, weil Güter z. B. künstlich verknappt und die Gesetzmäßigkeit von Angebot und Nachfrage gesteuert oder manipuliert werden kann. Der Wert von Marktgütern ist also von sehr vielen Bedingungen abhängig und in gewisser Weise manipulierbar. Entsprechend variiert ihr Wert seiner Höhe nach sehr stark.

Bei Gütern des guten Lebens kann dies einerseits ebenso sein, andererseits darf es aber nicht so sein. Auch die Güter des guten Lebens sind von vielen Bedingungen abhängig, und ihr Wert kann durchaus von Knappheit bestimmt sein und entsprechend variieren oder gar manipulierbar sein. In Gesellschaften, in denen z. B. sittliche Lebensbedingungen wie Herkunft, Ethnie und Religionszugehörigkeit eine große Bedeutung haben, ist das gute Leben von diesen Bedingungen abhängig und damit manipulierbar. Dann kann es, um beim Beispiel des Lebensschutzes zu bleiben, entscheidend für das individuelle Überleben sein, zu welcher Familie und Religionsgemeinschaft eine Person gehört. Es lässt sich kaum ernsthaft erwägen, ob es sich in solchen Fällen tatsächlich um Bedingungen des guten Lebens handelt. Sicher ist, dass unter solchen Bedingungen die Güter des guten Lebens ähnlich über ihre Knappheit bewertet werden wie auf einem Markt. Ein Clan bietet dann z. B. den Lebensschutz für seine und nur seine Mitglieder an. Es fehlen dem Lebensschutz unter solchen Bedingungen aber wesentliche Merkmale eines Grundrechts, nämlich ein universelles Rechtsgut zu sein, zu dem die Menschen unbeschränkten Zugang haben und dessen allgemeine Geltung rechtsstaatlich gesichert ist. Außerdem ist das Integral des guten Lebens, seine Kohärenz und seine wertsichernde Funktion, verletzt, weil jenes Gut nicht der Macht eines Clans oder den Kräften eines Marktes unterworfen sein darf. Wenn das gute Leben solchen Kräften und Mächten unterliegen würde, würde Willkür herrschen. Dann könnten zuverlässige Wertzuschreibungen nicht gemacht werden. Das gute Leben wäre gleichzeitig gut und schlecht und so auf keinen Fall zuverlässig gut. Die Werte der Güter des guten Lebens können daher nur in engen Grenzen variieren, und ihr Wert darf nicht von den Kräften eines Marktes bestimmt sein. Außerdem dürfen die Stabilität und Zuverlässigkeit dieser Werte nicht durch sittlich bestimmte Kräfte manipulierbar sein. Das Verhältnis des guten Lebens zur Sitte und ihren Kräften ist damit aber keineswegs geklärt. Schließlich ist das gute Leben nirgends unabhängig von geltenden Sitten.

Die eben betonte Unähnlichkeit zwischen dem guten Leben und Märkten darf nicht zu der irrigen Ansicht verleiten, dass Knappheit nur den Wert von Gütern in Märkten bestimmt. Die weitaus größte Zahl der Güter des guten Lebens, ja selbst Güter des Gemeinwohls wie Bildung, Krankenversorgung oder Rechtssicherheit, sind auch unter rechtsstaatlichen Verhältnissen knappe Güter. Nicht jeder Berechtigte und Bedürftige kann diese Güter in gleichem Maße genießen. Wir haben bereits gesehen, wie knapp etwa Spenderorgane für Transplantationen sind und wie sehr das gute Leben vieler Kranker von solchen

Organen abhängt. Der Gesetzgeber hat darauf geachtet, dass der Zugang von Kranken zu Spenderorganen nicht durch einen Markt geregelt wird, und deswegen den Organhandel verboten.[4] Dennoch bleibt die Knappheit dieses Gutes bestehen und hindert viele Menschen daran, ein gutes, zumindest ein besseres Leben führen zu können als dasjenige, welches sie zur Genüge kennen.

Eben mag der Eindruck entstanden sein, dass in einem Markt Willkür herrsche und keine allgemein verbindlichen Regeln gelten. Dem ist nicht so. Zum einen haben sämtliche Bedingungen von Angebot und Nachfrage schon einen normierenden Einfluss auf den Wert der Güter. Zum anderen unterliegen sie selbst, zumindest innerhalb von rechtsstaatlich geordneten Gesellschaften, bestimmten Normen, die in Form von Gesetzen z. B. den Zugang zum Markt frei halten und Monopole verbieten sowie durch Steuern und Abgaben viele Aufgaben des Gemeinwohls finanzierbar machen. In diesem groben und weiten Rahmen nimmt jeder an einem der vielen Märkte teil, der ein entsprechendes Gut anbieten und kaufen kann. Keiner der Märkte und auch nicht der Markt als Gesamtheit aller Märkte haben selbst einen eigenen Wert. Ein Markt mag offener und weniger reguliert sein als der andere, und diesen Bedingungen entsprechend kann er dann auch als besser oder schlechter für bestimmte Transaktionen bewertet werden. Einen Eigenwert hat er aber dennoch nicht. Vielmehr trägt ein Markt seinerseits zum guten Leben einer Gesellschaft bei und hat nur deswegen einen ethischen Wert.

Das gute Leben einer Gesellschaft ist kein Markt, weil es im Unterschied zu einem Markt einen Eigenwert hat. Dieser Wert unterliegt nicht Angebot und Nachfrage. Vielmehr sind die Werte der Güter, die insgesamt das gute Leben einer Gesellschaft ausmachen, auch dann, wenn sie knapp sind, durch das Ganze des guten Lebens normiert. Die hybride Qualität der Güter des guten Lebens wird nicht von den Kräften eines Markts reguliert, sondern vom Ganzen des guten Lebens bestimmt. Die Tatsache, dass der Wert dieser Güter hybrid ist, zeigt aber auch, dass sie vielfältigen Abhängigkeiten unterliegen. Es gibt vor allem zwei unterschiedliche Arten von Abhängigkeiten. Die eine ist eine Abhängigkeit der Teile vom Ganzen, die andere eine des Ganzen von den Bedingungen, unter denen es die Teile und damit natürlich auch das Ganze geben kann. Nehmen wir als Beispiel für diese Arten der Abhängigkeit eine Fußballmannschaft. Die Rolle jedes Spielers, vom Torwart bis zum Mittelstürmer, ist vom Spielganzen und seiner Struktur bestimmt. In bestimmten Strukturen gibt es z. B. eine Viererkette als Abwehr und keinen Libero, in anderen schon. Dagegen gibt es immer einen Torwart. Die Abhängigkeit der Teile vom Ganzen ist in bestimmten Grenzen variabel, aber dennoch normiert. So weit zur Beziehung der Teile zum Ganzen. Das Ganze, die Qualität der Mannschaft, ist aber auch von den Teilen, der Qualität der Spieler, abhängig. Nicht alle Spieler sind gleich gut, nicht alle sind völlig gesund, nicht alle sind gleich motiviert etc. Wenn zu viele unmotiviert oder aus irgendwelchen Gründen schlecht oder schlechter als sonst sind, leidet das Ganze, und die Mannschaft verliert ihre Spiele. Auch die Leistung und der Wert des besten Spielers sind vom Ganzen abhängig und in diesem Sinn hybrid. Der beste Spieler kann, wenn die Mannschaft gut ist, ein Spiel entscheiden, wenn sie nicht gut spielt, nützen seine Fähigkeiten wenig.

Das Verhältnis der Teile zum Ganzen des guten Lebens ist ähnlich. Es gibt zwar keine definierte Zahl an Gütern, aber einige Grundgüter, die unverzichtbar sind. Welche Güter als unverzichtbar gelten können, hängt – wie wir noch sehen werden – vom Ganzen ab. Dann ist es auch so, dass nicht alle Güter in der wünschenswerten Qualität vorhanden sind. Von einem bestimmten Grad an leidet das Ganze oder ist gefährdet. Selbst die als Höchstwerte eingeschätzten Güter der Freiheit und der anderen Menschenrechte, die ohne Zweifel zu den unverzichtbaren Gütern eines guten Lebens zählen, sind – was ihre tatsächliche Wertigkeit angeht – vom Wohlstand einer Gesellschaft abhängig. In einer Gesellschaft, in der Armut und Hunger herrschen, wäre auch mit Freiheit und den Menschenrechten – wenn es sie überhaupt in einer solchen Gesellschaft gäbe – kein gutes Leben möglich. Auch der Wert der Güter, die in einem guten Leben an erster Stelle stehen, ist also hybrid.

Aus der umgekehrten Sicht ergibt sich ein ähnliches Bild. Was haben materieller Wohlstand, Arbeit und Eigentum für einen Wert, wenn es in einer Gesellschaft keine Freiheit, keinen Lebensschutz und keine Menschenrechte gibt? Jedenfalls tragen sie nicht zum guten Leben bei, weil es ein solches Leben ohne Freiheit, Lebensschutz und Menschenrechte nicht gibt. Ein Mehr an Wohlstand kann eine Einschränkung der Freiheit, des Lebensschutzes oder eines der Menschenrechte nicht kompensieren. Der Wert jedes dieser für ein gutes Leben notwendigen Güter ist vom Ganzen all der Güter abhängig, die für ein solches Leben hinreichend sind. Jedes dieser Güter ist in diesem Sinn hybrid, vom Ganzen abhängig.

Es gibt noch eine Ähnlichkeit zwischen Märkten und dem guten Leben, die deswegen nicht übersehen werden sollte, weil sie bei der Verteilung von Gütern wichtig werden kann. Auf Märkten lassen sich mit einem Produkt nur dann Gewinne erwirtschaften, wenn die Kosten der Herstellung eines Produkts relativ zu den Preisen, die mit ihm auf dem Markt erzielt werden, minimiert werden können. Produktionskosten und erzielbarer Marktwert müssen in ein ökonomisches Verhältnis gebracht werden. Bei den Gütern des guten Lebens ist dies ähnlich. Mit möglichst geringen ökonomischen Mitteln sollen die Güter, die für das gute Leben als Ganzes unverzichtbar sind, gesichert werden. Der Lebenswert der Güter soll möglichst hoch, die Kosten, sie verfügbar zu machen, möglichst gering sein. Dies ist aufgrund der Knappheit der verteilbaren Güter, welche die Güter des guten Lebens sichern helfen, notwendig.

Diese für das gute Leben spezifischen Abhängigkeiten der Güter vom Ganzen und des Ganzen von den Gütern sind so lange problemlos, wie die Güter zueinander passen und nicht in Konflikt miteinander stehen. Am Ende des vierten Kapitels sprach ich aber bereits von Schwierigkeiten der Integration von Gütern, die von deren Gegensätzlichkeit verursacht werden. Hier scheinen, um es vorsichtig zu sagen, nicht alle Teile in gleicher Weise zum Ganzen zu passen. Dies ist aber beileibe nicht das einzige Problem. Mindestens ebenso groß ist das Problem, dass das Ganze des guten Lebens nirgends vorhanden oder gegeben ist, weil wesentliche Teile fehlen. Es gibt sie zunächst nur als in der Zukunft liegende Ziele, und zwar als Ziele von Handlungen.

5.1.2. Über die Unvergleichbarkeit von Gütern

Ernsthaft verwirrend ist, dass es mehrere miteinander konkurrierende, in gleicher Weise gute, aber trotzdem ungleichartige, jedoch gleichzeitig zu verwirklichende Ziele – und ihnen entsprechende Güter – geben kann. Sie können der Grund für moralische Konflikte und mit solchen Konflikten zusammenhängende normative Überforderungen sein. Wenn solche Ziele im moralischen Sinn gleich gut sind, gibt es keine ethischen Kriterien, die empfehlen würden, eines dem anderen vorzuziehen. Die damit verbundenen Probleme haben wir bereits kennen gelernt. Zur Erinnerung: Die eine Spenderniere, auf die z. B. zwei Patienten warten, wäre für jeden der beiden ein Gut, das ihr Leben entscheidend verbessern würde. Nur einer kann dieses Gut aber bekommen. Beide haben jedoch den gleichen moralischen Anspruch auf Hilfe. Das Gut, auf das beide warten, ist gleich gut für beide.

Nun kann es aber auch Ziele und mit ihnen verbundene Güter geben, die nicht gleich gut sind, die wir nicht einmal miteinander vergleichen können, die aber dennoch auf jeweils andere Weise gut und verpflichtend sind. Auch sie können ein Grund für Moralkonflikte sein. Auf abstraktem, begrifflichem Niveau kommen wir zunächst einmal gut mit ihnen zurecht. Wir können nämlich sagen, sie seien unvergleichbar oder inkommensurabel. Damit meinen wir, keines von mindestens zwei dieser Ziele sei besser oder schlechter als das jeweils andere, und sie seien auch nicht gleich gut. Diese Charakterisierung steht aber nicht etwa am Ende, sondern am Anfang einer Klärung des Problems, ob es überhaupt unvergleichbare Ziele und Güter geben kann.[5] Wir sprechen von ‹Unvergleichbarkeit› oder ‹Inkommensurabilität› im Zusammenhang von Gütern, die in einer bestimmten Weise bewertet werden. Güter sind durch ihren Wert oder ihre Bedeutung für uns Menschen und die Welt, in der wir leben, bestimmt. Auch nutzlos erscheinende Dinge wie Kieselsteine können einen Wert für den Sammler haben, und selbst störende oder gefährliche Dinge wie Zecken haben einen Wert im Rahmen der Umwelt, in der auch wir leben.

‹Wert› ist ein Wort, das häufig das Wort ‹Gut› ersetzen kann, weil jedes Gut dadurch bestimmt ist, dass es einen Wert für jemanden oder etwas hat. Die wechselseitige Ersetzbarkeit hat aber Grenzen. Wir können zwar ein Gut positiv oder negativ bewerten und entsprechend auch von positiven oder negativen Werten sprechen, aber nicht von ‹negativen Gütern›. Ein solcher Sprachgebrauch wäre ungereimt. Es käme uns merkwürdig vor, wenn wir z. B. Zecken wegen der gefährlichen Erreger, die sie auf Menschen übertragen können, als ‹negative Güter› bezeichnen würden, obwohl ihr Wert für uns Menschen tatsächlich negativ ist. ‹Wert› ist ein Wort, das flexibler gebraucht werden kann als ‹Gut›. In unserem Rahmen können wir die Worte aber meistens bedeutungsgleich verwenden.

Uns interessieren nun allerdings weniger Kieselsteine oder Zecken, sondern verschiedenartige Güter wie Freiheit, Leben, Gesundheit und Geld oder Güter, die mit ihnen verbunden oder von ihnen abhängig sind. Der Wert solcher Güter ist in weitläufige Zusammenhänge eingebunden. Zusammenhänge von Werten kann es sowohl innerhalb bestimmter Ordnungen[6] als auch zwischen beliebigen Werten und Wertmengen geben, die weder feste Grenzen noch eine klare Ordnung haben. Leben, Gesundheit und Geld sind solche Werte oder Güter, die weder an feste Grenzen noch an klare Ordnungen gebunden sind. Keines dieser Güter ist an sich quantitativ oder qualitativ definiert, obwohl sie immer in bestimmten Quantitäten und Qualitäten auftreten und Personen zugeordnet sind. Wenn größere Wertzusammenhänge praktisch aber nicht geschlossen und geordnet und die Werte selbst nicht definit sind, haben wir schon ein Problem damit, genau zu sagen, was es heißt, dass zwei Werte wie z. B. Geld und Gesundheit unvergleichbar seien. Grob betrachtet, mag es einleuchten, sie für unvergleichbar zu halten. Es kann aber unbestimmte Zonen dieser Werte geben, in denen es falsch wäre, sie für unvergleichbar zu halten; wenn z. B. jemand an Geldmangel leidet, aber ansonsten bei robuster Gesundheit ist.[7] Wir würden verstehen, dass diese Person einen Wertvergleich nicht scheuen und auch ungesunde Arbeit annehmen würde, um zu Geld zu kommen. Eine Vergleichbarkeit der beiden ansonsten unvergleichbaren Werte kann auch aus einer Perspektive jenseits dieser Werte möglich sein. Der Wert des Lebens wird z. B. von vielen – unter normalen Bedingungen – höher eingeschätzt als der des Geldes und der Gesundheit. Wem dies einleuchtet, wird aus der Perspektive des höheren Werts die beiden anderen Werte vielleicht doch für vergleichbar halten.

Wir werden auf solche Merkmale von Werten zu achten haben, aber erst einmal die begrifflichen Zusammenhänge, die hier eine Rolle spielen, näher betrachten. Es mag verwundern, warum wir uns überhaupt mit einem so abstrakt erscheinenden Problem beschäftigen müssen. Der Grund ist recht konkret und keineswegs nebensächlich. Wenn es tatsächlich z. B. zwei oder mehr moralisch relevante Werte oder Güter – etwa in Gestalt von Ansprüchen oder Verpflichtungen – gäbe, die unvergleichbar wären, hätten wir ein ernsthaftes Problem jenseits von Moralkonflikten im engeren oder weiteren Sinn. Das Problem würde darin bestehen, dass bestimmte Mengen der Ziele und der mit ihnen verbundenen Güter, die im moralischen Sinn gut sind, auf unvergleichbare Weise gut sind. Dann könnte es sein, dass es in einem konkreten Fall mindestens zwei moralisch gute Handlungen gäbe, deren moralischer Charakter nicht nur unvergleichbar wäre, sondern die auch in jeder anderen Hinsicht miteinander unvereinbar wären. Dann könnte es, um ein früheres Beispiel aufzugreifen, sowohl moralisch gut sein, Frauenbeschneidung zu erlauben, als auch gut sein, sie zu verbieten. Diese Verletzung der Integrität von Frauen wäre dann gleichzeitig gut und schlecht, was weder in der Praxis noch in der Theorie erträglich wäre.

Die wechselseitige Unvereinbarkeit dürfen wir übrigens nicht mit einem logischen Widerspruch verwechseln. Wenn zwei Aussagen sich im logischen Sinn widersprechen, wird die eine von denselben Tatsachen oder Gründen wahr gemacht, welche die andere falsch machen. Die Gründe, die aber z. B. für eine Erlaubnis der Frauenbeschneidung angeführt werden könnten, sind andere als die Gründe, die für ein Verbot sprechen. Man könnte, was dieses und viele andere Beispiel angeht, sagen, die Gründe stammen aus verschiedenen, wechselseitig unvereinbar erscheinenden Kulturen. Aus Unvereinbarkeiten dieser Art können dann aber logische Widersprüche entstehen, etwa der, dass Frauenbeschneidung gut und nicht gut ist. Wir sehen nun, warum wir dem abstrakt erscheinenden Problem der unvergleichbaren Werte nachgehen müssen. Wenn aus Unvergleichbarem Unvereinbares und daraus wiederum logisch Widersprüchliches entstehen kann, können – so dürfen wir vermuten – unvergleichbare Werte für die Ethik möglicherweise eine verheerende Wirkung haben. Die Ethik würde dann inkonsistent, und eine Integration der Güter zu einem Ganzen des guten Lebens würde selbst in der Theorie unmöglich. Wir könnten unter dieser Voraussetzung gar keine widerspruchsfreien Aussagen über die Menge dessen, was gut ist, machen. Alles, was wir dazu sagen würden, würde auf potentiellen Widersprüchen beruhen und wäre damit möglicherweise falsch. Dann würden die Widersprüche zwischen Kulturen oder Sitten und nicht die Güte von Gründen und Argumenten in der Ethik den Ausschlag geben. Die Ethik wäre in diesem Fall von vornherein irrational, weil Vertreter von inhumanen, aber kulturell geprägten Überzeugungen beanspruchen könnten, ethisch ebenso Recht zu haben wie Personen, die gute und überzeugende Gründe gegen solche Überzeugungen anführen. Dann wären objektiv geltende Gründe in der Ethik letztlich unmöglich. Da wir dies ausschließen wollen und sollen, ist es unumgänglich, dass wir uns mit dem Problem inkommensurabler moralischer Werte beschäftigen. Allerdings werde ich die Diskussion solcher Werte auf einem wesentlich harmloseren Terrain von Beispielen diskutieren als demjenigen kulturell bedingter Widersprüche.

Stellen wir moralische Ziele und Güter zurück und betrachten zum besseren Verständnis inkommensurabler Werte ein harmloses Beispiel. Wir kennen alle die einfältig klingende Binsenweisheit ‹besser reich und gesund als arm und krank›. Es heißt weder nur ‹besser reich als arm› noch nur ‹besser gesund als krank›, weil uns mehr oder weniger klar ist, dass keine dieser einfachen Wertbeziehungen zuverlässig ist. Der reiche Kranke ist vielleicht schlechter dran als der gesunde Arme, und ein gutes Leben hängt nicht allein von der Gesundheit ab, sondern auch von den Mitteln, die Gesundheit zu erhalten. Niemand, der über jene Binsenweisheit nachdenkt, würde annehmen, Reichtum und Gesundheit seien gleich gut oder Armut und Krankheit gleich schlecht. Es würde auch niemand vermuten, dass Reichtum immer besser als Gesundheit oder Gesundheit immer besser als Reichtum ist. Ähnlich ist auch bei Armut und Krankheit keines von beiden immer besser oder immer schlechter als das andere.

Es scheint nun so, als wären damit alle Möglichkeiten des Vergleichs zwischen den Werten Gesundheit, Reichtum, Armut und

Krankheit erschöpft, und Gesundheit und Reichtum wären ebenso unvergleichbar wie Armut und Krankheit. So sieht es aus, wenn wir überzeugt sind, dass zwei Werte A und B genau dann unvergleichbar sind, wenn die folgenden drei Vergleiche falsch und daher unmöglich wären: (1) A ist besser als B (B ist schlechter als A); (2) B ist besser als A (A ist schlechter als B); (3) A ist gleich gut wie B (B ist gleich gut wie A). Nun zeigt der obige Vergleich zwischen arm und reich aber schon, dass es zwar nicht immer besser ist, reich als arm zu sein, und auch nicht immer schlechter, arm als reich zu sein, nämlich genau dann, wenn Gesundheit oder Krankheit eine Rolle spielen. Nur wenn wir gesund oder krank sind und die Wahl haben, finden wir reich – wahrscheinlich immer – besser als arm. Gesundheit ist in einer bestimmten, qualitativen Hinsicht nämlich ein höherer Wert als Reichtum. Man kann sie sich nicht einfach kaufen, wenn sie einem fehlt. Sie ist zumindest in ihren Grenzbereichen mit Geld nicht aufzuwiegen. Auch bei aufwendigstem und bestem ärztlichen Bemühen ist es möglich, dass man nicht oder nicht mehr gesund sein kann. Da Gesundheit für das gute Leben ein unverzichtbar wichtiger Wert ist und mit keinem quantifizierbaren Wert wie Geld gleichgesetzt werden kann, hat sie eine eigene Qualität. Diese Tatsache lässt sich auch so ausdrücken, dass der gesunde Arme letztlich besser dran ist als der unheilbar kranke Reiche, der sich seine Gesundheit nicht kaufen kann. Wenn der Arme sich keinen Arzt leisten kann, ist er allerdings schon bei einer vergleichsweise harmlosen Erkrankung wie Zahnschmerzen schlechter dran als der Reiche, der dasselbe Problem hat. Einsichten dieser Art stecken schon in der obigen Binsenweisheit. Deswegen wäre es falsch zu behaupten, Gesundheit und Reichtum seien in jedem Fall unvergleichbar. Ähnliches gilt für Armut und Krankheit. Gesundheit und Reichtum sind nur dann unvergleichbar, wenn man beides hat oder nicht hat. Dann kann man sich entweder bequem zurücklehnen oder sich grämen und sagen, das eine ist nicht besser als das andere, und sie sind auch nicht gleich gut. Man braucht einfach beides und will auf keines von beiden verzichten. So sehen die Wertvergleiche aus subjektiver Perspektive aus. Es scheint aber weder eine objektive Unvergleichbarkeit noch einen objektiven Wertvergleich zwischen den Werten Gesundheit, Reichtum, Krankheit und Armut zu geben.[8] Der Grund dafür ist, dass sich die Wertverhältnisse mit der jeweils subjektiv eingeschätzten Wertgröße ändern. Dem einen erscheint eine harmlose Krankheit schwer, dem anderen nicht, der eine leidet unter seiner Armut, der andere nicht. Menschen können ihre Werteinschätzungen auf dem Hintergrund ihrer Lebenserfahrung oder durch Nachdenken aber auch verändern.[9]

Unvergleichbar können zwei Werte nur sein, wenn es keine Bedingungen gibt, die ihr Verhältnis in der Einschätzung der Menschen qualitativ beeinflussen und verändern, indem sie den einen erhöhen und den anderen senken. Reichtum und Gesundheit sind eben nur dann unvergleichbar, wenn man beides hat und glaubt, auf keins von beiden verzichten zu können. Wenn man aber eins von beiden eine Zeit lang oder dauerhaft entbehrt, ist die Gesundheit qualitativ der höhere Wert. Dann ist es in jedem Fall besser, gesund als reich zu sein. Vergleichbar werden zwei Werte, die unvergleichbar erscheinen, also genau dann, wenn es an einem der Werte zumindest eine Zeit lang spürbar mangelt. Wenn man aber alles hat, was wertvoll ist, will man auf nichts verzichten. Dann schätzt man alles so, dass jeder einzelne Wert zwar nicht gleich wie jeder andere ist, weil man aber glaubt, auf keinen verzichten zu können, erscheinen alle Werte aber letztlich doch als gleich unverzichtbar. ‹Unvergleichbar› und ‹gleich unverzichtbar› hängen als Merkmale von Werten bei der subjektiven Wertschätzung offenbar eng miteinander zusammen. Wenn man also vor die Wahl gestellt würde, auf einen der unvergleichbaren Werte zu verzichten, um den anderen behalten zu können, könnte man sich nicht entscheiden. Alle Werte wären dann aus subjektiver Sicht gleich im Sinne von unverzichtbar und unvergleichbar.

Daraus lassen sich zwei Folgerungen ziehen. Zum einen ist die Unvergleichbarkeit von Werten in einer Welt, in der sich die Wertverhältnisse verändern können, auch dann nicht stabil und dauerhaft, wenn die Werte unvergleichbar erscheinen. Zum andern beeinflusst der spürbare Mangel an einem von zwei unvergleichbar erscheinenden Werten deren Unvergleichbarkeit und macht den qualitativ höheren Wert erkennbar. ‹Höher› hat in diesem Wertvergleich keine genaue quantitative, sondern nur eine qualitative Bedeutung. Das subjektive Urteil über den höheren Wert der Gesundheit drängt sich hier durch den Mangel des einen Werts relativ zum anderen auf. Plötzlich kann man – ausgelöst durch den Mangel – die qualitative Differenz erkennen. Dies geschieht auf ähnlich überraschende Weise, wie Wittgenstein[10] dies beim Sehen von unterschiedlichen Aspekten ein und derselben Sache beschrieb. Einmal sieht man einen bestimmten Aspekt, das andere Mal nicht. Dabei muss sich, äußerlich gesehen, nichts verändern. Ähnlich ist es bei den unvergleichbaren Werten. Eine Menge solcher Werte bleibt in einer Hinsicht unvergleichbar, nämlich in der, dass man glaubt, auf keinen von ihnen verzichten zu können. Die Werte werden von ihren Besitzern gleich geschätzt, obwohl sie nicht gleich gut sind.

Für diese Art Gleichheit will ich eine vierte positive Wertrelation einführen und sie ‹pari› nennen.[11] Die Werte sind – aus subjektiver Sicht – pari, wenn sie zwar nicht gleich gut sind, aber auf ihren Besitz, ihre Verfügbarkeit und den Nutzen, aber auch die Freude und den Genuss, den sie gewähren, dennoch nicht verzichtet werden kann. Und genau in dieser Hinsicht erscheinen die Werte dann einerseits unvergleichbar, andererseits aber vergleichbar im Sinne von ‹pari›. Pari sind sie also im Hinblick auf ihre subjektiv eingeschätzte Unverzichtbarkeit. Dass sie subjektiv unverzichtbar erscheinen, heißt, dass der Schaden für das gute Leben – etwa als Verlust an Lebensfreude oder Lebensqualität –, der entstehen würde, wenn einer der Werte fehlen würde, aus der Sicht der Person zu einem bestimmten Zeitpunkt gleichermaßen unerwünscht und unerträglich wäre.

‹Pari› ist eine ebenso subjektive Wertrelation wie die Unvergleichbarkeit von Gesundheit und Reichtum; jedenfalls habe ich die Wertrelation so eingeführt. Die Werte, um die es in meinem Beispiel geht, sind aus der Sicht einer Person unvergleichbar und unverzichtbar, weil der jeweilige Schaden oder Verlust aus ihrer Sicht gleichermaßen unerwünscht wäre. Ob es eine Unvergleichbarkeit von Werten im objektiven Sinn gibt, ist noch ebenso offen wie die Frage, ob unvergleichbare Werte im objektiven Sinn pari sein können. Ich stellte eben fest, dass zwei Werte nur dann unvergleichbar sind, wenn es keine Bedingungen gibt, die ihr Verhältnis beeinflussen und verändern könnten. Die beiden Folgerungen, dass sich Wertverhältnisse verändern können und instabil sind und dass der Mangel an einem von zwei unvergleichbar erscheinenden Werten den tatsächlich höheren erkennbar macht, scheinen aufgrund der subjektiven Einschätzung von Werten vorläufiger Natur zu sein. Beide Folgerungen haben einen offensichtlich subjektiven Charakter. Wir müssen sehen, ob es für die Einschätzung von Werten und vor allem für ihre Beurteilung als unverzichtbar objektive Standards gibt. Schließlich geht es um die Integration von Werten in ein gutes Leben, das nicht nur subjektiv für gut gehalten wird, sondern auch objektiv gut ist.

5.1.3. Gibt es absolute Werte? – Ein Gedankenexperiment

Sollte es tatsächlich zwei Werte geben, die zumindest in der Hinsicht unvergleichbar sind, dass es keine Bedingungen gibt, die ihr Verhältnis beeinflussen könnten, dann wären die beiden eben gezogenen Folgerungen hinfällig. Wenn man die Wertrelation ‹besser als› einmal beiseite lässt, drängen sich hier für die subjektive Unbeeinflussbarkeit von Wertverhältnissen das Beispiel von Gott und dem Teufel und der manichäische Dualismus von Gut und Böse auf. ‹Manichäisch› wird dieser Dualismus genannt, weil die Manichäer glaubten, dass das Gute in Gestalt Gottes und das Böse in Gestalt des Teufels zwei miteinander konkurrierende Mächte sind, von denen keine allmächtig und der anderen überlegen ist. Der Ausgang ihres Kampfes ist daher offen. Es ist zwar nur ein Gedankenexperiment, und die Frage nach der objektiven Möglichkeit unvergleichbarer Werte wird damit scheinbar zurückgestellt. Tatsächlich erfüllt der manichäische Dualismus aber die formalen Bedingungen der Unvergleichbarkeit. Denn Gut und Böse sind – im eben skizzierten Sinn – Werte, die weder gleich sind noch durch Wertrelationen wie ‹besser-als› oder ‹schlechter-als› miteinander verglichen werden könnten. Es sind in diesem Sinne absolute, unvergleichbare Werte, die es freilich nur im Rahmen metaphysischer Überlegungen gibt. Solche Überlegungen können aber als Gedankenexperimente durchaus dazu beitragen, reale Verhältnisse zu klären. Sie tun es in diesem Fall im Hinblick auf die Frage, ob sich unvergleichbare Werte vorstellen lassen, deren Wertverhältnis subjektiv und objektiv unbeeinflussbar ist. Dies ist beim manichäischen Dualismus offensichtlich der Fall. Wenn sich dieser Dualismus aber nicht konsequent denken lässt, lernen wir aus dem Gedankenexperiment, dass zumindest Gut und Böse keine unvergleichbaren Werte sind.

Zweifel an der Unvergleichbarkeit von Gut und Böse sind tatsächlich begründet. Vieles spricht dafür, dass der manichäische Dualismus unhaltbar und die Rede vom Bösen nur privativ, also nur als Mangel des Guten, sinnvoll ist. Wenn dies so wäre, könnte das Böse aber nur als Mangel des Guten verstanden werden. Dann wären Gut und Böse nicht unvergleichbar, sondern das Gute wäre insofern besser als das Böse, als es davon am wenigsten oder gar nichts enthält. Mit solchen Überlegungen muss sich der Dualist, der die Unvergleichbarkeit der beiden Werte verteidigt, aber keineswegs zufrieden geben. Er könnte z. B. behaupten, keiner jener beiden Werte könne privativ verstanden werden. Als Argument könnte er angeben, dass ein Wert nur dann privativ zu verstehen sei, wenn er negativ – also mit umgekehrten Vorzeichen – auf denjenigen Wert abgebildet werden könne, dessen Mangel er darstelle. Als absoluter Wert könne das Böse aber nicht – auch nicht mit umgekehrten Vorzeichen – auf das Gute abgebildet werden. Er könnte dieses Argument noch verstärken und sagen, dass man andernfalls das Verhältnis des Mangels auch spiegelbildlich umkehren könnte und das Gute auch als Mangel des Bösen deuten müsste. Das Gute sei aber gerade dadurch bestimmt, dass es unter keinerlei Mangel leide. Im Rahmen – so dargestellter – wechselseitig privativer Verhältnisse wäre das Gute nicht mehr ausschließlich gut und das Böse nicht mehr ausschließlich böse. Wir hätten damit eine irrational scheinende Verwirrung, in der sich Gut und Böse wechselseitig nicht völlig ausschließen. So ganz absurd scheint dieser künstlich anmutende Gedanke nun keineswegs zu sein. Vielleicht ist das Böse tatsächlich nicht völlig vom Guten zu trennen, auch wenn das eine vom anderen zu unterscheiden ist. F. W. J. Schelling z. B. war sich wohl sicher, dass das Gute in Gestalt Gottes klar vom Bösen unterscheidbar, aber dennoch nicht völlig von ihm trennbar ist. Das klingt extrem und ist es auch. Schelling suchte tatsächlich den Ursprung des Bösen in Gott und fand ihn dort in gewisser Weise auch. Seine metaphysische Lösung des Problems des Bösen,[12] dass das Böse – auf schwer durchschaubare Weise – in Gott seinen Ursprung haben muss, spricht aber gerade gegen den Dualismus und damit auch gegen die Unvergleichbarkeit von Gut und Böse. Mit Schellings Lösung wird der Dualismus undenkbar und kehrt sich in ein privatives Verhältnis um, bei dem es ein einseitig asymmetrisches Gefälle vom absolut Guten zum Bösen gibt.

Die Anleihe bei Schelling klingt in der eben vorgestellten Kurzform verstiegen, muss für unsere Zwecke aber nicht weiter ausgeführt werden. Denn die vom manichäischen Dualisten ausgelöste Verquickung des Guten mit dem Bösen ist harmlos und lässt sich semantisch auflösen. Sie ist rasch beseitigt, wenn man erkennt, dass das privative Verständnis des Bösen keineswegs das Gute böse macht. Denn das Böse kann als vollständiges Fehlen einer guten Qualität bestimmt und das Prädikat ‹böse› entsprechend durch die Prädikate ‹absolut nicht gut› oder ‹absolut schlecht› ersetzt werden. Das Gute wird vom Bösen, wenn Letzteres privativ verstanden wird, also nicht böse oder schlecht gemacht. Zumindest aus diesem Grund muss niemand einen manichäischen Dualismus vertreten.

Was man von dem Gedankenexperiment lernen kann, ist, dass die Unvergleichbarkeit zweier Werte wie Gut und Böse zumindest nicht so verstanden werden kann, dass das wechselseitige Verhältnis der beiden Werte subjektiv und objektiv unbeeinflussbar und dauerhaft stabil wäre. Werte, deren Verhältnis objektiv, unter allen denkbaren Umständen unbeeinflussbar ist, sind nicht vorstellbar. Erinnern wir uns an die Güter des guten Lebens, um die es vor dem Gedankenexperiment ging. Es schien so, als könnte im subjektiven Sinn aus unvergleichbaren, d. h. ‹gleich unverzichtbaren› Gütern nach einem Verlust eines der Güter des guten Lebens doch eine Hierarchie der Güter entstehen. Dann würde aus der Unvergleichbarkeit, also dem ‹gleich unverzichtbar›, eine Vergleichbarkeit, ein ‹besser als› oder ‹schlechter als›. Zumindest diese Einsicht findet über das Gedankenexperiment eine zusätzliche Bestätigung. Es muss uns aber noch immer nicht völlig einleuchten, dass es keine Werte geben soll, die im objektiven Sinn und dauerhaft unvergleichbar sind.

Schließlich, so könnte man gegen die Folgerung aus dem Gedankenexperiment einwenden, müsse, wenn etwas nicht vorstellbar sei, dies nicht bedeuten, dass es das nicht geben könne. Immerhin war auch der Massenmord an den europäischen Juden, an Sinti und Roma, an Theologen, Pfarrern und Priestern, an Homosexuellen, an Behinderten und an Kriegsgefangenen durch die deutschen Nationalsozialisten und ihre Helfer, bevor er geschah, nicht vorstellbar, und es gab ihn doch. Zweifellos bestimmt die Denkbarkeit oder Undenkbarkeit von Ereignissen oder Handlungen nicht bedingungslos deren reale Möglichkeit. Ob etwas als reales Ereignis denkbar ist oder nicht, ist kein Problem der Logik, sondern ein Problem unserer begrenzten Vorstellungskraft. Diese Begrenzung macht unsere Vorstellungskraft, selbst die wissenschaftlich geschulte, anfällig für Irrtümer. Es bleibt dennoch dabei, es ist undenkbar, dass es objektiv unbeeinflussbare Wertverhältnisse gibt. Allerdings kann es aus subjektiver Sicht solche Wertverhältnisse praktisch durchaus geben, und zwar auf beklagenswert wirkungsvolle Weise. Um uns dies klar zu machen, müssen wir nur an extreme Beispiele denken. Es kann z. B. Rassisten, Radikale, Fundamentalisten, Fanatiker und Verblendete geben, die sich so verhalten, als ob die Werte, die ihr Verhalten leiten, objektiv unbeeinflussbar wären und absolut gelten würden. Solchen Menschen ist im Kampf um ihre absoluten Werte kein Preis zu hoch, auch wenn ihre Ziele im Einzelnen menschenverachtend und absurd sind.

Unbeeinflussbare Wertverhältnisse und damit unvergleichbare Werte kann es, objektiv betrachtet, nicht geben. Normalerweise kommen wir auch aus subjektiver Sicht, wie wir schon sahen, zu demselben Ergebnis. Es gibt aber aus subjektiver Perspektive auch Wertverhältnisse, die unbeeinflussbar sind, weil es Personen gibt, die diese Werte, wie wir eben sahen, absolut gesetzt haben. Also sind absolute Werte nur denkbar als Resultat subjektiver Wertsetzungen. Solche Werte sind dann nur aufgrund dieser willkürlichen subjektiven Festlegung unvergleichbar mit anderen Werten. Werte dieser Art machen ethische Begründungen unmöglich, weil sie das Gute substantiell definieren, obwohl es – wie wir sahen – nicht definierbar ist. Auch das Böse ist übrigens nicht definierbar. Dass das Böse aber im Unterschied zum Schlechten kein Thema der Ethik sein kann, liegt daran, dass es immer wieder als absoluter und unvergleichbarer Wert angenommen wird.

Es mag nun der Verdacht aufkommen, dass religiöse Werte ethische

Begründungen und Argumente unmöglich machen, weil Religionen bestimmte Werte absolut setzen. Dies ist tatsächlich nur dann der Fall, wenn diese Werte auch inhaltlich substantiell definiert werden. Man könnte nun meinen, Gott sei so ein Wert; zumindest würde die in unserem Gedankenexperiment unterstellte Identität des Guten mit Gott dafür sprechen. Die Vermutung, dass Gott ein absoluter Wert sei, liegt nahe, lässt sich aber zumindest aus christlicher Sicht nur indirekt bestätigen. Gott ist, wie z. B. Thomas von Aquin meinte, kein Gegenstand menschlichen Wissens, der direkt durch den Intellekt erfasst werden, geschweige denn als existierend bewiesen werden kann.[13] Indirekt, über die Zeugnisse, die er gab, können wir – nach Thomas – über Gott allerdings sehr viel wissen. Unter diesen Voraussetzungen können wir auch sagen, dass Gott das absolut Gute sei. Es ist nur nicht möglich, irgendetwas direkt mit ihm zu vergleichen, weil unsere Vorstellung von ihm alles in einer Weise übersteigt, die wir mit unserer begrenzten Vorstellungskraft nicht erfassen können. Es gibt aber religiöse Werte im Christentum, die wie die ewige Seligkeit, die Auferstehung oder die Verdammnis, die Erbsünde oder die Erlösung substantiell von der Theologie definiert sind. Solche Werte haben – zumindest für die meisten Theologen – aber keinen absoluten Charakter und sind insofern auch nicht unvergleichbar. Denn durch den Glauben oder durch gute Werke oder durch beides können einige dieser Werte durch die Gläubigen gewonnen oder – durch Unglauben und Bosheit – verloren werden. Durch Gottes Gnade haben aber auch die Bösen und Ungerechten am Ende noch eine Chance.[14] Wären die religiösen Werte des Christentums absolut festgelegt, böten sie keinen Spielraum für ethische Begründungen und Argumente. Eine christliche Ethik ist deswegen nur möglich, wenn die Menschen durch ihren Glauben und ihre Werke darauf Einfluss nehmen können, welcher der Werte sie teilhaftig werden. Offen bleibt – zumindest in der Theologie –, ob die göttliche Gnade so verstanden werden kann, dass es keine durch Menschen definierten absoluten Werte oder Unwerte wie die ewige Verdammnis gibt.

Die harmlos und abstrakt anmutende Frage, ob Gutes unvergleichbar sei, hat es offenbar in sich. In moralischer Hinsicht kann Gutes nicht unvergleichbar sein, weil es keine Ethik geben könnte, wenn es Mengen guter Ziele gäbe, die unvergleichbar und möglicherweise auch wechselseitig unvereinbar wären. Dann wären die ethischen Kriterien, nach denen wir gute von schlechten Zielen unterscheiden, nicht widerspruchsfrei. Es gibt aber dennoch unvergleichbare Werte im nichtmoralischen Sinn. Der Eiffelturm z. B. ist als Bauwerk und als Leistung der Ingenieurskunst in einem Sinne gut, der unvergleichbar ist mit dem Sinn, in dem Mozarts Oper *Cosi fan tutte* gut ist. Hier sind die positiven Wertverhältnisse ‹besser als› und ‹gleich gut› rasch erschöpft, weil es, zumindest objektiv betrachtet, falsch wäre, sie auf einen Vergleich dieser Art anzuwenden. Die Standards des Guten in der Baukunst und in der Musik sind einfach zu verschieden, als dass sie sinnvoll verglichen werden könnten. Im nichtmoralischen Sinn gibt es – objektiv gesehen – beliebig viele unvergleichbare, inkommensurable Werte. Subjektiv mögen viele dieser Werte dennoch vergleichbar sein, und man kann es niemandem übel nehmen, Mozarts wunderbare Oper mehr zu bewundern als den beeindruckenden Eiffelturm. Solche Vergleiche sind am Ende das, was die Ethik nicht sein darf, eine Geschmacksfrage.

Auch wenn Ethik keine Frage des subjektiven Geschmacks sein darf, können wir objektiv geltende ethische Urteile nicht an der absoluten Geltung von Werten festmachen. Werte und Wertverhältnisse sind, wie die Überlegungen eben zeigen sollten, nicht in dem Sinne objektiv, dass sie von subjektiven Einschätzungen und Wertzuschreibungen unbeeinflussbar oder gar absolut gültig wären. Deswegen sind die Folgerungen, die ich am Ende des letzten Kapitels zog, dass sich Wertverhältnisse verändern können und instabil sind und dass der Mangel an einem von zwei unvergleichbar erscheinenden Werten den tatsächlich höheren erkennbar macht, keineswegs nur vorläufiger Natur. Auch wenn wir erkennen müssen, dass es für die Einschätzung der Werte, die für das gute Leben unverzichtbar sind, keine absolut gültigen Standards gibt, soll die Integration von Werten in ein gutes Leben dennoch nicht nur subjektiv für gut gehalten werden können, sondern auch objektiv gut sein.

5.1.4. Was macht Werte unverzichtbar?

Bei der Diskussion der positiven Wertverhältnisse schlug ich das Verhältnis ‹pari› vor, das zwischen Werten angenommen werden kann, die unter bestimmten subjektiven Bedingungen als unvergleichbar gelten. Es schien allerdings auf dem Hintergrund meines Beispiels von Gesundheit und Reichtum so, als ob es das Verhältnis pari tatsächlich nur unter subjektiven Bedingungen geben würde. Reichtum und Gesundheit, so das Beispiel, wären insofern pari, als sie demjenigen, der beides besitzt, subjektiv gleichermaßen unverzichtbar erscheinen würden. Pari zu sein, hieße auch, dass der Mangel oder Schaden, der durch das Fehlen eines Wertes entstehen würde, aus der subjektiven Sicht der Person gleichermaßen unerwünscht wäre. Genau genommen hieße dies, der Schaden oder Verlust wäre weder gleich noch messbar unterschiedlich hoch und jedes Mal ein anderer. Lediglich die Unerträglichkeit des Vermissens oder das ‹darauf nicht verzichten Wollen› wären pari, und diese Qualität entspräche dann der Annahme, dass der in Frage stehende Wert unverzichtbar sei. Dies muss aber keineswegs so sein. Wenn ein Wert subjektiv unverzichtbar erscheint, muss er nicht wirklich unverzichtbar sein. Es heißt nur, dass die Person, der er unverzichtbar erscheint, nicht auf den Wert verzichten will. Es ist damit aber noch nicht ausgemacht, dass sie darauf nicht doch verzichten könnte oder sollte, wenn es nicht anders geht. Erst dann, wenn sie tatsächlich nicht darauf verzichten kann, würden wir ihr Recht geben.

An dieser Stelle kommen wir nicht umhin, einen Ausweg aus dem Dilemma zu finden, das mit der Alternative zwischen nur subjektiv geltenden und absolut gültigen Werten zu herrschen scheint. Wenn wir mit objektiv zu rechtfertigenden Argumenten für oder gegen einen Verzicht auf bestimmte Werte plädieren wollen, darf es dieses Dilemma nicht geben. Es gibt dieses Dilemma auch nicht. Der Grund dafür liegt nicht auf der Hand, ist aber leicht nachvollziehbar: Nur diejenigen Wertansprüche sind objektivierbar – und dann auch pari –, deren Subjektivität einen bestimmten Grad an Allgemeinheit und Unverzichtbarkeit für jeden Menschen hat. Wir haben gesehen, dass es absolut gültige Werte nicht gibt und dass alle Werte einen subjektiven, von den Ansprüchen und Interessen der Menschen abhängigen Charakter haben. Daraus zu schließen, dass es keine objektiv gültigen Werte und Wertansprüche gäbe, wäre aber falsch. Die Subjektivität von Werten schließt deren Objektivität nicht aus. Was wir brauchen, ist eine klare Unterscheidung zwischen objektivierbaren, pari geltenden und nicht objektivierbaren, subjektiven Werten. Der Grad der Allgemeinheit und der Unverzichtbarkeit sind Kriterien, mit denen diese Unterscheidung möglich ist. Natürlich haben diese beiden Kriterien selbst einen subjektiven Charakter und sind entsprechenden Zweifeln ausgesetzt. Der Grad der Allgemeinheit entspricht dabei der Einschätzung, dass die meisten Menschen den oder jenen Wert für unverzichtbar halten. Und diese Unverzichtbarkeit selbst scheint in ganz besonders zweifelhafter Weise subjektiv zu sein. Wann ist ein Wert wirklich unverzichtbar?

Ein Wert ist *tatsächlich unverzichtbar*, wenn sein Mangel ein gesamtes Wertgefüge, wie das Ganze des guten Lebens, nachhaltig schädigt oder zerstört. Es kann sich dabei um das Wertgefüge eines einzelnen Lebens oder des Lebens einer Gesellschaft handeln. Am Wertgefüge eines individuellen Lebens sind die unterschiedlichen Niveaus, auf denen das Kriterium angewandt werden kann, leichter zu verstehen.

Nehmen wir als Beispiel einen Menschen, der ein gutes Leben führt. Wird dieser Mensch plötzlich subjektiv gesehen arm, kann er aus allgemeiner Sicht noch immer wohlhabend sein. Das ist mit dem Verlust von all den Werten so, die mehr oder weniger beliebig teilbar sind und entsprechend vermehrt oder vermindert werden können. Bei Geld und anderem materiellen Besitz handelt es sich um solche Werte. Wer bei einer Börsenspekulation Hunderte von Millionen verloren hat, wird sich danach arm vorkommen, selbst wenn er noch immer Millionär ist. Das Wertgefüge seines Lebens ist damit aber nicht notwendig nachhaltig beschädigt oder gar zerstört. Wer dagegen schwer erkrankt, büßt seine Gesundheit vielleicht für immer ein. Dann ist das Wertgefüge des Lebens unmittelbar berührt, vielleicht zerstört. Selbst wenn ein Kranker die Aussicht auf Genesung hat, muss ihm die Gesundheit verglichen mit Geld oder anderen teilbaren Werten doch unverzichtbar erscheinen.

Gesundheit ist ein unteilbarer Wert, weil der Gesunde niemand anderen an seiner Gesundheit teilhaben lassen oder einem Kranken ein Stück davon abgeben kann. Nicht alle unteilbaren Werte sind dadurch, dass sie unteilbar sind, aber auch schon unverzichtbar. Viele Begabungen und Befähigungen wie Musikalität oder sportliche Geschicklichkeit und Leistungsfähigkeit, die sich eine Person erarbeitet hat, sind Werte, die ähnlich unteilbar sind wie die Gesundheit. Niemand sonst kann – außer als begeisterungsfähiger Zuschauer oder Zuhörer – an diesen Begabungen und Befähigungen unmittelbar selbst teilhaben. Es gibt viele Menschen, die diese Werte nicht besitzen, aber dennoch ein gutes Leben führen. Und von den teilbaren und untereinander meistens vergleichbaren Werten, wie Geld, Kleidung und Nahrung, gibt es einige, die lediglich bis zu einem bestimmten Minimum verzichtbar, darunter aber unverzichtbar sind.

Es besteht also durchaus die Möglichkeit, auf gut begründete und damit auch objektive Weise zu beurteilen, ob Werte unverzichtbar sind und pari gelten. Zur Erinnerung,[15] pari ist das Verhältnis von Werten genau dann, wenn sie zwar nicht gleich gut sind, man aber nicht auf sie verzichten kann. Solche Werte erscheinen dann unvergleichbar, weil sie subjektiv unverzichtbar erscheinen, sind aber dennoch, wenn einer der Werte verloren geht, vergleichbar. Sie sind genau dann objektiv unverzichtbar, wenn der Verlust eines dieser Werte für eine Person unerträglich wäre. Objektiv pari sind unvergleichbar erscheinende Werte nur dann, wenn der Verlust eines dieser Werte ein ganzes Wertgefüge nachhaltig schädigen würde und durch keinen anderen Wert ersetzt werden könnte. Diese Schädigung hängt nicht davon ab, ob sich eine Person durch den Verlust geschädigt fühlt oder nicht. Wir können im individuellen und kollektiven Leben viele unvergleichbar erscheinende Werte finden, die objektiv unverzichtbar sind. Nicht nur Gesundheit, auch Arbeit und Arbeitsfähigkeit, Glück und Glücksfähigkeit, Liebe und Liebesfähigkeit sowie nicht zuletzt soziale Anerkennung gehören dazu. Niemand kann auf solche Werte verzichten, auch nicht derjenige, der glaubt, dass er es kann. Werte dieser Art sind nicht nur subjektiv unvergleichbar, sondern auch objektiv unverzichtbar. Das heißt nicht, dass man ohne den einen oder anderen dieser Werte biologisch nicht leben oder überleben könnte. Nur gut leben können Menschen ohne einen dieser Werte nicht; sie brauchen sie alle.

Die Werte und Güter des guten Lebens sind miteinander vernetzt und im Hinblick auf die Güte des Ganzen komplementär. Nicht jedes der Güter ist in gleicher Weise von jedem anderen abhängig, aber dennoch ist es möglich, dass die wechselseitige Vernetzung zur Stabilität des Ganzen beiträgt, obwohl das eine oder andere Gut verloren geht. Deswegen kann auch ein Mensch ohne Arbeit wenigstens eine Zeit lang gut leben, wenn er in einer Gesellschaft lebt, die ihm ein solches Leben ermöglicht. Es ist auch möglich, dass der Verzicht auf ein Gut wie etwa materiellen Besitz oder auf einen Teil davon ein anderes Gut wie Freundschaft und Zuneigung schafft und sogar unverzichtbar werden lässt. Manche Güter werden von anderen nach dem Muster generiert, wenn jemand das eine hat, bekommt er auch das andere. Aber diese Güter oder Werte gehören nicht überwiegend zu der Gruppe der unverzichtbaren, von denen gerade die Rede war.

Im Hinblick auf diese können wir leicht erkennen, dass ihr Verlust nicht ohne weiteres kompensierbar ist. Es ist eher so, dass der Verlust eines dieser Werte oder Güter einen Dominoeffekt auslöst, bei dem auch andere verloren gehen. Jeder dieser Werte steht zu jedem anderen objektiv im Verhältnis pari. Offen ist lediglich, in welchem Maß Menschen jeden dieser Werte tatsächlich für ein gutes Leben benötigen. Ob Menschen für ein gutes Leben immer Arbeit benötigen, immer gesund sein müssen oder nur die meiste Zeit, ob sie selten oder regelmäßig auch krank sein dürfen, ob sie ständig und in welchem Maß geliebt und anerkannt werden müssen, ist offen. Ebenfalls offen ist, ob Menschen auch den Mangel an Liebe und Anerkennung erfahren sollten, um begreifen zu können, wie lebenswichtig diese Güter sind. Wir können nur negativ und indirekt das Minimum dessen bestimmen, was objektiv unverzichtbar ist: Ganz ohne Liebe, Anerkennung, Arbeit, Gesundheit, gute Ernährung, Kleidung, Wohnung etc. können Menschen nicht gut leben.

Von ähnlichen unvergleichbaren, objektiv unverzichtbaren Werten hängt das gute Leben jedes einzelnen Menschen und das einer ganzen Gesellschaft ab. Auf dem sozialen Niveau gilt für die gegenseitige Abhängigkeit dieser Werte innerhalb eines Wertgefüges dasselbe wie auf dem individuellen. Der Vorteil vergleichbarer Werte ist ihre wechselseitige Ersetzbarkeit. Aber auch vergleichbare Werte können nur bis zu einem bestimmten Grad wechselseitig ersetzt werden. Bei Kälte kann z. B. warme Kleidung eine bestimmte Menge kalorienhaltiger Nahrung ersetzen, aber eben nur begrenzt. Nur eine bestimmte Zeit ist dann Kleidung besser als Nahrung, meistens ist es umgekehrt. Vergleichbare Werte verändern mit dem Wechsel der Kontexte ihre Wertverhältnisse. Wenn sie aber ein Minimum unterschreiten, wird ihre Unverzichtbarkeit ebenso offensichtlich wie beim Mangel an unvergleichbaren Werten oder Gütern.

Wir interessieren uns mehr als für diese Details dafür, wie wir unverzichtbare Werte bzw. Güter für das Leben einzelner Personen und für das Leben ganzer Gesellschaften so charakterisieren können, dass wir wissen, welche Werte oder Güter auch ethisch unverzichtbar und deswegen verpflichtend sind. Offensichtlich kommt es darauf an, welche übergeordneten Werte wir dabei voraussetzen. Wenn das bloße Überleben der übergeordnete Wert ist, können wir das notwendige, unverzichtbare Minimum kaum bestimmen. Das Unglück scheint, wie wir in Shakespeares *King Lear* erfahren können, nach unten keine Grenze zu haben. König Lear überlebt seine drei Töchter, dabei wäre ihm am Ende das Leben seiner jüngsten Tochter, Cordelia, mehr wert als alles, worauf er verzichten musste: «This feather stirs; she lives! If it be so, It is a chance which does redeem all sorrows That ever I felt.»[16] Seine frühere Macht und sein Reich, aber auch sein eigenes Leben sind ihm nicht so viel wert wie seine Tochter Cordelia. Deshalb könnten der Verrat, die mörderischen Untaten, die Plagen und alles Unheil, das er erleben musste, dadurch wieder gutgemacht werden, dass sie am Leben wäre.

Extreme Verluste, so könnte man daraus lakonisch folgern, machen das wirklich Unverzichtbare erst erkennbar. Und das einzig Unverzichtbare kann am Ende den Verlust von allem andern wieder wettmachen. Im Drama eines Lebens mag dies so sein. Der Unbeständigkeit und Vagheit des Guten entsprechend erkennen wir zu spät, was das eigentlich unverzichtbare Gut war. Dies gibt uns aber nicht das Recht, jenen entsagungsreichen Weg zur Einsicht in das unverzichtbar Gute allgemein zu empfehlen. Außerdem kommt die Einsicht in das wirklich Unverzichtbare – nicht nur bei König Lear – zu spät, um das gute Leben als Ganzes wiederzugewinnen. Was unzumutbare Verzichtleistungen angeht, herrscht – wie wir bereits von der normativen

Überforderung wissen – eine strenge Asymmetrie zwischen den Forderungen der Ersten und der Dritten Person Singular. Ich darf mich selbst überfordern, aber niemanden sonst, und kein anderer darf mich überfordern. Mir selbst steht es also frei zu entsagen. Ich darf mir selbst den Verzicht auf alles, was ich zum Überleben entbehren kann, auferlegen. Anderen gegenüber habe ich dazu aber kein Recht. Aber selbst diese Freiheit mir selbst gegenüber hat eine Grenze, nämlich dort, wo ich mir das versage, was für meine eigene Moralfähigkeit unverzichtbar ist.

Sein eigenes Glück zu sichern, sei Pflicht, sagte Kant.[17] Daran sei nun nochmals erinnert. Wer sich unglücklich macht oder machen lässt, verliert – nach Kant – seine Moralfähigkeit. Der übergroße Mangel an Zufriedenheit, so beobachtete der Königsberger Moralpsychologe, macht pflichtvergessen und unmoralisch, steigert zumindest die Neigung dazu. Deswegen kann das Überleben nicht der einzige übergeordnete, unvergleichbare Wert sein, auf den Menschen nicht verzichten können. Das Glück gehört zumindest insoweit dazu, als wir unsere Moralfähigkeit nicht durch vermeidbares Unglück gefährden dürfen. Deswegen können ethische Begründungen diesen minimalen Anspruch auf Glück nicht ignorieren. Jede Ethik versucht, das Glück zumindest theoretisch in ihren jeweiligen Katalog von Motiven und Ansprüchen zu integrieren. Dabei ist das Glück, anders als das bloße Überleben, theoretisch schwer greifbar.

Die Überlegungen zur objektiven Unverzichtbarkeit von Werten, die im Verhältnis zueinander pari gelten, haben gezeigt, dass das gute Leben nicht notwendig ein durchgehend glückliches sein muss. Es ist zwar nur indirekt klar, wo das genaue Minimum der Werte liegt, die für ein gutes Leben unverzichtbar sind. Ethisch unzumutbar ist aber die Steigerung des Unglücks à la König Lear. Das gute Leben beginnt nicht beim absoluten Minimum, also nicht dort, wo die Toleranz eines einzelnen Menschen dem Unglück gegenüber endet. Für ein gutes Leben müssen die Werte andererseits aber auch kein perfektes oder optimales Maß haben. Wenn wir mit ‹Glück› die Vorstellung von Perfektion und Vollkommenheit verbinden, können wir es nicht zu den unverzichtbaren Bedingungen des guten Lebens zählen. Wir können aber – im Sinne Kants und wiederum negativ – die Vermeidung von Unglück als eine Einstellung zur Förderung des guten Lebens betrachten. Eine notwendige Bedingung des guten Lebens ist die Vermeidung von Unglück indessen nicht, denn ein gutes Leben muss nicht völlig frei von Unglück sein. Wir kommen nicht umhin, die Beziehung des Glücks zum guten Leben genauer zu untersuchen. Schließlich zerstört anhaltendes Unglück das gute Leben.

5.1.5. Glück, heterogene Güter und das gute Leben

Viele halten Glück für ein vollkommenes, nicht mehr steigerbares Gefühl. Das ist nicht falsch, trifft aber nur das selten anhaltende, sinnlich wahrnehmbare Glücksgefühl. Glück ist, ohne mit besonderen Gefühlen verbunden zu sein, ein Ziel und eine Weise des Handelns. Es ist auch eine Kategorie, welche die unterschiedlichen Bedeutungen des Glücks enthält. Vor allem ist das Glück aber ein Integral, das all das zusammenhält, was zu einem guten Leben gehört. Im begrifflichen Sinn ist das Glück, wie Robert Spaemann formulierte, zweideutig.[18] Und diese Zweideutigkeit liegt der kaum überschaubaren Vielfalt seiner Bedeutungen zugrunde. Zweideutig ist das Glück, weil wir zwischen Glück haben (lat. fortuna, engl. luck) und glücklich sein (lat. beatitudo, engl. happiness) unterscheiden. Trotz seiner Zweideutigkeit hängt die eine Art Glück von der anderen, soll das Leben gelingen, ab. Zumindest lassen sich die beiden Arten des Glücks nicht völlig voneinander trennen. Außerdem treten sie in großer Vielfalt gemeinsam auf. Wir Menschen brauchen z. B. Glück, um glücklich sein zu können. Offenbar sind es solche hybriden Verbindungen, die unsere Aufmerksamkeit verdienen. Die praktische Bedeutung solcher Hybride ist zwar wegen der grundsätzlichen Zweideutigkeit des Glücks nicht leicht zu verstehen, die integrative Funktion des Glücks für das Ganze des guten Lebens ist aber leicht erkennbar.

Als Kategorie hat Glück eine aktive und eine passive Bedeutung. Im passiven Sinn ist es eine Kategorie, mit der einzelne Menschen ihre Befindlichkeit und Selbstwahrnehmung beurteilen. Sie müssen ihre Selbstwahrnehmung als glückliche Menschen nicht notwendig mit einem bestimmten Gefühl verbinden. Deswegen können auch Menschen, die unter Schmerzen und anderen Entbehrungen leiden, glücklich sein. Die Gefühle eines glücklichen Menschen können auch schwanken, ohne dass sein Urteil, dass er glücklich ist, sich verändert. Im aktiven Sinn ist Glück eine Kategorie des zielgerichteten Handelns. Menschen wollen, mit diesem Ziel vor Augen, in dem und durch das, was sie tun, ihr Bestmögliches, ein Optimum, eine Vollkommenheit erreichen. Es kann sich dabei ebenso um eine künstlerische oder um eine sportliche Leistung, um eine wissenschaftliche Einsicht oder um die Beherrschung des eigenen Körpers z. B. nach einer schweren Krankheit handeln. Auch in diesem Fall ist das Glück nicht notwendig mit angenehmen Empfindungen verbunden. Das Glück kann auch mit der Erschöpfung oder mit der Erleichterung nach großen Anstrengungen einhergehen. Es kommt darauf an, wie man handelt, wie gut man es kann und in welchem Maß es gelingt.

Wäre Glück nur ein Gefühl, könnten wir es nur anhand von bestimmten angenehmen Empfindungen, von Arten der Lust oder des Genusses verstehen, die naturgemäß bei den Menschen verschieden und mit Verschiedenem verbunden sind. Aristoteles meinte, dass es sich nicht lohnen würde, diesen Unterschieden im Einzelnen nachzugehen.[19] Dies wäre in der Tat mühsam. Aufschlussreich kann dagegen die Untersuchung der Bedeutung des Glücks als Steigerung der Lust und Vermeidung von Unlust sein, wie Sigmund Freud sie betrieb.[20] Er wies nicht nur auf die Bedeutung der Religion, der Kultur und der Arbeit für die «Libidoökonomie» hin, wie er den täglichen Kampf im Zuge der Verhütung von Leid und der Suche nach Glück nannte. Er entdeckte auch den Widerstreit zwischen dieser Suche und den kulturellen Bedingungen, welche sie im täglichen Leben scheinbar oder real behindern. Es wäre sicher falsch zu meinen, Einsichten dieser Art wären bedeutungslos für die Möglichkeit des guten Lebens. Es ist nur nicht Sache der Ethik, diesen sozialpsychologischen und kulturwissenschaftlichen Zusammenhängen auf den Grund zu gehen. Dies liegt nicht nur daran, dass die Ethik für derlei Untersuchungen nicht über die nötigen Methoden verfügt, sondern vor allem daran, dass Libidoökonomie und Lust zwar zu den subjektiven Voraussetzungen derer gehören, die Ethik betreiben, aber selbst nur indirekt, etwa im Zusammenhang mit Fragen der Mäßigung und der Selbstdisziplin, Gegenstände der Ethik sind. Aristoteles meinte, dass die Lust nicht das Gute, noch jede Lust zu wählen sei. Einige Lüste, nämlich die an der Tugend, hielt er aber für an sich wählenswert.[21] Die Lüste unterscheiden sich in seinen Augen offenbar nach Art und Begründung. Ähnlich können wir dies auch heute sehen. Jedenfalls würden wir der Lust nicht an sich einen ethischen Wert beimessen. Ein augenfälliger Grund für die ethischen Vorbehalte der Lust gegenüber ist, dass auch schlechte Handlungen mit Lust verbunden sein können. Aristoteles nannte noch einen weiteren Punkt, indem er bemerkte, viele Dinge, die wir schätzen, hätten mit Lust nichts zu tun, z. B. «Sehen, Gedenken, Wissen, Besitz der Tugenden».[22] Dass Lust kein Gegenstand der Ethik ist, schmälert keineswegs die Bedeutung von Glücksempfindungen für das gute Leben. Andersherum litten viele Menschen, die ihrem eigenen Urteil nach ein gutes Leben führten, unter Entbehrungen oder hatten keine Aussicht, jemals wieder ein normales Leben zu führen. Selbst im Angesicht des Todes beurteilten z. B. die Widerstandskämpfer gegen Hitler ihr Leben als gut, obwohl es für sie kein Lebensglück mehr geben konnte.[23] Eine bestimmte Art von Empfindungen können wir aus ethischer Perspektive dem Glück nicht zuordnen. Glück ist eine seelische und geistige Qualität der Selbstwahrnehmung, des Handelns und der Wahrnehmung von anderen, wie immer sie sich individuell zeigen mag. Die Wahrnehmung dieser Qualität hängt nicht von einer bestimmten Art von Empfindungen ab. Deswegen kann auch ein leidender Mensch glücklich sein, wenn er z. B. Zuwendung und Liebe erfährt oder eine Einsicht gewonnen hat, nach der er lange suchte, oder etwas schaffte, was ihm bisher nicht gelang. Es gibt unabhängig von angenehmen Empfindungen das Glück, das einen geistigen und seelischen Charakter hat. Es kann einfach darin bestehen, das Glück derer, die man liebt, zu sehen.

Aristoteles verstand unter ‹Glück› (Eudaimonie) kein Gefühl, sondern eine gute Tätigkeit und das letzte Ziel allen Handelns. Vor allem «Tätigkeiten des Denkens» machen wesentlich das aus, was er mit ‹Glück› meinte. Das vollkommene Glück war für ihn eine Denktätigkeit, ja ein Denken.[24] Er erkannte aber auch, dass Glück als Tätigkeit ebenfalls abhängig ist von der Welt, in der man lebt, sowohl in psychischer als auch in sozialer und materieller Hinsicht. Was die psychische Seite angeht, ist es offensichtlich, dass der glückliche Mensch sich und seine Welt anders erlebt als der unglückliche. Wittgenstein meinte im *Tractatus* sogar, die Welt des Glücklichen sei eine andere als die des Unglücklichen.[25] Dabei ist offen, woher das Glück oder das Unglück kommt und ob es ein Gefühl oder ein geistiger Zustand ist. Dasselbe gilt für die soziale und materielle Abhängigkeit des Glücks oder Unglücks von der Welt.

Trotz dieser Abhängigkeit erfährt und beurteilt der einzelne Mensch sein Glück einerseits vorrangig im Blick auf sein eigenes Leben und weniger im Blick auf das Leben einer Gemeinschaft. Andererseits ist ebendieses Erleben und Urteilen von der sozialen Umwelt abhängig. Aristoteles beugte bereits einer falsch verstandenen Innerlichkeit vor und erklärte die soziale und materielle Abhängigkeit des Glücks mit dem einfachen Hinweis, dass sich das Denken nicht selbst genügen könne. Der Glückselige müsse «als Mensch» in «äußeren guten Verhältnissen» leben, und dazu bedürfe es der «leiblichen Gesundheit, der Nahrung und alles dessen, was zur Notdurft des Lebens gehört».[26] Er meinte weiter, dass dazu nicht sehr viel gehöre, und berief sich bei seiner im Ungefähren gehaltenen Mahnung zur Genügsamkeit auf Autoritäten wie Solon und Anaxagoras. Entscheidend ist seine Einsicht, dass jeweils beides zusammenkommen und zusammenstimmen muss, die äußeren Bedingungen und das Denken, die guten Empfindungen und das gute Handeln, die aktive und die passive Seite des Glücks.

Glück im Sinn der Eudaimonie ist eine ethische Kategorie und ein ethisch unverzichtbar wichtiges Ziel jedes Menschen. Dasselbe gilt für Glück im Sinn des Glück-Habens. Ein beständiger Mangel an Glück im einen wie im anderen Sinn und dauerhaftes Unglück zerstören die menschliche Lebensfähigkeit und davor schon – wie Kant zu Recht meinte – die menschliche Moralfähigkeit. Glücksfähigkeit, Lebensfähigkeit, Moralfähigkeit und Glück-Haben lassen sich nicht voneinander trennen. Sie bilden gemeinsam das Integral des guten Lebens. Aus diesem Grund ist das individuelle Glück auch ein Ziel der Ethik.[27] Nur im Glück der Individuen, und zwar aller Einzelnen, kann das gute Leben einer Gemeinschaft ein Optimum erreichen. Glück und Unglück sind jedoch nur individuell wahrnehmbar und erkennbar, sei es als Selbstwahrnehmung oder als Glück und Unglück anderer Menschen, unabhängig davon, ob diese es selbst so erleben. Überindividuelle Optima, kollektives Glück oder Unglück, werden zwar individuell nicht notwendig so empfunden, in jedem Fall aber als solche erkannt und beurteilt. Ein kollektives Optimum an Glück macht jeden einzelnen Menschen weder notwendig glücklich noch macht kollektives Unglück jeden Einzelnen notwendig unglücklich. Nicht möglich ist es allerdings, die Größe solcher Optima zu bestimmen, jedenfalls nicht quantitativ.

Glück im Sinn der Glückseligkeit ist ein Wert, der wie Gesundheit, Kreativität oder sportliche Leistungsfähigkeit unteilbar erscheint, es aber streng genommen nicht ist. Natürlich wird Glück immer individuell realisiert. Der Glückliche kann aber versuchen, andere an seinem Glück teilhaben zu lassen, und gerade darin eine erstrebenswerte Vollkommenheit sehen. Er mag auch die Steigerung des Glücks anderer sogar als sein vorrangiges Ziel verstehen. Gelingt es ihm, dieses Ziel zu verwirklichen, wird er am Ende auch sein eigenes Glück gesteigert haben. Das Wohlbefinden der anderen wird auf diese Weise Teil seiner eigenen Empfindungen und seiner Selbstwahrnehmung. Der Glückliche kann sich allerdings auch leicht über die wirkliche Befindlichkeit der anderen täuschen, weil er die Welt durch die Brille seiner eigenen Befindlichkeit sieht.

Ähnlich verhält es sich mit dem Glück-Haben. Auch dieses Glück wird individuell realisiert, ist aber ebenso teilbar. Derjenige, der Glück hatte, kann sich im Übrigen ähnlich wie der Erfolgreiche besser fühlen, wenn ihm andere sein Glück oder seinen Erfolg gönnen. Jeder, der Glück oder Erfolg hatte, kann andere daran teilhaben lassen und ihnen einen Teil seines Glücks oder Erfolgs abgeben. Menschen mit Glück oder Erfolg können anderen aus dem, was sie gewonnen haben, z. B. Geschenke machen und versuchen, sie auf diese Weise an ihrem Glück oder Erfolg partizipieren zu lassen. Geschenke können natürlich das

Glück oder den Erfolg, den die Beschenkten selbst haben könnten, nicht ersetzen und müssen auch nicht von jedermann mit Dankbarkeit aufgenommen werden. Dennoch kann das teilbare Gut des Glück-Habens eine Bedingung des guten Lebens nicht nur für den sein, der Glück hatte, sondern auch für die, welche in seiner Nähe leben. Auch das Glück im Sinn der Glückseligkeit ist eine Bedingung des guten Lebens des einzelnen Menschen. Es kann aber – wegen seiner Unbeständigkeit – keine notwendige Bedingung des guten Lebens einer Gesellschaft sein. Das gute Leben einer Gesellschaft hängt primär davon ab, dass möglichst viele Menschen Glück haben. Wie viele glücklich im Sinn der Glückseligkeit sind, ist für das kollektive gute Leben nicht unmittelbar, aber doch indirekt entscheidend. Zu viele Menschen dürfen in einer Gesellschaft nicht unglücklich sein, weil ihr Unglück das gute Leben des Ganzen unmöglich machen kann. Das Glück der Glückseligkeit und das Glück-Haben können im kollektiven ebenso wie im individuellen Leben auseinander fallen.

Für das gute Leben ist vor allem das Glück-Haben eine wesentliche Voraussetzung. Dies gilt sowohl für das individuelle als auch für das kollektive gute Leben. Je mehr Menschen in einer Gesellschaft Glück haben, desto besser ist das Leben der Gesellschaft insgesamt, vorausgesetzt, sie lassen die anderen an ihrem Glück teilhaben. Da dies von ihrer subjektiven Einstellung, ihrem Altruismus, abhängig ist, sind politische Strukturen der Verteilung von Gütern, die von den Glücklichen gewonnen wurden, eine verlässlichere Basis des kollektiven guten Lebens. Für das Glück-Haben, das für das gute Leben unverzichtbar ist, gibt es Ersatzgrößen wie ‹Nutzen›, ‹Erfolg› oder ‹Gewinn›. Sie haben zwar den Vorteil, dass sie quantifizierbar sind, leiden aber darunter, dass ihre Glücksqualität und damit auch ihr ethischer Status unklar sind. Das Glück, welches Ziel ethischen Handelns ist, lässt sich nicht durch eine jener Ersatzgrößen des Glück-Habens ersetzen. Es wäre sogar unsinnig, das individuelle Glück mit dem quantitativ bestimmten guten Leben einer Gemeinschaft von Menschen gleichzusetzen, weil deren Leben angesichts der verfügbaren Gütermengen gut sein kann, ohne dass ein einziger Mensch deswegen schon glücklich im Sinn der Glückseligkeit sein müsste. Da dieses Glück immer individuell realisiert, erlebt und beurteilt wird und nur begrenzt teilbar ist, kann es auch im qualitativen Sinn nicht mit dem guten Leben einer Gemeinschaft gleichgesetzt werden, obwohl das individuelle Glück und die Moralfähigkeit vom guten Leben der Gemeinschaft ohne Zweifel begünstigt werden.

Das gute Leben der Gemeinschaft ist zwar weder eine notwendige noch eine hinreichende Bedingung des individuellen Glücks im Sinn der Glückseligkeit, dennoch lässt es sich mit diesem vergleichen. Beide haben analog die gleiche Bedeutung. Das gute Leben hat für die Gemeinschaft eine ähnliche Bedeutung wie die Glückseligkeit für den Einzelnen. Beide sind bestmögliche, in gewisser Weise nicht mehr steigerbare Zustände, Optima des jeweiligen Ganzen, des individuellen wie des kollektiven Lebens. Sie sind sich ähnlich, weil sie jeweils als Empfindungen die bestmöglichen Qualitäten haben. Die individuelle Glückseligkeit und das gute Leben einer Gesellschaft sind wie Glücklichsein und Glück-Haben miteinander verwandt. In beiden Fällen handelt es sich um Optima. Beide Optima können durch bestmögliches Handeln erreicht werden; dies gelingt allerdings nicht immer und nicht notwendig. Auch lässt sich jene Abhängigkeit der Optima vom Handeln nicht umkehren. Denn individuelles oder kollektives Unglück können nicht in jedem Fall auf ein Versagen zurückgeführt werden, das dem Unglücklichen oder der Gemeinschaft von Unglücklichen schuldhaft zuzurechnen ist. Unglück ist keine Schuld, und Glück im Sinn des Glück-Habens ist kein Verdienst und nicht immer das Ergebnis einer vollkommenen Leistung. Allein das Glück der Glückseligkeit ist auch ein Verdienst und mit einer Vollkommenheit des Denkens und Handelns verbunden. Glückseligkeit ist aber nur für das individuelle gute Leben eine hinreichende und weder für das individuelle noch für das kollektive gute Leben eine notwendige Bedingung.

Ebenso vielfältig wie Glück und Unglück selbst sind deren Ursachen. Unsere Phantasie reicht nicht aus für diese Vielfalt. Wir haben auch große Schwierigkeiten, uns eine Verbindung von Glück und Unglück vorzustellen. Eine solche Verbindung erscheint uns nicht nur unwahrscheinlich, sondern schon aus begrifflichen Gründen undenkbar. Wir halten sie nicht für möglich, und doch können Menschen auch in einer Welt, in der Gewalt und Rechtlosigkeit, Not und Unsicherheit herrschen, Augenblicke des Glücks erleben. Solange es Hoffnung gibt, ist dies offenbar möglich. Imre Kertész schildert die Möglichkeit dieser Hoffnung selbst unter den unmenschlichen Bedingungen eines Konzentrationslagers: «Ich kann behaupten: es gibt keine noch so große Erfahrung, keine noch so vollkommene Ergebenheit, keine noch so tiefe Einsicht, dass man seinem Glück nicht doch noch eine letzte Chance gäbe – vorausgesetzt, man hat die Möglichkeit dazu, versteht sich.»[28] Die Hoffnung auf Glück kann durch die Schrecken der Unmenschlichkeit und Gewalt aber auch dauerhaft zerstört werden.

Es ist gleichwohl nicht so, dass das gute Leben einer Gemeinschaft eine notwendige Bedingung des individuellen Glücks oder Glück-Habens wäre, wie das Beispiel Kertész gezeigt hat. Dennoch wollen wir noch genauer verstehen, wie das individuelle Glück und das Glück-Haben mit dem guten Leben zusammenhängen. Wir sollten deswegen mehr über die unterschiedlichen Arten des Glücks und über dessen Verbindungen mit dem guten Leben der Gemeinschaft erfahren und prüfen, ob es eine mittelbare oder unmittelbare Verbindung zwischen dem einen und dem anderen gibt. Um diese Verbindung geht es im nun folgenden Abschnitt. Wir haben bisher festgestellt, dass die Glückseligkeit für das individuelle gute Leben zwar eine hinreichende, aber keine notwendige Bedingung ist. Dagegen ist das Glück-Haben für das individuelle gute Leben sowohl eine notwendige als auch eine hinreichende Bedingung. Für das kollektive gute Leben ist die Glückseligkeit der einzelnen Menschen weder notwendig noch hinreichend, das Glück-Haben möglichst vieler dagegen eine notwendige Bedingung. Alle diese abstrakt in Summe oder alternativ als notwendig oder hinreichend deklarierten Bedingungen sagen nichts darüber aus, wie die Menschen die Güter jeweils einschätzen, die als Bedingungen des Glücks gelten können. Genau dies ist aber entscheidend für die Glücksqualität von Gütern.

5.1.6. Teilbare und unteilbare Güter, Glück und das gute Leben

Glück zu haben, bedeutet, wie Aristoteles lehrte, über die materiellen und immateriellen Voraussetzungen zu verfügen, die das Glücklichsein, zumindest aber die Zufriedenheit erlauben. Auf diese Weise überträgt sich die Zweideutigkeit oder Doppelnatur des Glücks auf die Güter, die Menschen anstreben können, um glücklich zu sein. Diese Güter bedeuten nicht nur für jeden etwas anderes, sondern können auch ihrem Typus nach doppeldeutig und verwechselbar sein. Das Glück, das wir über irgendein Gut erstreben, prägt die Qualität dieses Guts und wird gleichzeitig auf umgekehrtem Weg von diesem Gut selbst geprägt. Das erstrebte Gut kann deswegen zwei Qualitäten gleichzeitig haben und als Glücksziel sowohl ein unvergleichbares und unteilbares als auch ein vergleichbares und teilbares Gut sein. Es kann aber auch nur eine dieser Qualitäten haben. Wenn seine teilbare und vergleichbare Qualität im Vordergrund steht, macht es nicht wirklich glücklich. Es kommt hier darauf an, wie das, was ich später das ‹methodische Grundproblem der Ethik› nenne, die Verbindung quantifizierbarer und nicht quantifizierbarer Qualitäten in einem einzigen Gut, gelöst wird.[29]

Wir kennen die Qualität von vergleichbaren und teilbaren Gütern unter den Bezeichnungen ‹Lust›, ‹Nutzen› oder ‹Gewinn›. Von Gütern dieser Qualität kann man jeweils der Menge nach mehr oder weniger haben. Sie sind mehr oder weniger quantifizierbar, wechselseitig deckungsfähig, und es können viele an ihnen teilhaben. Gewöhnlich ist der Zugang zu ihnen beschränkt und steht nur wenigen offen. Man kann aber z. B. etwas von seinem Gewinn anderen geben und dann gleichzeitig mit ihnen daran teilhaben, oder man kann damit Eigentum erwerben, das nur einem selbst zur Verfügung steht. Genauso verhält es sich, wie eben angedeutet, mit dem Glück-Haben. Es können viele Menschen gleichzeitig Glück haben, weil sie mit ihrer Arbeit gut verdienen, weil sie gesund sind, eine gute Ausbildung haben und in rechtsstaatlichen Verhältnissen leben. Unter ihnen kann einer sein, der besonders viel Glück hat und z. B. im Lotto gewinnt. Mit dem Glück-Haben verhält es sich so wie mit dem guten Leben. Es können viele daran partizipieren. Glück-Haben ist ein teilbares Gut, Glückseligkeit ist dagegen – wie wir oben sahen – nur beschränkt teilbar, obwohl und vielleicht auch weil niemand für sich allein glücklich sein kann.

Ein Äquivalent dessen, was Glück im individuellen Leben bedeutet, ist für das Leben einer Gemeinschaft von Menschen das gute Leben. Die Qualität der Güter, mit denen das individuelle Glück und das gute Leben der Gemeinschaft erreicht werden können, ist der Menge und Anzahl nach unbestimmt. Außerdem sind solche Güter nicht ohne weiteres durch andere zu ersetzen. Unteilbar sind viele der Güter des guten Lebens gewöhnlich deshalb, weil nicht jeder in gleicher Weise daran teilhaben kann. Das Glück, das ein Mensch z. B. in der Kunst, in der Wissenschaft oder im Sport findet, kann einen anderen Menschen, der zu diesen Tätigkeiten keinen Zugang hat, nicht einmal als Zuschauer oder Beobachter glücklich machen. Jeder kann sich aber, wenn er den entsprechenden Charakter hat, über das Glück jedes anderen freuen und auf indirekte Weise daran teilhaben. Das gute Leben einer Gesellschaft und jedes ihrer Mitglieder ist aber immer ein Integral aus den Gütern und Werten, die für ein solches Leben unverzichtbar sind, wie immer ihre Verteilung im Einzelnen aussieht. Allerdings ist – wie wir später (Kap. 5.2.2.) sehen werden – weder die Art noch die Verteilung der Güter beliebig. Die Güter müssen für das gute Leben zusammenpassen, damit sie ein Ganzes bilden können. Dies gilt nicht nur für die Güter im Einzelnen, sondern auch für die Personen, die an diesem Leben teilnehmen, und ihre Befähigungen. Das Ebenmaß ihrer individuellen Fähigkeiten ist für die Integration der Güter in das Ganze ebenso entscheidend wie die Verfügbarkeit der Güter. Die Menschen selbst müssen integrierbar sein, damit ein Ganzes möglich ist.

Die vergleichbaren und teilbaren Güter haben häufig – aber nicht immer – eine materielle Qualität und sind meist quantifizierbar. Die unvergleichbaren und unteilbaren Güter haben dagegen meist – aber nicht immer – eine nicht quantifizierbare Qualität. Die Art und Beschaffenheit dieser Güter wird uns noch beschäftigen, weil wir mehr über ihre wechselseitige Abhängigkeit erfahren wollen. Es geht dabei vor allem darum, in welchem Verhältnis diese Güter zueinander stehen, ob und unter welchen Bedingungen sie ineinander überführbar oder wechselseitig ergänzbar sind. Es ist offensichtlich, dass sie etwas miteinander zu tun haben, aber unklar, wie sich die materielle zur nichtmateriellen Qualität gerade der Güter verhält, deren Verteilung über das gute Leben einer Gesellschaft entscheidet. Wie verflochten und gleichzeitig unterschieden diese Qualitäten vieler Güter sind, zeigt sich auch am Sprachgebrauch. Wir verwenden die Wörter ‹Glück›, ‹Erfolg›, ‹Gut›, ‹Nutzen› oft tatsächlich zweideutig und dann wechselseitig stellvertretend, sodann aber auch wieder eindeutig und in Bedeutungen, die nicht miteinander verwechselt werden dürfen.

In der ethischen Tradition war das Problem der Heterogenität, der Doppelnatur und der wechselseitigen Abhängigkeit der Güter bekannt, wurde aber nicht geklärt. Selbst ein so integrativ denkender und weitsichtiger Utilitarist wie Henry Sidgwick, der vom prinzipiellen Charakter des Glücks für die Ethik überzeugt war, konnte sich im Viktorianischen England die Integration der Arten des Glücks und der quantitativen und qualitativen Güter nicht wirklich vorstellen. Deutlich wird dies an dem, was er die Methode des «empirischen Hedonismus» nannte. Diese Methode zeichnet sich dadurch aus, dass sie im Vergleich zwischen Dingen, Handlungen und Erfahrungen, welche die Empfindungen von Lust und Unlust verursachen können, den eigentlichen Gegenstand der Ethik sah.[30] Sidgwick verwarf diese Methode zwar nicht in Bausch und Bogen, stand ihr aber skeptisch gegenüber. Er war nicht davon überzeugt, dass die von ihr unterstellte Vergleichbarkeit der Empfindungen praktisch möglich ist. Er bezweifelte vor allem, dass auf jene Weise das Glück gemehrt und das Unglück gemindert werden kann. Diese Annahme – so Sidgwick – könne empirisch nicht bestätigt werden, außerdem sei der Hedonismus generell als moralische Orientierung untauglich.[31] Für die moralische Orientierung kamen für ihn nur unteilbare Güter in Frage. Sidgwick und vor ihm schon J. S. Mill erkannten, dass das Glück als unvergleichbares und gleichzeitig qualitatives, unteilbares Gut nicht auf das Glück als vergleichbares und teilbares Gut zurückgeführt werden kann. Dies entspricht dem Gemeinplatz, dass z. B. Geld und materieller Reichtum allein nicht glücklich machen und dass ein wohlgenährtes, zufriedenes Haustier nicht besser lebt als ein armer Poet.[32] Sidgwick übersah aber bei alledem, dass das Glück seine prinzipielle ethische Qualität nur haben kann, wenn es von teilbaren, quantifizierbaren Gütern ergänzt wird. Wer hungert oder unter einem sonstigen schweren materiellen Mangel leidet, ist nicht nur unglücklich, sondern in der Regel auch nur eingeschränkt moralfähig.

Beides wäre falsch, das Glück allein als qualitatives, unteilbares und es ausschließlich als quantitatives, teilbares Gut zu betrachten. Um Letzteres zu illustrieren, könnte man sich – Sidgwicks Skepsis beiseite lassend – einen reinen Hedonismus vorstellen und das Glück als unteilbares Gut einfach ignorieren und als subjektive Einbildung oder Hirngespinst abtun. In einer solchen Gedankenwelt kann sogar der Hungernde noch zur Maximierung des Gesamtnutzens beitragen, wenn er wenigstens nicht schwarzfährt und auch nicht auf Kosten anderer isst, sondern seine fehlende Leistungskraft bei der Maximierung des Gesamtnutzens mit seinem Verzicht auf Konsum ausgleicht. Der Volksmund kennt dafür den gnadenlosen Spruch ‹wer nicht arbeitet, soll auch nicht essen›.

Am Beispiel des gerechten Lohns werde ich gleich veranschaulichen, wie wenig eindeutig und wechselhaft die quantitativen und qualitativen Aspekte von Gütern erscheinen, wenn sie zu einem Ganzen verbunden werden. Sie lassen sich dann nicht mehr so voneinander trennen, wie dies die Begriffe ‹Lust› und ‹Nutzen› auf der einen und ‹gutes Leben› und ‹Glück› auf der anderen Seite suggerieren. Eine bestimmte Quantität wie die Höhe des Lohnes hat tatsächlich eine nicht-materielle Qualität, die sich etwa an der Art der Leistung und an den Bedürfnissen des arbeitenden Menschen orientiert. Die Menge des Geldes, das sie oder er monatlich erhält, ist also selbst eine Qualität, obwohl oder gerade weil sie quantitativ bestimmt ist. Nur die Quantität des Lohnes macht sichtbar, ob der Lohn gerecht oder ungerecht ist. Die Quantität ist also selbst eine Qualität.

Umgekehrt haben aber auch Qualitäten quantitative Auswirkungen. Es sieht oberflächlich betrachtet so aus, als würden auf diese Weise unteilbare zu teilbaren Gütern. Diese Metamorphose findet zwar nicht wirklich statt, aber unteilbare Güter können Auswirkungen auf teilbare haben, und deswegen kann es so aussehen, als würden sie sich selbst in teilbare verwandeln. Das unteilbare Gut der Gleichheit kann z. B., wenn es tatsächlich respektiert wird, dazu führen, dass Frauen und Männer für gleiche Leistungen den gleichen Lohn erhalten. Das Gut der Gleichheit wird dabei ungeteilt jeder einzelnen Person zuteil, zahlt sich aber z. B. dort in einem höheren Einkommen der Frauen aus, wo sie noch immer einen geringeren Lohn als Männer für die gleiche Arbeit bekommen. Auf ähnliche Weise kann das unteilbare Gut der Rechtssicherheit einem Menschen helfen, seine materiellen Ansprüche zu verteidigen oder einzuklagen. Wenn ihm Gerechtigkeit geschieht, erhält er zumindest einen Teil dessen, was ihm materiell zusteht. Das Gut der Rechtssicherheit, das ihm dabei zuteil wurde, spaltet sich nicht in quantitative Teile auf. Qualitative Güter haben auf diese und ähnliche Weise quantitative Folgen.

Sehen wir uns, um die Mischung quantitativer und qualitativer Güter zu einem Ganzen besser zu verstehen, das Beispiel des ‹gerechten Lohns› etwas genauer an. Beinahe jeder Mensch kann sich darunter etwas vorstellen. Güter wie die mehr oder weniger lange wöchentliche Arbeitszeit, die erbrachten Leistungen und das mehr oder weniger hohe monatliche Einkommen stehen in einem Verhältnis zueinander. Dieses Verhältnis, das entweder gerecht ist oder nicht, ist selbst ein Gut, das nicht nur einen quantitativen, sondern auch einen qualitativen Charakter hat. Innerhalb des besagten Verhältnisses besteht die Qualität der Leistungen, die honoriert werden, wiederum aus einem Bündel von Qualitäten, wie z. B. dem Können, der Ausbildung, dem Engagement und der Persönlichkeit. Die Grenzen zwischen den Arten, Erscheinungsweisen oder Aspekten dieser Güter sind nicht scharf. Es wäre ohne dieses Bündel an Gütern unsinnig, vom ‹gerechten Lohn› zu sprechen. Der gerechte Lohn vereinigt qualitative und quantitative Aspekte zu einem Ganzen. Gerecht ist ein Lohn, wenn er der erbrachten Leistung entspricht und unter den konkreten Lebensbedingungen materielle Sicherheit bietet.[33] In diesem Äquivalent mischen sich Quantitatives und Qualitatives dem Wert der Leistung entsprechend, der an ihr selbst nicht unmittelbar ablesbar ist und gewöhnlich durch einen Vergleich mit anderen, ähnlichen Leistungen festgelegt werden kann. Quantitativ orientiert sich der gerechte Lohn an dem Preis, den der Markt hergibt und den die Kosten der Lebenshaltung fordern. Gleichzeitig sollte der Lohn den qualitativen und quantitativen Ansprüchen der Bedürfnisse des arbeitenden Menschen entsprechen. Trotz der Schwierigkeiten, die uns noch beschäftigen werden, Quantitäten und Qualitäten zu integrieren, gelingt es gewöhnlich, die Höhe eines Lohnes in einem Prozess des Aushandelns so zu bestimmen, dass er als ‹gerecht› gelten darf und akzeptiert wird.

Die soziale Marktwirtschaft hat nach dem Zweiten Weltkrieg in Deutschland der Qualität des gerechten Lohns einen hohen politischen und sozialen Stellenwert beigemessen und deswegen ordnungspolitisch den Gewerkschaften großen Einfluss bei der Festlegung der Löhne eingeräumt. Die Grundidee ist, dass sich die quantitativen und qualitativen Arten des Guten ergänzen sollen. Auch wenn das Glück jedes einzelnen Menschen nicht durch den Lohn und durch die rechtsstaatliche politische Ordnung herstellbar ist, können sie zumindest Ungerechtigkeit und Unglück verhindern. Die wechselseitige Ergänzung und Integration des qualitativen und quantitativen Guten zu einem Ganzen ist dabei das Ziel. Allerdings ist diese Ergänzung nicht nur ein praktisches und politisches, sondern auch ein theoretisches und methodisches Problem. Es ist genau genommen das Grundproblem der Ethik; zumindest wird es von mir als solches behandelt.[34]

5.1.7. Sittliche Bedingungen des guten Lebens

Die Überlegungen zum Verhältnis der Güter, die Menschen für das gute Leben benötigen, können nicht unabhängig von den sittlichen Zusammenhängen angestellt werden, in denen die Menschen leben. Die genaue Beurteilung und Analyse dieser Zusammenhänge sind zwar nicht Sache philosophischer Untersuchungen. Dennoch sollten die sittlichen Lebensbedingungen der Menschen auch in solchen Untersuchungen nicht übersehen werden. Im ersten Teil dieses Buches ging ich aus diesem Grund auf die enge Verbindung zwischen Sitte und Ethik ein. Die Einschätzung materieller, quantifizierbarer und nicht quantifizierbarer Güter als Bedingungen des guten Lebens ist unabhängig von sittlichen Voraussetzungen weder möglich noch sinnvoll. Es ist deswegen z. B. nicht sinnvoll, eine von sittlichen Bedingungen unabhängige untere Grenze der Armut oder Bedürftigkeit von Menschen festzulegen. Wenn internationale Organisationen dies dennoch über unterschiedliche Kulturen, Ethnien, Regionen und Religionen hinweg tun, mögen sie dabei Ziele der internationalen Politik verfolgen, sinnvoll oder gar geboten ist dies aber weder ethisch noch ethnisch, und ob es politisch gut ist, kann bezweifelt werden. Denn die Güter des guten Lebens sind in jeder Kultur andere. Sie haben keinen Wert an sich, sondern einen kulturell bestimmten Wert. Was in der einen Kultur gänzlich wertlos ist, kann in einer anderen Stolz und Glück bedeuten.

Der Ethnologe Gerd Spittler, der die Lebensverhältnisse des Stammes der Kel Ewey in der Ténéré-Wüste der Sahara untersuchte, hat z. B. ein differenziertes Bild der Güter und Bedürfnisse dieses Stammes gezeichnet.[35] Die Tag für Tag immer gleichen Mahlzeiten der Kel Ewey sind aus unserer Sicht nicht nur einfach, sondern ärmlich. Die Menschen sind aber zufrieden mit ihnen. Familien gelten als «wohlhabend, weil ihre einfachen Bedürfnisse voll erfüllt werden».[36] Spittler korrigiert die durch unsere Vorstellungen verzerrte Wertung und zeigt, dass die Befriedigung «einfacher Bedürfnisse»[37] dann zu dauerhafter Zufriedenheit führt, wenn die Menschen in einer so lebensfeindlichen Umwelt wie der trockensten Wüste der Sahara mit ihrer Genügsamkeit ihr Leben sichern. Sie suchen nicht ständig Abwechslung oder neue Bedürfnisse.

Spittlers Beispiel ist zugegeben extrem. Es wäre aber – auch auf dem Hintergrund seiner und anderer ethnologischer Forschungen[38] – ebenso unsinnig, extreme Unterschiede in der Bewertung von Gütern zu leugnen oder zu ignorieren, wie sie als allgemein gut oder empfehlenswert zu propagieren. Wir mögen uns darüber mokieren, dass jemand in unserer Kultur sein Golfhandikap als Teil seines guten Lebens ansieht. Wir dürfen uns aber nicht darüber lustig machen, dass ein Wüstenbewohner sich glücklich schätzt, weil er einige – in unseren Augen – billige Glasbecher besitzt, in denen einmal vor längerer Zeit und in weiter Entfernung von ihm Joghurt verkauft worden war. Anders als im Fall der Frauenbeschneidung gibt es hier keine überzeugenden ethischen Argumente für eine Gleichbewertung von Gütern jenseits der sittlichen Zusammenhänge. Der Wüstenbewohner, der glücklich mit dem Besitz seiner – uns wertlos erscheinenden – Glasbecher ist, unterliegt keiner Selbsttäuschung oder Fehleinschätzung.

Wer dem zustimmt, bewegt sich auf dem dünnen Eis nahe liegender Missverständnisse. Zu leicht kann der Eindruck entstehen, dass mit solchen Überlegungen Armut und andere unwürdige Lebensbedingungen gutgeheißen oder gar – wie in manchem Fremdenführer für exotische Reiseziele – glorifiziert werden. Wir werden solchen Missverständnissen nicht völlig entgehen können. Denn wir können z. B. nicht sicher zwischen der Armut, welche die Menschwürde verletzt, und der Armut, in der Menschen glücklich sein können, unterscheiden. Es fehlen uns zu dieser qualitativen Unterscheidung die klaren quantitativen Maßstäbe. Nicht einmal die natürlichen gesundheitlichen Gefahren, denen Menschen in bestimmten Regionen der Welt ausgesetzt sind, erlauben es uns, deren Leben als schlecht zu qualifizieren. Es wäre ethisch nicht vertretbar, diesen Menschen den Umzug in unsere eigene Weltregion zu empfehlen, um endlich gut leben zu können. Genauso wenig ist es aber auch ethisch vertretbar, diesen Menschen die Segnungen der modernen Medizin dadurch vorzuenthalten, dass die Preise lebensnotwendiger Medikamente ebenso hoch sind wie bei uns.

Noch näher rücken die möglichen Missverständnisse, wenn die Einschätzung des guten Lebens von starken religiösen Überzeugungen geleitet ist. Es mag dann der Fall sein, dass Menschen die Entbehrungen und Krankheiten, die wir als Unglück ansehen, als unabwendbar akzeptieren. Wir haben dann auch nicht das Recht zu versuchen, sie von dem, was wir als Unglück betrachten, in ‹ihrem eigenen wohlverstandenen Interesse› zu befreien. Der Unterschied und die Grenze zwischen einer paternalistischen, ungerechtfertigten Einmischung und kritikwürdiger, menschenverachtender Ignoranz sind in solchen Fällen allerdings nicht leicht erkennbar. Denn jenseits der religiös bedingten Werturteile gibt es unter solchen Bedingungen keine höheren Werte, die wie z. B. das Überleben oder das Leben in Frieden und Sicherheit von allen Menschen unabhängig von ihrer Religion und Ethnie gutgeheißen werden müssten. Dem religiösen Eiferer ist sein Leben vielleicht weniger wert als der Gehorsam gegenüber religiösen Geboten. Mit dieser Möglichkeit dürfen wir aber nicht einfach argumentativ so rechnen, als ob es sich um erwiesene Tatsachen handelte. Denn der Hinweis auf solche extrem erscheinenden Asymmetrien der subjektiven Bewertung von Glück und Unglück und der Bedingungen des guten Lebens kann auch eine Ausflucht und Ausrede für das eigene Nichtstun und die selbstsüchtige Interesselosigkeit an den Leiden der anderen sein. Vertrauenswürdig sind entschiedene Urteile weder in der einen noch in der anderen Richtung.

Für unseren Zusammenhang ist es wichtig zu erkennen, dass die von mir vertretenen egalitären, in vieler Hinsicht abstrakt verallgemeinernden Überlegungen zum Glück und zum guten Leben unter sittlichen Bedingungen, die nicht mit meinen eigenen übereinstimmen, in einem anderen Licht erscheinen können. Dennoch habe ich die Verpflichtung, für die ethischen Ansprüche zu argumentieren, die im Kontext des eigenen Lebens gerechtfertigt sind. Der Konflikt zwischen diesen Ansprüchen und regional geprägten, religiös oder ethnisch bestimmten anderen sittlichen Lebensbedingungen ist, wie ich im ersten Teil dieses Buches zeigen wollte, nicht dauerhaft zu lösen. Dies ist aber ein anderes Thema. Hier geht es mir um die sittlichen Bedingungen der Bewertung der Güter des guten Lebens. Die Unterschiede, die mit solchen Bewertungen verbunden sind, zu bemerken, ist nicht nur bedeutsam für das Verhältnis zwischen Kulturen der Ersten und der Dritten Welt, sondern auch für das Leben in einer Gesellschaft, in der sich – wie in unserer – die Kulturen treffen und nebeneinander existieren. Im Mikrokosmos dieser Kulturen kann die ethische Argumentation für ein gutes Leben immer dann in Frage gestellt werden, wenn die Bewertungen von Gütern unter religiösen oder kulturellen Bedingungen stark divergieren.

5.2. Die Integration der Güter

5.2.1. Das methodische Grundproblem der Ethik

Vor den Hinweisen auf die Bedeutung sittlicher Voraussetzungen der Beurteilung des guten Lebens wies ich auf das Problem hin, dass Güter, die für das gute Leben zentral sind, häufig sowohl eine quantifizierbare als auch eine nicht quantifizierbare Qualität haben. Es gibt in der Ethik kein Modell, wie das theoretische Problem der wechselseitigen Ergänzung des qualitativen und des quantitativen Guten und der entsprechenden Güter beschrieben werden kann. Ich habe bereits eine Reihe von begrifflichen Unterscheidungen eingeführt, die für das gute Leben eine Rolle spielen und deswegen genauer charakterisiert werden sollten. Es geht um die Unterscheidung von Gütern, die ähnlich wie die Arten des Glücks miteinander verbunden werden sollen und im realen Leben auch ständig, allerdings häufig nicht gut, d. h. nicht gerecht, miteinander verbunden werden. Das Problem ist, dass unteilbare, unvergleichbare und unverzichtbare Güter mit teilbaren, vergleichbaren und verzichtbaren so verbunden werden, dass sie ein Ganzes bilden, das man aus der individuellen und aus der kollektiven Perspektive gleichermaßen als ‹gutes Leben› bezeichnen kann. Wenn es der Ethik um die Frage geht, wie das gute Leben möglich ist, ist dies ihr methodisches Grundproblem. An diesem Problem wird zwar ständig durch individuelle oder politische Entscheidungen irgendwie gearbeitet, dabei wird es aber selten gelöst und oft nur ad hoc oder gar nicht geklärt. Jede Lohnverhandlung zwischen Arbeitgebern und Arbeitnehmern hat z. B. irgendein Ergebnis. Ob es das bestmögliche oder ein wirklich gerechtes Ergebnis ist und mittel- oder längerfristig den betroffenen Arbeitnehmern und der übrigen Gesellschaft ein gutes Leben sichert, bleibt ungeklärt. Menschen legen kurz- oder mittelfristig fest, wie viel ihnen was wert ist, und entscheiden sich dann für etwas, was ihnen insgesamt, gemessen an allen ihnen bekannten Ansprüchen, für ihre Zukunft als richtig und gut erscheint.

Sie versuchen auf diese Weise, ohne dass ihnen dies bewusst sein muss, zweierlei Probleme auf einmal zu lösen. Sie wollen die Unbeständigkeit des Guten überwinden und gleichzeitig das Grundproblem der Ethik lösen. Beides geht nur gleichzeitig, weil die Unbeständigkeit des Guten zwar nicht identisch mit dem Grundproblem der Ethik, aber doch unlösbar mit diesem verbunden ist. Am besten machen wir uns davon anhand von Beispielen ein Bild. Gruppen von

Menschen wie beispielsweise Arbeitnehmer oder Arbeitsgeber versuchen – wie eben erwähnt – in rechtsstaatlich organisierten, demokratischen Gesellschaften, ihre Ansprüche bei der Verteilung von Gütern in Lohnverhandlungen durchzusetzen. Ähnlich verhalten sich auch politische Institutionen gegenüber jetzigen und künftigen Rentnern, wenn es darum geht, längerfristig die Höhe von Rentenzahlungen festzulegen.

Die Unbeständigkeit des Guten spielt dabei nicht nur eine theoretische Rolle. Denn es kann immerhin so sein, dass sich einige Zeit nach den Verhandlungen aufgrund einer unvorhersehbar schlechten konjunkturellen Lage das ausgehandelte Lohnniveau für bestimmte Unternehmen, vielleicht sogar für die ganze Gesellschaft, als zu hoch herausstellt. Bei den Renten mag dies aus vergleichbaren Gründen und durch demographische Entwicklungen ähnlich sein. Denn die Zahl der Rentnerinnen und Rentner wächst z. B. in der Bundesrepublik seit einiger Zeit überproportional gegenüber der Zahl der Beitragszahler in die Rentenkassen. Was also zu einer bestimmten Zeit als gutes Einkommensniveau festgelegt worden war, erwies sich aus unterschiedlichen Gründen später als schlecht. Es handelt sich hier um unbeabsichtigte Nebenfolgen früherer Entscheidungen, denn es war früher – so dürfen wir hoffentlich annehmen – nicht vorhersehbar, welche Entwicklungen diese Entscheidungen in ihrem Wert nachhaltig verändern könnten. Was einmal als gutes Verhandlungsergebnis erschien, ist jetzt schlecht, zumindest nicht mehr gut und im Blick auf künftige Generationen auch nicht mehr gerecht. Ebendies soll nun aber in aktuellen Lohn- oder Rentenverhandlungen jeweils für die Zukunft verhindert werden. Die Unbeständigkeit des Guten soll, wenn man so will, entschärft werden. Außerdem soll die Lebensqualität der Menschen wenigstens mittelfristig gesichert werden. Das Problem, das dabei zu lösen ist, können wir als *das* methodische Grundproblem der Ethik bezeichnen, weil seine Lösung entscheidend dafür ist, ob es in einer Gesellschaft ein gutes Leben geben kann oder nicht.

Dieses Problem besteht darin, dass wir in der Ethik bei der Lösung von Konflikten nicht umhinkönnen, die normative Qualität von Quantitäten zu beurteilen. Wir sind gezwungen, bestimmten Quantitäten, z. B. von Geld oder anderen verteilbaren Gütern, eine normative Qualität zu geben, ohne dass wir wissen, wie dies richtig und angemessen zu tun ist. Besonders schwierig ist das ethische Grundproblem, weil es nicht möglich ist, genau zu wissen, wie wir ein für alle Mal bestimmten verteilbaren Quantitäten eine bestimmte normative Qualität zuordnen können. Dies liegt daran, dass die Qualitäten und Quantitäten keinen gemeinsamen Nenner haben. Sie sind qualitativ so heterogen, dass es keine stabile, kontext- und zeitunabhängige wechselseitige Zuordnung geben kann. Keine bestimmte Summe Geldes ist z. B. für alle Zeit ein gerechter Lohn oder eine gute Rente. Das Grundproblem der Ethik muss aber trotz dieser Unmöglichkeit gelöst werden. Am Ende soll dann ein Urteil der Art stehen, dass es gerecht und gut ist, von einem knappen Gut den Menschen so und so viel zuzugestehen oder zukommen zu lassen. In unseren Beispielen geht es darum, sagen zu können, dass eine bestimmte Lohnhöhe oder eine bestimmte Rentenentwicklung gut und gerecht ist. Wenn wir Urteile dieser Art nicht nur nach dem Gefühl fällen wollen, müssen wir eine Methode entwickeln, die es möglich macht, solche Urteile zu bilden und zu rechtfertigen. Das methodische Grundproblem der Ethik entsteht, weil keiner quantifizierbaren Menge von irgendetwas, sei es Geld oder seien es andere Güter, ihr normativer Wert anzusehen ist, und an keinem normativen Anspruch lässt sich ablesen, welche Menge eines quantifizierbaren Guts ihm angemessen ist. Auf dem Weg zu einer Lösung des methodischen Grundproblems der Ethik kommen wir somit nicht umhin, uns ein genaueres Bild der Arten des Guten und der Güter zu verschaffen, um die es geht.

Zunächst soll es aber darum gehen, eine Unterscheidung, die ich bereits mehrfach gebrauchte, endlich genauer zu klären, nämlich diejenige zwischen teilbaren und nicht-teilbaren[39] bzw. unteilbaren Gütern. Diese Unterscheidung ist in Verteilungstheorien in Gebrauch und leistet auch in der Ethik gute Dienste, weil mit ihr – wie wir sehen werden – eine Verbindung zwischen qualitativen und quantitativen Gütern wenigstens theoretisch verständlich gemacht werden kann. Bevor wir uns mit den unterschiedlichen Typen von Gütern und entsprechenden Beispielen beschäftigen, sollte ich vorausschicken, welche Gründe dafür sprechen, sich in der Ethik mit diesen Gütern zu beschäftigen. Es gibt mindestens zwei Gründe. Der eine leitet sich unmittelbar aus dem methodischen Grundproblem der Ethik ab. Wenn wir wissen wollen, wie dieses Problem theoretisch gelöst werden kann, müssen wir den Gegenstandsbereich kennen, in dem das Problem zu finden ist. Der zweite Grund ist, dass das gute Leben nur zu erreichen ist, wenn die Lösungen des ethischen Grundproblems gerecht sind. Gerechte Lösungen setzen aber die Möglichkeit voraus, die ungleiche Verteilung der Güter verändern zu können. Auf dem Weg zum guten Leben sehen wir uns also mit dem Problem konfrontiert, wie die Güter, die für das gute Leben unverzichtbar sind, gerecht verteilt werden können, sofern sie überhaupt verteilbar sind. Teilbare Güter sind auch verteilbar, aber auch unteilbare Güter sind verteilbar in dem Sinn, dass sie für die Menschen, welche einen Anspruch auf sie haben, geschützt und gesichert werden können. Das Problem der Verteilung von Gütern lösen zu wollen, setzt voraus, dass die Güter, um die es geht, knapp sind. Nur unter Bedingungen der Knappheit hat es Sinn, die Teilung und Verteilung von Gütern zu thematisieren. Knappheit muss nicht notwendig bedeuten, dass es von teilbaren Gütern zu geringe Mengen oder zu wenige gibt, um alle Ansprüche auf sie oder die Nachfrage nach ihnen zu befriedigen. Knappheit kann auch bedeuten, dass nicht genügend Mittel vorhanden sind, um bestimmte Güter, vor allem unteilbare Güter wie den Lebensschutz, zu sichern und zu gewährleisten. Später wird es um die gerechte Verteilung von knappen Gütern gehen, dabei werde ich noch einmal auf den Zusammenhang zwischen der Knappheit von Gütern und der Möglichkeit des guten Lebens eingehen.

Eben habe ich bereits auf Beispiele unteilbarer Güter hingewiesen. Der Lebensschutz oder die Gerechtigkeit bei der Festlegung des Lohns, der Renten und der Lebensqualität der Lohn- und Rentenempfänger sind solche Güter. Diese Beispiele sind aber zu unübersichtlich, um den besonderen quantitativen und qualitativen Charakter unteilbarer Güter klar zu machen; denn sie sind mehr oder weniger unauflöslich mit teilbaren Gütern wie Geld verbunden, außerdem haben sie einen normativen Charakter, und schließlich haben sehr viele oder – wie beim Lebensschutz – alle Menschen einen Anspruch auf sie. All das macht sie als Beispiele für den Einstieg in das Problem ungeeignet. Wir werden aber später auf sie zurückkommen. Ein besonders gutes, von diesen Mischverhältnissen scheinbar unbelastetes Beispiel für ein unteilbares Gut ist jedoch die Niere, die gespendet wurde[40] und transplantiert werden soll.

Das Besondere eines transplantierbaren Organs wie der Niere als ein unteilbares Gut ist, dass aufgrund seiner besonderen Natur nicht mehrere Personen gleichzeitig an diesem Gut teilhaben können. Allgemein dient die Unterscheidung teilbar – unteilbar dazu, besser zu verstehen, welche Güter überhaupt und, wenn ja, in welcher Weise verteilt werden können. Einige unteilbare Güter können z. B. rotieren, andere nicht. Ein Gut wie eine Niere kann nicht durch Rotation verteilt werden; d. h., wenn es nur eine Niere, aber mehrere Nierenkranke gibt, kann diese Niere nicht vom einen zum anderen weitergereicht werden. Ein einzelnes Auto, das ebenfalls ein unteilbares Gut ist, kann dagegen, wenn es mehrere Besitzer hat, rotieren. Unteilbare Güter können also durchaus, allerdings ihrer Natur nach auf verschiedene Weise, verteilbar sein. Manche dieser Güter können z. B. durch andere Güter ersetzt und kompensiert werden. Statt eines unteilbaren Gutes wie etwa eines Kunstwerks oder eines Adelstitels, die jeweils vererbt werden sollen, kann einer der Erben eben ein anderes Gut, z. B. Geld oder einen anderen Titel, bekommen. Hier wird nicht das Gut selbst verteilt, sondern der Anspruch, der mit ihm verbunden ist, wird anderweitig befriedigt. Eine weitere Möglichkeit ist, dass man den Zugang zu unteilbaren Gütern für alle sperrt, weil der Zugang anders nicht geregelt werden kann, ohne dass das entsprechende Gut darunter irreparabel leidet. Diese erzwungene Gleichheit empfiehlt sich z. B. bei Naturschutzgebieten, die für alle Menschen und nicht nur Kletterer oder Biker gesperrt werden, damit jene Gebiete keinen Schaden nehmen. Warteschlangen, Prioritätenlisten und Lotterien sind weitere Möglichkeiten, unteilbare Güter zu verteilen. Wesentlich ist, dass es auf das jeweilige Gut und dessen besondere Beschaffenheit ankommt, welche Art von Verteilung man wählen kann. Ebenfalls wichtig ist, dass manche unteilbaren Güter nur verteilt werden können, wenn man an ihrer Stelle teilbare Güter, z. B. Geld oder geldwerte Ansprüche, anbietet. Unteilbare Güter können also mit Hilfe teilbarer zumindest kompensatorisch verteilt werden, wenn das unteilbare Gut nicht so lebenswichtig und unverzichtbar ist wie eine Niere.

Nieren, Naturschutzgebiete und Autos sind Güter mit einem gegenständlichen Charakter. Deshalb sind sie auf anschauliche, leicht nachvollziehbare Weise als unteilbare Güter erkennbar und entsprechend auch verteilbar. Ich dehne nun den Anwendungsbereich des Begriffs ‹unteilbares Gut› aus und identifiziere den Charakter der Unteilbarkeit jenseits der Gegenständlichkeit mit Gütern wie Freiheit, Gerechtigkeit, Gleichheit, Lebensqualität und anderen Grundbedürfnissen und normativen Ansprüchen. Der Grundgedanke dabei ist einmal, dass alle diese qualitativen Güter gerade in dem Sinne nicht gegenständlich sind, dass weder ihr Umfang und ihre Ausdehnung noch ihr Durchschnitt oder ihr Maximum und Minimum bestimmt werden können. Weil sie in diesem Sinne nicht quantifiziert werden können, sind sie weder graduierbar noch aufteilbar. Sie sind aber auch nicht so verteilbar wie Nieren und Autos. Es würde dem Charakter von Freiheits- und Gleichheitsansprüchen zuwiderlaufen, sie rotieren zu lassen, Warteschlangen zu bilden oder sie in Lotterien zu verteilen. Es hätte auch keinen Sinn, diese Güter in eine lexikographische Ordnung zu bringen, nach der immer ein Gut, etwa die Freiheit oder die Gleichheit, als Erstes zu gewähren wäre. Sie ähneln – was ihren Charakter als Güter angeht – eher Naturschutzgebieten als Autos; nur dass die Menschen nicht mit einer erzwungenen Gleichheit von ihnen fern gehalten werden dürfen. Im Gegenteil, jene ungegenständlichen Güter sollen in einer Art *gebotener Gleichheit* an alle Menschen in vollem Umfang verteilt werden. Jeder Mensch soll diese Güter ganz und ohne Einschränkungen genießen dürfen. Auch wenn dies tatsächlich nicht immer der Fall ist, gehen wir zumindest in demokratischen Rechtsstaaten davon aus, dass diese Güter als Menschenrechte jeder Person in gleicher Weise und ungeteilt zur Verfügung stehen, außer sie verwirkt einige dieser Güter durch kriminelles oder widerrechtliches Handeln oder kann sie selbst nicht wahrnehmen, weil sie krank oder behindert ist. In diesem Sinne sind jene ungegenständlichen, normativen Grundgüter oder Grundwerte unteilbar.

Nicht über alle Güter, die keinen gegenständlichen, sondern einen normativen Charakter haben und unteilbar sind, können alle Menschen in gleicher Weise verfügen. Dies gilt vor allem für Rechtsgüter, die unmittelbar mit bestimmten Personen verbunden sind. Offensichtlich ist dies bei Eigentumsrechten, Namensrechten oder Rechten, die durch die Abstammung oder durch bestimmte Leistungen erworben wurden, wie sie etwa für die Führung akademischer Titel verlangt werden. Diese Rechtsgüter werden durch Erbe oder durch persönliche Qualifikationen erworben und auf diese Weise verteilt. Man kann an einigen dieser Güter aber gut erkennen, dass der normative Anspruch des Gutes durchaus ein gegenständliches, materielles und teilbares Äquivalent haben kann; sonst wären in Bezug auf sie z. B. Erbstreitigkeiten kaum möglich. Dies muss aber nicht sein; es kann auch nur um einen Anspruch ohne ein materielles Äquivalent gehen.

Ein ganz besonderes und kostbares Gut ist das Leben. Es ist sowohl gegenständlich als auch normativ zu verstehen und außerdem unteilbar, gleichwohl aber nicht *ver*teilbar. Diese Charakterisierungen treffen für alles Leben zu. Für das menschliche Leben gilt außerdem zumindest nach dem Grundgesetz der Bundesrepublik Deutschland, dass es ein Rechtsgut ist, dem ein besonderer Schutz gewährt wird.[41] Der Umgang mit diesem Gut ist aufgrund dieses gemischten Charakters rechtlich und ethisch besonders schwierig, weil der Schutz, den es genießt, nicht leicht und auch nicht immer – wie der unter besonderen Bedingungen straflos bleibende, rechtlich mögliche Abbruch einer Schwangerschaft zeigt – gewährt werden kann. Aber selbst beim Gut des Lebens werden etwa in der Versicherungswirtschaft materielle Äquivalente angenommen. Beim Tod eines Menschen können Schadensansprüche gegen andere entstehen, die von einer Versicherung abgegolten werden. Selbst bei diesem einzigartigen und unersetzlichen unteilbaren Gut werden also teilbare Gegenwerte veranschlagt. Sie sollen allerdings nicht das verlorene Leben, sondern Leistungen des Verstorbenen ersetzen, die er für andere erbracht hätte, wenn er nicht verstorben wäre.

Diese Beispiele für die verschiedenen Arten unteilbarer Güter haben lediglich propädeutischen Charakter. Sie dienen dem Verständnis der Möglichkeiten, qualitative und quantitative Güter zu einem Ganzen zu verbinden oder von der einen Art Güter zu der anderen überzugehen. Denn darum geht es bei der Lösung des methodischen Grundproblems der Ethik. Es besteht – zur Erinnerung – darin, dass wir bei vielen ethisch anspruchsvollen und wichtigen Entscheidungen nicht umhinkommen, die normative Qualität von Quantitäten zu beurteilen und festzulegen, ohne dass wir wissen, wie wir dies in jeder Hinsicht richtig und rechtfertigbar tun können.

5.2.2. Die Verteilung und Integration der Güter – die Maximenmethode

In einem demokratischen Rechtsstaat sind sich die meisten Menschen darin einig, dass die Grund- und Menschenrechte und die von ihnen abgeleiteten Rechtsansprüche für ein gutes Leben ebenso unverzichtbare Güter sind wie ein anspruchsvolles Gesundheitswesen, innere und äußere Sicherheit, das Rechtswesen, Bildung und Wissenschaft, Wirtschaft und Arbeit sowie das Verkehrswesen, um nur einige zu nennen. Diese Güter sind von recht unterschiedlicher Beschaffenheit. Einige sind teilbar, andere unteilbar, einige sind materieller, andere normativer Natur, einige sind vergleichbar, andere unvergleichbar. Es kommt hier nicht auf die vollständige Auswahl der Güter für ein gutes Leben an, sondern auf ihre Beschaffenheit. Schließlich geht es darum, wie sie unter Bedingungen der Knappheit – materieller und nicht materieller Güter – miteinander verbunden werden können. Die Beispiele teilbarer und unteilbarer, gegenständlicher und normativer, vergleichbarer und unvergleichbarer Güter geben eine Vorstellung ihrer realen Vielfalt und ihrer vielfältigen Beschaffenheit. Es scheint angesichts dessen fast aussichtslos, eine Methode zu finden, mit der die unterschiedlichen Arten und Aspekte solcher Güter miteinander zu verbinden sind.

Bisher habe ich mich bemüht, die Arten und Verhältnisse der Güter zueinander möglichst an dem zu orientieren, was sich viele Menschen vorstellen können und was im Übrigen der sozialen Wirklichkeit, in der die meisten Menschen in demokratischen und rechtsstaatlichen Verhältnissen leben, entspricht. Nun wird es aber um etwas gehen, was durchaus real und wirksam, aber dennoch nicht greifbar ist, nämlich um eine Methode, mit der die Verteilung und Integration der Güter gelingen kann, ja sogar immer wieder – recht oder schlecht – gelingt, ohne dass sie ausdrücklich befolgt wird. Wie alle ethischen oder sozialtheoretischen Methoden hat auch diejenige, die ich vorschlagen werde, einen spekulativen Charakter, aber dennoch einen Sitz im Leben. Ihre Vorschläge gehen – wie dies bei vertragstheoretischen Ansätzen[42] üblich ist – davon aus, dass sie von vernünftigen, unvoreingenommenen Personen für akzeptabel und praktikabel gehalten werden. Die Methode, die ich vorstelle, soll ein ähnliches Problem lösen wie John Rawls' «reflexives Gleichgewicht».[43] Rawls nutzte diesen Ansatz, um zumindest temporär gültige Gleichgewichte zwischen Prinzipien der Gerechtigkeit und Urteilen zu finden, nach denen Güter gerecht verteilt werden sollten. Das reflexive Gleichgewicht bildet bei ihm den Rahmen für die so genannte Ursituation. Die Urteile, die der Güterverteilung zugrunde liegen, sollen in dieser Ursituation hinter einem Schleier des Nichtwissens gefällt werden. Den Grundgedanken der vertragstheoretischen Methode von Rawls kann man verkürzt und vereinfacht folgendermaßen skizzieren: Normative Güter wie z. B. die Grundrechte der Freiheit und Gleichheit auf der einen und gegenständliche Güter wie z. B. Steuern und Einkommen auf der anderen Seite sollen so miteinander ins Verhältnis bzw. ins Gleichgewicht gebracht werden, dass sie gerecht und fair verteilt werden können. Dabei geht es Rawls nicht um eine wirkliche Verteilung von Gütern, sondern nur um eine Methode, wie das Ideal einer gerechten Verteilung überhaupt denkbar ist. Deswegen muss bei dieser Methode auch nicht klar sein, was bei einem realen Verteilungsprozess ‹Gleichgewicht› genau bedeutet.[44] Bei der wirklichen Verteilung müssen die disparaten Güter in ein wechselseitiges Verhältnis zueinander gebracht werden, damit es möglich wird, sie so zu gewichten, als seien sie vergleichbar und sich ähnlich. Am Ende soll ja ein bestimmter quantitativer Anteil etwa der verfügbaren Steuern einer bestimmten sozialen Gruppe zugute kommen. Deswegen muss dieser Anteil den normativen Ansprüchen dieser Gruppe entsprechen.

Dies klingt leichter, als es ist. Das reale Gleichgewicht kann nämlich nur erreicht werden, wenn das Problem der Verbindung zwischen und des Vergleichs der oben beschriebenen unterschiedlichen Arten von Gütern schon gelöst ist. Es wäre also nicht damit getan, Rawls' ideale Methode realistisch zu interpretieren und einfach zu übernehmen, weil sie gar nicht unmittelbar auf unser ethisches Grundproblem anwendbar ist. Bevor gerecht verteilt werden kann, muss nämlich erst jene Verbindung zwischen den heterogenen Gütern gelungen sein, und selbst dann ist immer noch unklar, was ‹Gleichgewicht› bedeutet. Was ‹Gleichgewicht› real bedeuten kann, wird aber durch den Gedankengang klarer, den Rawls selbst bei der Entwicklung seines reflexiven

Gleichgewichts vollzogen hat. Er hat dieses Konzept nämlich an Nelson Goodmans Lösung des Induktionsproblems angelehnt. Was man von dieser Lösung lernen kann, ist, wie eine Vermittlung zwischen so heterogenen Dingen wie induktiven Regeln auf der einen und Schlüssen von Tatsachen auf andere Tatsachen auf der anderen Seite zumindest denkbar ist. Beim Induktionsproblem geht es darum, wie sich Übergänge von einer Tatsache zu einer anderen rechtfertigen lassen. Goodman knüpfte an Hume an, der das Problem darin sah, dass solche Übergänge, wenn sie in Form induktiver Urteile vollzogen werden, keinen Anspruch auf Notwendigkeit erheben können. Was immer wir aus der Erfahrung über den Zusammenhang zwischen Tatsachen lernen, setzen wir in induktiven Schlüssen um. Solche Schlüsse sind aber nicht besonders zuverlässig, weil die Regeln des induktiven Schließens selbst nicht zuverlässig sind. Goodman schlug nun vor, die Regeln induktiven Schließens genau so zu rechtfertigen wie diejenigen des deduktiven. Letztere, so Goodman, würden durch die Übereinstimmung mit der «anerkannten Praxis der Deduktion» gerechtfertigt.[45] Wir anerkennen deduktive Schlüsse, indem wir sie mit der nötigen Überzeugung real und erfolgreich vollziehen. Die Regeln der Deduktion werden also in eine praktische Übereinstimmung mit den Schlüssen gebracht. Dasselbe empfahl Goodman für die induktiven Schlüsse und Regeln. Die Zirkularität der Rechtfertigungen störte ihn nicht. Es handle sich um «gute Zirkel», wie er meinte.[46]

Die Quintessenz seiner Lösung des Induktionsproblems sind zwei methodische Maximen: Deduktive oder induktive Regeln werden in diesem Verfahren der Rechtfertigung abgeändert, wenn wir nicht bereit sind, den Schluss, den sie erlauben, anzuerkennen. Und Schlüsse werden verworfen, wenn sie Regeln verletzen, die wir nicht abändern wollen. Das eine wird jeweils dem anderen wechselseitig angepasst, entweder die Regeln den Schlüssen oder die Schlüsse den Regeln. Der entscheidende Test für eine gelungene Anpassung ist dann erbracht, wenn wir entweder sowohl die Schlüsse als auch die Regeln anerkennen können oder nur das eine anerkennen, nicht aber das andere. Dann müssen wir das ändern, was wir nicht anerkennen können. Diese nonchalante Zirkularität und Ungenauigkeit hält keiner Prüfung stand, wenn man ein logisch anspruchsvolles Verfahren zur Rechtfertigung von Urteilen und Schlüssen anstrebt. Um ein solches Verfahren kann es hier aber nicht gehen, weil die Güter, die zu beurteilen sind, immer in einem Spielraum des Ermessens bewertet und einander zugeordnet werden. Innerhalb dieses Spielraums werden die Erfahrung, der gesunde Menschenverstand, die guten Intuitionen und die Kreativität, kurz gesagt die praktische Vernunft, der Urteilenden wirksam.

Weil es diesen Spielraum gibt, lassen sich die methodischen Maximen Goodmans mit einigen Veränderungen auf unser ethisches Grundproblem anwenden. Ich will auf diesem Weg zeigen, wie mit Hilfe von Maximen eine Verbindung zwischen quantitativen und qualitativen, teilbaren und unteilbaren, gegenständlichen und normativen Gütern denkbar ist. Es geht dabei nicht um allgemein gültige Regeln und Schlüsse, sondern um die Beurteilung konkreter qualitativer oder normativer Ansprüche auf der einen und um ebenfalls konkrete Urteile über Quantitäten von verteilbaren Gütern auf der anderen Seite. Beides, also sowohl die Ansprüche als auch die Urteile, soll mit Hilfe der Maximen in konkreten Situationen gerechtfertigt werden. Die Maximen sollen beides gleichzeitig leisten, indem sie sich durch die praktische Vernunft derer, die sie anwenden, wechselseitig korrigieren.

Bevor ich die Maximen im Einzelnen erläutere, will ich noch einmal auf die Bedingung der Knappheit von Gütern eingehen, unter denen sie angewandt werden sollen. Die Knappheit von Gütern kann sehr unterschiedliche Gründe haben. Wenn wir diese Gründe kennen, wissen wir, welche Güter überhaupt verteilbar sind und welche nicht. Durchschlagende Gründe für die Knappheit von Gütern schaffen Märkte aller Art. Das Marktgeschehen macht Güter wie Waren, Eigentum, aber auch Arbeit knapp. Unter dieser Knappheit leiden all die Gruppen und Individuen, die vom Markt nicht begünstigt werden. Die ungleiche Verteilung der Güter durch den Markt ist per se weder ungerecht noch gerecht. Wo immer sie ungerecht ist, hängt das gute Leben davon ab, dass die Verteilung der Güter durch den Staat korrigiert wird. Ohne starke staatliche Eingriffe sind die Güter nicht anders verteilbar, als die Märkte diese Güter selbst verteilen. Eigentum und Arbeit sind nun aber nicht nur materielle, teilbare Güter wie beliebige Waren. Menschen haben vielmehr einen normativen Anspruch auf Eigentum, wenn sie es erworben oder ererbt haben, und auf Arbeit, wenn sie dazu qualifiziert sind und arbeiten wollen. Deswegen werden diese Güter mit gesetzgeberischen Mitteln gegen den ausschließlichen Einfluss von Märkten geschützt. Dann gibt es Güter, die aus politischen Gründen knapp sein können, wie z. B. Menschenrechte, Grundfreiheiten und politische Teilhabe durch Wahlen. Solche Güter können nur in einem demokratischen parlamentarischen System ihrer normativen Verteilung entsprechend, also gemäß den normativen Ansprüchen aller Mitglieder einer Gesellschaft, geschützt werden. Sie können aber auch in einem solchen politischen System knapp sein, wenn die politische Partizipation z. B. durch Armut und mangelnde Bildung ganzen sozialen Gruppen verwehrt bleibt. In Unrechtssystemen sind jene Güter ungeschützt und durch die herrschenden Gewaltverhältnisse nicht etwa nur knapp, sondern gar nicht verfügbar. Dann gibt es Güter, die aus kulturellen Gründen knapp sind, z. B. Bildungschancen und soziale Gleichheit etwa in politischen Systemen, in denen eine traditionelle Rollenverteilung Frauen den Zugang zu Einrichtungen der höheren Bildung und zu entsprechenden Berufen erschwert. Dieselbe Wirkung kann auch durch eine Bündelung der politischen und kulturellen Gründe zustande kommen.

Aus den eben skizzierten Gründen kann die Verteilung oder Umverteilung von Gütern nur in parlamentarischen Demokratien sinnvoll thematisiert werden; dies ist eine zusätzliche, vertragstheoretisch wichtige Annahme.[47] Das der Gleichheit der Menschen verpflichtete politische System muss in der Lage sein, Ungleichheiten, die auf kulturelle Traditionen zurückgehen, auszugleichen. Außerdem kann es nur um diejenigen Güter gehen, die nicht oder nicht ausschließlich durch das Marktgeschehen verteilt werden. Gleichzeitig ist der Erfolg von Verteilungsprozessen aber direkt über die privaten Einkommen und indirekt über Steuern und Abgaben vom Erfolg des Marktgeschehens abhängig. Menschen erwerben auf Märkten vor allem die materiellen Güter, die ihnen ein gutes Leben ermöglichen. Das kollektive gute Leben hängt zum einen ebenfalls von den individuell erworbenen Gütern ab, zum anderen aber von der Verteilung und Umverteilung der Güter, welche der Staat und seine Institutionen sichern, verfügbar machen und verwalten. Die Maximen, welche ich nun beschreibe, beziehen sich ausschließlich auf diese staatliche Aufgabe einer gerechten Verteilung und Integration der Güter des guten Lebens.

5.2.2.1. Die Knappheits- und die Normenmaxime

Zunächst sollte ich erläutern, in welchem Rahmen sich die Überlegungen zu den Maximen bewegen. Den Gesamtrahmen bildet die Frage, wie das Gute in Gestalt des guten Lebens der Menschen in einer Gesellschaft möglich ist. Oben (Kap. 4.) wies ich auf die Unbeständigkeit und Vagheit des Guten hin und machte gleichzeitig die Verpflichtung deutlich, dennoch aus den knappen, verfügbaren Mitteln das Bestmögliche für ein gutes gemeinschaftliches Leben zu machen. Ich nannte diese Art, das Problem der Unbeständigkeit des Guten aufzulösen, ‹moralische Ökonomie› (Kap. 4.1.6.). Nun geht es darum, den Gedanken der moralischen Ökonomie methodisch umzusetzen und in der Maximenmethode zu realisieren. Dies bedeutet, dass der Gebrauch der Maximen von der Frage geleitet wird, wie die knappen Güter auf bestmögliche Weise für das gute Leben verteilt werden können. Diese Frage steht im Hintergrund, auch wenn sie nicht ständig wiederholt wird.

Es wäre nötig und dringlich, die Frage nach dem Guten global, für die ganze Menschheit, zu stellen. Die Verpflichtung dazu ist immer dann leicht erkennbar, wenn es um die Verteilung von Gewinnen und Verlusten zwischen Gesellschaften der Ersten und der Dritten Welt geht. Die globalen Märkte sorgen mit ihren Mechanismen nicht selbst für eine gerechte Verteilung. Gerechtigkeit kann nicht die Aufgabe von Märkten sein. Eine globale Verteilungsgerechtigkeit würde eine starke normative Ordnung in Gestalt einer globalen Geltung von demokratisch legitimierten Rechtsverhältnissen voraussetzen. Da die Menschheit von der Geltung einer solchen Ordnung sehr weit entfernt ist, beschränke ich mich auf demokratisch verfasste Gesellschaften.

Das methodische Grundproblem der Ethik, wie sich die normative Qualität von teil- und verteilbaren Gütern bestimmen lässt, kann nur in rechtsstaatlich verfassten, demokratischen Gesellschaften – gleichgültig, wie groß sie sind – sinnvoll und mit der Aussicht auf eine legitime Lösung artikuliert werden. Nur in solchen Gesellschaften werden die normativen Ansprüche einzelner Menschen und ganzer Gruppen anerkannt, die auf legitime Weise mit den Grund- und Menschenrechten und mit Gesetzen verbunden sind, die sich aus ihnen ableiten. Das methodische Grundproblem der Ethik setzt außerdem voraus, dass es in solchen Gesellschaften kollektiv erwirtschaftete Güter gibt, die dem Wohle aller ihrer Mitglieder dienen und entsprechend legitim verteilt werden können. Das methodische Grundproblem sollte aber nicht nur dann lösbar sein, wenn kollektive Gewinne, sondern auch dann, wenn Verluste zu verteilen sind.

Die Anwendung der Maximenmethode setzt aber nicht nur diese normativen, sondern auch quantitative Bedingungen voraus. Zum einen kann sie nur sinnvoll angewandt werden, wenn es in einer Gesellschaft legitime Verfahren gibt, in denen Gewinne oder Verluste überhaupt verteilt werden können. Zum anderen hängt der Erfolg von Verfahren der Verteilung von Gütern davon ab, ob gleiche Gütermengen gleichen Ansprüchen und vergleichbaren Leistungen entsprechen und von allen Gruppen auch ihrer Bedürftigkeit entsprechend gleich beansprucht werden können. Diese Bedingungen setzen der Heterogenität der Gesellschaften, in denen die Maximenmethode angewandt werden kann, Grenzen. Das Niveau von Armut und Bedürftigkeit auf der einen und von Wohlstand und Besitz auf der anderen Seite sollte zwischen den Gruppen einer Gesellschaft nicht unüberbrückbar ungleich sein. Unüberbrückbar ungleich ist dieses Niveau dann, wenn die schlechter gestellten Gruppen dauerhaft nicht an denselben sozialen Gütern partizipieren können wie die besser gestellten. Teilhabe an den Gütern einer Gesellschaft bedeutet nicht nur, diese Güter passiv in Anspruch nehmen zu können, sondern den Zugang zu ihnen und ihre Verteilung auch aktiv mitgestalten zu können.[48] Nur unter vergleichbaren Lebensbedingungen und ähnlichen Bedingungen von Bedürftigkeit und Leistungsfähigkeit kann die Maximenmethode dazu beitragen, Gütermengen gerecht zu verteilen und ein gutes Leben für alle Gruppen einer Gesellschaft möglich zu machen. Wenn in einer Gesellschaft – unabhängig von ihrer Größe – der Niveauunterschied zwischen Arm und Reich so groß ist, dass die Armen zu Gütern wie z. B. den Menschenrechten, zu Bildung, Gesundheitswesen, Arbeit und Rechtssicherheit nur eingeschränkt oder keinen Zugang haben, sind die sozialen Güter dauerhaft und strukturell ungerecht verteilt. Die Maximenmethode kann nur angewendet werden, wenn die prinzipielle Teilhabe aller sozialen Gruppen an den sozialen Gütern gesichert ist.[49] Sie soll dazu beitragen, ungerechtfertigte Niveauunterschiede zwischen den sozialen Gruppen aufzuheben. Schließlich darf keine Verteilung von Verlusten eine soziale Gruppe so schlecht stellen, dass Leben und Gesundheit ihrer Mitglieder gefährdet sind.

Die Aussicht, mit dieser Methode unter Bedingungen der Knappheit ein gutes Leben für alle Gruppen zu erreichen, besteht nur dann, wenn alle sozialen Gruppen am politischen Leben teilnehmen können, einen rechtlich gesicherten gleichen Zugang zu den teilbaren und normativen Gütern haben und das Leben der Mitglieder aller Gruppen gesichert ist. Keine soziale Gruppe sollte gezwungen sein, um die bloße Erhaltung des Lebens ohne kollektive Hilfe kämpfen zu müssen. Selbst dann, wenn Gruppen nur eingeschränkt an den Gütern einer Gesellschaft teilhaben können, darf ihr Überleben z. B. nicht durch Obdachlosigkeit und Hunger gefährdet sein. In einer Gesellschaft, in der ganze Gruppen unter Obdachlosigkeit und Hunger leiden, kann es kein gutes Leben geben, wie wohlhabend der Rest der Gesellschaft auch sein mag. Es kann unter solchen Bedingungen auch kein gutes Leben für die Wohlhabenden geben. Dies sind die allgemeinen Voraussetzungen der nun zu entwickelnden Maximen. Welche der Maximen wann gewählt und welche Güter überhaupt verteilt werden können, werde ich bei der Vorstellung der Maximen erklären.

Nehmen wir an, in einer Gesellschaft, die den eben beschriebenen Bedingungen entspricht, werden beständig wachsende kollektiv erwirtschaftete Güter tatsächlich nach geltenden Gesetzen zum Wohl aller Menschen verteilt. Nehmen wir nun weiter an, dass von einem bestimmten Zeitpunkt an die verteilbaren Güter über längere Zeit nicht mehr wachsen und ihre Knappheit zunimmt. Es hatte sich so ergeben, dass die Güterverteilung lange Zeit Wachstum voraussetzte. Unter dieser Voraussetzung war es gerecht, allen sozialen Gruppen auch ständig wachsende Güter aus Steuermitteln zu gewähren. Der normative Anspruch, um den es in diesem Beispiel geht, ist die Förderung und Sicherung des Gemeinwohls z. B. durch ein Gesundheitssystem, durch Bildungseinrichtungen, durch Renten, durch ein öffentliches Verkehrswesen, durch innere und äußere Sicherheit usw. Wenn das Steueraufkommen lange Zeit rückläufig ist, können diese Güter aus Steuermitteln nicht mehr im gleichen Umfang wie bisher verteilt werden. Statt kollektiver Gewinne müssen nun kollektive Verluste verteilt werden. Die Gesellschaft könnte die bisherigen Ansprüche nur durch wachsende, von einer bestimmten Höhe an nicht mehr zu rechtfertigende Schulden aufrechterhalten. Mit welcher Menge an Gütern soll in dieser neuen Situation der eben skizzierte normative Anspruch der sozialen Gruppen auf Güterzuteilung befriedigt werden? Auf dem Hintergrund einer solchen Situation kann die *erste Maxime* lauten: *Ein normativer Anspruch wird verändert, wenn er zu einer Güterverteilung führen würde, die nicht anerkannt werden kann.*

Maximen sind Regeln oder Grundsätze, nach denen entschieden und verfahren werden kann. Deswegen müssen wir, bevor wir in die Einzelheiten gehen, klären, wer sich nach dieser und den nächsten Maximen richten soll. Es sind die Akteure, die dazu im parlamentarischen System durch demokratische Wahlen legitimiert und durch Gesetze autorisiert sind. Es sind die Politiker in den Parlamenten und die Politiker in der politischen Exekutive, die von Rechts wegen in bestimmten Verfahren über die Verteilung von Gütern entscheiden. Die Maximen sollten als praktische Grundsätze bei der Handhabung von politischen und gesetzgeberischen Verteilungsverfahren verstanden werden, die vernünftig und akzeptierbar[50] erscheinen. Betrachten wir nun die erste Maxime genauer. Nehmen wir an, sie wird als praktischer Verteilungsgrundsatz angewandt. Dann werden normative Ansprüche auf bestimmte Güter wie Bildungseinrichtungen, das Gesundheitswesen oder die Renten verändert. Das kann und wird gut gehen, solange die Veränderung aus mehr oder weniger großen Gewinnen für viele Gruppen besteht. Selbst wenn die besser gestellten Gruppen geringe oder keine Zuwächse erhalten, wird sich das normative Gefüge der Ansprüche nicht stark verändern. Ganz anders sieht es aus, wenn Verluste zu verteilen sind. Dann werden normative Ansprüche vieler oder aller Gruppen eingeschränkt. Viele Menschen werden mit dieser neuen Güterverteilung nicht zufrieden sein, weil der Verzicht auf wachsende oder gleich bleibende öffentliche Güter, der ihnen bei der Neuverteilung abverlangt wird, ihre normativen Ansprüche verletzt.

Die Menschen müssten auf einen Teil ihrer Ansprüche verzichten. Außerdem würden sich das normative Gefüge und die bisherigen Verhältnisse zwischen den Ansprüchen verändern.

Sehen wir einmal von der Möglichkeit ab, dass die Menschen nur unzufrieden sind, es ihnen aber nach den Veränderungen nicht schlecht geht. Gehen wir also davon aus, dass es ihnen nach der Verteilung der Verluste wirklich schlechter geht als zuvor. Wir müssen voraussetzen, dass die normativen Ansprüche sozialer Gruppen auf soziale Güter nicht einfach prinzipieller, sondern immer konkreter Natur sind. Die Ansprüche haben immer eine bestimmte Größenordnung, wobei die bisherige eine Art untere Grenze der Ansprüche markiert. Die Menschen rechnen damit, dass diese Grenze bei den Verteilungsprozessen eingehalten wird, und planen entsprechend ihr Leben. Auch wenn sie sich über die Risiken ihrer Planungen, vor allem im Hinblick auf größere Ausgaben wie den Kauf einer Wohnung oder die Ausbildung der Kinder, im Klaren sind, haben sie keine andere Wahl, als auf die Stabilität der Verhältnisse zu vertrauen. Dieses Vertrauen ist Teil der normativen Ansprüche. Gehen wir unter diesen Voraussetzungen nun davon aus, dass die erste Maxime zwar effizient angewandt wurde, aber so, dass das bisher geltende normative Gefüge der Ansprüche stark verändert wurde. Das würde bedeuten, dass die normativen Ansprüche bestimmter Gruppen tatsächlich verletzt wurden, weil z. B. das Gesundheitswesen eingeschränkt, die Beiträge zur Sozialversicherung erhöht, die Renten gekürzt, bei den Bildungseinrichtungen und bei der inneren Sicherheit gespart wurde. Natürlich müssen nicht alle diese und andere Güter in gleicher Weise für alle Gruppen geringer geworden sein. Es genügt, dass die Menschen den Mangel bestimmter Güter besser wahrnehmen können als den Mangel anderer, weil sie z. B. von Arbeitslosigkeit und Inflation betroffen sind. Sie werden dann im Rahmen ihrer demokratischen Partizipationsrechte an kollektiven Verteilungsprozessen über ihre Interessenvertreter eine Veränderung der Verteilung der Güter fordern. Nehmen wir an, sie fordern dies mit guten Gründen. Eine Korrektur der Verteilung ist dann mit der *zweiten Maxime* möglich; sie lautet einfach: *Eine quantitative Güterverteilung wird verändert, wenn sie normative Ansprüche verletzt.*

Sicher ist die Lage der Menschen unter knapper werdenden kollektiv erwirtschafteten Gütern, also bei der Verteilung von Verlusten, nicht so einfach und übersichtlich wie eben beschrieben. Es ging mir nur darum zu zeigen, wie und wann die beiden eben skizzierten Maximen gebraucht werden können. *Maximenmethode* besagt, dass in Gesellschaften, in denen es überhaupt legitime Verfahren zur Sicherung normativer Ansprüche gibt, Möglichkeiten verfügbar sind, das Grundproblem der Ethik zu lösen. Die Möglichkeiten, die ich mit dieser Methode beschreibe, sind realistisch und im Rahmen von Gesetzgebungsverfahren in demokratischen Rechtsstaaten praktisch durchführbar.

Keine der Maximen, die ich vorschlage, geht von einer – hypothetischen oder realen – Ursituation der Verteilung aus, und zwar aus zwei Gründen. Zum einen sind Ursituationen, soweit wir sie etwa aus den theoretischen Entwürfen von Hobbes, Locke oder Rawls kennen, Idealisierungen bestimmter – in der Entstehungszeit der Theorien – wünschenswert erscheinender Verteilungen. Zum andern dienen genau diese Idealisierungen der rationalen Begründung einer – in der jeweiligen historischen Gegenwart – denkbar erscheinenden Verteilung von Gütern. Dabei wird aus dem Wünschenswerten auf das Denkbare und Machbare geschlossen, ohne dass klar würde, was in welchem Rahmen wirklich möglich ist. Der Maximenmethode geht es um wirklich mögliche und rechtfertigbare Verteilungen aus einer jeweils gegenwärtigen, aber zeitlich nicht festgelegten Perspektive. Deswegen geht sie von einer von Ungleichheiten geprägten, mehr oder weniger gerechten demokratischen und rechtsstaatlichen Praxis, von unterschiedlichen Besitzständen einzelner Individuen und Gruppen und von knappen Mitteln aus. Die Frage, wie das gute Leben möglich ist, muss mitten im wirklichen Leben gestellt werden. Die Akteure, die politisch und von Amts wegen legitimiert sind, diese Frage zu stellen, werden sie unterschiedlich, ja sogar konträr beantworten. Die Pluralität der Antworten und die politische Auseinandersetzung über den richtigen Weg zu einem besseren Leben für alle entsprechen dem regulativen Charakter der Frage dieser Untersuchung. Zur regulativen Wirkung der Frage nach dem Guten gehört, dass eine für alle bessere Güterverteilung nicht in einem Schritt, sondern nur in einem dauerhaften Prozess, der sich immer wieder selbst korrigiert, erreicht werden kann. Ziel der Maximenmethode ist nicht die Herstellung einer idealen egalitären oder vollkommen gerechten Verteilung. Zugunsten eines solchen Ziels müsste die regulative Idee des Guten in eine konstitutive umgewandelt werden, und dies wäre nur auf Kosten des demokratischen Pluralismus der konkreten Lösungen denkbar. Die Maximenmethode hat in einer pluralistischen Gesellschaft ein realistisches Ziel. Sie dient dazu, Verteilungen beständig an sich verändernde legitime Ansprüche anzupassen, sie akzeptabel zu machen, sie zu korrigieren und zu verbessern. Sie soll auch dann einer praktisch vernünftigen, gerechten Verteilung in einer Gesellschaft dienen, wenn nur kollektive Verluste und keine Gewinne zu verteilen sind.

Wie werden die Maximen wirksam? Zur ersten Maxime: Die Knappheit der verfügbaren Mittel kann dazu zwingen, normative Ansprüche neu zu fassen. Die Veränderung eines normativen Anspruchs kann z. B. darin bestehen, dass er anders ausgelegt wird als bisher oder einem anderen, konkurrierenden normativen Anspruch untergeordnet wird. Die Hierarchie der Ansprüche wird dann neu geordnet. Die Förderung und Sicherung des Gemeinwohls, der übergreifende normative Anspruch in dem eben beschriebenen Beispiel, wird in einem demokratischen Rechtsstaat sicher keinem anderen Anspruch untergeordnet. Dieser Anspruch kann sich aber wandeln, indem unter Bedingungen kollektiver Verluste nicht mehr alle sozialen Gruppen in gleicher Weise gefördert werden. Ansprüche wie das Erziehungs- und Kindergeld, ein Teilanspruch der Förderung des Gemeinwohls, können z. B. für Menschen mit geringem Einkommen weiterhin gesichert bleiben. Derselbe Anspruch von Menschen mit höherem Einkommen mag dagegen eingeschränkt werden.

Dieses Beispiel zeigt, dass eine Veränderung darin bestehen kann, dass ein normativer Anspruch relativiert oder abgeschwächt wird, indem er nicht mehr für alle Personen und Gruppen einer Gesellschaft in gleicher Weise gilt. Die erste Maxime, ich nenne sie *Knappheitsmaxime*, würde auf Dauer und wenn sie allein angewandt würde, die normativen Maßstäbe der Verteilung korrumpieren. Normative Ansprüche würden rigoros relativiert, den knapper werdenden Mitteln angepasst, in den Verteilungskonflikten einfach ignoriert und bedeutungslos. In einem demokratischen Rechtsstaat, in dem die Bürgerinnen und Bürger einen normativen Anspruch auf den Schutz ihrer Interessen bei staatlichen Güterverteilungen haben, wäre eine solche Entwicklung unerträglich. Deswegen ist die zweite Maxime ein wesentliches Korrektiv der ersten und sollte dann beachtet werden, wenn normative Ansprüche in Verteilungsverfahren verletzt würden. Sie soll dafür sorgen, dass die normativen Ansprüche in ihrer Substanz nicht beschädigt werden.

Diese zweite Maxime, ich nenne sie *Normenmaxime*, ist allerdings schwer zu befriedigen, weil kein normativer Anspruch ein klares Kriterium seiner materiellen Verletzung enthält. Offensichtlich wird dies selbst bei einem normativen Anspruch wie dem der Gleichheit, dessen Verletzung, oberflächlich betrachtet, leicht erkennbar erscheint. Auf den ersten Blick ist es auch so, dass die Verletzung egalitärer Ansprüche gerade quantitativ leicht erkennbar ist. Wenn die Güter, die verteilt werden sollen, aber knapp sind, ist die Gleichverteilung meist für diejenigen ungerecht, die besonders bedürftig sind. Gleichheitsansprüche können nicht einfach starr mit der quantitativen Gleichheit von Gütern verbunden werden. Der Gleichheitsanspruch wird daher nicht eindeutig und automatisch durch quantitative Ungleichverteilung verletzt. Hier macht sich erneut das ethische Grundproblem bemerkbar. Der Mangel an einem klaren Kriterium der Verletzung normativer Ansprüche wird – wie wir später sehen werden – durch den Prozess ersetzt, in dem über die Anwendung der Normenmaxime und der Knappheitsmaxime entschieden wird. Beide Maximen müssen immer gleichzeitig angewandt werden, damit sie sich wechselseitig korrigieren können. Die Knappheitsmaxime hat normative Konsequenzen, die Normenmaxime quantitative. Beide Maximen justieren sich gegenseitig. Der Grundgedanke dabei ist, dass das Niveau, das am Ende des Prozesses der Neuverteilung erreicht wird, für keine Gruppe beliebig nach unten variieren darf. Die Maximenmethode ordnet auf diese Weise normativen Ansprüchen die ihnen entsprechenden Güter zu und trägt zur Lösung des ethischen Grundproblems bei.

Gegen diesen Prozess der wechselseitigen Justierung der normativen Ansprüche ließe sich einwenden, dass er einen zu geringen quantitativen Spielraum für Schwankungen lässt, wenn es darum geht, größere Verluste zu verteilen. Dieser Einwand ist weder zu begründen, noch kann er widerlegt werden. Es kommt bei der Verteilung von Verlusten nicht nur auf deren Größenordnung an, sondern vor allem auf die Bereitschaft der sozialen Gruppen, Zumutungen solidarisch in Kauf zu nehmen. Wenn diese Bereitschaft, aus welchen Gründen auch immer, nicht vorhanden ist, wird bereits die Verteilung geringer Verluste als unzumutbar gelten. Der Prozess der Umverteilung der Lasten wird unter solchen Bedingungen politisch schwierig. Unlösbar schwierig wird dieser Prozess, wenn sich die Akteure, die politisch dazu legitimiert sind, Entscheidungen zu treffen, als Interessenvertreter einzelner Gruppen verstehen und primär deren Interessen und nicht dem Interesse des sozialen Ganzen dienen. In einer ethischen Theorie ist dieses politisch nahe liegende und leider auch übliche Verhalten nicht zu billigen, weil es den Verteilungsprozess zu einem bloßen Machtkalkül werden lässt, das weder ethisch noch rechtlich legitimiert werden kann. Die Ethik billigt den Akteuren, welche die Maximen anwenden, um gerechte Lösungen denkbar zu machen, stattdessen praktische Vernunft zu. Praktische Vernunft leitet die politischen Akteure dann, wenn sie nicht nur über hinreichende kognitive Kräfte, Urteilsvermögen, ausreichende Informationen, Erfahrung und Kreativität verfügen, sondern auch – bis zu einem gewissen Grad jedenfalls – unparteilich, uneigennützig und vorurteilsfrei eingestellt sind. Ihre Entscheidungen werden nur dann gerecht sein, wenn sie von mitmenschlicher Wärme und einfühlsam und nicht aus strategischen Erwägungen getroffen werden.

Wenden wir die beiden eben beschriebenen Maximen – der Einfachheit halber – auf ein gänzlich unpolitisches Verteilungsproblem an, das wir bereits genauer kennen. Wenn ein unteilbares, knappes Gut wie eine Niere nur einer von vielen Personen mit berechtigten Ansprüchen angeboten werden kann, ist die Verteilung nur dann gerecht, wenn sowohl die Verteilung als auch die Ansprüche derer, die sie nicht erhalten konnten, anerkannt werden können. Die Knappheitsmaxime schränkt den normativen Anspruch aller Patienten so ein, dass nur eine Person die Niere erhalten kann. Dies kann aber angesichts der berechtigten Ansprüche der anderen Patienten – zumindest aus der Sicht der praktischen Vernunft – nicht das letzte Wort zu dieser Verteilung sein. Die Normenmaxime soll dafür sorgen, dass die Ansprüche aller anderen Patienten nicht völlig unter den Tisch fallen. Also muss überlegt werden, wie man der Normenmaxime gerecht werden kann. Wenn nämlich die normativen Ansprüche aller Patienten nicht angemessen berücksichtigt werden, kann die Verteilung der Niere nicht anerkannt werden. Die Verteilung kann dann auch nicht gerecht sein, jedenfalls nicht im Sinn der praktischen Vernunft.

Die Knappheitsmaxime kann in diesem Fall auch ganz andere Konsequenzen haben. Sie kann z. B. den normativen Anspruch des Transplantationsgesetzes, keinen Organhandel zuzulassen, verändern, um die Knappheitsbedingungen quantitativ zu modifizieren. Vorschläge für eine «Marktlösung» des Problems knapper Spenderorgane liegen vor.[51] Bisher kann eine solche Lösung allerdings einen Schwarzmarkt mit unliebsamen normativen Folgen nicht ausschließen. Deswegen wird – zunächst jedenfalls – die Normenmaxime, die es verhindern soll, dass bei der Organspende Menschenrechte verletzt werden, einer Marktlösung im Wege stehen. Denkbar ist eine solche Lösung dennoch. Sollte sie jemals so gelingen, dass ein Schwarzmarkt mit Organen verhindert werden könnte, müsste allerdings noch das Transplantationsgesetz novelliert werden. Es sind aber auch Konsequenzen der Knappheitsmaxime denkbar, die z. B. darauf hinauslaufen, das Problem knapper Organe selbst zu lösen. Die Züchtung von Organen für diejenigen, die sie dringend benötigen, ist zwar bisher und vielleicht für immer ein unerfüllbarer Wunsch, aber dennoch ein starkes Motiv in der biomedizinischen Forschung.

In vielen Fällen wird ein knappes unteilbares Gut, das eine qualitative Bedeutung für das Leben eines Menschen hat, durch ein anderes Gut kompensierbar sein. Dann entspricht dem normativen Anspruch auf jenes Gut das Angebot, das an seiner Stelle gemacht werden kann.

Jemand hat z. B. einen Arbeitsplatz, für den er speziell ausgebildet wurde. Die Firma, in der er arbeitet, ist aber unrentabel geworden, und der Betrieb muss geschlossen werden. Wenden wir auf diese Situation nun die Knappheitsmaxime an, dann ergibt sich, dass der Betreffende keinen Anspruch mehr darauf hat, weiterbeschäftigt zu werden. Dies ist aber, was seinen Anspruch auf Arbeit angeht, nicht das letzte Wort. Denn die Rechtsprechung gibt ihm die Möglichkeit – im Sinn der Normenmaxime –, gegen die Kündigung, die wegen der Schließung des Betriebs erfolgte, zu klagen. Seine Klage hat genau dann Aussicht auf Erfolg, wenn es in einem anderen Betrieb derselben Firma einen freien Arbeitsplatz gibt, auf dem er weiterbeschäftigt werden könnte.[52] Wenn es diesen Arbeitsplatz nicht gibt, kann er nicht klagen. Es bleibt ihm – wieder im Sinn der Normenmaxime – nur das staatlich finanzierte soziale Netz für Arbeitslose. Andere Beispiele sind weniger schwierig. Anstelle eines Autos, an dem mehrere Personen rotierend teilhaben, kann der Fahrpreis für ein öffentliches Transportmittel treten, den derjenige bezahlt, der das Auto und die damit verbundenen Vorteile in Anspruch nimmt. Dies sind Beispiele, wie unteilbare Güter durch andere, teilbare Güter wenigstens teilweise ersetzt werden können. In jedem einzelnen Fall können wir mit der Knappheits- und der Normenmaxime die Verteilung rechtfertigen. Die Knappheitsmaxime zeigt, wie in Fällen wie dem des verlorenen Arbeitsplatzes der normative Anspruch gefährdet ist. Die Normenmaxime zeigt, wie ein Arbeitsplatz unter bestimmten Bedingungen wieder verfügbar gemacht oder durch das soziale Netz teilweise ersetzt werden kann. Beim Autobeispiel ist es ähnlich. Nur einer von denen, die das Auto gemeinsam besitzen, kann es zu einem bestimmten Zeitpunkt allein für sich nutzen. Wenn es mehr als einer gleichzeitig nutzen will, zeigt die Normenmaxime, wie die Ansprüche der anderen Besitzer abgegolten werden. Der Nutzenanspruch muss ausgeglichen werden. Die einfachste Lösung dafür ist eine Warteliste. Jeder Mitbesitzer kann dann im Voraus die eigene Nutzung zu einem bestimmten Zeitpunkt planen. Es entstehen keine zusätzlichen Kosten.

Dies sind harmlose Beispiele verglichen mit den Problemen, die bei der Verteilung von geringer werdenden Steuermitteln auftreten, wenn trotz der Verluste vielfältige normative Ansprüche sozialer Gruppen weiterhin befriedigt werden sollen. Die Beispiele sollen zeigen, dass die Maximenmethode offen für eine Vielzahl von Verfahren und nicht auf ein bestimmtes politisches oder parlamentarisches festgelegt ist. Besonders schwierig ist es, Verzichtleistungen auf materielle oder normative Ansprüche zu rechtfertigen, die bei solchen Verteilungen unter

Bedingungen der Knappheit unumgänglich werden. Das ethische Grundproblem wird durch die eben erwähnten Knappheits- und Normenmaximen nämlich keineswegs vollständig gelöst. Das Grundproblem wird sogar noch drängender, wenn gravierende Verzichtleistungen unabwendbar werden. Wir werden uns deswegen mit der Frage beschäftigen müssen, ob und wie die Maximenmethode etwas zur Lösung dieses Problems beitragen kann.

5.2.2.2. Verzichtbares und Unverzichtbares

Es erscheint angesichts dieser zusätzlichen Verschärfung des ethischen Grundproblems beinahe leicht, mit der Maximenmethode heterogene Güter miteinander zu verbinden, wenn niemandem schmerzhafte Verzichtleistungen abgerungen werden müssen. Die Methode kann bei der Verteilung unteilbarer Güter dafür sorgen, dass normative Ansprüche nicht verletzt werden, wenn eine hinreichende Menge dieser Güter verfügbar ist. Unter Bedingungen ethischer Normalität erfüllen die Knappheits- und die Normenmaxime die Erwartungen, die wir mit ihnen in vielfältigen Verfahren der Güterverteilung verbinden können. Schwierig wird es, wie wir am Beispiel der Organtransplantation sahen, wenn bestimmte Güter so knapp werden, dass Menschen auf lebenswichtige normative Ansprüche verzichten müssen. Der ethisch begründete Anspruch derjenigen Patienten, die z. B. keine Spenderniere bekommen können, wird zwar nicht aufgehoben; sie müssen aber dennoch auf die Durchsetzung ihres Anspruchs verzichten, obwohl es ihre Lebensqualität, vielleicht sogar ihr Leben gefährdet. Verzichtleistungen, welche die Lebensqualität einschränken, werden Personen und Gruppen auch bei der Verteilung anderer Güter abverlangt. Die Maximenmethode kann zwar die Verteilung, aber nicht in jedem Fall den Verzicht auf unteilbare Güter rechtfertigen, nämlich genau dann nicht, wenn es keine Aussicht auf eine spätere Befriedigung des Anspruchs gibt. Lebensgefährliche Verzichtleistungen sollte im Übrigen keine Verteilungsmethode rechtfertigen. Die Normenmaxime empfiehlt, eine Güterverteilung zu verändern, wenn normative Ansprüche verletzt werden. Im Falle der Nierentransplantation werden die Ansprüche derer verletzt, die kein Spenderorgan erhalten können. Nun lässt sich die Verteilung aber nicht verändern, weil es lediglich ein Spenderorgan gibt. Dies ist auch dann so, wenn – wie in dem vorgeschlagenen Lotterieverfahren – die normativen Ansprüche grundsätzlich gewahrt werden. Die Güterverteilung kann aktuell nicht verändert werden. Bei lebenswichtigen, knappen Gütern kann die Maximenmethode den Mangel nicht kompensieren. Sie kann unter diesen Bedingungen nur den vorläufigen, aber keinen endgültigen, lebensbedrohlichen Verzicht rechtfertigen. Nur das Wachstum der verteilbaren, lebenswichtigen Güter kann Situationen dieser Art verhindern. Das Wachstum solcher Güter zu ermöglichen, ist ein Gebot demokratischer Politik. Die Maximenmethode hat dort ihre Grenze, wo unteilbare Güter für einzelne Menschen in einem absoluten Sinn *unverzichtbar* werden. Deswegen ist es zum einen wichtig, mehr über die Bedeutung unverzichtbarer Güter zu erfahren, und zum anderen unerlässlich, über eine Ergänzung der Maximenmethode nachzudenken.

Die Situation, die ich eben mit dem Beispiel der Organverteilung ansprach, ist – dies zur Erinnerung – ein unlösbares Moraldilemma, ein Konflikt, der mit ethischen Regeln oder Prinzipien nicht aufgelöst werden kann. Es ist daher auch nicht zu erwarten, dass die Ethik in solchen Fällen Lösungen anzubieten vermag, die sich aus Regeln und Prinzipien ableiten lassen. Mit der Maximenmethode kann die Ethik aber helfen, Lösungen zu rechtfertigen, die nicht auf herkömmliche Weise mit Hilfe von Prinzipien, Geboten und Regeln zu entwickeln sind. Sie kann das Spektrum der Möglichkeiten bei der Lösung von Konflikten beträchtlich erweitern. Wie wir eben sahen, genügen die Knappheits- und Normenmaxime in vielen Fällen aber noch nicht.

Wenn lebenswichtige Güter wie Spenderorgane oder Arbeitsplätze so knapp sind, dass vielen Menschen – mit unterschiedlich bedrohlichen Konsequenzen – nicht geholfen werden kann, liegt es nahe, sich nicht mit dem Mangel abzufinden und an eine Beseitigung der Knappheit zu denken. Könnte einer solchen Knappheit nicht eine *Wachstumsmaxime* abhelfen? Die mögliche Beseitigung eines lebensbedrohlichen Mangels ist doch eine Verpflichtung für jede private oder politische Person, die in der Lage ist, den Mangel beseitigen zu helfen. Tatsächlich sollten alle Möglichkeiten, lebensbedrohliche Knappheiten zu beseitigen, genutzt werden. Die Menge von verfügbaren Spenderorganen hängt davon ab, wie die Entnahme von solchen Organen in einzelnen Ländern geregelt ist, ob potentielle Spender einer Organentnahme zustimmen müssen (Zustimmungslösung) oder nicht (Widerspruchslösung).[53] Offensichtlich stehen je nach Regelung unterschiedliche Mengen an Spenderorganen zur Verfügung. Dann läge es doch nahe, mit einer Wachstumsmaxime die Regelung mit dem höheren Aufkommen an Spenderorganen – im Sinn der Widerspruchslösung – zu favorisieren. Diese Empfehlung, die sinnvoll ist, weil sie den normativen Ansprüchen der Kranken genügt, lässt sich aber bereits aus der Knappheitsmaxime ableiten. Diese Maxime gilt ja in beiden Richtungen, für eine Veränderung normativer Ansprüche bei einem Mehr und bei einem Weniger an verteilbaren Gütern. Wenn mehr Organe verteilt werden können, können die normativen Ansprüche von mehr Menschen auf Hilfe in einer lebensbedrohlichen Lage erfüllt werden. Die Ansprüche verändern sich zum Guten hin. Die Knappheitsmaxime ist in diesem Sinn so zu ergänzen: *Wenn ein normativer Anspruch aufgrund der Knappheit der verteilbaren Güter so verändert würde, dass die neue Güterverteilung nicht anerkannt werden könnte, sollte die Knappheit beseitigt werden.*

Es darf allerdings kein Wachstum um jeden Preis geben. Dagegen spricht die Normenmaxime. Bleiben wir beim Beispiel des Aufkommens an Spenderorganen. Es geht in diesem Fall um unterschiedliche normative Ansprüche, die zu schützen sind. Die Selbstbestimmung derjenigen, die nicht zur Organspende bereit sind, ist ebenso zu schützen wie der Anspruch derjenigen, die dringend ein Spenderorgan benötigen. Eine Wachstumsmaxime muss nicht eigens entwickelt werden, weil die Knappheitsmaxime in ihrer ergänzten Version die Verpflichtung zum Wachstum knapper, lebenswichtiger Güter enthält. Die Normenmaxime sorgt dafür, dass sich das Wachstum an den Erfordernissen der Verteilung lebenswichtiger Güter orientiert und nicht beliebig wird. Die Normenmaxime sorgt dafür, dass das Wachstum keine normativen Ansprüche verletzt. Anstrengungen, die Menge lebenswichtiger knapper Güter in kritischer wechselseitiger Abstimmung zu steigern, werden auf diese Weise von den beiden Maximen empfohlen. Eine reine Wachstumsmaxime ohne die Kontrolle durch die Normenmaxime wäre kontraproduktiv. Was sollte es z. B. nützen, die Menge von verfügbaren Spenderorganen ohne Rücksicht auf die normativen Ansprüche möglicher Spender zu steigern? Das Zusammenspiel von Knappheits- und Normenmaxime ist bestens dazu geeignet, rechtfertigbare Lösungen für einen lebensbedrohlichen Mangel an Gütern durch Wachstum zu finden. Eine reine, normativ nicht kontrollierte Wachstumsmaxime würde all die normativen Ansprüche unterschlagen, die nicht durch das Wachstum selbst befriedigt werden können. Das Wachstum von Gütern kann immer nur in den Grenzen normativer Ansprüche, aber niemals unabhängig von ihnen eine Verpflichtung sein. Deswegen ist Wachstum in einem allgemeinen, normativ unkontrollierten Sinn kein ethisch rechtfertigbares Gebot. Die Kontrolle des Wachstums durch die Normenmaxime soll aus den gleichen Erwägungen auch das negative Wachstum von Schulden, mit denen der Mangel an verteilbaren Gütern beliebig kompensiert werden würde, verhindern.

Ich wies oben bereits darauf hin, dass bestimmte Güter wie Gesundheit, Arbeit und Arbeitsfähigkeit, Glück und Glücksfähigkeit sowie soziale Anerkennung nicht verzichtbar sind. Das Leben und eine erträgliche Lebensqualität gehören sicher auch zu diesen Gütern, nicht weniger als die Grund- und Menschenrechte, die von unserer Verfassung garantiert werden. Güter sind – wie ich oben erläuterte – unverzichtbar, wenn ihr Verlust ein ganzes Wertgefüge nachhaltig schädigen oder zerstören würde. Das Leben und die Lebensqualität eines Menschen sind zweifellos solche Wertgefüge, und der Verzicht auf eine Nierentransplantation kann diese Wertgefüge verletzen oder zerstören. Auch der normative Rahmen einer demokratischen Verfassung ist ein Wertgefüge. Die Verletzung eines Grundprinzips wie etwa der Menschenwürde oder des Rechts auf Leben würde nicht nur menschliches Leben, sondern diese Wertgefüge selbst zerstören und den sozialen Frieden und die Wohlfahrt einer ganzen Gesellschaft aufs Spiel setzen. Wenn wir Verzichtleistungen mit der Maximenmethode rechtfertigen wollen, kann es also nicht um den Verzicht auf solche Güter gehen. All jene eben erwähnten unverzichtbaren Güter sind zwar unteilbar und haben, außer der Arbeit, einen immateriellen Charakter. Menschen haben auf diese Güter einen normativen Anspruch, dennoch können die meisten dieser Güter nicht real verteilt werden. Sie sind unverzichtbar und gleichzeitig nur teilweise verteilbar und nur begrenzt oder – wie im Fall des Lebens, der Gesundheit, der Arbeits- und Glücksfähigkeit – nicht ersetzbar. Deswegen stehen sie – mit Ausnahmen der Arbeit – jenseits der Menge von Gütern, die Gegenstand von Verteilungsprozessen sein können. Ihr Verlust ist durch andere Güter nicht zu ersetzen. Es geht bei der Maximenmethode lediglich um diejenigen unverzichtbaren Güter, die durch normative Ansprüche auf verteilbare Güter gesichert sind. Und nur diese Ansprüche kann die Maximenmethode verteidigen, aber auch nur solange die Mittel dazu reichen. Jene unverzichtbaren, nicht verteilbaren Güter spielen aber eine wesentliche Rolle für das Ganze des guten Lebens; und sie sind ebenso wie die verteilbaren qualitativen Güter von der Verfügbarkeit quantitativer Güter abhängig.

Wir kennen also zwei Arten unverzichtbarer Güter: solche, die wie die Grundbedürfnisse und die verfassungsmäßig garantierten normativen Ansprüche verteilt und gesichert werden können, und solche, die wie das Leben, das persönliche Glück, die Gesundheit und die Arbeitsfähigkeit nicht verteilt werden können. Solche Güter kann man besitzen und verlieren, aber nur sehr begrenzt erwerben und sichern. Beiden Arten unverzichtbarer Güter gemeinsam ist, dass der Verlust eines dieser Güter das ganze Wertgefüge des Lebens und der Lebensqualität schädigt oder zerstört. Es läge nun nahe anzunehmen, dass sich nur die verteilbaren unverzichtbaren Güter teilweise kompensieren oder ersetzen lassen. Auf einige dieser Güter trifft dies zu, auf andere nicht. Arbeit ist ein verteilbares, unverzichtbares Gut, das teilweise ersetzbar ist. Dasselbe gilt für die Fähigkeit zu einer bestimmten Art von Arbeit. Wer sie verloren hat, kann vielleicht eine andere Fähigkeit erlernen und dann ausüben. Dagegen sind weder die Grundrechte, die wie z. B. die Gleichheits- oder Freiheitsansprüche verteilbar sind, noch unverteilbare Ansprüche wie der auf Leben durch andere Güter ersetzbar. Dasselbe trifft auf Güter wie das persönliche Glück, die Glücksfähigkeit und die soziale Anerkennung zu. Die Güter des Lebens und des persönlichen Glücks sind aber in einer Weise unverzichtbar, die sie von allen anderen Gütern dieser Gruppe unterscheidet. Gesundheit und Arbeitsfähigkeit sind zwar – ähnlich wie die soziale Anerkennung – nicht verteilbar, aber dennoch in Grenzen sowohl von dem eigenen Bemühen abhängig als auch – wenn sie nur in Teilen verloren gehen – in Teilen kompensierbar. Sonst wären staatliche und privatwirtschaftliche Programme für Arbeitsunfähige und chronisch Kranke oder Behinderte unsinnig. Ein besonderes Merkmal der nicht verteilbaren und nicht kompensierbaren Güter des Lebens und des Glücks, aber auch der teilweise ersetzbaren Güter der Gesundheit und der sozialen Anerkennung ist, dass sie in einem überraschend hohen Maß unabhängig von materiellen Äquivalenten sein können. Einfache Armut allein gefährdet z. B. keines dieser Güter. Die Knappheit verteilbarer Güter allein macht die Menschen in einer Gesellschaft nicht unglücklich oder krank. Wer aber krank wird, leidet in einer solchen Gesellschaft zusätzlich unter dem Mangel an medizinischer Versorgung.

Die Diskussion jenes oberflächlich erscheinenden Gemeinplatzes von Gesundheit und Reichtum zeigte bereits, dass es falsch wäre, unverzichtbare Güter generell für unersetzlich zu halten. Das Ergebnis jener Diskussion war, dass Güter durchaus unvergleichbar sein können, aber vergleichbar werden, wenn es an einem Gut mangelt, auf das man unfreiwillig verzichten muss. Aus der Perspektive des Mangels können wir erkennen, wie wichtig oder unwichtig das eine oder andere dieser Güter ist. Es wäre aber ganz ungerechtfertigt zu behaupten, wir könnten erst aus der Erfahrung des Mangels zu einer vernünftig rechtfertigbaren Verteilung von Gütern kommen; denn mit einer solchen Behauptung könnten auch unzumutbare und lebensgefährliche Verzichtleistungen gerechtfertigt werden. Eingedenk der Gefahr dieses Missverständnisses ging es bisher nicht allein um die mögliche Integration und Vermittlung von unvergleichbaren und vergleichbaren Gütern, sondern auch um die Frage, wie verzichtbar oder unverzichtbar Güter sind, die wir nicht immer, aber doch unter bestimmten Umständen miteinander vergleichen können. Die Antwort war, dass es auf das Ganze – des Glücks oder des guten Lebens mit anderen – ankommt, in das wir diese Güter integrieren. Dieses Ganze entscheidet darüber, wie verzichtbar oder unverzichtbar die Güter jeweils sind.

Wir dürfen aber – nebenbei bemerkt – nicht meinen, jede qualitative Ganzheit habe dieselbe Güterstruktur. Das individuelle Leben und dessen Qualität sind ein Ganzes, das anders geartet ist als eine Gesellschaft und deren gutes Leben. Das Ganze des individuellen Lebens kann durch einen Verzicht auf lebensnotwendige, unverzichtbare Güter leicht und nachhaltig gefährdet werden. Das Ganze einer Gesellschaft wird durch den Verzicht auf bestimmte unverzichtbare Güter weniger rasch, aber nicht minder nachhaltig gefährdet. Der zeitliche und dimensionale Unterschied zwischen beiden Niveaus der Gefährdung des Ganzen von Gütern ist bemerkenswert. Das individuelle Ganze ist rascher ganz zerstört als das kollektive. Dagegen leiden die Mitglieder einer Gesellschaft länger an der partiellen Zerstörung des Ganzen der Güter als ein Individuum. Letzteres kann sich rascher erholen als ein Kollektiv.

Wir begegnen an dieser Stelle erneut einem Problem, das nicht allein mit der Knappheits- und Normenmaxime methodisch gelöst werden kann. Dieses Problem ist, wie im Einzelnen darüber entschieden werden kann, wie die Qualitäten und Quantitäten der Güter miteinander kombiniert und zu einem individuellen und kollektiven Ganzen integriert werden können. Diese Ganzheiten sind, was die Arten der Güter angeht, nicht nur heterogen; auch das Gewicht der Güter ist unterschiedlich. Die Maximenmethode zeigt uns, wie qualitative Güter, etwa normative Ansprüche, in ein richtiges und akzeptables Verhältnis mit quantitativen Gütern wie Geld gebracht werden können. Sie wird damit der wechselseitigen Abhängigkeit dieser Güter gerecht. Was die Maximenmethode bisher nicht leisten kann, ist die Integration der Güter in ein individuelles oder kollektives Ganzes. Der Grund für dieses Defizit ist, dass jene Methode – wie wir eben sahen – bestimmte Verzichtleistungen weder rechtfertigen kann noch soll und dabei an ihre Grenze stößt. Sie kann und darf nämlich den endgültigen Verzicht auf all diejenigen Güter nicht rechtfertigen, die lebenswichtig, also in einem absoluten Sinn unverzichtbar sind. Absolut unverzichtbar sind Güter, deren Verlust das gesamte Wertgefüge eines individuellen oder kollektiven Lebens zerstören würde. Der Schutz und die Sicherung dieser Güter kann nicht Sache von Verteilungsprozessen sein. Nur eine Rechtsordnung und die mit ihr verbundenen legitimen Sanktionen und Gewaltmittel können den Anspruch auf diese Güter zuverlässig schützen. In Verteilungsprozessen kann es nur um zumindest relativ kompensierbare unverzichtbare Güter gehen. Da solche Prozesse aber nicht trennscharf nur relativ unverzichtbare Güter tangieren, die absolut unverzichtbaren aber unberührt lassen, ist es nicht nur Sache des Rechts, sondern auch der Politik, den Schutz der absolut unverzichtbaren Güter zu gewährleisten. Wir werden später prüfen, wie dies gelingen kann.

Mit einigen meiner Beispiele wollte ich zeigen, dass die Maximenmethode nicht nur auf knappe teilbare, sondern auch auf knappe unteilbare Güter anwendbar ist. Die Lösung des methodischen Grundproblems der Ethik hängt davon ab, inwieweit teilbare und unteilbare Güter verteilt und die nicht verteilbaren wie das Leben gesichert werden können. Die Maximenmethode soll diese Probleme lösen, indem sie den normativen Wert von teilbaren Gütern gemessen am Ganzen des guten Lebens bestimmt. Solange die normativen, unverzichtbaren und unteilbaren Güter des guten Lebens geschützt und nicht gefährdet sind, solange also sittliche und ethische Normalität herrschen, kann das methodische Grundproblem der Ethik allein durch die Verteilung knapper teilbarer Güter gelöst werden. Die Knappheits- und die Normenmaxime dienen dann nicht der Lösung moralischer Konflikte, sondern der Verteilung von knappen teilbaren Gütern innerhalb eines unumstrittenen und nicht gefährdeten normativen Rahmens. Besonders leicht fällt dies bei einem stetigen Wachstum teilbarer Güter in einer Gesellschaft. Da dies trivial ist, konzentriere ich mich auf das ethische Grundproblem unter Bedingungen ethischer Konflikte bei kollektiven Verlusten, also bei der Verteilung von Gütern, die knapper werden.

5.2.2.3. Die Integrationsmaxime

Innerhalb der Grenzen absolut unverzichtbarer Güter kann die Maximenmethode die Integration der Güter zu einem Ganzen unter Bedingungen der Knappheit aller verteilbaren Güter leisten. Bisher habe ich die Frage ausgeklammert, unter welchen Bedingungen das gute Leben unmöglich wird. Mit der Knappheits- und der Normenmaxime ist diese Grenze nicht zu bestimmen, weil diese Maximen vor allem dazu dienen, normative Ansprüche bei knapper werdenden materiellen Ressourcen zu wahren. Ein unteres Ende ist in diesem Prozess der wechselseitigen Justierung von unteilbaren und teilbaren Gütern zwar immer dann erreicht, wenn eine der Gütermengen erschöpft ist. Das gute Leben wird aber schon sehr viel früher unmöglich, wann genau, lässt sich mit der Knappheits- und Normenmaxime aber nicht sagen.

Wenn das gute Leben in einer Gesellschaft unmöglich wird, ist das Gemeinwohl bedroht, und es herrscht latent oder offen sozialer Unfriede.

Das gute Leben und die Integration der dafür nötigen Güter sind nicht nur durch den allgemeinen Mangel an materiellen Ressourcen in einer Gesellschaft, sondern auch durch die relative Verknappung bestimmter Güter gefährdet. Unerträgliche Knappheiten bei einzelnen sozialen Gruppen können durch relativen Überfluss bei anderen entstehen. Wenn der Reichtum einer kleinen Gruppe wächst, während die Armut einer anderen zunimmt, ist die Integration der Güter in Gefahr, weil ein zu großes Gefälle an verfügbarem Eigentum den sozialen Frieden gefährdet. Ohne das teilbare Gut des sozialen Friedens kann die Integration der Güter zu einem guten Leben nicht gelingen. Solche Ungleichheiten in der Verteilung von materiellen Gütern können zwar mit der Knappheits- und Normenmaxime festgestellt, aber nicht behoben werden. Aus den beiden eben beschriebenen Gründen müssen die beiden Maximen durch eine weitere Maxime ergänzt werden. Sie soll helfen, das Ziel des guten Lebens unter allen denkbaren Bedingungen erreichbar und damit Gemeinwohl und sozialen Frieden möglich zu machen. Die wohl schwierigste Aufgabe der Maxime ist es, unter Bedingungen großer Knappheit unverzichtbarer Güter das untere Ende des Prozesses der wechselseitigen Justierung der Gütermengen zu bestimmen und starke Ungleichgewichte der Verfügung über Güter, gemessen an den Ansprüchen des guten Lebens, zu vermeiden. Ich nenne diese Maxime *Integrationsmaxime*, weil es darum geht, die Güter zu einem Ganzen des guten Lebens zu integrieren. Diese Maxime sorgt dafür, dass Veränderungen normativer Ansprüche und absolute oder relative Veränderungen der Güterverteilung das Ganze des individuellen oder kollektiven Lebens nicht gefährden. Im positiven Sinn ist das Ganze des guten Lebens einer Gesellschaft dann nicht gefährdet, wenn sozialer Friede herrscht.

Die *Integrationsmaxime* lässt sich so formulieren: *Normative Ansprüche und Güterverteilungen können nur verändert werden, wenn damit weder absolut unverzichtbare Güter noch das Wertgefüge der Güter insgesamt gefährdet werden.* Was diese Maxime konkret bewirkt, werde ich gleich an einem bereits bekannten und von mir häufig benutzten Beispiel zeigen. Was absolut unverzichtbare Güter sind, habe ich eben schon erwähnt. Es sind alle die Güter, die wie das Leben selbst unverzichtbar und nicht durch andere Güter ausgleichbar oder ersetzbar sind. Das Wertgefüge der Güter besteht in einer Gesellschaft z. B. aus Gütern wie den von der Verfassung garantierten Grund- und Menschenrechten, aus dem sozialen Frieden, dem Gemeinwohl, aus Gütern wie Bildung, Wissenschaft und Kunst, dem Gesundheitswesen, den Produktivkräften Industrie und Arbeit, der inneren und äußeren Sicherheit und dem Rechtswesen. Individuell gesehen gehört zum Wertgefüge des guten Lebens die Integrität des Lebens selbst, d. h. die normativen und rechtlichen Ansprüche, die sich aus den Menschenrechten ableiten lassen. Zu diesem Wertgefüge zählen z. B. auch Bildung, Rechtssicherheit und rechtlicher Schutz, Arbeit und Gesundheit.

Sodann sollte ich auf die unterschiedlichen theoretischen Ansprüche hinweisen, welche die Maximenmethode erfüllen kann. Bisher habe ich aus individueller und kollektiver Sicht die Maximen selbst erläutert. Dabei habe ich keinen deutlichen Unterschied zwischen diesen beiden Perspektiven gemacht, weil sie im realen Leben auch nicht getrennt sind. Aus der individuellen Perspektive sind die Probleme der Verteilung von Gütern jedoch naturgemäß überschaubarer und weniger kompliziert als aus der großen, kollektiven. Das Eigeninteresse sorgt für Übersichtlichkeit. Andererseits wissen wir aber seit Thomas Hobbes, dass es gewisse Gegensätze, ja Widersprüche zwischen den beiden Perspektiven gibt, wenn es z. B. um die Frage geht, was ‹rational› ist.[54] Das bedeutet, das Eigeninteresse sorgt nur in einem oberflächlichen, kurzsichtigen Sinn für Übersichtlichkeit. Werden kollektive Interessen vernachlässigt, dann leidet am Ende auch das Eigeninteresse.[55] Dies wäre schon Grund genug, den Unterschieden zwischen beiden Perspektiven weiter nachzugehen.

Ich will hier aber nicht auf jene hinreichend erörterten Widersprüche, sondern auf einen ganz anderen Gegensatz eingehen. Anhand der Frage, was – auf das Ganze der Güter gesehen – unverzichtbare und was verzichtbare Güter sind, hat sich nämlich gezeigt, dass die individuellen und kollektiven Ansprüche nicht nur graduell, sondern auch qualitativ unterschieden werden müssen. Bei den individuellen Ansprüchen sind die absoluten, unverletzlichen Grenzen, auf das Ganze des guten Lebens gesehen, klarer als bei den kollektiven. Das individuelle Lebensrecht und die damit verbundenen Schutzansprüche haben eine Qualität an Unverzichtbarkeit, der auf kollektiver Seite nichts Entsprechendes gegenübersteht. Diesen qualitativen Mangel an Klarheit können wir nur durch eine stufenweise inhaltliche Vertiefung der kollektiven Ansprüche selbst wettmachen. Zunächst geht es aber darum, die Integrationsmaxime vorzustellen.

Das Problem, an dem ich die Maxime erläutere, steht zum einen für ein überschaubares Ganzes, nämlich das gute Leben eines Menschen in einer Gemeinschaft; zum andern ist es hinreichend bekannt und verständlich. Wenn z. B. lediglich einer von mehreren Patienten in den Genuss einer Organtransplantation kommen kann, die Verteilung des einen Organs mit Hilfe der Warteliste aber nicht demjenigen zugute kommen würde, dessen Leben aktuell gefährdet ist, muss der Anspruch, der sich aus der Warteliste ableitet, relativiert und der Anspruch dessen, der in Lebensgefahr schwebt, absolut gesetzt werden. Das Wertgefüge seines Lebens würde, wenn man so will, ohne diese Veränderung zerstört. Dies gilt natürlich nur, wenn das entsprechende Wertgefüge dessen, der an erster Stelle der Warteliste steht, durch den kurzfristigen Verzicht nicht gefährdet wird. In diesem Beispiel wirkt die Integrationsmaxime so, dass die bisherige Verteilung entsprechend einer Warteliste durch eine lexikographische Ordnung ersetzt wird.[56] Sie ergibt sich aus der Pflicht zur Sicherung des absolut unverzichtbaren Gutes des individuellen Lebens. Im Ergebnis bedeutet dies, dass immer dann, wenn eine Person so dringend ein Spenderorgan benötigt, dass sie ohne eine Transplantation sterben würde, die Warteliste außer Kraft gesetzt wird. Die Person erhält das Organ aus reiner Dringlichkeit. Die Integrationsmaxime kann allerdings den Gütermangel selbst, also die fehlenden Spenderorgane, nicht kompensieren. Wenn das Leben von mehr als einem Patienten gleichzeitig gefährdet ist, stößt auch die Empfehlung der Integrationsmaxime an ihre Grenze. Und wie wir bereits gesehen haben, könnte daran auch keine Wachstumsmaxime etwas ändern.

Die Anwendung aller drei Maximen der Maximenmethode zeigt, dass auch absolut unverzichtbare Güter wie das Leben von der Verteilung bestimmter unteilbarer Güter abhängig sind. Weniger überraschend ist, dass die Methode den inneren Zusammenhang und die wechselseitige Abhängigkeit individueller und kollektiver Güter verständlich macht. Sie zeigt, wie sehr die Verteilung relativ unverzichtbarer Güter wie der individuellen Gesundheit von teilbaren öffentlichen Gütern wie den Steuergeldern, die für das Gesundheitswesen aufgewendet werden, abhängig ist. Mit der Methode wird schließlich auch erkennbar, unter welchen Bedingungen ein unteilbares Gut wie das gute Leben in einer Gesellschaft an diejenigen verteilt werden kann, die in ihr leben. Ganz unabhängig von der Maximenmethode wissen wir aber auch, wie andere, besonders Angehörige und Freunde, an eigenen unteilbaren Gütern teilhaben können, die wie Leben, Gesundheit und Glück nach keiner Methode verteilt werden können. Die Maximenmethode zeigt aber wiederum, wie falsch es wäre zu behaupten, unteilbare Güter seien allgemein weder verteilbar noch teilweise kompensierbar. Wären sie es, könnten wir uns nicht vorstellen, wie das Integral des guten Lebens individuell und in einer Gemeinschaft möglich sein sollte, wenn es an bestimmten unteilbaren Gütern mangelte. Die Integrationsmaxime konkretisiert die Vorstellung eines Ganzen von Gütern. Es ist in der sozialen und politischen Praxis ein Problem, wie wechselseitig voneinander abhängige qualitative und quantitative Güter miteinander verknüpft und in ein gerecht geordnetes Ganzes integriert werden können. Zumindest methodisch können wir aber sagen, wie die unterschiedlichen Arten von Gütern, die für ein gutes Leben unverzichtbar sind, verteilt werden können.

Im Leben einer einzelnen Person oder einer ganzen Gesellschaft gibt es viele Elemente, die wie der gerechte Lohn oder das lebensrettende Spenderorgan erst dann, wenn sie in ein Ganzes integriert werden, ein gutes Leben ermöglichen. Die Maximenmethode vermittelt eine Vorstellung davon, wie diese Integration nicht nur denkbar, sondern auch real möglich ist. Wie die eben angesprochenen Beispiele veranschaulichen, muss die Maximenmethode bestimmte normative Ansprüche erfüllen und kann daher nur innerhalb bestimmter Grenzen, die sowohl normativer als auch materieller Natur sind, gute Dienste tun. Eine klare Grenze, die nicht verletzt werden darf, bilden die absolut unverzichtbaren Güter. Das Beispiel schlechthin für diese Grenze sind das menschliche Leben und der aus dem Lebensrecht abgeleitete Anspruch jedes einzelnen Menschen auf Lebensschutz und Achtung seiner körperlichen und seelischen Integrität. Auf kollektiver Seite gibt es, wie ich eben erwähnte, keinen entsprechend klaren Anspruch, der nicht zur Disposition gestellt werden darf. Umgekehrt gibt es einen kollektiven Anspruch auf die Integration der heterogenen Güter zu einem Ganzen des guten Lebens, das den Zielen des Gemeinwohls und des sozialen Friedens dient, für den es auf individueller Seite keine Entsprechung gibt. Denn den Anspruch auf ein gutes Leben kann jeder einzelne Mensch zunächst nur an sich selbst richten, obwohl ihn kein Mensch nur allein, ohne entsprechende soziale Bedingungen, erfüllen kann. Jeder Einzelne kann nur ein gutes Leben führen, wenn er am guten Leben des sozialen Ganzen teilhaben kann.

Der große und hohe kollektive Anspruch auf eine Integration der Güter in ein soziales Ganzes hat zwar seinerseits kein individuelles Pendant, ist aber wie das individuelle Lebensrecht eine absolute, verbindliche, aber keineswegs unverletzbare Grenze. Es ist nicht leicht, ihr gerecht zu werden, weil sie als normative Grenze der Güterverteilung ebenso unklar und dehnbar ist wie als materielle. Die Verpflichtung demokratischer Politik zur Integration der Güter in ein soziales Ganzes ist eine Grenze der Maximenmethode, weil diese Integration in sich selbst ein absolut unverzichtbares Gut ist. Seine Unverzichtbarkeit lässt sich leicht an den Teilzielen des sozialen Friedens und des Gemeinwohls erkennen. In Gemeinwesen, die den Prinzipien der Grund- und Menschenrechte und der Demokratie verpflichtet sind, ist es eine anerkannte, ethisch begründete soziale Verpflichtung der

Politik, die Güter integrierbar zu machen. Absolut unverzichtbar ist das Gut der Integration, weil die Ansprüche aller Gruppen einer Gesellschaft bei der Verteilung von Gütern berücksichtigt werden müssen. Es geht ja schon bei gerechten Löhnen nicht nur um die Höhe der individuellen Einkommen, sondern um soziale Gerechtigkeit, sozialen Frieden und um die materielle Sicherheit aller Bürger. Dasselbe gilt für gerechte Steuern, die Sicherung der Altersversorgung und des Gesundheitssystems, die innere und äußere Sicherheit, um nur einige Ansprüche zu nennen. Die soziale Verpflichtung der Politik besteht darin, diese Güter mit ihrem unterschiedlichen materiellen, teilbaren und nicht-materiellen, unteilbaren Charakter zu einem Ganzen zu integrieren, das den sozialen Frieden sichert und für alle Mitglieder einer Gesellschaft gerecht und gut ist.

Bisher war lediglich von einzelnen, demokratisch und rechtsstaatlich strukturierten Gesellschaften die Rede. Die Maximenmethode kann jedoch auch dazu dienen, die Güterverteilung in einem globalen Rahmen zu regeln, wenn z. B. Otfried Höffes[57] konkrete Utopie einer Frieden sichernden republikanischen Weltordnung Wirklichkeit würde. Dann würde jede Nation – zumindest den nationalen Ansprüchen nach – wie eine soziale Gruppe innerhalb des Ganzen der Weltgesellschaft behandelt, ähnlich wie es jetzt bereits in der Europäischen Union geschieht. Es müssten allerdings dieselben Bedingungen gelten wie bei der Verteilung von Gütern innerhalb einer Gesellschaft. Im globalen Rahmen könnten nur dann Güter verteilt werden, wenn sie von den Wohlstandsgesellschaften dafür zur Verfügung gestellt werden. Verteilung hieße Umverteilung und Transfer von Gütern nach einem ähnlichen Muster, wie bestimmte Güter in der Europäischen Union umverteilt werden. Dazu bedürfte es allerdings vor der Verteilung der materiellen Güter einer internationalen Rechtsordnung, wie sie Höffe fordert. Ohne gesicherte normative Ansprüche bleiben materielle Ansprüche auf Dauer unsicher. Bisher ist weit mehr als die Hälfte der Weltbevölkerung nicht nur vom weltweit verfügbaren Wohlstand, sondern auch von demokratisch legitimierten Rechtsverhältnissen ausgeschlossen, die das individuelle Leben schützen und auch individuell gegen einen Staat einklagbare Ansprüche vermitteln. Die Teilhabe dieses größten Teils der Menschheit am verteilbaren Wohlstand der Erde, der auch Menschenrechte und Rechtssicherheit einschließt, bedarf keiner eigenen ethischen Begründung. Die Ungleichverteilung materieller und immaterieller Güter ist dagegen ein ethischer Skandal, der das gute Leben der Menschheit und globalen Frieden unmöglich macht.

Es war bisher immer wieder von Grenzen der Maximenmethode die

Rede. Dabei sprach ich in zwei ganz unterschiedlichen Bedeutungen von diesen Grenzen. Zum einen ging es um Grenzen im Sinn der Reichweite der Methode. Diese Grenzen der Methode liegen dort, wo es um unteilbare Güter geht, auf welche die Menschen nicht verzichten können und dürfen. Zum anderen ging es um Grenzen im Sinn von einschränkenden Bedingungen. Die Maximenmethode soll normative und materielle Ansprüche nur innerhalb der Grenzen verändern, die akzeptierbar und verträglich sind. Diese Grenzen sind relativ, die Grenzen im Sinn der Reichweite der Methode sind absolut. Auf diesen Bedeutungsunterschied hinzuweisen, ist wichtig, weil beide Grenzen recht genau den Rahmen markieren, innerhalb dessen die Maximenmethode brauchbar ist. Sie arbeitet einerseits streng diesseits der absolut unverzichtbaren Güter, darf sie also weder tangieren noch verletzen. Sie soll aber andererseits dabei helfen, Verzichtleistungen auf quantitative und qualitative Güter zu begründen. Diese Grenze wird sich an der Menge der verfügbaren Güter und daran orientieren, was zumutbar und akzeptabel ist. Beides, die Beachtung der absoluten und der relativen Grenze, soll so geschehen, dass das Wertgefüge als Ganzes nicht gefährdet wird. Da dies im Einzelnen immer wieder strittig ist, kann die Maximenmethode nicht umhin, die Festlegung beider Grenzen immer wieder neu zum Thema zu machen. Die Methode muss tauglich sein, den Wirkungen ihres Gebrauchs selbst Grenzen zu ziehen. Wie gut und zuverlässig sie dies tut, hängt von den Akteuren, welche die Methode anwenden, und von der verfassungs- und verwaltungsrechtlichen Kontrolle ihrer exekutiven Vollmachten ab.

Eine bleibende systematische Schwierigkeit der Integration der Güter unter Bedingungen der Knappheit ist mit dem Verhältnis der unverzichtbaren Güter, das ich mit ‹pari› bezeichnete, verbunden. Zur Erinnerung, pari ist das Verhältnis dieser Güter unter zwei Bedingungen: Sie sind zum einen unvergleichbar, und zum anderen ist keines der Güter verzichtbar. In einer Gesellschaft beschreibt dieses Verhältnis den jeweiligen Besitzstand einer Gruppe. Wenn es nun um die Integration von Gütern unter veränderter Knappheit geht, muss darüber entschieden werden, welches Opfer welcher Gruppe zumutbar und akzeptabel ist. Die Gruppen werden ihre Besitzstände mit allen politischen Mitteln verteidigen. Wenn die Verteilung der Güter pari ist, genügt es, wenn eines der Güter knapper wird, um eine zuvor undenkbare Rangordnung der gleichermaßen unverzichtbaren Güter möglich zu machen. Damit gerät die Menge der unverzichtbaren Güter in Bewegung, wobei die Güter unter den veränderten Knappheitsbedingungen vergleichbar werden. Das bedeutet, man muss über akzeptable und zumutbare Verzichtleistungen verhandeln, um die

Güter zu einem Ganzen reintegrierbar zu machen. Wenn alle Gruppen etwas verlieren, geht es um die Festlegung von Untergrenzen und um die Klärung der Bedingungen, unter denen Ausnahmen gemacht werden dürfen, indem bestimmten Gruppen keine oder einmalig hohe Verzichtleistungen zugemutet werden. Solche Entscheidungen werden davon abhängen, wie sehr welche Gruppe zur Sicherung bestimmter Güter beiträgt und wie die Aussichten auf ein erneutes Wachstum der teilbaren Güter gewahrt werden können.

Wir können uns mit Hilfe der Maximenmethode vorstellen, wie sich die Arten des Guten in einer Gesellschaft und im individuellen Leben wechselseitig ergänzen würden, wenn die Methode tatsächlich gerecht und praktisch vernünftig angewandt wird. Es kommt aber nicht nur auf die eben angesprochenen absoluten Grenzen an, sondern auch darauf, was «gerecht und praktisch vernünftig» bei jeder Entscheidung heißt und wie jene Grenzen bei der Anwendung der Methode beachtet werden können. Keine der Maximen kann den menschlichen Faktor gänzlich kalkulierbar machen, und ungerechte Entscheidungen werden auch durch rechtliche Kontrollmöglichkeiten nicht gänzlich ausgeschlossen.

Der von Rawls vorgeschlagene Schleier des Nichtwissens, hinter dem eine Person oder eine Gruppe in einer theoretisch angenommenen Ursituation über die gerechte Verteilung z. B. von Geld in einer Gesellschaft entscheidet, soll den menschlichen Faktor auf ein Minimum reduzieren. Rawls' Theorie erwartet von den Gruppen, deren Status an Einkommen und Besitz selbstverständlich vor jeder Verteilung immer ungleich ist, dass sie in der Ursituation keine eigenen Interessen haben, also auch nicht neidisch sind,[58] sondern sich rational und auf natürliche Weise altruistisch verhalten. Wenn jenseits der Interessen von Einzelnen oder Gruppen Entscheidungen getroffen werden, so meint Rawls, nimmt jeder, der mitentscheidet, quasi automatisch den Standpunkt derer ein, welche die geringsten Vorteile haben. Ungleichheiten sind in seinem Modell genau dann zulässig, wenn alle dazu beitragen, dass die Gruppe, die in einer Gesellschaft am schlechtesten mit Gütern ausgestattet ist und die geringsten Vorteile hat, mit jeder Verteilung gewinnt und besser dasteht. Die wirtschaftlichen und sozialen Verbesserungen der am schlechtesten gestellten Gruppe darf nur nicht mit Einbußen an Grundfreiheiten und Grundrechten erkauft werden. Dies ist die einzige Einschränkung oder Vorschrift, die Rawls für den Verteilungsprozess vorsieht.

Niemand wird die sozialpolitischen Zielsetzungen der Theorie von Rawls in Frage stellen wollen. Fraglich ist nur, ob die damit verbundenen Versprechungen auf dem von Rawls beschriebenen Weg zu erreichen sind. Es genügt nicht, den menschlichen Faktor, also Neid, Missgunst, Gier und Eigensucht, auf ein Minimum zu reduzieren und die Geltung der Grundrechte und Grundfreiheiten zu sichern. Denn Schwierigkeiten machen nicht nur der menschliche Faktor und die beschränkte Wirksamkeit rechtlicher Kontrollen zur Sicherung der Grundrechte und -freiheiten. Schwierigkeiten machen auch positive und sinnvolle, aber gleichwohl unterschiedliche weltanschauliche und politische Einstellungen und Überzeugungen, die sich hinter keinem Schleier des Nichtwissens verbergen lassen, weil sie unauflöslich mit dem verbunden sind, was ‹praktisch vernünftig› bedeutet und was jeder Einzelne unter ‹gerecht› versteht. Von Denkweisen, also von kognitiven und normativen Grundeinstellungen, können wir nicht abstrahieren, weil nach der Abstraktion nichts mehr von dem übrig bliebe, was ‹praktisch vernünftig› und ‹gerecht› bedeutet. Der Versuch, von jenen Grundeinstellungen zu abstrahieren, würde darauf hinauslaufen, davon abzusehen, dass es Menschen sind, die urteilen und entscheiden. Wer dies anerkennt, muss auch erkennen, dass die Ungleichheit der Menschen im Denken und Urteilen nicht aufgehoben werden kann. Die sozialen Folgen dieser ursprünglichen Ungleichheit sind häufig negativ und vielfach verwerflich und sollten, nach dem Urteil vieler Menschen, möglichst beseitigt werden. Kein Versuch, dieses sozialpolitische Ziel zu verwirklichen, sollte aber von einer Aufhebung der ursprünglichen Ungleichheit abhängig sein. Sozialpolitik und Ethik können nur nach und nicht vor oder hinter dieser Ungleichheit beginnen. Die Maximenmethode kann aus diesem Grund die von kognitiven Ungleichheiten abstrahierende und egalisierende Funktion des Gedankenexperiments, das Rawls vorschlägt, nicht nutzen. Wer z. B. darüber entscheidet, wie die Integrationsmaxime verwendet wird, hat es in der Hand, in welcher Weise absolut unverzichtbare Güter bei der Veränderung normativer Ansprüche anerkannt und respektiert werden. Das Gut der Integration selbst wird bei jeder Veränderung normativer Ansprüche jeweils politisch interpretiert werden. Niemand, der an einem Verteilungsprozess beteiligt ist, tut dies mutwillig oder von vornherein mit schlechten Absichten. Die politische Interpretation der Integration der Güter zu einem sozialen Ganzen entspricht vielmehr den pluralistischen Denk- und Urteilsweisen der Menschen und den unterschiedlichen Einstellungen, die daraus folgen. Unter den vielen Schattierungen von Einstellungen wird es z. B. solche geben, die eher egalitär, und solche, die eher liberal sind. Egalitäre Einstellungen werden dabei – erklärtermaßen – den Ansprüchen der schlechter gestellten Gruppen zugute kommen, während liberale Einstellungen im Glauben an die auch ethisch positiven Kräfte der Eigeninitiative und der Märkte diese Ansprüche eher relativieren. Beide Einstellungen stehen konträr zueinander und schließen sich politisch gewöhnlich aus. Die politischen Neigungen gehen deswegen entweder in die eine oder andere Richtung. Dem politischen Prozess der Integration der Güter in ein Ganzes kommt dieser Pluralismus zugute, weil er die Verteilung der Güter und Lasten legitimiert und für alle akzeptierbar macht.

Es wäre auch im Rahmen einer Theorie nicht wünschenswert, wenn solche natürlichen, von ungleichen Weisen, zu denken und zu urteilen, herrührenden Ungleichheiten auf ein Mindestmaß beschränkt oder ganz ausgeschlossen würden. Jede Einschränkung des Pluralismus der Ziele schadet der Akzeptierbarkeit und Legitimität der Verteilungsprozesse. Es gibt aber theoretische Forderungen, die den Dissens über die Ziele des guten Lebens möglichst vermeiden wollen, indem sie sicherstellen, dass die Verteilung von Gütern in einer Gesellschaft den Geboten der Neutralität und Unparteilichkeit entspricht. Das Ideal einer gerechten und fairen Verteilung von Gütern, die diesen Geboten gehorcht, kann es in einer Theorie durchaus geben. Es wäre aber naiv zu meinen, dass es eine soziale Praxis geben könnte, die nach entsprechenden politischen Reformen diesem Ideal entsprechen würde. Eine Theorie, welche von einem solchen Ziel ausgeht, verkennt ihre eigenen Voraussetzungen, ihre Möglichkeiten und ihre politischen Verpflichtungen.

Die Maximenmethode geht nicht von idealen Voraussetzungen aus und unterstellt den Akteuren, welche politisch legitimiert sind, über die Güterverteilung zu entscheiden, keine strikte Neutralität und Unparteilichkeit. Die Akteure sollten lediglich an das Wohl des Ganzen denken und die Möglichkeit des guten Lebens fördern und nicht durch strategische Entscheidungen schmälern. Die Maximenmethode ist ein Verfahren, das davon ausgeht, dass jede, auch die soziale Ungleichheit der Menschen in deren Denken und Urteilen und nicht nur oder erst in deren Handeln gründet. Theorien der Rationalität nehmen zwar gewöhnlich Bedingungen wie z. B. Vollständigkeit und Transitivität an, welche den Präferenzen einzelner Akteure eine allgemeine Ordnung geben. Außerdem gehen sie davon aus, dass diese Bedingungen von allen Akteuren – in der Theorie – auf gleiche und widerspruchsfreie Weise angewandt werden. Diese Bedingungen machen die Theorien der Rationalität überhaupt erst möglich und sinnvoll. Alle Annahmen dieser Theorien sind aber normativer Natur und beschreiben nicht die vielfältigen und konträren Voraussetzungen, unter denen Menschen wirklich denken, urteilen und entscheiden. Die Diskussion der Anwendung bestimmter Bedingungen der rationalen Entscheidungstheorie zeigt, dass es selbst unter idealen Bedingungen Abweichungen, ja sogar Paradoxien des Entscheidens gibt.[59] Sie zeigen, dass «reine» Rationalität eine Konstruktion und das Verständnis und die Auslegung ihrer Bedingungen bereits individuellen, kognitiven Einflüssen unterworfen ist, die nicht notwendig der Theorie entsprechen. Schon der Versuch, der Theorie gerecht zu werden und ihre Bedingungen spielerisch anzuwenden, zeigt den hybriden, nicht-reinen Charakter des Begriffs der Rationalität.[60] Es wäre verfehlt, diesen hybriden Charakter der Rationalität als ‹irrational› zu bezeichnen. Er entspricht einfach der Tatsache, dass Menschen unterschiedlich denken und mit unterschiedlichen Empfindungen für Risiken und Wahrscheinlichkeiten urteilen.

Die rationale Entscheidungstheorie wäre genau dann ein Modell menschlicher Entscheidungsprozesse, wenn alle Menschen gleich denken und urteilen würden. Diesen irrealen Bedingungssatz erfüllen die Menschen aber nicht. Deswegen versucht die hier vorgeschlagene Maximenmethode auch nicht, von dieser Ungleichheit im Denken und Urteilen zu abstrahieren, um die Chancen einer gerechten Verteilung von Gütern wenigstens in der Theorie zu verbessern. Keine Theorie, sondern nur Menschen können Güter gerecht verteilen. Lediglich die Regeln oder Verfahrensweisen, die Menschen dabei helfen können, Güter zu verteilen, sind Sache von Theorien. So hat auch Rawls sein sozialpolitisches Differenzprinzip, das ich oben skizzierte, verstanden; und darum geht es auch bei der Maximenmethode. Der hybride Charakter der Rationalität legt es nahe, auf die praktische Vernunft der Akteure der Maximenmethode zu setzen. Deren praktische Vernunft toleriert kulturell und weltanschaulich geprägte Differenzen und dient dem Pluralismus. Praktisch vernünftig sind diese Akteure dann, wenn sie über hinreichende kognitive Kräfte, Erfahrung und Urteilsvermögen, ausreichende Kompetenzen und Informationen und über Kreativität und Intuition verfügen. Sie sollten trotz ihrer unterschiedlichen Prägungen und Gruppenzugehörigkeit bemüht sein, unparteilich, uneigennützig und vorurteilsfrei zu entscheiden. Die Konflikte, welche durch die bleibenden Unterschiede ihrer Einstellungen bewirkt werden, werden dann weniger nachteilig für das soziale Ganze sein, wenn sie von mitmenschlicher Wärme und Einfühlungsvermögen begleitet werden.

Sehen wir einmal von den oben kurz angesprochenen Schwierigkeiten mit dem Urzustand und dem Schleier des Nichtwissens ab, müssen wir doch anerkennen, dass es Rawls um die Integration aller Arten von Gütern zu einem gerechten sozialen Ganzen ging.[61] Sowohl die materiellen Güter als auch die Grundfreiheiten sollten in diesem Ganzen die ihnen gemäße Bedeutung haben. Rawls versuchte, der von mir ausführlich – in meiner eigenen Begrifflichkeit – beschriebenen Tatsache gerecht zu werden, dass zwischen teilbaren und unteilbaren, vergleichbaren und unvergleichbaren Gütern eine wechselseitige Abhängigkeit ohne wechselseitige Deckungsfähigkeit besteht. Er erkannte, dass der Mangel an qualitativen Gütern – etwa an Grundbedürfnissen im Sinne von Grundfreiheiten und Grundrechten – nicht einfach durch quantitative Güter auszugleichen ist und umgekehrt auch der Mangel an quantitativen Gütern nicht ohne weiteres durch qualitative kompensiert werden kann. Diese Einsicht sollte in jeder Methode, die Vorschläge für eine gerechte Güterverteilung macht, gelten und methodisch erkennbar sein. Rawls selbst hat sich bei der Sicherung besonders anspruchsvoller Güter in einem Verteilungsprozess, in dem niemand weiß, welche Resultate er bringen wird, von der *Maximinregel* leiten lassen.[62] Ich greife diese Regel auf, weil sie – was die Verteilung von Gütern angeht – in direkter Konkurrenz zur Maximenmethode steht. Die Maximinregel legt jeder Person, die sich unter Bedingungen der Ungewissheit für eine Lösung entscheiden muss, nahe, das denkbare Minimum an Gütern zu maximieren. Um dies zu tun, muss sich ein Akteur den jeweils geringsten Nutzen jeder einzelnen in einer Situation denkbaren Entscheidung ansehen und sich dann für den größten Nutzen unter all diesen geringen entscheiden.[63]

Um den praktischen Nutzen dieser Regel beurteilen zu können, benötigen wir ein Beispiel. Das Ziel unserer Überlegungen ist dabei, aus einer Menge von Verteilungsvorschlägen denjenigen auszuwählen, der unter allen für ein gutes soziales Leben relevanten Gütern, die aber in zu geringem Umfang erreichbar sind, dasjenige auswählt, welches den größten Nutzen verspricht. Gehen wir der Einfachheit halber davon aus, dass das, was verteilt werden kann, Geld ist, das für Güter wie Bildung, sozialen Wohnungsbau, Kunst, Krankenhäuser, Arbeitsbeschaffung, die Sicherung des Lebens von Arbeitslosen etc. eingesetzt werden kann. Nehmen wir zusätzlich an, dass dieser Nutzen eine besondere Bedeutung für die Qualität des sozialen Lebens hat und für diese Qualität weder überflüssig noch verzichtbar ist. Nehmen wir auch an, dass die Auswahl von Akteuren getroffen wird, die dazu politisch legitimiert und gehalten sind, möglichst unparteilich und weltanschaulich neutral zu entscheiden. Diesen Akteuren ist klar, dass ein und dieselbe Menge Geld, die zur Förderung von so unterschiedlichen Gütern wie z. B. Bildung und der Sicherung des Lebens von Arbeitslosen eingesetzt wird, der Qualität des sozialen Ganzen auch unterschiedlich nutzt.

Vielleicht spitzt sich die Entscheidung über den Einsatz des verfügbaren Geldes auf die Alternativen Bildungseinrichtungen, Sicherung des Lebens von Arbeitslosen und staatliche Arbeitsbeschaffung zu. Lassen wir die übrigen Güter einmal beiseite, um das Verfahren nicht zu kompliziert werden zu lassen. Offensichtlich ist es nicht nur außerordentlich schwer, sondern unmöglich, den Nutzen für die Förderung der Qualität des sozialen Ganzen an der Förderung eines einzigen der drei genannten förderungswürdigen Güter festzumachen. Selbst wenn wir die Auswahl der Güter auf zwei reduzieren, wird es unvermeidlich Streit geben zwischen denjenigen, die überzeugt sind, dass die Sicherung des Lebens der Arbeitslosen Vorrang vor der Förderung von Bildungseinrichtungen hat, und denjenigen, die genau das Gegenteil glauben. Es ist dabei auch nicht möglich, der einen oder anderen Seite einfach Recht zu geben, weil sich für beide Entscheidungsmöglichkeiten jeweils sehr gute Gründe finden lassen. Selbst harmlosere Beispiele als diese zeigen, dass die Maximinregel genau das nicht leisten kann, was die Integrationsmaxime leisten soll, nämlich eine bestimmte Qualität des sozialen Ganzen zu sichern. Außerdem wird erkennbar, dass es wenig Sinn hat, die Qualität des sozialen Ganzen an die Förderung bestimmter Gruppen zu koppeln. Die Unterstützung der Arbeitslosen, also der am schlechtesten gestellten sozialen Gruppe, mit den verfügbaren knappen Mitteln ist für die Qualität des sozialen Ganzen z. B. dann eine Belastung, wenn die Zahl der Arbeitslosen zunimmt, die verteilbaren Steuermittel aber abnehmen. Sicherlich ist es allen anderen Gruppen zumutbar, dass sie aus Solidarität mit den Arbeitslosen auf Investitionen im Bildungsbereich verzichten. Wenn diese Solidarität aber künftige kollektive Entwicklungsmöglichkeiten, die ein erfolgreiches Bildungssystem voraussetzen, zu sehr einschränkt, ist sie kaum zu rechtfertigen.

Die Integration der Arten des Guten in ein soziales Ganzes ist in sich selbst ein unverzichtbares Gut, weil das gute Leben ohne sie nicht denkbar ist; und dies gilt auch dann, wenn soziale Gerechtigkeit nicht vollkommen erreicht werden kann. Die Maximinregel ist nicht primär deswegen zu kritisieren, weil sie, wie viele Kritiker bemerkten, kleine Risiken zu Lasten großer Gewinnmöglichkeiten scheut.[64] Sie ist zu kritisieren, weil sie die Bewertung der förderungswürdigen Güter nicht von deren Wert für das soziale Ganze abhängig macht. Das Problem der Integration heterogener Güter muss gelöst sein, bevor Verteilungsprinzipien wie die Maximinregel überhaupt sinnvoll anwendbar sind. Der Wert von Gütern relativ zum Ganzen muss bei ihrer Verteilung Vorrang vor dem Wert haben, der ihnen von Konsumenten mit individuellen Interessen losgelöst vom sozialen Ganzen gegeben wird. Diejenigen, die dazu legitimiert sind, sollten sich darüber einigen, welches Gut wie zum Wohle des Ganzen gefördert werden kann.

Sie lösen dabei jeweils vorläufig und mit mehr oder weniger Geschick das Problem der Integration heterogener Güter. Wenn dieses Problem nicht bedacht wird, wird es bei jeder Entscheidung ungelöst weitergeschleppt, gleichgültig, welches Verteilungsprinzip angewandt wird.

Die Maximenmethode empfiehlt, das Problem der Integration der Güter vor deren Verteilung zu lösen. Bisher ist aber offen geblieben, welche Reichweite die Maximenmethode bei der Regelung von Ansprüchen sozialer Gruppen oder ganzer Gesellschaften hat. Offensichtlich ist eine soziale Integration der heterogenen Arten des Guten nur denkbar, wenn die qualitativen, unteilbaren und unvergleichbaren Güter ihren normativen Charakter bewahren und einen gewissen Vorrang vor den quantitativen, teilbaren und vergleichbaren haben. Das Problem hat, relativ zur Knappheits- und zur Normenmaxime, zwei Seiten. Zum einen geht es darum, wie weit der normative Vorrang relativ zur Knappheit der verteilbaren Güter reicht. Je knapper diese Menge ist, desto schwerer ist jener Vorrang durchzuhalten, weil weniger teilbare Güter den Gruppen zugute kommen können. Die Knappheit der teilbaren Güter berührt aber auch zwangsläufig den normativen Vorrang der unteilbaren. Deswegen muss – zweitens – deren normativer Vorrang dadurch verteidigt werden, dass sich die Knappheit der teilbaren Güter nur begrenzt auf die unteilbaren auswirkt.

Die eine Seite des Problems kann mit der Knappheits-, die andere mit der Normenmaxime gelöst werden. Greifen wir das eben angesprochene Beispiel wieder auf, in dem es darum geht, die immer knapper werdenden Steuermittel entweder für Bildung oder die Sicherung des Lebens von Arbeitslosen auszugeben. Das unteilbare und unvergleichbare Gut, um das es bei dieser Verteilung zum Wohl des sozialen Ganzen geht, ist die soziale Gerechtigkeit. Das teilbare Gut Geld soll so verteilt werden, dass es dem Wohl des Ganzen dient. Es ist unmittelbar einsichtig, dass einer bestimmten Menge jenes teilbaren Guts keine konkrete Menge an sozialer Gerechtigkeit entspricht, weil sich dieses unteilbare Gut nicht quantifizieren lässt. Die soziale Gerechtigkeit, die wir als Kriterium für das Wohl des Ganzen annehmen, kann nicht direkt, sondern nur über die Förderung von Gütern wie z. B. Bildung und die Sicherung des Lebens von Arbeitslosen, also indirekt, erreicht werden. Auch diese Güter lassen sich aber nicht quantifizieren, obwohl sie teilbar sind. Die Qualität dieser Güter ist zwar von der Menge an Steuermitteln abhängig, die für sie aufgewendet werden, aber nicht allein davon. Zum einen entsprechen diese Güter normativen Ansprüchen der Bürger, zum anderen kommt es darauf an, wie – in welcher Menge und Qualität – sie verfügbar sind. Schlechte Bildung kann z. B. teurer als gute sein. Schließlich ist aber klar, dass nicht jede soziale Gruppe dasselbe Interesse und dieselben Ansprüche diesen Gütern gegenüber hat. Das Ziel der sozialen Gerechtigkeit kann angesichts der knappen Menge des teilbaren Gutes Geld nur erreicht werden, wenn die normativen Ansprüche der einzelnen Gruppen so bestimmt werden, dass die Güterverteilung in einem legitimen, transparenten Verfahren durchgeführt und allgemein anerkannt werden kann. Nehmen wir einmal an, dass sich ein Verfahren durchsetzt, das die Bildung stärker fördert als die Arbeitslosen, dann bedeutet dies konkret, dass ‹sozial gerecht› für jede Gruppe quantitativ etwas anderes bedeutet. Die Bildungsangebote werden zwar für alle verbessert, die Arbeitslosen bekommen aber weniger. Diese Anpassung des normativen Anspruchs der sozialen Gerechtigkeit an die unterschiedlichen Ansprüche der einzelnen Gruppen kann die Knappheitsmaxime regeln. Da es aber nicht ausgemacht ist, welche Menge an Geld dem jeweiligen normativen Anspruch einer Gruppe wie etwa den Arbeitslosen wirklich angemessen ist, muss jeweils geprüft werden, ob die quantitative Güterverteilung nicht doch noch verändert werden sollte, um dem Anspruch der sozialen Gerechtigkeit zu entsprechen. Dies ist die Aufgabe der Normenmaxime. Selbst wenn eine Güterverteilung mehrheitlich politisch anerkannt und in einem legitimen Verfahren durchgeführt worden ist, kann sie bestimmten Gruppen gegenüber noch immer ungerecht sein. Die Normenmaxime kann dies zumindest in der Theorie verhindern; in der Praxis sind dafür in einem Rechtsstaat die Parlamente und die Hüter der Verfassung zuständig.

Die Knappheits- und die Normenmaxime werden der Einsicht gerecht, dass die bloße Mehrung quantitativer Güter an sich Menschen nur äußerlich besser stellt, aber ungerechte nicht direkt in gerechte Verhältnisse umwandeln kann. Die allgemeine Wohlfahrt und das Gemeinwohl sind Wirkungen sozial gerechter Verteilungen, die weder allein noch primär von den Minima und Maxima quantitativer Güter, sondern von der begründeten und richtigen Verteilung materieller Güter wie Geld und immaterieller Güter wie Grundrechte und Bildung abhängig sind. Die Maximenmethode versucht diesem Anspruch gerecht zu werden, indem sie den normativen Vorrang der qualitativen, unteilbaren Güter vor den quantitativen, teilbaren in der eben beschriebenen Weise auflöst. Problemlösung durch Problemauflösung lautet dabei die Devise. Es darf keinen absoluten Vorrang der normativen Ansprüche von Gruppen geben, weil sich sonst kein integrales Ganzes aller Güter in einem guten Leben für alle bilden lässt. Es hat keinen Sinn, die normativen Ansprüche z. B. der am schlechtesten Gestellten unberührt zu lassen, wenn es allen relativ zu ihren bisherigen

Lebensansprüchen schlecht geht. Nicht nur die Verfahren der Verteilung sozialer Gewinne, auch die der Verteilung der Verluste und des Mangels sollten gerecht sein.

Die dritte Maxime übernimmt den Part der Integration aller Arten von Gütern in ein soziales Ganzes. Das Ziel des guten sozialen Lebens in einer demokratisch und rechtsstaatlich verfassten Gesellschaft wird sicher von den unterschiedlichen politischen Gruppierungen und selbst auch innerhalb der Gruppen unterschiedlich verstanden. Das gute Leben ist der Ausdruck für die Struktur der Güterverteilung im sozialen Ganzen, nicht aber für die Werte und Wertvorstellungen, welche die Individuen und Gruppen mit den Gütern verbinden. Das gute Leben hat, was die individuellen Wertvorstellungen und die Bedeutung der Güter für die einzelnen Gruppen angeht, einen pluralistischen Charakter. Demokratische Verteilungsverfahren schließen aber die Pflicht zur Einigung über allgemeine, übergeordnete Ziele der sozialen Entwicklung und die Ordnung der untergeordneten Ziele der Gesellschaft ein. Faktisch spielt bei der Einigung über diese Ziele in einer repräsentativen Demokratie nicht nur das Wohl des sozialen Ganzen, sondern auch der Machtgewinn, also das Wohl der eigenen parteipolitischen Gruppierung, eine wichtige Rolle. Die Mischung des politischen Selbstinteresses mit den Zielen des guten Lebens fördert Verteilungen, die für das Ganze schlechter sind, als sie bei einer kooperativen Einigung über die Ziele sein würden. Die politische Praxis der Verteilung von Gütern entspricht deswegen häufiger dem Modell des Gefangenendilemmas als einem kooperativen Modell, das vorrangig den Ansprüchen des sozialen Ganzen dient. Bei Verteilungen nach dem Modell des Gefangenendilemmas werden die nicht kooperativen den kooperativen Lösungen vorgezogen. Deswegen sind die Verteilungen schlechter für alle Gruppen, jedenfalls schlechter, als sie im Falle einer Kooperation wären.

Ein gutes Leben in einem sozialen Ganzen ist nicht erreichbar, wenn die Ziele der Verteilungsprozesse nicht kooperativ festgelegt werden. Die Integrationsmaxime ist deswegen politisch besonders anspruchsvoll, weil sie die Ansprüche der einzelnen Personen und der Gruppen auf die jeweils unverzichtbaren Güter sichert. Sie korrigiert all die Einschränkungen normativer und materieller Ansprüche, die nicht akzeptiert werden können. In einem kooperativen Verfahren dient die Integrationsmaxime der Festlegung der allgemeinen und besonderen Ziele von Verteilungsprozessen. Alle Ansprüche, auch die normativen, sollen innerhalb bestimmter Grenzen veränderbar sein. Diese Grenzen sind zwar verfassungsrechtlich durch die Grund- und Menschenrechte festgelegt. Was sie in Verteilungsprozessen genau bedeuten, ist aber Sache der Politik und muss in Verteilungsverfahren, die in der Regel Verfahren der Gesetzgebung sind, kooperativ festgelegt werden. Einschränkungen oder Veränderungen von normativen Ansprüchen dürfen sich nicht nur danach richten, wie knapp bestimmte Güter sind. Es ist zu leicht, normativen Ansprüchen mit dem Hinweis auf die Knappheit verteilbarer Güter, mit so genannten Argumenten des Sachzwangs, einfach den Boden zu entziehen. Deswegen versucht die Normenmaxime der Aushöhlung normativer Ansprüche möglichst klare und stabile Grenzen zu setzen. Die Verteilung quantitativer Güter darf bestimmte normative Ansprüche auch unter Bedingungen der Knappheit nicht verletzen. Konkret heißt dies z. B., dass das Leben von Arbeitslosen unter einem bestimmten materiellen Niveau, das nicht unterschritten werden darf, gefährdet ist. Wo genau die Grenze zur Armut liegt, ist abhängig von den Lebenshaltungskosten in einer Gesellschaft und nicht allgemein bestimmt. Allgemein gültig ist aber der Anspruch auf Wohnung, Ernährung, Gesundheit und Kleidung. Die Kosten für diesen Anspruch sind als Lebenshaltungskosten in einer Gesellschaft überprüfbar. Die Normenmaxime verlangt, dass in jedem Verteilungsprozess der Anspruch auf eine humane Lebensführung auch unter Bedingungen der Arbeitslosigkeit gewahrt wird. Ohne diese Rücksicht würde das Wohl des sozialen Ganzen leiden. Eine Gesellschaft, welche die Lebenshaltung ihrer Arbeitslosen und ähnlich schlecht gestellter Mitbürger nicht sichert, ignoriert das Gebot der Solidarität und hat den Anspruch guter ethischer Praxis verspielt. Damit ist die Legitimität aller Verteilungsprozesse dieser Gesellschaft in Frage gestellt, auch wenn sie dem Willen politischer Mehrheiten entsprechen. Eine gute ethische Praxis kann in einer Gesellschaft nur erreicht werden, wenn die Verteilungsprozesse sämtlich die drei Maximen befolgen.

Wenn die Maximenmethode ihre grundsätzlichen Aufgaben erfüllt hat, kann die Güterverteilung oberhalb der normierten Grenzen in bestimmten Sektoren oder Bereichen wie der Bildung, dem Gesundheitswesen, der Renten- oder der Verkehrspolitik nach Regeln erfolgen, die begrifflich allgemein, kontextfrei und formal gebilligt werden. Dann ist z. B. eine sozial gerechte Verteilung des Wenigen, was z. B. für die Renten reserviert wurde, so möglich, dass besser gestellte Gruppen zugunsten der schlechter gestellten auf Zugewinne verzichten. Diese Art Verteilung würde begrifflich dem entsprechen, was «pareto-optimal» bedeutet.[65] Es könnte auch das Differenzprinzip von Rawls mit dem gleichen Resultat gebraucht werden. Regeln dieser Art tragen innerhalb einzelner Güterbereiche dazu bei, die Verteilungen für bestimmte Gruppen dann, wenn sie unattraktiv und problematisch sind, so zu gestalten, dass sie für alle Gruppen akzeptabel erscheinen. Sie rechtfertigen beispielsweise den Verzicht der besser Gestellten und erleichtern so die Verteilung. Wenn solche allgemeinen Regeln aber nicht akzeptiert werden, ist es notwendig, die Integrationsmaxime erneut einzusetzen. Sie fordert nämlich dazu auf, die Veränderung normativer Ansprüche auch in einem kleineren Rahmen wie dem der Rentenpolitik am Integral des guten Lebens und des gesamten Wertgefüges einer Gesellschaft zu orientieren. Das Paretoprinzip stellt lediglich eine Art Gleichgewicht der Verteilung innerhalb eines Bereichs oder über alle Bereiche hinweg her, ohne Rücksicht auf die Art und soziale Bedeutung der Güter im Einzelnen. Es nimmt dabei keine Rücksicht auf die unterschiedlichen Ansprüche von Gruppen und rechtfertigt deswegen auch nicht die jeweils unumgängliche Ungleichheit der Verteilung. Diese Rechtfertigung leistet die Integrationsmaxime. Normative Ansprüche dürfen nach dieser Maxime nur verändert werden, wenn keine unverzichtbaren Güter wie z. B. die Sicherung des Lebens einer schlechter gestellten Gruppe wie der Rentner oder der Arbeitslosen innerhalb des sozialen Ganzen gefährdet sind. Konkret kann dies bedeuten, dass einige Gruppen auf bestimmte normative Ansprüche wie z. B. ein besseres Bildungssystem zugunsten der Lebenssicherung von Rentnern und Arbeitslosen verzichten müssen. Es kann allerdings sein, dass dieser Verzicht im Blick auf die Entwicklung des sozialen Ganzen im Wettbewerb mit anderen Gesellschaften nicht sehr lange zu rechtfertigen ist. Die Integrationsmaxime schließt die Verteilung von Gütern nach Gesichtspunkten ihrer Produktivität nicht aus, sichert und schützt aber auch die Ansprüche derer, die aufgrund ihres geringen Einkommens, ihres Lebensalters oder ihrer mangelnden Gesundheit nur beschränkt oder gar nicht zur Produktivität einer Gesellschaft beitragen.

Die Maximenmethode sagt nichts über die Größenverhältnisse von Gewinnen oder Verzichtleistungen und muss dies auch nicht, weil sich im legitimen, transparenten, kontrollierbaren politischen Prozess des Aushandelns von Ansprüchen ergibt, welche Gewinne für welche Gruppen anerkannt werden können und welche Verzichtleistungen welcher Gruppe zumutbar sind. Neue politische Institutionen oder bisher nicht bekannte oder unbeachtete Diskursregeln sind für die Anwendung der Maximenmethode nicht nötig. Die Methode kann im Übrigen nur innerhalb der Grenzen unverzichtbarer Güter Vorschläge machen. Diese negativ bestimmte Grenze sagt nichts über das, was tatsächlich quantitativ zumutbar ist. Wenn es konkret darum geht, worauf welche Gruppe verzichten könnte, sollte klar sein, was diesseits der Grenzen des Unverzichtbaren an Verzichtleistungen für welche Gruppe zumutbar ist. Um eine Vorstellung davon zu haben, kommen wir nicht umhin, uns Klarheit über die Bedeutung der Bedürfnisse sozialer Gruppen zu verschaffen.

5.2.3. Die Relativität menschlicher Bedürfnisse

Die Berücksichtigung der menschlichen Bedürfnisse ist einerseits unumgänglich, andererseits ist sie aber – wie wir sehen werden – im Rahmen der Maximenmethode nur begrenzt hilfreich. Es ist unumgänglich, die menschlichen Bedürfnisse zu berücksichtigen, weil es bei jeder Anwendung der Maximenmethode darauf ankommt, ob und in welchem Maße die teilbaren, quantitativ bestimmten Güter die Bedürfnisse der Menschen erfüllen. Darum geht es zumindest bei der Anwendung der Knappheits- und der Normenmaxime. Die Maximenmethode hat andererseits bei der Diskussion der Bedürfnisse nur eine relative Bedeutung, da die wenigen menschlichen Grundbedürfnisse zumindest als Grund- oder Menschenrechte ohnehin schon Teil der absoluten, normativen Grenzen der Güterverteilung sind. Es wäre daher redundant, Bedürfnisse überhaupt eigens zu thematisieren, wenn nicht die Frage zu klären wäre, welche Rolle sie bei der Festlegung der Grenzen des Zumutbaren spielen. Wir werden prüfen, was sie zur Klärung dieser Frage beitragen. In den Bedürfnissen setzt sich in besonders anspruchsvoller Weise das Problem fort, das wir von der Integration der unterschiedlichen Arten von Gütern schon kennen.

Was sind überhaupt «Bedürfnisse»? Sie haben eine sichtbare, phänomenale soziale Bedeutung. Sie geben den abstrakt unterscheidbaren Gütern einen Namen und uns eine konkrete Vorstellung davon, was Menschen tatsächlich benötigen und worauf sie einen Anspruch erheben. Der Begriff der «Bedürfnisse» ist aber vieldeutig und hat einen Doppelcharakter, der es schwierig macht, Bedürfnisse als Maßstab für die Verteilung von Gütern zu verwenden. Der Begriff «Bedürfnis» ist gleichzeitig normativ und deskriptiv. Bedürfnisse bezeichnen einerseits biologische und anthropologische Grundbedingungen, ohne die Menschen nicht menschenwürdig leben können. Andererseits verbinden Menschen mit diesen Bedingungen den normativen Anspruch, dass sie tatsächlich erfüllt werden. In dieser Hinsicht sind sie als Grundbedürfnisse Teil der allgemeinen Menschenrechte und gehören zum absoluten Rahmen, innerhalb dessen Güter verteilt werden können. Tatsächlich ist der Begriff der Bedürfnisse aber noch weit komplizierter, weil diese Mischung von biologischen und normativen Ansprüchen nie abstrakt vorkommt, sondern immer kulturell und sozial geprägt ist. Wir können die kulturellen Prägungen von Bedürfnissen hier nur andeuten. Vor allem ethnologische Untersuchungen zeigen, wie unterschiedlich die Bedürfnisse der Menschen sind. Sie unterstreichen, dass die Bedürfnisse von kulturellen, ethnischen Maßstäben bestimmt sind.[66] Die kulturelle und soziale Regionalität der Bedürfnisse macht den Begriff «Bedürfnis» neben seinem doppelten, einerseits beschreibenden, anthropologischen und andererseits fordernden, normativen Charakter zusätzlich so vieldeutig.

Karl Marx war wohl der Erste, der den doppelten Charakter menschlicher Bedürfnisse – unter den Stichworten «Naturalismus» und «Humanismus» – genauer untersuchte. Für ihn standen Bedürfnisse einerseits als Ausdruck der menschlichen Natur im Gegensatz zu egoistischen Interessen und Vorteilen, waren andererseits aber auch von der «Macht des Geldes» abhängig und manipulierbar.[67] Jeder einzelne Mensch kann – so Marx – sich und seine Bedürfnisse durch Arbeit gestalten; ‹wenn es denn Arbeit gibt›, würden wir heute ergänzen. Arbeit wird heute auf globalen und regionalen Märkten angeboten und nicht mehr wie bei Marx von wenigen Kapitalisten gegen sinkende Löhne verteilt. Ein System sozialer Sicherheit kompensiert heute in einigen Gesellschaften wenigstens teilweise den Verlust oder Mangel an Arbeit. Entfremdete oder mangelnde Arbeit führt daher in solchen Systemen nicht in die Verelendung oder eine ähnliche gesellschaftliche Katastrophe, sondern – wenn es gut geht – zu alternativen Formen der Arbeit oder – wenn es schlecht geht – zu dauernder Arbeitslosigkeit mit einer gewissen sozialen Absicherung. Die Selbstgestaltung der Bedürfnisse durch Arbeit bleibt eine Utopie, lenkt den Blick aber auf die Abhängigkeit der Bedürfnisse von der Verteilung der Güter in einer Gesellschaft insgesamt und nicht nur derjenigen des kostbaren und knappen Gutes ‹Arbeit›. Bedürfnisse sind – anders als dies von vielen angenommen wird – nicht fundamental und keine absolut geltenden anthropologischen Konstanten, sondern abhängig von den vorhandenen Möglichkeiten der Integration der heterogenen Güter in einer Gesellschaft.

Diese Einsicht wird vom Augenschein bestätigt. Selbst in dem überschaubaren Umkreis des eigenen, individuellen Lebens sind die Bedürfnisse u. a. abhängig von Beruf, Fähigkeiten und Leistungen, sozialer Rolle und Geschlecht und entsprechen dabei offensichtlich ungleichen und ungleich verteilten qualitativen Ansprüchen. Soziale Gerechtigkeit kann also nicht darin bestehen, lediglich gleiche oder ähnliche Bedürfnisse der Mitglieder einer Gesellschaft zu befriedigen. Es kann auch nicht so sein, dass die vergleichbaren Bedürfnisse allein das Maß der quantitativen Güter bestimmen, die für gerechte Verhältnisse benötigt werden. Schließlich reicht die Maßgabe der allgemein unverzichtbaren Bedürfnisse für die Herstellung sozial gerechter Verhältnisse nicht aus. Diese Bedürfnisse sind zu allgemein und unspezifisch für die tatsächlichen Ansprüche der sozialen Gruppen. Außerdem verändern sie sich ständig mehr oder weniger unauffällig und langsam wie z. B. das Wohnen und die Ernährung. Der Regel des fallenden Grenznutzens entsprechend macht die bessere Befriedigung von immer mehr Bedürfnissen Menschen nicht etwa zufriedener, sondern unzufriedener. Der Allgemeinplatz, dass Menschen immer mehr wollen, je mehr sie haben, kann auch theoretisch bestätigt werden.[68]

Bisher haben wir mit der Maximenmethode eine Integration der normativen Ansprüche von Gruppen unter Bedingungen knapper Güter zu erreichen versucht. Dabei waren die Ansprüche zwar ungleich, folgten aber – in kooperativen Verfahren – mehr oder weniger dem gleichen Maßstab. Die Deutung von sozialen Ansprüchen als menschliche Bedürfnisse verändert das Problem der Integration der Ansprüche von Gruppen in einem größeren Ganzen methodisch nicht. Sie macht die Lösung dieses Problems weder leichter noch schwerer, sondern verleiht den Ansprüchen – wie das nächste Beispiel zeigt – lediglich eine konkrete, inhaltliche Dimension. Die Beurteilung der Bedürfnisse macht zwar den Vorrang bestimmter qualitativer Güter klar, aber nicht das, was daraus quantitativ in Verteilungsprozessen folgt. Nehmen wir als Beispiele zwei allgemeine, von allen Menschen in ähnlicher, wenn auch nicht gleicher Weise in Anspruch genommene und bewertete Bedürfnisse, die selbst nicht als Grundbedürfnisse gelten, nämlich innere Sicherheit und Bildung. Sehen wir an dieser Stelle einmal davon ab, dass unterschiedliche soziale Gruppen auch unterschiedlich von diesen Bedürfnissen abhängig sind.[69] Das Bedürfnis nach innerer Sicherheit kann offensichtlich nicht mit der gleichen Art von Mitteln befriedigt werden wie das Bedürfnis nach Bildungschancen. Im einen Fall geht es unter anderem um Rechtsprechung und Polizei, im andern neben vielem anderen um Kindergärten, Schulen, Bibliotheken, berufliche Ausbildungsplätze und Hochschulen. All diese vielfältigen Mittel sind unterschiedlich teuer, werden aber aus einem einzigen, endlichen und begrenzten Fundus an öffentlich verfügbaren materiellen Gütern, insbesondere aus Steuermitteln, bestritten. Das Ganze der Bedürfnisse umfasst freilich weit mehr als nur innere Sicherheit und Bildung. Soziale Sicherheit durch eine rechtsstaatliche Verfassung, aber auch durch Arbeit und Wohnen gehört ebenso zu den allgemeinen Bedürfnissen wie die Stabilität des Geldes, der Schutz des Eigentums und die äußere Sicherheit des Landes.

All diese Bedürfnisse können nicht als Grundbedürfnisse gelten, haben aber dennoch große Bedeutung für das gute Leben der Menschen. Im Blick auf diese Tatsache haben wir zu klären, ob und, wenn ja, mit welcher Begründung unter dem übergeordneten Ziel der sozialen Gerechtigkeit – wie oben gefordert – nur allgemein unverzichtbare Ansprüche oder Grundbedürfnisse befriedigt werden sollen. Außerdem müssen wir prüfen, warum es ungerecht wäre, dem kommunistischen Ideal zu folgen und alle Bedürfnisse aller Menschen in gleicher Weise befriedigen zu wollen. Dieses Ideal hat eine gewisse humanistische Plausibilität. Warum sollten nicht alle Bedürfnisse aller Menschen, so unterschiedlich sie auch sein mögen, in gleicher Weise erfüllt werden, wenn dies möglich wäre? Möglich wäre dies nur, wenn die Mittel dazu unbegrenzt wären. Wenn es unbegrenzte, letztlich unendliche Mittel zur Erfüllung aller Bedürfnisse gäbe, wäre deren Befriedigung aber keine Frage der Gerechtigkeit mehr. Die einzigen noch offenen Probleme wären dann, wie festgestellt werden könnte, wer welches Bedürfnis hat, und wie die Güter verteilt werden könnten. Nur unter Bedingungen der Knappheit stellt sich die Frage nach der Gerechtigkeit der Befriedigung der Bedürfnisse. Da die Mittel aber knapp sind, wäre es unvernünftig, ja sogar verwerflich, so zu tun, als wären sie unbegrenzt; und es wäre ungerecht, wenn nicht versucht würde, zwischen berechtigten und unberechtigten, verzichtbaren und unverzichtbaren Bedürfnissen zu unterscheiden. Aus genau diesem Grund wäre es ungerecht, wenn versucht würde, alle Bedürfnisse aller Menschen zu befriedigen; ungerecht denen gegenüber, die mehr benötigen als andere.

Das Problem der Integration der heterogenen Arten des Guten zu einem sozial gerechten Ganzen wird nun erneut offensichtlich. Da die teilbaren Güter, insbesondere das Geld aus Steuern und Abgaben, begrenzt und knapp sind, können die unteilbaren Güter, die als allgemeine Ansprüche oder Bedürfnisse Teil des übergeordneten Guts der sozialen Gerechtigkeit sind, weder in gleicher Weise noch in hinreichendem Maße verfügbar sein. Dann kann es sein, dass zwar die innere Sicherheit und das Rechtswesen materiell hinreichend ausgestattet werden, aber nicht das Bildungswesen. Diese Probleme stellen die Maximenmethode auf den Prüfstand. Denn die eben erwähnten Bedürfnisse sind normative Ansprüche, die offensichtlich angesichts knapper materieller Güter nicht nur verändert, sondern möglicherweise gefährdet werden. Die Verfassung bietet vor dieser Gefährdung zunächst keinen Schutz, weil sie z. B. das Niveau und den Umfang der Bildungsangebote nicht festschreibt.

Der normative Vorrang bestimmter unteilbarer Güter, insbesondere der sozialen Gerechtigkeit und der ihr untergeordneten allgemeinen

Bedürfnisse, wird nämlich durch die Knappheit der teilbaren Güter nicht nur in Frage gestellt. Es kann auch durchaus sein, dass der Vorrang aus politischen Gründen umgedreht und auf den Kopf gestellt wird. Die teilbaren, vor allem die materiellen Güter haben dann plötzlich einen Vorrang, und es könnte der Vorwurf erhoben werden, der uns häufig in sozialpolitischen Auseinandersetzungen begegnet, dass das knappe Geld regiere. Gemeint ist, dass quantitative Kriterien, nach denen typischerweise Güter wie Geld *teilbar* sind, ohne Rücksicht auf dabei berührte normative Ansprüche über die *Verteilung* jener Güter entscheiden. Man streckt sich nach der Decke und gibt für die einzelnen unteilbaren Güter nur das aus, was nach quantitativen Kriterien verteilbar ist. Schließlich kann – so die Binsenweisheit von Sachzwangargumenten – nicht mehr verteilt werden als das, was verfügbar ist.

Nicht nur die unteilbaren Güter sind untereinander in gewisser Hinsicht unvergleichbar, auch die teilbaren und unteilbaren Güter, die integriert werden sollen, sind es. Sie sind untereinander so unvergleichbar wie Geld und Gesundheit oder Straßenbau und Schulwesen. Aber auch die Gesundheit und das Schulwesen oder die innere Sicherheit und die Sicherung der Altersversorgung sind unvergleichbar, und dennoch sollen alle diese Güter zu einem Ganzen integriert werden. Würde nun aus der Unvergleichbarkeit der Güter folgen, dass sie nicht integrierbar sind, dann wäre soziale Gerechtigkeit von vornherein unmöglich und ein unsinniges politisches Ziel; denn sie fordert diese Integration, wie wir am Beispiel des gerechten Lohns sahen, sowohl aus begrifflichen als auch aus sachlichen Gründen. Unklar ist insofern nicht die Möglichkeit der Integration, auch nicht die Verpflichtung dazu, sondern lediglich, wie eine gerechte Quantifizierung von nicht Quantifizierbarem möglich ist. Dabei sollen die verfügbaren, knappen Mittel so verteilt werden, dass die Ansprüche der sozialen Gerechtigkeit erfüllt werden. Es ist das Problem der Gerechtigkeit, wie quantifizierbare Gütermengen nicht quantifizierbaren so entsprechen können, dass dabei die Ansprüche aller Menschen in einer Gesellschaft erfüllt werden. «Gerecht» ist wie ein Gleichheitszeichen zu verstehen, das quantifizierbare Güter mit nicht quantifizierbaren Ansprüchen, von denen viele selbst teilbare Güter sind, verbindet.

Dies ist der Kern des Problems der Integration der heterogenen Arten von Gütern: Es gibt kein allgemeines Maß der gerechten Quantifizierung. Wann das Gleichheitszeichen nach dem Muster «die Menge x *ist gerecht* gegenüber dem Anspruch A» gesetzt werden kann, muss immer neu ausgehandelt und entschieden werden. Daran ändert auch die Maximenmethode nichts, im Gegenteil. Sie ist überhaupt nur nötig, weil dieses Problem mit allgemeinen theoretischen und formalen Mitteln unlösbar ist. Weil es keinen einheitlichen und gerechten Maßstab gerechter Quantifizierung gibt, kann aus dem Anspruch auf die Befriedigung unverzichtbarer Bedürfnisse auch kein allgemeiner Maßstab dieser Art abgeleitet werden. Was zu den unverzichtbaren Bedürfnissen zählt, lässt sich nur indirekt aus dem ableiten, was ein sozial gerechtes Ganzes ist. Zu diesem Ganzen gehören die Grund- und Menschenrechte, die Ordnungsstruktur eines demokratischen Rechtsstaats, aber auch die bereits erwähnten Güter der Bildung, der sozialen Sicherheit durch Arbeit und Wohnen, der inneren Sicherheit und der Sicherung des Eigentums. Unverzichtbar ist jedes Einzelne dieser unteilbaren Güter, weil der Verlust eines einzigen das sozial gerechte, integrale Ganze gefährden kann. Es ist Aufgabe der Integrationsmaxime zu prüfen, wann das sozial gerechte Ganze gefährdet und das gute Leben der Gesellschaft unmöglich wird. Diese Maxime soll verhindern, dass auf die materielle Sicherung eines dieser Güter zugunsten eines anderen verzichtet wird, wenn dadurch das Wertgefüge der Gesellschaft insgesamt aufs Spiel gesetzt würde.

An dieser Stelle wird die Abhängigkeit der Maximenmethode vom zeitlichen Sinn des Guten erkennbar. Denn das Urteil darüber, ob das Wertgefüge einer Gesellschaft durch den Verlust eines unverzichtbaren Gutes gefährdet wird, kann zwar ad hoc gefällt, aber nicht gleichzeitig bestätigt werden. Seine Richtigkeit zeigt sich erst in der Zukunft, in der das Gute des gesellschaftlichen Lebens zu verwirklichen ist. Erst wenn es – möglicherweise – zu spät für eine Korrektur ist, zeigt sich, ob z. B. die materielle Sicherung von Bildungschancen beispielsweise zugunsten der inneren Sicherheit und der Rentner – oder umgekehrt – vernachlässigt werden durfte. Die Maximenmethode kann den künftigen Anspruch des Guten vorwegnehmen, die unverzichtbaren Güter aber nicht zuverlässig schützen. Selbst eine demokratische Verfassung kann dies nur in beschränktem Maße. Schließlich kann auch die höchstrichterliche Rechtsprechung den realen Mangel an teilbaren Gütern nicht kompensieren.

Eine demokratische Verfassung sollte aber die Möglichkeit einer Integration der Güter zu einem Ganzen, das dem Anspruch des guten Lebens gerecht werden will, schützen. Diese Möglichkeit ist nämlich nur dann gegeben, wenn die Verteilungsprozesse der Verpflichtung gehorchen, dem Integral des guten Lebens zu dienen. Dies klingt zunächst rätselhaft. Gemeint ist, dass dann, wenn die Verteilungsprozesse nicht verpflichtet sind, die Güter, die zu einem Ganzen des guten Lebens gehören, unmittelbar selbst zu schützen, jenes Integral weder möglich noch denkbar ist. Wenn einige dieser Güter wie etwa die Renten, das Gesundheitswesen, die soziale Sicherheit, die Bildung und das Verkehrswesen dem Markt überlassen werden, ist ihre Integration in das soziale Ganze gefährdet. Denn der Markt erfüllt keine Verpflichtungen und soll auch keine erfüllen. Nur wenn er seinen eigenen Gesetzmäßigkeiten folgt, schafft er erwartbaren Nutzen. Gleichwohl kann ein Teil der Leistungen der eben erwähnten Güter durchaus auf Märkten erwirtschaftet werden, dabei darf der Anspruch auf die Güter aber nicht gefährdet werden. Die Privatisierung von Leistungsträgern etwa im Gesundheitswesen oder im Bildungswesen darf die Ansprüche der Menschen auf diese Güter nicht den Marktkräften überantworten. Die Privatisierung von Krankenhäusern darf z. B. die Ansprüche von Kranken nicht vom Auf und Ab des Marktes und die Privatisierung von Bildungseinrichtungen wie z. B. Hochschulen darf den Anspruch auf diese Einrichtungen nicht von den materiellen Lebensbedingungen der jungen Menschen abhängig machen. Die Verteilungsprozesse, in denen diese Güter eine Rolle spielen, haben die Verpflichtung, diese und die mit ihnen verbundenen Ansprüche der Menschen zu schützen und auf gerechte Weise in ein Ganzes integrierbar zu machen. Diese Verpflichtung demokratischer Politik sollte verfassungsrechtlich kontrollierbar sein.

5.3. Die Praxis gerechter Verfahren

Da es kein allgemeines, für alle Fälle festgelegtes und definiertes Maß der gerechten Verteilung der materiellen Güter zur Sicherung der oben erwähnten unverzichtbaren materiellen und immateriellen Güter gibt, bleibt nur die Möglichkeit, das jeweils benötigte Maß der Gerechtigkeit in bestimmten Verfahren der Verteilung festzulegen. Verteilungsverfahren bestimmen dieses Maß auf zweifache Weise. Sie setzen oder verändern einerseits jeweils das konkrete Maß der gerechten Verteilung und sollen dabei andererseits immer dem allgemeinen Maßstab der Gerechtigkeit entsprechen. Ein und dasselbe Maß bedeutet für die Gruppen einer Gesellschaft gemessen an den bereits verfügbaren Gütern gewöhnlich unterschiedlich viel. Gleiches kann für Ungleiche nicht gleich sein. Ein und dieselbe Menge eines Gutes kann für die Ärmeren viel, für die besser Gestellten wenig sein. Dennoch kann diese Verteilung gerecht sein. Es kann aber auch gerecht sein, den Gruppen ungleiche Mengen von Gütern zuzuteilen. Die einen erhalten in einem Verteilungsverfahren dann mehr von bestimmten Gütern als die anderen; dennoch soll auch diese Ungleichheit gerecht sein. Jedes gleiche oder ungleiche Maß soll dem Maßstab der Gerechtigkeit gerecht werden. Ein gleiches Maß für alle Verfahren wäre ungerecht, weil die legitimen Ansprüche der Gruppen ungleich und ungleichartig sind.

Offen ist, ob Verfahren der Verteilung von Gütern lediglich den Mangel eines allgemein gültigen Maßes ersetzen sollen oder nicht auch konstitutiv für jedes konkrete Maß sind, welches im Einzelfall verwendet werden kann. Wenn das Verfahren das festlegen würde, was als ‹gerechtes Maß› gilt, würde es – so darf man annehmen – auch den Maßstab der Gerechtigkeit setzen. Was ‹gerechte Verteilung› bedeutet, würde so durch das Verfahren selbst bestimmt und gerechtfertigt. Nicht nur das jeweils gerechte Maß der Verteilung, auch die Gerechtigkeit als Maßstab entstünde dann im Verfahren. Vorausgesetzt wäre lediglich eine Reihe von Regeln, denen das Verfahren folgen soll, aber kein Maßstab der Gerechtigkeit. Der würde erst im Verfahren gefunden werden.

Ist es aber wirklich denkbar, dass der Maßstab der Gerechtigkeit das Produkt von Verfahren ist? Nahe liegender als dieser Gedanke ist, dass kein Verfahren das Problem, um das es geht, lösen kann. Das gerechte Maß für jede konkrete Verteilung von Gütern kann zwar in einem entsprechenden Verfahren festgelegt werden. Der dafür nötige Maßstab, die Gerechtigkeit, wird dabei aber immer und ohne dass es dafür eine Alternative gäbe, vorausgesetzt. Dies ist auch dann so, wenn nicht klar ist, was der Maßstab in einem allgemeinen begrifflichen Sinn bedeutet und worin er jenseits aller einzelnen Verteilungsprozesse genau besteht. Die Verteilung kann – dies ist wohl kaum zu bestreiten – nur gerecht sein, wenn die Gerechtigkeit das Verfahren leitet. Würde die Gerechtigkeit umgekehrt im Verfahren selbst generiert, wäre es denkbar, dass ‹Gerechtigkeit› ein vieldeutiger Begriff ist, der in manchen Verfahren auch so viel wie ‹Ungerechtigkeit› bedeutet. Ungerecht könnte dann z. B. entweder eine Gleichverteilung oder eine Ungleichverteilung sein. Nun ist dies aber nicht nur denkbar, sondern auch immer wieder das Ergebnis ungerechter Verteilungsverfahren. Da diese Ungerechtigkeit aber in kritischen Prüfungen solcher Verfahren erkennbar wird oder werden kann, dürfen wir mit guten Gründen annehmen, dass nicht die Gerechtigkeit vieldeutig ist, sondern die entsprechenden Verfahren ungerecht waren. Es bleibt dabei, wäre Gerechtigkeit ein vieldeutiger Maßstab, könnte sie keine Verteilungsverfahren leiten, die den Anspruch auf Gerechtigkeit erheben. Die Frage bleibt allerdings, wie die Gerechtigkeit vorausgesetzt werden und Verfahren leiten kann, in denen über gerechte Maße der Verteilung entschieden wird, die gleich oder ungleich, immer aber für alle Personen oder Gruppen gerecht sein sollen.

John Rawls entschied sich, als er Fragen dieser Art zu klären versuchte, für die reine Verfahrensgerechtigkeit. Bei reiner Verfahrensgerechtigkeit entsteht der Maßstab der Gerechtigkeit selbst erst im Verfahren und ist den Zweifeln ausgesetzt, die ich eben äußerte. Rawls' Überlegungen sind aber dennoch wichtig, weil sie zeigen, was Verfahren leisten können und was sie voraussetzen. Rawls argumentierte systematisch aufschlussreich, indem er nicht nur den Maßstab der Verteilung getrennt von deren jeweiligem Ergebnis beurteilte, sondern auch prüfte, ob und inwieweit das eine unabhängig vom anderen festgelegt wird oder nicht. Er unterschied dazu einerseits zwischen «perfekter» und «nicht perfekter» Verfahrensgerechtigkeit und verglich diese andererseits mit «reiner Verfahrensgerechtigkeit».[70] Bei der perfekten gibt es – wie von mir gefordert – einen von dem Verfahren unabhängigen Maßstab, welcher vor dem Verfahren der gerechten Verteilung feststeht, z. B. die Gleichheit. Außerdem lässt sich ein Verfahren entwickeln, welches das erwünschte Ergebnis mit Sicherheit erbringt. Rawls wählte dafür die Verteilung eines Kuchens unter einer kleinen Gruppe von Personen als Beispiel. Der Maßstab ist in einem solchen Fall die Gleichheit der Kuchenstücke. Dieses Ziel wird am besten dann erreicht, wenn derjenige, der den Kuchen teilt, das letzte Stück bekommt. Es ist wichtig zu sehen, dass der Maßstab der Gleichheit vor und unabhängig vom Verfahren festliegt und das Verfahren genau das erbringt, was als Ergebnis erwünscht ist, nämlich gleich große Kuchenstücke für jeden. Rawls hält diesen Typ von Verfahrensgerechtigkeit zwar für ideal, aber nicht für praktikabel. Bei der nicht perfekten Verfahrensgerechtigkeit – Rawls wählte dafür als Beispiel das Strafprozessrecht – gibt es auch ein erwünschtes Ergebnis, nämlich die gerichtliche Entscheidung ‹schuldig› oder ‹nicht schuldig›. Es ist – zumindest in der angelsächsischen Rechtsprechung – aber nicht sicher, wie dieses Ergebnis auf richtige und sichere Weise zu erreichen ist.[71] Obwohl es für den Schuldnachweis eigene Regeln gibt, werden nicht selten Unschuldige schuldig gesprochen. Dies ist weder durch den Maßstab ‹schuldig/nicht schuldig› noch durch Regelungen des Gerichtsverfahrens auszuschließen. Rawls bezeichnet solche Verfahren daher als «nicht perfekt».

Im Unterschied zu diesen beiden Verfahren setzt die «reine Verfahrensgerechtigkeit» keinen unabhängigen Maßstab des richtigen Ergebnisses, sondern nur ein Verfahren voraus, das bestimmte Regeln hat. Das Beispiel, das Rawls hier wählte, ist das Glücksspiel. Was immer Personen, die z. B. wetten, an Einsatz leisten und an Gewinnen mitnehmen, ist dann, wenn sie den Regeln folgen und nicht betrügen, gerecht. Dies schließt große Gewinne ebenso ein wie große Verluste. Einen vom Verfahren unabhängigen Maßstab der Gerechtigkeit gibt es in solchen Fällen nicht. Deswegen kann, so argumentierte Rawls, auch kein Spielstand nur deswegen als gerecht oder fair gelten, weil der bisherige Spielverlauf den Regeln entsprach. ‹Gerecht› könne das Endergebnis eines Spiels nur am Ende einer Reihe fairer Wetten sein.[72] Rawls verstand Gerechtigkeit, soweit sie innerhalb von Verteilungsverfahren wirksam wird, ohne vorausgesetzten Maßstab.

Man könnte – wie ich eben schon vermutete – meinen, die reine Verfahrensgerechtigkeit generiere den Maßstab der gerechten Verteilung und damit auch der Gerechtigkeit im oben angesprochenen zweifelhaften Sinn. Rawls trat diesem Eindruck aber rasch entgegen, indem er darauf hinwies, dass reine Verfahrensgerechtigkeit nur auf dem Hintergrund eines Systems politisch, sozial und wirtschaftlich gerechter Institutionen auch gerechte Verteilungsergebnisse erbringen könne.[73] So rein, wie sie erscheint, ist die reine Verfahrensgerechtigkeit aber nicht. Wie Rawls sie verstand, gelten für sie dieselben institutionellen Voraussetzungen wie für die Anwendung der Maximenmethode. Außerdem setzte Rawls seine beiden Gerechtigkeitsprinzipien[74] und das Differenzprinzip voraus, die ihrerseits mit jenen institutionellen Voraussetzungen eng verwoben sind.

Die Crux ist aber, dass sich die Gerechtigkeit von Institutionen wie z. B. dem Recht oder der Verfassung nicht notwendig im erwünschten Umfang in Verteilungsprozessen abbildet. Der Einfluss dieser Institutionen auf die konkreten Maße von Verteilungen ist geringer, als es diese Institutionen erwarten lassen. Dafür gibt es zwei Gründe. Zum einen lassen sie selbst schon einen großen Spielraum für Entscheidungen. Zum andern werden die Entscheidungen in politischen und rechtlichen Verfahren getroffen, die zwar ihrerseits bestimmten Regeln unterworfen, aber zusätzlich Einflüssen ausgesetzt sind, die im weitesten Sinn einen sittlichen und weltanschaulichen Charakter haben. Diese Einflüsse sind institutionell nur begrenzt durch das weltanschauliche Neutralitätsgebot demokratischer Politik kontrollierbar. Jenes Gemisch an Einflüssen äußert sich in einer Vielfalt an Auffassungen und Vorstellungen davon, was ‹gerechte Verteilung› bedeutet. Die Garantie der Menschenrechte und der von Rawls besonders hoch geschätzte und in seinem ersten Gerechtigkeitsprinzip angenommene gleiche Zugang aller Menschen zu den Grundfreiheiten geben den Verteilungsprozessen in demokratischen Gesellschaften zwar einen stabilen institutionellen Rahmen. Dieser Rahmen legt jedoch nur negativ fest, welche Verteilungen ungerecht wären, nämlich diejenigen, die gegen Grundrechte verstoßen. Der Rahmen sagt nicht, welche Verteilung relativ zu den begründeten Ansprüchen und Erwartungen der Menschen und zu den knappen Gütern im Einzelnen gerecht ist. Es ist deswegen nicht ausgeschlossen, dass die vermeintlich reine Verfahrensgerechtigkeit eine nicht perfekte und das erwartete gerechte Ergebnis im Einzelfall tatsächlich ein ungerechtes ist. Solche Ergebnisse sind auch dann denkbar, wenn es – analog zu Rawls' Wettbeispiel – vorher eine Reihe fairer Verteilungsprozesse gegeben hat. Unter Bedingungen eines stetigen wirtschaftlichen Wachstums, das allen sozialen Gruppen Nettogewinne ermöglicht, kann sich durchaus das erwünschte Vertrauen in die Gerechtigkeit von Verteilungsprozessen entwickeln. Sobald aber Verluste und Defizite zu verteilen sind, schwindet dieses Vertrauen rasch. Ähnliches gilt wohl auch für Verteilungsprozesse, in denen bestimmte Gruppen auf bestimmte Güter wie z. B. Steuervorteile oder Subventionen zugunsten anderer Gruppen verzichten müssen. Wenn es um eine gerechte Verteilung von Lasten und Nachteilen geht, steht die Verfahrensgerechtigkeit auf dem Prüfstand. Dann bekommt die Auffassung, dass eine Gesellschaft ein kooperatives Unternehmen zum wechselseitigen Vorteil[75] ist, einen anderen Sinn. Denn der wechselseitige Vorteil besteht in diesem Fall in der Solidarität aller Gruppen zur Verhinderung noch größerer Nachteile für einige oder alle. Der wechselseitige Vorteil wird zum individuellen Nachteil, der mit wechselseitiger Hilfe möglichst gelindert werden soll. Es ist nicht erkennbar, wie unter solchen Bedingungen die von Rawls entworfene reine Verfahrensgerechtigkeit samt ihrem institutionellen Hintergrund gerechte Ergebnisse erlaubt.

Einerseits führt kein Weg an der Festlegung gerechter Verteilungsmaße in Verfahren vorbei, andererseits schützen die institutionellen und die prinzipiellen Rahmenbedingungen der Gerechtigkeit, wie Rawls sie annahm, keine soziale Gruppe vor einer ungerechten Zuteilung und Zumutung von Lasten und Einbußen. Eine Strategie, welche eine gerechte Verteilung auch von Verlusten, Lasten, Nachteilen und Einbußen erlaubt, bietet die Maximenmethode an. Die Knappheitsmaxime schlägt vor, normative Ansprüche z. B. dann einzuschränken, wenn diese Ansprüche zu einer Güterverteilung führen würden, die nicht anerkannt werden kann. Nehmen wir als Beispiel den normativen Anspruch auf eine Lebenssicherung im Alter durch Renten. Wenn die jüngeren den älteren Generationen die Höhe der Renten sichern, aber aus demographischen Gründen und bei längerfristiger hoher Arbeitslosigkeit immer weniger Menschen zu dieser Sicherung beitragen, wird das Problem zu klären sein, wie sich jener normative Anspruch weiter sichern lässt. Er muss vielleicht verändert werden, um eine nicht verantwortbare Staatsverschuldung zu Lasten künftiger Generationen abzuwenden. Die Normenmaxime würde in einem solchen Fall verhindern, dass die Einbußen der Rentner deren normativen Anspruch auf das unteilbare Gut der Lebenssicherung verletzen. Die Integrationsmaxime würde dazu verpflichten, dafür Sorge zu tragen, dass das Wertgefüge der teilbaren und unteilbaren Güter insgesamt nicht gefährdet wird. Diese Verpflichtung könnte z. B. dazu führen, dass den Rentenzahlern, also den Menschen, die Arbeit haben und zur Sicherung der aktuell auszuzahlenden Renten beitragen, keine höheren Belastungen zugemutet werden. Die Integrationsmaxime sollte aber auf der anderen Seite auch dafür sorgen, dass die Rentner nicht sozial isoliert werden und auf keinen wesentlichen Teil ihrer selbst erarbeiteten Lebensqualität verzichten müssen.

Die Verfahren, in denen diese Maximen angewandt werden können, sind diejenigen einer parlamentarischen Demokratie oder von demokratisch kontrollierten Verwaltungsverfahren. Es ist – wie das folgende Kapitel zeigt – leider so, dass diese Verfahren in der Praxis nicht perfekt sein können. Parlamentarische Entscheidungen beruhen auf Mehrheiten, und diese sichern weder die Kompetenz noch die Richtigkeit ihrer Entscheidungen. Verwaltungsverfahren sind nicht immer so durchsichtig, wie sie für diejenigen, welche sie kontrollieren, sein sollten. In der Praxis haben beide Formen von Verteilungsverfahren Schwächen, vor denen auch die Maximenmethode nicht schützt. Die Knappheitsmaxime, mit der normative Ansprüche verändert werden können, kann von einer Mehrheit zulasten einer oder mehrerer sozialer Gruppen verwendet werden. Es ist dabei nicht auszuschließen, dass unteilbare Güter wie z. B. die Lebenssicherung von Rentnern oder Arbeitslosen indirekt über Mittelkürzungen so behandelt werden, als seien sie teilbare Güter. Und von derselben parlamentarischen Mehrheit kann eine Korrektur einer ungerechten Verteilung, welche mit Hilfe der Normenmaxime verhindert werden könnte, verweigert werden. Die Integrationsmaxime, welche solche Entwicklungen unmöglich machen soll, kann dann aber nur noch jenseits von Gremien, in denen Mehrheiten regieren, in einem verfassungsrechtlichen Verfahren wirksam werden, das parlamentarische Entscheidungen prüft und korrigiert.

5.3.1. Der Maßstab der Schuldigkeit

Es ist offensichtlich, dass die Maximenmethode keinen eigenen Begriff der Gerechtigkeit entwickelt, aber in den drei Verfahrensschritten jeweils einen Maßstab der Gerechtigkeit voraussetzt. Es ist der Maßstab der *Schuldigkeit*, der von allen gerechten Verteilungsverfahren erfüllt wird.[76] Die Schuldigkeit ist der gemeinsame Nenner aller Arten gerechter Entscheidungs- und Verteilungsverfahren. Sie ist auch der Maßstab der Gerechtigkeit für das menschliche Selbstverhältnis, die Verhältnisse der Personen untereinander und deren Verhältnis zu Gesellschaft und Staat. Gerecht ist das, was wir uns selbst, was wir anderen und was wir Gesellschaft und Staat schuldig sind. Ein Großteil dessen, was Menschen sich und anderen schulden, ist im geltenden Recht erfasst. Auch einen Großteil dessen, was die politischen Akteure der Gesellschaft schulden, beschreibt das geltende Recht. Es sagt aber nicht, wie die Menschen und die politischen Akteure das, was sie sich und anderen schulden, in die Tat umsetzen. Wenn die Maximenmethode dem Maßstab der Schuldigkeit entsprechend angewandt wird, hat jedes Verteilungsverfahren das praktische Problem zu lösen, wie viel von welchen verfügbaren Gütern die Akteure, die entscheiden, welcher sozialen Gruppe und im Hinblick auf welchen ihrer normativen Ansprüche schuldig sind. Wenn es nichts zu verteilen gibt, sondern Ansprüche eingeschränkt werden müssen, besteht seitens der Akteure, welche die Lasten verteilen, gegenüber dem sozialen Ganzen die Schuldigkeit, den sozialen Gruppen bestimmte Verzichtleistungen zuzumuten. Dabei darf keine Gruppe bevorzugt oder benachteiligt werden, und es dürfen nicht einfach Schulden gemacht werden, um die Verteilungsprobleme zu Lasten künftiger Generationen zu lösen. Implizit ist der Maßstab der Schuldigkeit in den verfassungsrechtlichen und politischen Institutionen enthalten, muss aber in jedem Verfahren auf angemessene Weise interpretiert und gebraucht werden. Wenn es aber, wie ich im nächsten Kapitel (5.3.1.) beschreiben werde, institutionelle Schwächen bei der Anwendung des Maßstabs gibt, kann der Maßstab selbst wohl auch nur schwach sein. Wie ich zu Beginn dieses Kapitels sagte, ist der Maßstab der Gerechtigkeit nicht definierbar. *Schuldigkeit* ist keine Definition der Gerechtigkeit, sondern nur eine andere Art, das auszudrücken, was ‹Gerechtigkeit› in der Praxis bedeutet. Aristoteles hat nicht versucht, einen *Begriff* der Gerechtigkeit zu entwickeln. Er verstand Gerechtigkeit als Tugend und damit als eine Praxis, und zwar als diejenige Praxis, welche für eine politische Gemeinschaft die wichtigste und allen anderen Tugenden übergeordnet sein sollte.

Aristoteles beschrieb die Gerechtigkeit mit Klugheit und Augenmaß als Praxis.[77] Weil die bedeutsamste und wichtigste Bedingung des guten Lebens – so möchte ich seinen Gedanken frei zusammenfassen – theoretisch und begrifflich nicht hinreichend zu erfassen ist, kann sich die Gerechtigkeit nur als die Praxis des guten Lebens dessen zeigen, der gerecht ist. Nur der Gerechte kann durch seine Entscheidungen zeigen, was ‹Gerechtigkeit› in jedem einzelnen Fall bedeutet. Der Gerechte weiß, was wem zusteht und wer wem was schuldet. Und wenn der Gerechte bemerkt, dass der Maßstab der Gerechtigkeit in einem einzelnen Fall zu einer ungerechten Entscheidung führen würde, entscheidet er nach dem, was die Billigkeit[78] nahe legt. Ich mache mir diese Einsichten zu Eigen, obwohl in der Welt, in der wir leben, die Gerechtigkeit nicht davon abhängen sollte, ob und wie viele Gerechte es gibt. Denn die Autorität – oder Tugend – der Gerechten kann in parlamentarischen Demokratien nur in den institutionell festgelegten politischen und rechtlichen Verfahren und dort auch nur informell wirksam werden. Sie wird dort aber nur wirksam werden können, wenn diejenigen, die politisch legitimiert und dadurch auch verpflichtet sind, gerechte Entscheidungen zu treffen, wissen, was der Staat den sozialen Gruppen und jedem Einzelnen schuldig ist und was die Gruppen und Personen sich und dem sozialen Ganzen schulden. In diesem Sinn gilt auch heute, dass Gerechtigkeit eine Praxis ist. Die Anwendung der Maximenmethode kann als Praxis der Verteilungsgerechtigkeit verstanden werden, weil die Maximen das beschreiben, was diejenigen tun, die wissen – oder zumindest wissen sollten –, wer wann was wem schuldig ist. Sie wissen dies bei der Anwendung der Maximenmethode, weil sie wissen, was z. B. der Staat den Bürgern schuldig ist und was welche Bürger welchen anderen schuldig sind und was nicht. Wenn sie dann auch entsprechend entscheiden können, weil sie auf demokratische Weise dazu berufen wurden, sind gerechte Verteilungsverfahren – so scheint es – real möglich und keine Utopie.

Die Maximenmethode verwendet einerseits den Maßstab der Schuldigkeit, bleibt andererseits aber dem Gedanken der Verfahrensgerechtigkeit treu. Das Verfahren wird von den drei oben ausgeführten Maximen geleitet, findet unter den Bedingungen einer parlamentarischen Demokratie statt, wird rekursiv angewandt und kommt zu keinem Zeitpunkt zu einem endgültigen Ergebnis. ‹Rekursiv› bedeutet, dass die Maximen auf jedes Verfahrensergebnis neu angewandt werden oder zumindest angewandt werden können. Die drei Maximen beschreiben in diesem Sinn einen dynamischen Prozess, in dem die erreichten Ergebnisse immer wieder neu durch die jeweils nächste Maxime justiert werden. Der Grundgedanke dabei ist, dass Gerechtigkeit eine Praxis und kein Resultat, ein Prozess und kein Zustand ist. Die Ergebnisse, die mit der Knappheitsmaxime erreicht werden können, werden nicht für alle sozialen Gruppen akzeptabel sein, weil die Verteilung von Gewinnen oder Verlusten immer ungleich sein wird. Es geht hier nicht darum, ob die erklärten, in der Regel von Gleichheitsansprüchen motivierten Interessen der einzelnen Gruppen befriedigt werden. Es geht ausschließlich um die Frage, ob im Verteilungsprozess legitime Ansprüche von Gruppen verletzt wurden oder nicht. Diese Frage kann nicht von den Gruppen selbst, sondern nur von den demokratisch legitimierten Akteuren in den Verfahren beantwortet werden. Wenn die Verteilung von Gewinnen oder Lasten nach der Knappheitsmaxime nicht akzeptabel ist, weil sie z. B. den legitimen Anspruch auf unteilbare Güter verletzt, muss das Verteilungsverfahren weitergeführt werden. Mit Hilfe der Normenmaxime können dann die legitimen Ansprüche der Gruppen so neu justiert werden, dass keine unzumutbaren Belastungen für einzelne Gruppen entstehen. Nur dann, wenn dies gelingt, wird ein gemeinschaftliches gutes Leben aller Gruppen nach der Integrationsmaxime möglich sein. Diese Möglichkeit kann durch neue Knappheiten von teilbaren Gütern immer wieder gefährdet werden, dann beginnt der Prozess der Verteilung von Lasten erneut. Entsprechendes geschieht, wenn Gewinne zu verteilen sind. Entscheidend ist, dass es eine implizite Verständigung der Akteure in den Verteilungsverfahren gibt, dass alle Entscheidungen vorläufig sind, dass keine Verteilung unteilbare und unverzichtbare Güter wie die Lebenssicherung oder die Grund- und Freiheitsrechte einschränkt. Mit der Verständigung über die Geltung dieser Ansprüche sollte auch klar sein, dass die Dynamik des Verteilungsprozesses nicht durch die dauerhafte Fixierung von Ansprüchen auf teilbare Güter eingeschränkt oder gar aufgehoben werden darf. In einer Gesellschaft, in der Ansprüche auf bestimmte Mengen teilbarer Güter z. B. in Form von Subventionen oder steuerlichen Anreizen über lange Zeit nicht in Frage gestellt werden, nimmt die Dynamik der Verteilungsverfahren ab. Je mehr die Dynamik abnimmt, desto weniger wird es möglich, neu auftretende Knappheiten von teilbaren Gütern gerecht zu verteilen. Die Chancen für ein gutes Leben der Menschen in einer Gesellschaft werden damit geringer, weil auch die unteilbaren Güter wie z. B. die Lebenssicherung von Arbeitslosen von den teilbaren Gütern abhängen. Es ist deswegen eine wesentliche Aufgabe demokratischer Politik, die Dynamik der Verteilungsprozesse teilbarer Güter zu erhalten. Eine gerechte Verteilungspraxis wird durch die dauerhafte Fixierung von Ansprüchen auf teilbare Güter unmöglich.

5.3.2. Wie in Demokratien entschieden wird

Die Einsicht, dass es keine Theorie, sondern nur eine Praxis gerechter Entscheidungen geben kann, wird unabweisbar, wenn wir die politischen Strukturen betrachten, in denen solche Entscheidungen überhaupt eine Chance haben. Wir können uns dann eine klarere Vorstellung von dem normativen Spielraum machen, den demokratische, rechtsstaatliche Verfahren unabhängig von der Frage, wie gerechte Entscheidungen in Verteilungsprozessen denkbar sind, bieten. Eben habe ich schon etwas beiläufig auf die Schwächen von Mehrheitsentscheidungen hingewiesen. Zunächst wird man wohl annehmen dürfen, dass demokratische Gesellschaften, in denen Mehrheitsentscheidungen unter rechtsstaatlichen Kontrollen stehen, eine sozial gerechte Verteilung von teilbaren Gütern und von Zugangschancen zum Erwerb von Befähigungen zuverlässiger regeln als andere Staatsformen. Die Demokratietheorie bestätigt diese Vermutung, zeigt aber gleichzeitig, dass es kein ideales demokratisches Verfahren zur Integration der unteilbaren Güter gibt. Ein Verfahren dieser Art wäre – so eine nahe liegende Intuition – denkbar, wenn die Interessen und Bedürfnisse aller Mitglieder einer Gesellschaft in einem Entscheidungsprozess möglichst durch sie selbst vertreten würden. Dieser Gedanke ist aber in Gesellschaften mit sehr vielen Mitgliedern unrealistisch. Wir nehmen jedoch intuitiv an, dass er in Gesellschaften mit wenig Mitgliedern – etwa von der Größe eines kleinen Schweizer Kantons – durchaus zu verwirklichen ist. Um ihn in größeren Gesellschaften wenigstens prinzipiell zu realisieren, muss die unmittelbare Teilnahme an Entscheidungen durch demokratisch gewählte Repräsentanten ersetzt werden. Es gibt aber nicht nur sehr unterschiedliche Wahlsysteme, sondern jedes dieser Systeme hat, wie Manfred G. Schmidt zeigte,[79] ganz unterschiedliche Ergebnisse. Wenn in einer Demokratie wie der unsrigen z. B. nach einem System der Verhältniswahl mit einer Sperrminorität gewählt wird, kann die Höhe dieser Sperrminorität über den Wahlerfolg entscheiden. Dies trifft vor allem bei einem Gleichstand der Stimmen der stärksten Parteien zu. Noch deutlicher können die Wahlergebnisse voneinander abweichen, wenn die Verhältniswahl durch eine Mehrheitswahl ersetzt wird.[80] Entsprechend unterschiedlich sind dann die Machtverhältnisse nach der Wahl und entsprechend auch die politischen Entscheidungen.

Selbst wenn man die Praxis von Parteiendemokratien mit ihren ideologischen Prägungen einmal außen vor lässt und über die simple Sammlung der jeweiligen Interessen aller individuellen Wähler zu kollektiven Entscheidungen nachdenkt, kommt man zu enttäuschenden Ergebnissen. Es scheint schwierig zu sein, überhaupt kollektive Entscheidungsverfahren zu finden, die – wie Manfred G. Schmidt sagt – «minimalen Anforderungen an demokratische Verfahren näherungsweise genügen und gleichzeitig widerspruchsfrei sind».[81] Solche Verfahren produzieren offenbar «labile oder ungleichgewichtige Mehrheiten».[82] Sie sind außerdem anfällig für «Manipulationen, Ausbeutung und arbiträre Ergebnisse».[83] Man muss wohl in diesem Licht mit entsprechender Vorsicht über Entscheidungsverfahren urteilen, die dem Ideal der direkten Demokratie nahe kommen. Enttäuscht stellt man fest, dass solche Verfahren keine der Erwartungen erfüllen, die wir intuitiv in sie setzen. Wandernde Mehrheiten, Tyranneien von Mehrheiten, aber auch von Minderheiten sind möglich. Selbst unter dem Einstimmigkeitsprinzip, das die Interessen jedes einzelnen Mitglieds zumindest theoretisch am besten wahrt, herrscht keine Gerechtigkeit. Es gibt zu viele, die bei solchen Entscheidungen ihre Interessen nicht so berücksichtigt sehen, wie sie es erwartet haben. Es entstehen Nachteile, etwas beschönigend ‹externe Kosten› genannt. Außerdem benötigen solche Verfahren zu viel Zeit.[84]

Sieht man von den Details der einzelnen demokratischen Modelle und dem Vergleich der unterschiedlichen Entscheidungsverfahren ab, fällt auf, dass sich in ihnen die Probleme, die wir bereits kennen, widerspiegeln. Selbst minimale quantitative Differenzen – etwa bei Sperrklauseln in Systemen mit Verhältniswahl – stellen die Weichen für Wahlerfolge und haben damit über die Agenda der Wahlsieger große qualitative Folgen für das soziale Ganze. Aus kleinen quantitativen Unterschieden im Wahlsystem werden große qualitative bei der Sicherung der unverzichtbaren Güter. Die Bürgerinnen und Bürger sind dann plötzlich mit anderen Steuern, Veränderungen im Gesundheitswesen und Rentensystem, einem anderen Energiesystem oder einem Wandel im Bildungsangebot konfrontiert. Die Ansprüche, die mit dem Gesundheitswesen, den Renten, dem Energiesystem und dem Bildungsangebot verbunden sind, zählen ausnahmslos zu den unverzichtbaren und unteilbaren Gütern. Wie diese Güter durch den Einsatz der teilbaren Güter gesichert werden, hängt nicht zuletzt von der Verteilung der Steuern in den einzelnen Haushalten ab. Die minimalen quantitativen Differenzen des Wahlsystems potenzieren sich bei wechselnden Mehrheiten durch stark voneinander abweichende parteipolitische Programme. Und diese qualitativen programmatischen Unterschiede bewirken wiederum maximale Veränderungen in den einzelnen Haushalten, welche die unverzichtbaren Güter sichern sollen.

Es gibt offenbar nicht einmal im Modell ein demokratisches Verfahren, das die Integration unteilbarer und unverzichtbarer Güter unter Bedingungen knapper teilbarer Güter zu einem sozial gerechten Ganzen praktisch und in jeweils kurzen Zeiträumen ermöglicht. Die demokratischen, parlamentarischen Prozesse des Aushandelns von Verteilungen werden nicht nur von Interessen geleitet, die den unverzichtbaren Gütern unmittelbar gerecht werden. Die legitimen Eigeninteressen der Gruppen und individuelle Egoismen, die nichts mit den unverzichtbaren Gütern zu tun haben, spielen ebenfalls eine Rolle. Damit wird die Verteilung der teilbaren, materiellen Güter unter den Ansprüchen der unteilbaren Güter zu einem Kampf der Interessen. Das Interesse der Integration der Güter zu einem Ganzen kann sich aber nicht anders als durch die Interessen der Gruppen oder Parteien in den Verteilungsverfahren selbst artikulieren. Der Kampf der Interessen folgt in rechtsstaatlichen Demokratien gesetzlich festgelegten Regeln, die ihn nicht unkontrollierbar werden lassen sollten. Die Ergebnisse dieses Prozesses sind die Gesetze, die ein demokratisch gewähltes Parlament in den einzelnen Legislaturperioden verabschiedet. Diese Gesetze sollen die Verteilung der teilbaren Güter unter dem Gesamtziel der sozialen Gerechtigkeit regeln. Ob sie dies tun und mit welchem Erfolg, hängt vom Prozess des Aushandelns und der Eindämmung von Egoismen ab. Das Aushandeln von Kompromissen und Lösungen, die Gesetzeskraft erhalten, soll in einem parlamentarischen System für die Öffentlichkeit transparent sein. Damit sollen die Wählerinnen und Wähler inhaltlich nachvollziehen können, aus welchen Gründen welche Entscheidungen getroffen werden. Wenn sie dies können, so lässt sich vermuten, haben die Entscheidungen auch dann eine Chance, allgemein akzeptiert zu werden, wenn sie die bestehenden Ungleichheiten nicht beseitigen.

Ein solches System kann aber nicht verhindern, dass die Probleme und die Möglichkeiten, sie zu lösen, immer komplizierter werden. Dies trifft im besonderen Maße für die Probleme der Gesundheits- und Rentenpolitik zu. Parallel zur Unübersichtlichkeit der Probleme in diesen Bereichen wächst das Expertentum. Die Zahl derer, welche die Probleme politisch und wissenschaftlich durchschauen und Lösungen erarbeiten können, wird damit zwangsläufig kleiner. Ein nachdenklich stimmendes Beispiel bietet die Rentenpolitik. In diesem überaus sensiblen und eine große Zahl von Menschen unmittelbar berührenden Problembereich gibt es – wie Frank Nullmeier und Friedbert Rüb[85] nachgewiesen haben – seit Mitte der 70er Jahre des letzten Jahrhunderts einen kleinen Zirkel von «maximal 30 Personen», welche die Entscheidungen treffen. Dass es sich bei dieser «Policy Community»[86] um einen «emotional integrierten» Club mit «männerbündischen Tendenzen» handelt, ist nicht unbedingt beruhigend.[87] Das demokratische Ideal der Transparenz politischer Entscheidungen fällt in diesem und ähnlich schwierigen Bereichen offenbar der allgemeinen Undurchschaubarkeit der Probleme und dem unumgänglichen Expertentum zum Opfer.

Die sachliche Güte der Entscheidungen muss unter dem wachsenden Einfluss von Policy Communities indessen nicht notwendig leiden. Die demokratische Qualität der Entscheidungen verändert sich aber mehr oder weniger zwangsläufig; sie werden immer undurchschaubarer und damit immer weniger kontrollierbar. Nullmeier und Rüb fordern deswegen für die sozialpolitisch Betroffenen mehr aktive «Teilhabe an explizit verteilungspolitischen Entscheidungen».[88] Beide Sozialwissenschaftler sind offenbar davon überzeugt, dass neue praktikable, rationale Verfahren für eine gerechte Verteilung der teilbaren Güter zur Sicherung des unteilbaren Guts der Rentensicherheit entwickelt werden können. Nehmen wir einmal an, dass dies so ist. Auch ein neuer, transparenter Verteilungsprozess kann erfolgreich zustande kommen und vom Ziel der sozialen Gerechtigkeit geleitet sein und dennoch scheitern. Dies kann dann der Fall sein, wenn die allgemeine Prosperität und die wirtschaftliche Produktivität und damit das Steueraufkommen immer mehr absinken. In diesem Fall kann die Menge der verfügbaren teilbaren Güter unter ein Minimum sinken und die Sicherung unverzichtbarer Güter unmöglich machen. Die soziale Gerechtigkeit ist dann zumindest gefährdet, wenn nicht bedroht. Egoismen von Gruppen, die Undurchsichtigkeit von Entscheidungen oder Mängel der Gesetzgebung müssen daran nicht unmittelbar schuld sein.

5.3.3. Konflikte zwischen normativen Ansprüchen

Demokratietheorien bestätigen zwar indirekt, dass es auf die Praxis der strukturell geregelten Verfahren ankommt, wenn es darum geht, Güter gerecht zu verteilen. Die eben referierten – inzwischen deutlich gewachsenen – Probleme der Rentenpolitik und die ebenfalls erwähnten allgemeinen Unzulänglichkeiten demokratischer Verfahren setzen allerdings ein strukturelles und kein praktisches Verständnis demokratischer Verteilungsverfahren voraus. Dieses strukturelle Verständnis der Verfahren geht unausgesprochen von einem theoretischen Verständnis der Praxis aus, das sich in den Reformvorschlägen verrät. Diese Vorschläge legen nämlich die Überzeugung nahe, dass gerechte

Verfahren dann möglich sind, wenn die Egoismen von Gruppen zurückgedrängt, die Machtinteressen von Mehrheiten und Minderheiten besser kontrolliert und die Verteilungsverfahren rationaler und transparenter werden. Diese Überzeugung läuft darauf hinaus, dass die Praxis gerechter wird, wenn sie wichtige theoretische Ansprüche, denen die Verteilungsverfahren genügen sollten, besser und genauer umsetzt. Dies mag durchaus unter bestimmten, idealen Bedingungen der Fall sein.

Diese Hoffnung auf die praktische Wirksamkeit theoretischer Ansprüche sollten wir aber nicht hegen, solange wir die Bedingungen, unter denen diese Ansprüche an gerechte Verfahren nur erfüllbar sind, nicht kennen. Es handelt sich dabei nur um eine einzige, überschaubare Gruppe von Bedingungen, und zwar um die Bedingungen der Konfliktfreiheit normativer Ansprüche. Ich will keine Vermutungen darüber anstellen, wie selten oder häufig diese Bedingungen in Verteilungsverfahren erfüllt sind. Es geht mir nur darum, auf ein Problem aufmerksam zu machen, das beim theoretischen Entwurf von Verteilungsverfahren nicht berücksichtigt wird. Das Problem besteht nämlich darin, dass Verteilungsverfahren nur dann gerechte Lösungen haben können, wenn die normativen Ansprüche der sozialen Gruppen, welche ihnen zugrunde liegen, konfliktfrei erfüllbar sind. Ähnlich wie in individualethischen Zusammenhängen nehmen wir häufig an, dass normative Ansprüche und Forderungen aufgrund der begrifflichen, von der Logik des Sollens und nicht von empirischen Tatsachen bestimmten Herkunft und Bedeutung der Normen per se konfliktfrei sind. Wenn die begrifflichen Bedingungen, unter denen Normen formuliert und definiert werden, eingehalten werden, so könnte man meinen, dürfte es keine Konflikte zwischen ihnen geben. Bei der Untersuchung der verschiedenen Typen moralischer Konflikte sahen wir aber bereits, dass diese Meinung verfänglich und irreführend ist. Da alle normativen Ansprüche das nicht-empirische Sollen mit empirischen Voraussetzungen und Zielen verbinden, ist die Konfliktfreiheit der Forderungen und Ansprüche rein begrifflich oder mit Hilfe der Logik des Sollens gar nicht zu sichern. Was in unterschiedlichen Kontexten ‹Sollen› bedeutet, hängt eben nicht allein von der Logik des Sollens, sondern auch von den Kontexten des Gesollten ab. Deswegen ist die Forderung, dass die normativen Ansprüche von Individuen und Gruppen in Verteilungsverfahren konfliktfrei sein sollten, damit sie auch konfliktfrei erfüllbar sind, keineswegs trivial. Wir werden sehen, dass nicht nur die Kontingenz der Ansprüche, sondern auch deren begriffliche Grundlagen starke Zweifel an der Erfüllbarkeit dieser scheinbar trivialen Forderung begründen.

Sehen wir uns die Forderung der Konfliktfreiheit normativer Ansprüche genauer an. Normative Ansprüche sind genau dann konfliktfrei erfüllbar, wenn sie sich nicht widersprechen und so geordnet sind, dass sie unter Bedingungen der Knappheit auch erfüllt werden können. In dieser Forderung sind drei Bedingungen enthalten. Die erste betrifft die *Widerspruchsfreiheit der normierten Ansprüche*. Die Ansprüche aller Gruppen und ihrer Mitglieder müssen auch für alle in gleicher Weise gelten. Die zweite Bedingung regelt die *Ordnung*, nach der die Ansprüche zu erfüllen sind. Entweder richtet sich diese Ordnung[89] nach der *Bedürftigkeit* oder nach dem *Verdienst*. Die dritte Bedingung bestimmt den *Umfang*, in dem die Ansprüche angesichts knapper Güter erfüllt werden können. Die Knappheit der Güter darf nicht selbst schon deren Verteilung regeln.

Diese letzte der drei Bedingungen klingt zwar etwas rätselhaft, ist aber klar und einfach. Sie besagt nur, dass der jeweilige, aktuelle Zugang von Gruppen und Individuen zu knappen Gütern nicht selbst schon einem gerechtfertigten Anspruch auf deren Verteilung entspricht. Das *Ist* der Ungleichheit z. B. des Besitzes entspricht keinem *Soll*. Deswegen können z. B. Steuern ethisch gerechtfertigt werden. Sie tragen zu einer Umverteilung von Gütern bei, die auch denen zugute kommen soll, deren gerechtfertigte Ansprüche sonst in einer Gesellschaft nicht erfüllt werden könnten. Auf diese Weise kann ein Staat beispielsweise Bildungseinrichtungen finanzieren, die allen offen stehen und nicht nur denen, die für die Bildung ihrer Kinder allein aufkommen können. Ähnliches gilt für den Zugang zu den Grundrechten und zu allen anderen Rechtsansprüchen. Hier geht es zwar um keine Umverteilung, aber um die Sicherung von allgemein geltenden normativen Ansprüchen unabhängig vom Geschlecht, Stand oder Besitz. Jede Person sollte unabhängig von diesen Bedingungen der Ungleichheit zu den Institutionen des Rechts und der Rechtsprechung Zugang haben.

Die zweite Bedingung ist verglichen mit der dritten weniger leicht durchschaubar. Entweder richtet sich die Ordnung der Verteilung von knappen Gütern nach der *Bedürftigkeit* oder nach dem *Verdienst*, aber nicht nach beidem gleichzeitig, und zwar aus begrifflichen Gründen. Der Grad der Bedürftigkeit richtet sich nach einem Anspruch, der nicht auf eigenen Leistungen beruht. Die Bedürftigkeit ist – im begrifflichen Sinn – durch nichts anderes als die Bedürftigkeit selbst begründet. Dagegen ist jedes Verdienst durch zuvor erbrachte Leistungen begründet. Eine Ordnung, welche die knappen Güter nach Verdienst verteilt oder sichert, lässt sich dementsprechend nur durch die zuvor erbrachten Leistungen rechtfertigen. Unter bestimmten

Umständen lassen sich beide Ordnungen miteinander verbinden.[90] Sie können miteinander aber auch in Konflikt geraten, obwohl die jeweiligen Ansprüche ihrerseits legitim und gerecht sind.

Nehmen wir zunächst den konfliktfreien Fall an. Es ist offensichtlich, dass jede Ordnung, die Güter nach der Bedürftigkeit verteilt, gerechtfertigt ist. Wir müssen allerdings sehen, was mit ‹Bedürftigkeit› in Verteilungsverfahren genau gemeint ist. Der Hunger eines Einzelnen allein rechtfertigt z. B. durchaus individuelle Hilfe, aber nicht unbedingt staatliche im Rahmen von Verteilungsverfahren. Es wäre auch nicht sinnvoll, dem Staat die Pflicht aufzuerlegen, jeden einzelnen Bürger vor dem Hunger zu bewahren, wenn diese Pflicht nicht erfüllbar wäre. Den politischen Verteilungsverfahren geht es um das, was tatsächlich möglich ist, um die allgemeine Sicherung humaner Ansprüche. Deren Erfüllung wird von demokratischen Verfassungen, welche die Teilnahme aller bedürftigen Menschen an den sozialen Einrichtungen wie Krankenhäusern und Sozialstationen garantiert, gesichert. Nicht die Stillung des Hungers Einzelner oder die Heilung einzelner Kranker, sondern die Möglichkeit der Teilnahme aller Bedürftigen und Kranken an diesen Einrichtungen ist ein gerechtfertigter Anspruch und damit eine Schuldigkeit der Gesellschaft und ihrer Institutionen gegenüber den Bürgerinnen und Bürgern. Ebenso gerechtfertigt ist aber auch der Anspruch, dass die individuellen Leistungen von den Personen, die sie erbrachten, auch selbst genossen werden. Sie können von ihnen selbst aber nur genossen werden, wenn der Staat den Genuss der selbst erarbeiteten Güter sichert. Eine Gesellschaft, die von den Leistungen weniger als Ganze profitiert, ist es diesen Wenigen schuldig, dafür zu sorgen, dass sie ihre Leistungen auch selbst in einem gerechtfertigten Umfang in Anspruch nehmen können. Die Kosten für die Sicherung des individuellen Besitzes und der rechtlichen Regelung der individuellen Ansprüche trägt ein Rechtsstaat. Es steht ihm zu, diese Kosten durch Steuern, deren Höhe mit der Größe der Gewinne korrespondieren sollte, denjenigen in Rechnung zu stellen, deren Besitz und wirtschaftlicher Freiraum gesichert wird. In diesem Sinn verteilen staatliche Institutionen teilbare Güter – sowohl Geld als auch Rechtsansprüche – nach Verdienst. Beide Ordnungen, diejenige, welche den Bedürfnissen, und diejenige, welche den Leistungen bzw. dem Verdienst entspricht, sind durchaus konfliktfrei miteinander zu verbinden. Schuldigkeiten können nebeneinander bestehen, ohne sich wechselseitig zu beeinträchtigen. Schuldigkeiten im Sinne von Leistungen können genau dann konfliktfrei miteinander verbunden werden, wenn die Verteilung in der einen Ordnung die Verteilung in der anderen nicht gefährdet. Ein und dasselbe teilbare Gut darf nur dann mehr als einmal verteilt werden, wenn dadurch kein legitimer Anspruch gefährdet wird. Wenn z. B. ein Rechtsanspruch wie die Sicherung des Eigentums und der Anspruch auf den Zugang zu Einrichtungen des Gesundheitswesens nur mit ein und derselben Menge Geld aus Steuermitteln zu sichern wären, würde diese Summe Geld z. B. zweimal verteilt. Auch wenn dies tatsächlich etwa durch staatliche Schuldenaufnahme möglich gemacht würde, würden die Ordnungen der Verteilung nach Verdienst und nach Bedürftigkeit miteinander aus Gründen der Mittelknappheit in Konflikt stehen.

Dieser Konflikt wird möglich, weil die Ordnung der Verteilung teilbarer Güter nach Bedürftigkeit der Ordnung der Verteilung teilbarer Güter nach Verdienst allein aus kontingenten Gründen widersprechen kann. Konfliktfrei sind diese Verteilungsordnungen ebenfalls aus kontingenten Gründen. Die Bedingung der *Kontingenz ihrer Konfliktfreiheit*, welche ich eben schon formuliert habe, lautet: Die Ordnungen nach Bedürftigkeit und nach Verdienst können genau dann konfliktfrei miteinander verbunden werden, wenn die Verteilung in der einen Ordnung die Verteilung in der anderen nicht gefährdet. Das Kriterium, das darüber entscheidet, wann diese Bedingung erfüllt ist, wiederhole ich ebenfalls noch einmal: *Ein und dasselbe teilbare Gut darf nur dann mehr als einmal verteilt werden, wenn dadurch kein legitimer Anspruch gefährdet wird.* Wenn ein und dieselbe Summe Geld z. B. zweimal verteilt wird, obwohl es sie im verfügbaren Haushalt nur einmal gibt, können, wie ich eben schon bemerkte, Schulden helfen, den Konflikt zu überwinden. Diese Lösung ist aber dann nicht mehr zu rechtfertigen, wenn das Risiko der Zahlbarkeit der Schulden und der dadurch entstehenden Belastungen nicht mehr berechenbar ist. Ethisch verwerflich ist jede Verteilung, wenn sie diese Ungewissheit des Schuldendienstes in Kauf nimmt, wenn sie also bei der Schuldenaufnahme darüber hinwegsieht, dass deren Ablösung in einem absehbaren Zeitraum nicht berechnet werden kann. Eine Güterverteilung, welche diese Art von Ungewissheit in Kauf nimmt, ist ethisch nicht zu rechtfertigen, weil sie gleichzeitig unlösbare soziale, in ihrem Kern moralische Konflikte, die zu einem späteren Zeitpunkt unabwendbar werden können, in Kauf nimmt. Soziale Konflikte gefährden wiederum die Ansprüche derer, die mit ihren Leistungen wenigstens indirekt über die Steuern dem Gemeinwohl dienen. Die Güter, welche sie z. B. erwirtschaften, verlieren unter Bedingungen sozialer Konflikte ihren Wert. Spätestens dann wird der Konflikt der Verteilungsordnungen nach Bedürftigkeit und Verdienst offensichtlich.

Auch innerhalb *einer* Verteilungsordnung können aus kontingenten Gründen Konflikte entstehen. Dann handelt es sich aber nicht notwendig um Konflikte zwischen normativen Ansprüchen, weil einer der Ansprüche sich innerhalb einer Ordnung tatsächlich aus normenlogischen Gründen als unbegründet erweist. Es können z. B. teilbare Güter wie Rechte unbegründet mehrfach so verteilt werden, dass legitime Ansprüche auf teilbare oder unteilbare Güter verletzt werden. Rechtsansprüche auf den Besitz eines materiellen oder immateriellen Guts können beispielsweise irrtümlich oder aufgrund rechtlicher Unklarheiten gleichzeitig mehreren Personen zugesprochen werden. Wenn es aber nur einen legitimen Anspruch gibt und dieser auch feststellbar ist, kann der Konflikt gelöst werden. Ähnliches trifft für die vermeintlichen Konflikte legitimer Ansprüche zu, die sich aus der Bedürftigkeit ergeben. Der legitime Anspruch leitet sich zwar nur aus der Bedürftigkeit selbst ab. Häufig ist die scheinbare von der wirklichen Bedürftigkeit aber nicht leicht unterscheidbar. Dann gefährden z. B. die scheinbar Arbeitslosen die Ansprüche der tatsächlich Arbeitslosen, wenn sie unberechtigt an der staatlichen Unterstützung teilhaben und diese noch weiter verknappen. Solche Konflikte innerhalb einer Verteilungsordnung sind Scheinkonflikte. Für ihre Lösung muss die Maximenmethode nicht bemüht werden, weil sie anhand bestimmter normativer und rechtlicher Kriterien zu bewältigen sind.

Es ist offensichtlich, dass Konflikte zwischen legitimen Ansprüchen in Verteilungsverfahren aus kontingenten Gründen möglich sind. Solche Konflikte sind, wie die wenigen Beispiele zeigen, nicht unwahrscheinlich. Deswegen dürfen wir uns auch in der Theorie nicht darauf verlassen, dass die Ansprüche aus theoretischen oder normenlogischen Gründen konfliktfrei sind. Wir müssen zur Kenntnis nehmen, dass normative Ansprüche genau dann nicht konfliktfrei *sind*, wenn sie nicht konfliktfrei *erfüllt werden können*. Die Kontingenz der Bedingungen, unter denen Ansprüche nicht konfliktfrei erfüllt werden können, hat selbst in der Theorie mehr Gewicht als z. B. das Kriterium der Unparteilichkeit und die von ihm inspirierte Forderung, Egoismen von Gruppen und den Machtanspruch von Mehrheiten einzuschränken. Denn das, was «Egoismus» oder «Machtanspruch der Mehrheit» genannt wird, kann durchaus ein legitimer Anspruch sein. Wenn dies so ist, sollte er nicht allein deswegen negativ bewertet werden, weil er im Konflikt mit einem anderen, ebenfalls legitimen Anspruch steht. Weil es möglich ist, dass die Konflikte in Verteilungsverfahren von legitimen Ansprüchen ausgelöst werden, kann ein Kriterium wie die Unparteilichkeit keine grundlegende Bedeutung für die konfliktfreie Organisation von Verteilungsverfahren haben. Dennoch bleibt das Problem zu lösen, ungerechtfertigte Ansprüche von Mehrheiten oder Egoismen von Gruppen einzuschränken.

Die Konflikte zwischen gerechtfertigten Ansprüchen, die aus kontingenten Gründen entstehen, können von der Maximenmethode aufgelöst werden. Nehmen wir an, die Ordnung der Güterverteilung nach Bedürftigkeit steht in einem konkreten Fall im Konflikt mit der Ordnung der Verteilung nach Verdienst. Das kann z. B. der Fall sein, wenn die Aufwendungen für Langzeitarbeitslose, deren frühere Einzahlungen die nötigen Hilfen nicht mehr decken, stark erhöht und die Ausgaben für die innere Sicherheit ebenso deutlich vermindert werden müssen. Die Knappheitsmaxime legt in einem solchen Fall nahe, die Verteilung teilbarer Güter wie der Steuermittel zu Lasten des normativen Anspruchs auf das ebenfalls teilbare Gut der Sicherheit zu verändern; denn eine Senkung der Unterstützung der Langzeitarbeitslosen kann nicht anerkannt werden, weil sie deren Lebenssicherung, also ein unteilbares Gut, gefährden würde. Die Normenmaxime soll nun aber dazu beitragen, alle legitimen normativen Ansprüche zu sichern. Sie kann also weder empfehlen, die Unterstützung für die Langzeitarbeitslosen abzusenken, noch, die innere Sicherheit zu gefährden. Konflikte dieser Art kann die Normenmaxime folglich nicht lösen, weil sie normativ nicht lösbar sind. Der Konflikt wird an die Integrationsmaxime überwiesen. Ihr geht es um die Lebensfähigkeit des sozialen Ganzen und um die Möglichkeit des guten Lebens. Der Integrationsmaxime entsprechend sind Einsparungen teilbarer Güter nur dann gerechtfertigt, wenn dadurch unteilbare Güter, die für das gute Leben des sozialen Ganzen unverzichtbar sind, nicht gefährdet werden. Der normative Anspruch der Langzeitarbeitslosen auf die Sicherung ihres Lebens oder der normative Anspruch der Bürger auf Rechtssicherheit und Schutz vor Kriminalität können vielleicht trotz Einsparungen teilbarer Güter gewahrt werden. Durch eine geringere Güterzuteilung zur Sicherung legitimer Ansprüche darf aber das Wertgefüge der Gesellschaft nicht gefährdet werden. Diese Gefahr besteht dann, wenn ein unteilbares Gut wie die Lebenssicherung durch Einsparungen teilbarer Güter gefährdet wird. Teilbare Güter wie die innere Sicherheit enthalten jedoch indirekt über den Schutz des individuellen Lebens vor Gewalt selbst unteilbare Güter. Deswegen kann die innere Sicherheit nicht einfach zugunsten eines anderen Anspruchs zur Disposition gestellt werden. Selbst wenn die Aufwendungen für die innere Sicherheit zeitweise reduziert werden müssen, wird dies nicht ohne ausgleichende, kompensatorische Sicherungen möglich sein, die für einzelne Gruppen zwischenzeitlich belastend sind. Auf Dauer können solche Konflikte zwischen legitimen Ansprüchen aber nicht kompensatorisch gelöst werden. Letztlich lassen sich solche Konflikte nicht wirklich auf befriedigende Weise ausräumen. Sie können sich nur auflösen, wenn z. B. durch höhere Steuereinnahmen wieder Gewinne zu verteilen sind. Die von der Maximenmethode ermöglichte Dynamik der Verteilungsverfahren, wie ich sie oben beschrieb, sorgt dafür, dass das Wertgefüge des Ganzen durch eine ungerechte Verteilung nicht dauerhaft gefährdet wird. Die Maximenmethode soll verhindern, dass sich normative Ansprüche wie z. B. diejenigen auf die Lebenssicherung von Langzeitarbeitslosen oder Rentnern und diejenigen auf innere Sicherheit nicht kontinuierlich konterkarieren und dabei unmerklich in ihrer Substanz auflösen.

Solche und ähnliche Beispiele vermitteln nur einen schwachen Eindruck der realen Konflikte in einer Gesellschaft, in der die teilbaren Güter zur Sicherung der normativen Ansprüche der Bürgerinnen und Bürger auf teilbare und unteilbare Güter nicht mehr ausreichen.[91] Dennoch benötigen wir solche Beispiele, weil die abstrakte, von realen Gütern losgelöste Untersuchung von Verteilungsverfahren, die gerecht sein sollen, die Naivität der Diskussion von Beispielen wie den von mir immer wieder herangezogenen noch übertreffen würde. Die relativ zur sozialen Wirklichkeit unangemessen einfachen Konflikte sollen wenigstens anzeigen, welche Art von Konflikten auftreten und ob sie zumindest in der Theorie lösbar sind. Eine Lösung für das eben angesprochene Beispiel – Hilfe für Langzeitarbeitslose versus Finanzierung der inneren Sicherheit – wird nur aus der Gesamtperspektive eines noch möglichen guten Lebens für alle Mitglieder der Gesellschaft zu finden sein. Die Integrationsmaxime zaubert keine Lösung herbei, sondern gibt den Rat, so zu verfahren, dass das gute Leben einer Gesellschaft nicht aus einzelnen materiellen oder immateriellen normativen Ansprüchen besteht, sondern ein Integral von allen Ansprüchen auf teilbare und unteilbare Güter ist. Das Ganze setzt sich zwar aus der Summe der Teilansprüche zusammen, ist aber insofern mehr als diese Summe, als nicht jede Summe für ein gutes Leben aller Mitglieder einer Gesellschaft hinreichend ist. Über die bloße Lebensfähigkeit einer Gesellschaft hinaus geht es dabei um die Frage, ob alle Menschen und Gruppen ein gemeinschaftliches Leben führen können, das den Ansprüchen der Menschlichkeit und der Menschenwürde entspricht. Menschlichkeit und Menschenwürde drücken sich durch praktizierte und wahrnehmbare Solidarität und wechselseitige Hilfe unter Bedingungen der Knappheit lebenswichtiger teilbarer Güter aus. Das gute Leben schließt Bedürftigkeit so wenig aus wie Ungleichheit, im Gegenteil. Wenn die Bedürftigkeit der einen die anderen zu solidarischem Handeln veranlasst, ist eine Gesellschaft dem guten Leben näher, als wenn es keine Bedürftigkeit, keine Ungleichheit und keine wechselseitige Anteilnahme und Sorge gibt. Zum guten Leben gehört das Bewusstsein, ein Leben mit allen anderen Menschen zu führen und nicht allein gelassen oder an den Rand gedrängt zu sein. Einschränkungen und Verzicht werden erst dann unerträglich, wenn diejenigen, denen dies zugemutet wird, von den anderen allein gelassen sind und dies auch so erfahren und wahrnehmen. Wo immer dies der Fall ist, wurde das Wertgefüge einer Gesellschaft bereits verletzt. Vielleicht sind, um zum obigen Beispiel zurückzukehren, bestimmte kurzfristige Einschränkungen von Gütern wie der inneren Sicherheit durch höhere Belastungen für bestimmte soziale Gruppen zu kompensieren. Dauerhafte Einschränkungen unteilbarer Güter, wie z. B. der Sicherung des Lebens der Langzeitarbeitslosen, sind nicht kompensierbar, zumindest nicht von den Bedürftigen selbst. Wenn der Vergleich der Güter zeigt, dass Einschränkungen bei den einen etwa durch individuelle Aufwendungen ausgeglichen werden können, bei den anderen aber nicht, erfüllt die Integrationsmaxime zumindest mittelfristig bis zum nächsten Knappheitsproblem oder bis zur Verteilung von Gewinnen ihre Funktion. Dann ist es z. B. im Blick auf das Ganze des guten Lebens gerechtfertigt, die Aufwendungen für die innere Sicherheit und nicht diejenige für Langzeitarbeitslose zu senken.

Die Lösung eines Konflikts dieser Art ist mit rein theoretischen Mitteln im Rahmen einer ethischen Theorie nicht möglich. Es ist aber möglich, im Rahmen einer ethischen Theorie zu zeigen, wie Konflikten zwischen normativen Ansprüchen mittelfristig die Spitze genommen werden kann. Dies wiederum ist kaum in einem einzigen Verfahren und sicher nicht nur im paarweisen Vergleich von Ansprüchen möglich. Die Maximenmethode bietet bei sich ständig verändernden Knappheiten von teilbaren Gütern den Vorteil, dass sie rekursiv und damit dynamisch angewandt werden kann. ‹Rekursiv› bedeutet, dass das Verfahren, das die drei Maximen empfehlen, immer wieder neu auf der Basis und zur Korrektur des jeweils letzten Ergebnisses anzuwenden ist. Die Maximenmethode bestimmt mit nur einer Anwendung kein definit gerechtes Resultat. Sie ist nicht auf eine einmalige Verteilung von Gütern angelegt, sondern leitet und orientiert einen dynamischen Verteilungsprozess. Die Methode ermöglicht und empfiehlt Serien von Verteilungsverfahren, in denen die Ergebnisse mit jedem Durchgang – zumindest potentiell – besser und dem Maßstab der Gerechtigkeit angemessener werden können.

Die Konflikte zwischen gerechtfertigten normativen Ansprüchen in Verteilungsverfahren zeigen, dass bestimmte Instrumente wie die Unparteilichkeit zwar dem Gedanken der Fairness und der Gleichbehandlung der Ansprüche gerecht werden, aber dennoch für eine Lösung dieser Konflikte untauglich sind. Unparteilichkeit im Sinne einer von Verfahrensregeln bestimmten Gleichbehandlung aller Ansprüche ungeachtet der Gruppen und ihrer Interessen kann nur dann ethisch geboten sein, wenn die legitimen Ansprüche nicht miteinander im Konflikt stehen. Wenn diese Ansprüche aber im Konflikt miteinander stehen und eine praktische Lösung nur erreicht werden kann, wenn sie ungleich behandelt werden, sind Verfahrensregeln, die allein Gleichbehandlung sichern, nicht nur unbrauchbar, sondern ungerecht. Dann geht es relativ zu den teilbaren und unteilbaren Gütern, die zu sichern sind, um die unvoreingenommene Abwägung zwischen den Ansprüchen nach Kriterien der Zumutbarkeit, der Kompensierbarkeit von Einschränkungen und der Bedürftigkeit. Diese Abwägung soll unvoreingenommen und unparteilich in dem Sinne sein, dass diejenigen, die über die Lösung eines Konflikts entscheiden, nicht primär die Interessen ihrer Klientel, sondern das Interesse des Ganzen vertreten. In diesem Sinn ist Unparteilichkeit ein Charakterzug im Verhalten einzelner Personen, aber kein Verfahrensgrundsatz. Eine Entscheidung, die nur über die Lösung eines Konflikts zwischen gerechtfertigten Ansprüchen erzielt werden kann, muss in dem Sinne parteilich sein, dass sie für diejenigen eintritt, die sich nicht selbst helfen können. Es wird dabei auch Personen geben, die mit – aus ihrer Sicht – guten Gründen für die Wahrung der Ansprüche derer eintreten, die z. B. in der Lage sind, Einbußen zu kompensieren. Wenn es sich um Konflikte zwischen gerechtfertigten Ansprüchen handelt, kann es keine einheitliche ethische Lösung im Sinn einer begrifflichen, sollenslogischen Abwägung geben. Jeder Konflikt führt zu ebenso vielen ethisch begründbaren Lösungen, wie es gerechtfertigte Ansprüche auf teilbare und unteilbare Güter gibt. Die Lösung, die sich durchsetzt, nimmt humane oder politische Gründe, Mehrheiten oder verfassungsrechtliche Regelungen in Anspruch, kann aber weder auf einen allgemeinen Konsens noch auf Einmütigkeit aller Gruppen hoffen. Einmütige Konfliktlösungen sind nicht funktionsfähig. Vor allem an unteilbaren Gütern können wir dies erkennen. Die eine Niere, die z. B. zwei oder mehr Patienten dringend benötigen, würde keiner von ihnen bekommen, wenn ihre Zuteilung eine einmütige Entscheidung der Betroffenen voraussetzen würde, es sei denn, alle außer einem verzichten auf ihre Ansprüche. Ethisch nicht begründbar sind Lösungen von Konflikten, welche auf die einmütige Zustimmung aller Betroffenen setzen oder sie sogar voraussetzen. Zum einen kommt diese Art Zustimmung nach menschlichem Ermessen nicht zustande. Zum andern müsste der Interessenausgleich, der für solche Lösungen erforderlich wäre, notgedrungen gerechtfertigte normative Ansprüche von Gruppen verletzen. Außerdem würde ein Interessenausgleich dieser Art für die ganze Gesellschaft zu suboptimalen Ergebnissen führen, wie sie vom Modell des Gefangenendilemmas her bekannt sind.

Auch Verfahrensgrundsätze wie die rationale Konsensbildung, die etwa Jürgen Habermas im Vertrauen auf die «konsensstiftende Kraft argumentativer Rede»[92] vorgeschlagen hat, sind kein Rezept, um Konflikte zwischen gerechtfertigten normativen Ansprüchen zu lösen. Dasselbe gilt für Entscheidungen, die – wie der Schleier des Nichtwissens in Rawls' Theorie der Gerechtigkeit – in einem Gedankenexperiment ideale rationale Bedingungen simulieren. Alle diese Ideen greifen nur, wenn es keine Konflikte zwischen gerechtfertigten normativen Ansprüchen gibt, und auch dann nur spekulativ. Es gibt aber keinen Grund, sich über diese idealen Grundsätze zu erheben. Die Tatsache, dass sie aus kontingenten Gründen nicht greifen können und für die Lösung bestimmter Konflikte nicht tauglich sind, markiert die Grenze der Verfahrensgerechtigkeit. Jenseits dieser Grenze kommt es zwar auch auf verfassungsrechtliche Regelungen an, welche die Freiheits- und Gleichheitsrechte garantieren. Bei der Lösung von Konflikten zwischen gerechtfertigten normativen Ansprüchen kommt es aber vor allem, wenn auch nicht allein, darauf an, dass die entscheidenden Personen im Verteilungsverfahren gerecht sind. Entscheidend ist deren gute ethische Praxis, wenn die Verteilungsverfahren auch unter schwierigen Bedingungen gerecht sein sollen.

5.3.4. Die Verteilung von Chancen

Die Diskussion gerechter Verteilungsverfahren darf sich nicht darauf beschränken, die Zuteilung von Gütern, von sozialen Gewinnen und Verlusten zu bedenken. Sie muss auch darauf Rücksicht nehmen, dass die gegenwärtigen Verteilungen Entscheidungen über künftige Entwicklungen einschließen. Das Risiko des Schuldendienstes und der Verlust künftiger Wettbewerbschancen bei mangelnden Bildungschancen in der jeweiligen Gegenwart waren schon Themen am Rande. Die Zukunft des guten Lebens einer Gesellschaft wird dann in Verteilungsprozessen berücksichtigt, wenn diese die Entwicklung menschlicher Fähigkeiten gegenwärtiger und künftiger Generationen fördern. Amartya Sen hat darauf hingewiesen, dass ungerechtfertigte Ungleichheiten nur überwunden werden können, wenn die schlechter Gestellten durch die Verteilung von Chancen befähigt werden, sich den Zugang zu den Gütern, die sie schätzen und für ihre Lebensziele benötigen, selbst zu eröffnen.[93] Damit verbessern sich nicht nur ihre materiellen Lebensverhältnisse. Die Menschen erwerben auch mehr Freiheiten, die sie ermächtigen, über ihr Leben zu entscheiden. Die bloße Erhöhung von Einkommen bewirkt dies nicht, wie überhaupt aus der bloßen Mehrung teilbarer Güter per se noch keine unteilbaren Güter wie die Freiheitsrechte Einzelner oder der Lebensschutz entstehen. Sen erkennt, dass Einkommen komplementär zu den Chancen der Verwirklichung von Lebenszielen sein müssen. Er weist darauf hin, dass «einkommensunabhängige Variablen»[94] wie ein langes, gewaltfreies Leben in einer friedlichen Gesellschaft ohne vermeidbare Krankheiten und mit der Chance auf sinnvolle Beschäftigung nicht notwendig an wirtschaftlichen Wohlstand gebunden sind. Er verweist aber auch auf die umgekehrte Perspektive. Ein Kind, das in Armut aufwächst und nicht regelmäßig eine Schule besuchen kann, wird sein Leben lang darunter leiden, dass es keine ausreichende Schulbildung genossen hat. Der Erwachsene, der keine Mittel hat, eine vermeidbare Krankheit behandeln zu lassen, fällt ihr vielleicht zum Opfer.[95]

Diese Beispiele zeigen, wie die quantitativen und qualitativen Standards des Guten wechselseitig voneinander abhängig sind. Befähigungen gehören zu den qualitativen Standards, auch wenn sie von quantitativen Voraussetzungen abhängen. Ihre Qualität besteht darin, dass Menschen die Mittel, die sie haben, kreativ und ihren Bedürfnissen entsprechend nutzen können. Sie können etwas aus sich machen. Es wäre vereinfachend und missverständlich, die Befähigung dazu lediglich als ‹gesteigerte Produktivität› zu bezeichnen. Auf materiell oder quantitativ messbare Produktivität kommt es jedenfalls nicht allein und nicht einmal primär an. Es geht um Anerkennung, um Selbstachtung und darum, von anderen in der Gesellschaft oder zumindest in der eigenen sozialen Gruppe geschätzt zu werden. Diese unteilbaren Güter können aber durch die Verknappung von teilbaren, materiellen Gütern wieder abhanden kommen.

Befähigungen sind Güter, die einen dynamischen Charakter haben. Sen unterscheidet sie einerseits von den so genannten Funktionswerten, den «functionings»,[96] die von der Ernährung über die Gesundheit bis zum individuellen Glücklichsein reichen können. Andererseits verknüpft er sie aber eng mit den Befähigungen, indem er Letztere als Vektoren der Funktionswerte bestimmt. Auf diese Weise mischt Sen teilbare und unteilbare Güter und macht sie letztlich ununterscheidbar.[97] Befähigungen geben Gütern wie den realen Einkommen, den Primärgütern wie den Grundfreiheiten und den Ressourcen ihre dynamische Kraft. Sieht man von der bei Sen undurchsichtig bleibenden Mischung teilbarer und unteilbarer Güter ab, hilft sein Begriff der Befähigungen, die wechselseitige Abhängigkeit dieser Güter wenigstens zu verstehen. Mit den Befähigungen können Menschen nämlich aktiv und eigenständig teilbare in unteilbare Güter wie ihre intellektuelle und wirtschaftliche Bewegungsfreiheit verwandeln. Daraus ergeben sich Konsequenzen für sozialpolitische Entscheidungen. Wenn die Verteilung materieller Güter auf die Befähigungen Rücksicht nimmt, haben die Menschen die Chance, aus den teilbaren selbst und eigenständig unteilbare Güter zu machen. Sie eignen sich Fähigkeiten an, die sie unabhängiger und freier machen, als sie vorher waren. Die unteilbaren Güter der individuellen Lebensziele entstehen aus Befähigungen. Diese fast alchimistisch erscheinende Dynamik kann sich aber auch umkehren. Durch den Verlust an materiellen und teilbaren Gütern wie Arbeit und Wohnen können die Befähigungen verloren gehen, die das eigene und eigenständige Leben vorher ermöglichten. Arbeitslosigkeit hat nicht selten Obdachlosigkeit zur Folge. Das eine folgt zwar nicht notwendig aus dem anderen; allein die Möglichkeit der Folge macht aber augenfällig, wie Menschen der Möglichkeiten beraubt werden können, ihr Leben selbst zu bestimmen und ihre Lebensziele zu erreichen. Auf diese Weise kann der Verlust teilbarer, quantitativer Güter den Verlust unteilbarer, qualitativer nach sich ziehen.

Die wechselseitige Abhängigkeit teilbarer von unteilbaren, quantitativer von qualitativen Gütern hat nicht nur eine individuelle und dynamische, sondern auch eine kollektive und strukturelle Seite. Individualistisch denkende Ökonomen neigen dazu, den Gewinn und Verlust von Lebenschancen der individuellen Verantwortung anzuvertrauen und anzulasten. Jeder einzelne Mensch wäre danach dafür verantwortlich, wo er steht, bei den besser oder bei den schlechter Gestellten. Entweder hat er seine Chancen wahrgenommen oder nicht; beides wäre mehr oder weniger seine Sache. Die eben angesprochenen Befähigungen zeigen aber, dass eine rein individualistische Perspektive nicht nur einseitig wäre, sondern falsch und ungerecht ist. Zweifellos können einzelne Menschen selbst daran schuld sein, dass sie ihre Arbeit oder ihr Obdach verloren haben. Mangelnde Befähigungen können ebenso die Ursache sein wie ruinöser, unverantwortlicher Konsum.

Es wäre falsch, Individuen grundsätzlich von ihrer Verantwortung für ihre soziale Stellung freizusprechen. Es wäre aber ebenso falsch, ihnen die Verantwortung für Strukturen anzulasten, deren Herausforderungen sie als Einzelne oder in einer sozialen Gruppe nicht gewachsen sind. Nicht nur die allgemeinen Gleichheits- und Freiheitsrechte beeinflussen die individuellen Befähigungen. Einen unmittelbaren Einfluss auf die individuellen Befähigungen haben auch Steuern und

Abgaben und selbst die informellen Regelungen des Arbeitsmarkts. Wenn ältere Menschen trotz ihrer Erfahrung ihren Arbeitsplatz an Jüngere verlieren, weil die Jüngeren körperlich leistungsfähiger und belastbarer sind, wird man dafür kaum jene älteren Menschen verantwortlich machen können. Eine formelle Diskriminierung des Alters wäre mit dem Gleichheitsgrundsatz nicht vereinbar. Die informelle Diskriminierung des Alters ist aber beinahe unausweichlich und bleibt ungeahndet, wenn die Statistiken freiwilliger Überstunden, der individuellen Produktivität, krankheitsbedingter Arbeitsausfälle und der entsprechend angefallenen zusätzlichen Kosten der Arbeit das Alter diskriminieren. Verluste, die einem Unternehmen aus solchen Gründen entstehen, werden von den Eignern nicht toleriert. Ob sie tolerierbar wären, ist damit allerdings nicht gesagt.

Dies ist ein Beispiel, wie die kollektive Entwicklung der teilbaren Güter der Arbeit und des Einkommens das unteilbare Gut der individuellen Befähigung beeinflusst. Es gibt auch explizite und formelle kollektive Strukturen wie die Steuergesetzgebung oder das Bildungsangebot, die Einfluss auf die individuellen Befähigungen nehmen. Steuern können Anreize für und gegen bestimmte Lebensgemeinschaften setzen, indem sie etwa das materielle Engagement für die Ausbildung der eigenen Kinder indirekt belohnen oder bestrafen. Auf diese Weise werden die Chancen von Kindern, die bestmöglichen Befähigungen zu erwerben, verbessert oder eingeschränkt. Ähnlich beeinflusst ein Bildungsangebot, das Kindern nur halbtags eine Betreuung gewährt, nicht nur deren Befähigungen, sondern kann auch die beruflichen Befähigungen von Müttern auf Dauer einschränken und sogar den Kinderwunsch verhindern. Solche Beispiele können nur eine punktuelle Vorstellung davon geben, wie sehr die individuellen Befähigungen und Lebenschancen von kollektiven Strukturen abhängen. Dabei handelt es sich bei diesen Strukturen ausschließlich um teilbare Güter, deren Quantität aber einen nachhaltigen Einfluss auf die unteilbaren individuellen Güter und auf die Lebensqualität der einzelnen Menschen hat.

5.3.5. Strukturen der Integration und unerfüllbare Ansprüche

Die Forderung einer Integration der unverzichtbaren Güter in ein gerechtes soziales Ganzes habe ich als eine Verpflichtung bezeichnet, die Verteilungsprozesse erfüllen sollten. Dann habe ich behauptet, dass dieses Ganze gefährdet ist, wenn ein einziges dieser Güter fehlt, weil es aus Gründen der Knappheit teilbarer Güter nicht mehr gestützt werden kann. Nicht nur aufgrund der Unbeständigkeit des Guten, sondern auch wegen der Konflikte zwischen legitimen Ansprüchen von Gruppen kann diese Gefahr nicht ausgeschlossen werden. Eben habe ich angedeutet, welchen Einfluss kollektive Strukturen auf die individuellen Befähigungen haben und wie sehr die Möglichkeiten einer fairen Verteilung der Chancen, an den unverzichtbaren Gütern teilzuhaben, von den kontingenten Bedingungen der Knappheit teilbarer Güter abhängig sind. Die Aussicht, die unverzichtbaren Güter durch ein Verfahren der Verteilung der knappen teilbaren Güter in ein gerechtes soziales Ganzes zu integrieren, habe ich an die serielle, rekursive Anwendung der Maximenmethode geknüpft. Diese Methode kann aber nur sinnvoll und zum Wohle des Ganzen einer Gesellschaft angewandt werden, wenn die Verteilung der Lasten und Kosten der Knappheiten teilbarer Güter keine unverzichtbaren Güter gefährdet.

Wenn in Verteilungsprozessen unverzichtbare Güter für bestimmte Gruppen nicht mehr gewährleistet werden können, begegnen wir kollektiv einem Phänomen, das wir aus der individuellen Perspektive bereits kennen. Es ist das Phänomen der normativen Überforderung. Ein Verteilungsprozess ist normativ überfordert, wenn legitime Ansprüche auf teilbare Güter, die für die Wahrung unteilbarer Güter unverzichtbar sind, nicht erfüllt werden können. Da die genaue Höhe von teilbaren Gütern wie z. B. dem Arbeitslosengeld für das unteilbare Gut der individuellen Lebenssicherung schwer quantifizierbar und von den Lebenskontexten der Menschen abhängig ist, kann ein Verteilungsprozess für eine Mehrheit von Menschen unmerklich normativ überfordert sein. Die dauerhaft Arbeitslosen können sich vielleicht eine Zeit lang durchschlagen, werden aber an der Grenze zur Armut ihre Lebensperspektiven verlieren. Dies ist nur ein Beispiel für mögliche Folgen nicht abgegoltener Ansprüche. Allerdings bleiben diese Folgen nicht wirkungslos für das soziale Ganze. Die Stabilität sozialer Verhältnisse, das Wohl des Ganzen, der soziale Frieden und damit das gute Leben einer Gesellschaft sind bereits dann gefährdet, wenn unverzichtbare Ansprüche einer einzigen Gruppe nicht erfüllt werden können.

Die Unerfüllbarkeit sozialer Schuldigkeiten, also von gerechten Ansprüchen einzelner Gruppen, hat mit der normativen Überforderung, wie wir sie früher kennen gelernt haben, mehr als nur äußere Gemeinsamkeiten. Das eine kann mit dem anderen nicht nur eng zusammenhängen, sondern sich sogar wechselseitig potenzieren. Obwohl die Ursachen verschieden sind, gehen die Wirkungen in die gleiche Richtung. Im Fall der normativen Überforderung sind einzelne Personen von ihren Verpflichtungen überfordert. Sie verursachen, ohne daran im strengen Sinn schuld zu sein, Probleme bei denjenigen, die auf ihre Hilfe, Fürsorge, Zuwendung und Aufmerksamkeit verzichten müssen, obwohl sie darauf angewiesen sind. Im Fall der unerfüllbaren, gleichwohl aber gerechtfertigten Ansprüche auf teilbare Güter ist der Verteilungsprozess überfordert. Die Integration der unverzichtbaren Güter in ein soziales Ganzes gelingt dann nicht mehr, obwohl bestimmte Gruppen darauf angewiesen sind. Auch im Normalfall ist zwar nicht mehr als eine eingeschränkt gerechte Verteilung von teilbaren zur Sicherung der unverzichtbaren Güter möglich. Zwischen einer mehr und einer weniger eingeschränkt gerechten Verteilung teilbarer Güter zur Sicherung der unteilbaren kann es allerdings, wie die Beispiele andeuten, große Unterschiede geben.

Um normative Überforderung geht es im individuellen und kollektiven Fall. Die Folgen beider Überforderungen verstärken sich – zumindest potentiell – wechselseitig, wenn dieselben Personen und dieselben Gruppen direkt oder indirekt von einer normativen Überforderung betroffen sind. Jedenfalls sind wechselseitige Verstärkungen ohne viel Phantasie vorstellbar. Der Mangel an Fürsorge für Kinder und Jugendliche, damit zusammenhängende schulische Schwächen und fehlende oder nicht mehr finanzierbare schulische und berufliche Bildungsmöglichkeiten für ebendiese Gruppe sind ein Beispiel. Ein anderes sind ältere Menschen, die weder familiär noch nachbarschaftlich integriert und auf sich allein gestellt sind, weil ihre Nachkommen sich nicht um sie kümmern können. Wenn ihre Rente unsicher ist und die sozialen Einrichtungen, auf die sie angewiesen sind, unter Mittelkürzungen leiden, treffen sich die negativen Folgen der Modernisierung der Lebensverhältnisse mit den Folgen knapper öffentlicher Haushalte.

Es geht hier nicht darum, kollektive und zugleich individuelle normative Überforderungen zu konstruieren. Worum es geht, sind die gemeinsamen Strukturen normativer Überforderung. Der individuellen und der kollektiven Überforderung liegen gerechtfertigte Ansprüche zugrunde, die nicht erfüllt werden können. Unerfüllbar sind die Ansprüche, weil sie die Kräfte und Möglichkeiten einzelner Personen oder die Möglichkeiten von Verteilungsprozessen unter Bedingungen der Knappheit überfordern. Wie im Fall der individuellen normativen Überforderung geht es auch bei der sozialen oder sozialpolitischen darum, was aus den unerfüllten Ansprüchen wird. Im einen Fall leiden einzelne Personen, im anderen soziale Gruppen unter den unerfüllt bleibenden Ansprüchen. Im einen Fall kann das normale sittliche Bewusstsein unter dauerhaft enttäuschten Ansprüchen leiden, im anderen das Bewusstsein, in sozial gerechten und geordneten Verhältnissen leben zu können. Im einen Fall kann der moralische, im anderen der soziale Raum, möglicherweise auch beides gleichzeitig, zerstört oder dauerhaft gefährdet werden. Letzteres würde bedeuten, dass die Orientierungen, die der soziale Raum analog zum moralischen für das Zusammenleben der sozialen Gruppen und die Lösung ihrer Konflikte bietet, unklar werden oder ganz abhanden kommt. Damit schwindet das Vertrauen in die Konflikte lösende Kraft sozialpolitischer und rechtlicher Strukturen und in die Kompetenz derer, die sie repräsentieren.

Oben wies ich darauf hin, dass es einen kollektiven Aggregatzustand der individuellen normativen Überforderung geben kann, der nicht ohne erhebliche soziale Energien in einen Zustand sittlicher Normalität zurückzuführen ist. Wenn neben dem moralischen auch der soziale Raum unter normativer Überforderung leidet, ist es müßig, auf solche Energien zu hoffen. Dann potenzieren sich die beiden Arten der Überforderung. Über die persönliche Freiheit hinaus, die einzelne Personen dann einbüßen, wenn ihre Ansprüche dauerhaft unerfüllt bleiben, sind dann die Freiheitsrechte als rechtlich gesicherte politische Struktur in Frage gestellt. Dies ist dann der Fall, wenn die Befähigungen, die für ein Leben in freiheitlichen Strukturen unverzichtbar sind, bestimmten sozialen Gruppen nicht mehr zugänglich sind, weil sie nicht mehr allgemein gewährt werden können. Was dies bedeutet, zeigen die Verhältnisse in den Entwicklungsländern der Dritten Welt, welche noch nicht über ein allgemein zugängliches und anspruchsvolles öffentliches Bildungs- und Schulsystem verfügen, das Befähigungen verteilen könnte. Im Blick auf diese Länder mutet es wie eine Ironie an, aus unserer Perspektive über eingeschränkte Gerechtigkeit aufgrund der zunehmenden Knappheit verteilbarer öffentlicher Güter nachzudenken.

Am Beispiel von Gesellschaften der Dritten Welt wird auch klar, dass unteilbare Güter wie die Menschenrechte und der Lebensschutz – sieht man vom Hunger ab – nicht nur und nicht primär durch knappe teilbare Güter gefährdet sind. Hunger und Krankheiten aus mangelnder Ernährung gefährden das Leben vieler Menschen in der Dritten Welt und nicht nur dort. Hunger ist nicht notwendig eine Folge von Armut. In vielen Gesellschaften ist nicht die Armut, sondern der fehlende Schutz der unteilbaren und unverzichtbaren Güter durch den Mangel an legitimen politischen und rechtlichen Strukturen das vorrangige Problem. In diesen Gesellschaften ist die Sicherung dieser Strukturen auch dann, wenn es noch keine Lösungen des Knappheitsproblems gibt, die einzige Aussicht auf ein gutes Leben. Auch in hoch entwickelten Gesellschaften, in denen bestimmte soziale Gruppen unter der Knappheit von teilbaren Gütern leiden, kann im Übrigen das gute Leben nur durch funktionsfähige, legitime parlamentarische Strukturen gewährleistet werden. Das Überleben einzelner Menschen kann durch Nahrungsmittel gesichert werden, das Überleben einer Gesellschaft nicht. Auch jenseits des Scheiterns gerechter Lösungen des Knappheitsproblems gibt es bessere und schlechtere Entscheidungen.

Nicht nur in der Dritten Welt sind legitime politische Strukturen dort, wo Menschen verhungern, kaum zu erwarten. Der Hunger vieler kann sowohl das Entstehen legitimer politischer Strukturen verhindern als auch den Bestand solcher Strukturen erschüttern. Deswegen ist die Bekämpfung des Hungers dort, wo er herrscht, die erste reale Option. Wenn dagegen in demokratischen Gesellschaften teilbare Güter zur Sicherung der unteilbaren zu knapp geworden sind, wenn z. B. das Niveau der Renten das der Armut erreicht hat und ein Leben in Würde gefährdet ist, wenn für viele Jugendliche Bildungschancen fehlen, wenn hohe Arbeitslosigkeit dauerhaft herrscht, sollten primär die legitimen politischen und rechtlichen Strukturen gesichert werden. Denn diese Strukturen sind selbst ein unverzichtbares Gut, das alle wesentlichen unteilbaren Güter sichert. Unverzichtbar sind legitime politische Strukturen auch deswegen, weil sie schwerer wieder herstellbar sind als teilbare materielle Güter. Armut verstößt nicht gegen die Würde der Menschen, wenn die Würde und der Lebensschutz durch soziale und politische Strukturen gesichert werden. Deswegen ist Armut in Würde in funktionsfähigen Demokratien möglich. Armut in Würde ohne legitime politische Gewalten ist aber nicht möglich, weil dort die Menschenwürde nicht gesichert ist. Wenn die Menschenrechte der Armen nicht politisch geschützt werden, ist auch deren Leben nicht geschützt.

Dies ist nur ein schwacher Eindruck davon, was im sozialen Raum ‹normative Überforderung› bedeuten kann. Verteilungsprozesse sind normativ überfordert, wenn sie ihre legitimen Funktionen bei der Verteilung von teilbaren und bei der Sicherung von unteilbaren, unverzichtbaren Gütern nicht mehr erfüllen können. Dann sind auch die Erwartungen der Bürgerinnen und Bürger an sie nicht mehr gerechtfertigt. Es gibt dann keine normativ gesicherte Symmetrie mehr zwischen den Erwartungen der Bürger und den Verpflichtungen der Politik. Was immer unter solchen Voraussetzungen politisch geschieht, liegt jenseits der Möglichkeiten politischer Institutionen, öffentliche Güter so zu einem Ganzen zu integrieren, dass ein gutes Leben möglich ist. Wenn diese Möglichkeiten erschöpft sind, sollten politische Institutionen die Strukturen legitimer Gewalt sichern, die nötig sind, um die unteilbaren Güter und die normativen Ansprüche der Menschen auf Leben und Würde zu sichern. Nur wenn diese Sicherung gelingt, ist der Aufbau oder Wiederaufbau einer Gesellschaft denkbar, in der teilbare und unteilbare Güter in ein Ganzes, das den Namen ‹gutes Leben› verdient, integriert werden können.

6. DIE MÖGLICHKEIT DES GUTEN LEBENS

Es wäre unverzeihlich naiv anzunehmen, dass die Maximenmethode immer erfolgreich angewandt werden kann, wenn es in einer Gesellschaft darum geht, Probleme der Verteilung von Gütern gerecht zu lösen. Das abschließende Kapitel geht deswegen der Frage nach, unter welchen Bedingungen die Methode scheitern kann und welche Möglichkeiten angesichts des Scheiterns bleiben. Eine der Möglichkeiten, die dann bleiben, wenn die Gegensätze unüberbrückbar erscheinen, bietet der Kompromiss. Auch ein Kompromiss muss allerdings begründet und legitim sein. Das Kapitel richtet außerdem den Blick auf die Rolle des Einzelnen, die bei der Diskussion der Verteilungsverfahren scheinbar in Vergessenheit geraten ist.

Die Maximenmethode hat in allen ihren Anwendungen die Aufgabe, das gute Leben in einer Gesellschaft zu ermöglichen. Ohne den Maßstab des Guten können die Akteure, die sich der Methode bei ihren Entscheidungen bedienen, dem Ziel der Ethik nicht gerecht werden. Selbst wenn sie jenem Maßstab aber folgen und auf die bestmögliche, umsichtige und verantwortliche Weise jene Methode bei der Verteilung der Güter und Lasten anwenden, ist die Möglichkeit des Guten in Gestalt des guten Lebens weder garantiert noch erschöpft. Es ist – einerseits – denkbar, vielleicht auch möglich, dass das gute Leben nicht erreicht wird, obwohl die Maximenmethode angewandt wird; und es ist – andererseits – gerade aufgrund eines solchen Gedankens klar, dass diese Methode allein noch nicht das bewirkt, was sie soll. Beide möglichen Einschränkungen haben wir zu bedenken. Beginnen wir mit der zweiten.

6.1. Der Beitrag des Einzelnen

Der formale Grund für die zweite Einschränkung ist, dass die Integration der Güter in ein soziales Ganzes zwar eine notwendige Bedingung des guten Lebens ist, aber eben nur eine notwendige und keine hinreichende. Ohne eine gerechte Verteilung der Güter und der Lasten ist das gute Leben tatsächlich nicht möglich, wie immer sich der Einzelne bemüht. Das gute Leben jedes Einzelnen erfordert aber mehr als das, was die Maximenmethode leisten kann. Das ‹Mehr›, um das es geht, ist der individuelle Beitrag zum guten Leben, zum eigenen und zum Leben derer, für die eine Person Sorge zu tragen hat. Wir müssen uns daher der Frage zuwenden, wie jede einzelne Person zum Ziel der Ethik steht.

Eine kurze Erinnerung an die bisherigen Überlegungen zum Guten und zum guten Leben ist an dieser Stelle vonnöten. Die Überlegungen zum Guten sollten zunächst die Bedeutung dieser Leitidee für die Ethik und dann die besondere Modalität des Guten als mögliche Wirklichkeit klären. Die Unbeständigkeit des Guten ließ erkennen, dass wir uns einerseits immer nur für das entscheiden können, was gegenwärtig als gut gelten kann, dass sich dies aber andererseits – aus späterer Sicht – als weniger gut als eine andere, verpasste Option oder gar als schlecht herausstellen kann. Diese Einsicht hat eine individuelle und eine kollektive Seite. Letztere ist aber entscheidend für die Erstere, wenn es darum geht, die Bedingungen eines guten Lebens zu sichern. Jede einzelne Person kann nur dann ein gutes Leben führen, wenn die sozialen und politischen Voraussetzungen dafür erfüllt sind. Bei der Klärung dieser Voraussetzungen ging es darum, einen Begriff der Güter zu entwickeln, die für ein gutes Leben unverzichtbar sind. Wir stießen dabei auf das methodische Grundproblem der Ethik, wie die wechselseitigen Verschränkungen und Abhängigkeiten der unterschiedlichen Qualitäten der Güter des guten Lebens zu verstehen sind. Die Maximenmethode sollte dieses Problem lösen und das gute Leben einer Gesellschaft als ein Ganzes aller unverzichtbaren Güter denkbar machen.

Die Maximenmethode ist Teil der Ethik als praktische Wissenschaft und gleichzeitig Teil der Agenda der politischen Ethik. In dieser Bedeutung beschreibt sie die Möglichkeiten politisch legitimierter Akteure in einer parlamentarischen Demokratie, die Güter und Lasten – je nach den Schuldigkeiten – gerecht auf die Mitglieder der Gesellschaft zu verteilen. Wir kehren nun am Ende zu den einzelnen Personen und zu den Möglichkeiten zurück, die sie haben, ein gutes Leben zu führen. Was sie tun, wird im Rahmen der sittlichen Normalität von Vorstellungen des Guten und des guten Lebens geleitet, die kulturell und weltanschaulich geprägt sind und entsprechend stark voneinander abweichen. Natürlich prägen diese Vorstellungen auch die Einstellungen der politischen Akteure, welche die Maximenmethode als Verteilungsverfahren anwenden. Das Verhalten dieser Akteure ist aber rechtlich modelliert und folgt – im Rahmen meiner

Überlegungen – den strukturellen und methodischen Vorgaben der Ethik. Das Verhalten der politischen Akteure ist – unabhängig von meinen Überlegungen – so konzipiert, dass die individuellen Abweichungen transparent, öffentlich zu verantworten und durch die gesetzlichen Grundlagen einer parlamentarischen Demokratie kontrolliert werden. Die politischen Akteure unterliegen, was ihre Entscheidungen angeht, einer öffentlichen Begründungspflicht. Die Abweichungen zwischen ihren Zielen und die Unterschiede zwischen ihren Vorstellungen des Guten sollten legitimierbar sein und sind im Idealfall legitim. Politische Akteure dürfen nicht einfach unkritisch ihren sittlichen Einstellungen folgen. Sie haben ethisch gerechtfertigte Verpflichtungen dem sozialen Ganzen gegenüber zu erfüllen und sind in diesem Sinn ethisch verpflichtete Akteure.

Die individuellen Vorstellungen des guten Lebens und das davon geleitete Verhalten der Individuen lassen sich so nicht modellieren. Es hat – ähnlich wie bei den Vorstellungen des Glücks – keinen Sinn, den Unterschieden der individuellen Motive des Entscheidens und Handelns nachzugehen; die Motive sind zu vielfältig und zu verschiedenartig. Es kommt auf sie auch nicht an, solange sie, ohne Konflikte auszulösen, der Verwirklichung pluralistischer, individueller Lebensziele dienen. Personen sind, solange sie sich im Rahmen sittlicher Normalität bewegen, keine Akteure, die besondere ethisch begründete Verpflichtungen hätten. Zu solchen Akteuren werden sie erst, wenn sie auf Fragen und Probleme stoßen, die mit dem sittlichen Repertoire, zwischen ‹gut› und ‹schlecht› unterscheiden zu können, nicht zu beantworten oder zu lösen sind. Dann wird ihnen die Ethik zur Pflicht. Dies ist ganz besonders der Fall, wenn Personen mit moralischen Konflikten konfrontiert oder normativ überfordert sind. Dann sind die sittliche Normalität und die eingeübte kulturelle Routine keine tragfähige Basis für deren Möglichkeit, ein gutes Leben zu führen. Wenn sie aber die Freiheit, die Kraft und die Befähigung erworben haben, ein gutes Leben auch unter schwierigen Bedingungen und gegen innere und äußere Widerstände zu führen, können sie auch ethisch gut handeln. Sie können dann in einem ethisch anspruchsvollen Sinn ihre Verpflichtungen erfüllen und ihren Schuldigkeiten nachkommen. Damit leisten sie ihren eigenen Beitrag zum guten Leben und schaffen das oben erwähnte ‹Mehr›, das über die Leistungen der Maximenmethode hinausgeht.

Es ist unbestreitbar, dass das Mehr der individuellen Leistungen, die über das hinausgehen, was nach der Maximenmethode gerecht verteilt werden kann, nur zu erreichen ist, wenn jeder Einzelne bestimmten ethischen Ansprüchen genügt. Das bedeutet nicht, dass jeder Einzelne selbst Ethik als praktische Wissenschaft betreiben muss. Es bedeutet aber einerseits, dass jeder Einzelne das, was die legitimierten politischen Akteure für das gute Leben des Ganzen entscheiden, auf dessen ethischen Gehalt hin beurteilen können sollte. Andererseits bedeutet es, dass sich jede entscheidungsfähige Person bei schwierigen Problemen von dieser Wissenschaft in ihren eigenen Entscheidungen beraten lassen kann. Ethik wird als praktische Wissenschaft ohnehin nicht von Einzelpersonen monologisch, sondern kommunikativ, im öffentlichen Diskurs von Wissenschaftlern und Wissenschaftlerinnen der Natur- und Geisteswissenschaften, der Rechts- und Sozialwissenschaften, gepflegt. Dieser Diskurs sollte dem sozialen Ganzen zugute kommen, dem Ziel der Ethik gerecht werden und die Möglichkeit des guten Lebens für alle Mitglieder einer Gesellschaft verbessern. Er kann dies zum einen als Hilfe für jede einzelne beratungsbedürftige Person, zum anderen als Unterstützung der politischen Akteure bei ihren Aufgaben für das soziale Ganze.

Die Überlegungen zur menschlichen Freiheit zeigten, dass zum besonderen kognitiven und emotionalen Profil ethischer Akteure[1] erworbene Befähigungen, Charakter und Reflexivität gehören. Jürgen Habermas hat für dieses Bündel an sozial und kommunikativ bedeutsamen Fähigkeiten den gut verständlichen Ausdruck der «Zurechnungsfähigkeit»[2] gebraucht. Personen sind besonders dann zurechnungsfähig,[3] wenn sie vernünftig, unabhängig und selbstkritisch in ihrem Urteil, informiert, offen, aufrichtig und sensibel für die Belange ihrer Mitmenschen, bindungsfähig und verlässlich, liebesfähig und für andere Menschen liebenswert sind. Das Bildungsniveau und die Intelligenz sind zweifellos wichtige Befähigungen, wenn es um die Einsicht in die Geltung von normativen Ansprüchen, die rechtfertigende Kraft von Argumenten und deren Vermittlung gegenüber anderen geht. Die Vernünftigkeit, der Charakter und alle anderen Merkmale der Zurechnungsfähigkeit der Menschen hängen davon aber nicht notwendig ab. Der moralische Sinn der Menschen bindet sie nicht an die eingeübten sittlichen Muster des Verhaltens und Urteilens. Er kann ihnen die Sicherheit im Urteil geben, die sie brauchen, um dann mutig für sich und andere einzustehen, wenn Unrecht, Gewalt und andere Gefahren für ein gutes Leben drohen. Eine übertriebene kognitive Selbstgewissheit im Bewusstsein, ganz genau oder besser als andere zu wissen, was gut ist, schadet der Möglichkeit, ein gutes Leben zu führen, eher, als dass es sie fördert.

Das menschliche Wissen ist in jeder Hinsicht begrenzt, ganz besonders aber im Hinblick auf die Möglichkeit des Guten. Niemand, der ethisch rechtfertigbare Entscheidungen trifft oder Ethik als Wissenschaft betreibt, bleibt davon unberührt. In manchen Wissensbereichen können wir für bestimmte, etwa die eigene Gesundheit oder die berufliche Arbeit betreffende Aspekte unserer Lebensführung oder für die Lösung technischer Probleme ausreichend Kenntnisse erwerben. Die Unbeständigkeit und Vagheit des Guten verhindert aber, dass wir jemals genug wissen, um sicher sein zu können, dass das, was wir heute für ein gutes Leben an Entscheidungen treffen, Bestand haben wird. Das Wissen, dass jede Entscheidung nur mit einer gewissen Wahrscheinlichkeit dem guten Leben dienen wird, kann zu Resignation und Indifferenz verleiten. Solche lähmenden Gefühle und Einstellungen können durchaus von ethischen Überlegungen erzeugt oder verstärkt werden. Reflexionen über die Möglichkeiten eines guten Lebens, die nicht zu verantwortlichen Entscheidungen führen, schaden und machen diese Möglichkeiten zunichte. Das Nichtwissen, das mit der Unbeständigkeit des Guten verbunden ist, macht Reflexionen über die Möglichkeit des Guten ebenso zur Pflicht wie verantwortliche Entscheidungen. Die sokratische Empfehlung angesichts des unüberwindbaren Nichtwissens ist – in Ursula Wolfs Worten – das «Standhalten in der Ordnung, das Erfüllen der Aufgabe».[4] Diese Haltung erinnert zwar eher an – aus heutiger Sicht – zweifelhafte Ideale antiker Helden als an überlegtes, verantwortliches Handeln und kann missverstanden werden. Das Standhalten-Können hat aber angesichts ethischer Probleme, insbesondere bei moralischen Konflikten, keinen heroischen, sondern einen ethischen Charakter. Es geht sowohl bei ethisch lösbaren als auch bei nicht lösbaren Konflikten darum, trotz des unüberwindbar eingeschränkten Wissens und der begrenzten Fähigkeiten nach bestem Wissen und Gewissen zu entscheiden. Bei nicht lösbaren moralischen Konflikten ist das Standhalten mit der charakterlichen und emotionalen Fähigkeit verbunden, dem Bedauern über die eingeschränkten eigenen Möglichkeiten nicht auszuweichen, sondern Verantwortung auch dann zu übernehmen, wenn es möglich und denkbar ist, von ihr überfordert zu werden.

Was ‹Standhalten in der Ordnung› heute bedeuten kann, hat Martin Hollis in seiner Auslegung von F. H. Bradleys Ausdruck «duties of a station» angedeutet.[5] Es geht bei diesen Pflichten darum, das zu tun, was man da, wo man steht, zu tun hat. Was das genau ist, setzt sich einerseits, wie Hollis schrieb, aus statischen und dynamischen Elementen, aus Rollenverpflichtungen und normativen Erwartungen zusammen. Es muss aber auch den Schuldigkeiten sich selbst und anderen gegenüber entsprechen. Sie lassen sich nicht an jenen beiden Elementen ablesen, sondern werden erst beim Nachdenken über die Möglichkeit eines guten Lebens bewusst.[6] Jede Person, die darüber nachdenkt, hat – wo immer sie steht – das Ziel der Ethik vor Augen. Sie wird erkennen, dass sie den Anforderungen dieses Nachdenkens alleine nicht immer gewachsen ist. Sie wird dann den Rat derer suchen, denen sie glaubt, vertrauen zu können. Ohne die Hilfe und den Rat von anderen wird sie vielleicht selten – vielleicht aber auch häufig – auskommen; es kommt ganz auf ihre Lebenserfahrung und Unabhängigkeit an. Entscheiden, was für sie und diejenigen, für die sie Sorge trägt, gut sein wird, muss sie sich aber immer allein und in eigener Verantwortung. Dann darf sie auf ein gutes Leben hoffen.

6.2. Pluralismus, Kooperation und Kompromiss

Eben wies ich darauf hin, dass es denkbar wäre, dass das Ziel eines guten Lebens verfehlt werden kann, obwohl die Maximenmethode angewandt wird. Wir müssen nun prüfen, ob dieser Gedanke ernst zu nehmen ist oder nicht. Wir sind geneigt, das tatsächliche politische Scheitern systematisch stimmiger Verteilungsmodelle – wie bereits erwähnt – auf das Versagen der einzelnen Akteure zurückzuführen. Wenn wir es nicht besser wissen, sind wir überzeugt, dass deren Unfähigkeit und Egoismus, der ebenso auf die eigenen Interessen wie auf diejenigen von sozialen Gruppen bezogen sein kann, schuld daran sind. Dies mag in einzelnen oder vielen Fällen so sein, aber Schuldzuweisungen dieser Art sind ad hoc und wohlfeil und Ausdruck der eigenen Verlegenheit, treffendere Gründe für das Scheitern von Verteilungsprozessen zu finden. Es gibt einen Grund für das Scheitern der Maximenmethode, der anders als das vermutete schuldhafte Versagen politischer Akteure systematischer Natur ist. Der Grund liegt im weltanschaulichen Pluralismus. Die Tatsache dieses Pluralismus ist nicht neu. Wir kennen ihn bereits vom moralischen Dissens.

Erinnern wir uns. Der moralische Dissens hat, wie wir am Beispiel der Diskussion über die Frage, wann das schützenswerte menschliche Leben beginnt, sahen, sittliche, insbesondere religiöse Wurzeln. Der Dissens äußert sich im Blick auf grundlegende Fragen wie den Lebensschutz auch in ethischen Argumenten. Deren Ansprüche, gültig zu sein, rechtfertigen sich mit weltanschaulichen Grundüberzeugungen, die entweder von anderen geteilt werden oder nicht. Wenn diese sittlichen Voraussetzungen keine von anderen teilbaren Gemeinsamkeiten enthalten, sind auch die ethischen Argumentationen gegensätzlich. Was der – so begründete – moralische Dissens mit dem

Scheitern von politischen Verteilungsprozessen zu tun hat, erkennen wir rasch. Zum einen können – wie wir sahen – normative Ansprüche auf unverzichtbare Güter wie Bildungsausgaben, Rechtssicherheit, innere Sicherheit, die Sicherung der Renten und des Lebens von Arbeitslosen aufgrund knapper Mittel im politischen Verteilungskampf miteinander konkurrieren. Zum anderen können in bestimmten Verteilungsprozessen geltende normative Ansprüche von unterschiedlichen politischen Parteien und Gruppierungen miteinander in Konflikt geraten. Und dieser Konflikt hat, wenn er dauerhafter Natur und nicht überbrückbar ist, weltanschauliche Wurzeln, die sich politisch äußern. Die Gründe für das Scheitern von Verteilungsprozessen und für moralischen Dissens sind ihrem Typ nach dieselben. Lediglich die Probleme, an denen sich die Konflikte äußern, unterscheiden sich voneinander.

Dem Scheitern von Verteilungsprozessen kann ein Konflikt über die Ziele der sozialen Entwicklung zugrunde liegen. Hinter diesem Konflikt können weltanschaulich schwer oder nicht miteinander zu vereinbarende Überzeugungen über das, was ‹gutes Leben› für eine Gesellschaft bedeutet, stehen. Ähnlich wie beim moralischen Dissens gibt es für die Lösung solcher Konflikte keine übergeordnete Instanz, welche den Konflikt etwa durch die Zurückweisung bestimmter Ansprüche oder den Nachweis, dass sie ungerechtfertigt sind, auflösen könnte. Schließlich können alle miteinander im Konflikt stehenden Ansprüche darauf verweisen, dass sie gelten und zumindest ebenso berechtigt sind wie weltanschauliche Überzeugungen in einer pluralistischen Gesellschaft. Der weltanschauliche Pluralismus wird von der Verfassung geschützt und damit auch der Dissens, den er entstehen lässt.

Ähnlich wie es ethisch nicht einerlei ist, ob und wie ein Konflikt, dem ein moralischer Dissens zugrunde liegt, gelöst werden kann, ist es auch ethisch nicht einerlei, ob und wie ein Konflikt mit ähnlichen Voraussetzungen bei politischen Verteilungsprozessen gelöst werden kann. Am Beispiel des Dissenses über Forschungen mit humanen embryonalen Stammzellen sahen wir, dass es objektive Argumente gibt, die zumindest eine rechtliche Konfliktlösung zulassen. Der moralische Dissens löst sich dabei nicht auf, wird aber entschärft. Analog dazu gibt es objektiv begründete Argumente, die auch dann für die Anwendung der Maximenmethode sprechen, wenn ein weltanschaulich gestützter Dissens über das, was dem guten Leben einer Gesellschaft dient, herrscht. Objektiv begründet ist nämlich die Pflicht zur politischen Kooperation, zum Wohle des Ganzen trotz weltanschaulicher Konflikte zwischen den politischen Parteien und Gruppierungen.

Es gibt auch eine Entsprechung zum oben beschriebenen Lotterieverfahren bei der Verteilung knapper Organe. Das sind die Wahlverfahren, denen sich in regelmäßigen zeitlichen Abständen diejenigen stellen, welche diese Legitimation als politische Akteure für ihre Entscheidungen in Verteilungsverfahren benötigen. Dieses Verfahren der Legitimation politischer Entscheidungsprozesse wurde immer wieder kritisiert. Niklas Luhmann z. B. meinte zwar zum einen, dass es sich dabei um einen effektiven Lernprozess des sozialen Systems handle,[7] traute dem parlamentarischen Prozess der Gesetzgebung insgesamt vor allem in normativer Hinsicht aber keine besondere Lernfähigkeit zu. Auf die strukturellen Schwierigkeiten, die ein solcher Lernprozess zu überwinden hat, habe ich im Anschluss an Manfred G. Schmidts *Demokratietheorie* (Kap. 5.3.1.) hingewiesen. Mein Plädoyer für ein Verständnis gerechter Verteilungsverfahren als einer Praxis ist von diesen strukturellen Schwierigkeiten motiviert. Sicher bietet der Gedanke, auf die Chance praktischer Lösungen zu vertrauen, wenn es keine theoretischen gibt, keine Sicherheit. Mir geht es hier auch nicht um einen Ausweg aus den Schwierigkeiten einer Parteiendemokratie. Es geht mir allein darum, wie durch Wahlen legitimierte politische Akteure trotz ihrer weltanschaulich gegensätzlichen Vorstellungen vom guten Leben ihrer Gesellschaft in parlamentarischen Verteilungsverfahren entscheiden können.

Wenn sie die Pflicht zur Kooperation haben, sind sie auch zu Kompromissen verpflichtet. Und diese Kompromisse sollten, wenn sie dem demokratischen Ideal der Öffentlichkeit von Entscheidungen entsprechend geschlossen werden, zumindest in ihren Ergebnissen transparent und objektiv begründet sein. Objektivität schließt übrigens unterschiedliche Kompromisse nicht aus, im Gegenteil. Wenn es weltanschauliche Konflikte gibt, werden sie sich auch in den Begründungen für alternative Kompromisse wieder finden. Im Begriff des Kompromisses steckt der Gedanke des Ausgleichs von Interessen und Zielsetzungen. Dieser Gedanke macht den Kompromiss als Verfahrensziel einerseits empfehlenswert, andererseits aber auch fragwürdig. Max Scheler sah Ende der 20er Jahre des letzten Jahrhunderts ein «Weltalter des Ausgleichs» voraus und warnte vor dessen Gefahren.[8] Zunehmende Spannungen hielt er dagegen für weniger gefährlich. Sehen wir einmal von den kulturhistorischen Zusammenhängen, die Scheler im Auge hatte, ab, dann ist es gleichwohl denkbar, dass der Ausgleich Gegensätze verdecken kann, die sich umso heftiger an anderer Stelle äußern. Ausgleich sollte nicht um des Ausgleichs willen ein Ziel von Verteilungsverfahren sein.

Ein Kompromiss kann aber auch ein guter und objektiv begründeter Ausgleich von Ansprüchen sein,[9] wenn er diese Ansprüche nach dem Muster der Maximenmethode behandelt. Diese Methode wird, wenn sie transparent angewandt wird, auch dann nicht als Verteilungsverfahren scheitern, wenn die Gruppenansprüche mit gegensätzlichen weltanschaulichen Überzeugungen verknüpft sind. Die Maximenmethode bietet angesichts weltanschaulich fundierter Gegensätze die Möglichkeit, auch gegensätzliche normative Ansprüche zu verhandeln und auszugleichen, ohne diese Ansprüche in Frage zu stellen. Wie die Knappheits-, die Normen- und die Integrationsmaxime im Einzelnen interpretiert werden, ist Gegenstand von Verhandlungen. Unterschiedliche, von der Spieltheorie untersuchte Strategien können dabei zu einem Kompromiss führen. Allerdings kann nicht jeder strategisch ausgehandelte Kompromiss den Ansprüchen der Maximen genügen.

Nehmen wir z. B. an, dass zwei Parteien die knappen Mittel zur Sicherung der für ein gutes Leben unverzichtbaren Güter aushandeln. Sie sind sich – so unterstellen wir der Einfachheit halber – mehr oder weniger einig über die Sicherung fast aller Güter. Lediglich an zwei Gütern scheiden sich die Geister. Die eine Partei will die Höhe der Renten unangetastet lassen, dafür aber die Bildungsausgaben senken, die andere Partei will das Gegenteil. Nehmen wir an, es ist der knappen Mittel wegen nicht möglich, beide Ansprüche gleichzeitig in befriedigender und für alle akzeptabler Weise zu erfüllen; aber auch die Einigkeit über alle anderen Ansprüche soll nicht gefährdet werden. Für die Sicherung beider mit normativen Ansprüchen verbundenen Güter, so nehmen wir ebenfalls an, sprechen objektive Gründe. Der Dissens kann also nicht durch ein Argument mit besseren Gründen für das eine oder andere einfach aufgelöst werden.

Die Parteien denken, so dürfen wir weiter annehmen, nicht nur daran, wie das gute Leben der Gesellschaft möglich ist; sie denken auch an die Erfüllung der Ansprüche ihrer Wählerschaft und an die eigenen Chancen bei den nächsten Wahlen. Es mischen sich so altruistische und egoistische Ziele. Es wäre naiv, dies nicht zu sehen, aber auch unredlich, egoistische Ansprüche allein deswegen in Frage zu stellen, weil sie die Symmetrie aller Ansprüche verletzen. In welchem Verhältnis die Ansprüche zueinander stehen, ist ja gerade Gegenstand der Verhandlungen, und der Egoismus von Gruppen ist nicht per se schlecht, im Gegenteil. Ohne die Wahrung ihrer eigenen Ansprüche würden Gruppen benachteiligt. Sie sind verpflichtet, dafür zu sorgen, dass ihnen keine Nachteile entstehen. Der Gruppenegoismus wird erst dann zu einem Übel, wenn er die Ansprüche der anderen Gruppen verletzt. Ebendies sollen die drei Maximen verhindern. Sie setzen den

Verhandlungen normative Grenzen, indem sie das soziale Ganze vor nicht akzeptablen und nicht zu rechtfertigenden Egoismen schützen.

Ohne diese Einschränkung könnten die Verhandlungen über die Mittelverteilung z. B. zunächst so laufen, dass die Partei, die am meisten zu verlieren hat, wenn sie ein schlechtes Ergebnis erzielt, am ehesten zu einem Kompromiss bereit ist.[10] Eine Partei kann in Verhandlungen mehreres verlieren, einen Teil der von ihr geforderten Mittel und ihre Reputation, d. h. ihren Ruf und ihre Anerkennung durch die Wähler. Nicht alles, was sie verlieren kann, lässt sich genau beziffern. Nehmen wir an, die Reputation der Partei hängt von der Höhe des Mittelanteils ab, den sie ihren Wählern in den Verhandlungen sichert. Mittelanteil und Reputation würden also zusammen steigen und fallen. Die Partei müsste dann nur eine Untergrenze, unter die der von ihr erfochtene Mittelanteil nicht sinken darf, definieren. Diese Grenze ließe sich z. B. aus der Differenz zwischen einem angenommenen Maximum und einem ebenfalls angenommenen Minimum an Nutzenwerten errechnen. Das Maximum würde dem Wert entsprechen, der sich aus der Höhe der Mittelforderung und der damit verbundenen politischen Reputation zusammensetzt. Dieser maximale Wert würde sich in einem Gewinn an Wählerstimmen niederschlagen. Das Minimum würde dem Verlust an Mittelanteil und Reputation und letztlich an Wählerstimmen entsprechen, den die Partei nach einer Nichteinigung zu gewärtigen hätte.

Die kalkulierbaren Risiken sind bei einer Nichteinigung für zwei Parteien unterschiedlich. Es kommt darauf an, wie stark sich der Verlust an Reputation auf das Wahlergebnis auswirken würde. Die Wähler werden die Nichteinigung am meisten derjenigen Partei ankreiden, deren Reputation direkt vom Verhandlungserfolg abhängt. Verluste bei den Renten würden der Partei, die für das Soziale steht, von den Wählern besonders übel genommen. Das Risiko, das mit einer Senkung der Bildungsausgaben verbunden ist, würde sich eher auf beide Parteien verteilen. Solche Überlegungen könnten beide Parteien anstellen. Beide Parteien wüssten in diesem Fall, dass die Partei mit der besonderen sozialen Reputation das größere Risiko trägt. Sie wüssten auch, dass die Partei, welche bei einem Misserfolg der Verhandlungen das größere Risiko trägt, eher zu einem Kompromiss bereit sein würde als die andere.

So könnten die Verhandlungen ohne die einschränkenden Bedingungen der Maximenmethode verlaufen. An genau dieser Stelle könnten die Maximen nun allerdings normativ Einfluss auf die Verhandlungen nehmen. Eine Nichteinigung wäre für beide Parteien aus diesem Blickwinkel gleich schlecht. Sie sind nämlich zur Kooperation verpflichtet und sollten mit dem Resultat ihrer Verhandlungen – im Sinn der Maximenmethode – dem Ziel des guten Lebens dienen. Wenn sie diesen Verpflichtungen nicht nachkommen, verletzen sie normative Verbindlichkeiten und büßen bei allen Wählern einen Teil ihrer Reputation ein. Sie könnten dann nicht mehr glaubwürdig den Anspruch erheben, dem Gemeinwohl bzw. dem guten Leben aller Mitglieder der Gesellschaft zu dienen. Dies würde sich für beide Parteien bei späteren Wahlen negativ auswirken. Die Kosten der Nichteinigung wären, zumindest relativ zu diesen allgemeinen Verpflichtungen der Parteien, gleich hoch.

Es wäre im Anschluss an diese Erwägungen nahe liegend, wenn die Parteien – im Sinn des Nash-Gleichgewichts[11] – die Verluste an Mitteln für Renten und Bildung und mit ihnen die Risiken halbieren würden. Dann wären die Verluste für die Rentner ebenso hoch oder gering wie die Senkung der Bildungsausgaben. Diese Lösung würde aber weder den – eben beschriebenen – kalkulierbar unterschiedlichen Risiken der Parteien noch in jedem Fall den Lösungen der Maximenmethode entsprechen. Die Knappheitsmaxime besagt, dass normative Ansprüche dann verändert werden können, wenn sie zu einer Güterverteilung führen würden, die – in diesem Fall durch die Wähler – nicht anerkannt werden kann. Es geht um die Ansprüche der Rentner auf sichere Renten und um die Ansprüche der heranwachsenden Generation auf die bestmögliche Bildung zur Bewältigung künftiger individueller und kollektiver Herausforderungen. Möglicherweise ist die Mehrheit der Wähler und der politischen Akteure der Überzeugung, dass die Sicherung der Renten auch dann gewährleistet ist, wenn sie geringer ausfallen als ursprünglich versprochen. Dieselbe Mehrheit wird dann wohl glauben, dass die Senkung der Bildungsausgaben nicht akzeptabel wäre, weil damit die Chancen, den künftigen globalen Wettbewerb zu bestehen, sinken würden. Es käme nun darauf an, mit der Normenmaxime zu prüfen, ob die Durchsetzung dieser Überzeugungen nicht die normativen Ansprüche der Rentner verletzen würde. Es könnte ja sein, dass die Renten bereits relativ zu den Lebenshaltungskosten ihr Minimum erreicht haben und eine Senkung für viele Rentner ein Leben in Armut zur Folge hätte. Dies wäre für niemanden akzeptabel. Dann müsste die Maximenmethode zu dem Ergebnis führen, dass die Bildungsausgaben gesenkt werden sollten. Es müsste in all diesen Fällen geprüft werden, welche Lösung dem guten Leben des sozialen Ganzen auf absehbare Zeit dienen oder schaden würde. Es wäre unwahrscheinlich, dass die Maximenmethode nach diesen Prüfungen eine gleiche Absenkung der Mittel als beste Lösung empfehlen würde. Nur dann, wenn die Mittelsenkung in jedem einzelnen Fall gleich akzeptabel und die Veränderung der normativen Ansprüche gleich tolerabel wäre, würde die Maximenmethode das Nash-Gleichgewicht einer Halbierung der Verluste bei den Renten und Bildungsausgaben empfehlen.

Wenn sich die Parteien aber bewusst machen, dass ihre Risiken je nach Art ihres Misserfolgs unterschiedlich hoch sind, werden sie eine Verhandlungsstrategie wählen, mit der sie ihre Ziele unabhängig von der jeweils anderen Partei am besten erreichen können. Gesetzt der Fall, dass der Status quo und das Scheitern der Verhandlungen für beide Parteien – auch aus normativen Gründen – gleich schlechte Folgen hätte und deshalb unannehmbar wäre, dann gäbe es für jede Partei in den Verhandlungen ein jeweils eigenes Nash-Gleichgewicht, das z. B. für jede darin bestehen könnte, das eigene Risiko gegenüber dem der anderen zu halbieren. Die Renten-Partei würde dann versuchen, das gesamte Risiko der Bildungs-Partei zuzuschieben, weil deren Verlust an Wählerstimmen bei einer Senkung der Bildungsausgaben höchstens halb so hoch wäre wie der analoge Verlust der Renten-Partei nach einer Verminderung der Renten. Die Bildungs-Partei würde nach dem gleichen Muster versuchen, ihre Verluste an Wählerstimmen durch eine möglichst kleine Absenkung der Bildungsausgaben gering zu halten. Die Bildungs-Partei könnte in Ruhe die Angebote der Renten-Partei abwarten, weil das Risiko für Letztere größer als das eigene und dies beiden Parteien klar wäre. Die Bildungs-Partei hätte gute Chancen, einen Kompromiss zu ihren eigenen Gunsten zu erreichen. Und dieser Kompromiss könnte wiederum in einer Halbierung der Verluste für Rentner und Bildung bestehen, weil diese Halbierung die Bildungs-Partei insgesamt besser stellen würde als die Renten-Partei.

Mit der einvernehmlich und kooperativ angewandten Maximenmethode wäre das Ergebnis dann möglicherweise dasselbe, wenn die Renten noch nicht das Minimum des Zumutbaren erreicht hätten. In allen denkbaren Fällen ist es aber so, dass die normativen Ansprüche des guten Lebens ohne die Überprüfung der in den Verhandlungen erzielten Kompromisse durch die Maximenmethode nicht wirklich auf überprüfbar legitime Weise gewahrt werden können. Es ist daher nicht wirklich denkbar, dass die Maximenmethode angewandt und dennoch das Ziel des guten Lebens verfehlt wird. Die eben angestellten Überlegungen zu Verhandlungsstrategien zeigen im Übrigen, dass die Parteien legitimierbare Kompromisse nicht notwendig durch ihren Egoismus, die Verluste an Wählerstimmen zu minimieren, gefährden. Dieser Egoismus hängt unlösbar mit der – in einer pluralistischen Parteiendemokratie unverzichtbaren – Reputation und dem

Vertrauen zusammen, die sie bei den Wählern für unterschiedliche politische Zielsetzungen genießen. Die Gefahr geht, wie beim moralischen Dissens, nicht vom Pluralismus, sondern von der intoleranten, kompromisslosen weltanschaulichen Fixierung aus. Nur der Egoismus, der weltanschaulich aufgeladen ist, gefährdet Kompromisse zugunsten des guten Lebens aller Gruppen. Dann werden die weltanschaulichen Ziele höher bewertet als die Verantwortung für das Ganze, und die politischen Akteure büßen die Freiheit ein, mit ihren parteipolitischen Gegnern zum Wohle des Ganzen zu kooperieren.

ANHANG

ANMERKUNGEN

Vorwort

1 Aristoteles erläutert in seiner *Nikomachischen Ethik* (II 1 1103a), dass die ethische Tugend (êthikê aretê) durch Gewöhnung (êthos) erworben werde und von daher auch ihren Namen habe. Unser Ausdruck ‹Ethik› stammt nicht direkt von êthos (Gewohnheit) oder ethos (Charakter), sondern von êthikê. Mit ta êthica bezeichnet Aristoteles eine Abhandlung über Moral (*Politik* 1295a36), und die Stoiker haben mit êthikon eine philosophische Disziplin bezeichnet. Ernst Tugendhat weist auf die «kuriose Herkunft» des Wortes Ethik hin, die nichts mit dem zu tun habe, was wir unter Ethik verstehen (*Vorlesungen über Ethik*, Frankfurt: Suhrkamp 2. Aufl. 1994, 34 f.).
2 Max Weber, *Wirtschaft und Gesellschaft. Grundriss der verstehenden Soziologie*, 5. Aufl., hrsg. v. J. Winckelmann, Tübingen: Mohr (Siebeck) 1976, 14 ff.
3 Emile Durkheim, *Physik der Sitten und des Rechts. Vorlesungen zur Soziologie der Moral*, hrsg. v. H.-P. Müller, Frankfurt: Suhrkamp 1991.
4 Axel Honneth, *Kampf um Anerkennung. Zur moralischen Grammatik sozialer Konflikte*, Frankfurt: Suhrkamp 1992, Kap. 9.
5 Die Gepflogenheiten, die wie die Etikette, Mode, Ess- und andere Lebensgewohnheiten nicht zu den unmittelbaren Voraussetzungen der Ethik gehören, schließe ich dabei aus.

Einleitung

1 Siehe dazu im Einzelnen Kap. 2.2.1.
2 Die ist Thema von Kap. 5.
3 In der Philosophie wurde traditionell zwischen der Allgemeinheit ‹in sensu composito› und ‹in sensu diviso›, also der Allgemeinheit als Ganzer und als unterschiedener, gesprochen.
4 Siehe Kap. 1.
5 Was ‹Objektivität› in diesem Zusammenhang bedeutet, ist Gegenstand der Überlegungen in Kap. 1.2.
6 Die ist u. a. Thema in Kap. 4.
7 Also nach dem Muster ‹a & non-a›.
8 Ein nicht eben seltenes Beispiel ist das selbstinteressierte Steuernsparen durch Spenden, die der Allgemeinheit zugute kommen.
9 Siehe dazu Kap. 1.4.1.1.
10 Sie sind Thema in Kap. 1.1.4.1. und 1.2.
11 Siehe im Einzelnen Kap. 2.2.2.
12 Die unterschiedlichen Konflikte werden in Kap. 2. thematisiert.

13 Was ‹situative Ethik› bedeutet, wird in Kap. 1.3. erörtert.

14 Auf den theoretischen Konflikt, der sich hier schattenhaft zwischen denjenigen abzeichnet, die deontologisch, und denjenigen, die konsequentialistisch denken, gehe ich nicht näher ein, weil es nach meinem Urteil ein Scheinkonflikt ist. Konsequentialistische Ethiken bewerten den ethischen Wert einer Handlung nach ihren Folgen, deontologische schließen solche folgenorientierten Erwägungen aus und beurteilen ein Verhalten dann als richtig, wenn es Geboten folgt, die in sich gut sind. Ohne einen Maßstab des Guten sind aber weder Gebote zu begründen noch die Handlungsfolgen zu bewerten. Das eine lässt sich nicht auf das andere reduzieren.

15 Zur Unbeständigkeit des Guten siehe Kap. 4.1.

16 Besonders deutlich zeigt sich dieser Gegensatz, der den Rahmen der Sittlichkeit sprengt, in der Antigone des Sophokles, wo sich Antigone sowohl dem Gesetz der Polis, Haimon unbegraben zu lassen, als auch dem göttlichen Gebot, ihren Bruder zu bestatten, unterworfen sieht, ohne dass eines dieser Gebote außer Kraft gesetzt wäre.

17 Stephan Sellmaier, *Ethik der Konflikte. Über den moralisch angemessenen Umgang mit ethischem Dissens und moralischen Dilemmata* (Manuskript, München 2004), Kap. 1.2.

18 Dieses Beispiel ist Thema in Kap. 1.4.0.2.

19 Wie und in welcher Weise sie dies können, ist Thema von Kap. 3.

20 Dieses Problem beschreibt das Kap. 5.2.1.

21 Diese Methode wird in Kap. 5.2.2. entwickelt.

1. Sitte und Ethik

1 Holmer Steinfath hat den Zusammenhang zwischen Emotionen und Werten und vor allem die moralische Angemessenheit von Emotionen untersucht (*Orientierung am Guten*, Frankfurt: Suhrkamp 2001. Kap. 4, u. «Emotionen, Werte und Moral», in: S. A. Döring, V. Mayer (Hrsg.), *Die Moralität der Gefühle*, Berlin: Akademie Verlag 2002, 105–122).

2 Joseph Raz, «The Thesis», in: J. Wallace (ed.), *The Practice of Value*, New York 2003, 15–59.

3 Ernst-Wolfgang Böckenförde hat an die Bindekräfte von Sitte und Religion und die Abhängigkeit des «freiheitlichen, säkularisierten Staates» von «Voraussetzungen, die er selbst nicht garantieren kann», erinnert (*Recht, Staat, Freiheit. Studien zur Rechtsphilosophie, Staatstheorie und Verfassungsgeschichte*, Frankfurt: Suhrkamp 1991, 112).

4 Bernhard Welte wies auf die Gefahr einer «wesenlosen Religion» hin, die dann entsteht, wenn sie nur noch äußerlich aufrechterhalten wird, aber ihre Wurzeln aufgegeben hat (*Vom Wesen und Unwesen der Religion*, Frankfurt: Josef Knecht 1952, 21 ff.). Welte sprach, was das Unwesen der Religion angeht, von einer «steigernden Wucherung» und einer «*zelotischen Anschärfung* der Religiosität» (a. a. O., 33). Von diesem Unwesen ist der Weg nicht weit zu Intoleranz und Hass auf Andersgläubige. Welte meinte, das «Zelotische» und «Fanatische» trete mit zunehmender Ablösung vom eigentlichen

Glauben umso radikaler auf (a. a. O., 39). Diese Einsicht ist über ein halbes Jahrhundert nach ihrer Niederschrift aktueller denn je.

5 Augustinus hielt es für eine christliche Pflicht, die eigenen Affekte zu beherrschen. Er hielt die Affekte aber nicht generell für schlecht, sondern sah in bestimmten Empfindungen eine Chance zur sittlichen Läuterung (*Über den Gottesstaat*, Kempten/München: Kösel 1914, Band 2, Buch 9).

6 Der Theologie Erich Zenger hat jene Psalmen nicht als Aufruf zu Gewalt und Hass gedeutet, sondern als «Versuch, angesichts tiefster Erniedrigung und Hilflosigkeit den urmenschlichen Hang zur Gewalt in der eigenen Brust niederzuringen – indem alles Gott übergeben wird» (E. Zenger, «Die sogenannten Fluchpsalmen: Kampf für Recht und Gerechtigkeit», in: *Zur Debatte* 5 (2005), 6).

7 Zeno Cosini, der Held in Italo Svevos Roman *La coscienza di Zeno* (Milano 1957), versucht ohne Unterlass, aber auch ohne Erfolg, mit dem Rauchen aufzuhören.

8 Dieses Verhalten einer Gesellschaft wird beschönigend als «Paternalismus» bezeichnet. Dieselbe Bezeichnung wird aber nicht nur für kollektives, sondern auch für individuelles Verhalten verwendet und dient z. B. in der Medizinethik dazu, das Verhalten von Ärzten zu kritisieren, die Kranken den Ernst ihrer Lage, die Details von Diagnosen oder die Gründe für Therapien nicht zumuten wollen. Der Paternalist meint, er wisse besser als der Betroffene, was für diesen gut sei, und müsse ihn in seinem wohl verstandenen Interesse vor ihm selbst schützen. Da dies nicht immer falsch ist, kann das Urteil über den Paternalismus nicht generell negativ sein.

9 Es gibt eine verzweigte Debatte zu der Frage, ob und unter welchen Voraussetzungen ethische Urteile objektiv sein können. Gerhard Ernst hat sich mit ihr nicht nur kritisch auseinander gesetzt, sondern einen eigenen Vorschlag für ein objektives Verständnis ethischer Urteile gemacht. Er hat sich dabei stark an wissenschaftstheoretischen Standards empirischer Wissenschaften orientiert (*Die Natur der Moral*, Paderborn: Mentis 2006, bes. Kap. 1.2., 2.2.–2.4.).

10 Es gibt kulturwissenschaftliche und verhaltenswissenschaftliche Gründe für bestimmte kulturelle Praktiken, die uns allerdings erst durch wissenschaftliche Untersuchungen bewusst werden.

11 Max Weber sprach von Geltung in Bezug auf Ordnungen, die das Handeln anleiten und orientieren (*Wirtschaft und Gesellschaft. Grundriss einer verstehenden Soziologie*, 5. Aufl., hrsg. v. J. Winckelmann, Tübingen: Mohr (Siebeck) 1976, 16). Ich lehne mich an diesen Begriffsgebrauch an.

12 In einer Version, die bereits Schulkinder lernen, lautet die Goldene Regel: ‹was du nicht willst, das man dir tu, das füg auch keinem anderen zu›.

13 Eine noch immer lesenswerte Untersuchung zu dem, was Konventionen sind, schrieb David Lewis (*Konventionen. Eine sprachphilosophische Abhandlung*, Berlin/New York: de Gruyter 1975).

14 Ludwig Wittgenstein hat in *Über Gewißheit* (in: Werkausgabe, Bd. 8, Frankfurt: Suhrkamp 1989, 113–257) diesen Gedanken vielfach variiert: «166. Die Schwierigkeit ist, die Grundlosigkeit unseres Glaubens einzusehen.» «192.

Es gibt freilich Rechtfertigung; aber die Rechtfertigung hat ein Ende.» «253. Am Grunde des begründeten Glaubens liegt der unbegründete Glaube».

15 Max Weber benutzte für Geltungen dieser Art den sprechenden Ausdruck «Legalitätsglaube» (a. a. O., 19).

16 Wittgenstein drückte diesen Gedanken so aus: «204. Die Begründung aber, die Rechtfertigung der Evidenz kommt zu einem Ende; – das Ende aber ist nicht, daß uns gewisse Sätze unmittelbar als wahr einleuchten, also eine Art *Sehen* unsererseits, sondern unser *Handeln*, welches am Grunde des Sprachspiels liegt.» (*Über Gewissheit*, a. a. O.).

17 Mein Verständnis von «Sitte» lehnt sich an Webers Verständnis von Sitte als «eingelebte Gewöhnung» (a. a. O., 16) von Ordnungen an, die «kraft Heilighaltung der Tradition» gelten (a. a. O., 19). Ich verwende das Wort stellvertretend für alle Verhaltens- und Umgangsformen, aber auch für Bewertungsweisen, die in einer Gesellschaft gelten.

18 Den Gedanken, dass Autorität eine Macht ist, die sich ohne Gewalt durchsetzt, entwickelte Max Müller (*Macht und Gewalt*, hrsg. v. Anton Bösl, Freiburg/München 1996, 12, 90 ff.).

19 Elizabeth Anscombe wies z. B. auf den Unterschied zwischen einfachen (brute) und institutionellen (institutional) Tatsachen (facts) hin («On Brute Facts», in: *Analysis* 18 (1957/58), 69–72).

20 Ludwig Wittgenstein, *Tractatus logico-philosophicus*, in: Werkausgabe Bd. 1, Frankfurt: Suhrkamp 1989, 11.

21 Peter Geach wies darauf hin, dass Wahres nur aus Wahrem folgen kann («Ascriptivism», in: *Philosophical Review* 69 (1960), 221–225, u. «Assertion», in: *Philosophical Review* 74 (1965), 449–465). Diese logische Forderung gilt für alle Folgerungsbeziehungen. Gerhard Ernst geht ausführlich auf dieses so genannte Frege-Geach-Argument ein (*Die Natur der Moral*, a. a. O., Kap. 2.2.).

22 Ludwig Wittgenstein, *Über Gewissheit*, a. a. O., § 253.

23 A. a. O., § 373.

24 A. a. O., § 403.

25 Ähnliches gilt für das Kernstrafrecht (bes. § 228 STGB) und die Bestimmungen des BGB zu dem, was ‹gute Sitten› und ‹objektive Wertordnung› bedeuten (§ 242 BGB). Die historisch geprägten Abhängigkeiten des Rechts von der jeweiligen menschlichen Lebenswelt, Kultur und Sittlichkeit beschrieb Ernst-Wolfgang Böckenförde in seiner eindrucksvollen *Geschichte der Rechts- und Staatsphilosophie* (Tübingen: Mohr Siebeck 2002; auch in: *Staat, Nation, Europa. Studien zur Staatslehre, Verfassungstheorie und Rechtsphilosophie*, Frankfurt: Suhrkamp 1999, 208 ff.). In analoger Weise stellte er fest, dass die «Lebensfähigkeit der Demokratie als Staats- und Regierungsform» vom «demokratischen Ethos bei Bürgern und politischen Amtsträgern» abhänge (*Staat, Verfassung, Demokratie. Studien zur Verfassungstheorie und zum Verfassungsrecht*, Frankfurt: Suhrkamp 1991, 359).

26 David Hume, *A Treatise of Human Nature*, ed. by L. A. Selby-Bigge, Oxford: Clarendon (1888) 1975, (book III) 469 f.

27 Aus demselben Grund erübrigt sich auch der Vorwurf eines naturalistischen Fehlschlusses.

28 Dies schließt nicht aus, dass es Juden, Christen und Muslime gibt, die zur Tötung von Andersgläubigen aufrufen und sich dabei – ungerechtfertigt – auf ihre Religion berufen. Ähnliches gilt auch für Vertreter anderer Religionen.

29 Offensichtlich ist dies in marxistisch geprägten, aber auch in rassistischen und faschistischen, allgemein in totalitären Gesellschaften.

30 Dies erklärt die hierzulande teilweise vehemente Ablehnung von Peter Singers Überlegungen für eine begrenzte Erlaubnis zur Tötung von Schwerkranken und schwer behinderten Neugeborenen (*Practical Ethics*, Cambridge: Cambridge University Press 1975, chap. 7).

31 Das ethisch begründete Verbot der Frauenbeschneidung hat in Gesellschaften keine Aussicht auf Anerkennung, deren Sitte die Frauenbeschneidung stützt. Siehe dazu unten Kap. 1.4.0.2.

32 Dietrich Bonhoeffer, «Die Kirche vor der Judenfrage», in: *Gesammelte Schriften*, Bd. 2, hrsg. v. E. Bethge, München: Chr. Kaiser 1959, 44–53.

33 Eindrucksvoll sind der Text «Das Schuldbekenntnis» und die Forderung nach «Erneuerung» in Bonhoeffers *Ethik* (hrsg. v. E. Bethge (1949), München: Chr. Kaiser [12]1988, 117–127).

34 Durch das Allgemeinheitspostulat und die Wesensgehaltssperre von Art. 19 GG.

35 Die Frage unterstellt die Möglichkeit, dass ethische Urteile nie zeitlos gültig sind, weil die ethische Theorie, die ihnen zugrunde liegt, Defizite hat oder weil diese Theorie selbst von zeitlichen Bedingungen abhängig, also zeitrelativ ist.

36 Die Veränderungen sittlicher Wertungen anhand dieser Beispiele hat Quentin Skinner untersucht («Meaning and Understanding in the History of Ideas», in: *History and Theory* 8 (1969), 3–53; «Some Problems in the Analysis of Political Thought and Action», in: *Political Theory* 2 (1974), 277–303).

37 Immanuel Kant, «Beantwortung der Frage: Was ist Aufklärung?» In: Kants Werke, Bd. 8, 35.

38 Immanuel Kant, *Grundlegung zur Metaphysik der Sitten*, in: Kants Werke, Bd. 4, 400: «*Maxime* ist das subjective Princip des Wollens».

39 Dies geht nicht mit Maximen wie ‹Helfe nur dem, der dir auch schon geholfen hat› oder ‹Achte nur denjenigen als Person, der deiner eigenen Religion angehört›. Wenn wir den Versuch machen, solche nicht eben ungewöhnlichen Maximen in verallgemeinerter Form zu wollen, stellen wir fest, dass wir Widersprüchliches wollen. Mit der ersten Maxime würde einem selbst so gut wie nie geholfen, und mit der zweiten würde man selbst von sehr vielen Menschen nicht als Person geachtet. Die Verallgemeinerung ist ein guter Test für die Vernünftigkeit von Maximen.

40 Mit der erfolgreichen Verallgemeinerung von Maximen streife ich ja weder meine kulturellen Bindungen ab, noch mutiere ich zu einem reinen Vernunftwesen.

41 «Unbedingt» oder «kategorisch» bedeutet so viel wie bedingungslos oder absolut und «notwendig» so viel wie ohne Einschränkung unter allen denkbaren und realen Bedingungen erforderlich.

42 Harald Köhl (*Abschied vom Unbedingten. Über den heterogenen Charakter moralischer Forderungen*, Freiburg/München: Karl Alber 2005, bes. Kap. 2) weist die Unhaltbarkeit von Kants Anspruch, dass moralische Forderungen unbedingt und notwendig gelten, nach.

43 Thomas S. Kuhn, *Die Struktur wissenschaftlicher Revolutionen*, Frankfurt: Suhrkamp 1973.

44 Diese zusätzlichen Bedingungen sind nicht unwichtig, schließlich können auch von Dritten aufgezwungene oder nichts sagende Überzeugungen die fünf Kriterien der Objektivität erfüllen.

45 Fälle von Notwehr, in denen der Angreifer rechtswidrig handelt und seine Tötung die einzig mögliche Abwehr der Lebensgefahr ist, sind von diesem Verbot ebenso ausgeschlossen wie der im Polizeigesetz verankerte finale Todesschuss.

46 Die jüdisch-christliche Tradition der Gesetzesreligion erleichtert das Verständnis für Kants *Kategorischen Imperativ* mit seiner radikalen Konsequenz, die ganze «Denkart» zu ändern und ein neuer Mensch zu werden.

47 Durch die «Wesensgehaltstheorie» im Rahmen von Art. 19, II GG und über Art. 79 GG stehen sie in einer gewissen Hierarchie. Die beiden Normen sind im Übrigen insofern verschieden, als Art. 2, II eingeschränkt werden kann, Art. 1, I dagegen nicht.

48 Dasselbe gilt für das Verbot, Tiere grundlos, mutwillig und grausam zu töten. Es gibt zwar kein allgemeines Tötungsverbot für Tiere, aber ein qualifiziertes.

49 Aktiv ist die Sterbehilfe als gezielte, bewusste, physisch bewirkte Tötung, passiv ist sie als Verzicht auf lebensverlängernde Behandlung mit Todesfolge, als Sterbenlassen; indirekt ist sie, wenn schmerzlindernde Mittel verabreicht werden, die als unvermeidbare Nebenfolge den Eintritt des Todes beschleunigen. Sterbehilfe setzt immer den ausdrücklichen Wunsch des Patienten voraus.

50 Vgl. BGH St 2, 140.

51 Gesetz und Recht lassen sich als manifest gewordener Ausdruck der Sitte einer Gesellschaft verstehen. Deswegen weichen die Gesetze in unterschiedlichen Gesellschaften gerade in Fragen von Leben und Tod voneinander ab.

52 Ärzte sind nicht zur Lebensrettung verpflichtet, wenn Menschen z. B. aus religiösen Gründen (etwa als Zeugen Jehovas) dies nicht wünschen.

53 Nach BGH St 37, 376.

54 Nach StGB § 212. Wenn der Arzt oder die Ärztin für einen Patienten die Behandlung nicht übernommen und keine Garantenstellung hat, handelt es sich lediglich um eine unterlassene Hilfeleistung nach StGB § 323 c.

55 Die medizinischen Kriterien für den irreversiblen Sterbeprozess sind eng gefasst und haben die wünschenswerte Schärfe und Klarheit. Die individuelle Erfahrung und Urteilsfähigkeit des Arztes bei der Beurteilung dieses Prozesses sind aber auch durch scharfe Kriterien nicht zu ersetzen.

56 Fuat Oduncu hat die Untersuchungen zu den Fällen von Tötungen ohne Verlangen, die seit 1991 vorliegen, ausgewertet und dokumentiert («Ärztliche Sterbehilfe im Spannungsfeld von Medizin, Ethik und Recht», in:

MedR (Medizinrecht) 8 (2005), 437–455, bes. 444). Offiziell gemeldet wurden ca. eintausend solcher Tötungen pro Jahr.

57 Zur Bedeutung der Patientenverfügung im Einzelnen siehe: Ulrich Schroth, «Der Handlungsspielraum des Arztes am Ende des Lebens» (in: J. Hager (Hrsg.), *Die Patientenverfügung*, Baden-Baden: Nomos 2005, 59–75).

58 BGH ST 40 (257), der Kemptner Fall. Es handelt sich um den Willen und nicht nur um den mutmaßlichen Willen des Patienten: BGH Z, NSTZ 2003, 47 f.

59 Ein Patient kann mit seiner Entscheidung für die passive Sterbehilfe jedoch durchaus den Todeszeitpunkt beeinflussen.

60 Ulrich Schroth ist überzeugt, dass vom «ernsthaften Sterbewunsch» dann ausgegangen werden kann, wenn «die betreffende Person bereit ist, Hand an sich zu legen» («Der Handlungsspielraum des Arztes am Ende des Lebens», a. a. O.).

61 Aus der Unverzichtbarkeit dieses Nachweises dürfen wir aber nicht umgekehrt schließen, dass einer Person nur das an Behandlung zugemutet werden darf, was sie selbst im Vollbesitz ihrer Freiheit will. Handlungsfreiheit schließt per se nicht die Einsicht in medizinische oder andere Erfordernisse zum eigenen Wohl ein.

62 Wo altersmäßig die Grenze der Handlungsfähigkeit und der Selbstbestimmung liegt, ist unklar. Die Rechtsprechung gewährt den Eltern bis zur Volljährigkeit Einwilligungsrechte, wenn es z. B. um ärztliche Eingriffe geht. Es ist aber nicht ausgemacht, dass Sechzehn- oder Siebzehnjährige nicht in eigener Verantwortung ärztliche Hilfe in Anspruch nehmen können.

63 Opiate, die zur Schmerzlinderung eingesetzt werden, können in der palliativmedizinischen Sterbebegleitung den Tod auch beschleunigen.

64 Immanuel Kant, «Mutmaßlicher Anfang der Menschengeschichte», in: Kants Werke, Bd. 8, 107–123, hier: 114. Kant wies mit guten Gründen darauf hin, dass nicht die Vernunft dem Anspruch auf Gleichheit zugrunde liegt, weil die Vernunft einen instrumentellen Charakter haben kann.

65 Diese normative Tatsache wird im Artikel 3 GG beschrieben.

66 Kap. 1.1.

67 John L. Austin hat die Bedingungen des Misslingens und indirekt die des Gelingens von sprachlichen Handlungen wie der, etwas zu versprechen, beschrieben (*How to Do Things with Words*, Oxford: Clarendon 1975, lecture II).

68 Kant argumentierte in der *Grundlegung*, dass sich ein unwahres Versprechen nicht als Maxime für ein allgemeines Gesetz eigne, weil «ich zwar die Lüge, aber ein allgemeines Gesetz zu lügen gar nicht wollen könne» (in: Kants Werke, Bd. 4, 403). Der entscheidende Punkt ist, dass ich jene Maxime nicht widerspruchsfrei wollen kann; und dass ich dies nicht kann, erkenne ich daran, dass sich das Gesetz, das eine solche Maxime verallgemeinert, «selbst zerstören» (a. a. O.) würde.

69 Diese Einschränkung mag ein Utilitarist, der davon überzeugt ist, dass das, was ‹gerecht› bedeutet, durch den Gesamtnutzen definiert ist, nicht akzeptieren. Er wird dann aber auch akzeptieren müssen, dass der Schaden für jene

soziale Gruppe gerecht ist. Mit einem am Ideal der Fairness orientierten Sinn von ‹Gerechtigkeit› ist das nicht zu vereinbaren.

70 R. M. Hare hat darauf hingewiesen, dass ‹universal› und ‹generell›, was den Geltungsrahmen von Regeln angeht, nicht verwechselt werden dürfen. Nur die universale gilt unter allen Umständen, die generelle nicht unbedingt (R. M. Hare, *Freedom and Reason*, Oxford: Oxford University Press 1963, part I, chap. 3.4.). Die generelle Regel ‹keine Person darf eine andere töten› gilt z. B. nicht immer, im Gegensatz zur weniger allgemeinen, aber universal geltenden ‹eine Person darf eine andere nur in Notwehr töten›.

71 Informationen zu diesem Thema bieten: Charlotte Beck-Karrer, *Frauenbeschneidung in Afrika*, und Sibyl Schädeli, *Frauenbeschneidung im Islam*, beide in: Arbeitsblätter des Instituts für Ethnologie der Universität Bern, Nr. 5, 80 Seiten (1992). Die Texte sind elektronisch frei zugänglich.

72 Heinrich Popitz, *Prozesse der Machtbildung*, Tübingen: Mohr (Siebeck) 1968, 34.

73 Artikel 1, I GG.

74 Um menschliche embryonale Stammzellen herstellen zu können, muss der Zellkern von Embryonen entfernt werden. Sie können sich dann nicht weiterentwickeln, werden also verbraucht. Über die Einzelheiten und das Für und Wider der Forschung mit embryonalen Stammzellen klärt das Buch *Stammzellforschung und therapeutisches Klonen* (hrsg. v. F. S. Oduncu, U. Schroth, W. Vossenkuhl, Göttingen: Vandenhoeck & Rupprecht 2002) auf.

75 Immanuel Kant, *Grundlegung zur Metaphysik der Sitten*, in: Kants Werke, Bd. 4, 435.

76 A. a. O., 436.

77 A. a. O., 439.

78 A. a. O., 436.

79 A. a. O., 439.

80 A. a. O., 440.

81 A. a. O., 455.

82 In Kap. 1.4.2.1.

83 Das Bundesverwaltungsgericht hat im sog. Peepshow-Urteil, das Frauen verbietet, ihren Körper nackt zur Schau zu stellen, faktisch eine Menschenwürdepflicht unterstellt. Auch das Dopingverbot im Sport wird gelegentlich indirekt mit einer solchen Pflicht begründet.

84 Durch die Einnistung in der Gebärmutter erhält der Embryo wesentliche und für das spätere Leben unverzichtbare Entwicklungsimpulse. Ohne diese Impulse könnte sich aus den embryonalen Zellen keine lebensfähige Person entwickeln.

85 Das Embryonenschutzgesetz repräsentiert nicht wie die Menschenrechtsartikel des Grundgesetzes die sittlichen Bedingungen unserer Gesellschaft. Deswegen sind die Bestimmungen jenes Gesetzes etwa im Hinblick auf den Beginn des Lebensschutzes revidierbar.

86 Es handelt sich um so genannte überzählige Embryonen, die eingefroren sind und zu irgendeinem Zeitpunkt vernichtet werden. Wir dürfen unsere Augen

nicht davor verschließen, dass diese Embryonen bereits zum Zweck der In-vitro-Fertilisation instrumentalisiert wurden. Sie würden lediglich nicht erstmalig instrumentalisiert.

87 Immanuel Kant, *Grundlegung zur Metaphysik der Sitten*, in: Kants Werke, Bd. 4, 428.

88 A. a. O., 429.

89 Vgl. oben Kapitel 1.1.6.

90 Immanuel Kant, *Metaphysik der Sitten*, Kants Werke, Bd. 6.

91 Kant entwickelt diesen Gedanken in der *Grundlegung zur Metaphysik der Sitten* (Kants Werke, Bd. 4, 427–430).

92 A. a. O., 428: «Nun sage ich: der Mensch und überhaupt jedes vernünftige Wesen *existiert* als Zweck an sich selbst ...»

93 A. a. O.

94 A. a. O., 455.

95 Hermann Cohen machte Kant im Hinblick auf die Autonomie einen ähnlichen Vorwurf: Die Autonomie enthalte den methodischen Fehler, dass sie das Selbst als gegeben voraussetze, wo es doch eigentlich erst durch sie erzeugt werden solle (*Ethik des reinen Willens*, Berlin: Bruno Cassirer 1904, 321).

96 Das Konzept der Moralfähigkeit werde ich später in Kap. 2.5. erläutern.

97 Immanuel Kant, *Metaphysik der Sitten*, Kants Werke, Bd. 6, 333–337. Kant stellt lapidar fest: «Hat er aber gemordet, so muß er *sterben*. Es giebt hier kein Surrogat zur Befriedigung der Gerechtigkeit» (a. a. O., 333).

98 Siehe dazu Günther Kaiser, *Kriminologie – ein Lehrbuch*, 2. Aufl., Heidelberg: C. F. Müller 1988, § 118. Nach Günther Kaiser gibt es «keinerlei Anhaltspunkte» dafür, dass «durch Androhung und Anwendung der Todesstrafe die Häufigkeit der damit bedrohten Verbrechen nennenswert nachläßt» (a. a. O., 964). William C. Bailey und Ruth D. Peterson zeigten im besonderen Fall von Morden an Polizisten in den USA, dass die Todesstrafe keine abschreckende Wirkung hat («Murder, Capital Punishment and Deterrence: A Review of the Evidence and an Examination of Police Killings», in: *Journal of Social Issues* 50 (1994), 53–74).

99 Dies trifft zu, obwohl es zweifellos eine Minderheit von Menschen gibt, welche die Todesstrafe in unserem Land befürworten und im Anschluss an Gewaltverbrechen immer wieder fordern.

2. Ethik als Konfliktwissenschaft

1 Hermann Cohen sah in dieser Verbindung sogar ein Hemmnis für den «Idealismus der Ethik» (*Ethik des reinen Willens*, Berlin: Bruno Cassirer 1904, 311).

2 Axel Honneth hat, wie bereits erwähnt, diese Entwicklung beklagt und darauf hingewiesen, dass die Rückbesinnung der Ethik auf die Antike und Hegel seit Mitte der 80er Jahre des letzten Jahrhunderts zu einer «Aufwertung» der Sitte beitrug (*Kampf um Anerkennung. Zur moralischen Grammatik sozialer Konflikte*, Frankfurt: Suhrkamp 1992, 275).

3 Immanuel Kant, «Idee zu einer allgemeinen Geschichte in weltbürgerlicher Absicht», in: Kants Werke, Bd. 8, 23.

4 John Rawls, *A Theory of Justice*, Oxford e. a.: Oxford University Press 1972, 76 (*Eine Theorie der Gerechtigkeit*, übers. v. H. Vetter, Frankfurt: Suhrkamp 1975).

5 Ich gehe hier nicht auf die Unterschiede zwischen diesen und anderen ethischen Theorien ein, will aber auch keinem Eklektizismus das Wort reden. Es geht hier allein um die Korrespondenz zwischen der ethischen Normalität solcher Theorien und der sittlichen Normalität.

6 Ein typischer Fall eines lösbaren Konflikts ist das Problem der Forschung mit humanen embryonalen Stammzellen. Andere lösbare Konflikte dieser Art werde ich nicht diskutieren.

7 Kap. 2.3.1.

8 Eine logische Darstellung dieses Problems findet sich an vielen Orten, unter anderem in: *Moral Dilemmas*, ed. by C. W. Gowans, Oxford: Oxford University Press 1987, 20 f.

9 ‹P› steht für ‹ist eine Verpflichtung, H zu tun›; ‹M› steht für ‹es ist möglich, H zu tun›; ‹∧› ist das Zeichen für die Konjunktion (‹und›), ‹¬› das Zeichen für die Negation (‹nicht›) und ‹→› das Zeichen für den Konditional (‹wenn … dann›). A steht für ‹X wird eine Niere eingepflanzt›; B steht für ‹Y wird eine Niere eingepflanzt›.

10 P (A ∧ B) entsteht aus PA ∧ PB; der Schritt wird ‹Agglomeration› genannt.

11 Dies folgt durch Kontraposition aus Sollen impliziert Können; d. h. Nicht-Können impliziert Nicht-Sollen.

12 In der Literatur wird darüber auch gestritten. Eine Übersicht geben die beiden Bände *Moral Dilemmas*, ed. by C. W. Gowans, a. a. O., und *Moral Dilemmas and Moral Theory*, ed. by H. E. Mason, Oxford: Oxford University Press 1996.

13 Fuat Oduncu hat dieses Dilemma dargestellt und mögliche Lösungen erörtert («Krebserkrankung in der Schwangerschaft. Ein medizinethisches Dilemma», in: *Der Gynäkologe* 2 (2005), 96–105).

14 Stephan Sellmaier, *Ethik der Konflikte*, a. a. O., 61 f.

15 In der Sprache der Prinzipienethik herrscht dieser Konflikt zwischen den Prinzipien des «Nichtschadens» (nonmaleficience) und des Patientenwohls (beneficience); sie sind beschrieben in: Tom L. Beauchamp, James F. Childress, *Principles of Biomedical Ethics*, Oxford: Oxford University Press ^{5}2001, chap. 4, 5.

16 Als Beispiele aus der vielfältigen Literatur dazu seien genannt: U. Beck, A. Giddens, S. Lash, *Reflexive Modernisierung*, Frankfurt: Suhrkamp Verlag 1996; U. Beck, W. Bonß (Hrsg.), *Die Modernisierung der Moderne*, Frankfurt: Suhrkamp Verlag 2001.

17 Stephan Sellmaier und ich haben einen Vorschlag ausgearbeitet, der ein Lotterieverfahren vorsieht («Moralische Ansprüche von Patienten und die Allokation von Spenderorganen», in: F. S. Oduncu, U. Schroth, W. Vossenkuhl (Hrsg.), *Transplantation. Organgewinnung und -allokation*, Göttingen: Vandenhoeck & Rupprecht 2003, 131–145).

18 Die Bedingungen für den Erfolg des sprachlichen Akts eines Versprechens hat, im Anschluss an den bereits erwähnten J. L. Austin, John Searle unter-

sucht: *Speach Acts. An Essay in the Philosophy of Language*, Cambridge: Cambridge University Press 1969, chap. 2, 5 (rules), 33–42.

19 Heidegger hat diese Auffassung des Gewissens als oberflächlich kritisiert. Er meinte, das «gute» Gewissen sei «überhaupt kein Gewissensphänomen» (*Sein und Zeit*, 292). Der Grund dafür ist, dass Heidegger unter Gewissen eine Art Ruf verstand, der uns ereilt, aber keine konkrete Botschaft enthält. Heidegger sprach vom «Ruf des Daseins», das sich in seiner «Geworfenheit» ängstigt (a. a. O., §§ 57–60). Diesem vom bloßen Dasein bestimmten Aspekt seiner Auffassung des Gewissens entspricht die Schuldigkeit, von der ich spreche.

20 Bernard Williams, «Ethical Consistency», in: *Proceedings of the Aristotelian Society*, suppl. vol. 39 (1965), 103–124 (wieder abgedruckt in: ders., *Problems of the Self. Philosophical Papers 1956–1972*, Cambridge: Cambridge University Press 1973, 166–186, hier: 172 f.).

21 Kap. 2.2.1.

22 Charles Taylor, *Sources of the Self. The Making of Modern Identity*, Cambridge: Cambridge University Press 1989, chap. 2, 25–52.

23 Zu erkennen ist dies u. a. in den Forschungen von Gisela Trommsdorff (z. B. «Kulturvergleichende Sozialpsychologie», in: D. Frey, M. Irle (Hrsg.), *Theorien der Sozialpsychologie*, Bd. 2, Bern: Huber [2]2002, 390–408; oder: G. Trommsdorff, B. Nauck (Eds.), *The Value of Children in Cross-Cultural Perspective*, Lengerich: Pabst Science 2005).

24 Es sind in Deutschland, wie Walter Land dokumentierte, mehrheitlich Spenderinnen, die zur Lebendspende bereit sind («Verwandte und nichtverwandte Lebendspende-Nierentransplantation», in: F. S. Oduncu, U. Schroth, W. Vossenkuhl (Hrsg.), *Transplantation. Organgewinnung und -allokation*, a. a. O., 211–221, bes. 213, Tabelle 1).

25 Zahlen über die Risiken bei Lebendspenden von Nieren und Leberlappen nennt Fuat Oduncu in seinem Beitrag zu dem Band U. Schroth, P. König, T. Gutmann, F. Oduncu, *TPG. Transplantationsgesetz. Kommentar*, München: C. H. Beck 2005, 24 f. u. 30.

26 ‹Supererogatorisch› wird die Erfüllung einer Verpflichtung dann genannt, wenn sie über das hinausgeht, was im engeren Sinn geschuldet ist; wenn Oskar z. B. seiner älteren Nachbarin nicht nur den versprochenen Einkauf macht, sondern auch noch das Essen kocht.

27 Thomas von Aquin, *Summa theologica* II, IIae qu. 24, art. 2.

28 Harry Frankfurt, «Alternate Possibilities and Moral Responsibility», in: *Free Will*, ed. by G. Watson, Oxford: Oxford University Press 2003, 167–176 (Frankfurt publizierte den Aufsatz erstmals 1969 im *Journal of Philosophy*). Ich komme auf einem anderen Weg zum selben Ergebnis wie Frankfurt («Der eigene Wille», in: *Die Normativität des Wirklichen*, hrsg. v. T. Buchheim u. a., Stuttgart: Klett-Cotta 2002, 250–271).

29 Aurelius Augustinus, *De gratia et libero arbitrio liber unus* (ad valentinum et cum illo monachos), 1.

30 Kant spricht von «der Beimischung unächter (nicht moralischer) Bewegungsgründe zur Befolgung des Gesetzes» (*Kritik der praktischen Vernunft*, in: Kants Werke, Bd. 5, 128).

31 Kants Werke, Bd. 3, 373.

32 Kant empfahl im Blick auf die menschliche Unlauterkeit bei der moralischen Selbstbeurteilung Demut, aber auch eine hohe Selbstschätzung im Blick auf die Würde vernünftiger Wesen. Die Spannung zwischen diesen beiden Aspekten der moralischen Selbstbeurteilung in Kants Moralphilosophie untersucht sorgfältig abwägend Friedo Ricken in seinem Beitrag «Kant über Selbstliebe: ‹Anlage zum Guten› oder ‹Quelle alles Bösen›?» (*Philosophisches Jahrbuch* 108 (2001), 245–258).

33 Immanuel Kant, *Grundlegung zur Metaphysik der Sitten*, in: Kants Werke, Bd. 4, 399: «Seine eigene Glückseligkeit zu sichern, ist Pflicht (wenigstens indirekt)».

34 Ausführlicher äußere ich mich zur beschränkten Autonomie in «Der eigene Wille» (a. a. O., siehe Anmerkung 28).

35 Ein eindrucksvolles Beispiel des moralischen Verfalls einer Gesellschaft, des ostafrikanischen Stammes der Ik, durch Hunger und Not beschreibt Colin Turnbull (*The Mountain People*, (1972) London: Random House [2]1994). Eine ironische Haltung gegenüber der Zuverlässigkeit der Ergebnisse anthropologischer Feldforschung nimmt allerdings Nigel Barley ein (*The Innocent Anthropologist. Notes from a Mud Hut*, London: Penguin 1983).

36 Beispiele hierfür beschreiben: Imre Kertész, *Roman eines Schicksallosen*, Berlin: Rowohlt 1996 (8. Aufl. 2002); Meinhard Stark, *Frauen im Gulag. Alltag und Überleben 1936 bis 1956*, München/Wien: Carl Hanser 2003.

37 Immanuel Kant, «Von dem erlaubten moralischen Schein», in: Kants Werke, Bd. 7, 151–153.

38 A. a. O., 153.

39 A. a. O., 152. Kant würdigte offenbar den Einfluss der Gefühle auf die moralische Entwicklung der Menschen. Martha Nussbaum warf Kant dagegen vor, ebendies nicht getan zu haben (*The Fragility of Goodness. Luck and Ethics in Greek Tragedy and Philosophy*, revised edition, Cambridge: Cambridge University Press 2001, XVII).

40 Kants Werke, Bd. 3, 522.

41 A. a. O., 523.

42 Immanuel Kant, *Die Religion innerhalb der Grenzen der bloßen Vernunft*, in: Kants Werke, Bd. 6, 116 f.

43 A. a. O., 160.

44 Der Entwurf ist mit «nach 1. März 1789» datiert, in: Kants Werke, Bd. 11, 9. Der Textentwurf lautet: «Sie thun auch daran sehr wohl daß Sie die letzte Befriedigung Ihres nach einem sicheren Grund der Lehre und der Hoffnung strebenden Gemüths im Evangelium suchen, diesem unvergänglichen Leitfaden wahrer Weisheit, mit welchem nicht allein eine ihre Speculation vollendende Vernunft zusammen trifft, sondern daher sie auch ein neues Licht in Ansehung dessen bekömmt, was, wenn sie gleich ihr ganzes Feld durchmessen hat, ihr noch immer dunkel bleibt, und wovon sie doch Belehrung bedarf.»

45 Johann Michael Sailer zitiert seinerseits in einem Brief an Jung-Stilling vom 25. Juli 1789 fast wörtlich den in Kants Briefentwurf an denselben dokumen-

tierten Text. Sailer wunderte sich wohl über jene Passage und fragte Jung-Stilling: «Was sagst Du zu diesem Glaubensbekenntniß dieses großen Mannes» (in: B. Gajek (Hrsg.), *J. M. Sailer, Melchior Diepenbrock, Clemens Brentano*. Museum der Stadt Regensburg, Universität Regensburg, Führer durch die Ausstellung 17.1.–18.2.1979; zitiert nach: H. Rösch, *Johann Michael Sailer und seine Zeit*, Jahrbuch des historischen Vereins Dillingen 89 (1982), 29 Fußnote 22). Den Hinweis auf den Kantianer Sailer und den Text von Rösch verdanke ich Hans Unterreitmeier.

46 Immanuel Kant, *Die Religion innerhalb der Grenzen der Bloßen Vernunft*, in: Kants Werke, Bd. 6, 118.

47 Noch entschiedener als Kant betonte C. S. Lewis die Abhängigkeit der Hoffnung auf ein moralisch gutes Leben von der Annahme Gottes als urteilendem Beobachter. Lewis war überzeugt, dass erst die Hoffnung auf Anerkennung vor Gott den Menschen befähige, das Gute zu tun (*Der innere Ring*, Basel/Gießen: Brunnen 1992). Das direkte Gesehenwerden durch Gott, der selbst für uns nicht sichtbar ist, beschrieb Anselm von Canterbury (*Proslogion*, hrsg. v. F. S. Schmitt O. S. B., Stuttgart-Bad Cannstatt [2]1984, Kap. XVI). Eine untrüglichere Basis der Beurteilung des eigenen Tuns ist nicht denkbar. Die Frage ist nur, wie weit wir in unserer Selbsteinschätzung davon profitieren können.

3. Freiheit und Verantwortung

1 ‹Handlungsfähigkeit› erkläre ich in Kap. 1.2.2.2.

2 Martin Heidegger, *Sein und Zeit*, Frankfurt: Klostermann 1977, 256.

3 A. a. O.

4 Ulrich Pothast argumentierte sehr umsichtig für ein Freiheitsverständnis, das dem unüberwindlichen menschlichen Nichtwissen gerecht wird. Der epistemische Indeterminismus, den er begründete, steht nicht im Gegensatz zum Determinismus, den Pothast, wie er im Nachwort schrieb, für mehr oder weniger unvermeidlich hält (*Die Unzulänglichkeit der Freiheitsbeweise*, Frankfurt: Suhrkamp 1987).

5 Bettina Walde spricht in ihrer Freiheitstheorie, dem epistemischen Libertarismus (*Willensfreiheit und Hirnforschung*, Paderborn: Mentis 2006), von der «epistemischen Offenheit» der Akteure der Zukunft gegenüber.

6 Die eben beschriebenen Bedingungen fasse ich später unter dem Begriff der Akteurskausalität zusammen. Darunter verstehe ich, dass es die Personen selbst mit all ihren Fähigkeiten sind, die ihr Tun unter gegebenen Bedingungen verursachen, und nicht anonyme Gesetzmäßigkeiten oder Kräfte.

7 Im Fachjargon handelt es sich um eine Pränataldiagnostik. Sie ist rechtlich erlaubt und wird häufig praktiziert. Ihre Wirkung kann man als eine «Schwangerschaft auf Probe» bezeichnen, wenn sie dazu dient, den Abbruch einer Schwangerschaft aufgrund einer drohenden Behinderung des Kindes medizinisch und rechtlich zu rechtfertigen.

8 FCKWs sind Fluorchlorkohlenwasserstoffe, die als Treibmittel für Spraydosen und als Kältemittel für Kühlschränke und Klimaanlagen verwendet wur-

den. Erst gegen Ende des letzten Jahrhunderts wurde die Schädigung des Ozongürtels in der Stratosphäre als Nebenfolge dieser Chemikalie erkennbar. Die Schädigung, die vor allem über der Antarktis und auf der Südhalbkugel der Erde deutlich ist, führt zu einer erhöhten Einstrahlung von UV-Licht. Dies wiederum ist ursächlich für ein höheres Risiko von Hautkrebs und Ernteausfällen.

9 Dies wird freilich von denen bestritten, die überzeugt sind, dass Massenvernichtungswaffen aufgrund ihres Drohpotentials Frieden stiften. Diese Überzeugung wird aber dadurch erschüttert, dass sich diese Waffen inzwischen als ähnlich grenzüberschreitend erwiesen wie Umweltschäden und in die Hände von Menschen fielen, die sie nicht zur Sicherung des Friedens nutzen wollen.

10 Martin Heidegger, *Sein und Zeit*, a. a. O., 256.

11 Martin Gorke zeigt in seiner ausgezeichneten Untersuchung zum Artenschutz, dass der vielfach als weltanschaulich und daher unhaltbar gebrandmarkte Ansatz des Holismus wissenschaftlich überzeugender ist als konkurrierende Ansätze (*Artensterben: von der ökologischen Theorie zum Eigenwert der Natur*, Stuttgart: Klett-Cotta 1999).

12 Patentgesetz n. F. § 1 Abs. 2 Satz 2. Bei Erfindungen handelt es sich um Wissen, das bisher kein Allgemeingut war und das ein technisches Problem auf eine Weise löst, die sich ihrem Niveau nach deutlich über dem Stand der Technik befindet. Eine bloße Weiterentwicklung einer Technik im Rahmen des Fortschritts ist in diesem Sinn keine Erfindung.

13 Die Firma Celera hat z. B. mit einer besonderen Technik die Sequenz aller drei Milliarden Basenpaare des menschlichen Genoms entziffert.

14 Richtlinie 98/44/EG des Europäischen Parlaments und des Rates vom 6. Juli 1998 über den rechtlichen Schutz biotechnologischer Erfindungen (Biopatentrichtlinie) Erwägungsgrund 20, Art. 5 II. Siehe dazu Joseph Straus, «Produktpatente auf DNA-Sequenzen – Eine aktuelle Herausforderung des Patentrechts», In: *GRUR* 10/11 (2001), 1016–1022, bes. 1017.

15 Biopatentrichtlinie Art. 5 I: «Der menschliche Körper in den einzelnen Phasen seiner Entstehung und Entwicklung sowie die bloße Entdeckung eines seiner Bestandteile, einschließlich der Sequenz oder Teilsequenz eines Gens, können keine patentierbaren Erfindungen darstellen.»

16 Joseph Straus, «Zur Patentierbarkeit von embryonalen Stammzellen nach europäischem Recht», in: *Jahrbuch für Wissenschaft und Ethik* 9 (2004), 116. Ders., «Genpatentierung – Eine ‹abstruse Idee›?», in: *Deutsches Ärzteblatt* 97 (2000), A-1061–64.

17 Es handelt sich um das Gen BRCA1.

18 Selbst bei teilbaren öffentlichen Gütern wie Wasser, die teilweise von Kommunen oder mancherorts ganz von privaten Unternehmen vermarktet werden, stellt sich die Frage, ob dabei der Anspruch der Menschen auf den freien Zugang zu lebenswichtigen öffentlichen Gütern gewahrt wird. Was die Wasserwirtschaft angeht, stellen M. Finger und J. Allouche diese und eine Reihe anderer brennender Fragen (*Water Privatisation. Trans-National Corporations and the Re-Regulation of the Water Industry*, London/New York: Spon Press 2002).

19 Das Humangenomprojekt hat das Ziel, das menschliche Genom mit seinen 3,2 Milliarden DNA-Bausteinen zu sequenzieren.
20 Dieses und die damit zusammenhängenden medizinethischen Probleme spricht Fuat Oduncu in einem informativen Beitrag an («The role of non-directiveness in genetic counseling», in: *Medicine, Health Care and Philosophy* 5 (2002), 53–63).
21 Der Katalog von McKusick, der monogen erbliche Merkmale sammelt, enthält derzeit 1700 solcher Merkmale. Sie betreffen insgesamt 1336 Gene von ca. 30 000 insgesamt.
22 Die Zahlenangaben entnehme ich der thematisch einschlägigen Denkschrift der Deutschen Forschungsgemeinschaft: *Prädiktive genetische Diagnostik. Wissenschaftliche Grundlagen, praktische Umsetzung und soziale Implementierung* (Bonn: Deutsche Forschungsgemeinschaft 2003).
23 A. a. O., 20.
24 Chorea Huntington ist unheilbar, tritt im vierten Lebensjahrzehnt auf und führt innerhalb von fünfzehn Jahren zu einem Persönlichkeitsverlust und schließlich zum Tod.
25 In diesem Fall dürften natürlich nur diejenigen Embryonen eingepflanzt werden, die ohne Befund sind.
26 Die Fachleute sprechen von genetisch komplexen oder multifaktoriellen Krankheiten.
27 Seit Einführung dieser Tests konnten mehrere Tausend Kinder erfolgreich gegen die Stoffwechselstörung PKU behandelt werden. Ihnen blieb die schwere Hirnschädigung erspart. Siehe dazu die schon erwähnte Denkschrift der Deutschen Forschungsgemeinschaft (2003, 23 f.).
28 Eine solche Forderung wäre schon deswegen unsinnig, weil sie gar nicht realisierbar und praktikabel wäre.
29 Die Deutsche Forschungsgemeinschaft fordert in ihrer Denkschrift (Bonn 2003) auch, dass genetische Tests keine Voraussetzung für den Abschluss von Versicherungsverträgen sein sollten.
30 Zu den Widersprüchen des Lebensschutzes gehört, dass der Embryo in vitro den vollen Lebensschutz genießt, der Embryo in vivo dagegen keinen. Denn sonst dürften die so genannte Pille danach und der Einsatz von Spiralen nicht zugelassen sein.
31 Die Argumente, die für eine objektive Geltung dieser ethischen Gründe sprechen, habe ich in Kap. 1.4.1.1. vorgestellt.
32 Solche Ansprüche gelten prinzipiell und sind nicht revidierbar.
33 John Locke, *An Essay Concerning Human Understanding* (1690), ed. by P. H. Nidditch, Oxford: Oxford University Press 1975, book II, chap. XXI, § 10 (Dt. Ausgabe: *Versuch über den menschlichen Verstand*, Hamburg: Felix Meiner [4]1981, Bd. 1, 284).
34 A. a. O.
35 Harry Frankfurt, «Alternate possibilities and moral responsibility», in: *Free Will*, ed. by G. Watson, Oxford: Oxford University Press 2003, 167–176, besonders 173 (der Aufsatz erschien zuerst in: *Journal of Philosophy*, 65 (1969) 828–839).

36 Immanuel Kant, *Kritik der reinen Vernunft*, in: Kants Werke, Bd. 3, 377.
37 Unter ‹Kompatibilismus› versteht man die Vereinbarkeit, unter ‹Inkompatibilismus› die Unvereinbarkeit von Determinismus und Freiheit.
38 A. a. O., Bd. 3, 372.
39 A. a. O., Bd. 3, 377.
40 A. a. O., 372.
41 A. a. O.
42 A. a. O., 377.
43 Arthur Schopenhauer übte zwar «im Dienste der Wahrheit», wie er sagte, schärfste Kritik an Kant, feierte dessen Ablehnung der Indifferenz-Auffassung und das «Zusammenbestehen der Freiheit mit der Nothwendigkeit» aber als «größtes und glänzendes Verdienst» («Preisschrift über die Grundlagen der Moral», in: *Arthur Schopenhauers Werke*, hrsg. v. L. Lütkehaus, Bd. 3, Zürich: Haffmans 1991, 531).
44 Immanuel Kant, *Grundlegung zur Metaphysik der Sitten*, in: Kants Werke, Bd. 4, 447 f.
45 Immanuel Kant, *Kritik der praktischen Vernunft*, in: Kants Werke, Bd. 5, 47. Onora O'Neill hat sich ausführlich mit diesem Gedanken in ihrem Aufsatz «Reason and Autonomy in Grundlegung III» auseinander gesetzt (in: *Grundlegung zur Metaphysik der Sitten. Ein kooperativer Kommentar*, hrsg. v. O. Höffe, Frankfurt: Klostermann [3]2000, 282–298).
46 Immanuel Kant, *Kritik der reinen Vernunft*, in: Kants Werke, Bd. 3, 310.
47 A. a. O., 363.
48 A. a. O.
49 A. a. O., 365, 451.
50 Siehe Kap. 3.2.3.
51 B. Libet, «Do we have free will?», in: B. Libet, A. Freeman, K. Sutherland (Eds.), *The Volitional Brain – Towards a Neuroscience of Free Will*, Thorverton: Imprint Academic 1999, 47–57.
52 Wittgenstein beschrieb den Spracherwerb als Prozess des «Abrichtens» (*Philosophische Untersuchungen*, §§ 5 u. 6, Werkausgabe, Bd. 1, Frankfurt: Suhrkamp 1989, 239 f.).
53 Immanuel Kant, *Kritik der Urteilskraft*, in: Kants Werke, Bd. 5, 318.
54 Auf das Thema ‹Spontaneität› gehe ich in Kap. 3.2.3.2 noch einmal ein.
55 Es ist keine Seltenheit, dass Freiheit für eine Illusion gehalten wird. Daniel Wegner z. B. liefert nicht nur eine Übersicht über die Versuche, die darauf hinweisen, dass menschliches Handeln unbewusst gesteuert wird. Er meint auch, der subjektive Eindruck, frei zu entscheiden und zu handeln, sei eine Illusion (*The Illusion of Conscious Will*, Cambridge (Mass.): MIT Press 2002).
56 Wer unter keinen Umständen wissen konnte, dass sein Handeln ursächlich für bestimmte Ereignisse war, ist für diese Ereignisse auch nicht verantwortlich. Dagegen sind für Ereignisse wie unaufgeklärte Morde auch dann Personen verantwortlich, wenn sie unbekannt sind.
57 Kap. 3.1.2.
58 Die Diskussion um die Handlungskausalität geht auf den Amerikaner Roderick Chisholm zurück (R. Chisholm, «Freedom and Action», in: *Freedom*

and Determinism, ed. by Keith Lehrer, New York: Random House 1966). Der Ausdruck «agent-causality» wurde von Irving Thalberg eingeführt (I. Thalberg, «Do We Cause our Own Actions?» *Analysis* 27 (1967), 196–201). Die Diskussion über Handlungskausalität führten in jüngerer Zeit u. a. Maria Alvarez und John Hyman (Alvarez/Hyman, Agents and Their Actions, in: *Philosophy* 73 (1998), 219–245), Randolph Clark (Agent Causation and Event Causation in the Production of Free Action, in: *Philosophical Topics* 24 (1996), 19–48) und Jonathan Lowe (Event Causation and Agent Causation, in: *Grazer Philosophische Studien* 61 (2001), 1–20) u. Timothy O'Connor (*Persons and Causes. The Metaphysics of Free Will*, Oxford: Oxford University Press 2000).

59 Stellvertretend für viele, die ihm nachfolgten, nenne ich Donald Davidson (*Essays on Actions and Events*, Oxford: Oxford University Press 1980).

60 Die Bildung des Charakters spielt auch in Peter Bieris Vorstellung von menschlicher Freiheit eine wesentliche Rolle (*Das Handwerk der Freiheit. Über die Entdeckung des eigenen Willens*, München: Hanser 2001).

61 Dies muss nicht heißen, dass jemand gegen seinen sonstigen Charakter nicht ausrasten und im Affekt oder in einer Extremsituation Dinge tun kann, von denen er selbst überrascht ist.

62 Immanuel Kant, *Kritik der reinen Vernunft*, in: Kants Werke, Bd. 3, 310.

63 In diesem Zusammenhang wies ich auf Ulrich Pothasts epistemischen Indeterminismus und Bettina Waldes Konzept des epistemischen Libertarismus hin. In Letzterem hat die Offenheit gegenüber der Zukunft eine entscheidende systematische Bedeutung (Kap. 3.1.3.).

64 Ohne Gründe zu handeln, bedeutet nicht schon, grundlos zu handeln. Grundlos zu handeln, ist selbst ein freies Vermögen und, wie wir eben am Beispiel des Sprechens sehen konnten, Teil der menschlichen Spontaneität. Grundlos und spontan zu handeln, bedeutet, dass es für die besondere Art und Form einer Handlung auch keine Gründe gibt oder geben kann. Wir handeln z. B. meistens grundlos, wenn wir sittlichen Gepflogenheiten folgen.

65 Martin Heidegger, *Sein und Zeit*, a. a. O., 256. Vgl. Kap. 3.1.2.

66 A.L.S. ist auch unter der Bezeichnung Lou-Gehrig-Syndrom bekannt, benannt nach dem amerikanischen Baseballspieler, der 1941 im Alter von 38 Jahren an dieser Krankheit starb. Der bekannteste A.L.S.-Kranke ist wohl der britische Physiker Stephen Hawking.

67 Niels Birbaumer ist Neuropsychologe. Er behandelt A.L.S.-Kranke und erforscht diese Krankheit.

68 Zu Birbaumers Brain-Computer-Interface und dem von ihm entwickelten Thought Translation Device siehe: N. Birbaumer, «The Thought-Translation Device: A Brain-Computer Interface for the Paralysed», in: N. Soroker, H. Ring (Eds.), *Advances in Physical and Rehabilitation Medicine*, Bologna: Monduzzi 2003, 117–121.

69 Dalton Trumbo, *Johnny zieht in den Krieg*, Frankfurt: Eichborn 1990.

70 Jean-Dominique Bauby, *Schmetterling und Taucherglocke*, München: dtv 1998.

71 Dies bezieht sich nur auf die Kranken, von denen Birbaumer berichtete. Nicht alle A.L.S.-Kranken wollen weiterleben.

72 Aristoteles hat die Tätigkeiten, welche Menschen um ihrer selbst willen tun, als Tugenden beschrieben (*Nikomachische Ethik*, Buch 1, 1094a).

4. Das Gute, das Richtige und das gute Leben

1 In einem weiten Sinn haben alle Regelungen und Gesetze, die Teil der Sitte sind, einen moralischen Charakter, weil sie das Verhalten der Menschen unabhängig davon normieren, ob ihnen dies bewusst ist oder nicht.

2 Der Eindruck, dass die Freiheit keine Grenzen hat, muss nicht Produkt philosophischer Spekulation, sondern kann selbst unter extremer körperlicher Anstrengung eine ganz reale Empfindung sein. Als «Gefühl der vollkommenen Freiheit» beschrieb sie z. B. Joe Simpson bei seiner lebensgefährlichen Besteigung des über 6000 Meter hohen Berges Siula Grande in den Anden in seinem Buch *Touching the Void* (London: Vintage 2004, 21). In einem verglichen damit ins Gegenteil weisenden, eher ironisch verzweifelten Sinn sang Janis Joplin in ihrem Titel «Me Bobby McGee»: «freedom is just another word for nothing left to lose; nothing don't mean nothing honey if it ain't free ...».

3 Ernst-Wolfgang Böckenförde wies darauf hin, dass der Rechtsstaat nicht nach den «Voraussetzungen» frage, welche die Freiheitsordnung «allererst möglich» mache (*Recht, Staat, Freiheit. Studien zur Rechtsphilosophie, Staatstheorie und Verfassungsgeschichte*, Frankfurt: Suhrkamp 1991, 168).

4 So etwa John McDowell in «The Role of *Eudaimonia* in Aristotle's Ethics» (in: R. Heinaman (ed.), *Aristotle and Moral Realism*, London: UCL Press 1995, 201–218). David Wiggins wirft McDowell im selben Band eine rigoristische Aristoteles-Auslegung vor (D. Wiggins, «Eudaimonism and Realism in Aristotle's Ethics. A Reply to John McDowell», a. a. O., 219–231). Ähnlich urteilt Philippa Foot (*Natural Goodness*, Oxford: Oxford University Press 2001, 97).

5 Aristoteles, *Nikomachische Ethik* (X 9 1178b).

6 A. a. O., X 10 1180a–1181b.

7 Kap. 4.1.3.

8 Davon ist auch der Regel-Utilitarismus überzeugt. Er identifiziert die Qualität des Ganzen mit dem allgemeinen Glück und beurteilt den Wert jeder einzelnen Handlung danach, welchen Nutzen sie für das Ganze hat. Der Nutzen für die allgemeine Wohlfahrt ist aber nur ein Maßstab von vielen, der ebendeswegen auch keine Gewähr für die Integration aller Güter des guten Lebens zu einem Ganzen bietet.

9 Martha Nussbaum bemängelte z. B. an der aristotelischen Frage nach dem Guten die pluralistische Offenheit (*The Fragility of Goodness. Luck and Ethics in Greek Tragedy and Philosophy*, rev. ed., Cambridge: Cambridge University Press 2001, Vorwort zur überarbeiteten Ausgabe).

10 John Rawls, *A Theory of Justice*, a. a. O., 31 (in der deutschen Übersetzung Frankfurt: Suhrkamp 1975, 50).

11 A. a. O., 446 ff. im Original bzw. 486 ff. in der deutschen Übersetzung.

12 John Rawls, *Das Recht der Völker*, übers. v. W. Hinsch, Berlin/New York: de Gruyter 2002, 35.

13 Immanuel Kant, *Kritik der praktischen Vernunft*, Vorrede, in: Kants Werke, Bd. 5, 4, Anmerkung.

14 Aristoteles nannte die «Glückseligkeit» (Eudaimonie) das Beste und meinte, jedermann gebe zu, dass dies das höchste Gut sei (*Nikomachische Ethik*, I 6 1097b); er fährt dann aber fort und erläutert die Eudaimonie als «der besten und vollkommensten Tugend gemäße Tätigkeit der Seele» (1098a).

15 Immanuel Kant, *Kritik der reinen Vernunft*, in: Kants Werke, Bd. 3, 13.

16 Aristoteles, *Nikomachische Ethik* (I 10 1099b). Diese Behauptung kann zwar so, wie ich auf sie Bezug nehme, für sich allein stehen. Aristoteles verwendet sie aber im Blick auf die menschliche Natur im Zusammenhang eines Arguments, in dem er zeigen will, dass es besser ist, dass der Mensch durch eigenes Bemühen als durch Zufall tugendhaft wird.

17 Diese Standards müssen bei der eigenen Einschätzung, ein gutes Leben geführt zu haben, nicht unbedingt gelten. Philippa Foot erwähnt das Beispiel einer Quäkerin, die unter vielen Gebrechen gelitten hatte und dennoch meinte, sie hätte ein frohes («joyous life») und damit wohl auch ein gutes Leben geführt (*Natural Goodness*, Oxford. Oxford University Press 2001, 85).

18 In seinem Roman *Sonnenfinsternis* (unter dem Titel «Darkness at Noon» 1940 in England erschienen) zog Koestler fiktional nur leicht kaschiert Bilanz aus sieben Jahren Zugehörigkeit zur Kommunistischen Partei (neu erschienen in Hamburg: Rotbuch Verlag 2005).

19 John Stuart Mill hat in ähnlicher Weise für den gemischten Charakter der Qualität des Glücks argumentiert (*Utilitarianism*, chap. 2: «what utilitarianism is»).

20 Alasdair MacIntyre, *After Virtue. A Study in Moral Theory*, London: Duckworth [2]1984.

21 Historische Beispiele sowohl für die Umkehrung als auch für eine Revision der Maßstäbe zu Beginn der Neuzeit beschrieb Quentin Skinner («Some Problems in the Analysis of Political Thought and Action», in: *Political Theory* 2 (1974), 277–303, bes. 295 ff.). Ursprünglich negativ bewertete Verhaltensweisen wie Ehrgeiz (ambition) und Scharfsinn (shrewdness) galten z. B. nach der Umkehrung des Wertmaßstabs als gut.

22 Später (Kap. 5.) werde ich die moralische Ökonomie in eine Methode der Verteilungsgerechtigkeit, die Maximenmethode, überführen.

23 Robert Spaemann, *Personen. Versuche über den Unterschied zwischen ‹etwas› und ‹jemand›*, Stuttgart: Klett-Cotta 1996, 111–122.

24 J. M. E. McTaggart, der britische Hegelianer, hat in einem Kapitel seines Buches *The Nature of Existence* (Vol. 2, Cambridge: Cambridge University Press 1927, Book 5, Chap. 33) die lineare Zeitreihe als B-Reihe und die subjektiv erlebte Zeitfolge Vergangenheit, Gegenwart und Zukunft als A-Reihe bezeichnet und versucht, die Abhängigkeit der B- von der A-Reihe nachzuweisen und daraus die Unwirklichkeit der Zeit abzuleiten (wieder abgedruckt in: R. M. Gale (Ed.), *The Philosophy of Time*, New Jersey: Humanities Press 1978, 86–97).

25 Ludwig Wittgenstein, *Philosophische Untersuchungen*, in: Werkausgabe Bd. 1, Frankfurt: Suhrkamp 1989, § 445.
26 A. a. O., § 450.
27 Auch aus dieser Perspektive wird deutlich, dass sterbende Menschen – wie ich oben (Kap. 1.2.2.2.) darlegte – nicht ohne weiteres in der Lage sind, für sich selbst verantwortliche Entscheidungen zu treffen.
28 Ernst Tugendhat, *Vorlesungen über Ethik*, Frankfurt: Suhrkamp [2]1994, 57 f.
29 A. a. O., 59 f.
30 Dieter Birnbacher hat der Zukunft in seinem Buch *Verantwortung für zukünftige Generationen* (Stuttgart: Reclam 1988, Kap. 2: Zukunftsbewertung) besondere Aufmerksamkeit gewidmet und zwischen Zukunftsbewusstsein, Zukunftsbewertung und Zukunftsorientierung unterschieden. Er ging implizit von einem beständigen und dauerhaften Maßstab des Guten aus, während es mir vor allem um die Möglichkeit der Maßstabsänderung in der Zukunft und deren Bedeutung für die Gegenwart geht.
31 Hans Ulrich Gumbrecht gibt davon auf lesenswerte Weise Zeugnis (*Lob des Sports*, Frankfurt: Suhrkamp 2005).
32 Martha Nussbaum hat die Fragilität des Guten ausführlich beschrieben (*The Fragility of Goodness. Luck and Ethics in Greek Tragedy and Philosophy*, revised edition, Cambridge: Cambridge University Press 2001).
33 Ursula Wolf, *Die Suche nach dem guten Leben. Platons Frühdialoge*, Reinbek: Rowohlt 1996.
34 A. a. O., Kap. 6.
35 A. a. O., 174.
36 Ernst Tugendhat, *Vorlesungen über Ethik*, a. a. O., 107.
37 Platon, *Philebos*, 64B-65A, in: Platon. Sämtliche Dialoge, Bd. IV, Hamburg: Felix Meiner 1988, 126–128.
38 In Kap. 5.2.
39 Aristoteles, *Nikomachische Ethik* (I 13 1102a).
40 A. a. O., 1103a.
41 A. a. O., X 8 1178b.
42 Kants Werke, Bd. 4, 393.
43 Ernst Tugendhat untersucht den ersten Satz des Ersten Abschnitts der Grundlegung kritisch und gewinnbringend (*Vorlesungen zur Ethik*, a. a. O., 103–115).
44 A. a. O., 394.
45 Eindrucksvoll bestätigte dies Martha Nussbaum in *The Fragility of Goodness* (a. a. O., parts II, III).
46 Aristoteles untersuchte diese Schwäche als einen Aspekt der «Unenthaltsamkeit» (*Nikomachische Ethik*, VII 8/9 1150b–1151a). Der andere Aspekt ist die «Übereilung», die ebenfalls zur Unenthaltsamkeit gehört.
47 Aristoteles meinte, dass die Unenthaltsamkeit dann nicht moralisch schlecht sei, wenn sie nicht vorsätzlich sei. Er rückte sie in die Nähe der Epilepsie und der Torheit (a. a. O., 1150b/1151a).
48 Der theoretische Widerspruch besteht also nicht darin, dass er glaubt, dass die Handlung gut und dass sie nicht gut ist. So etwas zu glauben, ist nicht un-

bedingt widersprüchlich, weil eine Handlung unter verschiedenen Blickwinkeln tatsächlich sowohl gut als auch nicht gut sein kann. Es kommt, wie Gerhard Ernst zeigte, auf die Gründe an («Das Gebot der Vernunft», in: E. Ammereller, W. Vossenkuhl (Hrsg.), *Rationale Motivation*, Paderborn: Mentis 2005, 12–28).

49 Gerhard Ernst hat den Unterschied zwischen dem Willensschwachen und dem Amoralisten auf erhellende Weise dargestellt (*Die Natur der Moral*, Paderborn: Mentis 2006, Kap. 2.3.).

50 Es gibt auch Menschen, die nicht verstehen können, dass es verwerflich ist, andere zu quälen. Auch für sie ist die Frage, warum man moralisch sein soll, sinnlos, weil sie nicht verstehen können, worum es genau geht.

51 Viele Versprechen sind dies nicht, wie z. B. ‹Ich schaue nächste Woche vorbei!›.

52 John Searle (*Speech Acts. An Essay in the Philosophy of Language*, Cambridge: University Press 1969, 63) nannte die Regel, nach der ein Sprechakt als Versprechen gilt, «essential rule» (wesentliche Regel).

53 A. a. O., 1094a.

54 Diese holistische Forderung entspringt keiner irrealen oder ideologischen Fixierung, sondern ergibt sich zwingend, wie Martin Gorke zeigt, aus den Erfahrungen des Artenschutzes (*Artensterben. Von der ökologischen Theorie zum Eigenwert der Natur*, Stuttgart: Klett-Cotta 1999).

55 Oliver Rauprich zeigt, aus welchen Gründen diese Schwierigkeiten unlösbar sind (*Natur und Norm. Eine Auseinandersetzung mit der Evolutionären Ethik*, Münster: Lit 2004).

56 Kants Werke, Bd. 3, 443.

57 Immanuel Kant, *Kritik der reinen Vernunft*, in: Kants Werke, Bd. 3, 116 f.

58 Ganz besonders deutlich wird dies in seiner Schrift *Metaphysische Anfangsgründe der Naturwissenschaften*, wo er heißt: «Alle wahre Metaphysik ist aus dem Wesen des Denkungsvermögens selbst genommen und keinesweges darum erdichtet, weil sie nicht von der Erfahrung entlehnt ist, sondern enthält die reinen Handlungen des Denkens, mithin Begriffe und Grundsätze *a priori*, welche das Mannigfaltige *empirischer Vorstellungen* allererst in die gesetzmäßige Verbindung bringt, dadurch es *empirisches* **Erkenntniß**, d. i. Erfahrung, werden kann» (in: Kants Werke, Bd. 4, 472).

59 Immanuel Kant, *Kritik der Urtheilskraft*, 1. Auflage (1781), in: Kants Werke, Bd. 5, u. a. 269.

60 Die eben erwähnten Probleme behandelt Kant im «Zweiten Hauptstück» des zweiten Buchs der «Transzendentalen Dialektik» der *Kritik der reinen Vernunft* (in: Kants Werke, Bd. 3, 281–382).

5. Das gute Leben und die Integration von Gütern

1 Je nach ihrer Domäne ändert sich der Begriff der Güter. Wenn Märkte die Domäne sind, können Güter z. B. durch ihren Nutzen, ihren Gebrauchsoder Tauschwert oder durch finanzielle Äquivalente bestimmt werden. Wenn die Domäne soziale Systeme sind, können Güter – wie es z. B. Michael Wal-

zer tat – als «soziale Güter» erklärt werden (*Sphären der Gerechtigkeit. Ein Plädoyer für Pluralität und Gleichheit*, Frankfurt/New York: Campus 1992, 32 ff.).

2 Was teilbare im Unterschied zu nicht teilbaren Gütern sind, erläutere ich später (Kap. 5.1.6.).

3 ‹Knappheit› wird in ökonomischen Lehrbüchern z. B. als Differenz zwischen verfügbaren Gütern und dem, was die Menschen konsumieren wollen, bestimmt (P. Maunder, D. Myers, N. Wall, R. L. Miller, *Economics Explained*, London: Collins 1987, 547). Knut Wicksell erklärt in seinen *Vorlesungen über Nationalökonomie* aus dem Jahr 1913 (Bd. 1, Neudruck, Aalen: Scientia 1969, 80), dass der Begriff ‹Knappheit› erstmals Klarheit in das Verständnis des Begriffs des ‹Tauschwerts› brachte, indem er die beiden Komponenten dieses Begriffs, den Nutzen und die Seltenheit, vereinigte. Ich verwende den Begriff ohne theoretische Ansprüche nach dem Muster des erwähnten Lehrbuchs.

4 Zum Verbot des Organhandels siehe die Ausführungen von Peter König in: U. Schroth, P. König, T. Gutmann, F. Oduncu, *Transplantationsgesetz. Kommentar*, München: C. H. Beck 2005, 288 ff.

5 Interessante Diskussionen zu dieser Frage bietet der Band *Incommensurability, Incomparability, and Practical Reason*, den Ruth Chang herausgegeben hat (Cambridge/Mass.: Harvard University Press 1997). Joseph Raz geht in diesem Band sogar so weit, die Unvergleichbarkeit von Optionen als ein wesentliches Merkmal menschlichen Handelns, insbesondere des Verhältnisses zwischen Erkennen und Wollen, zu bezeichnen («Incommensurability and Agency», a. a. O., 110–128).

6 Etwa in Präferenzordnungen, in denen die Werte paarweise geordnet und in ihrer Gesamtheit innerhalb einer Domäne erfasst sind, oder in lexikographischen Ordnungen, in denen die Werte hierarchisch geordnet, aber ebenfalls in ihrer Gesamtheit definiert sind. Wie Präferenzordnungen definiert und strukturiert sind, erläutert z. B. Michael D. Resnik in seinem Buch *Choices. An Introduction to Decision Theory*, Minneapolis: University of Minnesota Press ^{4}1997, 22–25.

7 John Broome hat über die Vergleichbarkeit von Werten unter Bedingungen der Unbestimmtheit und Vagheit nachgedacht und festgestellt, dass eine völlige Unvergleichbarkeit so gut wie ausgeschlossen ist («Is Incommensurability Vagueness?», in: R. Chang, a. a. O., 67–89). Broome hat im Übrigen auch gezeigt, dass Güter in einer Hinsicht unvergleichbar, in einer anderen aber vergleichbar sein können.

8 Bei Werten, welche für das gute Leben der Menschen in einer Gesellschaft notwendig sind, kann – wie wir später sehen – die subjektive Einschätzung nicht über ihre Unvergleichbarkeit oder Vergleichbarkeit entscheiden.

9 Elijah Milgram beschrieb einen Fall, in dem ursprünglich unvergleichbare Werte vergleichbar wurden, weil eine Person durch Erfahrung, durch Folgerungen und Nachdenken (inductive reasoning) ihre ursprünglichen Wünsche anreicherte. Sie konnte so ein Bild davon gewinnen, was die Verwirklichung oder Nichtverwirklichung der Wünsche für sie bedeuten würde, ein Bild, das

sie sich vorher nicht machen konnte («Incommensurability and Practical Reasoning», in: Ruth Chang (ed.), *Incommensurability, Incomparability, and Practical Reason*, Cambridge/Mass.: Harvard University Press 1997, 160 f.).

10 Ludwig Wittgenstein, *Philosophische Untersuchungen*, Werkausgabe Bd. 1, Frankfurt: Suhrkamp 1989, S. 537. Bekannt wurde das Aspekte-Sehen mit dem Hasen-Enten-Kopf.

11 Diese Wertrelation ist nicht identisch mit der von Ruth Chang (a. a. O., 4) eingeführten Relation «on a par».

12 F. W. J. Schelling, *Philosophische Untersuchungen über das Wesen der menschlichen Freiheit und die damit zusammenhängenden Gegenstände*, hg. v. T. Buchheim, Hamburg: Felix Meiner 1997. Ich versuche Schellings Lösung in diesem schwer zugänglichen Text zu verstehen, in: O. Höffe, A. Pieper (Hrsg.), *F. W. J. Schelling. Über das Wesen der menschlichen Freiheit*, Berlin: Akademie Verlag 1995, Kap. 6.

13 Thomas von Aquin, *Summa theologica*, I, qu. 2, art. 1–3.

14 Kant, dem die «stellvertretende Genugtuung» durch Christus nur als Möglichkeit annehmbar schien, mit der man aber nicht rechnen dürfe, hat entsprechend auch die Möglichkeit der Gnade offen gelassen (vgl. Kap. 2.5.3.), nicht als Gewissheit, sondern nur als «Trost und Hoffnung» (*Die Religion innerhalb der Grenzen der bloßen Vernunft*, in: Kants Werke, Bd. 6, 143 bzw. 76).

15 Das Wertverhältnis pari habe ich in Kap. 5.1.2. eingeführt.

16 William Shakespeare, *King Lear*, Akt V, Szene III.

17 «Seine eigene Glückseligkeit sichern ist Pflicht (wenigstens indirekt)», schrieb er in der *Grundlegung zur Metaphysik der Sitten* (in: Kants Werke, Bd. 4, 399).

18 Robert Spaemann, *Die Zweideutigkeit des Glücks*, hrsg. v. Stifterverband für die Deutsche Wissenschaft, Stuttgart: Klett-Cotta (Privatdruck) 1990.

19 Aristoteles, *Nikomachische Ethik* (I 2 1095a).

20 Sigmund Freud, *Das Unbehagen in der Kultur und andere kulturtheoretische Aufsätze*, eingel. v. A. Lorenzer u. B. Görlich, Frankfurt: S. Fischer [9]2004, bes. 40 ff.

21 Aristoteles, *Nikomachische Ethik* (X 2 1174a).

22 A. a. O.

23 Um nur ein Beispiel von vielen zu nennen: Peter Graf Yorck von Wartenburg, der am 8. August 1944 in Berlin-Plötzensee hingerichtet wurde, schrieb seiner Mutter aus der Zelle: «... Wir stehen wohl am Ende unseres schönen, reichen, gemeinsamen Lebens» (in: Helmut Gollwitzer, Käthe Kuhn, Reinhold Schneider (Hrsg.), *Du hast mich heimgesucht bei Nacht. Abschiedsbriefe und Aufzeichnungen des Widerstands 1933–1945*, München: Chr. Kaiser 1954 ([3]1962; Hamburg/München: Siebenstern Taschenbuch Verlag 1964, 91). Auf diese und andere Beispiele eines guten Lebens, die nicht den üblichen Vorstellungen von Glück entsprechen, ging Philippa Foot in ihrem Buch *Natural Goodness* (Oxford: Clarendon 2001, chap. 6) ein.

24 Aristoteles, *Nikomachische Ethik* (X 8 1178b).

25 Ludwig Wittgenstein, *Tractatus logico-philosophicus*, 6.43, Werkausgabe Bd. 1, 83.

26 Aristoteles, *Nikomachische Ethik* (X 9 1178b).
27 Kant schloss Glück als ethisches Handlungsziel aus, weil die Menschen es von Natur aus anstrebten und es ansonsten lediglich den moralisch verwerflichen Zielen der Eigensucht diene. So macht nach Kant allein die Befolgung des Sittengesetzes *glückswürdig* (u. a. *Kritik der reinen Vernunft*, Methodenlehre, a. a. O., Bd. 3, 523).
28 Imre Kertész, *Roman eines Schicksallosen*, Berlin: Rowohlt 1996, 203. Kertész wollte damit übrigens keines der Lager und keinen der Schrecken, die er als Jugendlicher ertragen musste, verharmlosen.
29 Kap. 5.2.1.
30 Henry Sidgwick, *The Methods of Ethics*, London: Macmillan [7]1907, book II, chap. I, II.
31 A. a. O., chap. III, IV.
32 John Stuart Mill meinte, es sei besser, ein unzufriedener Mensch als ein zufriedenes Schwein zu sein, besser ein unglücklicher Sokrates als ein glücklicher Tor («Utilitarianism», in: *Utilitarianism, Liberty, and Representative Government*, intr. by A. D. Lindsay, London/Toronto: J. M. Dent & Sons 1910, 8).
33 Ein Lohn, mit dem jemand hungern muss, kann nicht gerecht sein.
34 Kap. 5.2.
35 Gerd Spittler, «Armut, Mangel und einfache Bedürfnisse», in: *Zeitschrift für Ethnologie* 116 (1991), 65–89.
36 A. a. O., 69.
37 «Einfache Bedürfnisse», schrieb Spittler, «bedeuten Interesse an den Sachen, pfleglicher Umgang, Hochschätzung der Alltagsgüter und -mahlzeiten» (a. a. O., 70).
38 Gerd Spittler, *Dürren, Krieg und Hungerkrisen bei den Kel Ewey (1900–1985)*, Stuttgart: Franz Steiner 1989. Mary Douglas, Baron Isherwood, *The World of Goods. Towards an Anthropology of Consumption*, Harmondsworth: Penguin 1980.
39 Ich verwende anstelle von ‹nicht-teilbar› das Wort ‹unteilbar›.
40 Es kommt an dieser Stelle nicht darauf an, ob die Niere nach dem Tod oder von einer lebenden Person gespendet wurde.
41 Der Schutz, den das Grundgesetz dem Leben gewährt, ist nicht uneingeschränkt wie bei der Menschenwürde.
42 Eine kritische Untersuchung zeitgenössischer Vertragstheorien bietet Martin Rechenauer in seinem Buch *Rationalitätstheoretische Grundlagen von Gerechtigkeit* (Habilitationsschrift, München 2004).
43 John Rawls, *A Theory of Justice*, a. a. O., 20 f. Der Ausdruck «reflective equilibrium» wird meist mit «Überlegungsgleichgewicht» übersetzt.
44 Susanne Hahn hat Recht, wenn sie in ihrem Buch *Überlegungsgleichgewicht(e). Prüfung einer Rechtfertigungsmetapher* (Freiburg/München: Karl Alber 2000) den metaphorischen Charakter und die mangelnde Präzisierbarkeit von Rawls' Konzept kritisiert.
45 Nelson Goodman, *Tatsache, Fiktion, Voraussage*, Frankfurt: Suhrkamp 1975, 86.

46 A. a. O., 87.
47 Diese Annahme ist eine Voraussetzung des Verteilungsprozesses, die ich methodisch für unersetzbar erachte. Ohne dafür im Einzelnen zu argumentieren, halte ich individualistische Ansätze wie den von David Gauthier (*Morals by Agreement*, Oxford: Clarendon 1986), die normative Strukturen aus vernünftigen subjektiven Motiven und Nutzenerwägungen ableiten, aufgrund der Vielfalt der Güter und der vielfältigen Gründe ihrer Knappheit nicht für schlüssig. Außerdem gehe ich von normativen Ansprüchen aus, die dem Verteilungsprozess zugrunde liegen und sich nicht erst aus ihm ergeben.
48 Der hier angesprochene Unterschied zwischen der passiven Inanspruchnahme von Gütern und deren aktiver Mitgestaltung über den Zugang zu ihnen hat eine gewisse Parallele in Jellineks so genannter Statuslehre. Im Hinblick auf das durch die Grundrechte geformte Verhältnis des Einzelnen gegenüber dem Staat unterschied Jellinek zwischen dem Status positivus und dem Status activus. Der erste Status betrifft den Zustand, in dem der Einzelne für die Schaffung und Erhaltung seiner freien Existenz auf staatliche Vorkehrungen angewiesen ist. Die Grundrechte sichern diesen Zustand als Teilhabe-, Leistungs- und Verfahrensrechte. Beim zweiten, aktiven Status geht es um die Ausübung der individuellen Freiheit, insbesondere um die staatsbürgerlichen Rechte auf Mitbestimmung in der Demokratie und auf den Zugang zum öffentlichen Dienst (Pieroth/Schlink, *Grundrechte, Staatsrecht 2*, 16. Aufl. Heidelberg 2000, Rn. 57 ff.)
49 Hervé Moulin entwarf in seinem Buch *Cooperative Microeconomics* (Princeton: Princeton University Press 1995) einen ähnlichen normativen, etwa auf demokratische Verfahren gestützten Typ von Verteilungsverfahren («justice mode» genannt).
50 Die Akzeptierbarkeit ist eine Forderung, die der Geltung von Ansprüchen zugrunde liegt. T. M. Scanlon hat ihr eine besondere methodische Bedeutung bei der Begründung von Urteilen über das Richtige und Falsche beigemessen, der ich mich anschließe (*What We Owe to Each Other*, Cambridge/Mass.: Belknap Press (Harvard University Press) 1998).
51 Christian Aumann, Wulf Gaertner, «The Organ-Dilemma. A Plea for a Market Solution», Ms. (Univ. Osnabrück) April 2002.
52 Dies entspricht der geltenden Rechtslage (§1 II Nr. 1b Kündigungsschutzgesetz).
53 Die Unterschiede zwischen Zustimmungs- und Widerspruchslösung erläutert Ulrich Schroth in seinem Beitrag in Schroth/König/Gutmann/Oduncu, *Transplantationsgesetz. Kommentar*, München: C. H. Beck 2005, 82 ff.
54 Diese Widersprüche werden modellartig vom so genannten Gefangenendilemma repräsentiert. Es zeigt, dass ein und dieselbe Entscheidung individuell rational und kollektiv irrational sein kann.
55 J. S. Mill wurde nicht müde, diese wechselseitige Abhängigkeit des Eigeninteresses und des Gesamtwohls zu betonen («Utilitarianism», in: *Utilitarianism, Liberty, and Representative Government*, London/Toronto: J. M Dent & Sons (New York: E. P. Dutton & Co.) 1910 ff.).
56 Eine lexikographische Ordnung – der Name verdankt sich der Ordnung der

Wörter in einem Lexikon – ist strikt, insofern sie – angewandt auf nicht identische Güterbündel – jedem dieser Bündel in einem paarweisen Vergleich eine unveränderliche Präferenz zuordnet. Es kann also weder einen Wechsel der Präferenzen noch Indifferenz geben. Angewandt auf das Problem der Organverteilung, bedeutet dies, dass die Dringlichkeit immer den Vorzug vor der Warteliste erhält. Nebenbei gesagt, kann das Differenzprinzip von Rawls in gewisser Weise als eine lexikographische Regel verstanden werden, weil seine Anwendung auf der Ordnung der sozialen Lagen (social states) von Gruppen in einer Gesellschaft basiert. Auch das Freiheitsprinzip, das der individuellen Freiheit eine absolute Priorität einräumt, hat einen lexikographischen Charakter (*A Theory of Justice*, a. a. O., 250). Methodische Bedeutung genießen lexikographische Ordnungen auch in Isaac Levis Buch *Hard Choices. Decision Making under Unresolved Conflict*, Cambridge: Cambridge University Press 1986.

57 Otfried Höffe, *Demokratie im Zeitalter der Globalisierung*, München: C. H. Beck [2]2002. Eine Diskussion von Höffes Konzeption bietet der Band *Weltrepublik, Globalisierung und Demokratie*, hrsg. v. S. Gosepath u. J.-C. Merle, München: C. H. Beck 2002.

58 John Rawls, *A Theory of Justice*, a. a. O., 151.

59 Paradoxien des rationalen Entscheidens haben Allais und Ellsberg untersucht. Eine gute Übersicht über die nach ihnen benannten Paradoxien gewährt Robert Sugden in: S. Hargreaves Heap, M. Hollis, B. Lyons, R. Sugden, A. Weale, *The Theory of Choice. A Critical Guide*, Oxford: Blackwell 1992, 36–50. Eine vielseitige und interessante Diskussion der Paradoxien bietet Isaac Levi in: *Hard Choices* (a. a. O., 128–145) und in *The Covenant of Reason. Rationality and the Commitments of Thought*, Cambridge: University Press 1997, chap. 10.

60 In meinem Beitrag «Rationale Absichten» (in: E. Ammereller, W. Vossenkuhl (Hrsg.), *Rationale Motivation*, Paderborn: Mentis 2005, 162–183) führe ich den Ausdruck «hybride Rationalität» ein.

61 Winfried Hinsch (*Gerechtfertigte Ungleichheiten, Grundsätze sozialer Gerechtigkeit*, Berlin/New York: de Gruyter 2002) teilt Rawls' sozialpolitisches Ziel, kritisiert aber dessen Methode und entwirft eine eigene, die ohne die Annahme des Nichtwissens im Urzustand auskommt.

62 John Rawls, a. a. O., 150–161.

63 Eine übersichtliche Darstellung und kritische Diskussion der Maximinregel bietet u. a. Michael D. Resnik (*Choices. An Introduction to Decision Theory*, Minneapolis: University of Minnesota Press [4]1997, 26 ff.) an.

64 Michael D. Resnik greift diese Debatte auf und diskutiert die Argumente im Einzelnen, a. a. O., 27.

65 «Pareto-optimal» ist eine Verteilung genau dann, wenn keine Gruppe besser gestellt werden kann, ohne dass dadurch mindestens eine andere Gruppe schlechter gestellt wird.

66 Auf die Forschungsergebnisse des Ethnologen Gerd Spittler habe ich bereits hingewiesen. Er nannte auf dem Hintergrund seiner Feldforschungen Afrika den Kontinent der «einfachen» Bedürfnisse, wandte sich gegen eine vor-

schnelle Gleichsetzung dieser Bedürfnisse mit Armut, wollte aber nicht in Abrede stellen, dass es auch mit einfachen Bedürfnissen Armut gibt («Armut, Mangel und einfache Bedürfnisse», in: *Zeitschrift für Ethnologie* 116 (1991), 65–89, hier: 73).

67 Karl Marx, *Texte zu Methode und Praxis*, Bd. II, Pariser Manuskripte (1844), hg. v. G. Hillmann, Reinbek: Rowohlt 1966, 87.

68 Diese paradoxe Beziehung zwischen materiellem Fortschritt und der mangelnden Befriedigung erläutert Shaun Hargreaves Heap unter dem Stichwort «relative frustration» in: S. Hargreaves Heap, M. Hollis, B. Lyons, R. Sugden, A. Weale, *The Theory of Choice. A Critical Guide*, Oxford: Blackwell 1992, 13.

69 Dieser Unterschied kommt u. a. dann zum Tragen, wenn es darum geht, ein mangelhaft gestilltes Bedürfnis zu kompensieren. Besser gestellte Gruppen können sowohl den Mangel an Bildungsmöglichkeiten als auch den Mangel an innerer Sicherheit ausgleichen, schlechter gestellte können dies nicht.

70 John Rawls, *A Theory of Justice*, a. a. O., 85 f.

71 Hier wird der Unterschied zum angelsächsischen Case Law deutlich, weil es in der für das deutsche Strafprozessrecht gültigen Tradition durchaus den unabhängigen Maßstab des «wahren» Urteils gibt. Im amerikanischen Case Law wird das Prozessergebnis zwischen den Verteidigern der Kontrahenten und dem Staatsanwalt ausgehandelt.

72 A. a. O., 86.

73 A. a. O., 87.

74 A. a. O., 60: «First: each person is to have an equal right *to the most extensive basic liberty* compatible with a similar liberty for others. Second: social and economic inequalities are to be arranged so that they are both (a) reasonably expected to be to everyone's advantage, and (b) attached to positions and offices open to all.» In *Political Liberalism* (expanded ed., New York: Columbia University Press ³2005, 5 f.) modifiziert Rawls diese beiden Prinzipien: «a. Each person has an equal claim *to a fully adequate scheme of equal basic rights and liberties*, which scheme is compatible with the same scheme for all; and in this scheme the equal political liberties, and only those liberties, are to be guaranteed their fair value. B. Social and economic inequalities are to satisfy two conditions: first, they are to be attached to positions and offices open to all under conditions of fair equality of opportunity; and second, they are to be to the greatest benefit of the least advantaged members of society.» (Herv. W. V.) Rawls relativiert im gleichen Text (a. a. O., lecture II u. «The Idea of Public Reason Revisited», 440–490) die idealen vertragstheoretischen Ansprüche der *Theory of Justice* zugunsten eines vernünftigen Pluralismus (reasonable pluralism). Wilfried Hinsch hat Political Liberalism ins Deutsche übersetzt (*Politischer Liberalismus*, Frankfurt: Suhrkamp 2003; die beiden Prinzipien der Gerechtigkeit dort 69 f.).

75 Rawls verstand die Gesellschaft als ein «kooperatives Unternehmen zum wechselseitigen Vorteil» («a cooperative venture for mutual advantage»; a. a. O., 84).

76 «Schuldigkeit» kann mehr als ein Maßstab der Gerechtigkeit von Vertei-

lungsverfahren sein. T. M. Scanlon hat die Schuldigkeit vor allem als vertragstheoretischen Maßstab der vernünftigen Rechtfertigung und der durch andere anerkennbaren ethischen Begründung verstanden (*What We Owe to Each Other*, a. a. O., bes. die Kapitel 4.–7.). Thomas von Aquin hat in enger Anlehnung an Aristoteles das «Geschuldetsein» als das allgemeine Merkmal der Gerechtigkeit und aller übrigen Tugenden bezeichnet: «quod omnes virtutes morales quae sunt circa operationes, conveniunt in quadam generali ratione justitiae, quae attenditur *secundum debitum ad alterum*». Im gleichen Text betonte Thomas, dass der Begriff des Geschuldeten (*ratio debiti*) dem Begriff der Gerechtigkeit zugrunde liege (*ex quo constituitur ratio justitiae*) (*Summa theologica* I–II qu.60, 3; Herv. W. V.).

77 So definiert Aristoteles die Tugend als «eine Disposition, die mit Vorsatz befasst ist, in der Mitte mit Bezug auf uns situiert, bestimmt mit Vernunft und wie der Kluge es bestimmen würde» (*Nikomachische Ethik* II 6 1106b35 f., Übers. von Richard King). Vor allem der letzte Teil der Bestimmung mit dem Hinweis auf den Klugen zeigt, dass Aristoteles eine allgemeine Regel als Bestimmung der Gerechtigkeit für undenkbar hielt.

78 Aristoteles beschreibt die Billigkeit (Epikie) als «Korrektur des Gesetzes, da wo dasselbe wegen seiner allgemeinen Fassung mangelhaft bleibt» (*Nikomachische Ethik* V 10 1137b; Übers. G. Bien).

79 Manfred G. Schmidt, *Demokratietheorien*, Opladen: Leske und Budrich [3]2000, Kap. 2.7, bes. 270–282.

80 Die unterschiedlichen Ergebnisse zeigt eine Tabelle in Manfred G. Schmidts *Demokratietheorien*, a. a. O., 279.

81 A. a. O., 270.

82 A. a. O., 271. Manfred G. Schmidt bezieht sich in diesem Punkt auf Einsichten von William Riker und Albert Weale.

83 A. a. O.

84 Alle diese Nachteile und einige mehr untersucht Manfred G. Schmidt a. a. O., 272–275.

85 Frank Nullmeier, Friedbert W. Rüb, *Die Transformation der Sozialpolitik. Vom Sozialstaat zum Sicherungsstaat*, Frankfurt/New York: Campus Verlag 1993, 301 ff.

86 Mit «Policy Community» wird diejenige Gruppe im «politischen Kern eines Politikfeldes» bezeichnet, welche die Entscheidungen erarbeitet (a. a. O., 302).

87 A. a. O., 302.

88 A. a. O., 437.

89 Konkret kann sich die Ordnung auch in der Reihenfolge niederschlagen, in der verteilt wird. Maßgebend dafür ist aber die normativ bestimmte Hierarchie – die Ordnung – der Ansprüche.

90 Im Arbeitslosengeld sind die Ordnungen der Verdienstlichkeit und Bedürftigkeit z. B. verbunden. Mit den eigenen Abgaben während der Zeit der Beschäftigung hat sich jeder Arbeitslose den Anspruch auf die Unterstützung erworben, die er dann benötigt, wenn er ohne Arbeit und bedürftig ist.

91 Eine europäische Statistik (Eurostat, 2005) gibt Auskunft über die Anzahl

derer, die mit niedrigen Einkommen und damit an der Armutsgrenze leben. Es sind im europäischen Durchschnitt 15 %, d.h. 55 Millionen Menschen, die mit weniger als 60 % des familiären Durchschnittseinkommens pro Land auskommen müssen. Die höchste Quote (21 %) erreicht das Land, das in Europa derzeit wirtschaftlich am stärksten wächst, Irland.

92 Jürgen Habermas, *Theorie des kommunikativen Handelns*, Bd. 1, Frankfurt: Suhrkamp 1981, 28.

93 Amartya Sen, *Ökonomie für den Menschen*, München: Hanser 2000.

94 A. a. O., 346.

95 Sen erwähnt diese Beispiele a. a. O., 337.

96 Amartya Sen, «Functionings and Capability», in: ders., *Inequality Reexamined*, Oxford: Oxford University Press 1992, 39–55.

97 Damit will ich nicht behaupten, dass Sen in seiner Theorie grundsätzlich teilbare von unteilbaren Gütern nicht unterscheiden könnte. Er tut es nur nicht.

6. Die Möglichkeit des guten Lebens

1 Damit sind sowohl die entscheidungsfähigen und -berechtigten Mitglieder einer Gesellschaft als auch die legitimierten politischen Akteure gemeint.

2 Jürgen Habermas, *Theorie des kommunikativen Handelns*, a. a. O., 33 f.

3 Habermas legte bei der Zurechnungsfähigkeit besonderes Gewicht auf die Rationalität von Personen, in die er Autonomie, Selbstausdruck, normenreguliertes Handeln und Selbstreflexion einschloss. Ich versuche, mit den von mir betonten Merkmalen die Befähigungen ethischer Akteure so weit und offen wie möglich zu fassen.

4 Ursula Wolf, *Die Suche nach dem guten Leben. Platons Frühdialoge*, Reinbek: Rowohlt 1996, 46.

5 Martin Hollis, «Life's short comedy», in: ders., *Models of Man. Philosophical Thoughts on Social Action*, Cambridge: Cambridge University Press 1977, chap. 4, 70 f. «Duties of a station» lässt sich mit «Pflichten, die man da hat, wo man steht und zu stehen hat» übersetzen. «Station» bedeutet in diesem Zusammenhang nicht nur Standort, sondern auch Stand, soziale Rolle und Position im Verhältnis zu anderen.

6 Hollis hat in seinem Buch selbst auf den Zusammenhang zwischen den «duties of a station» und dem Ideal des guten Lebens der Gesellschaft hingewiesen, a. a. O., 137.

7 Niklas Luhmann, *Legitimation durch Verfahren* ([1]1969), Frankfurt: Suhrkamp [2]1989, 35.

8 Max Scheler, «Der Mensch im Weltalter des Ausgleichs», in: ders., *Philosophische Weltanschauung*, hrsg. v. Maria Scheler, Bern: A. Francke [3]1968, 89–118, hier: 98 f.

9 Max Müller empfahl mit ähnlicher Zielsetzung in aristotelischem Geist den Kompromiss der Billigkeit mit dem Hinweis auf die integrative Funktion eines solchen Ausgleichs; ders., *Der Kompromiß oder vom Unsinn und Sinn menschlichen Lebens*, Freiburg/München: Karl Alber 1980, 162.

10 Diese Einstellung läuft zwar auf den Grundgedanken, den F. Zeuthen entwickelte, hinaus (F. Zeuthen, *Problems of Monopoly and Economic Warfare*, London: Routledge and Kegan Paul 1930), leuchtet aber auch unabhängig davon unmittelbar ein.

11 Dieses Gleichgewicht ist nach dem Mathematiker J. F. Nash benannt. Ein solches Gleichgewicht erreicht diejenige Strategie, die ein Ergebnis sichert, welches mit keiner anderen Strategie verbessert werden könnte. Das Nash-Gleichgewicht wird gut verständlich vorgestellt in dem Band von S. Hargreaves Heap, M. Hollis, B. Lyons, R. Sugden, A. Weale, *The Theory of Choice*, Oxford: Blackwell 1992, 101.

PERSONENREGISTER

SACHREGISTER